KB160427

일본교육의 사회사

일본교육의 사회사

原題|新體系日本史 教育社會史

쓰지모토 마사시·오키타 유쿠지 외 지음

이기원·오성철 역

경인문화사

‘지금’은 과거의 무수한 사상事象 위에 존재한다. 즉 눈앞에 보이는 ‘지금’이라는 것의 그 밑에는 ‘보이지 않는’ 과거의 무수한 일들이 층을 이루면서 ‘지금’을 성립시키는 것이다. ‘지금’의 눈앞에 벌어진 사태를 정확히 인식하고 ‘그 앞’을 생각하기 위해서는 ‘눈에는 보이지 않는’ 역사를 알아야만 한다. 즉 역사를 아는 것으로 사태의 본질이 보이는 것이다. 어떠한 학문에도 역사적 방법이 들어있는 것은 이 때문이다.

교육은 미래를 창조하는 작업이다. 교육이 그 나라나 사회의 미래를 규정한다. 그 때문에 교육은 아주 현대적인 과제이다. 특히 교육열이 높은 한국에서는 교육은 절실한 국민적인 문제로 인식하고 있는듯하다. 일본에서도 국가의 근대화를 위해 교육 특히 학교교육이 수행한 역할은 아주 컸다. 그 학교 교육이 일본에서는 지금 ‘포화상태’에 처해있다. 학교에서 수업이 불가능한 ‘학급붕괴’가 이제는 그리 이상하지도 않은 시대가 되었다. 이러한 현실이 사태의 심각함을 상징해준다. 학교는 어린이 교육의 대부분을 담당하고 있다. 그 학교가 충분히 기능하지 못하게 된 지금의 사태를 어찌하면 좋을까? 그것을 생각하기 위해서는 역시 역사의 시점을 빼놓을 수 없는 것이다.

본서는 고대부터 제2차대전 까지를 대상으로 한 일본교육사의 통사이다. 일본교육사의 저작은 지금까지도 비교적 많이 출판되었다. 그러나 그

대부분은 교원양성학교의 텍스트였으며 학교교원을 위한 교직교양의 저작이었다. 따라서 지금까지의 일본 교육사는 학교 교육을 중심주제로 삼고 그 제도나 사상은 주로 근대중심으로 서술되었다. 근대 이전의 그 전사前史에 지나지 않는다.

본서는 교사교육을 위한 텍스트가 아니다. 일본의 역사와 관련된 총서 전 20권 중에 교육을 주제로 기획 편찬된 것이다. 일본의 역사를 묘사한 한권의 책이다. 본서가 『일본 교육의 사회사』(원제 『教育社會史』)라 제목을 단 것은 본서 서문에 자세히 제시해놓았기 때문에 참조하면 될 것이다. 즉 본서는 교육이라는 주제와 시점에 의해 일본의 역사적 특질을 부각시키는 것을 목적으로 했다. 그 중에서도 다음의 문제에 유의했다. 첫째 근대에 성립한 '국민국가'의 시점을 자명한 전제로한 자국사의 '일국사관'을 피할 것. 둘째 국가의 '중앙'으로의 시점이 아닌 '주변'이라 일컬어지는 측에서의 시점에 의해 교육이나 역사의 '보이지 않는' 특질을 밝게 드러내 보일 것. '이민교육과 이문화 이해'와 '식민지지배와 교육'에 각각 한 장을 할애한 것은 이 때문이다. 셋째 교육하는 측의 교육적 의도를 중심으로 한 지금까지의 교육사가 아니라 교육받는 측이나 배우는 아이들의 측면에서 교육의 실태를 묘사할 것. 넷째 교육을 사회안에서의 한 부분이 되는 시스템의 일환으로 다루는 사회문화사의 입장을 취할 것 등이었다.

일본은 예로부터 한자문화권 · 유교문화권 안에 있었다. 즉 동아시아 중국문화권이다. 그러한 점에서 한국도 마찬가지이다. 한일 쌍방은 모두 역사와 문화의 사정이 아주 닮은 꼴을 띠고 있다. 예를 들어 사서오경의 유학 경서(고전한문의 한적)을 공통의 텍스트로 삼아 학문과 사상이 전개되고 그것을 전제로 교육도 구성되었다. 또한 불교가 어느 정도의 사회적 확장이 있었다는 점도 비슷하다 .그러한 점에서 한일 쌍방의 교육에 공통점이 많은 것이다. 그러나 한편으로는 상이한 점도 적지 않다. 물론 비교는 상호간 어느 정도의 공통된 토양을 갖는 문화 사이에서 의미가 있다. 한일의 공통점과 상이점 이 둘을 인식하는 것, 그것이야말로 양국의 교육문화와 이후의 교육을 생각할 때에 시사적인 시점을 제공하며 건설적인 상호토론을 가능하게 해준다. '닮은 이웃'과 '이질적인 타자', 이 양면의 두 가지를 아는 것, 그것으로부터 자기 모습이 보다 선명하게 떠오르며 자각될 것이다. 이러한 의미에서 이 책이 한일 양국의 자타를 알기 위한 계기가 될 수 있기를 바라마지 않는다.

이 책을 변역한 역자의 한 사람인 이기원군은 교토대학의 나의 연구실에서 유학하면서 일본사상사와 일본교육사를 전공했다. 이기원군은 앞서 나의 저서인 『学びの復権』을 번역하여 한국어판 『일본인은 어떻게 공부했을까』(지와사랑, 2009)를 출판했다. 그리고 지금 이 책의 번역을 마친 단계에서 처음으로 나에게 출판의 허가를 구했다. 나는 한국에서의 이 책의 출판이 얼마나 의미가 있을까 의문도 들었다. 하지만 앞에서 서술한 점에서의 의의가 있다고 판단되어 감사하는 마음으로 흔쾌히 허락했다. 일본에서 유학하면서 배운 학문에 기초하여 일본과 한국의 학문에 공헌하려는 이기원군의 학문적 실천에 나는 감사와 경의를 표하는 바이다. 아울러 함께 번역을 맡아주신 오성철 교수님(서울교대)께도 감사와 경의를 표한다. 오성철 교수님은 교토대학에서 1년간 연구를 위해 방문하셨는데 고마고메 교수님을 통해 알게 되었다. 식민지 교육사를 전공하신 분으로 주로 한국과 일본의 교육사를 연구하는데 한국에서의 일본 교육사 분야의 연구가 절실히 필요하다는 얘기를 들었다. 이 책이 그러한 부분의 만족을 얼마나 채워줄 수 있을지 의문이지만 한국에서의 일본 교육

사 이해와 연구에 많은 도움이 되었으면 하는 마음 간절하다.

이 책의 원서는 일본의 야마가와 출판사山川出版社의 기획편찬으로 2002년에 출판되었다. 본서의 번역과 출판에 동의해준 야마가와 출판사에 감사를 드린다. 아울러 어려운 출판사정에도 이 책의 출판을 맡아준 한국의 경인문화사에도 감사드리는 바이다.

2010年 5月 5日

辻本 雅史

옮긴이 말

이 책은 『敎育社會史』(山川出版社, 2002年)를 완역한 것이다. 『敎育社會史』의 저자들은 교육사 연구의 최전선에서 일본 교육사 연구를 이끌고 있는 연구자들이다. 그렇기 때문에 이 책을 통해 일본의 교육사 연구의 최신 경향을 한 눈에 알 수 있다.

본 저서는 교육을 중앙이라는 틀에서 나와 그 주변에서 이루어지는 교육적 영위를 생생하게 그리고 있다. 예를 들어 한 아이가 어른이 되어가는 과정 그 자체를 교육이라는 범주안에서 파악하려는 것이다. 한 아이의 성장에는 그 아이를 둘러싸고 아이가 속해있는 마을 공동체가 관여하게 된다. 그렇기 때문에 아이는 혼자 '저절로' 어른이 되는 것이 아니라 공동체에 관계되는 무수한 사람들과의 '관계' 속에서 어른이 되어간다. 아이는 그 과정에서 삶에 필요한 지혜를 배우게 된다. 저자들은 그것을 교육이라는 범주안에 넣고 있는 것이다. 사회 문화사의 시점이 필요할 수 밖에 없다. 이러한 시점에서 교육을 바라본다면 중앙의 시점에서 파악하던 기존의 교육사 연구에서 간과되었던 교육의 새로운 상이 드러나게 될 것이다. 다시 말하면 사회 문화사의 영역에서 교육을 볼 때는 이전에는 보이지 않았던 다른 모습의 지知가 드러나게 된다. 교육은 바로 지의 집적체이며 지는 공동체를 구성하는 구성원들이 공동체를 유지 계승 발전시키는데 필요한 자양분이 된다. 이러한 지는 공동체 구성원들에 의해 계승되어 간다. 이러한 관점이 기존의 교육사 연구에서 간과되었던 부분이었다.

역자들이 이 책을 번역하게 된 데에는 오늘날 한국 교육의 문제점들을 짚어보고 미래 시대의 교육을 생각하는데 중요한 시사점을 얻고자 함에 있다. 지금 한국의 교육 역시 학교 교육이 주를 이루는데 학교붕괴 혹은 학급붕괴가 심각한 것은 일본의 문제만은 아니다. 현재 한국도 학교가 무너지고 있으며 교육이 무너지고 있다. 일선교사들은 상당수의 아이들이 '귀차니즘'에 빠져 있다고 진단한다. '귀차니스트'라 불리는 이들은 매사에 호기심이 없고 시험에 나오지 않는 것에는 일체 관심도 없다. 의욕이 없으며 자신이 해야 할 일 조차도 그냥 하는 시늉만 하고 적당히 때워넘기려 한다. 이러한 귀차니스트들은 은둔형 외톨이(히키코모리)로 발전할 가능성이 매우 농후하다. 2005년 청소년 위원회는 '사회부적응 청소년 지원방안 국제 심포지엄'에서 '은둔형 외톨이 위험군'에 속한 고교생 수가 4만3,000여명에 달한다고 했으며 아예 학업까지 포기한 '고위험군'에 속한 고교생이 5,600여 명에 이를 것으로 추산했다(2005년 11월 30일자 〈한국일보〉). 또한 한국청소년상담원이 2006년 전국의 청소년 약 3,000명을 대상으로 위기청소년 실태 조사를 실시했다. 그 결과 초등학생의 2.1퍼센트, 중학생의 3.3퍼센트, 인문계 고등학생의 6.0퍼센트, 실업계고등학생의 8.7퍼센트, 학교밖 청소년 12.9퍼센트가 은둔형외톨이 성향을 가진 것으로 파악되었다고 한다. 그런데 이러한 문제들은 단순히 개인의 성향이나 개인의 문제만으로 볼 수 많은 없다. 학교 교육의 위기가 아이들을 위기상태로 내몰고 있는 것이다. 이처럼 오늘날 한국의 학교 교육이 위기에 빠진 것은 무엇을 교육할 것인가에 대한 좀 더 근원적인 '교육상'을 그려내지 못했다는데 있을 것이다. 이 책에서 그러한 문제에 대한 시사점을 얻을 수 있기를 바라는 마음 절실하다.

그런데 역자들이 이 책을 번역하게 된 동기에는 다음과 같은 이유도 있었다. 그것은 근대 일본이 식민지에 만들어 놓은 학교 교육의 문제와 관련된다. 일본은 천황제이데올로기를 전파하기 위해 '충량한 국민'의 육성이 필요했다. 그것은 학교 교육을 통해 이루어졌는데 이러한 근대 교육이 식민지 현장에서도 그대로 적용되었다. 타이완이 그랬으며 조선이 그랬다. 일본은 충량한 국민을 육성한다는 교육칙어의 정신을 심기 위해 1912년 조선교육령을 공포했다. 조선교육령은 교육칙어가 조선 식민지 교육의 근본 이념이 된다는 점을 명문화하고는 동화 교육의 핵심에 천황제 교육 이념을 두었다.

따라서 한국의 교육사가 걸어온 길을 따라 거슬러 가다보면 근대 한국에서 이루어진 교육과 만나게 될 것이다. 그런데 근대 한국의 학교 교육은 식민지 시대 일본의 근대 학교 교육에서 창출된 교육 형태를 상당부분 도입했다는 사실이다. 역자가 이 책을 번역하려한 또 하나의 이유가 여기에 있다. 일본에 의해 만들어진 학교 교육의 내용은 실은 오늘날 한국의 학교 교육 현장에서도 아직까지 사라지지 않고 있다는 점이다. 결국 한국의 학교 교육의 문제점을 발견하고 새로운 교육의 상을 만들기 위해서는 한국의 학교 교육이 시작된 지점으로 다시 돌아가 거기서부터 다시 '교육'을 생각해봐야할 필요성에 직면하게 된다. 근대와 전근대 한국에서 이루어진 교육의 실태를 살펴보고 근대로 발전해가는 과정에서 교육의 질이 얼마만큼 그리고 어떻게 달라졌는지에 대한 전망을 할 수 있다면 좋을 것이다.

여기서 잠깐 일본이 시행한 학교 교육의 한 단면을 들여다 보자. 일본 제국주의는 학교 현장에서 교육칙어를 낭독하고 메이지 천황부터 시작하여 그 후의 천황과 황후의 사진(어진영, 御真影)을 학교에 배부하여 절할 것을 강요했다. 이러한 강제된 '의식'은 '소학교축일대제일의식小學校祝日大祭日儀式'이라는 일종의 조회를 통해 이루어졌다.

일본 최초의 문부대신이 된 모리 아리노리森有禮는 천황제 교육의 틀을 만든 인물이다. 그는 육군에서 실시하던 병식 체조나 군대에서 만들어진 주번제도를 학교 교육에 도입했으며, 사범학교 학생들에게는 내무반 생활을 하도록 했다. 모리는 어진영을 학교에 하사하여 여기에 배례하게 했으며, 국가 축일에 선생과 학생이 모여 의식을 행하고 창가를 부르는 제도를 만들었다. 학교 운동회에서도 기미가요를 제창하게 했으며 황국창가와 천황폐하 만세를 부르게 했다. 조례를 매일 실시하게 한 것도 모리였다. 모리는 이러한 의식을 학생들이 신체화하면 이를 통해 정신을 하나로 모을 수 있으며 결국 천황을 중심으로 한 국가에 충성할 수 있다고 판단했다. 모리의 이러한 생각은 신체의 규율을 통해 정신(마음)을 지배할 수 있게 된다는 인간관에 기인해 있다.

그런데 이처럼 신체의 규율을 통한 마음의 규율이 가능하다고 판단한 것은 근대에 와서 생겨난 일일까? 이 문제는 그리 쉽게 말할 수 없다. 하지만 근대 이전에도 이러한 생각이 존재했다는 것은 말할 수 있다. 예를 들어 주자학자로 분류되는 가이바라 에키켄貝原益軒이 그러하며 가장 주자에 가깝다고 평가 받았던 야마자키 안사이山崎闇斎가 그랬고 반주자학자인 오규 소라이荻生徂徠가 그랬다.

가이바라 에키켄은 타인의 마음도 자신의 마음도 모두 믿을 수 없다고 했다. 인간의 마음은 불완전하여 마음이나 지성, 판단력에 의존할 수 없다는 사고로 여기에는 마음에 대한 강한 불신이 드러나 있다. 이러한 사고는 스스로를 강하게 규율하는 책임의식의 도덕론으로 기능한다. 안사이는 마음이 몸을 주재하는 것은 위험하다고 판단했다. 그는 마음에서 나쁜 짓을 생각하는 것은 형벌의 대상이 되지 않지만 몸으로 나쁜 짓을 실행한다면 반드시 형벌의 대상이 된다는 점을 강조한다. 이것은 옳고 그름의 기준을 마음의 동기에 두는 동기주의가 아닌 결과로서의 신체행동에 두고 파악하는 결과우선주의이다. 마음으로 마음을 다스리는 것은 광인이 광기를 스스로 다스리는 것과 같다고 주장한 소라이도 그러하다. 소라이는 내면의 직접적인 수양은 불가능하다고 보아 예악을 신체로 습숙하는 가운데 도덕적인 인간이 양성된다고 주장한다. 이처럼 에도시대의 유학자들 중에는 주자학적인 수양론, 즉 마음의 수양을 통해 몸을 다스릴 수 있다는 수양론에 동의하지 못하고 그 반대의 노선을 취한 사람들이 있다. 신체의 실천행위를 통해 마음을 다스릴 수 있다는 것이다. 그렇기 때문에 이러한 사고법에서는 신체의 철저한 규율화가 요구된다.

이러한 신체의 규율화에 중점을 두는 외면 중시의 사고는 일본의 사회문화사의 저변에 일정하게 흐르고 있는 것일 수도 있다. 이 책의 출판을 기획하신 쓰지모토 교수님도 이러한 점을 언급하고 있다. 이러한 문제를 좀 더 면밀하게 분석해 본다면 일본 교육사가 걸어온 길을 좀 더 분명하게 알 수 있을 것이다. 그것은 반대로 한국 교육사가 걸어온 길을 다시 재음미해 볼 수 있는 시간을 제공해 줄 것이라 생각한다.

이 책을 번역하는 과정에서 가장 큰 어려움은 생소한 용어를 한국어로 옮기는데 있었다. 데나라이주쿠나 오라이모노등은 원어를 그대로 사용했다. 적절한 용어를 찾지 못한 것도 원어를 그대로 사용하게 만든 요인이 되었지만 학습 문화의 현장감을 좀 더 살리기 위함도 있었다.

이 책은 공역이기 때문에 번역자에 따라 문장이 약간씩 다를 수 있다.

이러한 이유로 역자들은 번역된 원고를 몇 번에 걸쳐 다시 읽으며 교정했고, 마지막으로 오성철 교수님께서 전체적인 교정을 다시 하셨다. 번거로운 작업이었음에도 불구하고 오성철 교수님의 세밀한 교정으로 읽기 편한 글이 되었다. 또한 책을 번역하는 과정에서 많은 분들에게 신세를 졌다. 교토대 교육사 연구실의 동학들에게 감사한다. 자신들의 연구에 시간이 쫓기면서도 친절하게 일일이 알려주는 세심한 배려를 잊지 않았다.

 출판의 어려운 사정을 생각하면 이 책을 세상에 나오게 해준 경인문화사와 편집부에 감사한 마음을 전한다. 한국의 일본학 발전에 크게 기여해 준 것에 감사할 따름이다.

진리가 너희를 자유케 하리라.

2011년 3월 15일

역자를 대표해서 이기원

∥일러두기∥

1. 일본어는 가능한 한 우리말로 표기하되 필요한 경우 한자나 일본어를 덧붙였다.

2. 일본의 인명, 지명 등은 교육부 외래어 표기법에 따라 우리말로 바꾸었다. 인명과 지명이 처음 나올 때 한자 표기를 덧붙였다.

3. 일본에 고유한 제도, 관습, 관직명 등은 대부분 우리말 한자음으로 표기했다 (예컨대 막부幕府). 그러나 한자어로 뜻이 통하기 어려운 것들은 필요에 따라 일본어 발음으로 표기했다(예컨대 데나라이手習い 혹은 데라코야寺子屋).

4. 연도 표기에서 일본 연호는 필요한 부분을 제외하고는 모두 서기로 바꾸었다. 필요한 경우 연호를 기록하고 부록에 연호서기 대비표를 제시했다.

5. 서명, 신문명 등은 『 』으로, 논문 및 기사명은 「 」으로 표기했다. 법령은 「 」로 표기했다.

6. 참고문헌은 처음 나올 때 일본어 원문을 덧붙였다.

7. 원문에 나온 강조 부호는 ' '로 표기했다. 원문의 방점은 그대로 방점으로 표기했다.

8. 본문의 주는 미주로 실었다.

9. 필요한 경우 역자주를 각주로 실었다. 역자주는 일본 이와나미서점岩波書店의 사전 『고지엔廣辭苑』 등을 참고했다.

서 론

교육사를 재구성하기 위한 시각

지금까지 교육사 연구는 주로 교육학의 일환으로 전개되어 왔다. 그 교육학 자체도 역사적으로 말하면 본래 국민교육을 담당하는 교원 양성 학으로 성립한 학문이다. 따라서 교육사 연구는 애초부터 현장에서 교육을 실천하는 교원의 '교직교양'의 성격이 짙었다. 지금까지 교육사 연구의 주된 과제가 학교사, 교육제도사, 교육실천사 혹은 훌륭한 교육사상 등이었던 것도 이 때문이다. 근대학교의 교육과 제도를 정당화하거나 교육현장을 고무하려는 의도가 알게 모르게 담겨 있었다. 또한 시점이 주로 현대의 교육 실천을 향했기 때문에 근대에 연구가 편중되는 경향이 있었던 것도 부정할 수 없다. 실은 이러한 구조 자체는 지금도 본질적으로 변함이 없다.

하지만 일정한 변화가 없지는 않았다. 변화에 영향을 미친 근본적 요인이 몇 가지 있다. 첫째는 근대학교 제도나 교육관이 막다른 골목에 봉착했다는 인식이다. 일본의 근대화 추진에 큰 역할을 담당한 학교 제도는 이제 포화 상태에 도달했다. '학교붕괴'라는 말로 상징되는 지금의 학교를 둘러싼 위기의식 속에서 교육사 연구자들이 근대학교 제도를 상대화하고 비판적으로 보는 시점을 취하기 시작한 것은 당연하다.

　이러한 가운데 미셀 푸코의 작업, 즉 근대 사회가 지닌 규율성과 권력성을 폭로하는 예리한 시점과 방법이 소개되었다. 푸코는 근대학교가 근대사회의 규율과 권력을 만들어내는 주요한 장치라고 본다. 그에 호응하듯 필립 아리에스의 『〈아동〉의 탄생』과 『〈교육〉의 탄생』이 출현했다. 아리에스는 '아동'이 중세에는 존재하지 않았다는 것, 즉 '아동기'는 근대에 성립한 관념이라는 것을 역사 연구를 통해 밝혔다. '아동' 존재의 역사성만이 아니라, 가족, 성, 죽음 등 지금까지 역사학이 정면으로 다루지 않았던 일상생활의 근저에 있는 여러 모습에 역사의 빛을 비추었다. 이는 아동의 존재를 자명한 것으로 받아들인 근대교육학에 대한 근본적인 비판을 의미한다. 중세에 주목함으로써 현존하는 '근대교육'의 자명성을 해체했다고도 할 수 있다. 아리에스는 교육에서 사회사적 시점의 유효성을 제시했으며 또한 교육사에서 전근대 연구의 유효성을 보여주었다고 할 수 있다.

　아리에스는 프랑스의 아날 학파와 관련된 역사연구자다. 아날 학파는 역사학에 커다란 혁신을 초래했다. 아날 학파는 마르크스주의나 실증주의를 비판하며 새로운 역사관과 방법론을 제시했다. 아리에스의 교육사 연구도 그 일환이었다. 그것은 위기에 봉착한 근대학교를 비판적으로 보는 매력적인 역사연구였다. 이러한 영향 하에서 학교사나 교육실천사, 사상사 연구보다도 생활 속의 사람과 사물, 심성, 가족, 삶과 죽음 등 일상적인 현상들이 주목을 끌게 되었다.

　또 하나의 새로운 측면으로 '국민국가론'을 들지 않을 수 없다. 그것은 현대 세계를 규정하는 국민국가의 존재 방식에 비판적인 언설을 제기한다. 최근의 문화연구에서도 이러한 문제 제기를 받아들이는 논의가 현저히 늘어나고 있다. 그들은 근대국가의 틀을 무의식적으로 역사의식에 투영하여 '국민국가'를 강화하는 역사 담론의 문제를 제기한다. 예를 들어 에도 시대의 교육을 논하면서 근대에 실현된 '국민교육'의 교육상을 무의식적으로 에도의 역사 사회 속에 투영하려는 경우도 있었다. 그것은 역사의 이름을 빌린 '근대교육'의 '자기이야기'에 지나지 않는다. '국민국가론'의 조류는 적어도 이 점을 자각시켰다.

근대교육은 '국민국가'를 재생산하는 장치이다. 또한 식민지나 이민, 여성, 부라쿠部落 차별 등 근대국가가 만들어낸 일종의 '주변부'야말로 국가의 재생산 장치가 내포한 모순과 갈등을 명료하게 드러내며 근대국가가 지닌 의미를 보여준다. 교육사 연구는 이제 이러한 '국민국가론'이나 문화연구가 열어놓은 시각과 무관하게 존재할 수 없다.

'교육의 사회사'라 이름 붙인 이 책은 교육사의 재구성을 목표로 하여 이상과 같은 시점과 방법을 의식하면서 다음과 같은 편집 방침으로 구성되었다. 사회사라는 시점을 취하거나 '국민국가론'이라는 시점을 취한 교육사 연구가 충분히 축적되어 있지는 않다. 결과적으로 보면, 여전히 크고 많은 과제가 남아 있다는 점을 드러낼지 모르겠다. 다만, 필자들이 무엇을 추구하고자 했는가 하는 것만큼은 여기서 제시하고 싶다.

편집방침

첫째, 학교사로 수렴되지 않는 교육의 사회사·문화사를 추구한다. 물론 '근대'는 '학교교육의 시대'이다. 그러나 이 책에서는 제도로서의 학교교육을 상대화할 수 있는 시점을 취하려 한다. 그를 위해 인간형성과 관련된 모든 영역을 시야에 넣을 필요가 있다. 이 책에서 추구하는 '교육의 사회사'란 '인간의 형성'이라는 시점에 서서 역사적 사회를 재조명하는 작업을 의미한다.

둘째, 교육은 사회를 재생산하는 기능을 담당한다. 교육은 사회에 붙박힌 문화 체계의 일환이며, 따라서 이 책에서는 문화사의 시점을 취한다. 종래의 교육사 연구는 학교나 교사의 실천 등 좁은 의미의 교육활동만을 떼어내 조명하는 경향이 강했다. 예를 들어 중세의 교육이라 할 때 아시카가足利 학교나 가네자와金澤 문고 등을 의식하는 경우가 많았다. 물론 그러한 사실을 해명하는 일은 필요하다. 그러나 아시카가학교 내부의 상세한 사실을 해명한다고 해서 중세 사회 전체 속에서의 인간 형성 체계가 모두 밝혀지는 것은 아니다. 아시카가학교가 중세 사회의 문화체계의 일환으로 어떻게 편성되어 있었는가 라는 시점을 놓치게 될 수도 있으며, 결과적으로 사회의 문화체계 전체 속에서 '교육'이 지닌 의미를 놓치고 교육이 지닌 역사적 의미를 포착하지 못할 수도 있다. 이렇게 되면 근대의 교육-학-논리가 전제로 작용하여 '교육 이야기'가 비역사적으로 구성될 우려도 있다. 예를 들어 근세의 학교만을 따로 떼어내 그것이 근대의 학교와 얼마나 가까운 것이었나를 따지게 될 경우, 그것은 근대의 학교나 교육을 이야기하려는 목적에서 발굴해 낸 '근세'일 뿐이다. 그것을 역사의 시선이라 할 수는 없을 것이다.

역사 문화체계의 일환으로 교육을 포착하는 입장에 서면, 근대교육이나 현대의 교육학이 서 있는 역사적 위치를 다시금 확인할 수 있을 것이다. 그것은 근대교육을 상대화하고 비판할 수 있는 시점을 구성하는 일과 필연적으로 관련된다. 근대 쪽에서 역사를 보는 것이 아니라 역사 쪽에서 현대를 비판적으로 조망하는 시점의 가능성을 중시하고자 한다. 물론 통사의 체제를 취한 이 책에서 그러한 목표를 충실히 이루었다고 하기는 어려울 것이다. 그러나 이 책을 통해 독자들이 역사 쪽에서 교육을 생각하는데 일정한 시사를 얻을 수 있기 바란다.

셋째, 교육의 실천사를 중시한다. 지금까지는 대체로 교육의 제도·정책·이념 등 대체로 교육을 하는 쪽의 의도가 연구의 주제가 되어 왔다. 이는 사료나 방법의 제약에 기인할 것이다. 그러나 사회사에 대한 방법적 자각과 관심을 통해 평범한 서민의 일상적 실태에 주목하는 것이 중요하다는 점이 드러났다. 교육의 사회사도 그러한 방법적 자각 하에서 실제로 아동들이 어떻게 교육받고 어떻게 배웠나 라는 구체적인 사태나 실태를 -'아동'만 아니라 '성인'도 배웠다는 점을 생각할 때 성인이 배워 온 실태도 포함한다- 가능한 한 최근의 연구 성과에 기초하여 제시하려 한다.

넷째, 앞서 말했듯이 지금까지 '주변적'으로 간주되어 온 영역이나 주제에서 교육을 포착하는 것의 유효성을 중시한다. 예를 들어 -가르치는 자가 아니라- 배우는 자로서의 아동, 여성, 오키나와나 홋카이도, 아이누, 식민지, 부라쿠 차별, 유학생, 이민, 아시아 등의 주제를 상정할 수 있다. 다만 지면의 제한과 연구 상황 그리고 통사로서의 제약이 있기 때문에 이 모든 주제를 다룰 수는 없었다.

다섯째, 일본 한 나라에 한정되지 않는 시점을 취하려 노력했다. 근대에 성립하여 현대에 공유되는 '국민국가'상을 자명한 전제로 삼아 그 시점에서 무자각적으로 '국가'의 역사를 소급하여 더듬어가는 '일국사관'을 가능한 한 피하려 했다. 일국에 갇혀버린 교육사 서술은 현대의 국민국가 내부를 재생산하는 이야기방식일 뿐이다. 그것이 내포하는 이데올로기적 성격을 자각하려 노력했다. 이민교육사나 일본의 식민지교육사는 그러한 문제의식에 기초한 것이다.

여섯째, 교육은 본래적으로 문화통합 즉 사회나 국가에의 '동화'를 추구하는 기능을 갖고 있다. 특히 근대 국민국가의 체계는 '국민'화를 추구하는 가장 유효한 국가적 방법이며 그 속에서 교육이 정치적 정책에 휘말리는 측면이 강력히 작동하고 있다. 교육이 가진 그러한 특질을 자각하면서 각 시대에서 교육의 역사적 의미를 포착함으로서 교육적 영위를 상대화할 수 있는 시점을 취하려 노력했다.

책의 구성

이 책은 전체를 아홉 개 장으로 나누어, 1장과 2장은 고대·중세, 3장부터 6장까지는 근세, 7장부터 9장까지는 근대에 할당하는 통사적 구성을 취했다. 교육사 연구의 축적이나 교육현상의 다양화, 사료의 제약 때문에 근세·근대에 많은 지면을 할애할 수밖에 없었다. 고대·중세는 각 장의 앞부분에 각 시대의 총론에 해당하는 절을 두었고, 근세는 문자사회의 침투에 따른 교육체계와 공동체가 지닌 인간형성력을 주제로 삼으면서도 전체적으로 통사적인 전망에 입각한 서술에 힘썼다. 근대는 7장에서 총론적으로 서술하였다.

1장 「대륙문화의 수용에서 일본문화의 형성으로」(스즈키 리에)에서는 총론 부분에서 고대 교육을 문자의 역사에 입각하여 포착하는 종래의 방법에 더하여, 구술 세계의 의미를 어떻게 교육사 연구로 끌어들일 수 있는가 하는 방법상의 문제를 다루고 있다. 이는 일상생활 속에 숨어있는 교육적 영위나 암송, 구전, 여러 의식이나 의례 등의 교육적 의미를 적극적으로 평가하려는 시도이다. 2절 '촌락과 공동체의 교육'이나 4절 '헤이안 귀족의 교육', 5절 '이에의 형성과 교육' 등에서는 문자 사료를 중심으로 했던 종래의 교육사 연구에서는 보이지 않았던 부분을 다룬다. 나아가 이 장에서는 고대 교육을 일본 일국사에 제한하지 않고 널리 동아시아의 문화 형성 및 인간과 물자의 교류사 속에서 서술한다. 예를 들어 한자문화나 다양한 기술의 수용을 도래인의 역할에 바탕을 둔 동아시아 세계의 문화교류라는 시점에서 논한다. 또한 율령 체제 하 학교의 기능과 관련하여 조선이나 중국의 학제와 비교하면서 일본의 문서행정 체계와 그에 규정된 관료 양성기관으로서 대학료大學寮의 특질을 파악한다.

2장 「중세사회의 교육의 다면성」(오토 야스히로)에서는 중세 사회의 문화 체계로서 사원의 기능 및 네트워크에 착목하여 중세교육이 길드적 경향을 지닌 지식승知識僧 집단에서 세속화한 아동교육으로 확산되는 특질을 개관한다. 중세의 교육기관을 대표하는 아시카가학교나 가네자와문고를 유력 사원 중심의 네트워크 속에서 파악한다. 나아가 텍스트였던 오라이모노往來物가 귀족-무가-서민에 걸쳐 정보전달 기능을 지녔음을 밝힌다. 또한 중세에 발달한 수공업자나 예능인의 좌座에서 교육기능과 정보전달 기능을 발견한다. 그것은 도시에서 지방으로 문화를 전달하는 기능을 담당했다. 사원의 네트워크 속에서 사람과 문화의 이동을 통해 확립된 중세적인 교육 세계를 '유력자遊歷者'라는 핵심개념을 통해 서술한다. 특히 시중時衆이나 율승律僧·천태승天台僧·선승禪僧 등 종교인이 지방을 돌아다니면서 민중의 생활공간 속에 교육의 '장'을 만들어 내고 민중의 정신 형성에 깊이 관련되는 과정을 묘사한다.

3장 「문자사회의 성립과 출판미디어」(쓰지모토 마사시)와 4장 「근세사회의 교육의 다양성」(쓰지모토 마사시)은 근세 교육을 사회사적으로 파악하여 기본적인 분석을 전개한다. 그런 의미에서 이 두 장은 근세교육을 총괄하는 의미를 지닌다. 3장에서는 정치행정 체계로서 문서주의가 확립되면서 민중이 자신의 생활을 지키기 위해 문해·계산능력을 확립하는 과정을 밝힌다. 또한 출판 미디어의 발달은 지역성을 넘어서 공통의 문서기록 언어를 전국적으로 침투시켜 일본의 근대 공교육의 토양을 만들었음을 논한다. 이러한 출판 문화와 공통 언어 하에 가이바라 에키켄貝原益軒을 위치시켜 고찰한다. 이른바 '에키켄본益軒本'의 유포가 유학을 토대로 한 지식인과 데나라이手習 학습을 하는 민중을 연결시켜 새로운 지식층을 창출하는 과정이었음을 밝힌다.

4장에서는 근세 사회에서 문자 미디어에 의존하지 않는 교육 방식을 찾는다. 예를 들어 서민·무가·상가 별로 다른 특징을 지니면서도 이에家가 지닌 교육력이 그 성원의 성장에 큰 영향을 미쳤다는 것, 각 공동체가 지닌 인간의 성장발달과 관련된 체계 등을 생활을 통해 신체적으로 전달되는 지식이나 '기技'와 관련하여 밝힌다. 또한 이시다 바이간石田梅岩 및 그 후계자들의 심학心學을 문자나 독서와는 거리가 먼 대중에게 학문을 '말하는' 매스·로그의 등장으로 파악하여 그 교육적 의미를 언급한다.

5장「근세민중의 인간형성과 문화」(야쿠와 도모히로)에서는 우선 민중의 인간 형성과 관련된 교육적인 '장'으로 이에가 성립하는 배경을 민중의 결혼 형태를 통해 고찰하고 '이에'를 계승하는 존재로 아동에 대한 관심이 일어나는 과정을 밝힌다. 나아가 아동의 출생률에 착목하여 소산소사형小産小死型 사회의 도래가 공동체에서 아동의 위치와 역할을 새롭게 규정한 점을 밝히고 그것을 아동에 관한 회화사의 성과를 바탕으로 논의한다. 또한 가업에서 아동의 위치와 학습기능을 민속학의 성과를 바탕으로 고찰하며, 아동이 생활과 노동을 통해 이치닌마에一人前가 되는 인간형성 과정을 그려낸다. 아동은 '노는' 것과 '일하는' 것이 분화되지 않는 상태였지만, 가업에서 직업이 독립하면서 그 노동에 필요한 능력 형성이 조직적으로 이루어지게 되었음을 논한다. 예를 들어 상가에서 봉공奉公과 데나라이가 결합됨으로써 교육이라는 영역이 명확해진다. 나아가 데나라이가 노동에서 독립하여 노동에 선행하는 것으로 간주됨에 따라 그것이 결국 이에가 하는 개별적인 일이 아니라 공적인 일로 전개되는 과정을 고찰한다. 이러한 교육의 고유한 영역 확정과 근세사회가 지닌 공동체의 문화·교육체계의 관계에서 출발해 근대교육이 지닌 문제까지 언급한다.

6장 「막부의 교육정책과 민중」(쓰지모토 마사시)은 근세에서 민중이 만들어낸 교육체계를 정치의 관점에서 집약함으로써 말하자면 학문을 정치의 수단이나 기술로 적극적으로 활용해 가는 교육정책과 사상을 논한다. 근세전기, 히젠오카야마번備前岡山藩의 이케다 미쓰마사池田光政가 행한 교화정책이나 5대 쇼군 쓰나요시綱吉의 문치정책을 근거로 막부의 교육정책이 본격적으로 전개된 시기를 교호기享保期로 본다. 그 사상적 근거를 오규 소라이荻生徂徠에서 찾고 교코몬일강仰高門日講에서 민중을 대상으로 행한 공개 강석이나 데나라이 학습에 대한 관심 등 요시무네吉宗가 시행한 일련의 교육정책의 특질에 관한 고찰을 더한다. 나아가 간세이기寬政期의 이른바 '이학의 금異學の禁'이 민중교화에 어떤 의미를 지녔으며 뒤이어 19세기의 일본 학문과 교육에 어떤 영향을 미쳤는가를 다룬다.

7장 「입신출세주의와 근대교육」(모리카와 데루미치)에서는 두 가지 관점이 설정된다. 첫째는 서구 사회에서 등장한 문명이 생활 경험을 통해 신체화된 전통 문화와 상극·갈등한다는 시점이다. 둘째는 자본주의 체제에 포섭된 근대 공교육이 개인의 자립과 사적 이익의 확대 및 그에 수반된 경쟁사회의 출현이라는 현실에 대응하여 어떻게 규범 형성에 개입하려 했는가 라는 시점이다. 이 두 시점을 통해 국민국가의 형성과 교육적 영위의 관계를 밝히려 시도한다. 1872년 반포된 「학제」는 교육의 과제를 개인의 '입신출세'에 두었지만 결국은 국민의 공공의식을 주요 과제로 삼는 교육정책으로 전개되어 가는 과정을 밝힌다. 다나카 후지마로田中不二麿에서 모리 아리노리森有禮에 이르는 학제개혁의 사상은 이 상반된 과제를 기능주의적으로 해소하려는 것이었지만 모리의 암살로 인해 좌절되었다고 설명한다. 신민 형성의 기축으로 등장한 「교육칙어」도 '불후의 대전'이라기보다 자본주의 경제 하에서 도덕의 '작위'성으로 인해 지속적으로 뒤흔들리는 숙명을 지닌 것으로 그리고 있다. 자본주의 발전과 함께 학력과 직업 자격이 결합하여 '학력사회'가 등장했고 그 학력사회가 지방 구석구석까지 침투함으로써 '학제' 이후의 입신출세주의가 관철되고 일본의 교육을 규정하는 힘으로 존속해 가는 실태를 경제공황이나 전쟁 상황과 연결시켜 밝히고 있다.

8장 「이민교육과 이문화 이해」(오기타 유쿠지)는 지금까지 교육사 연구에서 거의 다루지 않았던 일본계 이민의 교육을 다룬다. 일찍이 메이지 유신과 동시에 하와이로 건너간 일본인에서부터 정부의 이민 장려정책에 의한 관약이민官約移民이나 이민회사에 의한 이민에 이르기까지 주로 하와이와 북미 이민의 문제를 논한다. 민중이 갖는 외국의 이미지는 언제나 지식인 또는 국가의 문화장치를 통해 여과되어 이야기되어 왔지만, 해외로 이민한 사람들은 생활 현실을 통해 다른 문화와 직접 접촉했다. 이민을 많이 배출하여 이민현으로도 불린 히로시마현廣島縣의 사전 교육 실태, 하와이에 창설된 일본인 학교와 하와이가 미국의 속령이 됨으로써 발생한 당국과의 알력 및 다른 문화와의 마찰 등의 논점을 해명한다. 이를 통해 해외로 나간 일본인이 국가의 규정을 벗어난 곳에서 자신들의 교육을 행하고 다른 문화를 주체적으로 수용한 과정을 고찰한다. 일본에 사는 일본인의 교육사와는 다른 근대교육의 과제를 일본계 이민의 일본어학교교육사를 통하여 밝히고 있다.

9장 「식민지 지배와 교육」(고마고메 다케시)에서는 교육이 지닌 '지배와 피지배'라는 정치적 관계가 가장 명확한 형태로 나타난 식민지 교육을 다루며, 현재진행형으로 계속되는 아시아에서 일본의 교육과제와 교육에서의 식민지주의 문제를 논한다. 종래에는 식민지교육의 특질을 '동화정책'으로 말해 왔다. 그러나 고마고메는 '동화'라는 말이 지닌 애매함이 식민지 교육의 본질을 포착하기 어렵게 만들었다고 지적한다. 조선총독부 초대학무과장 구마모토 시게키치隈本繁吉의 문서-「교화의견서敎化意見書」-에서 이야기된 '동화' 불가능론 또는 불필요론에 기반한 식민지 교육이념의 고찰에서 시작하여 식민지 교육을 둘러싼 문제구조를 밝히려 시도한다. 대만이나 조선의 식민지 교육의 실제를 분석함으로써 지배자 일본인과 피지배자 대만인이나 조선인이라는 구별이 바로 교육제도를 통하여 재생산되는 과정을 밝힌다. 일본 정부는 식민지 통치의 '안전판'으로서 교육을 적극적으로 보급하는 방침을 취했지만 결국은 일본인을 정점으로 하는 서열화 척도를 피지배자에게 관철시켰다고 본다. 이러한 식민지 지배에 의해 창출된 교육 관계는 현재에도 여전히 일본의 교육을 지배하는 구조 속에 붙박혀 있다고 지적한다.

이상과 같이 각 장의 과제 설정과 내용의 개요를 편집자 입장에서 정리했다. 이것이 각 집필자의 의도를 반드시 정확하게 전한 것은 아닐 수도 있고, 앞서 제시한 편집방침도 다분히 편집자의 희망이 앞선 것이라 할 수 있다. 당연한 말이지만 집필자 각자 또는 대상이 되는 시대에 따라

고유한 의식과 방법이 존재한다. 따라서 각 장 상호 간에 논점이나 시각에 다소 어긋남이 있을지도 모른다. 그러나 이 책에서는 그 조정을 최소화했다. 좋은 의미에서건 나쁜 의미에서건 그것이 연구의 현상을 보여주기 때문이다.

하여튼, 우리는 이상과 같은 점들에 유의하면서 교육사회사의 통사에 도전해 보았다. 아직 역부족이고 지나치게 대담한 시도일 지도 모른다. 그렇지만 이 책이 담고 있는 여러 문제가 이후의 생산적인 논의로 이어지기를 바란다. 그러한 의미에서 일종의 문제제기라 할 수 있다.

이 책은 많은 사람의 도움으로 만들어졌다. 특히 색인 작성이나 본문교정과 관련하여 교토대학 대학원생 다카노 히데하루高野秀晴(현 진아이 대학)씨와 도시샤대학 대학원생 미야사카 도모유키宮板朋幸(현 비와코학원대학)씨가 도와주었다. 여기서 감사의 뜻을 표한다.

2002년 4월

쓰지모토 마사시 · 오기타 유쿠지

차 례

제1장
대륙 문화의 수용에서 일본 문화의 형성으로

1. 대륙 문화의 수용

고대 교육의 특질

'교육'이 문제가 되는 이유는 사회적 존재인 인간이 대인 관계를 통해 자기를 형성하거나 타인과 작용하며 사회를 적응·유지·발전시키는 능력을 체득하기 때문이다. 대인 관계를 매개하는 것으로 언어·행동·소리·그림·문자·영상 등 다양한 커뮤니케이션 수단이 있다. 리스먼David Riesman은 문화의 발전 단계를 구술 커뮤니케이션에 의존하는 문화, 인쇄물에 의존하는 활자 문화, 시청각 미디어가 발달한 대중 문화 등 세 단계로 구분하고 있는데[1], 이 장에서 다루는 고대는 그 첫째 단계인 구술을 통한 커뮤니케이션 단계이다. 고대에서 문자는 권력을 장악한 지배자층이 사용하기 시작했지만 인쇄술은 보급되지 않았다. 그리고 무엇보다도 대다수 일반 사람들의 일상생활은 구술 문화에 속해 있었다. 음성인 말에 영력靈力이 있다고 믿는 이른바 언령신앙言靈信仰이 존재했다.

누구나 태어나면서 말하는 능력을 갖추기 때문에 음성언어는 자연스럽게 기억된다. 이에 비해 문자-기록언어-는 의식적으로 배우지 않는 한 알 수 없기 때문에 그것을 아는 사람과 모르는 사람을 확연히 구별 짓는다. 또 음성언어는 음성이 들리는 범위의 직접 접촉을 필요로 하지만 문자는 시공간을 초월할 수 있다. 특히 한자는 동아시아의 공통어로서 외교에 반드시 필요한 언어였다. 국내에서도 율령제가 시행되면서 문서 행정 체계가 관철되었고 천황이나 귀족들은 수도에 거주하면서 지방 정치를 장악할 수 있었으며 지방 관리들은 중앙의 명령을 받으며 보고하고 상신할 수 있었다. 문자를 읽고 쓸 필요가 있었던 관리들은 학교나 시주 쿠私塾에서 경서와 사서史書를 배웠다.

그러나 고대에는 지배층 세계에서도 문자보다 구두에 의한 소통이 많았다. 8세기 천황이 대극전大極殿에 출어하여 정무를 집정할 당시 국가적 행사나 의식은 대극전과 그 앞뜰에서 구두 전달로 거행되었다.[2] 학교에서 경서의 음독을 통한 암기암송주의가 채택된 것도 인쇄된 텍스트가 없어 학생 전원이 경서를 갖지 못했기 때문일 것이다. 헤이안平安시대 후기에는 '문자를 전혀 모르는' 귀족까지 존재했기 때문에 관료라면 당연히 문자를 쓸 수 있었을 것이라는 고정 관념은 잘못이다. 헤이안 귀족은 가문에 따른 출세가 결정되어 있었기 때문에 일상적으로 의례화된 정치 안에서 자신의 역할을 수행하기만 하면 그다지 문자를 읽고 쓸 줄 몰라도 생활할 수 있었다. 문자화되지 않은 구전이 중시된 것도 헤이안시대의 특징이다.

민중에게 문자는 주술적인 요소가 강했다. 또 토기 등에 기록하여 다른 것과 식별하기 위해 기호로도 사용했다. 민중은 율령 국가의 지배가 침투해가면서 문자의 역할을 점차 인식했겠지만 민중 대다수의 문자 학습은 전무했다. 민중의 생활은 마을이나 공동체의 규제 하에 있었다. 물론 국가의 논리가 공동체에 침투하는 경우는 있었지만 일상적으로는 마을이나 공동체 질서가 인간 형성의 모습을 결정했던 것이다.

여기서는 야요이弥生 시대부터 헤이안시대까지 약 천년 이상의 기간을 다룬다. 크게 네 단계로 구분하면 제1단계는 일본 열도에 사는 사람들이 중국 중심의 동아시아 세계에 포섭되어 대륙 문화의 영향을 받았고, 도래인渡來人이 인재 공급원이 되었던 7세기 후반까지이다. 제2단계는 당의 문화를 적극적으로 도입하여 율령 국가의 건설과 재건을 시도한 7세기 말부터 헤이안 초기까지다. 그 후 제3단계인 헤이안 중기에는 중국 문화를 흡수·소화하여 일본의 풍토에 맞는 문화를 창출했다. 이 단계는 수도와 귀족 중심의 문화였지만 제4단계인 헤이안 후기가 되면 그 흐름이 지방과 민중으로 퍼져 가게 된다.

고대 교육의 특질을 한마디로 말하기는 어렵지만 결론부터 말하면 구술 세계 속에서 사람들이 직접 접촉을 통해 학습했다는 점이다. 활자 문화에 익숙한 현대인은 구술 문화에 속해 있던 사람들의 세계관을 상상하기 어렵겠지만 고대인으로 기억을 소급해가면서 논의를 전개해보자.

대외교섭과 한자의 유입

일본 열도를 둘러싼 바다는 열도를 대륙에서 분리시키면서 동시에 대륙과의 교섭을 촉진시키는 통로의 역할을 해왔다. 활 모양의 열도는 북쪽으로는 사할린, 서쪽으로는 한반도, 남쪽으로는 오키나와 열도를 통해 시베리아·중국 대륙으로 연결되는데 그 사이에 펼쳐있는 바다는 문화 유입의 루트가 되었다. 특히 쓰시마對馬 해협 루트가 대륙의 선진 기술을 일본 열도로 유입하는 중요한 역할을 담당했다는 것은 쓰시마·이키壱岐·북부 규슈九州의 많은 유적과 그곳에서 출토된 유물이 잘 말해준다. 사가현佐賀縣 나바타케菜畑 유적에서 보이는 수도水稻 경작 기술도 한반도와의 빈번한 교류를 통해 도입된 것이다. 쌀농사는 야요이 시대에 혼슈本

州·규슈·시코쿠四國로 보급되어 사람들의 생활양식에 커다란 영향을 미쳤다. 이에 비해 일본 열도의 북단과 남단에 위치한 홋카이도와 오키나와는 비농업 사회의 독자적 생활양식과 문화를 지니고 있었다.

대륙에서는 중국이 기원전 3세기 진秦시대부터 통일과 분열을 거듭하며 율령제에 기초한 국가를 발전시켰다. 주변 여러 나라들은 군사·정치·문화적으로 발전한 중국으로부터 각종 문물·기술·제도를 받아들였다. 중국과 주변 여러 나라의 관계는 중국 내의 황제와 귀족·관료 간의 군신 관계 원리를 확대시킨 이른바 책봉冊封 체제였다. 중국을 기축으로 한 정치 구조는 동아시아 세계에 국제적 질서와 율령·한자·불교·유교라는 공통 요소를 초래했다.

일본 열도에서 패권을 장악한 사람들도 중국과의 정치적 교섭을 통해 대륙 문화를 수용하고 있었다. 먼저 B.C. 1세기부터 A.D. 1세기 무렵에 한자가 유입된 것으로 보인다. 왜인倭人의 한자 수용은 중국과의 외교를 통하여 한자 사용의 정치적 의미를 이해하고 도래인을 매개로 한자를 외교에 사용하는 단계에서 외국어가 아닌 왜인의 언어를 표현하는 수단으로 한자를 적극적으로 사용하는 단계로 나아갔다. 그 과정에서 왜인 스스로가 한자를 쓸 수 있게 되었다.

『한서漢書』 지리지에 따르면 왜는 여러 소국으로 나뉘어져 있었고 B.C. 108년에 한반도에 설치되었던 낙랑군을 통해 전한前漢과 정치적으로 교섭하고 있었다. 이 시기를 전후로 북부 규슈에는 청동기 제작에 관여한 도래인 집락이 형성되어 있었다.[3] 한국 경상남도 차호리茶戸里 1호분에서 B.C. 1세기 후반의 필기용 붓-목제 필축-이나 삭도인 소환두도자素環頭刀子가 출토된 사실은 문자를 사용했을 가능성을 시사한다. 중국이나 조선과의 이러한 교섭이 일본 열도로의 한자 유입을 촉진했을 것이다.

문자가 새겨진 전한경前漢鏡이나 전한에서 주조된 오철전五鐵錢·반양전半兩錢·신新의 왕모王莽(재위8~23) 시대의 '화천貨泉', '대천오십大泉五十' 등 중국 화폐가 북부 규슈를 중심으로 각지의 야요이 시대 후기 유적에서 출토된 것으로 볼 때 왜인이 한자를 접한 것은 분명하다. 그러나 중국경中國鏡을 모방하여 만든 방제경仿製鏡에 새겨진 한자가 문자 모양을 하고 있지 않다는 점을 볼 때 왜인은 중국의 거울이나 화폐에 기록된 한자를 문자로 인식하지 않았던 듯 하다.

『후한서後漢書』에 따르면 57년에 왜의 나코쿠왕奴國王이 조공하여 광무제光武帝로부터 인수印綬를 하사받았다는 기록이 있는데 에도 시대에 하카타만博多灣 시가志賀에서 발견된 '한왜노국왕漢委奴國王'이라는 금인金印이 그것이다. 나코쿠왕은 금인에 기록된 한자를 이해했을까. 이 금인이 '…왕'으로 되어 있는 이유는 한 왕조가 문자를 이해하지 못하는 외신外臣인 이민족의 왕에게 하사한 관인이었기 때문이며 금인은 본래의 문서 봉인이라는 용도가 아니라 휴대자의 신분 증명에 사용되었다는 견해가 있다.[4] 이러한 이유에서, 야마타이국邪馬台國 히미코卑弥呼와 위魏 왕조의 외교 단계에 접어들면 도래인 중심의 일부 사람들을 매개로 문서의 교환이 있었던 것으로 보인다. 『삼국지三國志』의 위지동이전魏志東夷傳 왜인 조항에 따르면 히미코는 황제로부터 조서詔書를 통해 '친위왜왕親魏倭王'이라는 호칭을 부여받았으며 구누국狗奴國*과 전쟁상태에 빠졌을 때에는 조서·황당黃幢·격문檄文을 보냈다. 히미코의 뒤를 이은 여왕 이요이壱与

---

* 위지왜인전에 보이는 나라. 기록에 따르면 야마타이국邪馬台國의 남쪽에 있었으며 각 나라들의 맹주의 위치에 있었다고 한다. 규슈 중부에 위치했다는 설도 있다. 구나국이라고도 한다.

도 위나 진晉의 무제武帝에게 사신을 보냈다.

위나라와의 외교 과정에서 히미코는 이토국伊都國에 이치다이소쓰一大率를 파견하여 문서나 하사받은 물건에 틀림이 없는지를 점검하게 했다. 후쿠오카현福岡縣 마에바루시前原市 미쿠모三雲 유적군에서 출토된 3세기 중엽의 항아리에 새겨진 문자가 '경竟'-거울을 의미-자로 판독되었는데 이 미쿠모 유적군을 포함한 이토지마糸島 반도 부근이 이토국이었던 것으로 추정된다. 같은 유적군에서는 이토국에 대대로 전해오는 왕릉으로 보이는 유적에서 백 개가 넘는 중국 거울이 출토되었다. 대륙 문화와의 접점에 위치했던 이토국에서 문자의 숙달도가 높았다고 보는 연구자도 있다.

1997~1999년에 걸쳐 2~4세기의 유적에서 문자 유물이 출토되었다는 연이은 보도로 '일본 최고의 문자'가 몇 가지 갱신되었다. 구마모토현熊本縣 야나기마치柳町 유적의 4세기 초엽 목제 갑옷에 달린 잠금쇠나 미에현三重縣 우레시노초嬉野町의 가타베片部·가이조貝藏 두 곳의 유적에서 출토된 4세기 전반기에서 2세기 말엽의 토기들에 검게 쓰인 문자가 '전田'으로 판명되었다. 미에현의 아노초安濃町 다이시로大城 유적에서 출토된 2세기 중엽에 제조된 것으로 보이는 큰 술잔 다리의 파편에 새겨진 글자는 '봉奉' 혹은 '년年'으로 보인다. 나가노현長野縣 기지마타이라무라木島平村 네즈카根塚 유적의 3세기 후반 토기에는 '대大'가 새겨져 있었다. 지금까지는 가고시마현鹿兒島縣 다네가시마種子島 히로타廣田 유적에서 출토된 조개 화폐에 야요이인이 음각했다고 추정되는 '산山'자가 있었지만 야요이 시대의 유적에서 문자 유물이나 문방구-묵, 붓, 벼루-가 출토된 사례가 없었다는 점에서 문자의 사용에 대해서는 부정적이었다. 연이은 문자 유물의 출토로 야요이인과 문자의 관계에 대한 재고가 필요하게 되

었지만 그것이 기호일 가능성이 있다는 점, 야나기마치 유적에서 출토된 유물처럼 복수의 문자가 쓰인 경우에도 세로로 사용되는 도구에 가로로 쓰여 있었다는 점에서 야요이인의 문자 사용에 대해서는 신중한 의견이 있다.

280년에 진晉의 무제가 중국을 통일하자 팔왕八王의 대란으로 한반도에 동요가 일어나 낙랑樂浪·대방帶方 양군이 멸망하고 이를 계기로 신라와 백제가 건국되었다. 일본 열도는 기나이畿內*정권을 중심으로 정치적 연합이 형성되었고 3세기 후반부터 4세기 초기에 걸쳐 재지 수장의 묘에 분형墳形이나 일정한 매장법을 갖춘 고분이 각지에 등장했다. 4세기 후반에 축조된 나라현奈良縣 덴리시天理市 도다이지야마東大寺山 고분에서 출토된 큰 칼은 후한後漢의 중평中平(184~189)의 연호가 새겨져 있었으며, 덴리시 이소노카미신궁石上神宮에 전래되어 오는 칠지도七支刀의 61자 명문-금으로 상감되어 있다-은 이 칼이 중국 동진東晉의 태화太和 4(369)년에 왜왕을 위해 만들어졌음을 말해준다. 이 칼들은 중국이나 한반도에서 들어온 물건들이다.

한자에 의한 왜어 표기

5세기 고분에서는 일본 열도에서 쓰인 명문銘文을 새긴 철검이나 큰 칼이 출토되었다. 지바현千葉縣 이치하라시市原市 이나리다이稻荷台 1호분의 철검에는 기나이 정권이 하사한 사실을 보여주는 '왕사王賜'로 시작되는 명문이 은으로 상감되어 있다. 사이타마현埼玉縣 교다시行田市 이나리산稻荷山 고분에서 출토된 철검에 새겨진 명문은 '신해년辛亥年:471년'

---

* 교토 근방의 야마시로山城·야마토大和·가와치河內·이즈미和泉·셋쓰攝津 지방의 총칭

의 연기를 가진 115자로 된 한자이다. 이 명문에는 '오와케乎獲居'가 '주사奏事'의 '근원'을 기록한다는 내용이 들어 있는데, 오호히코オホヒコ에서 오와케ヲワケ에 이르는 8대의 계보를 기록하면서 그의 집안이 대대로 무관杖刀人首의 수장으로 섬겨온 오와케 신하는 '와카타케루대왕獲加多支鹵大王'-유랴쿠천황雄略天皇- 밑에 있으면서 사귀궁斯鬼宮에서 천하를 '좌치左治-佐治-'했다고 되어 있다. 구마모토현 기쿠스이마치菊水町 에타후나야마江田船山 고분에서 출토된 철검에는 유랴쿠천황 시대에 '주사'한 '전조인典曹人'-문관-인 '무리테无利弖'가 주도한 칼 제작의 경위가 75문자로 은 상감 방식으로 기록되어 있다. 기나이 정권의 지배 확대에 따라 한자가 규슈나 간토 지역의 수장들에까지 확산된 것이다.

『송서宋書』 동이전왜국東夷傳倭國 조항에 따르면 425년에 왜왕 산讚이, 그리고 478년에 부武-유랴쿠천황-가 상서를 올리며 남조에 조공한 사실이 기록되어 있다. 특히 부왕이 순제順帝에게 바친 상서는 5왕의 역사를 총괄하여 동은 55국, 서쪽은 66국과 해북海北 95국의 평정을 강조하고 사신 파견을 방해한 고구려를 비난하는 내용을 담은 것이었다. 이 상서의 "**문공이 친히 몸에 갑옷을 걸치고 산천을 발섭하여 편안할 틈이 없었다.**"라는 유명한 문장의 밑줄 친 부분은 『춘추좌씨전春秋左氏傳』에 보이며, 이외에도 『모시毛詩』·『장자莊子』·『주례周禮』 등의 어구와 공통되는 부분이 있다.[5]

유랴쿠조에 한문을 사용한 사례가 집중되어 있는 것은 '전조인'이나 천황 측근인 후히토베무사노스구리아오史部身狭村主靑·히노쿠마노타미노쓰가이이하카토코檜隈民使博德 들을 중심으로 한적·한문에 정통한 도래인의 문필 담당자가 있어서 그들을 통해 문자가 수용되었기 때문이다. 특히 주목되는 것은 에타후나야마 고분의 철검이나 스다하치만궁隅田八幡宮

인물화상 거울의 명문 중에 '오시사카궁意柴沙加宮', '오와케乎獲居'와 같이 한자 자의를 떠나 음을 이용하여 왜어를 표기한 음가나音仮名이다. 이음가나로 표기한 고유 명사에는 한반도에서 사용된 음가나와 동일한 한자가 사용되었다. 고유 문자를 갖지 못했던 왜국에서 음밖에 없었던 언어-고유명사-를 한반도에서 온 도래인이 한자화하는 작업이 이루어진 것으로 보인다.

이후 한자의 왜국형 수용이 표기와 해석 양면에서 전개되었다. 먼저 표기 면에서는 한자로 왜인의 언어를 표현하려는 시도가 이어졌다. 그러한 시도 중의 하나는 음가나의 사용을 고유 명사에 한정하지 않고 보통 명사로까지 확장시킨 것이다. 둘째는 훈을 정착시켜 표의 문자의 사용을 증가시켰다. 훈은 예를 들어 '인人'을 '히토ひと'라고 읽듯이 한자가 원래 갖추고 있는 의미에 적합한 왜어를 사용하는 읽기 방식으로서 6~7세기에 정착되어 갔다. 훈이 정착되자 다음에는 반대로 한자의 의미와는 무관하게 한자의 훈만을 사용하여 '하타幡'를 '하타者田'로 필기하는 훈가나가 사용되었다. 나라奈良 시대에는 일본의 언어에 해당하는 한자가 없는 경우 의미를 표현하는 한자를 조합하여 가나가 만들어졌다. '연약한 물고기弱い魚'라는 뜻에서 '이와시鰯''라고 표현하는 것이 그 예다.

이와 같이 음가나, 훈가나, 표의 문자를 사용하여 단어를 표기하는 것은 가능해졌지만, 문장을 쓰기 위해서는 중국 한문과 일본어의 어순 차이나 조사를 해결해야 했다. 일본어의 '어머니를 위해서母のため'는 한문에서는 '위모爲母'로 표현한다. 그것을 '모위母爲'처럼 일본어의 어순으로 표현하여 문장 속에서 부분적으로 사용했다. 그러나 7세기 후반에 이르

---

* 정어리를 가리킨다

면 이러한 경향은 문장 전체로까지 퍼져간다. 일본어 특유의 조사는 '데而' '니爾' '도止' '노乃'와 같은 훈가나, 음가나를 작게 표기하여 조사임을 나타내는 선명체宣命體가 성립하여 7세기 말엽부터 8세기의 목간 표기에 사용되었다.

중국 한문을 해석하는 방법으로는 나라 시대에 훈독, 즉 한문을 일본어로 읽는 방법이 출현한다. 헤이안 시대 초기가 되면 훈독의 훈점으로 음가나를 사용하게 된다. 경전이나 공문서를 제외하면 한자는 행서체나 초서체로 쓰는 것이 일반적이었는데 특히 초서체는 아주 간이하게 쓸 수 있는 이점이 있었다. 승려가 강의를 들을 때 잊어버리지 않기 위해 경전에 훈점을 초서체로 써넣는 과정에서 문자의 형태가 간소화되면서 히라가나平假名의 자체로 변형되어 간 과정을 볼 수 있다.[6] 이렇게 해서 헤이안 시대~10세기 초엽까지 히라가나가 생겨난 것으로 보인다.

백제를 매개로 한 유교 · 불교의 수용

기기記紀*에는 오진천황応神天皇 15년에 백제에서 온 아직기阿直岐가 경전에 능숙하여 태자였던 우지노와키이라쓰코菟道稚郎子가 스승으로 삼았다는 기사, 아직기가 아직기사阿直岐史의 시조였다는 기사, 오진천황 16년에 백제에서 초청한 왕인王仁이 『논어』 10권과 『천자문』 1권을 헌상하고 태자는 왕인에게 경전을 배웠다는 기사, 왕인은 후미노오비토書首의 시조였다는 내용 등이 기록되어 있다. 오진천황 16년은 서기 405년에 해당되는데 천자문은 중국 남조南朝의 양무제梁武帝(재위502~549)가 주흥사周興嗣에게 명하여 만든 것이므로 405년에 전래되었을 리가 없다. 기

---

* 『일본서기』와 『고사기』를 의미한다.

기신화의 기록은 사실로서는 인정하기 어렵다. 그러나 5세기에 쓰인 문장에는 유교의 영향이 나타나 있다. 왜왕 부의 상표문 가운데 '왕도융태王道融泰', '제덕복재帝德覆載' 등의 어구에서 유교 사상을 엿볼 수 있는데 에타후나야마 고분에서 출토된 철검에 새겨진 "장수하여 자손이 그 은택恩을 입었다"의 '은恩'은 유교의 개념이라고 한다.[7]

6세기의 유교·불교 수용은 백제를 매개로 중국 남조의 문화를 수입하는 형태로 이루어졌다. 백제는 고구려나 신라와의 전쟁에 대비하여 왜에 군사 원조를 의뢰할 수가 있고 왜는 백제가 두 나라와의 통교로 얻은 박사들이나 기술자를 교체 근무시킴으로써 발달한 남조 문화에 접할 수 있어 상호간의 이해가 일치했기 때문이다.

백제는 513년에 오경박사五經博士 단양이段楊爾를 천거했으며 516년에는 단양이를 대신하여 한고안무漢高安茂를 천거했다. 오경박사란 『역경』·『시경』·『서경』·『춘추』·『예기』의 전체나 일부에 정통한 학자를 가

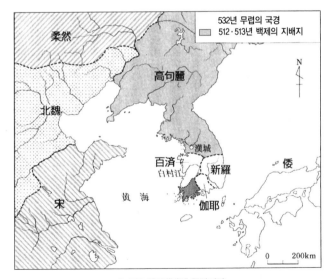

[그림1-1] 6세기의 동아시아

리키며 중국의 한무제 무렵에 설치되어 백제에서도 채용되었다. 오경박사에 의한 유교 교육은 황족의 개인 교육 형태로 이루어졌을 것으로 추측된다. 553년 백제에 박사들의 근무와 복서卜書·역서曆書·각종 약재의 송부를 요청하여 이듬해 백제는 오경박사 고덕마정안固德馬丁安을 대신하여 왕류귀王柳貴를, 또 역박사易博士인 시덕왕도양施德王道良, 역박사曆博士인 고덕왕보손固德王保孫을 천거했다.

백제의 성명왕聖明王이 사신을 파견하여 불상이나 경론 등을 보내 준 시기에 관해 538년과 552년의 두 설이 있기는 하지만 공식적인 수용 이전의 불교는 도래인에 의해 전래된 것이 분명하다. 백제로부터 577년에 경론經論·율사律師·선사禪師·비구니·술금사呪禁師·불상 제작자·사찰 건축자가, 588년에는 불사리佛舍利·승려·절 건축자·주물공鑪盤博士·기와공瓦博士 등이 파견되었고 왜로부터 백제에 젠신아니善信阿尼가 파견되었다.

595년 고구려 승려 혜자慧慈가 일본에 오자 우마야도황자廐戸皇子-쇼토쿠태자聖德太子-는 그에게 불교 등 여러 학문을 배웠다. 쇼토쿠태자는 유교의 고전을 각가覺哿에게 배웠다고 한다. 그는 유교 사상을 정치에 도입하여 603년에는 관위 12계를 제정하고 덕·인·예·신·의·지의 덕목을 가진 지위를 세웠다. 이듬해에 제정된 '헌법17조'는 위작설도 제기되고 있지만 그 내용 속에는 유가의 전적에서 직·간접으로 인용한 것이 있다. 소가씨蘇我氏는 불교에 조예가 깊어 소가우마코蘇我馬子에 의해 596년에 아스카데라飛鳥寺-호코지法興寺-가 건립되었다. 602년 고구려의 승 융隆과 운총雲聰이, 610년에는 담징曇徵·법정法定이, 625년에는 혜관惠灌(惠觀)이 도래했다.

불교는 한반도의 불교 건축 양식을 가져왔다. 아스카데라의 가람 배치나 기단의 구조가 고구려의 청암리淸岩里 폐사지 금강사 양식과 동일한 것을 보면 초기 가람 배치에 고구려의 영향이 있었음을 알 수 있다. 시텐노지四天王寺의 가람 배치가 백제 사원의 기본적 가람 배치인 일탑식一塔式과 동일한 양식이며 7세기 이후 많은 왜국 사원이 이 양식을 답습하고 있다는 사실에서 백제의 영향이 컸음을 알 수 있다. 야쿠시지藥師寺식 가람 배치는 통일 신라 시대에 유행했던 쌍탑식 가람 배치와 동일한 계통이라는 점에서 신라의 영향도 받았음을 알 수 있다. 아스카데라의 조영이 시작된 588년에 백제에서 기와공이 도래하여 초기 사원의 기와는 백제 양식이 주류가 되었다. 하지만 660년대부터 후지와라궁藤原宮이 조영된 680년대까지 불상의 대좌의 연화문蓮花文을 모범으로 한 초당 양식이 주류가 되고 조선 반도의 삼국 시대 양식이 방류가 된 점으로 보아 후지와라궁 시대에는 신라 양식의 영향이 발견되고 있다.

도래인의 기술 문화 전파

중국 대륙·한반도에서 일본 열도로의 도래가 절정에 달한 시기는 기원전 2세기, 5세기 전후, 5세기 전후~6세기 초기, 7세기 후반 등 네 시기이다. 고닌년간弘仁年間(810~824)에 편찬된 『신찬성씨록新撰姓氏錄』에 따르면 좌우경左右京과 기나이 5개국의 씨족 전체에서 도래계 씨족의 비율이 약 30%를 차지했는데 헤이안 시대 초기에 출현한 이 현상은 오랜 세월에 걸친 도래의 결과였다.

5세기 이후의 도래는 중국이나 한반도의 정치 정세 혼란, 왜국과의 정치적 관계 변화에서 비롯되었다. 승려·기술자·지식 계층·귀족을 포함해 대량의 도래인이 일본 열도로 들어왔다. 이주의 형태로는 망명 등 도래인의 자발적 의지에 의한 것, 한반도의 여러 나라가 왜왕에게 타율적·

강제적으로 보낸 경우가 있었다. 전자의 '귀화'인의 경우는 의식주가 공급되고 각지에 '배치'되어 부민제部民制나 편호제編戶制, 관료제에 편입되었다. 이처럼 권력이 도래인을 장악함으로써 대륙이나 한반도의 고도한 기술이나 문화가 일본 열도에 보급된다.

특히 야마토ヤマト 왕권에 의한 정치권력의 형성은 기술자의 정치적 편성을 촉진시켰다. 왕권 권위의 증거인 전방후원분前方後円墳의 부장품을 생산하기 위해 식륜埴輪*·거울·철기를 생산하는 공인을 북부 규슈·이즈모出雲·기비吉備 등 선진 지역에서 기나이로 집합시켜 직속 공인 집단을 조직했다고 한다.[8] 오사카 히라노平野에는 제철이나 단야를 하는 집단 취락이 있었다는 사실이 증명되었다.[9] 5세기 전반에 한반도 남부에서 도래한 도공 집단이 대규모적인 이즈미스에무라和泉陶邑에 가마를 열어 스에기須惠器 생산을 시작한 것도 야마토 왕권과 관계된 것이다. 이즈미 스에무라의 가마군에 속하는 오사카부 사카이시堺市 노노이野野井 유적에서 출토된 5세기말에서 6세기 초두의 스에기 소편 두 점에 문자가 새겨져 있다. 각서 토기란 굽기 전에 글자를 새겨 넣은 것을 말한다. 문자를 새겨 넣은 사람은 공장의 공인이나 공장을 장악한 자로 추측된다. 야마토 왕권은 이러한 도공 집단의 일부를 지방 수장에 분속시켰는데 이 과정에서 스에기 생산 기술이나 문자가 각 지역으로 전달되었던 것이다.

부민部民은 직종의 이름으로 직업을 세습하고 가내에서 전습을 통해 기술을 전승했다. 특수 기술 집단은 권력에 의해 강제적으로 유지되었기 때문에 자발적인 기술 혁신은 기대할 수 없었다. 지속적인 기술자의 도래를 통해 부민제로 조직된 기술을 비롯해 국내의 기술이 혁신되었다는

---

* 하니와라 하며 흙으로 만든 인형을 가리킨다.

것은, 이른바 '오우지표烏羽之表'-572년 5월 삭조朔條, 많은 사가들이 읽지 못했던 고구려의 국서를 도래한 지 얼마 되지 않은 왕진이王辰爾가 해독했다고 한다-라고 불리는 에피소드나, 이즈미스에무라 가마를 중심으로 기나이에서 생산된 스에기의 형식적인 비약이 기술자의 도래로 이루어졌다는 나카무라 히로시中村浩의 지적을 통해 알 수 있다.[10]

　7세기 수의 멸망으로 당이 일어났고 백제와 고구려가 멸망하여 신라가 한반도를 통일했다. 특히 덴지조天智朝에는 망명한 백제인이 대거 몰려왔다. 세키 아키라關晃에 따르면 '집단을 이루어 도래한 최대의 사건'[11]이라고 한다. 이들 도래인의 대다수는 도국東國에 정착했다. 『일본서기』에 따르면 666년에 백제의 남녀 2,000여명을 도국에 거주시켰다는 기사가 있다. 684년에는 백제의 승려와 속인 남녀 23명을 무사시국武藏國에 살게 했다. 687년에는 고구려인 56명을 히타치국常陸國에, 신라인 14명을 시모쓰케노국下毛野國에, 신라의 승려와 백성 남녀 22명을 무사시국에 거주시키면서 땅을 주어 생업에 종사케 했다. 689년, 690년에는 신라인을 시모쓰케노국에, 690년에는 신라인 한나말허만韓奈末許滿 일행 12명을 무사시국에 거주시켰다. 『속일본서기』에는 716년에 도국 각지의 고구려인 1,799명을 무사시국으로 이주시켜 고마군高麗郡을 설치한 것, 758년에 신라승 일행을 무사시국에 이주시켜 신라군新羅郡을 만든 기사가 실려 있다. 766년에는 고우즈케국上野國에 살고 있던 신라인 193명에게 요시이노무라지吉井連라는 성을 내렸다.

　한반도 계통 도래인의 도국 집중 거주는 도국에 도래 문화를 가져왔다. 이른바 고우즈케의 세 비석 중에 군마현群馬縣 고키시高岐市 야마나초山名町 소재의 야마노에비山上碑-681년 건립-, 가나이자와비金井澤碑-726년 건립-와 같이 가공하지 않은 자연석을 사용하는 형태나 다호비

多胡碑-711년 건립, 군마현 다노군多野郡 요시이초吉井町 소재-와 같이 직육면체 비석에 갓돌을 얹는 형태의 기원을 한반도의 오래된 비석에서 찾는 견해가 있다. 이러한 비석이 도래인에 의해 건립되었음을 알 수 있다. 고구려에서는 5세기부터, 백제·신라에서는 6세기부터 돌비석이 출현하는데 도국의 돌비석은 도래인이 한반도의 풍습을 유입한 결과라 할 수 있다. 또 나스국那須國-도치키현栃木縣 유즈가미무라湯津上村-에 세워진 비문은 중국 고전에 전거를 가진 문사를 포함한 격조 높은 글로 평가되는데 이것을 쓴 것으로 보이는 신라인의 높은 교양을 말해준다.[12] 다고군多胡郡의 야타고矢田鄕나 남부의 구릉지대에 직물이나 기와의 대규모 생산이 이루어졌다는 것이 발굴 조사로 분명해졌다. 이러한 선진 기술이 도래인에 의해 유입되었을 가능성을 시사한다. 처음부터 도래인을 도국에 거주시킨 것은 미개지를 도래인의 손으로 개척시키려는 목적에서였다는 견해가 있는데 도래인이 도국의 생산력 향상뿐만 아니라 문자·풍습·문화·기술의 전파에 기여한 역할도 컸던 것이다.

2. 촌락과 공동체의 교육

토기 제작 기법의 전습

앞 절에서는 중국 대륙이나 한반도에서 한자·유교·불교를 비롯한 다양한 기술이 일본 열도의 사람들에 의해 주체적으로 수용된 경위를 살펴보았다. 그렇다면 열도 내에서의 기술 전파는 어떠한 경로로 이루어졌을까. 한자가 기록된 큰 칼, 전방후원분의 분묘 형태나 내부 구조가 기나이 정권의 세력권 확대에 따라 열도의 각 지역으로 전파되었던 것처럼 문화의 전파는 정치와 결합되는 속성이 있다. 물론 정치면으로만 설명할 수 있다는 의미는 아니다.

통혼권通婚圈에 따라 문화의 지역색이 규정되는 사례를 야요이 시대를 중심으로 살펴보자. 쓰데 히로시都出比呂志는 세계적으로도 여성이 토기를 제작하는 경우가 많았다는 점에서 야요이 토기의 제작자를 여성으로 간주하고 통혼권과 토기의 기법 전수가 밀접하게 관련되어 있다고 강조한다.[13] 야요이 토기 제작은 주거 단위에서 가장 큰 집락 단위를 생산 단위로 하여 자가 소비를 주요 목적으로 이루어졌기 때문에 토기의 작풍은 제작자가 속한 집단의 규제를 받았다. 야요이인 여성은 태어나 교육받은 가족 집단이나 집락에서 습득한 토기 제작 기법을 혼인을 통해 타 집락에 전하는 역할을 담당하였으며, 그런 식으로 기법들이 일상적으로 접촉·교류됨으로써 토기의 지역적 특색이 발생했다고 결론지었다.

쓰데에 따르면 토기의 제작 기법이나 작풍의 유지·변화에는 전습·모방·독창·주문과 규제 등의 계기가 있다고 한다. 전습은 여성이 태어난 집락에서 행해지는 토기의 공동 제작 과정에서 조모나 모친 같은 집락의 여성들과 직접 접촉하며 이루어진다. 또 작풍이 다른 타 집락으로 혼인해 간 경우에는 그곳 여성으로부터 기법을 습득하기도 한다. 모방은 모방의 대상이 되는 토기 자체를 손에 넣을 수만 있다면 가능하기 때문에 증여·교역·약탈 등은 작풍이 서로 다른 토기와 접촉할 수 있는 계기가 된다. 독창은 토기에 새로운 요소를 부여한다. 주문과 규제는 혼인에 의해 타 집락에서 온 남성이 사용상의 편의를 위해 토기 개량을 여성에게 요구하는 경우나 의식 집행인이 장례로 사용하는 토기를 주문하는 경우 등을 생각할 수 있다.

연령 집단과 세대 분업

고대인의 생육 환경은 어떠했을까. 표고 25미터의 하안단구에 위치한
군마현 기타군마군北群馬郡 고모치무라子持村 구로이미네黑井峰 유적은 고
훈古墳 시대-6세기 후반-의 집락 전체가 하루나산榛名山의 분화로 고스
란히 묻혀버려 당시의 모습을 엿보기에 좋은 유적이다. 3만5천 제곱미
터의 범위에 7군의 집락이 있고 거주군은 울타리나 담으로 구획되어 있
다. 그 내외로 수혈거주·평지거주·밭·제사 유적이 있었다. 벼·보리·
율무·박·팥·마 등이 재배되었다고 한다. 유적의 중앙부에는 울타리로
둘러싼 타원형-장경 60미터, 단경 40미터-의 거주군이 있고 그 안에는
수혈거주-9×9미터-1동, 평지거주 9동, 혈립주건물 4동·밭·정원·택
지내 제사장이 있었다. 거주군이 담 등으로 구획되었다는 점에서 경영의
거점 같은 경관을 갖추고 있었던 것 같다. 계승할 만한 가산이나 가업이
있지는 않았다. 당시는 공동체인 촌락을 전제로 존속하는 단계였다. 이렇
게 하나의 거주군을 형성하는 단위집단-사회적 생활을 경영하는 단위-
인 이에는 쌍계제 친족론 혹은 부계제 가족론의 입장에서 다음과 같은
구조를 가진 것으로 설명한다-오마치 겐大町健의 요약에 의함-.[14]

1 부부와 미혼의 자녀로 구성된 소가족이 기본이다.

2 소가족이 쌍방적인 친족 관계로 결합되어 있다.

3 모든 계층의 소유 형태는 공유에 바탕을 둔 남녀 개인 점유이다.

4 경영은 개인 생산의 결합에 의해 이루어진다.

5 가족은 비자립적이며 안정적이지 않다.

이러한 양상을 통해 자녀는 가족·친족 안에서 태어나 양육되는 한편
공동체의 규제를 받으면서 자기 형성하는 면이 컸다는 사실을 엿볼 수

있다. 이 부분에 대해 『영해집令集解』 의제영춘시제전조義制令春時祭田條의 고기古記 - 대보령大宝令의 주석설 - 에서 인용하는 설이 참고가 될 것이다. 거기에 묘사된 다음과 같은 재지 사회의 향음주례 - 제사 후의 직회直會 - 모습은 당시의 촌락 실태를 보여준다.

마을마다 사적으로 사관社官을 두어 사수社首라 칭한다. 마을 사람들은 공사公私에 따라 다른 지방을 왕래할 때 신폐神幣를 옮긴다. 또한 집집마다 사정을 헤아려 쌀을 거두어 빌려주고 이익을 취한다. 미리 술을 만들어두고 제삿날에는 음식을 만드는데 이와 별도로 사람들마다 음식을 장만한다. 남녀가 모두 모이면 국가의 법을 고지하며 끝나면 나이순에 따라 자리에 앉는다. 자제들을 선부膳部로 삼아 음식을 올리게 한다. 봄가을 두 번의 제사이다. 이것을 존장양로의 도라 한다.

가장 주목을 끄는 점은 촌락의 제사날에 남녀노소가 한 자리에 모여 음식을 함께 나눈다는 것이다. 이러한 연회장에서 국가법을 고지하여 존장양로의 도가 확인된다는 것이 흥미롭다. 둘째로 연령에 따라 연회의 좌석이 나누어지거나 자제들에게 선부의 역할을 맡기는 등 연령 집단이 존재했다는 점이 주목된다. 『삼국지』의 위지동이전 왜인 조항에 '사람들이 모일 때 앉고 일어남에 부자·남녀의 구별 없이'라고 쓰여 있는 것과 비교해보면 야요이 시대 이후의 변화임이 분명하다.

다나카 사다아키田中禎昭는 『만엽집萬葉集』 중의 '요치ヨチ'에 착목하여 7~8세기 재지 사회에 연령 집단 - 요치 - 이 존재했었다고 지적한다.[15] 연령 계제 질서는 와쿠고ワクゴ→하후코ハフコ:와라하ワラハ:남·메노와라하メノワラハ:약 8세이상의 여자 아동→오토코カトコ·오토메カトメ - 남자는 15세 정도 이상, 여자는 13세 정도 이상의 젊은이-이며, 요치는 후의 고도모구미子ども組:와라하, 메노와라하 집단이거나 와카모노구미若者組:오토코 집단·무스메구미娘組:오토메 집단에 해당된다고 한다. 개인이 연령 집단에 귀속되는 계기는 '놀이'-남녀 관계를 수반한다-이며 두발형이나 의복 등의 외적 표식이 연령 계제를 구분한다. 와라하·메노와라하나 오토코·오토메 단계의 연령 집단은 세대 분업에 기초하여 노동을 했다. 연령 집단은 여러 활동을 함께 하는 것으로서 교육적 기능을 가졌던 것으로 보인다.

＊　　＊　　＊

-칼럼- 군단 병사의 훈련

7세기부터 8세기에 걸친 긴장된 국제 관계 속에서 혹은 에미시蝦夷의 옛이름, 지금의 홋카이도과의 전쟁을 대비한 군사력 육성은 국가의 존망이 걸린 중대사였다. 대보령에 의해 제도적으로 확립된 율령 군제는 20만명으로 추측되는 대규모의 군대를 정비했다. 병사 20만의 훈련·병사·병기·우마·선박을 기록한 장부를 병부성에서 집중 관리, 군용 도로폭넓은 직선적 계획도로의 정비 등 유사시에 신속하게 동원 가능하도록 철저한 군사력의 정비·유지·관리가 계획되었다.

병사는 여러 지방의 일반 농민 중에서 공호公戸 한 호당 병사 한 명의 원칙으로 징병하여 1000명을 한 군단으로 편성했다. 군방령軍防令에 따르면 군단은 군의-재지 수장 중에서 임명된 무예에 뛰어난 사람-의 지휘 아래 50명 1부대를 기본 단위로 하여 2부대를 대정隊正-총 20명-에, 여솔旅帥-10명-에, 4부대를 교위校尉-5명-에 편성시켰다. 1군단이 10그룹으로 세분되고 1그룹-2부대 100

명–당 열흘 간의 훈련을 6회–년간 60일–반복했다. 이 훈련은 병사들이 가족이나 공동체에서 벗어나 군단 시설 내에서 실시되었다.

훈련은 기본 전술 훈련·'진법' 훈련·정신 교육으로 구성되었다. 기본 전술이란 활쏘기射禮·돌던지기拋石나 창·검 등의 무예였다. '진법' 훈련은 '북과 피리鼓吹'의 호령에 따라 기본 대형·기본 동작·배치·이동 등의 훈련이었다. 정신교육이란 죽음을 두려워 하지 않는 용감한 전투 정신이나 '황군' 의식, 신라·에미시를 복속시키는 사명감 등이 주입되었다고 한다. 또 군단에 배치된 활–기계조작의 대궁, 대륙계의 무기–를 조작하기 위해 한 부대에서 두 명이 궁수가 되어 궁사에게 교육을 받았다.

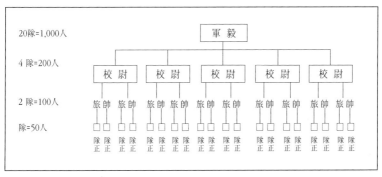

[그림-1] 군단의 내부 구성 : 下向井龍彦 「律令軍制と國衛軍制」 國立歷史民族博物館監修 『人類にとって戰いとは2, 戰いのシステムと對外戰略』에 의함.

스즈키 리에

＊　　＊　　＊

몸짓 언어의 습득

몸짓이나 행위는 문화 집단에 따라 일관성을 가진다. 사람은 언어 메시지 이외에도 타인의 신체로부터 여러 가지 정보를 읽어내기 때문에 한 사회에서 특정한 자세가 의미하는 내용이 다르면 커뮤니케이션은 성립되지 않는다. 즉 자신이 속한 사회의 공통된 몸짓을 체득하지 않으면 안 되는 것이다. 제사 등 비일상적 장면의 몸짓이나 계층·성별·연령 등으로 구별된 복장이나 예법 같은 것은 사회적 구속력이 강하기 때문에 의식적으로 습득된다. 무릎을 꿇고 있는 식륜은 무릎 꿇기라는 비일상적 행위를 체득한 사람들이 존재했음을 보여준다.

걷기·앉기·자기·물건 나르기 등 사회적 강제력이 없거나 약한 일상적 몸짓이라도 생활양식이나 습관과 밀접하게 관련되기 때문에 시대에 따라 일정한 형태가 존재한다. 생활양식 스타일이 보급된 현대에는 무릎을 꿇고 앉지 못하는 젊은이들이 있지만 의자 등의 도구를 사용하는 습관이 없었던 고대에는 무릎 꿇고 앉는 행위는 일반적이었다. 그 이외에 한쪽 무릎을 세우고 앉기·정좌·옆으로 앉기 등의 앉는 방법이 토우, 식륜이나 에마키모노繪卷物(두루마리그림)에서 보인다. 무릎 꿇고 앉기는 자연스럽게 되는 것이 아니라 습관에 의한 것이며 어느 정도 수련이 필요한 것이다.

[그림1-2] 무릎꿇은 식륜 : 군마현 오타시 4호고분 출토.

고대에는 물건을 나르는 방식으로 머리에 이고 운반하는 방법이 일반적이었다. 지금의 일본에는 거의 볼 수 없는 모습이지만 1951년 무렵에는 전국 40개소 정도의 지역에서 시행되었던 것으로 보인다. 민속학에 따르면 두상 운반은 경사가 급한 지역의 운반이나 액체 운반에 적합하여 해안가 촌락 여성의 예가 많이 나타난다. 물병을 머리에 인 식륜이 도치키현 니와토리쓰카鷄塚 고분 등에서 출토되고 있다. 헤이안 말기의 에마키모노인「선면고사경扇面古寫經」,「반대납언회사伴大納言繪詞」등에서도 여성이 머리에 짐을 이고 있는 모습이 그려져 있다.[16]

이처럼 생활 습관에 깊게 뿌리내린 모습은 특별히 가르쳐 습득하는 것이 아니라 다른 사람의 모습을 관찰하면서 자기 스스로 연습하고 기억한다. 그렇게 하여 생활에 적합한 신체가 만들어진 것이다.

3. 율령제의 교육과 관료제

대학료 · 국학과 관료 양성

589년 통일 왕조 수隋의 출현을 계기로 왜국은 거의 1세기만에 중국에 사신을 파견하기 시작했다. 유학생 중에는 20~30년 이상 중국에 체재하며 문물 제도를 배운 민旻, 미나부치노 쇼안南淵請安, 다카무코노 겐리高向玄理 등이 있었다. 그들은 수에서 당唐으로의 변혁이나 태종太宗에 의한 '정관의 치貞觀之治'-나라를 잘 다스려 이후 태평한 세상의 모범이 되었다-를 바탕으로 율령에 기초한 정치를 눈으로 확인한 후 귀국했다. 민은『주역』을 강의하였으며 미나부치노 쇼안은 나가토미노 가마코中臣鎌子-가마타리鎌足-와 나카노오에황자中大兄皇子에게 유학을 가르쳤다. 미나부치노 선생에게 배우러 가는 도중에 두 사람이 소가씨 타도 계획을 구상했다고『일본서기』에 나와 있다. 당시 백제의 의자왕 즉위와 신라 침입, 고구려의 권신 연개소문에 의한 쿠데타, 당의 고구려 침공 등 한반도 정세는 긴장이 감돌았으며 왜도 그 영향과 무관하지 않았다. 대화개신大化改新을 통해 조정 내 권력의 일원화라는 정치적 과제를 달성하고 율령 국가 건설의 태세를 확립했다. 개신 후의 신정권에서 민, 다카무코노 겐리가 국박사國博士로 명성을 날렸다.

663년 백제가 멸망하면서 망명한 귀족이나 기술자는 여러 방면에서 율령 국가 형성에 공헌했다. 『회풍조懷風藻』 서문에 따르면 덴지조天智朝에 "풍을 일으켜 속을 바꾸는데 문보다 더 좋은 것은 없다. 덕을 윤택하게 하고 몸을 닦는데 배우는 것보다 우선 할 것이 무엇인가"라며 정치를 위해 문장을, 개인의 덕의 함양을 위해 학문을 중시하는 이념에 기초한 '상서庠序', 즉 후의 대학료大學寮에 해당하는 학교가 건립되었다. 백촌강白村江 전투의 패전으로 한반도에서 철퇴할 수밖에 없었던 왜는 문화 발전을 도래인에 의존하던 종래의 방침을 바꾸어 국내의 인재 양성을 긴급 과제로 삼았다. 671년에 학직두學職頭, 훈야노쓰카사노카미-율령제 대학료의 장관에 해당-에 재임한 기시쓰 슈시鬼室集斯와 677년에 대박사大博士가 된 고소치모許率母는 모두 망명한 백제인이었으며, 대학의 창설이나 운영에도 백제인이 맡은 역할은 컸다. 아니 오히려 망명한 백제인이 있었기 때문에 대학을 창설할 수 있었다고 보아야 한다.

672년 진신의 난壬申の亂에서 승리한 덴무천황天武天皇은 천황 권력의 강화에 성공하여 본격적인 율령 국가 건설의 단계로 도약하게 되는데 이후 약 30년간 당과의 국교는 중단되었다. 당을 대신하여 교섭이 빈번히 이루어진 것은 통일 지배 체제의 확립을 도모해가던 신라였다. 왜는 651년에 국학, 692년에 의학을 설치하여 학제 부분도 정비해 갔다. 신라에서는 체계적인 율령 법전을 편찬 시행하지는 않았던 것으로 보이지만, 학제에서 일본과 공통점이 있는 점을 보면 교섭을 통해 왜는 신라의 학제를 모델로 삼았을 것이다.

701년 대보율령大宝律令이 제정되어 율령 국가가 확립되었다. 『속일본기』에는 대보율령을 편찬한 사람을 오사카베친왕刑部親王·후지와라노 후히토藤原不比等를 시작으로 율령학·경학·문조文藻·당의 사정에 정통한 19명을 기록하고 있는데 그 절반을 도래계 씨족이 차지했다. 같은 해 4월에 가누치노 오스미鍛大角, 시모쓰케노 고마로下毛野古麻呂, 미치노 오비토나道首名가 각각 친왕·제왕·제신·백관인에게 율령을 강설한 이후, 종종 율령 강설이 이루어져 율령의 취지를 철저히 다졌다. 율령 국가는 천황을 정점으로 한 중앙집권제 하에서 관료제 기구에 위치한 지배층이 호적·계장計帳에 등록된 공민을 율령격식 등의 법에 기초하여 문서 행정 체계를 따라 일원적으로 지배하는 특색을 가지고 있다. 율령 정치의 이념은 유교적 덕치주의였다.

<표1-1> 학제의 비교

	일본양로령	당대당육전	신라삼국사기
학교규모	1교:대학료	6교:국자학 태학 사문학 율학 서학 산학	1교:국학(대학감)
조직	식부성관할 사무관6인(대학두, 조, 윤, 속) 변상관(사부 20인, 직정 2인)	예부 관할 국자감-육학을 통할 제주(장관) 사업(차관)2인 승이하 사무관3인(류내관), 사무관 20인(류외관), 잡역14인 육학 마다 사무관(전학), 잡역 계 36인	예부 관할 경(사업)1인 대사(주부)2인, 사2인(후에 4인)
교관	경학:박사(정육위하) 1인 조교(정칠위하) 2인 음박사(종칠위상) 2인 서박사(종칠위상) 2인 산학:산박사(종칠위상)2인	국자학:박사(정오품상)2인 조교(종육품상)2인 직강(무위)4인 태학:박사(정육품상)3인 조교(종칠품상)3인 사문학:박사(정칠품상)3인 조교(종팔품상)3인 율학:박사종(팔품상)1인 조교(종구품상)1인 서학:박사(종구품하)2인 산학:박사(종구품하)2인	경학:박사와 조교를 합하여 3인? 산학:박사 또는 조교1인

학생	오위이상 자손 동서사부의 자 팔위이상 자 중 지원자 국학 졸업생	국자학: 박사(정오품상)2인 조교(종육품상)2인 직강(무위)4인 태학:박사(정육품상)3인 조교(종칠품상)3인 사문학:박사(정칠품상)3인 조교(종팔품상)3인 율학:박사(종팔품하)1인 조교(종구품상)1인 서학:박사(종구품하)2인 산학:박사(종구품하)2인	대사부터 위계가 없는 자들까지
입학연령	13~16세	14~19세(율학18~25세)	15~30세
학생정원	경학:400인 산학:30인 계 430인	경학:국자학300인 태학500인 사문학1,300인 율학:50인 서학:30인 산학:30인 계 2,210인(숭문관 홍문관을 합해 2,270인)	불명
속수의 예절*	포1단, 술과 음식	비단 1필, 술 1병, 속수 1포	불명
휴가	순가 10일가량, 전가 5월, 수의가 9월	순가 10일가량 전가 5월 수의가 9월	불명
경서	경학9종: 대경 (예기 춘추좌씨전), 중경 (의례 주례 모시), 소경(주역 상서), 필수(논어 효경) 산학(9종):구장 육장 철술 해도 주비(周髀) 오조 구사 손자 삼개중차	경학 12종: 예기 춘추좌씨전 의례 주례 모시 주역 상서 노자 춘추공양전 춘추곡량전 논어 효경 산학 10종: 구장 해도 손자 오조 장구건 하후양 주비 오경 철술 집고緝古 율학:율령격식 서학 4종:석경 삼체서 설문 자림	경학 8종: 그룹1(주역 예기) 그룹2(모시 춘추좌씨전) 그룹3(문선 상서) 필수(논어 효경) 산학 4종:철술 삼개 구장 육장
주석서	주역:정현 또는 왕필 상서:공안국 또는 정현 의례 주례 예기 모시:정현 춘추좌씨전:복건(服虔) 또는 두예 효경:공안국 또는 정현 논어:정현 또는 하안	주역:정현 또는 왕필 상서:공안국 또는 정현 의례 주례 예기 모시:정현 춘추좌씨전:복건 또는 두예 춘추공양전:하휴 춘추곡량전:법녕 효경:공안국 또는 정현 논어:정현 또는 하안 노자:하상공	불명
시험	순시, 세시	순시, 세시	불명
임관시험	수재, 명경, 진사, 명법	수재, 명경, 진사, 명법, 명서, 명산	불명

* 속수束脩란 제자로 들어갈 때 사례의 뜻으로 스승에게 바치는 금품이다.

율령 국가의 관리로는 '좁은 의미의 관인'인 중앙 관청·대재부大宰府·국사國司 4등관과 품관 및 이에 준하는 재기장상才伎長上·내사인內舍人과 이에 더하여 중앙·지방 관청의 잡임雜任이나 군사郡司 4등관, 군의 대의大毅과 소의小毅, 국박사國博士, 국의사國醫師 등 '넓은 의미의 관리'가 있다. 관료 조직의 말단에는 사정仕丁·위사衛士나 특수 기술을 보유한 품부品部·잡호雜戶을 두었다.

관리를 양성하기 위한 학교로 중앙에 대학료·전약료典藥寮*·음양료陰陽寮†를, 지방에는 국학·부학府學‡을 설치하여 경서를 가르쳤다. 아악료雅樂寮§에서는 노래·춤이나 피리 연주 등의 교습이 이루어졌다. 각 기관에서 박사·선생과 학생이 가르치고 배우는 관계를 통해 교수·교습이 이루어졌다. 박사와 선생의 차이는 구시키 요시노리櫛木謙周에 따르면 선생은 기술에 뛰어나면 그만이지만 박사는 경학과 기술 양 방면에 뛰어나지 않으면 안 되었다고 한다.[17] 학교와는 별도로 국가의 수요를 충족시키기 위해 수공업 생산 부분에서도 특수 기술의 교습이 이루어졌다.

이하의 고대 학제는 주로 양로령養老令에 기초한다. 대학료는 당이나 고조선의 학제를 받아들이면서 제도화되었는데 국정에 맞추어 개편되었다. 당에서는 중앙에 경학 수학을 위해 육교六校가 설치되었지만 일본에서는 학교를 한 곳만 설치했다. 이것은 신라도 마찬가지다. 대학료는 학생의 교육과 함께 석전釋奠을 실시하는 장소이기도 했다. 석전은 대학과 지방의 국학에서 매년 2월과 8월에 실시하여 공자와 그 제자를 제사지냈다.

---

* 율령제로 국내성에 설치하여 궁중의 의료, 의약, 약원, 유생들을 담당한 기관.

† 율령제로 중무성에 설치하여 천문, 기상, 력, 시각, 점술등을 담당한 기관.

‡ 헤이안 시대 대재부에 설치한 학교.

§ 율령제에서 치부성에 설치하여 궁정 음악의 악인 관리, 가무 교습등을 담당한 기관.

대학료의 본과에 해당되는 경학의 교과서는 『효경』·『논어』가 필수였으며 그 외에 7종류의 경서 중에서 두 종류나 다섯 종류를 선택하게 했다. 주석서도 법으로 정해져 있었다. 학생은 먼저 음박사音博士[*]에게 경서를 중국음으로 소독素読하며 다음에 박사·조교助教-대보령에서는 조박사助博士-에게 강의를 들었다. 강의는 경서에 따라 교관이 분담하였으며 경서 한편을 마친 후 다음의 경서로 들어갔다. 열흘마다 교관이 구술시험을 실시하고-순시旬試-, 매년 7월에는 사무관이 일년 간의 학습 내용에 대해 8조의 대의를 질문했다-세시歳試-. 산생算生의 경서에는 아홉 종류가 있었는데 그 중에는 당에서는 채용하지 않았지만 신라에서 채용된 『삼개중차三開重差』·『육장六章』이 포함되어 있었다. 서박사書博士[†] 밑에 전공생은 두지 않았지만 학령서학생조學令書學生條에는 서학생의 성적 판정에 관한 규정이 있다. 당의 서학에는 교과서가 있어서 자체字體의 학문적 이해가 요구되었지만 일본의 경우는 정교한 필적筆跡이 중시되었다. 글은 경학과 함께 배웠을 것이다.

대학료 수료자는 시험을 치르고 합격자에게 그 성적에 해당하는 위계가 부여되었다. 위계에 따르는 관직에 올라 관리 사회로의 첫 발을 내딛는다. 대학에서 취학한 지 9년이 지나도 임관 시험을 치를 수 없는 자는 퇴학을 당했다. 산생이나 서학생의 경우에는 당에서는 과거가 시행되었지만 일본에서는 대학료에서 실시하는 시험에 급제하면 위계를 받았다. 경학을 배운 학생은 식부성式部省에서 실시하는 수재秀才·명경明經·진사進士·명법明法 중 하나에 해당하는 임관 시험을 치렀다. 수재는 논문

---

[*] 율령제에서 대학료의 직원으로 한음을 교수하거나 학생들에게 소독素読을 시키는 교관.
[†] 율령제의 대학료에 설치한 직원으로, 서법을 교수했다.

2제, 명경은 네 경서에 대한 의미를 묻는 10문제나 11문제, 진사는 『문선』과 『이아爾雅』의 일부를 암독시키는 10문제와 치국의 요무에 대한 논문 2제, 명법은 율령에 관한 10문제가 출제되었다. 문제는 상당히 어려웠던 것으로 보이는데 특히 수재와 명경의 경우 802년까지 백년 동안 수재·명법 출신자가 수십 명에 지나지 않았고 10세기 전반까지의 230년간에 수재의 합격자가 65명밖에 없었다는 기록이 남아 있다. 〈표1-2〉는 당과 일본의 경우, 임관 시험 성적에 따라 주어진 관위와 음위제蔭位制 - 부모의 지위에 따라 서위된 - 에 의해 내려진 관위와 비교한 것이다.

당의 학제와 크게 다른 점은 당에서는 학생의 신분 계층이나 학문 분야에 따라 학교가 나뉘는데 비해 일본에서는 하나의 학교로 축소 통합되었다는 점이다. 국가 규모의 차이나 일본의 후진성이 이유라고 생각되는데 그 밖에도 남조南朝 학제의 영향이 있는 것으로 보인다. 대학료는 일제식 수업형에 기숙사제가 원칙이었다고 하니 상류 귀족 자제와 하급 관리 자제가 같은 곳에서 배우는 것을 전제로 하기는 했지만 이를 귀족이 받아들였는지는 의문이다. 귀족의 자손은 임관 시험을 치르지 않아도 사인舍人에 취임한 뒤 음위의 적용을 받아 서위되는 길이 있었기 때문에 반드시 대학료에 입학할 필요는 없었다. 상류 귀족 자제는 경학을 사적으로 배우는 장이 확보되어 있었을 것이다.

〈표1-2〉 음위와 임관시험에 따른 서위법 비교

| 서위되는 위계 | 일본 | | 서위되는 위계 | 당 | |
	음위	임관시험		음위	임관시험
종5위하	1위적자				
정6위상	1위서자				
	1위적손				

정6위하	1위서손				
	2위적자				
종6위상	2위서자				
	2위적손				
	3위적자				
종6위하	2위서손				
	3위서자				
	3위적손				
정7위상	3위서손		정칠품상	1품자	
정7위하	정4위적자		정필품하	1품손	
				2품자	
종7위상	정4위서자		종칠품상	1품증손	
				2품손	
	종4위적자			정3품자	
종7위하	종4위서자		종7품하	2품증손	
				정3품손	
				종3품자	
정8위상		수재상상	정8품상	정3품증손	
				종3품손	
				정4품자	
정8위하	정5위적자	수재상중	정8품하	종3품증손	수재상중
		명경상상		정4품손	
				종4품자	
종8위상	정5위서자	명경상중	종8품상	종4품손	수재상하
	종5위적자			정5품자	명경상상
종8위하	정5위서자	진사갑	종8품하	정5품손	수재중상
				종5품자	명경상중
대초위상		진사을	정9품상		명경상하
		명법갑			
		〈수재상하〉			
대초위하		명법을	정9품하		명경중상
		〈수재중상〉			
		〈명경상하〉			
소초위상		〈명경중상〉	종9품상		진사갑
					명법갑
			종9품하		진사을
					명법을
					명산갑을

〈 〉안은 802년 개정된 서위법에 의함

관직에 있는 집단의 자제를 학생으로 정한 것도 일본의 특징이다. 대학료 학생, 전약료의 학생으로 지정된 야마토카와치노 후히토베東西史部, 구스리베藥部 집단은 다이카기大化期 이전부터 문필, 의술을 세습한 여러 씨족이다. 전약료와 음양료에서 '세습'-3세대 이상 계승한 집안-자를 학생으로 설정한 점도 고려할 때, 고도의 전문성을 필요로 하는 분야에 효율적으로 인재를 확보하여 종래의 폐쇄적인 기술 전습을 국가 기관에 의한 기술 공개 방식으로 개정하여 교육 효과를 높이려는 의도가 있었다고 할 수 있다.

셋째 차이점은 임관 시험의 의미이다. 당에서는 과거 제도가 인재를 여러 계층에서 발굴하여 일정한 역할을 맡겼지만, 신라는 골품제-왕경인王京人의 신분제로 관위·관직 체계를 규제-를 통해, 일본은 음위제나 내·외 계급제도들을 통해 문지門地 귀족이 임관 사회의 지위를 계속적으로 유지할 수 있는 구조로 되어 있었다. 친족제적인 모양을 가진 일본에서는 율령 도입이라는 표면적인 형태만으로는 관료제를 관철시킬 수 없었다.

710년에 헤이조쿄平城京*로 천도했다. 율령국가는 성립 당초부터 여러 문제를 노정시켰기 때문에 정부는 그 대책 마련에 고심했는데 학제에 관해서도 몇 가지의 개혁이 제시되었다. 『가전家傳』에 따르면 704년에 대학조大學助가 된 후지와라 무치마로藤原武智麻呂는 7세기 말엽의 후지와라쿄藤原京 천도로 학생이 흩어져 대학료가 텅 비게 된 것을 슬퍼하여 석학을 초빙하여 경사經史를 강설하게 했다고 한다. 같은 해 대학료에 임시 지급이 있었던 것도 진흥책의 하나였다. 721년 정월 및 다음 해인 722

---

* 나라의 옛 명칭이다.

년 2월에는 학술이 빼어난 사람에 대한 포상이 실시되었다.

728년과 730년의 개혁으로 문장박사 1명·문장생 20명·율학박사 2명과 명법생 10명을 두었으며 문학과 율학 두 분야가 대학료에 첨가되었다. 문장생과 명법생의 입학 자격은 백정白丁·잡임雜任으로 정해져 일반 백성이나 사생史生·사인舍人과 같은 하급직에게 대학료의 문호가 열렸다. 연령 제한은 두지 않았다. 또 득업생得業生*10명—명경4·명법2·문장2·산2—이 신설되었다. 득업생이란 학생 가운데 총명하며 학술 기예에 뛰어난 사람을 선발한 것으로 이들에게 식료품과 의복을 공급했다.

737년에 후지와라의 네 아들이 천연두로 쓰러진 뒤 다치바나노 모로에橘諸兄 정권 아래 748년에 석전에 사용되는 복기服器와 제례 의식이 제정되었다. 후지와라 나카마로藤原仲麻呂 정권 하에서 757년에 학생들에게 공급하기 위해 공해전公廨田이 대학료에 30정町, 아악료에 10정, 음양료에 10정, 내약사 8정, 전약료 10정으로 설정되었다. 같은 해 11월 지방들의 박사·의사의 임용 기준을 제정하고 질의 향상을 도모했다.

나라奈良 시대의 대학료는 부진했다고 한다. 그러나 헤이안 시대 초기와 비교하여 나라 시대의 취학자가 극단적으로 적었다는 인상을 주는 이유는 이 두 시대의 취학자명 도출의 기본이 되는 사료—국사나 『공경보임公卿補任』—에 그 성격이나 기재 방침이 달랐기 때문이다. 따라서 나라 시대와 헤이안 시대를 단순하게 비교 할 수 없다는 점에 유의할 필요가 있다.

지방에서는 각 지역에 국학이, 대재부에는 부학府學이 설치되어 지방 관리의 자제 교육을 담당했다. 국학의 사무는 국사國司가 담당했으며 국

* 고대 대학의 각 전문 과정의 학생중에서 선발된 소수의 성적 우수자에 부여한 신분. 수학후 시험에 급제하면 개학 교관 등에 임명되었다.

박사, 국의사 밑에서 학생, 의생들이 배웠다. 교과서나 교수 방법 등은 대학료에 준한 것이었다. 군사郡司 자제로 13세 이상 16세 이하의 우수한 자를 대상으로 하였는데, 나라가 등급별로 정한 정원이 채워지지 않는 경우는 백정 자제의 입학도 허가되었다. 국사가 중앙에서 파견되었음에 비해 군사는 지방 호족 중에서 보제주의譜第主義에 기초하여 채용되었기 때문에 지방 호족의 자제를 각 지역에서 군사가 될 수 있도록 교육하는 것이 율령 국가의 지방 지배에서 중요했다. 군사는 문서 행정이나 징수 사무 등을 담당하는 지방 행정의 주역인데 선서령選叙令에 따르면 군사 4등관 가운데 대령大領·소령小領에는 청렴하며 시무를 감당할 수 있는 사람을, 주정主政·주장主帳에는 강간총민强幹聰敏－성격이 강하고 총명함－하고 쓰기와 셈에 밝은 자를 쓰도록 규정했다. 그에 필요한 인재를 육성하는 목적이었던 것이다. 교관이 부족했기 때문에 723년 이후 1세기에 걸쳐 여러 지방에 학교가 하나밖에 없는 사태가 발생했지만 821년에는 각 지방마다 1개의 학교 설치가 이루어졌다. 부학은 대재박사大宰博士 1명과 학생 약간 명으로 구성되었다.

기술자 양성과 민중 교화

대학료 이외에 중앙에는 전약료와 음양료가 설치되어 의사나 천문·역·복점 등의 기술자를 양성했다. 의식에 빼놓을 수 없는 악인樂人을 기르기 위해 아악료가 있어 가무음곡을 담당했다. 각각의 조직은 〈표1-3〉과 같다.

<表1-3> 전약료 · 음양료 · 아악료의 구성

	전약료(궁내성피관)			음양료(중무성피관)			아악료(치부성피관)		
	명칭	정원	담당직	명칭(상당위)	정원	담당직	명칭(상당위)	정원	담당직
4등관	頭(종5위하)	1	약물, 의료, 약전	頭(종5위하)	1	천문,역수, 풍운기색, 천문기상의 이변을 천황에 보고	頭(종5위상)	1	문무의 아곡, 정, 잡악, 남녀의 악인, 음성인 명부
	助이하	4		助이하	4		助이하	5	
박사/師	의박사(종7위하)	1	약방, 경생, 의생등을 교수	음양박사(정7위하)	1	음양생을 학습	사가(종8위상)	4	가인, 가녀를 가르침
	침박사(종7위하)	1	침생등을 가르친다	음박사(종7위상)	1	조력, 역생을 학습	무사(동일)	4	춤을 학습
	안마박사(정8위하)	1	안마생등을 가르친다	천문박사(정7위하)	1	천문 기상 관측, 천문 밀주, 천문생 학습	적사(동일)	2	피리 학습
	주금박사(종7위상)	1	주금생을 가르친다	누각박사(종7위하)	2	수진정을 이끌고 누각의 절기를 질문	당악사(동일)	12	악생 학습
	약원사(정8위상)	2	약원관리, 약원생을 가르침	음양사(종7위상)	6	점술로 땅의 형태를 선택	고려악사(동일)	4	악생 학습
	의사(종7위하)	10	질병치료, 진료				백제악사(동일)	4	악생 학습
	침사(종8위하)	5	창질치료등				신라악사(동일)	1	악생 학습
	안마사(종8위하)	2	상처와 골절 치료				지악사(동일)	1	지악생학습
	주금사(정8위하)	1	주금				요무사(동일)	2	요고생 학습

생	의생	40	의료 학습	음양생	10	음양 학습	가인	40	
	침생	20	침술 학습	역생	10	역 학습	가녀	100	
	안마생	10	상처 골절 치료 학습	천문생	10	천문 관측 학습	무생 적생	100 6	춤 학습 피리 학습
	주금생	6	주금 학습				당악생	60	음악 학습
	약원생	6	약재 학습				고려악생 백제악생 신라악생	20 20 20	음악 학습 음악 학습 음악 학습
생의 자격	먼저 '약부 및 세습자'를 충당, 다음에 서민중에서 13세 이상 16세 이하의 총기있는 자를 선발			의생에 준하는 잡령으로 규정되어 『령의해』에서 '점씨 및 세습'으로 되어 있음			없음		
경서	갑을(『황제갑을경』), 맥경, 본초(『신농본초경생집주』), 겸습서로는 「소품, 집험등」이, 침생의 학습서로는 「소문」(『황제소문』) 황제침경, 명당(『황제명당경』) 후에는 「황제내경명당」), 「맥결」, 겸습서로서 「류소, 원칙 등의 그림, 적조신침 등의 경」이 규정됨. 757년 및 820년에 변경이 가해짐.			령에 규정 없음. 757년에 이하와 같이 규정되었다. 음양생은 주역, 신선음양서, 황제금궤, 오행대의, 역생은 한진율력지, 대연열의, 구장, 육장, 주비, 정천론, 천문생은 천관서, 한진천문지, 삼색부찬, 한양요집			없음		

전약료는 일반 관리를 대상으로 하는 국가 의료와 기술관 양성을 담당했다. 이는 중국의 태의서太醫署 제도를 도입한 것으로 조직이나 교과서 등은 태의서를 대부분 답습했다. 신라의 의학 교과서도 일본과 당의 그것과 거의 공통된다. 의침생醫針生은 입학 후 '본초本草, 맥결脈決, 명당明堂'을 읽은 후에 '소문素問, 황제침경黃帝針經, 갑을甲乙, 맥경脈經'에 정통하게 했다. 의생醫生은 경전 학습을 마친 후에 전문별로 교습을 받았다. 각 과의 정원과 양성 연한-경서를 읽는 과정을 포함하여-을 보면, 체료體療-내과-는 24명으로 9년, 창종創腫-외과-은 6명으로 7년, 소소少小-소아과-는 6명으로 7년, 이목구치耳目口齒는 4명으로 6년이다. 또한

침생은 7년이었다. 이 기간을 초과하여 학업을 마치지 못하는 자는 퇴학 처분을 당했다. 의침생의 시험은 박사는 매 월 시행하고, 전약두典藥頭·조助는 계절마다 시행하며 궁내경·보궁內卿·輔는 매년 시행하도록 규정했다. 학업 후에는 최종 시험을 치러 일정한 성적을 내면 태정관에게 천거되어 식부성에서 임용 시험을 치렀다.

음양료는 음양-점치기-, 력-달력만들기-, 천문-천문 기상의 관측-, 누각漏刻-시각의 계측과 보지- 등 네 부문으로 구성되어 있었다. 6세기 중반에 백제가 역박사易博士·역박사曆博士를 천거하여 역점易占·역법曆法이 공식적으로 전래되었으며 스이코조推古朝에 백제승 관륵觀勒이 와서 서생 3명에게 역법, 천문둔갑-일종의 점성술-, 방술-음양, 천문, 병치료술, 뜸의 기술-을 전수하고 사이메이조齊明朝에 누각-물시계-이 제작되는 등 음양·역·천문·누각의 네 영역이 정착되어 가면서 덴무조에 음양료가 설치된 것으로 보인다. 『일본서기』 덴무4년(675년) 정월 삭조에 '대학료 학생들. 음양료. 외약료外藥寮'라고 처음 나오는 걸 보면, 늦어도 이 해에는 성립되어 있었음을 알 수 있다. 당에서는 비서성피관秘書省被官의 천문·역·누각을 담당하는 태사국太史局과 태상사피관太常寺被官의 점서占筮를 담당하는 태복서太卜署로 분리되어 있었지만 일본에서는 양자가 음양료로 병합되었다. 국가의 길조나 재난을 점치는 음양료는 조금이라도 틀리면 치안을 어지럽힐 수밖에 없다. 그 때문에 일본에서도 당과 마찬가지로 천문을 개별적으로 익히는 것을 죄로 규정하여 국가가 독점 장악했다. 직제율職制律에서는 현상玄象의 기물-천체 관측을 위한 기물-이나 천문도서 등을 개인이 소장하거나 배우는 것을 금지했다.

율령제 관료 조직의 말단에 위치하여 특수 기술을 담당했던 품부·잡호는 부민제部民制의 유산이다. 일찍이 부민제 아래서 담당했던 수공업 생산 부문은 율령제하의 관영공장이 장악했다. 그러나 품부·잡호도 부민제와 동일하게 위로부터 강제된 가내 전습 기술을 유지했기 때문에 기술의 정체가 초래되었다. 그 때문에 우수한 기술자가 요역으로 징발된 일반 공민 기술자를 교습하는 선생-학생 식의 기술자 편성이 이루어져 고도로 특수한 기술의 재생산이 이루어졌다.

관리 자제를 대상으로 한 학교는 설치되었지만 백성-일반민-을 대상으로 경서를 가르치는 학교는 설치되지 않았다. 민중은 교화의 대상이었다. 율령은 단순한 법령이 아니라 예의 질서와 불가분의 관련을 맺고 있었기 때문에 율령을 침투시키기 위해서는 예에 기초한 유교적 덕치주의를 정치 이념으로 삼지 않으면 안 되었다. 천황은 인민에게 덕을 베푸는 '군주', 민중은 교도시켜야 할 '우민'으로 인식되었다는 의미이다. 민중의 교도를 맡은 것은 국수國守나 군사郡司. 호령국수순행조戶令國守巡行條에 따르면 국수는 매년 1회 관할 군내를 돌며 백성에 오교-부의父義·모자母慈·형우兄友·제공弟恭·자효子孝-를 강론하고 효자나 순손順孫이 있으면 추거하며 불효 불제한 자가 있으면 처벌하도록 했다.

당시 사람들은 효를 구체적으로 어떻게 생각했을까. 헤이안 시대 초기의 사례인데 다치바나 하야나리橘逸勢의 딸의 예를 보도록 하자. 하야나리는 조와의 변承和之変 당시 모반의 의심을 사 다치바나 아손橘朝臣의 성을 박탈당하여 이즈국伊豆國에 유배되었다. 하야나리의 딸은 유배지로 떠나는 아버지를 따라 도토우미국遠江國 이타즈키板築까지 따라 왔는데 거기서 아버지가 사망했다. 딸은 곡을 하며 슬퍼하고 아버지가 묻혀있는 곳을 떠나지 않고 시신을 지켰다. 삭발하여 비구니가 되어 아버지를 위해 염불을 했다. 850년에 고향에 장사해도 좋다는 천황이 윤허하자 딸은 시신을 등에 업고 고향 교토으로 돌아왔고, 당시의 사람들은 '효녀'라 칭찬했다고 한다.

간접적인 민중 교화의 수단으로 표창이나 형벌이 있었다. 부역령효자순손조賦役令孝子順孫條에 표창의 대상으로 효자, 순손, 의부義夫-몇 대에 걸쳐 함께 사는 남성-, 절녀-남편을 잃고 정절을 지키며 재혼하지 않는 여성-를 규정하고 있다. 708년부터 943년에 걸쳐 표창을 창도하는 소칙이 27회 내려졌는데 실제의 표창 사례로는 효자가 19건, 절녀가 42건이며 순손과 의부에 대한 표창은 없었다.[18] 한편, 명례율악역조名例律惡逆條에는 8학-아주 무겁다고 일컬어지는 여덟 가지 죄-중의 넷째로 조부모·부모에 대한 폭행이나 모살 행위를 들고 있다. 일반인에 대한 모살 행위는 징역형 2년인데 비해 조부모·부모에 대한 모살 행위는 개참형皆斬刑-공모자 모두 참형-에 처하는 형벌에서도 효자·순손 중시를 엿볼 수 있다.

유교주의 정책을 추진한 나카마로 정권 하인 757년 4월에 "천하에 걸쳐 집집마다 효경 한 권을 두고는 정독하여 읽으며 더욱 가르쳐 배우게 하라"(『속일본기』)는 칙령이 내려졌다. 이것은 당 현종의 행적을 모방한 것으로 효를 통한 치민 안국의 목적이 내포되어 있다. 하지만 각 집마다 효경을 소장하게 한다는 원대한 구상이 실현되었다고는 생각하기 어렵다. 효자의 추천을 촉구하는 한편, 반대로 불효·불공·불순한 자는 무쓰陸奧·데와出羽의 성으로 배치시켜 방비를 담당하게 했다고 한다.

당시의 일본 부부나 친자 사이에 존재했던 것은 『만엽집』에 보이듯이 일본 열도의 풍토 안에서 배양된 자연스런 정이었다. 효자·순손·의부·절녀는 모두 일본의 실태와는 거리가 있는 유교적 가족 도덕규범이다. 율령 정부는 표창이나 형벌 등의 수단을 통하여 기존의 가족 관계 위에

도덕규범 체계를 만들려 했지만 그리 성과는 없었다고 사카모토 다로坂本太郎가 지적한 바 있다.[19]

천황·황족·귀족 교육

후궁직원령後宮職員令에 따르면 친왕-황자·황녀-에게 세 명의 유모를, 친왕의 자식-왕자·왕녀-에게는 두 명의 유모를 두어 생모를 대신하여 수유와 양육을 맡겼다. 유모가 죽거나 퇴임해도 친왕 및 그 자녀가 13세 이상인 경우에는 후임을 세우지 않도록 되어 있었다. 유모가 황실 자녀의 인격에 영향을 끼쳤음은 그 아호를 유모의 씨명에서 취했다는 것으로 알 수 있다.

가령직원령家令職員令에 따르면 친왕 1품가에서 친왕 4품가까지의 가정家政 기관에 문학文學(분가쿠)* 한 명을 두어 경서를 가르치게 했다. 그 예로 이요친왕伊子親王의 문학인 기요무라노 기요토요淨村淨豊나 무네야스친왕宗康親王의 가령문학家令文學(게료분가쿠인 종7위) 게키노 사네요시下紀核吉가 유명하다. 기요토요는 당나라 사람으로 음박사가 된 엔신케이袁晉卿의 9남에 해당한다.

동궁직원령東宮職員令에 따르면 황태자에게는 '도덕으로 동궁東宮을 보좌'하는 동궁전東宮傳과 경을 봉설하는 동궁학사東宮學士를 두었다. 지토조持統朝 가루친왕珂瑠親王-후에 몬무천황文武天皇-의 동궁전 다기마노 구니미当麻國見·동궁학사 이요베노 우마카이伊預部馬養가 최초이다. 9세기까지 동궁전에는 후지와라藤原·미나모토씨源氏 등 의정관·팔성경八省卿을 겸하여 정무·학문에 뛰어나고 천황의 신임이 두터운 상류 귀족

---

* 일종의 가정교사이다.

이 보임되었다.[20] 동궁학사에는 유학자를 두었다. 동궁전이나 동국학사를 둘 수 없었던 시대에는 당대의 학사가 이를 대신했던 것 같다.『회풍조』에 따르면 덴지천황天智天皇의 황태자 오토모황자大友皇子는 법률·병법·의약·오경에 정통한 다섯 사람의 망명한 백제인을 빈객으로 초빙했다고 한다. 또 동궁학사를 둘 수 있게 된 이후에도 721년에 명경·문장·명법·산술 등에 뛰어난 16명에게 오비토황자首皇子 - 쇼무천황聖武天皇 - 를 모시도록 했다는 예가 있다.

천황에게는 시독侍読을 두었다. 나라 시대의 사례는 거의 알려져 있지 않지만 헤이안 시대의 시독은 경서·사서 이외에『정관정요』나『군서치요群書治要』등 제왕으로서의 교양서를 강의했다. 유력한 황족이나 귀족에게는 참모 격의 학자를 곁에 두게 했다. 덴무천황의 손자인 좌대신 나가야오長屋王의 저택유적에서 야마다노 미카타山田御方·가코모甲許母·가누치노 오스미鍛冶大隅 등과 같은 사람들이 저택에 출입했음을 엿볼 수 있는 목간이 출토되었다. 세 사람은 모두 나가야오의 우대신 취임 직후인 721년 정월에 학술·기예 - 미카타는 문장, 가코모는 의술, 오스미는 명경 - 에 탁월하여 표창을 받았다.

나라 시대의 사학으로 이교원二教院과 예정芸亭이 있다. 이교원은 기비노 마키비吉備眞備 즉 불교와 유교의 절충주의 입장에서 설립되었다고 한다. 예정은 이소노카미노 야카쓰구石上宅嗣가 만년 - 호키년간宝龜年間(770~781) - 에 창설한 것으로 도서관 및 사학으로서의 성격을 지녔다. 이소노카미노 야카쓰구는 오미노 미후네淡海三船와 함께 나라 시대 후기의 '문인의 수장'(『속일본기』, 781년 6월 辛亥條)이라 일컬어졌으며 시부에 뛰어나고 경사에 정통했다. 가야노 도요토시賀陽豊年는 여기서 군서를 깊게 연구했다고 한다.

남성에게는 대학료를 시작으로 경서를 배우는 여러 기관이 있었지만 여성에게는 그런 기회가 제공되지 않았다. 내친왕가에 문학이 설치되지 않았던 점이나 내약사內藥司의 여의-관에 있는 천민 여성 중에서 15세 이상 25세 이하의 30명을 선발하여 조산·외과·뜸질법을 배우게 했다-가 경서를 직접 읽지 않고 박사로부터 경문에 기초한 강설을 수강하면서 의료 기술을 배웠다는 사실에서 드러나듯이 여성의 경서 학습은 제도적으로 배제되어 있었다. 그러나 아베내친왕阿倍內親王-고켄·쇼토쿠천황孝謙·称德天皇-이 태자로 책봉되었을 무렵에는 동궁학사를 두게 되었다.

＊　　＊　　＊

-칼럼- 암송주의

대학료의 경서 교육의 특징은 암기 암송 주의이다. 학생은 강의에 들어가기 전에 음박사에게서 중국음(한음)으로 경서를 읽으며 통째로 익혀야 했다. 그 과정에서 음독을 했다는 사실은 『가전』 후지와라노 무치마로전藤原武智麻呂傳에 "글 읽는 소리가 넘쳐 흘러 귀에 가득 차도다"라는 구절을 통해 알 수 있다. 경서의 독서 과정에 있는 학생은 경문 1,000자마다 세 글자를 가리고 대답하게 하는 시험이 부과되었다. 경문을 암기하지 않으면 이러한 문제에 답할 수 없다. 즉 중국음을 귀로 들으면서 입으로 소리 내어 암송하고 눈으로 한자를 외우지 않으면 안 되었던 것이다.

고닌弘仁 년간에 문장생文章生이었던 후지와라 모로나리藤原諸成가 『문선』 상권을 암송하여 학생 중에 '삼걸'이라 일컬어 졌던 사실이나(『일본문덕천황실록』 856년 4월 18일조), 9세기 초기에 학생이었던 후지와라 쓰네쓰구藤原常嗣가 『문선』을 암송했던(『속일본서기』 840년 4월 23일조) 사실이 각각 훙졸전薨卒傳에 들어있다. 『고금저문집古今著聞集』에 따르면 권학원의 학생이 술자리에서 능력에 따라 자리를 배치했을 때 고레무네노 다카요리惟宗隆賴가 나아가 윗자리에 앉자 옆에 있던 사람들이 나무랐다. 이에 대해 다카요리는 "문선 30권, 사성의 절음을 암송하는 사람이 있으면 저는 지체 없이 아래 자리로 내려갈 것입니다."라고 대답했다고 한다. 『문선』은 중국의 시문집으로 주나라부터 양나라에 걸친 약 1,000년간의 대표적인 부나 시 등 약 800편이 들어 있다. 헤이안궁 유적에서 그 습서목간도 출토되었다. 순수한 미문이라 평가받는 서적이었기 때문에 방대한 양이면서도 암송하는 사람이 있었던 것이다.

의미를 묻지 않고 암송시켜 통째로 익히게 한 후에 수강을 허락하는 방법은 학생에게 한문의 리듬을 체득시키는 이른바 혈육화血肉化를 목적으로 한 것이다. 종이가 귀하고 서적의 입수가 곤란하던 시대에 암송은 경서를 학습하는 효과적인 방법이었다. 관리들은 목간에 경문의 일부를 베낄 때 경서를 옆에 두고 발췌하는 경우도 있었겠지만 대부분은 암송한 것을 기억하면서 기록하는 방법을 취했을 것이다. 경서를 암기해두면 작문할 때에 도움이 된다. 사서나 문사가 남긴 문장 등에 중국의 고전에 나오는 글이 보이는 것은 암송주의 혹은 "학문의 길은 초출抄出을 근본으로 한다"(『관가문초』 7) 하여 서적 등에서 문장을 발췌하여 베끼는 것을 학문의 중심으로 삼는 학자들의 태도 때문이었을 것이다.

스즈키 리에

＊　　＊　　＊

문서주의의 침투

율령 국가는 중앙집권을 특징으로 하는데 그것을 가능케 한 것은 중앙과 여러 지방을 매개한 문자였다. 공식령公式令에는 각종 공문서의 양식이나 발행, 하달상신의 방법 등이 자세하게 규정되어 있어 이 규정에 따라 중앙의 태정관太政官·팔성八省으로부터의 명령 문서가 각 지방으로, 여러 지방의 관아에서 상신한 문서가 중앙으로 전해졌다. 이러한 문서 행정 체계를 가능케 한 것이 도로나 교각 등의 교통 시설과 역제驛制·전마제傳馬制와 같은 교통 정책의 정비였다. 덴무조에 성립한 5 기나이畿內 7 도제道制에서 7도는 여러 지방의 국아國衙를 연결하여 그 간선도로 상 30리-16킬로-마다 역을 설치하고 역마를 두었다. 군아郡衙에는 전마를 두었다. 최근의 도로 연구에 따르면 고대의 관도官道가 지방-평야부-에서도 6~13미터의 폭을 가진 직선적인 계획 도로로 드러났는데 그렇게 만들어진 도로를 말로 달려 문서를 전달했던 것이다.

지방에서 문서 행정을 담당한 것은 군사郡司나 이장里長이었다. 2절에서 다룬 『영집해』의제령춘시제전조의 기록에 따르면, 촌민 일동이 모인 제사일에 '국가의 법'-율령격식과 같은 것으로 생각된다-이 구두로 전달되었다. 이장이 국가법을 고지했다는 설이 있다.[21] 공식령조칙반행조公式令詔勅頒行條에도 부내를 순시하면서 백성에 관한 소칙의 내용을 마을에 전하는 것이 이장의 역할로 규정되어 있었다. 국가의 지배가 이러한 형태로 마을 주민들에게까지 관철되었다고 볼 때, 국가의 뜻을 전하는 말단 관리인 이장의 역할은 컸다. 호령취방령조戸令取坊令條에 따르면 이장은 일반민의 소청에 따라 강하면서 뛰어난 자를 임명하도록 했는데 그러한 소질만으로는 역할을 감당할 수 없었을 것이다. 소칙이나 국가법을 마을 사람들에게 고지하기 위한 교육을 받는 장소나 체계가 있지 않았을까.

호주나 그 밑에 있는 호구에 대해서도 문자를 읽고 쓰기가 기대되었다. 호주는 호령조계장조戸令造計帳條·조호적조造戸籍條에 따라 계장을 작성할 때에 호의 성원과 호구의 연령을 기록한 신고서를 제출해야 했다. 민중도 부역령조물조賦役令調物條에 따라 조용물調庸物 등의 품명과 수량을 방坊·리에 제시한 찰札을 통해 인지해야만 했다. 그러나 한편으로 호령칠출조戶令七出條에는 이혼장에 자서가 불가능한 경우에 획지畵指-손가락의 길이와 마디의 위치를 갖고 표시하는 것-로 대신할 수 있도록 규정하고 있는데 이는 이름조차 쓰지 못하는 사람들이 존재했음을 의미한다. 실제로 나라 시대의 천비매주賤婢賣主·혼전매주墾田賣主·이공葺工·도공塗工·벌사筏士 등의 획지가 남아 있다.[22]

문서행정 체계의 침투로 문자가 일본 사회에 보급된 사실은 정창원正倉院 문서·금석문·목간·묵서墨書 토기·각서 토기·칠지漆紙 문서·문자기와文字瓦 등을 통해 알 수 있다. 목간은 문서 기록이나 부찰付札 등의 용도로 사용된 나무로 만든 것이다. 종이에 비해 내구성이 있어 지우면 몇 번이고 사용 가능한 이점이 있다. 7세기의 목간에 상신·하달 문서로 보이는 것이나 각지 유적에서 형태가 정형화된 -출납- 기록 목간이 출토되고 있는 점을 볼 때, 대보령에 선행하여 문서 행정이나 공문서 정비 전 단계에서 목간이 얼마나 중요한 역할을 했는가를 알 수 있다. 도쿠시마시德島市 간온지觀音寺 유적에서 출토된 7세기 전반의 『논어』 습서習書 목간은 한 지방 관리의 문필 능력을 가늠케 한다. 효고현兵庫縣 히카미군氷上郡 야마가키山垣 유적·시가현滋賀縣 야스군野洲郡 니시가와라四河原 유적·시즈오카현靜岡縣 하마마쓰시浜松市 이바伊場 유적 등에서 출토된 8세기 전반의 군부郡符 목간은 군사가 이향장이나 이정里正에게 사람의 소환을 명한 것이다. 또 공진물하찰貢進物荷札은 군가郡家 혹은 향리의 단계에서 작성된 것으로 추정된다는 점에서 문서 행정이 침투해 있었음을 짐작케 한다.

고지찰告知札은 교통의 요충지에 세워 그곳을 통과하는 사람들에게 정보 제공을 목적으로 한 것이다. 헤이안쿄 동삼방대로東三坊大路 측의 수조에서 출토된 네 점의 고지찰은 잃어버렸거나 도망간 우마의 발견 통보를 요청하는 내용과 작물을 망쳐 놓은 말을 잡았음을 주인에게 통고하는 내용이다. 고지찰은 그것을 이해하고 있고 '왕래하는 사람들'의 존재를 전제로 한 것이어서 주목된다. 이시카와현石川縣 쓰바타초津幡町 가모加茂 유적에서 출토된 방시찰牓示札-게시용 입찰-은 가조嘉祥년간에 가가군加賀郡 군사가 전령田領 하세쓰카베노 나미마로丈部浪麿 앞으로 보낸 27행 344문자에 걸친 내용으로 되어 있어 문서 행정의 철저함을 보여준다. 농업에 정진할 것을 장려하고 마음대로 생선을 먹고 술을 마시거나 마을에서 술에 취해 난동을 부려 죄를 짓는 것을 금하고 있다. 농민의 마음자세에 해당되는 내용을 포함하는 8개조로 구성되

[그림1-3]『논어』
습서목간(부분) :
도쿠시마시 간온지유적 출토

어 있다. 실제로는 그 내용이 구두로 농민에게 전달되었을 것으로 추정되기는 하지만, 방시찰은 요로 등에 세웠기 때문에 민중이 직접 문자에 접촉하여 그 역할을 인지하는데 효과적이었을 것이다.

칠지 문서는 공방에서 항아리 안의 옻이 마르거나 먼지가 들어가는 것을 방지하기 위해 관아에서 못쓰게된 폐지를 항아리 덮개로 사용하면서 자연스럽게 옻으로 코팅되어 땅속에 남아있었다. 이바라키현茨城縣 이시오카시石岡市 가노코鹿の子 유적은 8세기 말엽부터 9세기에 걸쳐 에미시

(에죠)[*] 정벌에 따라 무구의 제작·수리를 맡았던 히타치국常陸國에 속한 공방으로 추정되는데 이 유적에서 병사 개인별 융구검열부戎具檢閱簿가 기록된 칠지 문서가 출토되었다. 군가郡家에서 작성된 것으로 추정되는 호적이나 장부의 칠지 문서도 출토되었다.

묵서 토기는 7세기에 중앙의 수도나 사원에서 출현하여 8세기에 지방의 관아나 사원으로 퍼져갔고, 8세기 후반에는 촌락에 보급되어 9세기부터 10세기에 걸쳐 비약적으로 집락으로 확대되었지만 10세기에 들어와서 줄어든 듯 하다. 기록된 문자는 관사·관직명·인명·지명·길상구吉祥句·부적·토기의 기종·방각·숫자·낙서·습서 등으로 분류된다. 그 중에서도 측천문자則天文字가 기록된 것은 문자의 공간적 확대와 전파의 빠르기를 보여준다. 측천문자란 당대의 여제 측천무후가 690년에 사용을 명한 '圀'(國) 등의 독특한 문자를 말한다. 당에서는 무후가 죽은 후 사용이 금지되었지만 일본에서는 토기에 쓰이는 등 계속적으로 사용되었고 그 문자의 유물이 8세기부터 10세기 동일본의 집락 유적에서 주로 출토되고 있다. 일본에 측천문자를 전래한 사람은 대보령기의 견당사-704년 귀국-로 추정되는데 정창원 보물 중에서 707년에 쓰인 『왕발시서王勃詩序』나 양로율養老律의 사본에서 그 문자를 볼 수 있다. 측천문자가 전래된 지 몇 십년이 지나지 않아 지방으로까지 전파된 것은 승려·사원이 불경을 통해 전파한 것 그리고 지방 관아에 출입하는 사람들이 율을 통해 전파한 지방 행정 경로를 통해서였을 것이다.

문서주의 행정은 관리들에게 문자의 습득을 촉진시켰다. 습서·낙서된 유물이 궁터 유적이나 관아 유적에서 출토되는 것은 관리가 근무 중

---

[*] 고대의 오우奧羽에서 홋카이도에 걸쳐 언어, 풍습 등을 달리하여 조정에 복종하지 않았던 부락. 흔히 아이누족이라고 보는 설도 있다.

에 문자 연습을 하거나 소일삼아 문자를 썼기 때문이다. 사이토 마코토佐藤信의 정리에 따르면 습서의 대상으로는 전적·문서·문자-관사官司명·지명·인명 등-가 있으며 낙서에는 나니와쓰難波津의 노래·구구단·한시·와카和歌·희서戱書 등이 있다.[23]

이에 비해 집락 유적에서는 한 두 문자가 기록된 묵서 토기가 출토된다. 민중의 일상생활 현장에서 문자가 나온다는 것은 식자층의 폭을 보여주는 것이지만, 최근의 연구는 이에 대해 부정적이다. 집락에서 출토된 모든 토기에서 차지하는 묵서 토기의 비율이 적기 때문이다. 일상적인 잡기에 묵서하는 것으로 다른 것과 구별하여 제사 등에 비일상적으로 사용하려는 목적이었다고 한다. 집락 내의 어느 집단을 가리키는 기호로 사용되었다는 지적도 있다.[24] 측천문자의 경우에도 그 마력이나 권위 때문에 사용된 것으로 해석된다. 히가카와 미나미平川南는 동일본의 집락 유적에서 출토된 묵서 토기의 글자체를 조사하여 묵서 토기의 문자 종류나 글자체가 공통된다는 점을 밝혔다. 이 사실은 문자를 토기에 쓴 사람이 자신이 습득한 문자 중에서 취사선택하여 썼다기보다는 문자에 대한 공통 의식에 근거하여 사용했음을 보여준다. 집락에서 문자를 쓴 사람은 특정한 목적 때문에 특정한 문자를 습득했고, 쓰인 문자를 보는 민중도 그 글자 뜻을 이해했다기보다는 그것을 기호적·시각적으로 이해했던 것이 아닐까. 즉 문자가 오늘날의 기록이나 정보 집적·전달이라는 주요한 역할과는 다른 역할을 담당했다고 할 수 있다.

대외 사절과 문물의 섭취

7~9세기에 율령국가가 형성되고 붕괴되기까지 일본은 기존처럼 한반도를 거치지 않고 직접 중국에 사신을 보내 문물을 수입했다. 견수사

遺隋使는 6회 파견에 그쳤지만 견당사遣唐使는 630년을 시작으로 20회 계획되었다. 『엔기식延喜式』* 30권째에 따르면 견당사의 구성은 대사·부사·판관判官·록사錄事 등 4등관 이외에, 하급 사절-사생史生·잡사雜使·겸종傔從-, 사절의 역할을 돕는 자-역어譯語·신라아마미라역어新羅奄美等譯語·주신主神·의사·음양사·복부卜部:우라베·사수射手·음성장音聲長-, 배의 관리에 관계된 자-지승선사知乘船事·선사船師·선장船匠·타사柁師·협초挾杪·수수장水手長-, 유학생-유학생·학문승·청익생請益生·환학승還學僧-, 기능자-음성생音聲生·옥생玉生·단생鍛生·주생鑄生·세공생細工生- 등이 있었다.

717년 3월에 출발한 견당사절을 살펴보자. 압사押使는 다지히노 아가타모리多治比縣守, 대사는 오토모노 야마모리大伴山守, 부사는 후지와라 우마카이藤原馬養, 유학생으로 시모쓰미치 마키비下道眞備-후의 기비吉備-, 아베 나카마로阿倍仲麻呂, 학문승으로 겐보玄昉, 아베 나카마로의 비복인 하쿠리노 요시마로羽栗吉麻呂 등이 파견되었다. 마키비는 18년간의 유학생 생활을 보내면서 사문학四門學-경학 수학을 위한 학교, 〈표1〉참조- 조교인 조현묵趙玄默에게 경학을 배웠다. 『구당서』 동이전에 "하사받은 것을 모두 서적으로 사들였다"고 되어 있는 것으로 보아 마키비가 서적을 사들였음을 알 수 있다. 마키비가 가지고 돌아온 물건으로 당례-당 조정에서 전례를 규정한 것-, 대연력경大衍曆經, 대연력입성大衍曆立成-729년부터 사용되기 시작한 달력에 관한 책-, 태양의 그림자를 측정하는 측경철척測影鐵尺, 악기나 음악책, 무구 등이 있다. 대연력은 757년 역산생曆算生에게 『대연력의大衍曆議』를 배우게 하여 763년에 기존의 의

---

* 홍인식弘引式, 정관식貞觀式의 뒤를 계승하여 편찬된 율령의 시행 세칙으로 967년 시행. 헤이안 초기 금지된 연중 의식이나 제도등을 한문으로 기록했다. 50권에 달한다.

봉력儀鳳曆을 없애고 사용하기 시작했다. 마키비가 전한 것은 삼사오경·명형名刑·산술·음양·역도曆道·천문·누각漏刻·한음漢音·서도書道·비술잡고秘術雜占·십삼도十三道에 걸쳐 있다고 한다. 대학생 400명에게 오경·삼사三史·명법·산술·음운·주전籒篆* 등 여섯 종류의 도를 배우게 하여 유학의 성과를 전수했다.

아베나카마로나 하쿠리노 요시마로는 국자감태학-경학 수학을 위한 학교〈표1〉참조-에 입학한 것으로 보인다. 나카마로는 당에 머물면서 요직을 역임하고 당에서 사망했다. 하쿠리노 요시마로는 당나라 여성과의 사이에서 다스쿠翼와 가케루翔를 낳았다. 734년 귀국할 때에 당의 진연창陳延昌에게『유교경遺教經』을 건네받으면서 일본에 전할 것을 부탁받았다. 아버지와 함께 귀국한 다스쿠는 당시 16세였으며 승려였던 것으로 보이는데 일본에서는 환속하여 견당록사 등을 거쳐 정5위를 품부받았다. 777년에 준판관의 자격으로 당에 들어갔을 때에는 수입품 선정의 임부를 맡았던 것으로 보인다. 당시 당에서 채용했던 보응오기력경宝応五紀曆經을 가지고 돌아왔다.

겐보도 마키비와 함께 귀국하면서 불상과 경론 5,000여권을 가지고 왔다. 5,000여권은『개원석교록開元釋教錄』5,408권에 상당하기 때문에 이 목록에 제시된 경전을 가지고 온 것으로 보인다. 겐보가 가지고 온 경전을 저본으로 하여 고메이황후의 황후궁직에 설치한 사경소寫經所가 그것들을 736년 9월부터 756년에 걸쳐 필사하였다. 이것이『오월일일경五月一日經』이다.

후지와라 스케요藤原佐世가 9세기 말엽에 작성한『일본국견재서목록日

---

* 서체의 하나

本國見在書目錄』에는 당시 일본에 존재했던 다양한 분야에 걸친 1,579부, 1만7345권의 서적명이 기록되어 있다. 그 대부분이 중국 서적인데 견수사나 견당사가 가져온 것이다. 중국의『구당서』경적지經籍志(『일본국견재서목록』)와 부수·권수를 비교해 보면 악樂·효경·논어·소학·형법·잡雜·소설·천문·역수·오행·의방가醫方家의 수용률이 높다.[25]

894년에 계획된 견당사는 스가와라노 미치자네菅原道眞의 건의로 중지되었기 때문에 838년 파견된 것이 마지막이었다. 그러나 신라·중국 등의 상선을 통한 민간 차원에서의 교섭은 그 후에도 계속되어 문물이 유입되었다.

견신라사의 경우, 675년부터 나라 시대 말까지 22회의 파견 관련 기록이 국사에 남아 있다. 덴무·지토조持統朝 무렵은 당의 외교 중단기를 맞아 견신라사가 중요한 역할을 맡았는데 8세기에 들어서 신라가 조공 관계를 거부하자 양국 관계는 악화되어 특별히 필요한 경우 이외는 파견되지 않았다.

발해는 7세기 말엽에 고구려국의 유민이 중국 동북 지역을 영역으로 건국하여 약 230년간 존속했다. 727년부터 919년 까지 발해(견일遣日)사의 방문은 34회, 견발해사 파견은 15회에 이른다. 일본에서 파견한 대부분의 사절은 송사送使의 성격을 가진 것으로 전사專使의 성격을 갖는 것은 적다. 견당사처럼 문물 교섭을 목적으로 한 장기체재형 견사와는 전혀 성격이 다르다. 발해와의 교섭은 8세기 중엽까지는 군사적 목적, 이후는 통상·무역을 주로 삼았다. 발해의 모피 제품과 일본의 실크 제품의 교역이 중심이었다. 발해의 사신에는 문재에 뛰어난 사람이 많아서 일본에서도 기전도紀傳道에 통달한 귀족이 접대를 맡았는데 쌍방은 한시문의 증답을 주고 받았다. 883년 5월 고로칸鴻臚館에서 이루어진 발해 대사

배정裴頲 등의 사신과 스가와라노 미치자네·시마다 타다오미島田忠臣 등 접대관이 59수가 넘는 시를 교환한 것이 유명하다.

사원·불교의 교육

7세기 후반 율령 국가가 형성되는 과정은 율령적 국가 불교의 형성 과정이기도 하며 천황권은 종교적 권위를 획득했다. 645년 8월의 조詔에서는 천황이 소가씨蘇我氏에 이어 불법 흥륭의 주도권을 쥔 것을 강조하였다. 652년에 완성한 나니와신궁難波新宮에는 예배 시설이 설치되어 궁중 불교행사가 시행되었다. 덴무조에는 중앙 승관이나 국가적인 사원 체제의 정비가 진행되어 호국 법회 등의 의례가 전국적 규모로 실시되었다. 대보령기에는 승니령僧尼令이 법률화되었고 승려는 생활 규범의 세세한 부분까지 국가의 규제를 받으면서 신분 특권을 보장받았다. 승려의 후계자 육성도 득도得度와 수계受戒를 제도화하여 국가가 관장했다.

718년 태정관은 승강僧綱-승려 통제를 위해 임명된 승관으로서 승정僧正·승도僧都·율사律師로 구성-에게 승려의 교도를 지시했고 719년·721년에 학업이 우수한 승려를 표창했다. 720년 정월에 치부성治部省이 승려가 출가할 때 증서인 공험公驗을 교부하였고 같은 해 8월에 그 기준을 학업에 두었다. 734년의 태정관이 주최하여 법화경·최승왕경最勝王經을 암송하였고 정행淨行-수행-3년 이상 된 자에게 득도得度가 허가되었다. 이렇게 요로기養老期에서 덴표기天平期에 걸쳐 학업 장려와 승려 통제가 표리 일체의 형태로 진행되었다. 또한 8세기 중엽에는 승려 자격을 얻기 위해 도다이지東大寺에 설치된 계단戒壇에서 수계하도록 했다.

헤이조쿄 천도에 따라 다이안지大安寺·야쿠시지·간고지元興寺 등이 이전 건축되었다. 741년 쇼무천황聖武天皇은 고쿠분지國分寺·고쿠분니지

國文尼寺의 창건을 발원하였고 각 지방에 사찰이 들어선 이후 8세기 후반에는 도다이지·도쇼다이지唐招提寺·사이다이지西大寺 등이 수도에 조영되었으며 이 절들이 호국의 역할을 맡아 주기로 기대되었다. 이러한 단계를 거쳐 국가 불교가 확립되었다.

나라 시대의 승려 활동 형태로서 도쇼道昭나 교키行基로 대표되는 민중전도, 도센道璿이나 고묘護命로 대표되는 산림 수행, 남도 육종으로 대표되는 경·론에 대한 학해學解 활동이 있다. 도쇼는 천하를 주유하면서 전도나 조선造船·다리 건설 같은 사회사업을 실시했으며 그 제자 교키는 도쇼를 수행하면서 다리 건설 등의 기술을 배웠다. 교키는 도쇼가 죽은 뒤에는 몸소 제자를 데리고 다니면서 민중의 협력을 받아 관개·토목 사업을 추진했다. 교키의 활동은 717년에 정부의 탄압을 받았지만 그 후에도 그는 야마토·가와라河內·와센和泉·셋쓰攝津·야마시로山城 각 지방에 지시키知識라 불리는 신자 집단을 결성하고 도장을 건립하면서 전도를 계속했다. 남도 육종이란 성실成實·구사俱舍·삼론三論·법상法相·화엄華嚴·율律을 가리킨다. 관사官寺의 학승들은 절 내에서 연구 대상별 교단에 속해 있었고, 그 속에서 스승에서 제자로 학통이 전해졌다. 도다이지·다이안지·야쿠시지는 육종을 모두 갖추고 있었다. 이러한 학해의 성과가 『동역전등목록東域傳燈目錄』 - 중국·조선·일본의 학승이 저술한 불서 목록 - 에서 보이는 저술로 정리된 것이다.

나라 시대에서 헤이안 시대에 걸쳐 불교 사상은 도국東國 지방으로 전파되어 갔다. 간토關東 지방 각지의 집락 유적에서 촌당村堂 - 촌락내 사원 - 의 유구遺構, 승려의 이름으로 보이는 문자, 연화문, 불당으로 보이는 회화 같은 것을 기록한 각서방추차刻書紡錘車, 와탑瓦塔·당당堂 등이 출토되었다. 미야타키 고지宮瀧交二의 연구에 따르면 도국 지방으로 불교를 전파시킨 주체는 상주하는 승려가 없는 촌당을 중심으로 하여 여러 집락을 활동의 장으로 삼은 관대사승官大寺僧이나 사도승私度僧이었다고 한다.[26]

불교는 인쇄 기술의 발전을 가져왔다. 『속일본기』에 따르면 고켄다이조천황孝謙太上天皇은 에미노오시카쓰惠美押勝 난의 사죄로 백만탑百万塔의 건축을 발원하였고 백만탑에 근본·자심·상론·육도 등의 다라니경 판본을 넣어 둔 것을 770년 4월에 각 절들-『도다이지요록』에 따르면 열 군데의 큰 절-에 나누어 배치했다. 호류지法隆寺에 그 실물이 남아 있다. 다라니경은 본래 필사하려 했었지만 하지만 다량으로 필요한데다 또 768년에 쇼토쿠천황称德天皇의 칙원勅願으로 이루어진 일체경一切經의 사경寫經과 맞물려 사경생의 확보가 곤란하게 되자 판각이 이루어졌던 것으로 보인다. 헤이안 시대가 되자 경문을 인쇄하는 접경摺經이 유행했다. 여기에는 송의 영향이 컸다. 도다이지의 조넨奝然은 태종에게 촉판『대장경』 5,048권을 하사받아 987년에 귀국했다. 후지와라 미치나가藤原道長이 이치조천황一條天皇에 헌상한 『문선』·『백씨문집』은 송판이었다.

4. 헤이안 귀족의 교육

문장경국과 기전도의 융성

794년 10월, 간무천황桓武天皇은 헤이안쿄로 천도했다. 천도를 전후하여 문장생시文章生試-문장생 지망자를 대상으로 하는 선발시험-의 개시, 권학전勸學田 증치, 대학료에서 새로운 교과서-『춘추공양전』·『춘추곡량전』-의 채용, 명법생明法生 정원 증가, 임관 시험 급제자의 서위법 완화 등의 교육 시책을 제시했다. 간무조는 지방관의 기강 쇄신, 재정 긴축, 민생 안정이 추진된 율령 국가의 재건기로 평가받고 있다. 교육 시책도 그 일환이었는데 간무천황 자신이 대학두를 경험한 점이 이와 관련되어 있었을 것이다. 헤이세이천황平成天皇도 육도관찰사六道觀察使를 두어 관청의 통폐합을 추진하는 등 적극적인 정책을 실시했다.

사가嵯峨 · 준나淳和 · 닌묘仁明천황의 시대, 고닌弘仁년간에서 조와承和년간은 오에노 마사후사大江匡房가 "우리 조정은 고닌 · 조와에 일어나 조간貞觀 · 엔기延喜에 융성하여 조헤이承平 · 덴랴쿠天曆에 중흥을 이루었으며 조호長保 · 간호寬弘에 또 다시 번성했다"(『조야군재朝野群載』 권3)고 하였듯이, 기전도紀傳道의 발흥 · 융성의 시기로 평가된다. 상징적인 것은 칙선으로 한시문집 『릉운집凌雲集』 · 『문화수려집文華秀麗集』 · 『경국집經國集』이 만들어졌다는 점이다. 이 문집들은 당시 유행처럼 행해진 군신창화문유君臣唱和文遊의 성과였는데 그 배경에는 문장의 영원성이나 경국적 성격에 대한 기대감이 있었다. 812년의 사가천황의 소칙에는 "나라를 다스리고 집안을 다스리는 데 문보다 좋은 것은 없으며, 몸을 세우고 이름을 드높이는 데 학문보다 좋은 것은 없다"라는 취지에 기초하여 806년에 왕 및 5위 이상의 서품자중 10세 이상의 자손을 모두 대학에 입학시키는 제도를 마련한다고 되어 있는데, 이는 세월을 허송하면서 학업을 마치지 못하는 학생이 생겨났기 때문에 이러한 폐단을 고치기 위해서라고 기록되어 있다. 806년의 제도에서 문장과 정치를 통합하려는 생각을 엿볼 수 있다. 문장이 경국의 대업이 된 까닭은 인심의 발로인 시를 통해 정치의 성패를 알 수 있는 것으로 간주되었기 때문이다.[27] 사가천황도 문장을 좋아하였는데 그 자녀인 우치코有智子 내친왕 · 히라쿠啓 · 히로시寬에게도 문장을 배우게 했다. 장인소藏人所에도 궁정시인이 많았다. 문장에 대한 귀족의 관심의 고양은 대학료의 문학 분야의 귀족화를 촉진시켰다. 820

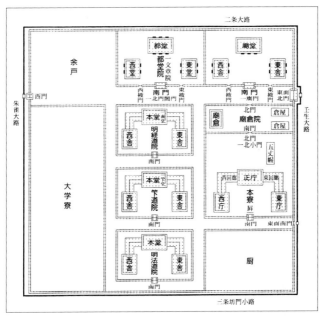

[그림1-4] 대학료횡사의 배치 : 挑裕行『上代學制論攷』에 따름.

년에는 문장생을 명문가 자제로 채우게 되고-827년도 그 제도를 따랐
다-다음 해에는 문장 박사의 상당수가 종5위 밑으로 높아졌다.

헤이안 시대 초기에는 경사經史도 중시되었다. 사가천황 자신이 "경사
를 박람"(『일본기략日本紀略』, 사가천황 즉위전기)했다고 하는데 당시의 국사
인 홍졸전薨卒傳에 경사·사한史漢에까지 이르렀다고 평가받는 예가 다수
나타난 것이 그것을 보여준다. 808년에 기전박사紀傳博士, 또 이 무렵에
기전득업생紀傳得業生·기전생紀傳生이 설치되어 사학의 분야가 독립했다.
812년에는 『일본기』의 강연이 시작된 이후 조와기承和期·간교기元慶期·
엔기기延喜期로 계속 이어져 거의 30년 간격으로 개최되었다. 30년 간격
이란 조관朝官이 일생에 한번은 강연을 하도록 배치한 것이라고 한다. 엔
랴쿠기延曆期의 『속일본기』 이후 엔기기의 『일본삼대실록日本三代實錄』에

이르는 국사 편찬도 사학 융성의 표출이다. 824년 '양이良吏'에게 지방 정치의 진흥을 위한 15개의 내용을 가진 정책을 발표했는데 그 중에는 5위 이상의 자손으로 10세 이하의 자녀를 전원 대학료에 입학시켜 경사를 습득하게 하는 것이 포함되어 있다. 실제 양이의 직함을 가진 자들 중에 대학료 출신자가 적지 않았다.

율학 융성도 특기할 만하다. 엔랴쿠기부터 간세이기에 걸쳐 이요베씨伊予部氏의 '영석슈釋', 아토씨阿刀氏의 '적기跡記', 아노씨穴太氏의 '혈기穴記', 누카타씨額田氏의 '액기額記', 사누키씨讚岐氏의 '찬기讚記', 저자 불명의 '주기朱記' 등의 양로령養老令의 주석학설이 정리되어 있다. 양로령의 공적 주석서 『영의해令義解』나 고레무네노 나오모토惟宗直本가 여러 학설을 집성한 『영집해令集解』도 만들어 졌다.

사가조嵯峨朝부터 사가원嵯峨院이 가부장적인 권위를 띤 준나淳和·닌묘조仁明朝에 이르기까지의 시기는 고닌光仁·간무조桓武朝 이래 계속된 율령 국가 재건기에 해당한다. 율령 국가 재건이란 율령의 형식 묵수가 아니라 율령제의 근본 원리로 돌아가 정치를 운영하는 것이었다. 문장이나 경사는 현실적인 정치 과정 극복에 도움이 될 것을 기대하면서 융성해 진 것이다. 국가 목적과 학문의 유용성이 일치한 이 시기는 율령 본래적인 덕행 재용에 의한 인재 등용이 추진되어 미나부치노 히로사다南淵弘貞·아사노노 가토리朝野鹿取·시게노노 사다누시滋野貞主 등 비교적 낮은 가문임에도 불구하고 문장생 출신의 공경公卿이 나왔다.

842년 7월에 사가상황이 서거하고 곧 조와의 변이 발생하자 후지와라 요시후사藤原良房는 천황의 외척으로서의 지위를 확립하여 최초로 신하가 섭정人臣攝政을 하는 길을 열었다. 요시후사 정권의 실무를 장악했다고 하는 동생 요시미良相는 문학하는 사대부를 애호하여 권학원의 남쪽 부근에 연명원延命院을 건립하고 후지와라씨의 학생 중에서 병에 걸린 자나 재산이 없는 자를 치료하거나 대학 중에서 가난한 학생에게 솜과 비단을 내리는 등 독학을 장려했다. 자신도 대학 입학 경험이 있었다. 요시미는 862년 12월의 상서에서 나라의 정치를 행하는데 "알맞은 사람其人"을 얻지 않으면 안 된다고 인재의 필요를 강조하여 명경·수재의 급제자를 "국가의 재망"으로서 높이 평가하고 그들에게 "고금 왕조의 근간古今王事之體"을 분명히 밝힐 것을 기대했다(『일본삼대실록』). 확실히 요시후사·요시미 정권은 미나부치 도시나南淵年名·오에 오톤도大江音人·하루즈미노 요시타다春澄善繩·후지와라 후유오藤原冬緒 등과 같은 '통유通儒' '석유碩儒'의 활약에 힘입고 있었다.

9세기 후반 율령 체제의 해체로 학문에 대한 국가적 수요가 없어지자 학문을 전문으로 삼는 학자와 시를 개인적인 취향으로 삼는 시인이 출현했다. 토론을 일삼는 유학자파가 수사修辭를 일삼는 시인파를 "시인무용"(『전씨가집田氏家集』 권상卷上)이라 하여 "문인을 가볍게 여기는"(『관가문초菅家文草』7) 상황이 나타났다.

대학료에서 강의록을 위주로 교관이 훈독을 가르치는 방식이 9세기 후반에 성립한 이래 교관의 훈독 설명이 시행되었다. 각 분야의 학문이 '도道'로 성립한 것도 이 무렵이다. 본래 대학료에는 분과가 없었지만 문학·율학·사학의 교관·학생을 두어 각 분야의 전문가 양성이 추진된 것이 그 배경에 있었을 것이다. 나라 시대만해도 도래계 씨족이 다방면에서 우위를 점하고 있었지만 9세기에는 비도래계 씨족의 비율이 높아갔다. 예를 들어 기전紀傳의 스가와라菅原·오에大江, 명경의 요시부치善淵, 산산의 오즈키小槻·이에하라家原, 명법의 사누키讚岐·다다무네惟宗, 천문의 나카토미 시이中臣志斐, 력曆의 오카스가大春日 등 특정 씨족에 집중되는 경향이 나타나면서 '가업', '가풍'이라는 관념도 생겨났다. 그러나 당시는 이에 자체가 성숙되지 않았으며 학문의 계승과 특정 관직의 계승이 표리일체 관계에 있는 세습 사회는 성립되어 있지 않았기 때문에 위에 열거한 씨족들의 대다수는 가업으로 발전할 수 없었다.

대학별조大學別曹*나 사학私學의 창설도 활발해졌다. 후지와라 후유쓰구가 창설한 권학원, 사가천황의 황후인 다치바나 가치코橘嘉智子가 동생 우지키미氏公와 함께 건립한 학관원學館院, 아리와라노 유키히라在原行平가 오씨王氏을 위해 세운 장학원奬學院 등은 각 씨족들의 자제 교육을 목적으로 삼았다. 문장박사가 시주쿠도 개설했는데 특히 스가와라菅原씨의 주쿠塾가 번창했다. 고레요시是善 무렵의 상경양이上卿良吏나 유학자의 대다수가 그의 제자가 되었다고 한다. 미치자네의 시대에 이르러서는 수백 명에 달하는 문도들이 가득 찼다고 한다. 828년 구가이空海가 건립한 총예종지원綜藝種智院은 일반 사람들을 대상으로 한 것이었다고 전해진다. 「총예종지원식綜藝種智院式」에 따르면 헤이안쿄에는 단지 대학 한 곳밖에 없고 시주쿠 같은 것이 없어 "빈천한 자제"는 배움을 구할 수도 없었으며 먼 촌리에 살면서 학문을 즐기기에는 불편하므로 삼교-유불도-의 원院을 설치하여 승려와 재가 박사들이 내외 전적의 공부를 "귀천을 논하지 않으며 빈부를 따지지 않고" 행하게 하는 데 뜻이 있었다는 것이다.

다양한 도의 전개

당의 율령제적 집권 정치는 755년에 일어난 안사安史의 난으로 이미 파탄에 이르렀으며 9세기 후반의 황소黃巢의 난을 계기로 907년 제국이

---

* 헤이안 시대 귀족이 그 가문 출신의 대학료 학생을 위해 설치한 공인의 기숙시설.

멸망하게 되었다. 일본에서는 9세기 후반에 호적에 기초한 개별적 인신 지배와 반전제班田制가 사실상 붕괴되었고 902년의 엔기장원정리령延喜莊園整理令을 중심으로 한 개혁으로 공전제와 부명제負名制를 기반으로 하는 사회로 전환했다.

학제에 관한 가시적인 성과는 『엔기식延喜式』의 성립에 있다. 『엔기식』에는 재정, 교관·학생에의 급여, 시설·비품, 경서와 강독 기간, 시험 등을 규정하고 있다. 그러나 10세기의 학제는 『엔기식』에 따라 정비되었다기보다는 율령제적 성격이 사라지면서 변질되어 갔다. 세습화 현상이 출현하기 시작한 것은 9세기 후반의 일인데 세습화 현상에 박차를 가한 것이 913년의 선지宣旨였다. 각 도를 전공하는 득업생得業生의 재학 기간이 7년 이상으로 정해지고 임관 시험 수험 자격을 원칙적으로 득업생에 한정시키자 시험은 전문학자가 되기 위한 코스로 간주되기에 이르렀다. 예를 들어 기전도에서는 급료학생→문장득업생→방략시方略試-임관 시험의 수재시-수험·합격→유직儒職 취임이 코스가 되고, 학문료學問料의 지급이 가업 계승으로 이어진다고 인식한 유가들은 자녀에게 학문료를 지급해 달라고 신청했다. 주다이重代-대대로 이어져 내려오는 집안-가 아닌 사람이 방략시를 보려면 방략 선지-방략시 수험 허가-를 받아야만 했다. 더욱이 913년의 조치를 전후하여 도거道舉·제도년거諸道年舉-교관의 추천에 의한 임관-, 문장생외국文章生外國-문장생을 호쿠리쿠北陸·산요山陰·사이카이도西海道의 여러 지방의 하급 관리에 임명하는 것- 등 무시험 임관의 길이 열려 있었다.

『백료훈요초百寮訓要抄』에 "엔기, 덴랴쿠 이후는 현재賢才의 유무에 따라 등용했다. 무라카미村上·엔유円融 이후는 주다이들에게만 상을 내릴 뿐 인품의 유무에 따라 선발하지 않았다. 이것이 말대 정치가 점점 쇠퇴해간 이유이다"라고 되어 있다. 10세기 전반 이후 주다이를 존중하는 이러한 풍조는 후지와라 홋케藤原北家 주류에 의한 섭정攝政·관백關白의 계승이나 궁정 의식에서의 선례 존중이 초래한 것이었다. 주다이 존중 경향으로 인해 9세기부터 계속된 기전도의 오에·스가와라씨와 산도算道의 오키씨에 더하여, 명경도의 도오치노十市-나카하라中原-, 아리가타有象, 아마노海-기요하라淸原-, 히로즈미廣澄, 산도의 미요시노 시게아키三善茂明, 의도醫道의 단바노 야스요리丹波康賴, 와케노 도키사메和氣時雨, 음양료 삼도의 가모노 야스노리加茂保憲, 아베노 세이메이阿倍晴明, 귀복도龜卜道의 우라베노 가네노부卜部兼延 등 각 도의 명문 가문의 시조가 등장하게 되었다.

11세기 이후부터 여러 학문·기예의 특정 씨족에 의한 세습화 경향이 더욱 뚜렷해졌다. 기타바타케 지카후사北畠親房는 『신황정통기神皇正統記』에서 "간코寬弘기부터 백성들 중에 참으로 재주가 뛰어나면 신분을 막론하고 장상재상에 오르는 사람도 있었다. 간코기 이후는 후다이譜代, 대대로 그 집안을 섬기는 가신을 비롯해 재기와 덕을 겸비하여 직책에 적합한 사람을 선발했다"고 했다. 간코기는 이치조一條천황, 후지와라 미치나가의 시대에 해당된다. 이치조조一條朝는 "다양한 도가 융성하여"(『본조속문수本朝續文粹』) 인재를 배출했다.

관현管絃은 어유御遊-궁중에서 천황이 주최하는 유희-나 의례 후의 향연에서 연주되는 것으로서 궁중 생활에 빼놓을 수 없는 것이었다. 그 중에서 "원가음곡의 원조源家音曲元祖"라 불리는 아쓰자네敦實 친황이나 미나모토노 마사노부源雅信, 미나모토 히로마사源博雅-주고醍醐 천황의 손자- 등의 명인이 출현했다. 관현으로 이름 높았던 미치카타道方·도키나카時仲·나리마사濟政 등은 모두 우다겐씨宇多源氏로 아쓰자네·마나노

<표1-4> 『속본조왕생전續本朝往生傳』에 등장하는 「천하의 인물」

분야	인명
관현	源道方 源齊政 源時中 藤原高遠 源信明 源信義
문사	大江匡衡 大江以言維紀齊名 菅原宣義 高階積善 源爲憲 藤原爲時 源孝道 高丘相如源道齊
와카	藤原道信 藤原實方 藤原長能 大中臣輔親 和泉式部 赤染衛門 曾邇好忠
화공	巨勢弘高
무희	大伴兼時 泰身高 多良茂 多政方
음양	賀茂光榮 安部晴明
명법	丹波重雅 和氣正世
명경	海善澄 海廣澄
무사	源滿仲 源滿正 平維衡 平致賴 源賴光

부의 자손에 해당되는데 용적龍笛, 화금和琴, 영곡郢曲, 가구라*神樂 등을 잘 연주하였으며, 노부아키信明·노부요시信義 형제는 히로마사의 아들인데 비파琵琶에 뛰어났다.

〈표4〉에서 문사로서 이름 높았던 씨족들 이외에 홋케 우치마로北家內麿 계열인 후지와라 아리쿠니藤原在國의 두 아들인 스케나리資業·히로나리廣業이 유업을 이루어 식가式家인 아키히라明衡, 난가南家인 사네노리實範이 등장함에 따라 이들 다섯 가문에 의한 기전도 세습이 확립되었다. 와카로서 이름 높았던 사람은 모두 중고삼십육가시선中古三十六歌施仙에 포함되어 있다. 히로타카弘高는 가나오카金岡를 시조로 하는 야마토 회화의 고세파巨勢派에 속하는 회소繪所†에서 그림을 제작한 직인이었다.

아악료雅樂寮의 악인樂人·무인舞人은 10세기에 급성장한 에후衛府의 사

---

* 황거 및 황실과 깊은 관계를 맺고 있는 신사에서 신을 모시기 위해 연주하는 가무.
† 에도코로. 헤이안 시대 궁중에서 회화 제작을 담당한 부서.

람들로 바뀌었다. 10세기 전반에 악소樂所가 창설되었다. 악소는 무악의 교습과 통할기관으로서 도바鳥羽 천황 무렵에 제도적으로 완성되었다. 11세기 전반에는 좌우양부제左右兩部制가 성립되어 좌무左舞는 고마씨狛氏, 우무右舞는 오씨多氏로 정해졌다. 고마·도요하라豊原·오미와씨大神氏 등이 세습악사를 형성했다.

헤이안 중기의 음양료 관리는 귀족 사회의 요청에 따라 축술 종교가로서의 성격을 강하게 띠었다. 예를 들어 가모 미쓰요시賀茂光榮는 장인藏人 음양사로서 이치조一條, 산조三條 천황이나 중궁中宮·친왕親王·후지와라 미치나가 등에 일시日時·방각금기方各禁忌의 감신勘申, 점술, 축술-불제祓·반하反閇--제사로 나누어 봉임했다. 관리 음양사에 이어 민간 음양사도 출현하였는데 점과 함께 불제나 제사 등에서 널리 활약하면서 승려에 버금가는 종교가를 이루었다. 또 천태승 니치엔日延이 957년에 오월국吳越國에서 부천력符天曆을 가지고 온 것을 계기로 숙요도宿曜道가 형성되었다. 10세기말 이후 고후쿠지나 엔랴쿠지에서 천황이나 귀족의 점성을 위한 숙요감문宿曜勘文 작성, 역산曆算, 기도를 드리는 전문적 직능승을 배출했다.

의도醫道로 10세기말부터 『의심방醫心方』을 선택한 단바노 야스요리, 명의로 평판이 높았던 시게마사重雅나 다다아키忠明, '일본의 편작'(『존비분맥尊卑分脈』)으로 불리는 마사타다雅忠 등을 배출하여 후지와라 미치나가나 관백關白 요리미치賴通 등의 주치를 담당하면서 권문세가와의 결합을 강화시켰다. 명법의 분야에서는 9세기부터 활약하고 있었던 다다무네씨惟宗氏의 세력이 강했다. 마사스케允亮는 『정사요략政事要略』 130권을 저술했다. 그러나 11세기말에 명법 박사 자리에 있었던 다다무네 구니토惟宗國任 이후 같은 가문에서 명법도 교관은 배출되지 못했다.

무예에서는 헤이안 초기에 이미 무예를 '가풍'(『일본문덕천황실록日本文德天皇實錄』 가양嘉祥3 850년 8월 4일조)으로 하는 사카노에씨 坂上氏나 '대대로 이어진 장군의 가문'(『후지와라 야스노리전藤原保則傳』)이라 불렸던 오노씨小野氏와 같은 씨족이 출현했는데 헤이안

[그림1-5] 『医心方』

중기가 되어 "쓰와모노의 이에兵家"가 된 것은 그러한 것의 후의는 아니었다. 조헤이承平 · 덴교天慶의 난에 무공을 세운 후지와라 히데사토藤原秀鄕의 후예인 간무헤이씨桓武平氏, 세이와 미나모토씨淸和源氏로 바뀌었다. 다이라노 고레히라平維衡는 간무헤이씨의 분속인 이세타이라씨伊勢平氏의 시조이며, 미나모토 요리미쓰源賴光는 세이와미나모토씨의 분속인 셋쓰미나모토씨攝津源氏의 시조라고 일컬어진다.

헤이안 귀족의 인생 의례와 학예 습득

후지와라 미치나가는 995년 우대신에 올라 궁중의 여러 정무를 살피도록 내란선지內覽宣旨를 받았다. 그 후 3대에 걸친 천황비-대비, 중전, 황태자비-와 한 명의 황태자비의 아버지로서 영화를 누렸다는 것은 잘 알려진 사실이다. 1008년 9월11일 정오, 황태자비 쇼시彰子는 미치나가가 기다리던 세자를 출산했다. 이치조 천황의 두번째 황태자 아쓰히라친왕, 후의 고이치조後一條 천황이다. 미치나가의 쓰치미카도테이土御門第[*]

---

[*] 교토에 있는 후지와라 미치나가의 저택.

[그림1-6] 고이치조천황의 탄생(『古事類苑』禮式部—) :
후세에 그려진 것으로 사실과는 다르나 고이치조천황 탄생의 모습을 잘 묘사하고 있다.

로 물러나있던 쇼시는 전각의 안채에 딸린 행랑채를 출산 장소로 삼았다. 출산에 익숙한 연배의 여자들이 수발을 들고 홋쇼지法性寺의 인겐院源이 순산을 위한 기도문을 낭독하였으며 음양사가 불제를 했다. 출산 후의 일정은 음양가가 제시한 감문勘文을 바탕으로 정했다. 곧 아이의 조모인 미나모토 린시源倫子가 탯줄을 자르고 종삼위인 하야나리 도쿠시橘德子가 젖을 먹였다.

저녁 무렵에 목욕의 의식御湯殿の儀을 담당한 후지와라 호시藤原豊子-미치쓰나道綱의 딸-는 후에 아쓰히라친왕의 유모가 되었다. 미치나가가 세자를 안고 검과 호랑이 가발을 쓴 여자가 앞서 걸었다. 검은 이치조 천황이 하사한 것이며 호랑이 머리는 만든 것으로 그 그림자를 욕조에 비추어 부적으로 삼았다. 명현鳴弦 20인이 악귀를 물리치기 위해 활의 현을 타면서 소리를 내고 독서박사인 후지와라 히로교藤原廣業가 고란高欄 아래 서서『사기』제일권의 '오제본기황제조五帝本紀黃帝條'를 낭독했다. 승려들은 불경을 낭독하고-가지加持-, 신전에 쌀을 뿌리는 산미散米를 거행했다. 13일 이후, 출산을 축하하는 축연-우부야시나이産養-의 여러 의례가 9일 밤까지 이어져 친족·친지들이 옷이나 식선 등을 바쳤다. 이 동안에 미치나가는 주야를 막론하고 황태자비의 거처에 와 유모의 품에 있던 세자를 안았는데 옷이 오줌에 젖어도 기뻐했다고 한다. 10월16일에는 이치조 천황이 상동문원上東門院에 행차하여 세자를 보았다. 친왕선지가 있어서 오에 마사히라大江匡衡가 이름을 지어 올렸다. 17일 친왕가의 가사家司가 보임되고 우부조리産剃-아이가 태어난 지 칠일째에 아이의 머리를 자르는 의식- 의식이 시행되었다. 11월 1일 미치나가의 봉임으로 50일 의례의 향연이 개최되어 아쓰히라친왕이 처음으로 떡을 입에 넣었다. 같은 달 17일에는 황태자비가 처음으로 궁으로 들어갔으며-초입내初入內- 12월 20일에 백일의례가 실시되었다.

아쓰히라친왕은 1010년 10월, 세 살에 처음으로 옷을 입는 착고着袴 의례를 행하였으며 다음 해에 황태자가 되고 동궁부에 후지와라 아키미쓰藤原顯光, 동궁학사에 후지와라 지교藤原資業와 오에 다카치카大江擧周 등이 임명되었다. 지교는 수유를 맡았던 하야나리 도쿠시의 아들이며 오유우도노御湯殿*이면서 독서박사 히로교廣業의 동생이다. 다카치카는 마사히라의 아들로 어탕전과 독서박사를 역임한 이래로 동궁학사, 도쿠쇼하지메読書始의 시독侍読과 천황 시독을 담당하였으며 아쓰히라친왕의 학문 부문을 담당했다. 아쓰히라친왕은 9세에 천황에 즉위하여 1018년 정월 11세로 성년식을 거행했다. 11세의 성년식은 너무 빨랐는데, 이것

---

* 오유우도노. 천황의 입욕을 담당한 관직명.

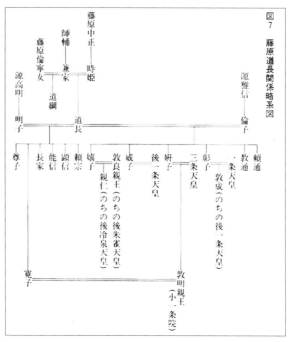

図7 藤原道長関係略系図

[그림1-7] 후지와라 미치나가의 가계도

은 이치조 천황 이후의 경향으로서 그 이전은 13～16세에 거행했다. 성년식에서는 아동 시기의 머리 모양을 바꾸어 관을 쓰는 의식이 거행되었다.

황족이나 귀족은 위와 같은 인생 의례를 거치는 한편 장래의 궁중 생활에 대비하여 학예를 체득할 필요가 있었다. 그러면 어떠한 학예가 요구되었던 것일까. 우선 유언의 종류를 살펴보자. 우다宇多 천황이 고다이고醍醐 천황에 제왕의 자세를 서술한 『관평어유계寬平御遺誡』에 따르면 "천자가 경사백가를 궁구히 하지 않는다고 해도 무슨 원망하는 바가 있겠는가. 오직 『군서치요群書治要』-군서중에서 치정의 요지를 발췌한 책-를 빨리 외워 익혀야할 것이다. 잡문으로 시간을 소비하는 일이 없어야 한다"라고 했다. 제왕이 되는 자는 잡문으로 세월을 소비할 것이 아니라 『군서치요』를 빨리 읽어 익혀야만 한다고 말하고 있다. 미치나가의 조부에 해당하는 후지와라 모로스케藤原師輔가 자손에 남긴 『구조전유계九條殿遺誡』에는 "무릇 성장하여 세상 물정을 어지간히 알게 되면 아침에 서전書傳을 읽고 다음에 수족手跡을 배우며 그 후에는 여러 가지 유희를 허락한다. 그러나 사냥·도박은 중하게 금압하는 바"라고 하여 먼저 서적을 읽는 것부터 시작하여 습자로 나아갈 것을 권하고 있다. 『대기台記』에서 후지와라 요리나가가 자손에 남긴 훈계에는 "자손이 또 금경구사金經舊史를 좋아한다면 더할 나위 없다. 그러나 만약 그렇지 않다면 빨리 일본의 옛 역사를 배우고 충절을 사모해야 할 것이다. 비록 사죽絲竹과 와카는 권하는 바는 아니지만 억지로 금할 필요는 없다. 사냥, 승마, 주색 잡기와 같은 것은 아주 금해야 한다"고 했다. 즉 한적의 경사를 좋아하면 그것으로도 괜찮지만 그렇지 못하다면 빨리 고사를 배워 궁정을 섬겨야 하는 것으로 사냥이나 주색과 같은 것은 엄금하고 관현이나 와카는 특히 권장하지는 않으나 금지도 하지 않는다는 것이다.

평전을 보면 후지와라 무네타다는 대납언大納言 미나모토 쓰네노부源經信에 대하여 "왜·한의 학문을 겸비하고 시가의 도에 뛰어날 뿐만 아니라 관현의 예능, 법령의 일은 근본을 제대로 꿰뚫었다"라고 쓰고 있다(『중우기中右記』). 후지와라 요리나가는 좌대신 미타모토 아리히토源有仁에 대하여 "사죽의 도에 뛰어나며 거문고 및 생황, 활 쏘기 또 와카에 지극하며 우리 조정의 의례를 상세하게 배웠다"라고 기록했다. 쓰네노부나 아리히토도 와카·관현에 뛰어났다고 평가한다. 요리나가는 와카·관현을 적극적으로 평가하지는 않았지만 그것들은 궁정 생활에서는 빼놓을 수 없는 재예였던 것이다.

경사·한문학·고사전례·관현·와카·수적등의 학예를 체득하도록 소년시절부터 기초 교양을 습득하게 했기 때문인지 연소자를 위해서는 『천자문』·『몽구蒙求』·『이교백감영李嶠百卄詠』이나 일본에서 편찬된 『구유口遊』·『세속언문世俗諺文』·『동몽송음童蒙頌韻』을 사용했다. 후지와라 유키나리藤原行成는 1011년, 11세로 원복을 한 아들 요시쓰네良經에게 『화명류취초和名類聚抄』 4점, 『구유』 1권과 필사한 가네아키라兼明 친왕의 책 1권을 내렸다. 유키나리는 서예能書로 그 직은 자손에게까지 전승되어 가마쿠라 시대에 세존사류世尊寺流를 이루었다. 달필이었기 때문에 자신이 직접 썼을 것으로 짐작되는데 당시 데나라이 교본으로서 일반에는 오노小野의 도풍수적道風手跡이 사용되었다. 도풍수적은 황족·귀족 사이에서 선물로서 연소자에게 하사되었다.

본격적인 경사 학습은 시독始読 - 도쿠쇼하지메読書始 - 의 의식에서 시작된다. 아쓰나리친왕은 1014년, 7세로 『어주효경御注孝經』의 독서를 시작했다. 시독은 833년에 쓰네사다恒貞 친왕 - 요제陽成 천황 - 이 9세에 『효경』을 읽었다고 전하는 것이 처음인데 그 후 서서히 의식화되면서 이치조 천황의 초독이 기준이 되어 7세 때부터 시작되는 경우가 많았다. 텍스트로서는 『어주효경』이 가장 많이 사용되었다. 기전도·명경도의 유학자가 시독侍読·상복尚復으로서 봉임했다. 초독 자체는 형식적인 의식에 지나지 않았으며 학습은 그 후에도 계속되었다. 나리아키라친왕 - 무라카미 천황 - 은 932년 2월 7세에 초독, 935년 12월에 『어주효경』의 독서를, 941년 8월에는 『문선』을 마쳤다. 이후는 주로 관현을 비롯한 다른 예능의 습득에 주력했다.[28]

무라카미 천황의 생황 선생은 도요하라씨의 생황 시조인 아리아키有秋의 양자 기미모토公元라고 전해진다. 이치조 천황은 11세에 원융원円融

院에 행차하여 용부를 불고 "거문고와 피리에 맞춘 노래소리가 뛰어나구나!"라고 평했다(『속본조왕생전續本朝往生傳』). 『마쿠라조시枕草子』에는 21세의 이치조 천황이 병부경兵部卿 후지하라 다카토藤原高遠와 사이바라催馬樂*인 '고사高砂'를 반복하여 연주하면서 다카토의 지도를 받는 모습이 묘사되어 있다. 호리카와堀川 천황도 관현에 정통하여 영곡과 피리를 미나모토 마사나가源政長에게, 생황을 도요하라 도키모토豊原時元에게 배웠다. 관백 다다자네忠實도 도키모토에게 생황 교습을 받았다. 다다자네의 아들 요리나가는 1139년 도키모토의 아들 도키아키時秋를 선생으로 삼았다. 『고금저문집古今著聞集』에 따르면 요리나가는 관현에 재능이 있던 대납언 미나모토 마사다源雅定와 상담하고 길일에 입학하여 도키아키에게서 평조입조平調入調를 배웠다. 그리고 피리 불기를 10회 반복했다. 다음날에 대식조입조大食調入調를 끝내고는 피리 불기 10회 반복했다. 도키아키는 적갈색의 말 한 마리를 하사받았다. 요리나가는 마사사다에게서 도요하라 도치미쓰豊原時光—도키모토의 부친—자필의 악보2장—평조와 대식조 한 장씩—을 하사받았다.

섭관가에서도 초독의 의식이 거행되면서 섭관에는 시독을 두었다. 섭관가의 사람들은 그 권위나 인맥을 이용하여 서적을 수집하고 학문을 닦을 수 있었다. 후지와라 미치나가가 1010년 8월의 서가에 들인 책은 삼사三史나 『문선』, 『문집』 『수문전어람修文殿御覽』, 율·령·식 등 2,000여 권에 달했다고 한다. 또 저택에 공경·유학자·문장생을 모아 때때로 작문회를 여는 등 문화적 영위에 노력했다.[29] 후지와라 요리나가가 1136년 이후 1143년까지 공부한 책은 경가 362권, 사가 326권, 잡가 342권, 도

---

* 아악 가곡의 일종으로 나라 시대의 민요인데 헤이안 시대에 이르러 아악의 관현의 영향으로 가곡으로 한 것을 말한다.

합 1,030권이었다.

섭관가를 중심으로 한 유력 귀족의 자제는 성년식을 전후로 천황을 섬기는 동전상童殿上[*]을 했다. 후쿠토 사나에服藤早苗에 따르면 동전상은 천황 측근으로서 연중 행사에서 동무童舞 등에 봉사하면서 전상의 예법을 배우고 조부의 정치적 위세의 과시나 왕권에 대한 귀속 의식을 강화시키는 역할을 했다고 한다.[30] 미치나가의 이복형인 미치쓰나는 15세로 동전상을 허락받아 970년 3월 15일의 사례射禮-노리유미賭弓-에 앞서 활과 춤의 제1인자였던 오노 요시모치多好茂를 스승으로 삼아 연습에 열중했다. 당일은 사수로서 표적을 맞추고는 나소리納曾利-아악의 일종-를 추었다. 일반 귀족 자제는 성년 때에 성인명이 주어지는데 동전상을 허락받는 경우에는 전에 오를 때에 성인명이 주어졌다. 예를 들어 후지와라 요리나가는 5월에 태어났기 때문에 아명을 아야와카菖蒲若라 했는데 1130년 승전昇殿이 허락되어 식부대보式部大輔인 후지와라 아쓰미쓰藤原敦光(1063~1144)가 선정한 다카히라隆平·모로나가師長·요리나가賴長 중에서 아명을 골랐다. 이름에는 "제왕帝王·후궁后宮·섭록攝錄·대신大臣·명인名人·형인刑人"등을 피하여 아름다운 한자가 선정되었다(『대기별기台記別記』). 이름은 아이와 가까운 친척이 최종적으로 결정했다.

이치조 시기는 여류 문학이 융성한 시대이기도 했다. 섭관 권력의 후견을 배경으로 중궁과 내방女房에 의한 살롱이 형성되어 문학 활동이나 문필 활동이 점점 확장되었다. 대재원大齋院의 센시選子[†] 내친왕의 살롱에서는 많은 내방이나 덴조비토殿上人[‡]에 의한 노래의 증답이 이루어져 『대

---

[*] 헤이안 시대이후 궁중의 작법을 배우기 위해 명가의 자제의 자녀가 천황을 섬겼던 것을 말한다.
[†] 62대 무라카이 천황의 10번째 황녀
[‡] 5위 이상의 사람들 중에서 천황이 일상생활을 하는 청량전에 들어갈 수 있는 자격을

재원전어집大齋院前御集』·『대재원어집大齋院御集』이 만들어졌다. 중궁 데시定子*의 살롱에서는 세이쇼나곤淸少納言, 중궁인 쇼시彰子†의 살롱에서는 무라사키 시키부紫式部·이즈미 시키부和泉式部·아카조메 에몬赤染衛門·이세노 다이후伊勢大輔 등이 출현했다. 센시나 데이시의 살롱에서는 내방에게 과제를 내려 노래를 읊게 하거나『고금와카집』암송을 과제로 내리거나 하는 내방 교육까지도 실시되었다.

내방 중에서 유능한 유모가 배출되었다. 당시의 황족이나 귀족 사이에서 아동은 친모가 아닌 유모가 키웠다. 유모는 어린 왕자의 수유뿐만이 아니라 양육 전반을 담당했기 때문에 그 인격 형성에도 영향을 미쳤을 것이다. 천황 유모 중에 기전도에 능통한 아버지나 어머니를 둔 사람이 많았던 것은 유모의 교양이 중시되었음을 시사해준다. 인세이기院政期에는 종3위, 종2위에 이르는 유모도 출현하면서 전시典侍에 임명되자 유모의 남편이나 유모의 자식들이 권세를 휘둘렀다. 이렇게 유모의 지위 상승과 함께 수유 불가능한 유모까지 생겨나 유인乳人이라는 수유를 전문으로 하는 사람을 두게 되었다.

지방 교육과 도시 지방의 교류

헤이안 초기에는 율학가를 많이 배출한 사누키씨讚岐氏나 다다무네씨惟宗氏, 오시노 하루무네凡春宗·사쿠라이노 유스케櫻井右弼 등은 모두 사누키국讚岐國 출신이다. 다키가와 마사지로瀧川政次郎는 사누키국에서 많은 법률가를 배출한 이유를 "이 지방은 일찍부터 전답을 개간하고 해산

가진 자
* 藤原定子(후지와라노 데시) 66대 이치죠 천황의 황후
† 藤原彰子(후지와라노 쇼시) 66대 이치죠 천황의 황후

물과 소금이 풍부하여 인구가 많아지자 생존 경쟁이 치열해져 소송이 끊이지 않았기 때문"[31]이라고 서술하고 있다. 『일본삼대실록』(866년 10월 25일 조)에 따르면 사누키국 가나가와군香川郡의 백성인 아가타노 하루사다縣春貞 저택에 여러 명이 모여 술을 마시고 있는 와중에 하루사다가 살해당했는데 그 처인 하타노 교코秦淨子는 함께 마시고 있던 하타노 시게요시秦茂吉 등이 남편을 도와 주지 않았다고 고소를 했다. 882년 사누키의 장관讚岐守이 된 후지와라 야스노리의 전기에는 "이 나라의 서민들은 모두 법률을 배워 이견이 있으면 집요하게 논쟁하며 읍리와 밭의 경계에 대해 걸핏하면 소송을 건다"(『후지와라 야스노리전』)라는 내용이 보인다. 민중이 자신들의 이익을 지키기 위해 법률을 배웠다는 것이 주목된다. 오늘날로 말하자면 사회 환경이 지닌 교육적 힘을 엿볼 수 있는 대목이다.

지방 교육을 담당한 국학은 9세기 국박사 임용 규정이 약화되면서 정규적인 방법에 의하지 않는 비업박사非業博士가 증가했다. 한편 842년에 사가미相模·무조武藏·히타치常陸·우에노上野·시모노下野·무쓰陸奧 등의 여러 지방에 삼사-일반적으로 사기·한서·후한서를 가리킨다-의 필사 칙령이 내려졌다. 860년에는 하리마국播磨國-지금의 효고현의 남서부- 박사 와니베노 오미야카쓰구和邇部臣宅継의 신청을 받아들여 각 지방의 석전식釋奠式이 제정되어 보급되는 등 대학료가 융성한 것으로 보아 국학 교육이 충실해 졌음을 알 수 있다. 그러나 10세기 이후의 지방 행정을 맡은 군사郡司의 역할 후퇴는 필연적으로 국학의 쇠퇴를 초래했다. 지방의 민중 교육을 담당한 학교로는 '촌읍소학村邑小學'이 있었다. 『에이잔대사전叡山大師傳』은 사이초最澄의 어린 시절에 대해 "나이 7세, 학문은 같은 또래를 넘어섰고, 뜻은 불도를 근본으로 삼았다. 촌읍소학에 아이의 교육을 부탁했다. 조음양調陰陽·의방醫方·공교工巧 등을 수련했다"라고 기록하고 있어 사이초가 촌에 설치된 학교에서 음양 등을 배웠다는 사실을 전한다. 히사키 유키오久木幸男는 10~11세기 각지에 이러한 촌읍학교가 존재했다고 주장한다.[32]

10세기 이후의 국위 행정은 수령 직속의 '소所'-전소田所·세소稅所·조소調所 등-로 나뉘어져 수령 국사가 수도에서 데리고 온 서산書算이나 법률 등에 뛰어난 모쿠다이目代*와 지방 출신의 호간다이判官代가 '소'에 배속되었다. 『금석물어집』에는 모쿠다이 선발에 관한 내용이 실려 있다. 오노 이쓰토모小野五倫는 명법득업생 출신으로 조호長保 년간에 게키外記에 취임했는데 능력을 인정받아 이즈장관伊豆守이 되었다. 오노 이쓰토모가 모쿠다이를 찾고 있던 중 스루가국駿河國에 적임자가 있다고 들었다. 60세 남짓한 남자에게 글씨체나 계산에 관한 과제를 내려 사무 처리 능력을 검증했는데 붓을 가볍게 놀리며 써내려가면서 계산용구를 꺼내 간단하게 대답해 버렸다. 모쿠다이에 채용된 남자는 중임되어 그 재주가 이웃 지방까지 소문이 났다. 그러나 사실 남자는 원래 구구쓰傀儡子-예능을 직업으로 하는 떠돌이-였다고 한다.

재청 관리나 국시國侍·장관莊官·군향사郡鄕司 등 재지 유력자에 의해 10세기부터 11세기에 걸쳐 쓰인 것으로 보이는 서간을 집성한 『고산사본고오라이高山寺本古往來』에 따르면 수도의 귀족과 재지 유력자 사이에서 비복들의 고용에 관한 사신을 주고 받았다는 사실이나, 전임 국사國司의 관사가 재지 유력자의 정보 교환의 장으로서 기능하고 있었다는 것을 엿볼 수 있다. 또 고쿠분지國分寺에서 공연하는 유명한 사루가쿠猿樂·데쿠구쓰†·히키마이蟾舞에 주변의 사람들이나 먼 지방의 사람들이 모여드

* 정무를 대행하는 대관
† 손으로 인형을 조정하는 예능인

니까 빨리 가서 좋은 자리를 잡으려고 하는데, 공연과 설법을 들으러 동행하자고 권하는 편지도 있다.

당시 빈번히 발생했던 국사의 학정에 대한 상소문 중에서 유일하게 남아 있는 988년의 「오와리국군사백성등해문尾張國郡司百姓等解文」은 31개 조에 달하는 사륙변려문으로 그 작자는 중앙의 전문가라는 설과 재지의 서생이라는 설이 있다. 『고사담古事談』에 들어있는 설화를 참고하면 중앙의 문장 박문가의 손에 의한 것이라 생각하는 것이 타당할 것이다. 즉 근위원近衛院 시대에 이케다노쇼池田莊의 백성이 소장을 작성함에 있어서 친분 있는 수도의 게키인 오에 야스사다大江康貞에 의뢰했다는 것이다. 재지 유력자가 작성했다고 한다면 지방 문화의 높은 수준을 볼 수 있지만 그렇다고 해도 지방에서 순수하게 배양된 것은 아니다. 여하튼 관위나 권문이 집중한 중앙과 지방을 연결하는 인적 경로가 형성되었고 이에 편승한 형태로 정보나 문화가 교류되었음을 짐작케 한다.

지방을 둘러싼 예능인의 활약도 보인다. 『금석물어집』에 나오는 이즈국의 모쿠다이가 된 구구쓰, 『고산사본고오라이』의 고쿠분지에서 공연된 사루가쿠나 데쿠구쓰 등에서 보이는 것처럼 지방의 예능이 확대되어가면서 예능 공연을 계기로 국내의 백성이 모여든 모습을 볼 수 있다.

5. 이에의 형성과 교육

일기와 오라이모노의 성립

9세기말부터 10세기 초기에 걸쳐 사적인 일기가 등장했다. 그 이전에도 전상일기殿上日記·외기일기外記日記·내기일기內記日記 등 공적인 일기가 있었으며 사적인 일기로서도 임신壬申의 난 당시에 쓰인 『아토노치토코일기安斗智德日記』,*『쓰키노무라지오미일기調連淡海日記』 등이 있었다. 9세기 말 이후는 『우다천황일기宇多天皇日記』, 시게아키라重明친왕의 『이부왕기吏部王記』, 후지와라 다다히라藤原忠平의 『정신공기貞信公記』, 후지와라노 모로스케藤原師輔의 『구력九曆』 등 천황이나 귀족의 일기가 급속히 늘었다. 10세기 초기의 국정 변화에 따라 지방 정치를 기본적으로 국사에 위임하는 것으로 중앙 정치는 왜소화되어 가면서 귀족의 관심은 조정의 연중 행사화된 정무를 운영하는 것으로 옮겨갔다. 선례를 묵수하면서 공적인 일에 지장을 초래하지 않도록 하는 것이 최고의 정치로 인식되었다. 사적인 일기의 보급은 이러한 귀족의 의식에 대한 관심의 고양을 반영하고 있다.

885년 후지하라 모토쓰네藤原基經는 '연중행사장지'-궁중의 1년간 정례화된 행사를 나열한 행립장지-를 고코光孝 천황에게 헌상했다. 모토쓰네의 의례설은 아들인 다다히라에 의해 계승·집대성 되면서 구전과 교령教슈으로 다다히라의 두 아들인 사네요리, 모로스케로 전수되었다.[33] 사네요리 측에서는 오노노미야류小野宮流, 모로스케 측에서는 구조류九條流가 성립되었다. 모로스케는 『구조전유계九條殿遺誡』에서 자손을 향해 매일 아침 전날의 공무에서 납득이 가지 않는 사항이 있으면 잊어버리지 않게 구주력具注曆†에 기록해 두도록, 또한 중요한 공무는 별기하도록 가르쳤다. 부친의 일기가 축적되면서 10세기말 이후에는 참고 자료로 이용

---

* 아스카 시대의 관리. 오아마노大海人황자후의 천무 천황의 집사로 임신의 난(672) 당시에 황자를 따라 요시노吉野에서 이가伊賀까지 동행했다. 이때에 쓴 일기가『일본서기』의 사료가 되었으며『속일본서기』에도 남아 있다. 생몰년대 미상.

† 나라, 헤이안 시대에 유행한 달력태음력을 말한다. 한문으로 쓰여졌으며 천문, 길흉등이 빠짐없이 기록되어 있다. 날짜마다 두 세줄의 공백을 마련하여 그곳에 일기를 기록할 수 있도록 했다.

되기 시작했다.

의식에 대한 관심의 고양과 일기의 융성은 관선 의식서를 대신하여 『서궁기西宮記』·『본조월령本朝月令』·『구조연중행사九條年中行事』·『북산초北山抄』·『오노노미야연중행사小野宮年中行事』·『강가차제江家次第』 등 개인이 편찬한 의식서가 출현했다. 그러나 설령 의식서나 부친의 일기를 가지고 있다손 치더라도 그것만으로는 도움이 되지 않거나 불충분한 사항도 있었다. 문자를 매개로한 전수만으로는 불충분하다고 판단되어 작법에 정통한 선배들로부터의 직접 전수가 중요시 되었던 것이다. 일반적으로 의식 작법 전수는 피전수자를 주체로 삼고 전수자는 피전수자의 질문에 답하는 형식으로 학습이 이루어졌다. 예를 들어 후지와라 무네타다는 1094년 우중변右中弁에 임명되었는데 무네타다가에는 변관弁官의 업무에 관한 축척된 자료가 없었기 때문에 오노노미야류 후지와라 미치토시藤原道俊를 선생으로 삼았다. 무네타다는 행사변行事弁으로서 의식 운영상에 분명치 못한 점이 발생하면 미치토시의 저택을 찾아가 해결했다. 전체적인 학습이 이루어진 후에는 기밀이나 구전이 전수되고 비장의 의식서를 배람케 했다.

유직고실有職故實에 정통하여 노련한 귀족들의 교육이 필요했던 젊은 이들에게 준 언담을 정리한 것으로 『강담초江談抄』·『중외초中外抄』·『부가어富家語』 등이 있다. 혼인 관계를 통하여 고실이 다른 씨족에게 전해지는 경우도 있었다. 권수사류勸修寺流인 후지와라씨와 다카무네류高棟流인 간무다이라씨족은 여러 갈래로 혼인 관계를 맺어 양씨가 세습한 관직에 관한 정보를 일기나 시어머니·사위 관계에 기초한 풍간風諫으로 유통시켰다. 두 집안의 정보 네트워크는 명가라 불리는 가풍을 형성하는데 일정한 역할을 했다. 가풍의 형성과 함께 이에에 의한 관직의 세습이 진행되자 일기를 통한 참고 자료에 편의를 제공하기 위한 부류기部類記-일기 등에서 초출한 기사를 유형별 편집한 것-가 작성되었다.

11세기 중엽 무렵에 이루어진 오라이모노往來物는 처음에는 전체적인 내용의 통일성이나 명확한 교육 목적도 찾아볼 수 없었는데 점차 교과서로서의 형식이 갖추어져 후세에 아주 커다란 영향을 미쳤다. 『고산사본고오라이高山寺本古往來』는 오라이모노로서는 정리가 잘 안되어 있지만 자세한 훈점을 붙이는 등 교육적으로 배려한 흔적이 뚜렷하다. 『명형오라이明衡往來』·『화천오라이和泉往來』·『십이월오라이十二月往來』나, 『귀령문답貴嶺問答』의 권두 2통을 제외하면 정월부터 월일에 따라 문례가 배열되어 있다. 내용은 물품 등의 차용의 신청이나 향연을 권하는 등 일반적이며 일상적인 내용으로 구성되어 있다.

예도의 이에

10세기 이후 후지와라 홋케가 주류로 대두하면서 이로 인한 후지와라 가문들의 분립은 섭관가를 정점으로 하는 권문·상급 귀족과 하층 가문·중급 귀족의 중층성과 각각의 출신에 따르는 관도의 코스를 만들어 냈다. 인세이기院政期에는 최고의 관도 승진 코스인 극관極官*에 오름으로써 섭가攝家·청화淸華·우림羽林·명가名家 등의 가풍이 정해졌다. 귀족 사회의 하층에 위치하면서 중요한 행정을 맡아 궁정 정치를 담당한 것은 박사가 들이었다. 박사가는 학문을 바탕으로 관리 조직을 장악하여 업무 운영을 행사하고 수익원을 관리했다.

명경도에서는 나카하라中原·기요하라씨淸原氏 등이 명경 박사와 함께 외기국外記局의 대외기大外記를 세습하면서 국무를 장악했다. 산도에서

---

* 최고의 위계를 극위極位, 최고의 관직을 극관이라 부른다. 시간이 흐름에 따라 점점 세습화 되어 섭가攝家, 청화精華, 우림羽林, 명가名家등의 가풍이 탄생하게 된다.

는 오키씨小槻氏가 산박사와 함께 변관국弁官局의 좌대사左大史를 세습하여 관무를 장악했다. 명법도에서는 나카하라가 11세기 후반부터, 사카우에씨坂上氏가 12세기에 명법도를 세습하면서 도지道志-檢非違使志-를 세습하여 검비위사청檢非違使廳*을 장악했다. 음양료 삼도는 11세기 후반에 아베安部·가모賀茂씨에 의해 독점되면서 음양료 조직까지 장악했다. 가모씨는 역박사와 조력선지造曆宣旨를 독점하여 역도를 세습하였고 아베씨는 천문 박사와 밀주선지密奏宣旨를 독점하여 천문도를 세습했다. 음양두陰陽頭·스케助과 음양박사는 두 가문이 세습했다. 의도는 단바丹波·와키씨和氣氏 등이 11세기 이후부터 의박사와 침박사에 이어 전약두典藥頭까지 세습하면서 의료를 장악했다.

각종 도에 관계된 박사직과 관사들의 상급직 세습화 현상에 따라 학생들과 관사들의 하급직 구성도 나카하라·키요하라·오에·미요시三善·다다무네惟宗를 중심으로 하는 소수 씨족에게 한정되었다. 『직원초職原抄』에 따르면 관사들의 하급직-외기外記·사史·전약윤典藥允·음양윤陰陽允-에는 박사가 일족에 '문생' '문도'가 첨가되어 임명되었다. 소가 요시나리曾我良成는 사나 외기에 박사가의 성을 가진 사람들이 많았는데 그 이유는 양자 형식을 띤 문제자가 되어 박사가의 성을 갖는 지방 호족 출신자가 증가했다는 점을 든다.[34] 반드시 박사가의 후사를 잇지 않고도 관리 사회에 진출하는 사람까지 등장하면서 학생들과 관사들의 하급직에 공통된 성이 출현하는 현상이 발생한 것이다. 박사가는 자신들에게 맡겨진 관직에 안정되게 유능한 인재를 공급하기 위해 일족이나 문생을 들여 보냈다. 상급직은 박사가가 주류, 하급직은 박사가의 방류나 문생에 의해

---

* 불법이나 위법행위를 검찰하고 치안유지와 민정을 관할하는 기구.

세습되는 체제가 만들어 졌던 것이다.

관직에 인재 공급을 맡은 박사가 존속이 사회적 요청이었기 때문에 박사직 세습화는 양도에 의해 보장되었다. 예를 들어 나카하라씨中原氏의 경우 박사직의 출발점이 되는 직강直講 취임이 부친의 박사·조교직의 사임으로 남자에게 양도하는 형식으로 이루어지는 것이 관례화 되었다. 이렇게 하여 관리 양성 기능은 율령제하의 대학료를 대신하여 박사가에 의해 형성된 의제적 혈연 집단이 담당하게 되었다. 1177년에는 교토의 대화재로 대학료가 소실되었는데도 그것을 재건하지 않은 것도 그 이유 때문이다.

섭관이 후궁의 후견이 됨으로써 귀족 생활은 문화적으로 풍요로와 졌다. 인세기가 되자 각종 예능에 뛰어난 시라카와인白河院이나 이마요우今樣을 즐기고 『양진비초梁塵秘抄』·『양진비초구전집梁塵秘抄口傳集』을 남기면서 축구를 즐긴 고시라카와인後白河院 등이 예도에 권위를 부여하면서부터 예도는 귀족화 되어 갔다.

11세기 이후 궁정 행사에서 와카가 관현이나 작문에 이어 첨가 되었다. 이로 인해 한시문에 종속되었던 와카의 지위는 높아졌다. 시라카와白河 천황은 와카에 정치적인 의의를 두어 우타아와세歌合의 멤버에 근신을 배속시키고 후지와라노 미치토시藤原通俊에게 『후습유집後拾遺集』을 편찬케 했다. 호리카와조堀川朝 시기에는 무라카미 하라씨村上源氏나 관현 그룹, 근신들을 멤버로 하는 가단이 형성되어 하라모로토키源諸時·구니노부國信나 후지와라 도시타다藤原俊忠는 자택에서 회합을 열었다. 이렇게 하여 와카는 궁정 행사에서 독립하면서 그 문예 의식이 높아져 갔다. 그후 대규모의 우타아와세를 개최하여 와카의 중심적 존재가 된 것은 후지와라 아키스에藤原顯季였다. 아키스에는 시라카와 천황의 유모의 아들로서 은총을 받아 천황의 외백부 사네스에實季의 조카로서 권세를 떨쳤다. 노래집에 『육조수리대부집六條修理大夫集』이 있다. 아키스에의 정치적 지위는 장남인 나가자네長實 · 차남인 이에야스家保에게 계승되고 와카의 방법 · 작법은 삼남 아키스케顯輔로 전해졌으며 여기에 와카를 전문으로 하는 육조六條 후지와라가문이 탄생했다. 또 미코히다리가御子左家의 후지와라 도시타다의 자손도 와카를 세습하여 도시타다의 자손들에서 정가定家가 배출되었다.

게마리蹴鞠*는 헤이안기 전 · 중기부터 애호되기 시작했는데 당시는 방법이나 시설 등에 관한 규정은 없었다. 융성기는 인세이기 무렵이다. 11세기 말엽부터 12세기 초엽에 걸쳐 원院이나 섭관 등이 내리內裏 · 원어소院御所 · 제원齋院 · 섭관의 개인 저택 등을 무대로 축구회를 개최하는 일이 잦아져 미나모토 모리나가源盛長나 가모 나리히라賀茂成平와 같은 우수한 선수名足를 배출했다. 나리히라의 제자 중에는 후에 축구도의 '마리노히지리鞠聖'로 숭배되는 후지와라 나리미치藤原成通를 배출했다. 나리미치는 축구에 관한 이전 세대들의 구전을 인용한 「삼십개조식三十箇條式」을 남겼다. "본조 축구도의 수장"(『존비분맥』)이라 평가되는 후지와라 요리스케藤原賴輔는 나리미치가 스승이었고 가모 나리히라가 백부였다. 요리스케는 나리미치의 추거로 고시라카와인의 축구 선생이 되어 축구의 방법 · 작법에 관한 선현의 구전을 모은 『축국구전집蹴鞠口傳集』을 선집했다. 요리스케의 손자인 마사쓰네雅經 · 무네나가宗長에서부터 축구도 가문인 아스카이飛鳥井 · 나니와가難波家가 탄생했다. 이러한 과정에서 작법 · 기법 · 장속 · 시설 · 용구 등에 관한 규정이 굳어져, 13세기 후반에는 그것

---

* 오늘날의 축구와 유사한 운동.

을 체계화한 축구서 『혁국요략집革菊要略集』이나 『내외삼시초內外三時抄』
가 저술되었다.

이러한 예도의 이에는 후에 가원 제도로 발전해 갔다. 니시야마 마쓰
노스케西山松之輔에 따르면 에도 시대의 「제류가원람諸流家元鑑」이라는 한
장으로 된 가원 안내에는 서른 하나의 예도에 관한 가원을 나열하고 있
다고 한다.[35] 이 중에는 유학의 스가와라가菅原家·기요하라가淸原家, 의도
의 단바가丹波家, 음양도의 도고몬가土御門家, 점술의 요시다가吉田家, 와
카의 이조류 아스카이가二條流飛鳥井家·레이센류의 레이센가冷泉流冷泉家,
축구의 아스카이가·나니와가등 헤이안 시대에 시조를 둔 이에가 포함되
어 있다.

이에의 교육 기능

선조 대에서 자손으로 이에의 예도를 전하는 경우 매개물로는 사람이
나 문자가 있으며 전해지는 것으로 가학, 가설, 비곡, 비사, 기록물-서
적·문서·일기·악보 등-, 도구-악기·무구 등-, 가풍이 있으며, 전하
는 수단·방법으로서는 구두 전달-정훈·구전·교령·풍간-, 신체에 의
한 전달 등이 있다. 이에를 계승하기 위해서는 이러한 것을 다음 세대로
온전하게 계승시켜야만 한다. 그 때문에 주다이는 노력을 등한시 하지
않았다.

스가와라가에서는 고레요시是善가 11세의 나이에 천황 앞에서 책을
읽고 시를 지었으며 미치자네道具의 장남인 다카미高視는 4세에 서적을
읽었다. 7년 전에 죽은 미치자네의 아들은 제경편帝京篇-장편의 고시-
을 암송했다. 오에가에서는 마사히라匡衡가 7세에 책을 읽었고 9세에는
시를 지었으며, 마사후사匡房가 4세에 책을 읽고 8세에 『사기』·『한서』

에 정통하고 11세에 시를 지었기 때문에 신동이라 불렸다고 한다. 그들이 어린 시절부터 서적을 읽게 된 것은 조부로부터 훈점을 배웠기 때문일 것이다.

고바야시 요시노리小林芳規에 따르면 주다이의 가업에 관한 부자 계승은 천황이나 공경에게 전수해 주는 곳에서 동시에 실시되는 경우가 많았다고 한다.[36] 가업 이외에도 주다이의 자제는 선조에게 가르침을 받았다. 스가와라노 미치자네가 시험 볼 때가 되었을 때는 부친인 고레요시가 매일 과제를 내려 작성한 시가 수백수에 달했다.

주다이 이에의 자손은 가업을 계승할 존재로서 양육되기 때문에 아이가 죽기라도 하면 아버지의 슬픔은 이루 말할 수 없었다. 스가와라노 미치자네는 "아마로阿滿가 죽은 날부터 이 분은 잠들지 못했다. 어쩌다 잠이라도 들면 꿈에서 만나 눈물을 하염없이 흘리셨다"(『관가문초』 2)라고 했고, 오에는 많은 기대를 걸었던 다카카네隆兼가 일찍 세상을 떠나자, "조상 대대로 내려오는 이 책을 누구에게 전해준단 말인가. 나의 부친인 긴켄愨遣의 명을 받들 사람은 누구란 말인가"라고 이에에 대대로 전해져 온 문서나 가문의 유훈을 전해야만 할 상대를 잃어버린 것을 탄식하고 있다.

이에를 계승하기 위해서는 서적이나 문서의 축적이 필수적이었다. 다치바나 나오모토橘直幹는 954년에 유문儒門의 자손은 문적을 몸에 지니고는 젊어서 기구箕裘-가문의 가업-를 계승하여 승진하지만, 자신은 루이요국累葉國의 국사의 가문에 태어났기 때문에 한권의 책도 갖지 못했다고 탄식하고 있다(『본조문수』 6). 와키씨和氣氏가 기전도에서 의도로 전향 가능했던 것도 홍문원弘文院에 소장하고 있었던 내외경서 수천 권 중에 적지 않은 의학서가 포함되어 있었기 때문이다. 『속고사담續古事談』에는 단바 야스노리 이후 주다이가 전해준 의약서를 의신醫神이 지켜주었기 때문에 축적 가능했다는 이야기가 실려 있다. 서적은 문고에 보관되어 있었다. 서적이나 문서를 다음 세대로 전해주는 것도 주다이의 중요한 일이었다. 오에 마사후사의 부친인 나리히라成衡는 재능이 없는 사람이었는데 방의 사면에 장지를 세우고 그 안에 집안에 내려오는 문서를 늘어놓고는 전 문서에 날인하여 손실 부분은 반드시 그 책의 소재를 찾아 보수를 했다. 스스로 "오에 가문의 책을 맡은 자"라 칭하고 장지 안에 네 명의 젊은 비복들을 들어가게 하여 풀을 만들고 책을 펼쳐 종이를 붙여 쓰게 하면서 소일했다고 한다.

동일하게 기전도를 세습한 유학자라고 해도 그 가풍은 달랐다. 스가와라노 미치자네가 문장 박사가 될 수 있었던 것은 가풍의 덕택이었다고 했다. 마사히라는 오에 집안이 황태자의 이름을 짓는 일을 해왔던 것이나 부친이 천황의 시독을 맡고 그 아들이 수재장인秀才藏人이 되는 상태가 4대에 걸쳐 계속된 것을 가풍이라 보았다. 오에 집안은 유학으로 천황을 가까이서 섬기는 것을 가풍으로 삼았다고 할 수 있다. 마사히라는 비록 문장 박사를 역임하지는 않았지만 구로도노토藏人頭를 역임하지 못한 것이 유감이라고 말한 것으로 미루어 오에의 가풍을 알 수 있다.

『대기』에 따르면 1153년 당시는, 주다이가 되는 이에의 자제가 재주의 유무와는 무관하게 부친의 천거로 학문료를 지급받는 상황이었다. 이에 요리나가는 학문료 신청자에 대해 시험을 실시하도록 진상하자 이것을 들은 유학자들은 크게 두려워 했다고 한다. 이 보다 앞선 1137년에 식부대보式部大輔인 후지와라 아쓰미쓰藤原敦光는 4남인 나리미쓰成光에 대한 학문료 지급을 신청하는 상신서에서 가문풍과 재능이 반드시 일치하지 않는 점을 지적했다. 가문풍과 재능을 겸비한 자가 드물었던 이상 최종적으로는 어느 한 조건을 선택하지 않으면 안 되었다. 그러한 경우에 어느 것이 중시되었을까. 『옥엽玉葉』에 따르면 문장생인 후지와라 무네나리藤原宗業가 1181년에 방략선지方略宣旨를 신청할 때 함께 신청한 사람 중에 급료학생인 후지와라 스에미쓰藤原季光가 있었다. 무네나리와 스에미쓰는 대조적인 입장에 있었다. 스에미쓰는 기전도의 주다이였던 식가式家에서 태어났다. 무네나리는 기전도와는 관계없는 난가南家 쓰네타다經尹의 아들로 태어났다. 그러나 쓰네타다는 주다이의 히노가日野家에서 태어났으며 무네나리는 히노가의 사네시게實重에게 양자의 자격으로 유학 수업을 받았다. 구조 가네자네九條兼實는 스에미쓰에 대하여 '명성'은 없지만 주다이·급료학생·유학자라는 조건을 구비하고 있다고 했으며, 무네나리에 대하여는 '명성'은 있지만 스에미쓰와 같은 조건을 갖추고 있지 않다고 하면서 결론을 내리지 않았다. 2개월 후에 스에미쓰는 바라던 대로 방략선지를 얻었으며 무네나리는 학문료를 받게 되었다. 가문이 재능을 능가한 셈이 되는데 두 사람에 대한 이 조치는 "천하에 허락되지 않는 바"였다고 한다.

주다이가 존중된 가장 큰 이유는 가정 교육을 받았다는 것에 있었다. 평범한 사람이라도 주다이라면 대대로 이어져 내려오는 가문의 비사나 선례를 바탕으로 궁정 의식을 막힘없이 해낼 수 있다는 귀족 사회의 기대가 있었다.

예도의 이에는 구전을 형성하면서 그 비밀성을 강화시키는 것으로 다른 씨족을 배척하면서 자신들의 지위를 강화시켰다. 구전은 "비밀스러울수록 도는 도로서 존재하게 되는 것이다"(『고금저문집古今著聞集』)라고 하여 비밀성이 사회적으로 보장되었다. "구전과 비설이 있다면 비록 그 이치가 부당하다고 해도 말세의 진퇴와 상관없이 단지 훈설을 지키는 것이 중요하다"(『옥엽』1183년 11월1일조)라고 하여 그것을 들이밀면 그 효력 유무에 관계없이 문자로 기록된 것이나 선례를 압도하는 경우도 있었다. 도를 정련한 사람의 신체에서 발하는 소리로서의 구전은 전달 받는 사람의 기억에 묶어둘 수밖에 없다. 일회성의 엄숙한 의례를 공유하는 것이 전하는 자와 전달 받는 자의 긴밀한 관계를 유지하면서 그 관계를 바탕으로 정확한 전수가 가능했던 것이다. 사람의 죽음에 의한 구전의 소멸이 이에나 도의 쇠퇴로 이어지기 때문에 구전서가 만들어졌지만 그렇기는 해도 문자화되지 않는 부분은 남았다. 비문자의 부분을 남김으로써 구전을 전하는 이에의 권위를 보장했다. 구전을 숙지하는 것이 이에의 정통한 계승자가 되는 증거였던 것이다.

*　　*　　*

−칼럼− 편지로 보는 아버지, 어머니와 아들

황족이나 귀족의 자제는 유모가 키웠지만 모든 양육이 유모에게 맡겨진 것은 아니었다. 당연히 부친이나 모친도 자녀를 교육했다. 후지와라노 다메후사藤原爲房의 부자 관계를 살펴보자. 다메후사는 섭관가 가사家司, 구로도노토우藏人頭, 원사院司로 활약하면서 권수사류勸修寺流인 후지와라씨의 번영을 가져왔다. 『존비분맥』에 따르면 다메후사는 4명의 여성에게서 15명의 남자와 3명의 여자아이를 두었는데 남아 중에 7명이 승적을 가졌다. 귀족 자제가 산에 들어가 불도 수행·데나라이·학문에 힘쓰는 것은 당시로서는 드문 일이 아니었다. 료에良惠라는 이름을 가진 아들의 입산을 둘러싸고 아버지인 다메후사, 모친인 미노장관美濃守 미나모토노 요리쿠니源賴國의 딸과 아들 본인의 편지가 불공삼장표제집不空三藏表制集, 간정하사리선지관엽灌頂阿闍梨宣旨官牒의 뒷면에 쓴 편지글紙背

文書로 남아 있다. 아들은 다메후사의 편지에는 '소아小兒' '우식愚息'으로, 다메후사의 아내의 편지에는 '치고' '와카'로 표현되어 있다.

먼저 다메후사-藏人·사에몬노곤노스케左衛門權佐-가 1085년 정월에 아이를 입산시키기 위해 선례禪禮을 청하는 편지가 받아들여지자 아이는 엔랴쿠지 쇼렌보靑蓮房 료유良祐의 허가를 얻어 입산하게 되었다. 다메후사의 처는 아이의 입산을 전후하여 사승인 쇼렌보 앞으로 종종 편지를 보냈었다. 편지의 내용은 아들의 하산 의뢰, 귀경중의 아들에 대한 보고, 부계-과일·종이·죽순 등- 송부 등에 관한 것이었다. 모친다운 세심한 배려가 도처에서 보인다. 예를 들어 낮과 밤의 온도차가 큰 히에이산의 기후를 걱정하여 겉옷을 아들에게 보내면서 쇼렌보에게 "이것을 밤에 입게 해 주시고 낮에는 홑옷이라도 걸치게 해주십시오"라고 부탁 했다.

1085년 2월 무렵에는 하산해서 돌아오는 아들을 애타게 기다리고 있었다. "3권을 다 배운" 후 하산한다는 아들의 열심에 "아주 좋은 일이구나"라며 매우 기뻐하는 어머니의 모습이 엿보인다. 또 하산까지 얼마 남지 않은 시간 동안에도 "보고 싶구나. 너도 그렇게 생각하고 있겠지"라며 아들을 그리워하는 어머니의 감정이 직접적으로 표현되어 있고 아들도 그렇게 생각하고 있음에 틀림없다고 믿고 있다. 하산한 아들이 교토에 있을 때보다도 생각지도 않게 살찐 모습을 보고 "기쁘기 그지 없구나"라며 기뻐하고 있다.

한편 아들에 면학을 장려하는 어머니의 모습도 있다. "이제는 세상 물정도 배우며 습자도 시켜주십시오"라고 하여 학문과 습자를 시키도록 선생님에게 부탁하고 있다. 아이가 구체적으로 무엇을 배웠는지는 정확하지 않지만 교토로 돌아온 후에 선생님에게 보낸 편지에 "교토에서는 구사俱舍를 배울 수가 없습니다. 정말 안타깝습니다"라고 되어 있는 것으로 보아 불도 수행의 일환으로서 구사론-당의 현장이 번역한 아비달마구사론阿毘達磨俱舍論 30권-을 배웠다는 것을 알 수 있다.

　다메후사의 처가 아들이 있는 쇼렌보 앞으로 보낸 편지에는 다메후사 또한 등장하기 때문에 부모자식 간 세 사람의 모습을 볼 수 있다. 아이가 1085년 10월 무렵 천연두에 걸렸을 때 다메후사의 처는 아이를 보살펴 주고 있던 스님에게 "너무나 친절히 대해주시는군요. 남편도 그렇게 생각하고 있습니다"라는 내용이나, 하산한 아이가 중태에 빠졌을 때 다메후사는 외출을 삼가고 있었는데 쇼렌보가 산에서 내려와 기도해 준 덕택에 많이 나아 일어나 다닐 수 있을 것이라고 보고하면서 "늦은 밤에 급히 내려오시게 하였습니다. 남편도 진심으로 그렇게 해주셨다고 여기고 있습니다"라며 다메후사의 감사한 마음을 전하고 있다. 천연두에서 회복한 뒤에 다메후사의 처는 한숨을 돌리면서도 "약사경을 읽어 보았는데 얼굴에 자국이 남아 보기 흉하게 되지 않도록 기억하여 기도해 주십시오"라며 흔적이 남는 것을 걱정하여 기도를 부탁했다. 아이는 아버지로부터 기도의 일을 전해 듣고 "아버지는 스님의 기도의 효험이라고 하셨습니다"라며 스승에게 감사의 뜻을 전하고 있다. 또 아들의 붓기가 가라앉아 산으로 돌려 보내면서 다메후사의 처가 함께 보낸 편지에는 상처 때문에 오랫동안 목욕을 하지 못해 "천연두가 옮을지도 모릅니다. 남편도 그렇게 생각하고 있습니다"라고 쓰고 있다. 이러한 편지를 통해 아들의 병을 둘러싼 아버지와 어머니의 마음 씀씀이를 읽어 낼 수 있다.

스즈키 리에

＊　　＊　　＊

제2장
중세 사회의 다양한 교육

1. 교육·문화기관으로서의 사원

중세 교육의 특질

중세는 고대의 붕괴에서 근세의 성립에 이르기까지 급격하게 변화해 가는 시대였다. 그 과정에서 사회의 각 층·각 지역의 변혁·변화가 아주 복잡하게 진행되면서 변화 과정 상호간에 상당히 깊은 관련성·유동성을 맺게 되는 경우가 많았다. 이로 인해 다방면에 걸친 사회의 유동화는 훨씬 더 복잡한 방향으로 강력히 진행되었다. 또한 일본이라는 국가 범위를 초월하여 동아시아 사회를 중심으로 전개되는 국제적인 동향도 그러한 변화에 영향을 미치면서 사회의 유동화는 훨씬 더 촉진되었다. 이러한 중세 사회의 모습은 당연히 중세 교육에 반영되었으며, 결과적으로 중세 교육은 복잡다단한 양상을 띠게 되었다.[1]

그렇기 때문에 총체적으로 중세 교육의 상을 정립하는 것은 그리 간단한 일은 아니다. 예를 들어 고대 사회에서 중국풍의 고대 전제 국가 구축을 이상적 모델로 삼은 율령 국가는 그 체제를 담당할 관리를 조직적이며 계획적으로 대량 양성하기 위한 학교 제도를 창설했다. 고대 교육에서는 국가 제도와 그 안에 정비된 학교의 핵심이었던 대학료 등이 중추적인 역할을 담당했다. 반면 실질적으로 율령 체제가 소멸되고 각 지역에서 독자적인 권력이 성립한 중세 사회에는 그러한 중추를 담당할 조직적·계획적인 학교 제도와 그러한 제도에 따르는 학교는 존립 기반도 없었을 뿐더러 필요하지도 않았기 때문에 아예 존재하지 않았다. 또한 비록 맹아가 보이기는 하지만, 근세 사회에서처럼 질이나 성격 면에서 다양한 세속 학교가 폭발적으로 보급되는 현상은 나타나지 않았다.

그렇다고 해서 중세 교육이 고대 교육이나 근세 교육과 비교하여 내용면에서 결핍되고 희박했던 것은 아니다. 오히려 사회 변동이 활발해짐에 따라 사회의 유동화가 진행되는 중세 사회를 살아가는 사람들의 교육적 영위는 후에 설명하겠지만 중세적인 양상을 지니면서도 다른 시대와 마찬가지로 풍부한 내실을 기하고 있었다. 따라서 쉽게 이해하기 어려운 중세라는 시대 상황 속에서[2] 복잡다단한 중세 교육의 전체상을 조감하는 것은 매우 곤란한 과제다. 제2장에서는 시간적인 폭이 넓은 중세 교육의 전개 과정을 관류하는 다음 현상에 주목하면서 통일적으로 파악하고자 한다.

새롭게 전개된 고대 불교와 중세에 성립한 가마쿠라鎌倉 불교로 구성된 다면성을 띤 불교는 사회의 구석구석까지 침투하면서 중세 사회를 살아간 사람들의 정신생활에 중요한 의미를 지니게 되었다. 또한 불교가 전 사회로 파고 들 때의 거점은 사원이었으며 그 과정에서 중세에는 사원이 다양한 수준의 교육과 문화를 담당하는 기관으로서 아주 중요한 역할을 수행했다. 그러한 이유로 먼저 사원이 지닌 교육·문화기관으로서의 기능에 착목한다. 다음에는 고대 문화가 중세에 전개된 표현으로서 귀족적인 문화의 상징이라고도 할 수 있는 문고와 구전口傳이 새롭게 대두된 무사 교육이나 학문·예능의 세계에 어떻게 수용되고 사회적으로 보급되어갔는가를 살펴본다. 특히 중세 사회의 발달에 점차 깊게 관여하게 되는 무사와 민중의 교육 학습을 문자 학습이라는 측면에서 고찰한다. 또한 중세 교육에서 비중이 높았던 문자 학습 이외의 교육 학습의 다양성에 대해서도 살펴볼 것이다. 이를 정보 전달이라는 관점에서 파악한다. 이상과 같은 현상의 기저에서 그러한 현상을 엮어 내면서 중세 교육의 모든 측면에서 등장한 존재가 바로 유력자遊歷者였다. 불교·예능·유교와 관계된 유력자의 교육 활동을 통하여 중세 교육의 다양성을 새롭게 확인하게 될 것이다.

히에이산의 교학 부흥 운동

중세 사회에 일어난 모든 현상의 근간에는 종교가 자리하고 있었다. 그 중에서도 특히 불교의 존재는 위력적이었다. 중세사회에 살았던 사람들은 언제나 불교적인 의식을 지니고 일상생활을 하였다고 할 수 있다. 고대 불교가 여전히 사회의 구석구석까지 압도적인 영향력을 미치고 있었지만, 중세에는 새롭게 가마쿠라 불교가 대두되어 영향력을 확대시켜 나가면서 양자 간에 긴장 관계가 발생하기 시작했다. 그리고 그러한 긴장 관계가 서로에게 자극제가 됨으로써 자연히 개혁적인 움직임을 보이게 된다. 이는 중세의 불교가 사람들의 정신생활에서 차지하는 중요성을 한층 더 강화시키는 상황을 만들어 나가며 자연히 교육과 문화의 모습까지도 규정하게 된다.

중세 사회의 불교를 둘러싼 새로운 동향 속에서 고대 불교 안에서 개혁적인 움직임이 강하게 나타났다. 에이손叡尊·닌쇼忍性 등의 계율 부흥 운동이 그 뚜렷한 예인데 이를 계기로 사회적인 실천 운동에 전념하는 율승律僧이 늘어났다. 이와 함께 승원僧院 내부의 개혁도 추진되었는데 여기서 주목할 필요가 있는 것은 존립의 기반이 되는 교학에 관한 부흥 운동이다.

교학 부흥 운동은 사원의 교학을 담당하는 학승 양성을 위한 교육개혁으로 구체화되어 갔는데 그러한 움직임이 보다 일찍이 시작된 곳이 히에이산比叡山이었다. 1195년에 지친慈鎭이 히에이산 무도지無動寺의 대승원大乘院에서 권학강勸學講을 창시했기 때문이다.

교학 부흥 운동에는 승속僧俗의 세계를 넘어 광범위하게 퍼져가던 말법도래末法到來에 따르는 인심의 동요를 구제하려는 의도가 배어 있었다. 물론 히에이산에서는 학생學生*과 당중堂衆†의 대립을 진정시키려는 의도도 갖고 있었다. 이는 출신 등에 따라 정원에 제한을 두었던 학생의 학습 기회를 확대하려는 것이기도 했다. 또한 그 때까지는 일반적으로 학습해야 할 텍스트가 있기는 했지만 학습 방법-순서-을 고려한 적은 없었는데 지친은 천태 교학의 학습 내용을 기초에서 응용으로 순서를 따라 소화해 나갈 수 있도록 연구했던 것이다.

제1기(1195~1199)에는 첫 해에 『정명경淨名經』, 다음 해에는 『법화경法華經』을 배우고, 그 후의 3년 동안에는 『법화현의法華玄義』를 학습하게 했다. 제2기(1201~1205)에는 『마가지관摩訶止觀』을 3년 동안 학습하게 했는데 이때를 전후로 천태대사天台大師의 장소章疏, 전교대사傳敎大師의 장소章疏 등을 배우게 했다. 제3기(1206~1212)에는 『대지도론大智度論』과 『기신론起信論』을 3년 동안 학습, 다음에 『파사론婆娑論』을 3년 동안 학습, 마지막 1년 동안에는 『성실론成實論』을 학습하는 것으로 학습이 종

---

* 각 사원에서 불전을 수학하는 자들을 지칭.
† 사원에 부속된 곳에서 잡역에 종사하던 하급승려나 정토진종의 본산이나 별도의 사원에서 불법을 수학하는 역승.

료된다. 그리고 다음해부터 다시『정명경淨名經』을 다루게 되는 실로 20년 정도에 걸친 장대한 스케일의 계획이었다.[3]

이는 비록 소박한 형태이기는 했지만 이전에는 없었던 커리큘럼이 처음으로 교육의 장으로 도입된 사례이다.[4] 권학강이 창시됨으로서 이 시대에 가장 높은 수준의 조직적인 교육을 담당할 장이 정비된 것이다.

권학원의 개설

지친에 의해 시작된 권학강은 매년 1회로 개강 기간은 마지막 날의 법회를 포함하여 7일간뿐이었다. 그러나 권학원勸學院은 장기간에 걸쳐 지속적으로 강의를 실시하는 시설로서 13세기 이후에는 점차적으로 중요사원에 개설되었다. 예를 들어 1281년에 개설된 고야산高野山이 가장 빠르며 그 후 도지東寺·미이데라三井寺·호류지法隆寺·엔가쿠지円覺寺·고쿠라쿠지極樂寺·센쓰지善通寺 등에 개설되었다. 권학원은 특별히 선발된 소수 정예를 대상으로 장기간에 걸쳐 우수한 학승을 양성하려는 기관으로서 사원 소유인 장원에서 거두어들이는 수입으로 유지되었다.[5]

고야산에서 권학원의 개설에 관한 권한은 금강삼매원수좌金剛三昧院首座을 중심으로 고야산 수뇌부-검교檢校 한 명·두 명의 학두學頭·세 명의 사타인沙汰人*-가 주도권을 쥐고 있었는데 14세기에 접어들면서 그 운영은 점차적으로 능화중能化衆†과 소화중所化衆‡의 자치에 맡겨 졌다. 1300년 및 1334년에 정해진 식목式目에 따르면 권학원에서 학습이 허가

---

* 상위자의 명에 따라 집행하는 관리. 중세에는 장원의 관리를 맡은 현지관리나 사원의 집회의 간사들.
† 일체의 중생을 교화하는 직책을 맡은 자들. 한 종파의 장로나 학두를 지칭하기도 한다.
‡ 승려의 제자들로서 절에서의 수행승.

된 소화중에 포함되는 학도중學道衆*에게는 장래의 교사가 되는 능화중의 길이 약속되었다. 이 때문에 학승 중에서도 규칙 제정권·가입 승인권·제적권 등의 특별한 권리를 가졌다. 이는 고도의 자치권을 확보한 학생 집단의 형성을 의미하며, 말하자면, "근대 대학의 자치와도 형식적으로 상당히 유사"[6]한 수준의 학생 길드가 형성된 것이다.

고야산에는 그 이전에 권학원에 필적할 만한 학승 교육의 장으로서 전법회傳法會도 있었는데 전법회에서 수학하는 학생 신분인 신본이회중新本二會衆에게도 규칙 제정권이 인정되는 등 길드적인 경향이 나타났다. 길드적 경향을 강화시켜가던 학도중이나 신본이회중이라 불린 소화중과 비교하면, 능화중도 논의·담의의 개최와 중지, 신본이회중의 출석 점검의 장려 등 행사나 학생 지도에 관계되는 권한이 있었으며 능화의 최고 지도자였던 학두學頭의 선임권을 가졌다. 또한 소화중으로부터 등용되는 능화중의 선임권도 보유했을 가능성도 있다.

그런데 이렇게 능화중의 권한이 강했던 만큼 소화중의 길드적 경향도 상당히 막강했기 때문에 때로는 양자 사이에 마찰이 발생하기도 했다. 예를 들어 1435년에 사타소에서 실시하는 담의의 출석을 둘러싼 부정을 능화중이 허용했던 사실이 발각되자 이에 반발한 소화중이 강하게 반발하여 파업을 결의하였고 이에 능화중이 복잡하게 대응한 경우도 있었다. 15세기에는 이러한 분쟁이 자주 발생했던 것이다. 그 동안 능화중·소화중이 자치적인 분쟁 해결 능력을 발휘하지 못하는 경우도 적지 않았다. 결국 이러한 사건 때문에 고야산 권학원의 길드적인 경향이 쇠퇴의 길로 접어들었던 것으로 보인다.

---

* 불도를 배우며 수행하는 승려.

1330년에 개설된 것으로 보이는 도지의 권학원에도 비슷한 길드적인 경향성이 보였다. 고야산과 비교하면 소규모였기 때문에 능화중과 소화중의 교육적인 관계는 오히려 깊었다. 비록 능화중이 주도적이기는 했지만 양자가 일체화되면서 길드적인 경향성을 강화시켰다.

학습의 측면을 보면, 3년 과정으로 개설된 담의는 격월로 개강되었고 텍스트는 『대일경소大日經疏』와 『석마가연론釋摩訶衍論』이었다. 강의가 열리지 않는 달은 복습 기간으로 지정하여 독사讀師의 지도를 받았다. 강의는 주입식이었으며 텍스트의 암송도 요구되었다. 시험도 많았고 소화중에게는 지도가 아주 엄격했다. 강의 이외에 여러 논의에도 출석하도록 했다. 그러나 도지의 권학원도 15세기 후기로 접어들어 사찰 장원이 쇠퇴하여 경제적 기반이 무너지자 활동이 정체되었으며, 교육 활동을 충실하게 만들었던 길드적 경향 역시 서서히 취약해져 갔다.

아시카가학교의 창설과 전개

고야산과 도지의 권학원이 그 근간에서부터 변모해 가기 시작한 시기가 15세기 초기였다. 이 무렵까지 반도坂東에 설립되어 거대한 규모의 독특한 전개 양상을 보였던 것이 아시카가학교足利學校였다. 아시카가학교는 비록 수도에서 아주 멀리 떨어진 반도에 있었지만 거기서 실시되었던 다양하면서도 수준 높은 교육 때문에 질 높은 교육을 담당하는 중세의 유력한 교육 기관 중의 하나로 유명해졌다.

그 창설과정이나 기원은 분명하지 않다. 창설자도 아직까지 명확하게 알려져 있지 않다. 다만 창설 시기는 어느 정도 추측이 가능하다. 1423년에 만들어진 「학교성행당일용헌장學校省行堂日用憲章」, 즉 아시카가학교 부속병원의 입원 수칙이 존재하기 때문이다. 따라서 이보다 이전에 창설된 것은 틀림없지만 그 시기가 언제인지는 분명하지 않다. 아시카가학교의 모체로 아시카가씨의 보리사菩提寺인 반나지鑁阿寺가 거론되고 있는데 활발한 학교 활동을 통해 반나지를 중심으로 주변사원까지 포함한 학교 활동의 네트워크가 형성된 것은 14세기 후반이다. 따라서 창설 시기는 이때부터 입원 수칙이 성립하기까지의 기간으로 보인다. 창설 시기를 14세기 말에서 15세기 초기로 잡는 것이 설득력을 얻고 있는 이유도 이 때문이다.

아시카가학교는 간토관령關東管領 우에스기 노리자네上杉憲實가 직접 관여하여 보호하기 시작한 1439년부터 3개조의 교칙을 제정한 1446년 사이에 모습이 대폭 바뀌었다.

교육 내용을 보면 이전에는 내전內典-불서仏書-과 외전外典-유서儒書-을 폭넓고도 유연하게 학습할 수 있었다. 이것은 재학생 총수가 많고 또한 그들이 교육 내용의 결정권을 장악하고 있었음을 보여준다. 그것이 가능했던 것은 아시카가학교에 고도로 발달한 학생 길드가 존재했기 때문이다. 길드의 구성원인 학생은 학생 신분에 어울리지 않는 구성원의 축출권, 학교의 규칙 제정권과 교육 내용 결정권까지 행사했다. 이 때문에 새로운 강좌를 개설하거나 때로는 가마쿠라에서 강사를 초빙하는 일도 있었다. 내실 있는 강좌의 개설은 이러한 분위기에서 나온 것이다.

그런데 우에스기 노리자네가 학교에 관여하기 시작하면서 교칙을 제정하고 길드를 중심으로 한 학생 자치에 심하게 간섭하기 시작했다. 그 결과 교육 내용에서는 내전이 제외되고 외전으로 한정되었다. 또한 학교의 간섭과 함께 학생 길드도 점점 해체의 길로 내몰렸다. 이렇게 하여 학생의 자치권이나 자유 재량에 맡겼던 부분도 심한 제약을 받게 되면서 점차 배제되어 갔다. 교육 기관이라는 질적인 측면에서 본다면 아시카가

학교는 우에스기 노리자네의 관여로 쇠퇴기에 접어들면서 종언을 맞았다고 할 수 있다.[7]

센고쿠시대의 아시카가학교

그러나 아시카가학교를 학습의 거점으로 한 학생 규모라는 양적·외형적인 측면에서만 그 성쇠를 판단한다면 센고쿠시대戰國時代가 가장 전성기였다. 이 시기의 아시카가학교에서는 의학·병학·천문학 등도 학습했는데 이들 학문이나 이전부터 중시되어 온 역학은 각지에서 전쟁이 끊임없이 발발하던 시대의 사회에 즉각적으로 응용 가능한 높은 실용성을 발휘했기 때문이다. 점성술의 결과, 다시 말해 길흉의 결과가 센고쿠다이묘戰國大名의 군사 행동에 결정적인 역할을 했다. 전쟁에서의 점성술은 시간·방각 등의 결정을 크게 좌우하였으며 공격 개시의 시각과 진 배치의 방법 등에 대한 최종적인 판단에 영향을 미쳤던 것이다.

또한 전장에서 다수 발생하는 부상자의 치료를 위한 의학·의술 등은 군사력의 유지라는 점에서도 절대 필요한 것이었다. 병학·역학에 대한 고도한 이론에 정통하면서 전투에서 유효 적절한 판단을 제시할 수 있는 유능한 군사고문이 필요해진 것도 당연한 일이었다. 아시카가학교 출신은 이러한 시대의 사회적인 요구에 부응한 능력을 지닌 인재로 중요시되었다. 이렇듯 아시카가학교는 현실 사회와 관계가 깊었다는 점에서 센고쿠시대에 있었던 많은 학교 중에서도 단연 돋보일 수밖에 없었다.[8]

그 때문에 아시카가학교에서 수학하려는 학생이 전국 각지에서 모여들었다. 아마도 아시카가학교의 학습 생활에 들어선 학생의 대부분은 일반적으로 사원학교에서 학습하는 학생들이 그러하듯이, 그리고 중세 유럽의 대학생이 각지에서 편력 생활을 했던 것과 마찬가지로[9] 그 이전에 유명한 학교를 찾아 각지의 사원학교를 돌아다니면서 학습을 마친 후에 아시카가의 땅으로 밀려왔던 것이다. 그리고 아시카가학교에서의 학습을 통해 현실에서 요구되는 대처 능력을 배양한 자들은 자신들의 실력을 정당히 평가하여 필요로 하는 곳을 찾아 또다시 전국을 편력하면서 그 기회를 기다렸다.

예를 들어 센고쿠시대의 유명한 의사였던 다시로 산키田代三喜는 무사시국武藏國 가와고에川越에서 태어나 15세에 의사가 되려는 마음을 품고 교토의 묘신지妙心寺를 거쳐 아시카가학교에서 의학을 배웠다. 1487년에 명에 유학하여 12년에 걸쳐 이동원李東垣·주단계朱丹溪의 의학을 배운 후 귀국하여 가마쿠라 고슌안江春庵을 거쳐 아시카가학교로 옮겨 최신 의학을 전했다. 산키의 문하에서 역시 동시대의 의풍을 바꾼 것으로 유명한 마나세 도산曲直瀨道三 역시 1507년에 교토에서 태어나 10세에 오미국近江國 덴코지天光寺에 들어갔으며 13세에는 교토의 쇼코쿠지相國寺에서 수학하였고 22세에 아시카가학교로 옮겨 1545년 귀향하기까지 산키에게 사사를 받았다. 귀향 후에는 학사를 세워 후진을 양성하면서 의서의 저술이나 의료 활동에도 관여하였으며 모리毛利·도요토미豊臣·도쿠가와德川 등 여러 다이묘에게도 중용되었다.[10]

지금까지 주로 권학원과 아시카가학교에 대해 살펴보았다. 권학원이나 아시카가학교에서 나타난 길드적 경향성이 동일한 분위기에서 출현했다고 보기는 어렵다. 또한 교육 내용의 폭도 다양했을 것이다. 교육 수준의 면에서는 전혀 손색이 없는, 다시 말하면 중세의 아주 높은 수준의 교육 기관으로 간주할 수 있는 시설을 만든 유력 사원은 전국적으로 보아도 상당한 수에 달했다. 더욱이 그러한 영향력이 강한 사원과 네트워크를 형성하여 상호 교류를 추진하면서 교육 활동을 펼친 주변의 사원이나 학승이 되는 루트와는 이질적인, 일반 승려를 위한 교육의 장까지 시야에 넣는다면 중세의 높은 수준의 교육과 그 전단계를 이루는 교육의 전개는 상당히 풍요로웠다고 할 수 있다.

사원의 아동들

아시카가학교는 반나지라는 영향력이 큰 사원을 중심으로 주변 사원이 결합된 네트워크 위에 성립되었다. 이러한 형태는 전술한 것처럼 다른 사원들도 마찬가지였다. 그리고 그것은 네트워크의 말단인 마을의 사원에까지 영향력을 행사하고 있었다. 이러한 분위기 안에서 자연스럽게 형성된 사원학교는 아시카가학교처럼 주로 유력한 사원을 거점으로 하면서 학문적으로 수준 높은 교육을 담당하는 학교에서부터, 그러한 수준에 이르기까지의 중간 수준을 담당하는 학교, 그리고 기초적 교육을 담당하는 학교에 이르기까지 세분화되면서 다양성을 띠었다. 사원학교는 본래 승려 교육·학승 교육을 담당하던 곳이었는데 가마쿠라시대 이후부터 점차적으로 출가를 목적으로 하지 않은 세속의 아이들, 즉 아동童-와라와-을 입학시켜 그들에게 읽기·쓰기의 지도, 예능을 전수하거나 엄격한 예절 교육을 실시하는 사원이 출현하기 시작한 것이다.

세속의 아이들이 사원에 들어가 일정 기간 동안 조직적인 교육을 받는 이러한 형태는 그 후 전국적으로 급속히 퍼져갔다. 사원에서 학습하는 아동들의 호칭으로는 치아稚兒·아兒·소생小生·소인小人·아동兒童 혹은 머리를 묶지 않는 모발 형태를 가리키는 수발垂髮 등 다양한 호칭이 존재했다.[11] 세속의 아동이 사원의 생활을 바탕으로 다각적인 학습을 시작하는 것을 사입寺入 혹은 등산登山이라고 했다. 네다섯 살에 사원학교에 입학하는 아동들도 있었지만 일반적으로는 여덟, 아홉 살에 절에 들어가

열 네, 다섯 살을 전후로 하산했다.[12] 사원에는 아동으로 보기 힘든 아이들도 있었다. 외형은 아이이지만 분명히 성인이었던 종동從童이나 동자童子라 불리던 학생들도 있었다.[13]

사원학교의 보급

15세기 중엽 이래 오산문학사五山文學史에서 커다란 자취를 남긴 반리 슈쿠万里集九는 시문집『매화무진장梅花無盡藏』을 남겼다. 그의『매화무진장』에는 미노美濃의 사원학교에 입학하여 학습에 열중하는 소년을 노래한 시문이 적지 않다.

반리는 오닌應仁의 난을 피하여 교토를 떠난 이후 도국東國을 떠도는 신세가 되었는데 그 시절에 머물었던 미노의 사원에는 무사의 자제까지도 입학하는 경우가 적지 않았다. 반리는 그러한 소년들을 시로 읊었다. 그들의 부모는 소년들에게 가문의 명예를 염두에 두면서 학습에 매진할 것을 기대했다.

오산선승五山禪僧의 시는 '촌교村校'나 '주교州校'라는 문언을 종종 이용하여 사원학교를 표현하곤 했다.[14]『매화무진장』에 수록된 미노 시대의 작품에는 소림小林이나 동자과童子科 등과 같은 표현이 보인다. 이러한 사실은 미노의 사원 탑두塔頭*에서 절에 입학한 소년을 위한 교육 활동이 아주 조직적으로 행해졌고 바꾸어 말해 사원학교가 성립했음을 보여주는 사례이다.[15]

세속 소년들의 사원학교 입학은 처음에는 귀족의 영향을 받아 문화적인 것에 대한 동경을 갖기 시작한 상급 무사층의 자제에서 시작하여 점

---

* 원래는 선종에서 고승의 탑이 있는 곳이며, 그 탑을 맡은 승려를 지칭하는 말이었는데, 일반적으로 큰 절에 부속된 작은 사원을 가리킨다.

차 일반 무사층의 자제로 확대되었다. 그렇지만 반드시 무사층의 자제에만 한정된 현상만은 아니었다. 예를 들어 『다문원일기多聞院日記』에 16세기 나라 고후쿠지興福寺의 말사인 신소안深念庵에 들어간 상인 자녀들의 이름이 보이는 것도 그리 드문 현상이 아니었다. 민중의 아이들에게도 그 문호가 열렸던 것이다. 사원학교는 교토나 나라의 사원에 한정된 것이 아니라 도시에서 멀리 떨어진 지방의 작은 사원에서도 극히 자연스러운 일이 되었다.[16] 이처럼 전국 각지에서 형성된 사원학교는 양적으로도 상당히 확대되어갔다.

사원학교의 교육 내용

그러면 특히 아동을 대상으로 교육의 기초적인 부분을 구성하는 교육의 내용은 어떠했을까.

예를 들어 1349년부터 1372년에 걸친 시기에 작성된 것으로 추정되는 『이제정훈오라이異制庭訓往來』는 사원에 입학한 아동의 학습을 위한 텍스트로서 편찬된 오라이往來*다. 이 책에 실려 있는 학습 소재를 통해 학습 내용의 기초를 볼 수 있다. 1월부터 12월까지의 각 달마다 주고받는 서간을 바탕으로 모두 24장으로 구성된 12월 오라이형往來型에 속하는 이 오라이모노에는 유희, 끽차, 향, 학문—외전의 서목書目—, 습자, 와카, 관현, 법사法事—불사仏事의 의식·예법—의 항목 순으로 배열되어 있다. 이것이 사원에 입학한 아이들이 배워야만 되는 교육 내용이었던 것

---

* 데나라이주쿠의 교재로서 세사백반에 걸친 지식을 서간문 형식으로 엮은 책의 총칭. 전형적인 것은 왕신과 답신 한조로 구성되었기 때문에 오라이往來라고 부른다. 헤이안 시대의 고산사본의 고오라이, 명형오라이가 초기의 것들이다. 에도시대는 다양한 종류의 오라이모노가 간행되어 학교교육이 보급되는 메이지 중기까지 지속적으로 작성되었다. 현재 『일본교과서대계』에 집성되어 있다.

[그림2-1] 사원에서 배우는 아동(14세기, 『融通念佛緣起繪卷』上卷) : 지도받는 아동이 두루마리책卷子本을 펼쳐 음독하는 모습이다. 스승인 료닌과 튜터 역할의 청년승이 그것을 지켜보고 있다.

으로 추정된다. 이 오라이의 2월장에는 조수·물고기 등의 연회 요리·재료에 대하여, 5월장에는 재보·도적에 관하여, 그리고 도적질의 허무함을, 6월장에는 문무 겸비·상무의 뜻, 병서·무구 등을 재료로 작성되어 있다. 이것은 속인 특히 무사 계급 출신 아동의 학습을 의식한 내용으로 구성된 것이다.

센고쿠 시대가 되면 속세 아이들의 사원 입학은 한층 더 활발해진다. 모리 모토나리毛利元就의 가신이었던 다마키 요시야스玉木吉保의 자서전에 해당하는 『신자경身自鏡』에는 1564년 2월에 13세의 나이로 쇼라쿠지勝樂寺에 들어가 16세 봄에 하산하기까지 거의 3년 동안의 학습 과정이 기록되어 있다.

첫 해에는 아침부터 저녁까지 대부분의 시간을 데나라이手習에 할애했다. 처음 5일 동안은 이로하*부터 시작하여 가나문과 한문의 습득에 열중한다. 이른 아침에는 『선심경先心經』·『관음경觀音經』을, 저녁에는 『정훈오라이庭訓往來』·『동자교童子教』·『식조式條』를 읽는다. 2년째에는 독서에 역점을 두면서 데나라이는 부차적으로 다뤘다. 독서에서는 사서오경에 이어 『낭영朗詠』·『육도六韜』·『삼략三略』등을 사용하였으며, 데나라이는 초서체·행서체로 진행되었다. 마지막 3년째에는 진서체로 데나라이를 마쳤으며, 『고금화가집古今和歌集』·『만요슈万葉集』·『이세모노가타리伊勢物語』·『겐지모노가타리源氏物語』 등을 읽었다. 물론 그러한 과정이 전체적으로 짜임새 있게 만들어진 것은 아니었지만 대체적으로 쉬운 것에서 어려운 것으로 점차 나아가는 단계적인 학습 방법으로 구성되었다. 이 이외에도 와카와 렌카連歌의 습작, 노가쿠能樂까지도 학습했다.[17]

예능 교육

요시야스는 쇼라쿠지에서 학습을 마치고 하산한 뒤에도 활쏘기나 승마 이외에 축구나 차도 등의 예능에도 열심이었다. 노가쿠는 사원에서 수학할 때에도 제법이었다.

일반적으로 사원에서 공부한 아동들이 데나라이나 독서와 함께 중요한 것으로 여겼던 것이 예능이었다. 중세 에마키모노繪卷物에는 아동이 비파를 타고 피리를 불며, 아동이 연기하는 무악舞樂의 일종인 동무童舞를 추는 모습이 그려져 있다. 이를 위해서는 춤이나 이마요今樣†를 충분히 습득해야 했다.[18] 이전까지는 주로 궁중의 예능이었던 무악·가구라神

---

* 가나 47문자로 구성. 오늘날의 히라가나는 あいうえお의 순서로 진행되는데 비해 이로하伊呂波은 いろは 순서로 진행된다.
† 당시에 유행하던 춤의 한 양식.

樂·아악雅樂 등의 고대 예능이 중세의 사원에 점차 도입되었다. 중앙뿐만 아니라 지방의 사원에서도 신사神事·법회 시에는 아악을 중시하는 사원에서는 악소樂所를 두고 악인樂人이 역할을 맡았다.[19] 악소가 설치되어 있다면, 혹은 악소가 제대로 정비되어 있지 않다 하더라도 법회 등에서 무악이 연주될 정도의 사원에서는 승려들이 관현管絃의 기예를 전습했을 것이며 따라서 악두樂頭가 존재했을 것이다.[20] 사원의 내부에서 음악과 춤을 중심으로 하는 예능 교육이 활발히 행해졌던 것이다. 법회에서 무악이 연주되면서 전개되는 동무는 초혼·진혼의 의미를 지녔고 아동은 신에 근접한 성스러운 존재로 인식되어 아주 중요시되었다. 따라서 주요 사원에 입학하는 아동이 동무를 담당하기 위해 춤과 음악의 연습에 전념하는 경우가 많았음에 틀림없다.[21]

[그림2-2] 동무를 추다(1532년, 『桑實寺緣起繪卷』上卷) :
평소 수련의 성과를 보여주기 위해 법회에서 열심히 `나소리納曾利`를 추는 무동.

미나모토 요리토모源賴朝가 가마쿠라에 건립한 쓰루가오카 하치만궁鶴岡八幡宮의 신사에서 연주된 동무 역시 상당히 짜임새 있는 높은 수준이었다. 처음에는 이즈산伊豆山의 곤겐샤權現社과 하코네箱根의 곤겐샤에 있는 아동 여덟 명에게 신사 · 법회 등에서의 무악을 연주하도록 했는데 하치만궁 신사의 동무가 상례화되자 1193년에는 하치만궁의 아동이나 고케닌御家人의 자제가 새롭게 그 역할을 맡게 되었다. 벳토別당의 엔교円曉는 교토의 동무와 교류를 시도하는 등 하치만궁 동무의 수준 향상을 위해 노력했는데,[22] 이는 승려의 지도를 받아 예능의 연마에 힘을 쏟는 아동의 노력을 배경으로 했다. 그것은 사원 예능의 꽃으로서 무악 중에서도 동무가 가장 신장된 12세기 말에 가마쿠라에서 개화된 것이라고 할 수 있다. 동무는 13세기 이후에 쇠퇴의 길로 접어들게 되어 다양한 사원 예능인 엔넨延年* 안에 포섭되면서 마침내 엔넨에서 비롯된 사루가쿠노猿樂能에 그 자리를 내주게 된다.[23]

2. 문고의 형성과 구전

가네자와문고†의 성립

무사 정권인 가마쿠라 막부의 성립으로 인해 교토의 왕권과 함께 이중 정권의 시대가 개막되었다. 하지만 새로운 정권의 기반을 무력에만 의존

---

* 예능의 하나로, 도다이지, 고후쿠지와 그 외의 대사원에서 대법회를 마친 후의 여흥으로서 승려나 아동들이 실시했던 예능의 총칭. 헤이안 중기에 시작되어 가마쿠라 시대에 유행했다.

† 역사적으로나 습관적으로도 金澤文庫는 가네자와문고라 읽는다. 그러나 지금의 金澤區나 京浜急行의 金澤文庫駅은 가나자와문고역이라 발음하고, 神奈川県立의 金澤文庫도 가나자와문고라 발음한다. 이 때문에 金澤文庫를 가나자와문고라 읽는 경우도 있다. 여기서는 역사적인 전통에 따라 가네자와문고라 표기한다.

할 수는 없었다. 정권의 정당성을 유지할 필요가 생긴 것이다. 폭력적 힘인 무력을 행사하면서도 그 힘의 원천이 되는 사회 질서나 가치, 규범의 체계를 유지하는 문화적인 다양한 힘을 한 곳으로 결집시켜야 했다. 결과적으로 교토의 귀족 문화를 접할 필요성이 제기된 것이다. 정소政所와 문주소問注所의 두 기관장에 명법도에 정통한 교토의 중류 귀족이었던 오에노 히로모토大江廣元과 미요시 야스노부三善康信 등을 등용한 점이나 무사의 기본법인 「어성패식목御成敗式目」*을 제정할 때에 미요시 가문이 중요한 역할을 맡게 된 것이 그 단적인 예이다. 이외에도 신 정권의 핵인 재판 정무를 담당할 공사봉행인公事奉行人 중에도 교토에서 초빙한 자를 등용했다. 이러한 과정 속에서 고케닌御家人†층 안에서 귀족적이며 왕조적 문화를 추구하려는 움직임이 나타났다.

이 시기에 문사와 학문에 경도되어 호학으로 불리는 고케닌이 점차 나타나기 시작했다. 고케닌의 대표격이었던 호조씨 일족 중에서도 호학들이 있었다. 그 중에서 단연 돋보인 존재가 가네자와金澤의 호조가北條家였는데, 그 중에서도 대표적인 인물은 가문을 이끌고 집안 대대로 쓰네토키經時·도키요리時賴·도키무네時宗 등 삼대의 집권 보좌역을 맡았으며 막부의 최측근이 된 호조 사네토키北條實時였다. 1276년에 53세의 생애를 마치기까지의 사네토키의 학습 경력을 보면 14세 때에 박사가博士家인 기요하라淸原 가문의 가학을 계승하면서 막부 인부중引付衆‡으로 교토에서 가마쿠라로 초빙한 기요하라 노리타카淸原敎隆에게 『고문효경』의

---

* 호조 야스토키北条泰時이 승구承久의 난 후, 당면한 정치·법제 등의 문제들에 대처하기 위해 편찬한 51개조의 법전. 무로마치 시대에 이르기까지 무가의 기본법이 되었다.

† 가마쿠라, 무로마치 막부의 쇼군 후다이譜代의 신하. 에도시대에는 쇼군직속의 가신을 지칭.

‡ 가마쿠라, 무로마치 막부의 관직명. 소송의 심리 및 기록, 그 이외의 공사를 담당.

훈설을 사사받은 것을 시작으로 18년 간에 걸쳐 노리타카에게 경서의 훈설을 배웠다. 그 후 약 12년간은 거의 혼자 필사·교점校点을 했다. 사네토키가 약 30년 동안 몰두한 책은 정치·법제·농정·군사·문학 분야에 걸쳐 있어 대단히 폭이 넓었다.[24]

사네토키의 호학의 자세가 이후 아쓰토키篤時·아키토키顯時·사다아키貞顯·사다마사貞將 등을 거치며 가네자와 호조 씨족으로 계승되는 과정에서 상당수의 서적이 수집된 것으로 보인다. 수집된 장서를 보관하는 서고가 가네자와문고金澤文庫라는 이름으로 탄생한 것이다. 사네토키는 만년인 1275년에 은퇴하면서 가마쿠라에서 무쓰라노쇼가네자와六浦莊金澤로 이주했는데 이때를 전후로 문고의 기반이 된 일부의 장서가 가네자와로 옮겨갔다. 그 후 1년 남짓한 동안에 사네토키가 세상을 떠나자 생전의 사네토키의 호학을 기념하여 쇼묘지称名寺 가까운 곳에 독립한 문고가 건립되면서 장서는 내실 있는 규모를 갖추게 되었다.

가네자와문고는 미요시 야스노부의 나고에문고名越文庫, 나가이 무네히데長井宗秀의 나가이문고長井文庫, 니카이도 유키후지二階堂行藤의 니카이도문고二階堂文庫 등 가마쿠라에 유입된 귀족 문화에 의해 탄생한 문고의 계보를 잇는, 양질의 장서를 구비한 문고였다. 그러나 공개 도서관이라는 기능은 없었으며 문고본의 이용자는 주로 쇼묘지称名寺의 학승이었고 세속인으로는 가네자와 호조 씨족에 거의 한정되었다. 가네자와문고는 수준 높은 교육을 담당하는 사원학교의 역할을 수행한 쇼묘지와의 관계 속에서 존재 의미를 갖는다.[25]

무가의 가훈

사네토키가 만년에 얻은 아들 사네마사實政에게 써준 유훈이 있는데 그 유훈에는 사람의 기량을 측정하는 방법, 인재를 등용하는 방법 등에 대한 기술이 있다.[26] 호조씨 가문에는 이보다 앞서 무가가훈으로서는 최초인 『육파라전어가훈六波羅殿御家訓』과 『극락사전어소식極樂寺殿御消息』을 구성하여 작성한 호조 시게토키北條重時의 가훈이 있었다. 사네토키의 유훈에는 시게토키가훈의 내용과 공통되는 부분이 있다.

난보쿠조南北朝 시대에서 센고쿠 시대에 걸쳐 분국법分國法적 성격이 강한 중세 무가 가훈이 나타났는데 그것은 신불神仏의 숭배, 가신의 처우 등에 대한 가훈의 내용면에서도 고대 이래의 귀족적 가훈의 영향을 강하게 받았다.[27]

실력을 쌓아 정권을 확립하고 유지하던 센고쿠 시대였던 만큼 무가의 가훈에도 그러한 상황이 반영되기 마련이다. 예를 들어 전형적인 센고쿠의 다이묘大名로 에치젠国越前国에 지역 권력을 확립한 아사쿠라朝倉 정권에서 작성한 『朝倉孝景條々』(朝倉孝景一七箇條)*에는 합리적 사고나 행동의 강조, 실력주의의 제시라는 새로운 경향이 보였다. 가마쿠라시대 이래 무가 가훈의 연장선에 있다고 할 수 있다. 중세의 무사에 의해 정리된 가훈에는 확실히 귀족문화 안에서 성립한 가치나 규범에 규정되는 측면이 있었다.

또한 특히 난보쿠조 시대 이후에는, 예를 들어 이치조 가네요시一乗兼良가 아시카가 쇼군가를 위해 작성한 것과 비슷한 상당수의 무가고실서武家故實書·교훈·가훈이 만들어졌다. 그 대부분은 공가公家의 손으로 작성되었다.[28] 무사는 귀족·사원 등 고대 세력에 대항하면서 새로운 시대를 개척하는 세력으로 등장했지만, 그 자제의 교육을 위해서 독자적인

---

* 「朝倉孝景条々」는 아사쿠라 다카카게朝倉孝景가 제정한 분국법이다. 분국법이란 센고쿠시대의 전국다이묘가 영국내를 통치하기 위해 제정한 법률 규범이다.

학교를 창설한 것이 아니라 사원에 위탁하는 것이 일반적이었다. 중세의 무사는 교육 및 문화라는 정신생활에 관한 부분에서는 독자성·자립성을 가질 수 없었음을 의미한다.[29]

무사가 중세 사회에 커다란 영향력을 가졌던 것은 그 집단이 폭력적 힘을 갖고 있었기 때문이다. 따라서 그러한 힘을 유지하기 위해 무예의 수련에 몰두하는 것은 당연했다. 비록 무사의 교육·문화가 전체적으로는 귀족 문화에 의해 좌우된다 해도 무사 계급은 무예에 의지할 수밖에 없었기 때문에 그 나름의 독자성을 발휘할 수 있는 여지는 컸다.

가마쿠라막부 탄생 이후 미나모토 요리토모는 궁마술중에서도 신사성神事性이 강한 야부사메流鏑馬*에 힘을 쏟아 도국야부사메고실東國流鏑馬故實을 확립하기 위해 힘을 쏟았다. 이로 인해 도국東國에는 야부사메고실이 성립되었는데 요리토모의 침소지후중寢所祗候衆이며 시모우사下總의 재지영주였던 시모코베 유키히라下河辺行平처럼 '후다이譜代의 구전口傳·고실故實'을 가진 도국야부사메의 사범이라 불린 무사도 탄생하게 되었다.

도국 무사 중에서 궁마술의 연마를 목표로 하면서 유기성을 가진 우시오우모노牛追物†·이누오우모노犬追物‡·가사가케笠懸§ 등 새로운 무예가 탄생하여 빠르게 무사의 일상생활 안으로 침투해 갔다. 이를 계기로 대대로 무예고실武芸故實의 구전·비전秘傳의 계승을 전직으로 삼았던 오

---

* 기마술의 일종. 말위에서 화살을 조준하여 재빨리 쏘는 훈련으로, 말을 타고 달리면서 적시鏑矢, 우는 살로 표적을 쏘는 방법. 헤이안말기부터 가마쿠라 시대에 무가들 사이에서 유행하였으며 현재는 신사등의 의식의 일환으로 거행되고 있다.

† 가마쿠라시대 어린 소를 풀어놓고 말을 타고 달리면서 소를 포획하는 기마술의 일종.

‡ 소가 아닌 개를 풀어놓고 말을 타고 달리면서 개를 포획하는 기마술의 일종.

§ 헤이안 말기부터 시작된 활쏘기의 일종. 살받이에 표적을 걸어놓고 말을 타고 달리면서 표적을 맞추는 방법.

가사와라가小笠原家·다케다가武田家·헤키가日置家 등에 의해 유파가 형성되었다. 『산명견추물기山名犬追物記』·『소립원류수강비서小笠原流手綱秘書』·『안등촌법기鞍鐙寸法記』·『유적마사법流鏑馬射法』등 무예고실서도 다량으로 작성되면서 가직家職의 희소가치가 유지되었다.[30]

예능의 이에와 구전

　무예를 포함한 넓은 의미의 예능이나 학문이 전승되는 과정에서, 비밀성秘事性을 유지할 수 있다는 이유로 점차 구전의 방법이 사용되기 시작한 것은 10세기 이후의 일이다. 이것은 귀족사회에서 쥬다이를 존중하는 경향이 확산되면서 산도算道·명경도明經道·명법도明法道·음양도陰陽道 등의 도가 특정한 박사가에 의해 가업화되었기 때문이었다.[31] 중세에는 이러한 경향이 더욱 가속화되면서 학문이나 예능의 세계에서 존중받게 된다.

　구전은 원래 불교 특히 밀교나 선종에서 스승이 제자에게 비법이나 비술을 전승하는 과정에서 사용된 것인데 그것이 점차적으로 세속적 세계까지 확산된 것이다.

　또한 구두에 의한 전승을 전제로 성립하는 구전에서도 점점 문자화가 진행되었다. 후대로의 정확한 계승을 염두에 두는 경우에는 누설의 가능성을 감수하고서라도 문자화할 필요성을 느끼기 시작했기 때문일 것이다. 이러한 이유로 후계자를 위한 일기 안에 비사를 기록한다거나 책으로 구전서를 작성한다거나 하는 방법이 널리 퍼졌다. 예능의 세계에 미친 초기의 예로써 잘 알려진 것이 1169년 무렵에 작성된 것으로 보이는 고시라카와인後白河院-고시라카와천황後白河天皇-이 편찬한『염진비초구전집梁塵秘抄口傳集』이다. 구전된 부분은 남아있지 않지만 종교성을 특징으로 하면서 기교상의 고실故實 구전을 내용으로 한 것으로 보인다. 늙은 유녀인 오토마에乙前를 비롯한 많은 사람들로부터 기교를 전수 받아 이것을 전부 전해 줄 인물을 얻었다는 것이 기록되어 있다.

이처럼 어느 특정한 개인과의 관계에서 만들어진 구전도 일찍부터 성립한 박사가나 천문天文·역도曆道의 이에에 더하여 중세기에 접어들어 특별한 기능·기술을 전담하여 계승하는 '이에'가 증가함으로써 사회적으로 확대되어 갔다.[32]

무악舞樂의 이에였던 고마가狛家의 고마 지카자네狛近眞가 1234년에 정리한 『교훈초教訓抄』는 새로운 유형의 무악이 등장하는 것을 보며 형식이 붕괴되어가는 것에 위기감을 느낀 지카자네가 가직의 계승자에게 정통 형식을 전승하려 한 것이었다. 그 후 이러한 예능의 구전은 상당수가 정리되었다. 주로 15세기에 접어들어 사루가쿠노猿樂能의 제아미世阿弥가 저술한 『풍자화전風姿花傳』을 시작으로 23부에 걸친 노가쿠론能樂論이 탄생함으로써 수준은 절정에 달했다.

그 책에서는 노의 길을 걷는 자의 기초적인 태도를 말하며, 훌륭한 스승의 가르침에 충실하면서 스승의 예능을 마음에서 파악하는 것에서 출발하여 스승의 예능을 심신에서 완전히 체득함으로써 비로소 각 개인의 독자적인 예술이 태어난다고 지적하고 있다. 노의 명수라 칭해지는 사람이 수준 높으면서도 독자적인 예풍을 확립하고 거기에서 발하는 정신성을 동반하면서 후계자에게 예를 전승하려는 기대를 여기서 엿볼 수 있다.

따라서 노의 명수라면 같은 길에 뜻을 둔 자에 대한 교육자로서의 역할까지도 담당해야 했다. 『풍자화전』 제7장의 「별지구전別紙口傳」에서 그 계승자는 혈연에 상관없이 참된 실력자를 계승의 대상으로 삼을 때만이 예술의 질이 유지되고 향상될 수 있다는 지극히 당연한 주장을 펼치고 있다. 단순히 예능의 이에라는 것에 만족하여 형식적인 구전에만 매달려서는 예능인으로서 퇴폐에 빠질 가능성이 있음을 엄격한 내적 성찰에서 우러나오는 문장으로 표현하고 있다.[33]

더욱이 우타歌의 세계에서도 가마쿠라시대 이후에 니조二條·교고쿠京極·레이센슈泉 등의 이에가 탄생했는데 구전이 일반화된 것은 난보쿠조시대 이후 우타의 이에의 권위가 추락하여 『고금화가집』의 해석을 둘러싼 사소한 논쟁이 시작되던 무렵부터이며, 고금 전수로서 우타학歌學을 강의할 때의 구전과 특히 비전으로 불렸던 내용을 한 묶음의 책으로 만들어 전수하는 과정에서 확립되었다. 그 배경에는 신도나 천태밀교 등의 종교성이 작용하였다. 이렇게 하여 생성된 우타론歌論은 그 후 렌카의 세계를 거치면서 차도 등으로 대표되는 동시대의 다른 예능에 영향을 미쳤던 것이다.[34]

16세기 중엽에서 가까운 덴분년간天文年間에는 도시에 기반을 둔 예능으로서 차도와 함께 꽃을 소재로 한 조형예능 형태인 다테바나立花가 탄생했는데 그 기법을 화폭과 문장으로 표현한 「천문화전서天文花傳書」나 「천문구전서天文口傳書」로 일컬어지는 화전서花傳書가 다수 작성되었다.

다테바나를 즐기는 사람들의 층이 두터웠기 때문에 그림을 사용한 평이한 전서傳書로 꽃의 구성 이론

[그림2-3] 꽃꽂이(16세기중기, 『替花傳秘書』부분) : 천문화전서가 많이 만들어지고, 도시에 사는 사람들 사이에 꽃꽂이가 보급되었다.

을 표현하게 되었던 것이며, 동시에 이는 꽃을 가르치는 일을 전업으로 하는 이에가 성립했음을 의미한다. 『군대관좌우장기君台觀左右帳記』·『선전초仙傳抄』·『전응구전傳応口傳』 등의 화전서를 매개로 교습자와 학습자의 관계가 형성되어 단계적인 학습이 가능하게 되었으며 이 과정에서 비전의 전수가 이루어졌다. 비전은 비전인 이상 다른 말은 허용되지 않지만, 비전이 책으로 작성되어 많은 사람에게 전수되는 과정에서 비밀성은 희박해졌다. 이러한 경향이 더욱 촉진된 근세에 접어들면 화서의 출현으로 훨씬 많은 사람들이 꽃꽂이를 즐기는 기회가 늘어나게 된다.[35]

3. 정보 전달과 교육

고오라이의 전개

중세 사회가 개막되면서 문해 능력이 필요한 장이 한층 확대되자 문자 학습에 대한 요구도 높아지게 되었다. 이러한 상황에 대응하여 문자 학습을 위한 텍스트인 오라이모노가 만들어졌다. 근대에 이르기까지의 긴 역사를 가지는 오라이모노 중에서도 고대·중세에 만들어진 것을 고오라이古往來라 한다.[36]

초기의 오라이모노로는 헤이안 후기의 한시인으로 알려졌으며 문장박사와 대학두 등을 역임한 후지와라노 아키히라藤原明衡의 작품으로 전해지는 『명형오라이明衡往來』-『운주오라이雲州往來』라고도 한다-가 있다. 이 책은 11세기 이후에 만들어진 것으로 추정되는데 약 600년 정도가 경과한 1642년에는 출판되어 근세에도 상당히 보급된 고오라이다. 오라이모노라는 것은 말 그대로 서로 왕래하는 편지를 내용별로 분류한 것으로 편지문을 학습하기 위한 텍스트로 편집된 것을 말한다. 『명형오라이』

는 실제로 사용된 편지문이나 새롭게 쓰인 편지 문안 등을 편집한 109통으로 구성되어 있다. 귀족의 일상생활·의식·행사 등에 관한 내용이 중심이며, 학습자를 염두에 둔 편집 방침을 취하지는 않았다.

『명형오라이』나『동산오라이東山往來』와 같은 초기 오라이모노의 내용은 그것을 사용하는 사람의 생활이 투영되면서 귀족색이나 종교색이 짙었다. 사원학교에 세속인의 자제 입학이 일반화되면서 점차 세속 교육이 보편화된 13세기 중엽 이후가 되면 스가와라노 다메나가菅原爲長의 작품인『소식사消息詞』에서 보이듯이 소박하면서도 아동의 학습 단계를 고려한 전례 없는 새로운 형태의 오라이모노가 등장한다. 이전의 오라이모노처럼 처음부터 편지문 자체를 학습시키는 것이 아니라 편지에 자주 사용하는 단어·단구·단문부터 학습할 수 있도록 꾸며져 있다. 학습자의 흥미와 필요성이나 학습 능력에 따라 유연한 학습이 가능해진 것이다.

작자는 미상이지만 같은 형태에 속하는『잡필오라이雜筆往來』도 보급되었다. 이 오라이모노는 조선에서 일본어 통역을 양성할 때에 적당한 텍스트로서 사용되기도 했으며 또한 예수회 선교사가 일본글과 일본어를 배울 때에도 사용될 정도였다. 17세기 이후에는『잡필오라이』에서『백야오라이百也往來』로 명칭을 바꿔 사용하였다.

14세기에는 작자 미상이지만 오라이모노의 역사에서 대단히 중요한 의미를 갖는『정훈오라이庭訓往來』가 만들어졌다. 고오라이 중에는 근세 이후까지 보급된 것이 적지 않은데『정훈오라이』가 대표적이다.『정훈오라이』는 세상에 나온 이후 다양하게 변모해 가면서 19세기 후기에 이르기까지 약 오백년 간 오랫동안 주요 텍스트로서 생명을 유지했다.

『정훈오라이』는 1년 12개월의 각 달마다의 송장과 답장을 합쳐 전부 24통에 윤팔월의「팔월13일장」을 더하여 모두 25통으로 구성되어 있다.

각 편지문 안에 다수의 어휘를 유형별로 제시한 단어군을 수록하여 이에 대한 학습을 중요한 목표의 하나로 삼았다. 다이묘의 관館 만들기, 나라 경영領國經營, 도적 토벌, 무구武具, 마구馬具 등의 채비나 명칭 등의 내용이 수록되어 있는 것으로 보아 처음에는 주로 중간층 이상의 무사 자제가 사원학교 등에서 문자를 학습할 때 텍스트로서 만들어진 것으로 보인다. 또한 『정훈오라이』는 상업 활동에 주목하여 '직인職人·백공百工'과 관련된 단어를 풍부하게 수록하고 있다는 점에서 고오라이 중에서 단연 돋보였으며 이러한 점에서 민중들이 문자 학습에서 사용했을 가능성이 아주 높다.

센고쿠 시대의 마치町로 잘 알려진 이치조타니一乘谷 유적에서 발굴된 불에 그을린 『정훈오라이』가 있다. 이것은 이치조타니를 본거지로 한 가마쿠라 정권이 오다 노부나가織田信長에게 멸망하기까지 그 휘하에 있던 무사들의 학습에 사용된 것으로 추정된다. 이치조타니가 공략당할 때에 화염 속에 놓고 갔을 수도 있고, 이치조타니에 점포가 상당히 보급되어 있었다는 점을 고려할 때 점포를 연 상인이 사용했을 수도 있다.

『정훈오라이』를 학습용 텍스트로 열심히 활용한 무사들은 중세 사회가 발달하면서 급속히 그 정치적, 경제적 실력을 쌓아갔다. 지배층으로서의 기반을 강화하는데 몰두했던 무사들은 귀족·사원이 가진 전통 문화를 흡수하면서 나아가 지배의 대상이 되는 민중의 노동이나 생활에 대한 지식을 넓힐 필요가 있었다. 더구나 시대가 흐르면서 민중 지배가 생각한 것처럼 쉽게 이루어지지 않았다. 따라서 지배의 효율성을 조금이라도 높이기 위해서는 그만큼 필요한 지식과 정보의 양이 늘어났던 것이다. 『신찬유각오라이新撰遊覺往來』나 『신찬유취오라이新撰類聚往來』 등을 포함한 『정훈오라이』의 유형으로 분류되는 오라이모노에 수록된 어휘의 수

량은 초기의 것과 비교해보면 시대가 변함에 따라 점차 증가하여 최종적으로는 몇 배까지 늘어나게 된 것은 그 때문이다.

14세기에서 15세기에 접어들면 이전처럼 반드시 편지문체에 제한되지 않고 어떤 주제를 가지고 편집된 오라이모노가 등장한다.

예를 들어 『오닌난소식応仁乱消息』은 오닌의 난의 발단에서 전쟁의 진행 상황, 몰락해가는 귀족 그리고 한 편에서 새롭게 무대의 정면에 등장하는 아시가루足輕* 등 난을 둘러싼 각종 상황을 다면적으로 기록하고 있다. 이처럼 역사적인 내용을 담은 오라이모노로는 1193년 5월에 미나모토 요리토모에 의해 개최된 후지노富士野의 사냥 몰이와 그 과정에서 발생한 소가 형제의 복수를 관련시켜 구성한 『후지노오라이富士野往來』, 군기모노가타리軍記物語에 수록된 미나모토 요시쓰네源義經의 『요월신장腰越申狀』, 『직실장直實狀』, 『경성반장經盛返狀』 등이 있는데 마지막 것은 각각을 발췌한 텍스트로서 빈번하게 사용되었다.

이와 함께 지리적인 특색을 갖춘 오라이모노도 보급되었다. 가장 오래된 것으로는 『도사미나토신성기十三湊新城記』가 있다. 도사미나토十三湊는 쓰가루반도津輕半島의 일본해 쪽에 위치한 조카마치城下町†로서 해상 교통의 요충지로 번영을 누린 도시였는데 『도사미나토신성기』에는 도시의 탄생에서부터 지세 풍토, 신사와 절, 상업, 활기가 넘치는 도시의 모습 등이 기록되어 있다. 이와 같은 유형에 속하는 것으로는 수험승修驗僧이 작성한 것으로 보이는 『도사미나토오라이十三湊往來』, 16세기 후기에 성립된 것으로 추측되는 도야마를 제재로 한 『도야마노기富山之記』 등이 있다.

---

* 평시에는 막일에 종사하고 전시에는 도보로 뛰던 무사 계급의 최하위 졸병
† 봉건제 영주의 성을 중심으로 그 근방에 발달한 시가

또한 차담회나 도구 등을 기록한 『끽다오라이喫茶往來』, 데나라이하는 것의 의미와 마음가짐에 대한 교훈적인 내용을 담은 『데나라이오라이手習往來』도 있었다.

이러한 새로운 형태의 오라이모노를 텍스트로 공부한 사람들은 이전보다 더 확대된 지방의 하급무사나 하급승려, 그리고 무엇보다도 민중이었을 것이다. 중세 중기 이후에 문자 학습의 장이 사원학교를 중심으로 확대되면서 거기서 배우는 오라이모노의 내용도 다양해지고 사람들의 일상생활에 가까워졌다고 할 수 있다.

상·수공업좌와 교육

12세기 이후에 이미 조정·귀족·사원과 신사를 본소本所로 하면서 본소에의 봉사·공납의 대가로 특권을 부여받은 상인·수공업자·예능인 등의 동업자 조직으로 좌座가 결성되어 있었다. 일반적으로 중세 사회가 그러했듯이 업종은 물론이고 농공상 등의 구분도 뚜렷하지 않았기 때문에 예를 들어 수공업자가 제품의 제조에서 판매·유통까지 직접 관여하는 경우도 있었다. 따라서 수공업좌나 상업좌라 해도 그들 간의 구분은 애매했다고 할 수 있다. 또한 이러한 좌는 점차 도시에서 촌락으로까지 확산되었으며 특히 15세기 이후의 상업과 수공업의 비약적인 발전에 힘입어 더욱 확대되었다. 그 결과로 교토·나라·사카이 등 대소비 도시와 그 주변의 촌락 내에 상업이나 수공업을 담당하는 사람들에 의해 특권적인 동업자 조직으로서의 새로운 유형의 좌가 만들어졌다.

예를 들어 16세기 초기에 성립한 『칠십일번직인가합七十一番職人歌合』에는 목수·대장장이를 비롯해 식초제조·쌀 판매·백포 판매·그릇 판매 등 142개 직종이 열거되어 있는데, 이와 같이 다양한 직종이 등장한 것은 당시의 촌락에서 활발한 생산 활동을 기반으로 상공업이 발달했음을 말해주는 것이다. 각각이 독립하여 존재하면 취약할 수밖에 없지만 제품의 구입·제조·가공·판매에 관계된 동업 조합 조직인 좌를 결성함으로써 뚜렷이 경제적 이익을 확보할 수 있었다.[37]

교토에는 산조三條, 시조四條를 중심으로 면본좌錦本座·연견좌練絹座 등이 결성되었다. 남서 지역의 입구가 되는 오야마자키大山崎에는 유좌油座가 결성되어 도시 자치가 확립될 정도로 견고한 조직화가 진행되었다. 야마토大和 분지에도 고후쿠지나 가스가신사春日神社를 본소로 하는 좌가 다수 결성되었다. 예를 들어 유좌·훤렴좌萱簾座·국좌麴座·소면좌素麵座·지좌紙座·회물좌檜物座·과좌鍋座·선좌扇座 등 이 지방의 산과 들에 자생하는 식물이나 농산물을 가공한 수공업품 생산을 생업으로 하는 좌가 존재했다.

좌를 구성하고 유지한 것은 지방의 촌락민이었다. 그들 중에는 자신이 생산한 가공품의 판매에도 관여해 상인좌까지 결성하여 적극적으로 도시진출까지 꾀하는 경우도 드물지 않았다. 오미에近江에서도 좌가 침투하여 비와코琵琶湖 주변 시장에서의 전매권이나 유통로 독점권 등을 둘러싸고 엔랴쿠지를 본소로 하는 좌의 상인과 촌락의 좌 상인 사이에 알력이 빈발할 정도였다.

이 시기에 결성된 대부분의 좌는 고대 이래의 권문·사원과 신사 등의 본소에 대해 인신노예적인 일방적 관계를 지녔던 좌와는 달랐다. 촌락의 생산력 향상과 그 결과에 따른 잉여 생산의 축적을 배경으로 성립했다는 점에서 본소와 공사전公事錢 공납 계약을 매개로 한 관계를 맺을 수 있었다. 그런 점에서 본소와 어느 정도 거리를 둘 수 있었고 상당히 자유로운 상업 활동을 전개할 수 있었다.

그러나 좌가 아주 제한되고 폐쇄적인 조직이었다는 점에는 차이가 없었다. 좌의 형태는 다양했지만, 일반적으로는 가입권을 얻어 입좌하는 사람을 좌중座衆·좌자座子·좌인座人 등으로 불렀다. 좌의 규모도 제각각이었다. 비교적 규모가 큰 좌에는 형부兄部라 하여 좌중의 권리·의무에 대한 책임을 지며 좌의 전체적인 통솔 관리를 맡은 자도 있었다. 형부는 좌안에서 좌두座頭·연기年寄(노인)·오토나オトナ(어른) 등으로 불리는 친방중親方衆에 해당하는 존재였다.

이처럼 일정 정도 이상의 규모를 가진 좌에는 좌중과 좌두라는 계층 관계가 성립되었다. 예를 들어 대승원문적大乘院門跡*을 본소로 한 진연좌眞筵座에서는 1467년 무렵에 17인의 좌중을 세 사람의 오토나가 지도하고 통솔했다. 이 관계가 좌의 유지·발전을 뒷받침하는 기능으로 작용하게 되는데 그러한 일상적인 활동 과정 속에서 실용성이 높고 살아있는 직업 교육이 실시되었을 것이다. 예를 들어 상업좌의 경우 상품의 구입·관리·계약·판매·회계 등의 실무에 풍부한 경험을 가진 연장자인 좌두·오토나 등 친방중의 통솔·지도 하에서 상인으로서의 지식·지혜·판단력·마음가짐 등을 자연스럽게 배울 수 있었다.

수공업자의 좌에서는 생산 활동이 직인의 경험이나 기술에 의해 뒷받침되기 때문에 좌중이 독립된 직인으로서의 경험이나 기술을 습득하는 것은 좌의 존립 기반을 이루는 아주 중요한 것이었다. 주물사鑄物師·대장장이 등 소수에 의해 진행되는 작업 과정에서는 좌두의 우두머리와 좌중의 도제가 서로 협동해서 물건을 생산하는 것이 일반적이었으므로 좌

---

* 나라 고후쿠지興福寺의 문적으로 법상종의 본산. 나라현 나라시 노보리오지초登大路町 소재. 문적이란 일본 불교 개조의 정식적인 후계자를 지칭하며 이러한 사원을 문적사원이라 부른다. 또한 황자나 귀족 등이 출가하여 거주하는 특정한 절을 지칭하기도 한다.

[그림2-4] 건축현장에서 일하는 아동(14세기초기, 『春日權現驗記繪』卷1第
3段) : 수평기(오른쪽 위)나 줄긋기(중앙 좌단)을 도우면서 숙련공의 작업을 보고 배우는
아동의 모습이 건축현장에 보인다.

중은 보조 역할을 담당하며 독립할 수 있는 경험을 쌓아가면서 고유의
기술을 축적해 갔다. 대목 등 비교적 많은 사람이 함께 작업하는 직종에
서도 15세기 무렵 신공구와 신기술의 개발, 보급에 따라 노동의 분업화
와 조직화가 진행되었고 능률적으로 공사를 추진하는 지도 체제가 형성
되었다.[38]

14세기 초기에 작성된 『춘일권현험기회春日權現驗記繪』([그림2-4] 참조)
에는 수평을 재는 일을 둘러싼 정경이 묘사되어 있다. 모자를 쓰고 허리
에 자를 찬 남자가 수평기를 갖고 수평하게 실을 늘어뜨리고 있는 곁에
서 봉발을 한 아동이 국자로 수평기에 물을 붓는 보조적인 노동을 하고
있다. 그 옆에서 먹줄을 치는 것을 돕는 아동 등 건축 공사 현장에서 보
조 노동에 종사하는 아동의 모습이 눈에 들어온다.[39] 대목 노동은 오야가
타親方・데다이手傳・도제 등 노동단계를 통해 이루어지고 있었고, 그러한
일상이 거듭되면서 젊은 도제나 아동은 오야가타이나 데다이의 작업을

현장에서 보고 배우게 된다. 이렇게 하여 독립된 목수에게 필수적인 독특한 감과 요령을 터득하게 된다. 노동 현장을 통한 질 높은 직업교육이 진행되었다고 할 수 있다.

예능좌와 교육

예능좌에서도 당연히 가르침과 배움의 관계가 성립했다. 헤이안에서 가마쿠라·난보쿠조기에 걸쳐 사람들의 마음을 매혹시킨 예능으로 사루가쿠猿樂과 덴가쿠田樂*가 있다. 촌락에서 발생한 이 민중 예능 문화는 중앙의 도시로 전파되면서 더욱 정교해졌다. 촌락과 도시의 이질적인 예능이 교류하여 혼합되면서 한결 질적으로 높아졌으며 그것이 다시 촌락으로 되돌아오면서, 심지어는 촌락의 신으로 간주된 진수鎭守에게 바치는 신사의식으로 정착된 것도 있었다. 그리고 그런 촌락에는 이것을 주관하게 되는 제사 조직이나 예능을 주관하는 집단이 생겨나게 된 것이다.

궁좌宮座적인 성격을 가진 예능좌가 이러한 과정을 거쳐 결성되었다. 그것은 상공업 등의 좌와 마찬가지로 촌락의 제사나 신사의 행사를 집행할 때 그 권리와 의무를 가진 사람들이 거의 독점적으로 조직한 폐쇄적인 조직이었다는 점에서는 동일했다. 궁좌는 촌락의 특권 계급만이 참가할 수 있는 조직이었다. 궁좌의 존재와 그에 따르는 예능 전승 과정은 공동체로서의 촌락의 교육 기능의 일익을 담당한다는 의미가 있었다. 촌락의 청소년이 촌의 관리나 장로 등 연장자로부터 성인으로서의 촌락민에게 요구되는 조건이 무엇인지를 배우며 공동체를 유지하는 인간으로서

---

* 일본예능의 하나로서 헤이안 시대부터 출현했다. 원래 모내기 등의 농경의례에 피리, 북등을 치면서 노래와 춤을 추던 것이 처음이다. 시간이 지나면서 전문적인 덴가쿠 법사의 출현과 함께 정형화되어 갔다.

의 모습을 배울 수 있었기 때문이다. 또한 동시에 예능의 정신적·기술적 측면에 관한 지도도 이루어졌을 것이다.[40]

궁좌적인 예능좌 중에는 좌가 보유한 예능의 질이 비약적으로 향상되어 교토·나라의 유력한 사찰과 신사의 보호를 받으며 영내의 예능의 흥행 독점권을 획득하여 일종의 사업 예능 집단으로 변모하는 것도 나타났다. 사업 예능 집단으로서는 14세기 이후에 고후쿠지와 가스가신사를 본사로 활발히 활동하면서 금춘金春·옥생宝生·금강金剛·관세観世로 발전해 가게 되는 야마토 사루가쿠大和猿樂의 네 좌와, 히에신사日吉神社을 본산으로 하는 오미에 사루가쿠近江猿樂의 세 좌가 그 대표적이다. 후에 관세좌観世座가 되는 결기좌結崎座를 이끈 간아미観阿弥·제아미世阿弥 부자는 아시카가 요시미쓰足利義滿의 보호를 받기도 하였는데 이들은 사루가쿠노가 갖는 예능으로서의 세련미를 발전시켰다. 간아미·제아미 부자가 예능의 새로운 세계를 개척함으로써 사루가쿠노는 그 예술로서의 완성도를 한층 더 높일 수 있었다.[41]

예능좌에서 가장 중요한 과제는 개개의 좌가 소유한 예능의 질의 유지와 향상에 힘쓰는 것이었다. 제아미는 이 부분에 심혈을 기울여 다수의 작품을 창작하면서 『풍자화전風姿花傳』·『화경花鏡』·『지화도至花道』·『습옥득화拾玉得花』등 스무 편 이상에 달하는 노가쿠론을 정리했다. 이것은 중세의 학문 예능의 전수에서 나타나는 일반적인 경향과 마찬가지로 좌의 미래를 담당하게 될 후계자에게 전하는 비전으로 정리된 것이었다.

제아미는 장남인 모토마사元雅에게 기대를 걸었다. 그러나 후계자 문제에서 혈연은 이차적인 문제였으며 무엇보다도 예능인이 가진 실력에 의해 그 위치가 결정되었다. 『풍자화전』제7장의 「별지구전別紙口傳」에서는 다음과 같이 서술하고 있다.

예능에서 이에의 대사大事는 대를 이어 전해지지만, 가령 독자라 해도 자질이 없는 자에게는 전수하면 안 된다. 이에라고 다 이에가 아니다. 지속적으로 계승되는 것이 이에다. 사람이라고 다 사람이 아니다. 지식이 있는 사람이 사람인 것이다.

이 글에서 엄격한 수련에 몰입하여 창작의 고통을 이겨내고 비로소 명작을 세상에 남김으로써 사루가쿠노를 대성시킨 예능인으로서의 엄격한 자아성찰을 엿볼 수 있다. 예능인의 책임과 의무란 참된 실력을 가진 인물에게 예능을 전수하는데 있다는 주장은 예능좌의 존재 방식을 만들어내는 원리로 작용했다고 할 수 있다.

제아미는 사루가쿠노를 대성시키는데 결정적 역할을 한 예능의 탐구가 번성할 때 체득한 경험에 입각한 교육 학습론을 노가쿠론의 곳곳에서 기술하고 있다. 그 단적인 사례가 『풍자화전』 제1의 「연래계고조조年來稽古條條」에 나타나 있다. 그는 노 배우의 생애를 7살의 수련稽古에서 시작하여 서서히 노 배우로 성장하여 절정기에 이르고 마침내 원숙한 길에 도달하는 일곱 시기로 크게 나누고는 각각의 단계에 어울리는 수련을 구체적이며 상세하고 명료하게 서술하고 있다. 중세 예능론이 상당한 경지에 도달했음을 단적으로 보여준 제아미의 노가쿠론은 그런 점에서 큰 의미를 지녔으며, 좌의 예능 전승의 기반을 이루어 후대로 계승되어 갔다.

촌락의 문자 학습

중세 사회가 전개되면서 좌를 둘러싼 여러 장에서 다양한 수준에서 생존에 필요한 능력을 획득하는 학습이 활발하게 보급된다. 이러한 현상은 13세기부터 나타나기 시작했다. 물론 지역차가 있긴 했지만 소농민층이 자립하면서 촌락의 자치적인 성격이 강화되었다. 그러한 촌락에는 소총惣*라고 불리는 자치적인 결합 조직이 출현하였다. 중세에는 상업 활동이 확대되는데 특히 기나이 지방의 경제적인 선진 지대에서 뚜렷했다. 소농민의 존재를 무시할 수 없을 정도로 성장해가는 소촌까지도 성립한 것이다. 이러한 경제적 상황이 소농민의 학습 환경을 더욱 풍성하게 만들었다. 그 풍요로움 속에는 문자를 학습하고 그 사용 능력을 배가시키려는 활동도 포함된다. 몇 가지 사례를 들어 보자.

15세기 중엽 이후 오산문학의 세계에서 활약한 반리 슈쿠는 오닌의 난 이후 난을 피해 교토에서 도국東國 각지를 떠돌게 되었는데 그 동안에 창작한 다수의 시문을 시문집 『매화무진장』에 실었다. 이 시문집에서는 민중들의 학습 상황의 한 단면을 보여주는 다음과 같은 내용을 실은 작품이 있다.

오타 스케나가太田資長(도칸道灌)의 초빙을 받아 머물렀던 간토 생활은 스케나가의 죽음을 계기로 정리하고 미노를 향하여 도산도東山道에서 호쿠리쿠도北陸道을 따라 길을 떠났다. 때마침 겨울의 폭설로 발이 묶이게 되자 에치고국越後國의 노우能生에 있는 다이헤이지太平寺에서 빨리 봄이 와 눈이 녹기만을 기다리고 있었다. 그 무렵에 선승인 기코義綱가 반리를 방문했다. 기코는 자신이 지주로 있는 이웃 마을의 사원에 입학한 아이들의 학습 지도에서 나타나는 문제 때문에 반리의 지도를 청한 것이다. 아이들은 한시집인 『삼체시三體詩』를 배우고 있었는데 정확한 구독점이 없어 학습에 어려움이 있었기 때문이다. 반리에게는 아주 간단한 문제였다. 부탁을 받은 반리는 마음이 썩 내키지는 않았지만 『삼체시』의 정확

---

* 무로마치시대, 장원의 해체기에 나타난 촌락의 공동체적 결합.

한 구점을 찍어 주었다.

『매화무진장』에 수록된 작품에서 간간히 보이는 이 두 사람의 교류를 통해 에치고국의 노우에서 그리 멀지 않은 전원의 작은 사원에 입학하여 배우는 아이들의 모습을 떠올릴 수 있는데 이들 중에는 서민들의 자녀들도 당연히 있었을 것이다. 그들은 『삼체시』라는 기초 수준 이상의 학습을 하고 있었다. 사원학교에 입학한 아동의 수준 높은 학습은 노우 근교의 촌락에 있는 사원에 한정된 현상은 아니며 에치고에서 그리 드문 현상도 아니었다.[42]

1430년 10월의 간기刊記를 붙인 『출법사낙서出法師樂書』에도 단바丹波의 산촌에 있는 어느 사원의 승려가 다수의 소년에게 『동자교』・『화한낭영집和漢朗詠集』을 가르치면서 원형이나 사슴 모양으로 표적을 만들어 활쏘기의 연습을 시켰다는 기록이 있다.[43] 이처럼 사원에서 무사층과 민중층의 아동을 대상으로 한 교육과 학습이 아주 조직적으로 시행된 사례가 많이 발견된다. 최근의 연구에 따르면 사원에서의 학습 활동과는 별도로 중세의 촌락에는 마을 사람의 뜻에 따라 만들어진 자립적인 교육 시설도 있었으며 거기서 시행되었던 교육과 학습도 간과할 수 없는 질을 지니고 있었다.

14세기 중기 무렵부터 히타치국常陸國 신다소信太莊의 사쿠라고佐倉鄕에서는 권현당權現堂・무연담소無緣談所・능화소能化所 등의 종교시설이 연이어 건립되었다. 그 중에 1373년을 전후로 한 시기에 사쿠라고를 방문한 천태승 주가쿠什覺가 비사문당毘沙門堂에 상주하면서 담의談義를 했는데 그때 사쿠라고의 우라토浦渡로 추정되는 여관의 '오토나'(주인)가 단나檀那가 되어 주가쿠와 사승 관계를 맺었다. 우라토 여관의 상층 민중에 속하는 '오토나'가 주가쿠와 교육적 관계를 맺었을 가능성이 높다. 주가쿠가 사쿠라고에 건립된 종교 시설에서 학승을 대상으로 한 담의 외에도 속인인 '오토나'를 대상으로 천태학을 아주 쉽고도 평이하게 강의했을 것이라고 짐작되기 때문이다.[44] 만약 그러한 교육 활동이 실제로 행해졌다면 '오토나'에게는 속인을 대상으로 행한 담의를 이해하고 수용하기 위한 기초적 조건이 되는 일정 수준 이상의 문해 능력이 필수로 요구되었을 것이다. 이러한 문해 능력은 문자 학습에 의해 획득된 것으로 간주된다.

촌락에서 실시된 문자 학습의 정경을 확인시켜 주는 것으로 16세기 중엽 에치젠국越前國 쓰루가敦賀에 있는 에라노우라江良浦의 사례를 들 수 있다. 에라노우라에는 떠돌아 다니는 승려가 일정 기간을 머물면서 마을의 사무에 관계된 각종 문서를 작성하는 서기역을 맡았다. 동시에 마을이 건립한 당에서 사람들에게 가나를 가르쳤다.[45] 에라노우라에 형성되기 시작한 촌락 결합은 자치를 지향하면서 소촌으로 발전해가기 위한 기초적 조건이기도 했다. 촌락 자치 강화를 위해 건립된 마을의 당에서 승려의 지도로 문자 학습이 실시되었다. 에라노우라에는 승려 외에도 상당한 문해 능력을 가진 사람이 있었는데([그림2-5] 참조) 보다 수준 높으며 정확한 문해 능력을 소유한 승려에게 문자 학습 지도를 의뢰하는 것이 적절하다고 마을사람들이 판단한 것이다. 에라노우라의 사례에서 보이듯이 민중이 자발적으로 만든 시설을 거점으로 해서 전개된 교육활동도 다른 많은 소촌이나 소촌으로 발전해 가는 촌락으로 확대되었을 것으로 보인다.

자치적 결합과 문해 능력

전술했듯이 중세의 촌락에서 문자 학습을 포함한 다면적인 교육 활동이 고양된 이유는 고대의 촌락에 사는 민중이 문자를 획득하려 했기 때

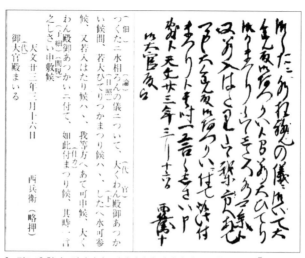

[그림2-5] 한자·히라가나·가타가나가 뒤섞인 민중문서(1554년, 「西兵衛請
文」) : 소백성 니시베는 문해력을 무기로 마을의 지배층은 도네에게 용수상론을 제기했다.

문이다.[46] 또한 이후 오랜 시간에 걸쳐 민중의 포괄적인 교육 활동이 축
적되었기 때문이기도 하다. 중세 이후 촌락에서 소농민층은 영주·지배
층과의 긴장관계 또는 촌락 내부의 계층적인 지배 피지배의 긴장 관계
속에서 자립하면서 서서히 자신들의 입장을 확보 강화시켜 나갔다. 이
때문에 촌락을 둘러싼 상황은 촌락 지도층과 일반 백성들, 빈곤층 등의
계층적 모순을 내포하면서도 소의 성립으로 이어지는 자치적인 촌락을
결합하는 방향으로 진행되어 갔고, 그에 따라 촌락 내의 교육 활동도 점
차 늘어났다.

영주, 지배층과 대립하면서 농민 스스로가 검주檢注을 실시하여 연공
年貢을 결정하는 햐쿠쇼우케百姓請*가 성립하고 중세 중기 이후에 급속히
확대된 것도 촌락 자치화 경향을 보여준다. 이 햐쿠쇼우케를 보다 강화

---

* 중세후기 장원의 연공을 햐쿠쇼에게 집단으로 청구하여 납부하게 만든 제도.

하고 그러한 새로운 체제를 유지하고 자치적 성격을 강화시기 위해 마을 사람들 상호간의 의존과 연대가 필요했다. 이러한 과정에서 문해 능력은 아주 중요한 의미를 지녔다. 11세기 중엽 이후부터 점차 늘어갔던 영주·지배층의 위법 사항에 대해 마을사람들이 「주인住人·백성등해百姓等解」로 총칭되는 문서를 제출하여 대항했다는 사실이 그것을 단적으로 보여준다.[47]

13세기 후기에 기이국紀伊國의 아테가와노쇼우카미무라阿氐河莊上村의 백성이 지토地頭의 불법 사항을 바로잡기 위해 장원 영주에 소송을 제기하면서 13개조에 걸친 문서를 작성한 일은 잘 알려진 사실이다. 이 문서에는 촌락의 지도자들이 갖추고 있는 자기주장의 날카로움과 정교함, 그리고 소송을 둘러싼 냉정한 상황 판단력이 돋보인다. 아테가와노쇼우카미무라 사람들이 갖추고 있었던 높은 수준의 소송 능력이 그들 자신의 손에 의한 문서로 드러난 것이다.[48] 이처럼 문자를 도구와 무기로 활용하여 자신들의 생활을 지키기 위해 투쟁하는 상황은 전국적으로 확인된다. 민중들은 문해 능력을 갖춤으로써 소송에서 유리한 위치에 설 수 있었다. 이처럼 백성상신서나 청원문서를 제출하여 지배층에 대한 주체적인 행동을 보이면서 일정한 성과를 획득한 사례는 상당수에 달했다.[49]

전술한 16세기 중엽의 에치젠국 에라노우라에 살았던 농민 니시베西兵衛를 보자. 그는 오자·탈자·가자借字가 많기는 해도 한자·가나·가타카나를 혼용하여 문서를 작성하는 문해 능력을 지니고 마을의 지배층이었던 도네刀祢*와의 사이에서 용수상론用水相論을 펼쳤다.[50] 이처럼 일반 민중들이 고도의 문해 능력을 지니는 것이 이 시대라면 그리 놀랄만한

* 무라의 관리역

현상은 아니었던 것이다.

중세 사회에서 상공업의 발전이라는 외적 조건에 제약당하면서도 촌락의 자치적인 결합이 점차 달성되었다. 그 결과 민중층이 자신들의 경제적·정치적 성장을 추구하면서 그러한 생활의 유지·발전에 꼭 필요한 문자 및 계산 학습에 대한 요구도 고양되었다. 그러한 요구가 현실화됨으로써 민중이 생존을 위해 만들어나가는 교육과 학습의 장이 중층적으로 폭넓게 확대되었다.[51] 방대한 양의 중세 민중 문서나 소촌惣村에 남아 있는 문서들은 이를 분명하게 보여준다.

4. 유력자의 교육 활동

중세 교육사에서 유력자의 존재

이미 지적했듯이 사회 변동이 급격히 진행된 중세는 사회의 유동성이 아주 강한 시대였다. 그러한 시대 상황을 반영하듯이 중세 사회의 곳곳에서 여기 저기 떠도는 사람들이 출현했다. 이처럼 중세 사회에 출현하여 이 곳 저 곳을 떠돌아다니는 수많은 사람들을 유력자遊歷者라 총칭하기로 한다. 그들은 실로 다양한 모습을 보이는데 그 중에서도 다음과 같은 유형의 유력자가 대표적이었다.

(1) 유력자는 기본적으로 종교성을 지닌 존재로 간주되었다. 그런 이유에서 대표적인 유형이라고도 할 수 있는데, 종교가로서 근본적인 삶의 방식을 선택했다고 할 수 있는 석가모니처럼 유력하면서 사람들을 감화시키는 실천활동에 매진한 사람들. (2) 자신이 지닌 예능을 최대한 발휘하여 사람들을 정신적으로 고양시키는 감동을 주며 때로는 그 예능의 진수를 다른 사람들에게 전승하는 일도 마다하지 않았던 사람들. (3) 시문

詩文 및 그와 밀접히 관련된 학문의 창조와 탐구의 세계에 정신을 불태우면서, 동일한 세계를 살아가며 같은 기쁨을 찾는 사람들과 적극적으로 교류하여 교육적 관계를 형성하려 했던 사람들. (4) 고대의 대표적인 교육기관이었던 대학료 교관직의 후예들이 장기간에 걸쳐 가학으로 면면히 이어온 학문을 성실히 계승하면서, 그 학문을 섭취하려는 사람들과 적극적으로 관계를 맺고 때로는 현실의 정치에도 깊이 관여한 사람들. (5) 교토와 가마쿠라의 이중 정권이 성립함으로써 중세의 교통망이 급속히 정비되었고 해외와의 교류를 포함한 유통 경제가 발전했는데, 이에 수반하여 이 곳 저 곳을 떠돌면서 정보 전달자의 역할을 담당하고 상업 활동을 전개한 사람들. (6) (5)와 유사한 배경에서 출현했지만, 자신들이 단련시킨 독자적인 기술을 갖고 떠돌이 생활을 하면서 수많은 새로운 사람들과의 교류에 생을 바친 사람들.

그들의 형태나 활동의 내실은 매우 복잡하고 다양하기 때문에 한 마디로 말하기는 어렵다. 각자가 활동한 시대 상황이나 사회 상황 그리고 활동의 목적은 서로 달랐지만, 그들은 끊임없이 변동하는 중세 사회의 곳곳을 돌아다니며 그들이 고도로 다듬었던 세련된 능력을 발휘했다. 그러한 과정에서 신앙·신념·지식·정보·이데올로기·기술·기능·예능 등이 사람들에게 전해졌으며 그것들이 때로는 중세 사회의 구성이나 변동의 단초가 되는 여러 조건을 만들어 내기도 했다.

중세에서 근세로 이행되는 시기에는 사회의 형태가 점차로 고정화되어감에 따라 어느 한 곳에 정착하여 생애를 보내는 유력자도 등장하게 된다. 그러나 일정한 기간 정착하는 경우가 있다고 해도, 일반적으로 볼 때 유력자들은 떠돌이 생활에서 단련된 체력을 바탕으로 길과 산악지대와 초원과 광야를 두 발로 걷고 바다와 강과 호수를 배로 건너며 도시·

농촌·산촌·어촌 또는 이러한 환경이 복합된 지역에 등장하고는 또다시 다른 지역으로 이동하였다.

유력자는 중세 사회의 여러 지역과 상황 그리고 계급성의 제약을 돌파하는 다양한 사람들의 삶의 장면에서 사람들과의 정신적 교류의 장을 구성함으로써 중세적인 교육 세계를 창조했다. 유력자가 전해준 이질적인 문화와 유력자를 맞이한 지역의 재래 문화가 서로 접촉하고 교류하며 때로는 충돌함으로써 생기는 긴장 관계까지 포함하는 농밀한 교육의 세계가 구축되었던 것이다. 그 세계는 아득히 먼 외부 세계에서 찾아온 유력자의 활동이 아니었다면 존재할 수 없었을 것이다.

이처럼 유력자들이 방문하고 활동하고 개입함으로써 만들어지는 교육의 형성 방식을 교육의 유력 경향이라 할 수 있다. 그것은 복잡하고 다채로운 양상을 띠는 중세 교육의 세계를 통일적으로 파악하는데 유용한 단서가 된다. 학교·텍스트·학문·불교·유교·예능·생활·정치 등 중세 교육에 관계된 여러 현상을 추적해 보면 거기서 반드시라고 해도 좋을 만큼 유력자들의 모습을 찾을 수 있기 때문이다. 유력 경향은 중세 교육의 기본적인 줄기를 이루며 그것을 총체적으로 좌우했다고 해도 과언이 아니다.

시중의 교육 활동

일본 정토 사상사의 전개에서 호넨法然, 신란親鸞에 이어 새로운 전기를 마련한 잇펜一遍이 유력 생활을 보내면서 생애를 마친 것이 1289년이었다. 세속을 버린 떠돌이 성자로서 외곬수의 삶만을 추구한 잇펜은 거의 한정된 제자를 데리고 북으로는 무쓰陸奥에서 남으로는 오스미大隅에 이르기까지 여러 곳을 전전하는 유력 생활을 보냈다. 그는 자신이 가르친 많은 사람들을 조직화하려고도 하지 않았다. 그러나 잇펜 사후 그의 제자였던 다아신쿄他阿眞教은 잇펜의 후계자 역할을 맡으며 그때까지 교단화를 지향하지 않았던 시중時衆 집단을 새롭게 통솔하여 교단을 만들고자 했다.

이러한 방향 전환으로 시중의 존재 방식은 크게 바뀌었다. 예를 들어 전국을 떠도는 성자로서 유력 생활을 보낸 잇펜에 비해 신쿄는 호쿠리쿠와 간토의 비교적 한정된 지역을 유력하면서 잇펜 당시에는 거의 생각지도 않았던 신자의 정착화를 도모하였다.[52] 신쿄가 시중의 교단화를 지향한 결과, 세력을 지닌 무사들이 속속 그의 신앙을 받아들이면서 신자가되었고 나아가 많은 재지 영주들도 신자가 되었다.

드디어 그들 중에서 믿음을 확립하고 불교학에 조예가 깊은 신쿄의 법화法話를 청문하려는 열망이 생겨났다. 신쿄는 이에 응하여 지도자의 역량을 가진 시중을 자신의 대리자로 삼아 각지의 신자들에게 보냈다. 지방에 거주하는 신자에 대해 불교 교육의 교사로서 시중이 파견된 것이다.

시중의 파견과 함께 시중의 활동 거점이 되는 도장道場의 건립이 추진되었다. 이 역시 잇펜이 살아 있을 당시에는 생각지도 못했던 일이었다. 신쿄는 신앙의 정착화를 위해 점차 도장 건립에 치중하였다. 시중의 존재 의미가 전환되고 도장의 건립이 적극적으로 추진되어 1316년에는 "이미 도장이 백 곳에 달했다"[53]고 하듯 전국에 상당수의 도장이 들어섰다.

시중의 도장 중에 시모쓰케下野의 우쓰노미야宇都宮 가문의 도움으로 건립된 도장도 있었다. 이 도장의 이름은 '염불당念仏堂'인데 거기서 교육·학습 활동이 활발히 시행되었다. 가마쿠라 말기에 성립한 것으로 보이는 우쓰노미야가의 가법인 「우쓰노미야가식조宇都宮家式條」에는 염불당에서 시중과 우쓰노미야가의 일족과 가신이 '정토종의 교법'을 학습·

토론한 사실을 확인할 수 있다.[54] 더구나 우쓰노미야가는 그러한 활동을 '학문'하는 것으로 받아들였다. 시중 교단에서는 본래 교리 학습을 믿음의 확립에 이르기 위한 하나의 방편으로 생각했기 때문에 그것을 '학문'으로 보지는 않았다. 신쿄의 서간에서는 그러한 자세가 거듭 강조되고 있는데 그것은 신쿄의 자세에 반대하는 반응이 강했기 때문일 것이다.

우쓰노미야가의 사례가 대표적인 사례이다. 그들에게 신앙은 신앙으로서 존재하며 교리 학습도 확고한 믿음을 확립하는 수단으로 간주된 것은 분명하지만, 동시에 그러한 활동에 '학문'의 의미를 두었던 것이다. 일족과 가신이 교대로 도장에 출석하여 회독·토론·강의 등에 참여했다. 우쓰노미야 시중의 도장에서는 윤번제와 같은 조직적 형태로 교리 학습이 전개되었는데 이는 매우 일찍이 승려들의 학습의 장에 속인이 조직적으로 참가했음을 보여주는 사례의 하나다.

또한 이러한 학습 상황에는 지적 문화적 욕구가 높은 일부 무사 계급의 기대가 반영되어 있었다. 그것은 다른 시중 도장에서도 나타날 정도로 광범위하게 퍼져갔는데 신쿄와 각지의 무사들이 주고받았던 편지를 통해서도 분명히 알 수 있다. 신쿄는 그들에게 확고한 믿음을 확립하는 수단으로 경전의 학습을 장려하면서 여러 가지 문제 상황에 직면한 사람들에게 인간의 삶의 자세나 행동의 방식들을 제시하고 문제 해결의 실마리를 보여주는 등의 정신적 도움을 베푸는 내실 있는 교육 활동을 실천했었다.

신쿄가 2대 종주가 된 13세기말에서 14세기 초두의 30년간에 걸친 시기는 도쿠소전제체제得宗專制體制*가 성립한 시기로서 도쿠소전제 정권

---

* 호우조 요시토키北条義時의 법호를 도쿠소得宗이라 한 것에서 비롯된 것으로, 가마쿠라막부를 집권한 호오조씨의 적통을 이은 당주. 가마쿠라 후기 막부의 실질상의 최

과의 관계로 인해 비극적 상황에 말려든 무사도 적지 않았다. 신교에게 귀의한 무사 중에는 이러한 상황에 직면하여 이에와 가문의 존속을 희구하면서도 몰려드는 불안과 동요를 어떻게 헤쳐 나갈 것인가 혹은 어떻게 살아남을 수 있을까에 대한 번민을 토로하는 자도 있었다. 그 때문이었을까. 신교는 "간토의 황량한 무사에게 둘러싸여 몸이 자유롭지 않았다"[55]고 심경을 피력하듯이 신도인 무사와의 관계로 쉴 틈이 없었던 것이다.

예를 들어 오다 도키토모小田時知나 다케다 노부마사武田信政처럼 도쿠소 전제 체제로 절망적인 상황에까지 내몰리게 되자 이로 인해 죽음을 절박한 문제로 의식하면서 마음의 자세에 고심하는 자에게 신교는 그 해결 방법으로 자기초월에의 길을 제시했다. 그는 일상적인 정신 상태나 마음가짐에서 벗어나 어떠한 일에도 마음을 빼앗기지 않는 자유로운 정신적 태도를 만들어가는 것이야말로 고난을 극복할 수 있는 길이라고 설법했던 것이다.[56]

신교는 주로 서간을 통해 이러한 문제를 권면했는데 편지에는 구체적이면서도 현실적인 문제에 적절한 해답을 제시하는데 고심하는 모습이 역력하다. 서간을 이용한 일종의 통신 교육의 성립이다. 시중 교단의 전성기에 전국에 건립된 도장에서의 경전 학습을 중심으로 한 활동과 신교 자신이 적극적으로 개입하여 활발히 추진한 교육 활동이 서로 잘 맞물리면서 시중과 무사층을 축으로 주변의 사람들 사이에 성립했던 교육은 매우 내실 있게 전개되었다.

고 권력자.

율승의 교육 활동

13~14세기 무렵의 율종律宗·율승律僧 들의 다각적인 활동이 사회적으로 아주 중요한 역할을 했다는 것이 밝혀졌다. 포교 활동에 의한 현밀 사사顯密寺社의 수리 개조, 가교, 도로 건설 등의 교통로 정비, 율종사원의 건립, 항만, 등대의 시설 정비, 비인非人의 구제 활동, 광명진언光明眞言 및 태자太子·문수신앙文殊信仰 등 민중적인 신앙의 보급, 장송의례의 관여, 예능의 관여 등, 다방면에 걸친 활동을 통하여 계급 제약을 넘어 동시대의 많은 사람들에게 영향을 미쳤던 사실에 관심의 촛점이 모아졌기 때문이다. 여기서는 율종·율승을 이끈 에이손叡尊과 그 고제자인 닌쇼忍性의 사회 활동에서 교육사적 의미를 확인하고 그들이 펼친 다양한 교육상에 주목해 본다.

에이손은 율종의 종파화에 노력하였는데 주로 야마토 사이다이지西大寺를 거점으로 기나이 지역을 대상으로 삼았다. 그는 계율 부흥 운동을 전개하면서 서대사류 율종을 보급했다. 그 과정에서 사회적으로 다양한 실천 활동을 전개하였는데 그 중에서도 특히 중요시 여겼던 것이 히닌非人 구제 활동이었다. 그는 히닌들과의 강한 정신적 교류를 기초로 한 교육적인 관계를 맺었던 것이다.[57] 중세의 히닌이란 11~12세기 이후에 촌락 공동체에서 추방당하여 야도宿-임시 주거지-에 집단으로 거주하면서 장리長吏을 통솔자로 하여 좌 같은 집단을 구성하고 다종 다양한 예능 기술을 유지하기 위한 방편으로 주로 기요메キヨメ*를 생업으로 삼았던 사람들을 말한다. 그들은 사회로부터의 차별과 천대를 받으면서도 신비성을 동반한 외경시된 존재이기도 했다.[58]

----

* 죄나 부정한 행위 등으로 인해 더러워진 몸을 깨끗하게 씻는 행위.

에이손의 자서전적 성격을 갖는 『금강불자예존감신학정기金剛仏子叡尊感身學正記』와 1262년의 간토에서 하향할 때의 기록인 『간토정환기關東征還記』를 통해 40년에서 83년에 이르기까지의 에이손의 히닌 구제 활동에 대한 전체상을 조감할 수 있다. 히닌 구제 활동의 계기가 된 것이 수제자였던 닌쇼와의 만남이었다.[59] 모친의 추선追善 공양을 위해 문수 공양을 숙원으로 여겼던 닌쇼에게 에이손은 야마토에 있는 가쿠안지額安寺 서쪽의 처소에서 문수 공양을 베풀었다. 여기서부터 평생에 걸친 적극적인 히닌 구제 활동이 시작된 것이다. 히닌 구제 활동의 구체상을 말해주는 것으로 『학정기學正記』의 1275년 8월 27일조에 잘 나타나 있는데 그 문서에는 4개조의 기청문起請文이 제시되어 있다.[60] 그 제4조를 음미하면서 기청문 전체를 분석해 보면, 에이손과 히닌과의 사이에 성립했던 교육 관계를 파악할 수 있다.

제1조·제2조·제3조에서는 농업에 종사하지 않는 히닌이 생업인 기요메의 직능을 활용함으로써 얻을 수 있는 당연한 보수에 대해 일관되게 억제된 행동을 보이고 있다. 상을 당한 집이나 상주에 대해 과분한 요구나 과격한 행동을 삼가는 집단으로서의 자기 규율이 제시되어 있다는 것이다. 한편 제4조에는 할주割註을 달았는데 할주의 내용을 두 장의 고찰高札에 써 넣어 엄금한 내용이 기록되어 있다. 그것은 교토의 거리에서 걸식하는 중병에 걸린 히닌이 민중들에게 부끄러움을 당하는 경우가 없어야 한다는 내용이다. 기청문 내용의 현실성을 감안할 때 그러한 주장을 할 수 있었던 사람은 눈부신 다양한 사회적 활동을 통해 대다수 사람들로부터 신망이 두터웠던 에이손 말고는 생각할 수 없는 일이었다.

제4조에 분명하게 제시되어 있는 것처럼 에이손이 교토의 민중들을 향해 중병을 앓고 있는 히닌을 엄중히 보호해야 한다는 강한 의사를 피

력한 점에서 제1조·제2조·제3조에서와 같은 정신적 의식의 변용이 도출된 것이 아닐까. 에이손과의 교육 관계를 통해 생활 기반의 제약에까지 영향을 미치는 히닌의 자기 규제가 이루어진 것이다. 위와 비슷한 내용은 1282년 10월2일에 이즈미국和泉國 도로시야도取石宿에 살고 있던 히닌이 에이손에게 제출한 기청문에서도 잘 나타나 있다.

에이손은 동시대의 대표적인 불교학자의 한사람으로서 대승 불교의 근본 정신에서 발하는 사회적 실천 활동을 전개하고 있었다. 이러한 에이손과의 사이에서 깊은 신뢰 관계가 점차 형성되면서 히닌 야도 사람들의 마음가짐에 변동이 생기기 시작했다. 문제 행동을 해소해 가는 규율을, 가령 그러한 행동으로 인해 물질적 제약이 수반된다 해도 주체적으로 결정해 가려는 자세가 에이손과의 만남을 계기로 또 그 후의 에이손과의 관계 안에서 배양된 것으로 보인다. 또한 에이손은 지배층과의 깊은 관계를 유지했다는 점에서 그의 사회적 활동이 갖는 커다란 정치적 의미가 막부 등에 의해 인식되고 있었음에 틀림없지만, 한편으로는 히닌들과 철저한 불교적 만인평등사상에 근거를 둔 교육적 관계를 맺었던 것이다.

에이손의 히닌 구제 활동의 실현은 수제자였던 닌쇼의 존재를 무시하고는 설명 불가능하다. 닌쇼는 젊었을 때부터 에이손의 후계자로서 율종 장로의 직분을 계승하면서 "일본의 역사에서 거의 유례를 찾기 어려운 헌신적인 대사업"[61]이라고 일컬어지는 대규모의 사회사업을 전 생애에 걸쳐 추진했다. 그 바탕에는 닌쇼가 실시했던 교육 활동이 있었다.

에이손이나 도쇼다이지当招提寺의 가쿠조覺盛 밑에서 지속적으로 학문을 연마하면서 대승 불교적인 이타의 정신과 이상적인 것에 몰입하고 있었던 닌쇼는 현세의 중생들 특히 사회적 약자에 대한 자비행의 확고부동한 삶을 자각하면서 그것을 구체화했다. 결국 에이손의 곁을 떠나 간토 지방을 유력하는 생활을 하게 되었지만 그 사회적 활동은 훨씬 확대되었다. 1261년 가마쿠라 막부 중추와의 사이에서 견고한 관계를 쌓았기 때문인지 드디어 그는 가마쿠라에서 개산開山의 시조로서 고쿠라쿠지極樂寺를 거점으로 삼아 본격적으로 사회사업에 착수했다. 그 성과는 가교와 뗏목의 설치가 189개소, 도로의 조성과 보수가 71개소, 우물 설립이 33개소, 환자들을 위한 욕실·요양소·비인소가 각 5개소, 우마를 위한 병사의 시설과 버려진 개의 사육, 항만 시설의 정비 수축 등이었다.

여기서 주목을 끄는 것은 다방면에 걸친 장대한 규모의 이러한 성과에는 율종의 지지기반이었던 민중, 특히 도시 가마쿠라를 중심으로 한 지역에서 생활하는 다수의 민중에 의한 지지·지원이 있었다는 것이다. 닌쇼가 실시한 교육 활동의 당연한 결과였다. 물론 그러한 배경에는 에이손의 경우처럼 막부와의 깊은 관계도 무시할 수 없다.

닌쇼가 죽은 후 그 후계자가 된 준닌順忍이 작성한 「닌쇼추선표백문忍性追善表百文」[62]에는 닌쇼가 생애를 걸고 추진했던 주요한 사회사업이 나와 있는데 그러한 활동을 지지·지원하도록 닌쇼가 귀의한 사람들에게 권면했었다는 사실도 분명하게 기록되어 있다. '일심동체'로서 서로 견고하게 맺어진 성스러운 집단의식 아래 '혜업惠業'에 몰두하며 현세에서 서로의 괴로움을 해소하면서 서로에게 즐거움을 주도록 권면했다. 현실 사회에 존재하는 모든 구별과 차별을 극복하는 입장에서 모든 사람들을, 아니 모든 존재를 섬기면서 사는 생활 자체가 거기에는 제시되어 있었다. 이러한 권면을 받아들인 많은 사람들은 도시 가마쿠라를 중심으로 하는 지역에서 생활했는데 그 대다수가 상공업·어업·교통업·운송업등과 관련된 비농업적인 활동에 종사하면서 하루 하루를 연명하는 서민들이었다. 그만큼 닌쇼가 보여준 구체적인 사회사업은 일상에 직접 연관된 절실함을 동반한 것이기 때문에 닌쇼의 권면의 말에서 깊은 의미를 깨달았던 것이다.

닌쇼 자신이 구상했던 사회사업에 적극적으로 참가하도록 사람들에게 권면했다는 것은 대승 불교적인 이상·정신·가치에 사람들이 인간으로서의 삶의 태도를 맞추도록 권면한 내실 있는 교육 활동의 일환이다. 닌쇼의 권면에 자극받은 가마쿠라 민중의 지지와 지원을 바탕으로 그 위에 막부 등의 지배층의 지지, 지원이 결합됨으로써 닌쇼가 추진했던 사회사업은 이루어진 것이다.

천태종의 교육 활동

일찍이 닌쇼가 간토 유력 시절에 적극적으로 활동한 적 있었던 히타치国常陸國 시다소信太莊는 14세기 후기에 접어들자 유력하는 천태승이 일정 기간 머물면서 속인들을 대상으로 교육하는 장이 되었다. 시다소 사쿠라교의 우라토야도浦渡宿나 그 주변에는 14세기 중엽부터 권현당權現堂·무연담소無緣談所·아미타당阿弥陀堂·능화소能化所·비사문당毘沙門堂·기타노텐만구北野天満宮 등이 건립되었는데[63] 이 시설들은 이 지역을 찾아오는 유력자들의 활동 거점의 기능을 담당한 듯하다. 그중에 1348년 무렵에 건립된 무연담소는 유력하는 천태승들의 학습의 장이며 담의소의 기능을 가졌다. 후에 단린檀林*의 시조가 되는 중세 천태종 담의소는 60곳을 웃돈다. 그 대부분이 도국에 산재해 있는데 특히 간토에 집중되어 있다.[64] 시다소의 무연담소도 그 중 하나였다.

그곳에서는 담의라 하여 장기간에 걸쳐 실시되는 학승을 위한 교육이

---

* 불교의 학문소. 헤이안 시대의 단린지檀林寺에서 시작되었는데 학문소를 단림으로 부르게 된 것은 무로마치 시대부터이다.

이루어졌는데 그때에 담의를 담당하는 천태학의 옥의奧義을 연구한 교사 학승을 능화能化라 하고 강의를 듣는 학승을 소화所化라 불렀다. 1352년 이전에 건립된 능화소能化所는 다른 지역의 담의소에서 유력해 온 능화가 담의 기간 중에 머무르는 시설이었다. 후에 이 능화소는 무연담소나 비사문당과 함께 원밀원圓密院이라는 시다소의 중심 사원인 천태사원으로 통합되어갔다. 그 무렵의 우라토야도에는 각지에서 온 유력자를 일정 기간 머물게 하면서 교육이 가능했던 시설이 산재해 있었다. 유력자가 머물면서 그들의 안식처가 되는 시설은 동시대에 여러 지역에서 광범위하게 존재 했는데 이 시설은 '무연無緣'의 특질을 가진 장이었다.[65]

14세기 후기의 우라토야도에 한 사람의 천태승이 모습을 나타냈다. 대부라 불린 법사와 그 자손들이 관리하는 비사문당에 주카쿠什覺라는 '능화'로 보이는 천태승이 출현했다는 사실이 1426년 12월 날짜의 「효존치문孝尊置文」에 기록되어 있다. 학문적으로 상당히 뛰어났던 주카쿠는 거기서 담의를 시작했는데 마을의 대표자와 함께 우라토야도의 '오토나'가 단나檀那가 되어 교육의 한 축을 담당했다는 사실도 기록되어 있다. 주카쿠는 그 이전에 시모국下總國 오스가노호大須賀保에 있는 아카오기赤荻의 능화 신카이眞海나 도카이도東海道 세키가關下의 능화인 기엔枝円 밑에서 천태학을 공부하는 등 각지에서 우수한 스승의 훈도를 받았으며 시다소에 올 무렵에는 이미 상당한 실력을 갖추고 있었다. 주카쿠의 밑에는 예전의 주카쿠처럼 책보따리를 등에 지고 스승을 찾아 전국을 유력하는 천태승이 학문 때문에 일정 기간을 머무르는 경우도 있었다. 스승을 찾아 정처 없이 떠돌아다니는 여행을 하지 않으면 천태학의 옥의를 체득할 수 없었던 시대였다.[66] 주카쿠는 이 지역에서의 활동을 마치고 사가미국相模國으로, 그곳에서 다시 가즈사국上總國의 나가나미長南로 방랑길을 떠났는데 그 과정에서 점점 능화로서의 명성이 높아갔다.

우라토야도 체재 중의 주카쿠는 단나가 된 야도의 상층 농민인 '오토나'와 교육 관계를 맺었을 가능성이 높다. 주카쿠의 일상적인 교육 활동은 학승을 대상으로 한 높은 수준의 담의가 중심이었기 때문에 야도에 사는 민중층의 속인이 담의에 참가했었다고 속단하기는 어렵지만 그 이외의 자리에서 주카쿠가 그들에게 천태학의 기본이 되는 교리를 평이하게 설법했을 것이라고 짐작할 수 있다. 그 이유로 첫째 히타치국에서는 유력자에 의한 속인을 대상으로 한 교육 활동이 일반적으로 이루어지고 있었기 때문이며, 둘째 속인을 대상으로 한 교육 활동이 천태학의 학승에 의해 상당히 광범위하게 전개되었기 때문이다. 다시 말해 주카쿠가 야도의 '오토나'와 사승 관계를 매개로 담의에 가까운 형태를 통한 교육적 관계의 성립을 부정할 수는 없다는 것이다.[67]

주카쿠가 시다소를 떠난 후에는 가쿠에이覺叡로 계승되었다. 가쿠에이도 또 담의를 실시하면서 주카쿠처럼 동일한 사업을 전개 했다. 일정 기간이 경과하자 도조소東條莊의 오노小野로 유력의 길을 떠났다. 그 후에는 계속해서 유력해온 료손兩尊, 고손孝尊, 쇼손勝尊의 천태승에게 계승되었던 것으로 보인다. 사료 상에서 보면 주카쿠로 시작되는 천태승은 우라토야도의 비사문당과 원밀원에 머무르는 동안에 주로 소화에게 담의를 실시했다. 그리고 그것을 지원한 야도 중의 '오토나'를 중심으로 하는 민중에게도 천태학의 기본을 전달하는 내실 있는 교육 활동을 추진했던 것이다. 천태학의 기저에 흐르는 만인평등사상에 입각한 현실적인 깊은 의미를 담은 내용인 경우도 있었다. 우라토야도는 도시적인 분위기였기 때문에 민중 자치 기구까지 생겨나기 시작했다.[68] 그러한 분위기에서 천태승의 교육 활동이 이루어진 것이다. 그것을 수용하기 위한 전제 조건으로 일정 정도 수준 이상의 문해 능력을 빼놓을 수 없기 때문에 문자 학습의 성립도 염두에 두어야 한다. 비록 처한 지역 사정이나 시대가 달랐다고는 해도 천태승의 활동은 광범위한 지역에서 이루어졌다.

선승의 교육 활동

중세 사회를 유력하면서 많은 활동을 전개했던 종교가들 중에서 빼놓을 수 없는 존재가 선승들이었다. 많은 선승 중에서 15세기 중엽 이후 유력 생활을 보내면서 각종 교육 활동에 관여하였으며 오산 문학 사상 커다란 업적을 남긴 것으로 잘 알려진 인물이 반리 슈쿠이다.[69] 교토 오산의 하나인 쇼코쿠지에서 선승으로서의 본격적인 수련을 쌓고 있던 반리는 겐닌지建仁寺의 시문인들 모임인 쇼비도薔薇洞에도 소속하는 등 오센 게이산橫川景三·게이조 슈린景徐周麟·도겐 즈이센桃源瑞仙 등과 함께 문학 활동에도 관여하면서 오산에 버금가는 평가를 받았다. 그는 동시대의 오산 문학을 대표하는 선승의 한사람으로서 한시문의 창작과 중국 고전의 연구로 바쁜 나날을 보내고 있었는데 오닌의 난을 계기로 그러한 생활에 종지부를 찍게 되었다. 전쟁의 포화를 받은 쇼코쿠지는 가람의 대부분이 소실되었기 때문이다. 다른 많은 오산 선승과 마찬가지로 반리 역시 오닌의 난이 발발하자 전장으로 변한 교토를 떠나 전국 각지를 전전긍긍하는 신세가 되고 말았다.

그는 교토에서 오미에, 미노, 오와리로 수년에 걸친 방랑 생활을 했다. 1471년에 한 때 미노에 머물면서 '매화무진장'이란 이름의 암자를 지으려했다. 또 이 무렵에 환속하여 본격적인 교육 활동을 시작했다. 미노의 유력한 사원이나 슈고守護 도키씨土岐氏의 거성 등에서 『삼체시』·『소동파시집』·『당시』 등을 강의하는 등 미노 지방의 문예 부흥을 주도하면서 무사층을 중심으로 한 속인의 학습에 관여했다.

　1485년에 반리는 신흥 다이묘 오타 스케나가太田資長의 초빙으로 무사시국 에도로 옮겨 거의 3년 동안 지냈다. 에도에서는 오타 스케나가의 보호를 받으면서 문학 활동과 교육 활동에 힘을 쏟았으며 스케나가를 시작으로 한 여러 무사들의 교육에 관여했다. 이 무렵 반리는 3년에 걸쳐 『황산곡시집黃山谷詩集』20권에 대한 강의를 계속했다. 그는 에도의 호학적 분위기 속에서 중국 고전에 대한 학식을 바탕으로 동시대의 최고 수준에 있었던 시인이면서 문인으로서 승속의 학습에 깊은 영향을 미쳤다. 교토에서 멀리 떨어진 에도에서 뜻깊은 시기를 보내던 반리는 1486년 가을에 스케나가의 암살로 이러한 생활에 종지부를 찍었다.

　2년 후 반리는 에도를 떠나 도산도에서 호쿠리쿠를 거쳐 다시 미노로 갔다. 그 과정에서 많은 무사와 시문을 통한 교류가 있었기 때문에 무사들의 교육에 관여했을 가능성이 높다. 11월 에치고국 노우에서 폭설로 손발이 묶여 천태사원인 다이헤이지太平寺에 체류하게 되었는데 봄이 와 눈녹기를 기다려 에치나카越中에서 히다飛驒를 거쳐 5월에 미노국 우누마鵜沼의 암자에 정착했다. 그 후의 반리는 사륙문 작법의 해설서인 고간 시렌虎關師鍊이 저술한 『선의외문禪儀外文』의 강의나 시문의 창작 이외에 시가회에도 출석하면서 만년을 보냈다. 전란으로 선의 세계에서 본래 중시되었던 절을 유력하며 참선하는 유력 생활에 접어든 오산 총림叢林 선승의 전형적인 모습을 반리의 후반생의 자취를 통해 추적해 보았다.

　반리가 수련한 교토 오산에서 주로 활동했던 총림에 비해 오산에서 이탈하여 다른 지방에서 활동한 선종이 림하林下*였다.[70] 14세기에서 15세

---

* 선종에서 교토, 가마쿠라등에 있는 대사원을 총림叢林이라 하는데 비해 지방의 큰 절을 림하라고 한다.

기에 걸쳐 융성한 림하는 지방 무사나 민중 층에도 커다란 영향을 끼치고 있었다. 림하는 총림에 탑두塔頭가 너무 많아 활동에 제약당하는 것에 반발, 과도한 박람강기博覽强記를 과시한다거나 하는 비뚤어진 학풍을 기피, 또한 지배층을 위한 기도, 불사나 의례를 위한 과도한 부담을 싫어했던 사람들이 오산 총림을 떠나 각지로 흩어짐으로써 형성된 것이다. 그들은 미노국 다이엔지大円寺의 호오 소이치蜂翁祖一나 히타치국 호운지法雲寺의 후쿠안 소키復庵宗己의 예처럼 사원에 의한 것도 있었지만 무사시의 성달서당性達西堂이나 도사土佐의 양림장주揚林藏主처럼 선림에서 비교단적인 입장을 취하는 경우도 있었다.[71]

림하의 선승 밑에서 일정 기간의 수행이 끝나면 또 새로운 신천지를 찾아 전국을 유력하는 선승이 림하의 흥성과 함께 증가했다. 선승의 수행 과정에서는 선종 본래의 자력적 요소가 보다 더 강조되기 때문에 유력하는 선승인 운수雲水의 자기 교육 자체가 중심적인 과제가 되었다. 운수는 자기 수행의 장으로서 새로운 선림을 찾아 훌륭한 스승 밑에 있는 또 다른 수행승 운수와 함께 사제 동행의 공동 생활을 보내는 과정에서 보다 높은 차원의 자기상의 도약이 요구되었다. 그러한 과정에서 동료들에게 영향을 받는 경우도 있었고 그것이 또한 중요한 절목이 되기도 했지만 선림의 수행 과정에서는 부수적인 것이었다. 선림 생활은 어디까지나 자기 자신의 힘으로 문제를 해결하면서 자기의 내면을 연마해 가는 것이 중요했다.

절을 순례하며 참선하는 유력 생활 과정에서 많은 동료와의 만남을 계기로 자기의 내면을 성찰하면서 새로운 삶의 길을 찾아 가는 것이 운수의 이상적인 삶이었다. 이러한 선승의 본래상은 탑두를 거점으로 삼는다는 이유로 유력을 가벼이 여긴 오산 총림보다도 오산 총림에 대한 비판으로서 원초적인 선으로의 회귀를 지향한 융성기의 림하를 살아온 선승 안에서만이 인정받을 수 있었다.

예능인의 교육 활동

예능을 주로 한 다각적인 활동을 펼쳤던 유력자가 중세 사회를 영위한 사람들의 정신적인 성장이라는 부분에서 수행한 역할을 무시할 수는 없다. 그들은 자신들이 소유한 예능을 구사하여 정신세계를 재현하고 구축하는 일에 뛰어났다. 사람들은 그러한 세계와의 조우를 기회로 내면의 정신적 성장의 계기와 기초를 형성시켰던 것이다. 특히 문자에 의한 학습에 제약을 당했던 사람들에게는 문자 이외의 다양한 방법으로 내면세계로의 작용 가능성을 내포한 예능이 가진 교육적 의미는 매우 컸다.

수험자修驗者는 예능인군에 포함될 만한 특질을 가진 종교가이다. 오쿠미奧三 하천 지방을 중심으로 시나노信濃, 도토미遠江 등으로 퍼져간 경계 주변의 촌락에 중세 이래로 전승되어 온 유다테가구라湯立神樂에는 일찍부터 수험자를 중심으로 도입된 의식이 그 중심부에 존재하는데 그 의식은 가구라의 총체적인 성격을 결정할 정도로 중요하게 여겨졌다. 물론 현대까지 전승되는 과정에서 내용상의 변질을 피할 수는 없었겠지만 그 본질적인 부분에서는 크게 왜곡되는 일없이 중세적인 성격을 농후하게 띠고 있다. 하나마쓰리花蔡·다이가구라大神樂·고가구라御神樂 등 지역 특성이나 호칭이나 구성면에서 약간의 차이가 있기는 하지만 기본적으로 시모쓰키가구라霜月神樂의 범주에 든다. 그 안에는 교육적 의미가 함의된 부분이 존재하며, 그것이 전체적으로 큰 비중을 점하는 의식이었다. 이 가구라가 전승되어 온 산촌을 삶의 터전으로 삼았던 사람들에게는 마쓰리가 집행되는 시간이 일년 중에 아주 특별한 의미를 가졌던 것이다.[72]

하나마쓰리를 꾸준히 탐방해 온 민속학자 하야카와 고타로早川孝太郎가 소개한『가구라로 들어가는 길』에는 142항목에 걸친 대규모의 행사순서가 제시되어 있는데 그 중에서 44번째인 '목욕재계 행사', 48번째의 '출산한 아기의 목욕물 준비하기', 120번째의 '고깔모 쓰고 부채춤추기', 121번째의 '정토들어가기', 이 네 가지 순서와 그 도입부를 이루고 있는 순서가 중요한 대목으로 여겨졌다. 이러한 순서는 인간의 탄생을 시작으로 성년·장년을 거쳐 정토로 왕생하기까지의 사람의 일생 중 4가지의 대목에 해당하는 연령인 2세, 13세, 40세, 61세가 되었을 때 경험하는 것으로 여겼으며 통과 의례를 목표로 마쓰리 안에 교묘하게 배치되어 있었다.

예를 들어 이들 중에 원복의 연령에 해당되는 시기에는 '목욕재계'의 행사를 경험하게 되는데 그때에는 마쓰리 식장에서 가마에서 끓인 물을 머리 위에 붓는 관정灌頂 의식이 행해진다. 그러한 행사를 거쳐 아이가 이치닌마에로 다시 태어난다는 인식아래 촌락 공동체의 운영에 대한 참가권을 획득하게 되어 궁좌의 일원이면서 이치닌마에의 주민으로 인정받게 되는 의식 형태였다. 종교적인 의미를 가진다는 점에서 오래된 형태의 본래적인 입사식入社式이나 성년식이 있었던 것으로 간주된다.

그리하여 이러한 계제를 내부로 끌어안으면서 다수의 춤이 배치되고 신사, 문답, 음악이 단절되는 일 없이 계속적으로 반복되며 확장되어간다. 거기에 참가한 사람은 과거의 자기와는 다른 완전히 새로운 인간으로서의 실재성을 가진 존재로 재생된다. 초혼과 진혼으로 구성되는 가구라의 내부로 춤과 노래와 음악의 의식이 융합됨으로써 발생하는 독특한 분위기에 매료되면서 선한 신들의 수호아래 현세적인 행복과 내세적인 행복이 실현된다는 확신이 형성된 것으로 보인다. 중세의 봉건적 억압 아래 고통받았던 현실을 타개해 가려는 사람들에게는 정신적인 안식처로서 중요한 의미를 가졌던 것이다. 이것은 수험자가 주도하는 것으로 교육적 습속과 신사와의 유기적인 관계를 기초로 한 마쓰리가 형성된 것인데 산촌에서 살아가는 사람들의 생활에 깊이 뿌리내린 교육의 장으로서 성립한 것이다.

하나마쓰리의 125번째에 '백산에 그림을 걸어놓고 출가자를 그림 앞에 세워두는 일'이라는 항목이 있다. 이 항목에서는 지옥이나 정토 등이 그려진 그림을 걸어 놓고 출가자, 즉 수험자에 의한 그림 해석이 실시되었다.

이와 같이 그림을 제시하면서 설교·설법을 행하는 예능을 생업으로 삼았던 유력자는 수험자 이외에도 많았는데 회해법사繪解法師, 고야성高野聖, 구마노비구니熊野比丘尼등 하급 종교가가 중세 사회를 분주하게 활동했었다. 회해설경繪解說經은 난해한 경전이나 교의의 내용을 알기 쉽게 전하기 위해 고안된 행위인데 인도에서 중앙아시아를 거쳐 고대 일본에 전해졌으며 중세 후기에 민간으로 널리 침투해갔다. 정신적인 생활에 제약을 받았던 민중들이 경전이나 교의의 본질을 파악하기 위한 공부로서 토속적인 신앙, 구비口碑 등이 적극적으로 도입되었다는 점에서 회해설경은 민중 예능으로서의 성격이 컸다. 이렇게 하여『산숙태부山椒太夫』·『예훤苅萱』·『신덕환信德丸』·『애호약愛護若』·『소율판관小栗判官』등의 오설경五說經으로 불리는 설경절說經節도 만들어 졌는데 소박하고 직재한 성격 때문에 민중들 속으로 깊이 침투해 갔다.

이러한 사회 현상을 촉진시켰던 그들은 각지를 유력하면서 민중들의 내면 세계를 형성하는데 깊이 관여하는 것으로 민중들의 마음을 움직였다. 그들은 시각과 청각에 호소하는 방법으로 극적인 이야기를 만들어내고 끊임없는 전도를 통해 사람들의 정신 깊은 곳에 호소하였는데 특히 그것은 문자 학습에 제약을 당했던 사람들에게 강한 의미를 주었다.

오쿠미가와 지방에는 군기물어軍記物語의 영향을 비교적 많이 받아 성립한 것이 전해지고 있다. 그것은 전란이 계속되던 중세시대의 반영으로 군기물어가 다수 성립하여 유포된 현상의 반영이다.

『요시쓰네기義經記』・『소가물어曾我物語』・『평치물어平治物語』 등이 비와코법사琵琶湖法師・물어승物語僧・담의승談義僧에 의해 계속적으로 꾸며져 유포되었다. 그중에서도『평가물어平家物語』는 비와코법사가 연주하는 비파의 음색과 이야기가 융합된 평곡으로서 전파되어 훨씬 더 많은 사람들에게 읽혀진 이야기이다.

또 애조나 서정성을 기조로 전란의 세상을 묘사한『평가물어』에 비해 난세를 둘러싼 사람들의 행동에 대한 현실성이 농후하게 묘사되면서도 현실 비판을 담은 비평성, 평론성을 겸비한 물어가 15세기 후기의 물어승, 담의승에 의해 만들어진 것이『태평기太平記』였다. 이야기를 생업으로 한 예능인이 사회적으로 널리 활동하게 되는 것은 근세에 와서의 일이며 중세에는 한정된 사람들에 의한 수용에 머물렀다.[73]

『태평기』를 제외한 군기물어에는 사루가쿠노나 고와카마이幸若舞* 등의 소재로서도 사용된 경우가 많았으며 예능인의 다양성에 따라 내용은 점차 변용되어 가면서 중세 사회에 널리유포되어갔다. 물어에서 표현된 전란을 중심으로 한 극적인 전개 속에서 살 수 밖에 없었던 그 고된 운명이나 현실에 직면한 사람들의 양태, 삶, 시대와 자기의 문제로서 받아들이

---

* 중세 예능의 하나. 무로마치 후기, 유명幼名을 고와카마루幸若丸라고 한 모모노이桃井이 성명声明, 평곡平曲 등의 곡절을 채용하여 시작한 성곡声曲. 무사의 세계를 소재로 한 물어를 노래한 것이 특색이다.

는 사람들도 적지 않았던 것이다.

유학자의 교육 활동

중세 초기 무사 정권인 가마쿠라 막부가 탄생했다. 가마쿠라는 교토
에 대항하는 정권의 거점 도시로서 발전하기 시작했다. 그 결과 교토에
축적된 문화·학문이 가마쿠라로 유입되었다. 유학에도 이러한 분위기가
반영되면서 가마쿠라에 서서히 뿌리를 내렸다. 예를 들어 유학과 깊은
관련이 있었던 선종이 호조씨의 귀의를 계기로 같은 가문이었던 가네자
와 호조씨가 호학으로 유명했던 사네토키 시대부터 대대에 걸쳐 명경박
사 가문인 기요하라씨清原氏의 지도를 받았던 사실이 그것을 단적으로 보
여준다.

중세 후기 특히 1467년 오닌의 난 이후에는 교토는 자주 전란에 휘말
렸기 때문에 반리 슈쿠처럼 교토를 떠나 각지의 다이묘나 유력한 무장
의 비호 아래 새로운 활동의 거점을 확보하고자 하는 학자·문인·유승儒
僧·시승詩僧이 속출하기 시작했다. 그 결과로서 교토·가마쿠라 이외의
도국·시코쿠를 막론하고 각 지방의 도시에도 동시대의 최고 수준의 학
문·예술·사상·신앙 등이 전파될 가능성이 높아진 것이다.[74]

특히 시코쿠西國에서 상당히 큰 영향력을 가졌던 것이 선림에서 유
학, 주자학을 전한 림하의 선승들에 의한 활동이었다. 그들 중에도 게이
안 겐주桂庵玄樹와 미나미무라 바이켄南村梅軒의 활동을 주목할 필요가 있
다. 게이안은 겐닌지·도후쿠지東福寺에서 유학을 배운 이후 중국에 유학
하고 돌아온 것이 1473년이었기 때문에 교토에서 거점을 확보하지 못했
다. 그는 이와미石見, 나가토長門를 거쳐 규슈 각지를 유력하며 히고肥後
의 기쿠지씨菊池氏의 후의를 받았으며 나아가 사쓰마薩摩 시마즈씨島津氏

의 초빙을 받아 의욕적으로 학문을 교육했다. 드디어 그는 사쓰난학파薩南學派이 불리는 학통을 형성하기에 이른다. 한편, 미나미무라 바이켄은 오치씨大內氏의 가신이었다는 추측 이외에는 그 출신이나 학통 등에 대하여는 정확하지 않다. 원래 무소 소세키夢窓疎石가 유학 수용의 기반을 만든 도사에서 15세기 후기에 접어들면 기라씨吉良氏 밑에서 가이난학파海南學派라 불리는 학파의 단초를 열었다. 그 후 조소카베長宗我部 정권에서 현실 정치에 대한 영향력을 가진 그룹들이 그 학파에 속한 선승들이었다.[75]

16세기에는 박사가의 유학자들까지도 호쿠리쿠를 시작으로 각지로의 편력을 계기로 그 가학의 일부분이 전파되기 시작했다. 박사가 중에서도 문장 박사 스가와라씨菅原氏와 명경박사 가문인 기요하라씨의 역할이 대부분이었다. 특히 기요하라씨의 활동이 다채롭고도 활발했는데 그들 중의 대표적인 사람이 센고쿠 시대 굴지의 학자 기요하라 노부가타淸原宣賢였다.

노부가타는 1475년에 유일신도唯一神道의 창시자 요시다 가네토모吉田兼俱의 삼남으로서 교토에서 태어났다. 그는 명경박사가인 기요하라 무네가타淸原宗賢의 양자가 됨으로써 이전부터 대학료 교관직이었던 집안의 전통을 이어 가학의 계승자로서의 길을 걷게 되었다. 그러나 노부가타는 단순히 가학의 충실한 계승자라는 영역을 초월하여 기요하라 가문의 학문적 유산을 바탕으로 새로운 학문을 만들어갔다. 동시에 그는 자신의 출신과도 관계된 신도, 국학 분야까지 시야를 확장하여 풍부한 학문적 업적을 쌓아갔다. 그 과정에서 노부가타는 교토에서 기신貴紳·시소緇素을 위해 정력적으로 강의를 하였으며 학자로서의 흔들리지 않는 토대를 굳혀갔다.

노부가타는 1529년에 55세로 출가한 직후에 교토를 떠나 에치젠으로 갔는데 이때부터 그때까지는 볼 수 없었던 교토와 호쿠리쿠의 왕래가 시작된 것이다. 이는 에치젠·와카사若狭·노토能登 등 전국 다이묘들의 초빙에 의한 것이었는데 노부가타는 교토를 중심으로 교육 활동을 펼치던 박사가들의 태도를 크게 수정시켜 놓는 계기가 된 것이다. '고시지越路의 박사'[76]라고도 일컬어지는 노부가타는 중세의 유학사의 획기를 이룬 인물이면서 가장 중요한 학자를 상징하는 대명사이기도 했다.

노부가타의 호쿠리쿠 여행 중에서도 센고쿠 다이묘 아사쿠라씨朝倉氏가 지배하던 에치젠이 중요한 위치에 있었다. 최초의 에치젠 여행에서부터 1550년 에치젠의 고쿠후國府였던 이치조타니에서 죽기까지 50회나 에치젠을 오고 갔다. 이것은 슈고守護인 아사쿠라 다카카게朝倉孝景의 초빙에 의한 경우가 많았던 것으로 보인다. 이 과정에서 『중신발中臣祓』·『일본서기 신대권』·『몽구蒙求』·『효경』·『대학』·『중용』·『맹자』에 대한 강의를 권유받아 연속 강의나 재 강의를 실시하는 등 상당한 시간을 할애했다. 또 때에 따라서는 다카카게의 소성중小姓衆*들에게 소독의 지도라는 초보적인 학습 지도 까지도 관여한 적이 있었다. 노부다카가 취급한 책들 중에는 예를 들어 『중용』처럼 전국 무장들이 이해하기는 그리 쉽지 않은 책들도 있었다. 노부가타는 비유를 적절하게 구사하면서 평이한 내용으로 강의를 했다. 그의 강의에는 텍스트에 의한 것도 있지만 위정자의 도덕·군신론·시대 인식·민중 지배론·전국 무사의 정신적 태도 등에 대해 서술된 경우가 많았으며 그것은 대체로 권력 기반의 강화에 힘을 쏟으려는 전국 다이묘나 전국 무장이 추구하는 내용에 부합된 것이었다.

---

* 고쇼슈 : 주군의 측근으로 잡무를 보는 무사

노부가타와 밀접한 관계에 있었던 아사쿠라 정권에는 동시대의 다른 정권에도 공통된 현상이 있다. 그것은 전국 다이묘이기 때문에 어쩔 수 없이 수반되는 제약에 정권이 갖는 고유의 사정이 더하여져 표출된 권력 기반의 빈약성이었다. 그 때문에 영내의 지배를 유지 강화하는데 필수적인 것으로 정권을 둘러싼 현실에 대응 가능한 이데올로기였다. 노부가타를 초빙한 데에는 그러한 의미가 함의되어 있었던 것이다.

노부가타는 이러한 정권이 요구하는 것을 만족시킬 능력을 소유한 동시대에서도 가장 신뢰할 만한 역량을 가진 학자였다. 그가 그러한 요구에 부응하여 정력적으로 실시한 강의는 아사쿠라 정권이 직면한 현실을 타개해 나가기에 충분한 내용이었다. 또 노부가타는 정권의 중진이었던 아사쿠라 노리카게와 밀접한 관계를 맺고 있었는데 그때문이었을까. 노리카게의 언행에는 노부가타의 언설과 접점이 많다. 에치젠에서 실시한 노부가타의 교육 활동은 16세기 전기의 정치 상황과 학문이 적절하게 결합됨으로써 가능했던 것이다.

＊　　　＊　　　＊

-칼럼- 서구인이 본 일본의 교육

1549년 8월15일 기독교 포교를 위해 일본에 온 예수회 선교사 프란시스코 쟈비에르가 가고시마에 도착했다. 쟈비에르는 서구 사회에서 일본을 방문한 최초의 지식인이었다. 그는 2년 남짓한 체재 기간과, 귀국 후 세상을 떠나기까지의 한정된 시간 속에서 일본의 사정을 기술한 편지를 예수회 회원 앞으로 보냈다. 그가 보낸 편지는 상당히 많은 분량이었는데 다양한 계층의 사람들이 읽을 것까지 의식해 쓴 흔적이 뚜렷했다. 유럽 사람들은 그 편지의 내용을 통해 어렴풋이나마 일본에 대한 구체적인 정보를 처음으로 얻을 수 있었을 것이다. 그 편지들 중에는 후에 『대서간大書簡』이라 불려 전 유럽에서 널리 애독된 『성프란시스코 쟈비에르 전서간』(河野純德 譯, 平凡社, 1985년) 두 통도 포함되어 있다. 그 편지에는 다음과 같은 일본의 교육에 대한 글이 다소 보인다. 일본에 온 지 얼마 되지 않은 시기에 쓴 편지는 주로 들은 이야기를 전하는 형태를 띠었다. 그러나 시간이 지나면서 자신의 체험이나 관찰에 의한 것으로 바뀌어 갔다. 그것은 서구인의 눈에 처음으로 포착되어 유럽에 전해준 중세 일본 교육상의 한 단면이었다.

일본에 온 지 3개월 정도 지난 11월 5일에 인도의 고아에 있는 신도 앞으로 보낸 편지에서는 가고시마 사람들로부터 전해들은 것이 기록되어 있다. 편지에는 일본의 중세 사회에 광범위하게 보급된 사원 교육, 특히 대학 수준에 필적할 만한 학교를 중점적으로 기술했다. (1) 교토에는 다수의 학생을 받아들인 커다란 대학이 한 곳 있는데 그 대학에는 5개의 중요한 학원이 부속되어 있다. (2) 고야高野·네고로根來·히에이산比叡山·오우미近江로 명명된 4곳의 대학은 교토의 주변에 있으며 각각 3500명 이상의 학생을 보유하고 있다고 한다. (3) 교토에서 멀리 떨어진 반토坂東＝關東로 불리는 지방에는 일본에서 최대 규모를 가진 유명한 또 다른 대학 시모쓰케국下野國의 아시카가학교足利學校가 있는데 다른 대학보다도 대규모의 학생들이 공부하고 있다. (4) 이들 주요한 대학 이외에도 전국에 걸쳐 많은 학교가 있다. 그런데 한편으로는 이러한 내용이 사실인지 아닌지 자신의 눈으로 확인해 보고 싶다고 말하고 있는 점으로 보아 일본의 대학의 존재에 대해 아직 반신 반의한 상태였던 것 같다.

2년 남짓의 체재를 마치고 일본을 떠난 상태에서 보낸 1552년 1월29일자의 편지가 인도의 고친에서 유럽의 예수회 회원에게 보내졌다. 그 편지에서는 규모가 큰 대학에 속하는 아시카가학교에 대해 언급하면서 일본의 교육 상황에 대해 다음과 같이 서술하고 있다. (1) 가나와 한자 두 종류의 문자를 사용하고 있기 때문에 일본인의 문자 학습의 부담은 크다. (2) 한자는 남자들이 사용하고 가나를 여자들이 사용하고 있긴 하지만 남녀를 불문하고 많은 일본인이 문해 능력을 가지고 있다. 특히 무사 계급의 남녀와 상인의 문해 능력이 높다. (3) 사원에서는 딸이나 젊은이들에게 문해 교육을 실시하고 있다. (4) 무사는 집안에서 자제를 교육하기 위한 개인 교사를 두고 있다.

쟈비에르 일행은 그들이 처음 가고시마에 왔을 때 그곳에서 전해들은 것까지 포함하여 일본에 다수의 사원학교가 존재하며 그 학교에서는 초등 수준에서 고등 수준에 이르기까지의 다양한 레벨의 교육을 실시하고 있으며 학교는 사람들의 정신생활에서 빼놓을 수 없는 존재라는 것과, 중세의 일본 사회에 깊게 뿌리내리고 있었던 것을 인식하고 있었다. 그에게 무사 계급이나 상인 등의 높은 문해 능력이 특히 눈에 들어왔던 이유도 있었겠지만 계급을 초월하여 보다 폭넓은 사람들에게 그것도 남성에게 편향되는 일 없이 여성에게도 상당한 정도의 문해 능력이 보급되어 있었다는 것을 섬세한 필치로 써내려 갔다. 당시 일본에서는 문자 사용 능력의 체득이 일부 지배 계급에 한정된 사람들만의 것이 아니라 민중 층에도 상당할 정도로 보편화되어 있었는데 또한 그러한 사회적 분위기에 발맞춰 사원이 중요한 역할을 수행했다는 사실도 그 편지를 통해 부각되었다. 쟈비에르는 중세 교육 상황을 거의 정확하게 파악하고 있었던 것이다.

쟈비에르는 각 계층들의 기초적 학습의 장과는 위상이 전혀 다른 승려 교육·학승 교육의 장에 대한 주목 정도도 비교적 높았다. 그가 교토의 대학 이외에 다른 5곳의 지역에 주요한 대학이 존재하는 것 같다고 기록하고 있는 것으로 보아 아마 자신이 배웠던 파리 대학를 구성하고 있었던 성바르바라학원이나 유럽 대부분의 크리스트교 계통의 대학을 떠올리고 있었던 것은 아닐까. 그러나 실제로는 그의 예상을 아주 초월한 다수의 대학이 있었으며 활발한 교육 연구 활동이 이루어지고 있었다. 마찬가지로 중세 유럽의 대학이 대체로 교회의 일부로서 성립 전개되었던 것처럼 각지의 중요 사원이 학문사學問寺로서, 중세의 대학으로서 기능을 수행하고 있었기 때문이다. 비록 규모면에서는 다양성을 띠었지만 간토에서도 중요 사원의 대부분이 동일한 기능을 수행하고 있었다. 쟈비에르의 편지에 '반토의 대학'으로서 아시카가학교의 모습이 반복적으로 소개되고 있다. 이것은 반토, 즉 간토에 있으면서 높은 수준의 활발한 교육 활동을 전개하고 있었던 대학 중에서도 아시카가학교가 그 대표적인 학교로서 일반에 잘 알려져 있었다는 것을 보여주는 것이라 하겠다.

실제로 야마구치에서는 이전의 아시카가학교에서 수학한 적이 있으며 그 후에는 환속한 학자로서 높은 평가를 받았던 인물이 세례를 받고 쟈비에르와 교류했던 사실도 있었다. 쟈비에르는 사원학교의 실상에 대하여 상당한 정보를 갖고 있었던 것이다. 특히 사원학교의 중핵이 되는 학승 교육 기관을 유럽의 대학과 비교해 가면서 아주 큰 관심을 가지고 있었던 것으로 보인다. 쟈비에르는 예수회의 신부가 독자적인 학문 체계를 가졌다고 자부하는 일본의 여러 대학에서 학자이기도 한 다수의 승려를 상대로 논쟁을 통해 상대를 논파하는 일 없이는 기독교 포교가 좋은 성과를 낼 수는 없을 것이라고 단정했다. 그 때문에 일본의 대학에 파견되는 신부는 일본어는 물론 철학이나 변증법에 정통하고 일본의 각 종파의 교의를 깊이 있게 연구하는 등의 충분한 사전 준비가 필수적이라는 것도 강하게 의식하고 있었다.

쟈비에르의 시각이 비록 종교적 대항 세력인 불교 여러 종파가 거점으로 삼은 사원에 속한 학료로서의 기능에 기울기는 했지만 일본의 교육 상황의 개략적인 이해가 쟈비에르에 의해 이루어졌다는 것은 분명하다. 이러한 정보가 전해지게 된 약 30년 뒤에는 기리스탄 학교로 총칭되는 예수회에 의한 초등학교인 다수의 세미나리요, 콜레주 등이 설치되었다. 특히 초등학교는 서일본을 중심으로 200교 남짓 설립되었다. 예수회는 의료 활동과 함께 포교 활동을 가능케 하는 두 기둥 중의 하나로서 교육 활동을 중요시 여겼다. 그러한 의미가 내포되어 있는 지속적인 교육 활동과 함께 드디어 그 과정에서 학덕을 겸비한 장래 일본의 예수회를 이끌고 나갈 인재의 양성까지도 계획되었다. 예수회가 이렇게 많은 기리스탄 학교를 설치한 이유는 중세 사회에 깊이 뿌리내린 사원학교를 만든 불교에 대항하여 포교 활동을 전개하기 위해서는 불가결한 요소라고 생각했기 때문일 것이다.

쟈비에르의 편지를 통해 전해진 중세 일본의 교육상이 바로 쟈비에르의 인식에서 출발하고 있었던 것이다.

오토 야스히로

제3장
문자 사회의 성립과 출판 미디어

1. '문자 사회'의 성립과 막번제

병농분리의 사회와 문서 행정

근세는 문자 사회였다. 문자 사회란 민중의 사회생활 세계에서 문자의 사용이 당연하게 여겨지는 사회이며 그 때문에 문자를 알지 못하면 불이익을 감수해야만 하는 사회가 되었다는 것을 의미한다. 일본은 이미 17세기 무렵부터 문자 사회에 도달했다. 그러면 문자 사회를 성립시켰던 요인은 무엇이었는가. 먼저 근세 사회 체제를 구성하는 기본 토대였던 병농 분리부터 살펴보자.

병농 분리 체제에서 무사는 농촌의 생산에서 벗어나 도시에 거주하면서 지배 계급을 형성했다. 도시에 거주하는 소수의 무사들이 촌락에 사는 다수의 농민-이외에도 어촌이나 산촌의 백성들도 있는데 이들까지도 포함하여 여기서는 촌락의 생산민을 농민으로 대표해서 부르기로 한다-을 지배하는 체제, 이것이 병농 분리의 체제였다. 도시에 사는 막번 영주幕藩領主는 촌락에 사는 농민들을 지배하기 위해 법령이나 문서를 활용한한다. 위로부터 내려오는 법령·명령 등의 문서나 촉서觸書는 모두 문자로 쓰여졌다. 근세 사회의 정치 지배는 중세처럼 직접적인 대인 지배가 아닌 문자에 의한 지배였다. 따라서 정치적인 지배는 문자를 사용한 문서 등에 의해 이루어지게 되었다. 결국 문자를 알지 못하면 문서를 읽을 수 없게 된다. 중요한 정치 정보에서 배제되는 것이다.

이처럼 근세는 필요한 정보가 문자로 전달되는 시대가 되었다. 이것은 정치 정보에만 한정된 것은 아니다. 생활이나 문화의 유용한 정보도 출판 문화의 보급과 함께 문자라는 활자화된 미디어를 통해 획득할 수 있었다. 바꾸어 말하면 근세는 문자가 정보를 전달하는 효과적인 미디어가 된 시대였기 때문에 상업적 출판이 탄생하고 출판 문화가 보급된 것이다.

그런데 위로부터 내려오는 문서만이 그러한 것은 아니었다. 행정에서도 철저하게 문서주의를 채용했기 때문에 아래로부터의 보고나 신고, 진정서나 공소 등도 모두 문서의 형태를 띠지 않으면 안 되었다. 그렇지 않으면 봉공소奉公所* 등의 행정 기구에 접수할 수가 없었다. 물론 공사숙公事宿†이나 공사사公事師‡라 하여 서민의 소송을 도와주는 체계는 있었지만 자력으로 문서를 작성하는 것이 원칙이었다. 다시 말하면 근세의 정치·행정은 관계되는 자가 읽기, 쓰기 능력의 구비를 전제로 하여 만들어진 체계였다. 막번제의 정치 체계는 민중의 일정한 문해 능력을 전제로 하여 성립되었다는 의미이다. 즉 근세는 문자 사회의 존재를 전제로 했고

---

* 후레가키. 에도 막부에서 여러 관청 등에 제시한 단행 법령을 닷시達라고 한 것에 비해, 보다 넓은 영역으로의 전달을 목적으로 한 것이 후레触이다. 근세 초기에는 구두 전달이 중심이었는데 서서히 문서 전달이 주류가 되었으며 문서의 형태를 띤 것을 후레가키触書라고 한다. 로중이하 오메쓰케, 메쓰케 등의 막부관리에서 영주들에게 닷시를, 영주들이 각 영내로 후레를 전달하는 식이었다. 그 밖에도 영내로만 한정된 후레 등도 존재했다.

† 에도시대에 소송이나 재판을 위해 지방에서 올라온 사람들이 숙박하던 시설. 향숙鄕宿, 백성숙百姓宿이라고도 한다.

‡ 에도시대에 민사 소송을 대리로 맡은 일종의 변호인. 소송의 증가 등에 따르는 폐해가 많았기 때문에 막부는 이것을 금지했다. 재판에는 당사자의 출석을 원칙으로 했는데 효과는 없었다.

구조적으로 문자 사회의 진전을 촉진시키는 요인을 갖추고 있었다.[1]

농촌의 자치와 무라우케

병농 분리 체제 하에서 무사는 원칙적으로 농촌에 살지 않았다. 따라서 농촌의 정치는 농민의 자치에 맡겼다. 촌방삼역村方三役으로 총칭되는 촌역인村役人은 실세를 가진 농민이 맡았다. 연공年貢 납입 제도 역시 농민의 연대 책임 아래 영주로부터 납입을 위탁받는 '무라우케村請*'제도였다. 각 호에 배정된 연공도 촌역인인 농민들이 검지장檢地帳†을 기초로 모았으며 모은 연공을 마을 단위로 납입했다. 따라서 무라우케 제도가 제대로 실행되려면 기록 능력은 물론 고도의 숫자 계산 능력이 필요했다. 즉 그것을 맡은 촌역인에게 읽기, 쓰기와 계산 능력이 반드시 요구되었던 것이다.

연공의 배당이란 촌락의 조세 분담을 말한다. 이는 농민의 사활 문제와 관련된다. 연공 이외의 많은 마을의 경비 분담村入用도 촌락민들의 자치적인 계산에 의해 배당되었다. 하지만 그 계산 과정에서 부정이 적지 않게 발생한다. 농민이 문해 능력이나 계산 능력을 갖지 못하면 부정을 적발하지 못하는 경우가 생기기 때문에 불이익을 당하기 쉬웠다. 교호기享保期 무렵부터 일반 농민이나 소전백성小前百姓‡들이 촌역인들의 연공이나 마을의 경비 분담금 등의 배당을 둘러싸고 이의를 제기하여 그들의

---

* 마을의 책임으로 연공의 납입이나 검지, 법령준수 등을 강제한 에도시대의 농민지배의 체계. 이 제도에 따라 에도시대의 농촌에서는 마을별로 연공이 할당되고 개개인의 체납도 마을이 책임을 졌다. 영주 법령의 준수도 마을의 책임이 되고 주민의 이동, 이사, 소송에도 마을을 대표하는 촌역인의 증명이 필요해졌다.

† 검지에 의한 토지 조사의 결과를 기록한 토지 대장. 도요토미 히데요시 때부터 정비되어 에도시대에 사용되었다.

‡ 에도시대 중하층의 농민을 지칭.

부정을 집단으로 규탄하는 사례-이것을 촌방村方(무라가타) 소동이라 한다-가 눈에 띠게 발생했다. 이는 민중들에게 문해 능력이나 계산 능력이 널리 보급되었음을 반영한다. 이처럼 문해 능력이나 계산 능력의 획득은 서민의 성장에 매우 중요한 기회가 되었다. 이러한 사례들은 모두 서민으로 하여금 문자 학습의 길로 나아가게 만드는 요인이 된 것이다.

도시와 상업의 진전

근세는 농민이 조세연공을 쌀로 납부하는 석고제石高制 사회였다. 이는 병농 분리제를 유지하기 위해 고안된 체계였다. 도시에 거주하는 막번 영주층의 경제는 농민들이 납부한 연공미의 환금에 의존하고 있었다. 그 때문에 대량의 연공미를 상품이나 돈으로 바꾸기 위해 전국 규모의 상품 유통 기구 정비가 진행되었다. 전국적인 상품 유통망의 형성은 전국 규모의 화폐 경제 발전을 필연적으로 동반했다. 전국적인 유통 기구의 중심인 오사카, 막부의 권력을 비호하는 정치적 중심인 에도, 여기에 예로부터 정치 경제 문화의 중심이었던 교토 등 이른바 '삼도三都'가 전국적인 유통의 거점이 되었다. 삼도는 물자와 사람, 문화와 정보가 흘러 넘치는 도시화가 진전되면서 점차 특별시가 되어 갔다.

아울러 무사들이 도시에 거주하면서 조카마치城下町라는 지방 도시가 전국적으로 많이 만들어졌다. 즉 근세는 전시대와 비교할 때 도시 생활자의 현저한 증대를 초래했다. 도시 생활에서는 의식주에 필요한 상품을 화폐로 구입한다. 다시 말해 소비 생활을 기본으로 하기 때문에 도시 인구의 증대는 상품에 대한 수요를 촉진시키지 않을 수 없었다. 촌민(농민)은 증대되는 도시의 수요에 맞추기 위해 상품 작물의 생산에 필사적이었다. 목면, 유채나 사목삼초-차, 뽕나무, 옻나무, 닥나무와 삼, 홍화, 쪽-

[그림3-1] 「모노카기조物嗅狀」(오른쪽)와 합본된 「시라이와메야스白岩目安」(왼쪽) : 「모노가키조」는 교훈형 오라이모노. 「시라이와메야스」는 간에이기(17세기전반)에 데와무라야마군出羽村山郡에서 일어난 시라이와 소요에서 실제로 작성된 소장訴狀. 소요의 소장이 데나라이의 데혼이 되어 필사로 유포되었음을 보여준다.

등, 상품화를 위해 재배하는 작물이 증대했다. 이러한 상품 작물의 판매를 둘러싸고 농민들도 상인과 접촉하는 기회가 늘어났다. 농민도 스스로가 생산한 작물상품의 제 값을 받기 위해서는 도시의 상인들과 교류할 필요가 있었다. 17세기 말엽에 형성된 다수의 농촌-특히 도시 근교의 마을-은 화폐 경제와 무관하지 않았던 것이다. 화폐 경제에서 문자나 계산 능력이 결여된 농민은 점점 불리한 입장에 처하게 된다. 이처럼 근세는 도시나 농촌을 막론하고 서민이 문자 학습을 필요로 하게 된 시대였던 것이다.

통일적인 문자 사회의 보급

서민은 대부분이 데나라이주쿠手習塾*-흔히 데라코야寺子屋라 한다-에

---

* 아동에게 데나라이(습자)를 가르쳐 주는 글방. 주쿠란 현대의 주쿠처럼 개인이 경영하는 소규모의 교육 혹은 학습 시설로 철저한 개별학습이 원칙이었다. 데나라이주쿠를 지금까지는 데라코야寺子屋라고 불렀다. 그러나 학술적인 용어로서는 데나라이주쿠가 역사적 성격을 보다 정확히 표현하고 있다. 또한 데라코야라는 말은 간사이 지방에서 주로 사용되었으며, 에도 시대의 일반적인 호칭은 아니었다는 지적이 있다. 쓰지모토 마사시저·이기원 역, 『일본인은 어떻게 공부했을까』, 2009년, 지와사랑,

서 글을 배웠다. 데나라이주쿠란 서민들이 문자의 읽기·쓰기를 배우는 장소였다. 하지만 데나라이주쿠는 단순히 문자의 읽기·쓰기 학습만을 의미하지는 않았다. 서민의 문자 학습에 관한 자세한 내용은 제5장에서 서술하겠지만 여기서는 근세 서민들의 문자 학습이 갖는 의미에 대해 약간 언급해 두기로 한다.

데나라이주쿠에서 아이들은 무엇을 배웠을까. 학습 내용으로는 문자의 읽기·쓰기 능력의 습득, 글자를 정갈하게 쓰는 능서能書의 기술, 사회생활이나 직업상에 필요한 지식, 도덕적 마음가짐 등을 들 수 있다. 그 구체적인 내용은 제5장에 자세히 나와 있다. 다만 여기서 주의하고 싶은 것은 문자를 쓸 때의 형식이나 약속에 관한 지식의 학습이다. 서식이나 용어의 사용 등 모든 '서례書禮'의 지식이라 보면 된다. 그것은 오라이모노중에서도 특히 '용문장用文章*'이라 총칭되는 범주에 속한다. 그러나 좁은 의미의 용문장뿐만이 아니라, 오라이모노의 대부분은 어떤 의미에서 용문장의 속성이 있었다고 생각하는 것이 옳을 것이다. 즉 근세 서민이 글자를 쓸 때에 필요한 모든 지식과 기술을 가르치는 장소가 데나라이주쿠였다.

'오라이'라는 용어의 유래가 된 서간문 용례를 예로 들어보자. 서간문은 계절에서—계절은 세분화된다. 24절기가 대표적이다— 인사 용어의 사용 구분이 필요하며, 게다가 상대의 신분에 따라 혹은 남녀별로 용어는 서로 다른 체계를 가진다. 또한 축하·문안·절기마다의 인사 치레에 따라 각각 어울리는 언어 사용 코드가 있다. 예컨대 축하 서신의 경우 혼

참조.

* 실용문, 서간문등 또는 그 용어나 문례를 모아 작문의 참고서로 한 데나라이교재로 사용됨.

례·출산·성인식·취직 등이 아주 세분화되어 각각 독특한 용어 사용이 요구된다. 서간문례書簡文禮로서 오라이는 편지라는 문서의 왕래와 관련되는 모든 지식에 대해 배우는 것이다.

데나라이주쿠는 글을 쓸 때와 관련된 정해진 문장이나 용어의 체계를 몸에 익히는 것, 대체적으로 가이바라 에키켄貝原益軒이 말하는 서례를 가르쳤다. 예를 들어 '미쿠다리한三行半*'으로 총칭되는 이혼장의 서식조차도 데나라이주쿠에서 배웠다는 사실은 널리 알려져 있다. '미쿠다리한'은 서식이나 용어에 약간의 지역차가 있기는 했지만 인삿말·본문·날짜·보내는 사람·받는 사람으로 구성되는 세줄 반三行半으로 구성된 이혼장으로 서식 용어 모두 정형화되어 전국에 보급되었다.[2] '미쿠다리한' 이외에도 용문장의 보급이 말해주듯이 근세의 문서는 서식이나 서체-오이에류-가 정형화되어 전국에 유통되었다. 문자에 관계된 지식의 체계가 정형화되어 거의 대부분 지방에 보급된 것이다. '문자 문화의 공통화'라는 근세의 현상을 단적으로 잘 보여주는 것임에 틀림없다.

'오이에류'

데나라이주쿠는 첫째, 문자의 쓰기를 중심으로 한 학습의 장이었다. 물론 단순히 문자의 읽기·쓰기 능력뿐만이 아니라 문자를 깨끗하게 쓰는 능서의 능력이 요구되었다. 따라서 교사가 어떤 서체를 구사하는가 하는 문제가 학습자의 관심사였다.

---

* 거장去狀이라고도 하는 일종의 이혼증서이다. 가마쿠라시대부터 이혼증서가 작성되었는데 에도시대에는 이혼증서를 제출하는 것이 의무가 되었다. 남편이 아내에게 제시하는 것이 일반적이었는데 재혼 시에는 이혼증서가 있어야 했다. 이혼증서가 없는 경우에는 막부법에 따라 처벌을 받았다. 에도 중기이후는 서식이 삼행반三行半의 고정된 형식이 보급되기 시작하여 이것을 미쿠다리한이라고 불렀다.

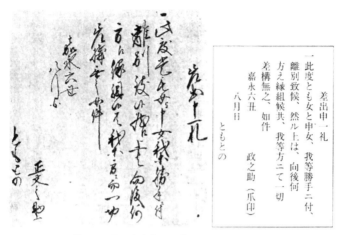

一
差
此
出
度
申
と
一
も
礼
女
と
申
女
︑
我
等
勝
手
二
付
︑

離
別
致
候
︒
然
ル
上
ハ
︑
向
後
何

方
え
縁
組
候
共
︑
我
等
方
二
而
一
切

差
構
無
之
︑
如
件

嘉
永
六
丑

八
月
日
政
之
助
（
爪
印
）

と
も
と
の

[그림3-2] 이혼장 「미쿠다리한」의 실례(1853년) : 본문이 3행반으로 쓰도록 되어 있었기 때문에 이혼장이 「미쿠다리한」으로 불렸다. 이것이 아동용 데혼으로 사용되었다는 것은 사용할 가능성이 있는 모든 문서 서식이 학습 대상이 되었음을 보여준다. 소요소장의 데혼([그림3-1])과 더불어 흥미롭다.

근세 데나라이주쿠에서 가르친 서체의 종류는 대부분이 초서체인 오이에류 일색이었다. '오이에류お家流'라는 것은 가마쿠라 후기의 손엔친왕尊円親王을 시조로 하는 유미한 일본 서도의 계보를 갖는다. 중세에는 쇼렌인 유파青蓮院流라고 불린 일본 서도가 주류였던 적이 있었다. 막부는 에도시대 초기 이 쇼렌인 유파의 서체를 공문서에 채용했다. 각 번에서도 막부와의 문서 교신이 중요했기 때문인지 점차 이 서체를 따랐다. 물론 이 서체가 학습에 적당하다고 판단한 것도 그 이유였을 것이다. 그러나 그보다도 막부가 공식적으로 채용한 서체였으며 막부와의 공문서를 통한 교신이 더욱 중요했다는 정치적 사정이 크게 작용했음은 부인할수 없다. 이러한 사정으로 이 서체가 서민의 세계에도 압도적으로 보급되기에 이른 것이다.

'오이에'라는 말의 유래는 정확하지는 않다. 혹은 쇼렌인의 존칭이라고도 하며 또는 도쿠가와 쇼군가의 서체를 뜻한다고도 한다. 아무튼 오이에류 서체의 사용을 막부가 강요한 사실은 없다. 누군가에 의해 강요된 적이 없었음에도 불구하고 대부분의 데나라이주쿠에서 이 서체를 배웠다. 그 결과 막부에서부터 각 번 서민의 세계에 이르기까지 상하 공사의 구별 없이 오이에류 서체가 유통되었다. 중세처럼 다양한 서체의 유파가 병존하여 유통되었던 것에 비하면 오이에류가 서체를 독점한 것은 근세 문자 문화의 커다란 특징이었다. 이렇듯 근세 사회에는 눈에 보이지 않는 부분에서 문자 문화의 공통화를 촉진시키는 힘이 작용하고 있었던 것이다.

그러나 주의할 것은 한문을 기본 언어로 사용하는 학문의 세계에 있었던 문인들은 문사文事에 관한 한 오이에류와 같은 일본 서법을 사용하지 않았다는 것이다. 즉 문인들은 학문에 관한 문장은 해서나 행서를 사용했으며 초서의 사용은 원칙적으로는 없었다. 하지만 서간이나 일상적인 내용 등 직접 학문과 관련이 없는 것을 기록하는 경우는 그들도 대체로 오이에류의 초서를 사용했다는 것을 부언해 둔다. 때와 장소에 따라 서체나 문체를 명확히 구분하여 사용하는 문자 문화가 있었던 것이다.

문자 문화의 공통화의 움직임은 근세의 정치 행정의 체계가 구두보다는 문자를 매개로 한 문서주의를 채용한 결과였다. 또한 서민들 사이에 문자 학습의 광범위한 보급, 막번의 문서에 의한 정치 체계의 채용과 상당히 관계가 있었다. 즉 서민에 상당한 정도의 문자 문화의 보급이 있었기 때문에 근세 영주는 문서주의의 정치 행정 체계를 채용할 수 있었으며, 또 그 문서에 의한 정치 행정 체계는 더욱더 근세 사회에 문자 문화의 보급을 촉진시켰던 것이 분명하다. 문자를 둘러싼 이러한 문화 현상은 이전까지의 역사에는 없었던 것이었으며 근세에 나타난 새로운 특징이었다. 그리고 문서 지배나 문자에 의한 관리가 가능한 사회는 자체로 관리가 보다 발전한 사회라는 것을 의미한다. 다시 말하면 에도 시대는 중세에 비해 관리가 훨씬 더 발전한 문자 사회가 되었던 것이다. 그것은 사회 질서의 안정화의 첫째 조건이었다.

주지하듯이 근세는 구두 언어-음성언어-에서는 지방간의 격차는 컸다. 다른 지역 사람들과의 식별에도 유용한 지역 사투리라는 일종의 방언이 다양하게 존재했다. 에도는 열도의 모든 지방에서 온 사람들이 모여 탄생한 도시이다. 에도의 거리에서 서로 다른 지역 출신자들이 아무런 지장 없이 자연스럽게 의사소통을 했다고는 상상하기 어렵다. 그런데 문자로 쓰인 언어 문서를 매개로 한다면 그 서체에서 문체, 말의 용법이나 문서의 형식, 계약서례에 이르기까지 지역차는 거의 사라진다. 즉 '문자언어書記言語'에 관한 한 에도·오사카·규슈·도호쿠 등에 존재한 지역간의 격차는 거의 사라지게 된다. 근세는 공통된 문자 언어에 기초한 문자 문화가 일본 열도에 성립한 시대였다.

2. 출판 문화와 교육

출판 서사의 출현과 대량 출판

이전 시대와는 다른 근세의 특징을 미디어사에서 찾는다면 그것은 대량 출판이었다. 인쇄라는 새로운 미디어가 상업 출판의 형태로 출현한 것이다. 중세의 인쇄 출판은 주로 교토의 선종사원에서 출판한 소위 오산판五山版*이나 일부 센고쿠 다이묘 등이 독점했다. 그러나 그것은 사원의 승려나 일부의 지식인 혹은 특정한 상층무사를 위한 텍스트로서 사

---

* 중세에 교토및 가마쿠라의 오산 선종사원에서 출판한 판목의 총칭.

용되었고 일반 독자와 공유된 출판서는 아니었다. 물론 상업성을 띤 출판은 더더욱 아니었다. 16세기말에는 서양 활자에 의한 기리시탄판基督敎版* 까지 판각되었지만 10여년 정도 인쇄되다가 그쳤다. 근세 초기 교토의 호상 스미노쿠라角倉와 혼아미코에쓰本阿弥光悦에 의해 판각된 사가판嵯峨版†도 운모접료지雲母摺料紙로 호화롭게 장식된 미술 공예품의 일종이었다. 이외에도 고요제이 천황後陽成天皇의 명에 의한 게이초칙판慶長勅版,‡ 도쿠가와 이에야스의 명에 의한 엔코지판円光寺版§이나 스루가판駿河版¶ 등도 있었지만 이러한 것들은 모두 일부의 상층 공가公家나 영주의 수요를 채우는 특권 계층을 위한 출판이었다.

이에 비해 간에이기寬永期부터 사원의 출판과는 별도로 출판을 생업으로 삼는 서사書肆가 교토에 출현하기 시작했다. 출판 서사는 점차 증가하여 "겐로쿠기의 교토에 있는 서점本屋 72곳은 중고시대부터 유서 깊은 역사적인 서림書林으로 공문孔門 72현에 버금가는 등"(『겐로쿠태평기元祿太平記』, 1702년 간행)으로 기록되어 있는 것처럼 칠팔십 곳의 서점이 존재했다. 여기서의 서점이란 출판과 판매를 병행하는 서사를 말한다. 이러한 출판 서사는 드디어 교토 이외의 지역에서도 출현하기에 이르렀다. 오사카에서는 엔포에서 겐로쿠기元祿期에 이르는 약 30년 간 뚜렷한 증가를

---

* 1590년 예수회 순찰사인 베리냐노가 일본에 처음으로 활자 인쇄기를 가져온 후, 1613년 기독교 금지령이 내려지는 기간에 예수회에 의해 출판된 서적. 천초판天草版이라고도 한다. 유럽어, 일본어, 로마자의 활자로 일본의 고전이나 서양 고전 등을 출판했다.

† 게이초慶長에서 겐나元和에 걸쳐 교토의 사가嵯峨에서 출판된 서적의 총칭.

‡ 게이초년간에 인쇄간행된 목활자본.

§ 도쿠가와 이에야스의 명으로 1599·1606년 교토의 후시미伏見의 엔코지에서 목활자판을 이용하여 서적을 출판했다.

¶ 도쿠가와 이에야스가 1615·1616년에 스우덴崇傳과 하야시 라잔에게 명하여 스루가에서 동활자판으로 서적을 출판했다.

[그림3-3] 2층에 데나라이주쿠가 보이는 서사書肆(住吉具慶筆『都鄙圖卷』) : 17세기 중반 무렵 교토시내의 한 풍경. 데나라이주쿠가 출판서사와 묶여 그려지고 있는 것을 통해 문자문화와 출판의 깊은 관계를 짐작케 한다.

보였으며, 에도는 이보다는 약 반세기 늦은 18세기 중기 이후가 되어 비로소 가미가타上方-교토와 그 부근 및 긴키 지방-에 뒤지지 않는 성황을 누리게 되었다.

출판서적 숫자만 봐도 상업적인 출판서의 증가가 눈에 띤다. 1659년의 『신판서적목록新版書籍目錄』에는 약 1,600점이었던 신간서가, 1685년의 『본조조각광익서적목록本朝彫刻廣益書籍目錄』에서는 약 6,100점, 더욱이 1692년에는 7,300점이나 달했다. 신간서 숫자만이 늘어난 것은 아니다. 한 권당 인쇄 부수도 뚜렷하게 증가했다. 예를 들어 유교적 교훈을 내용으로 하는 가나조시仮名草子의 『청수물어清水物語』(朝山意林庵 저, 1638년 간행)가 교토나 지방에서 2,000~3,000부 팔렸다는 사실, 또 교토의 이즈미야泉水屋라는 서사의 주인이 수백에서 수천 부의 우키요조시浮世草子의 출판을 자랑했다는 사실(『호색청담의好色床談義』 서문, 1689년 간행) 등을 보면 우키요조시 한 권당 발행 부수가 1,000부를 넘는 경우도 있었음을 알 수 있다. 이러한 사실은 비록 가나조시나 우키요조시의 형태이기는 해도 대량 출판의 시대가 도래했음을 말해준다.

발행 부수의 증가와 함께 이때까지의 목활자본을 대신하여 정판본整版本이 중심이 되었다. 목활자를 조립하여 사용하는 목활자본은 몇 번이고 활자의 재사용이 가능하기 때문에 가격이 저렴했다. 대신에 한번 찍을 때의 인쇄부수는 100부 전후, 많아도 200부가 한계였다. 활자열 등에 뒤틀림이 발생하거나 하기 때문이다. 이에 비해 한 장마다 판목(벚나무를 사용)을 사용해 직접 문자를 조각하는 정판본은 품과 비용이 들기는 하지만 1,000부 이상까지도 충분히 인쇄 가능하다. 게다가 판목만 보존해 두면 마모될 때까지 몇 번이고 중판 가능하다. 즉 서적에 대한 광범위한 수요에 부응하여 대량 출판을 가져온 것은 정판본 인쇄였다. 앞에서 교토의 상업적인 출판서사가 출현한 것이 간에이기라고 지적했는데 그것은 인쇄법의 주류가 정판 인쇄로 바뀐 시기와 때를 같이 한다.[3]

대량 출판과 문자 문화

근세의 대량 출판 현상은 문자를 둘러싼 문화에 커다란 변화를 가져왔다. 중세까지만 해도 서적은 서사書寫・전사傳寫에 의존했다. 서사에서 출판으로의 변화는 무엇보다도 서적의 유통량을 비약적으로 증가시키면서 서적의 저렴화를 가져왔다. 그것은 독자가 비약적으로 증대하고 서적이나 작품이 상품으로 유통되기 시작했다는 것을 의미한다. 그러나 근세에 서사의 전통이 완전히 사라진 것은 아니다. 대량 출판과 함께 사본은 여전히 널리 존재했는데 그러한 사실은 『국서총목록』을 일람하는 것만으로 충분히 알 수 있을 것이다.[4] 저작물을 근세의 출판 과정을 통하여 출판할 지 안할지는 서점이 상업적인 채산을 기준으로 판단하게 된다. 상업적 채산이 맞지 않는 서적은 사본에 의해 유포될 수밖에 없었다. 또한 출판된 책이라도 책대여점이나 장서가에게 빌리는 경우가 많았기 때문에 서민은 책을 소장하기 위해 종종 베껴쓰곤 했던 것이다.[5]

출판은 정보 전달의 미디어로서도 기능한다. 예를 들어 여행자를 대상으로 한 명소 안내, 배우나 기생 등의 평판기, 혹은 『헤이안인물지平安人物誌』처럼 문인이나 예능인의 명람까지 다양한 정보가 인쇄 출판되어 팔렸다. 즉 출판은 문예나 학예 작품의 상품화뿐만이 아니라 정보의 상품화도 가져왔다. 『헤이안인물지』란 교토의 문인이나 예능인 등을 장르별로 분류하여 성명·자·호나 주소를 게재한 문화인명록이다. 지방에서 유학에 뜻을 품고 교토로 오는 사람들을 위해 휴대에 편리하게 편찬한 수진본袖珍本*이었다. 교토로 유학을 오는 청년들은 이 책으로 어디에 어떠한 선생이 있는지를 알 수 있다. 1768년의 초판 이래 막말까지 새로운 정보를 첨가하여 9판이나 증판한 롱셀러였다. 교토보다는 좀 늦게 오사카와 에도에도 그와 같은 문화인명록이 출판되었다.

무엇보다도 대량 출판은 문자를 매개로 한 문화의 대중화에 공헌했다. 근세 초기의 가나조시나 겐로쿠기의 이하라 사이카쿠井原西鶴†를 시작으로 한 우키요조시 등, 서민들 사이에 유행했던 예능의 '데혼手本‡' 예를 들어 행약무곡본幸若舞曲本·조루리본淨瑠璃本·요곡본謠曲本 등도 이에모

---

* 품속이나 소매 안에 휴대가 가능하도록 인쇄된 소책자.

† 에도 전기의 우키요조시의 작자. 성욕, 물욕에 지배당하는 인간상을 생생하게 묘사하여 겐로쿠 전후의 향락세계를 그린 호색물, 강한 의리를 신념으로 하는 무사기질을 그린 무가물, 상인의 경제 생활을 묘사한 내용등의 특색이 있다. 작품으로는 『好色一代男』, 『好色伍人女』 등이 있다.

‡ 학습을 위해 모범으로 삼는 문자나 그림을 그린 책으로 주로 데나라이주쿠에서 데나라이의 교재로 사용되었다.

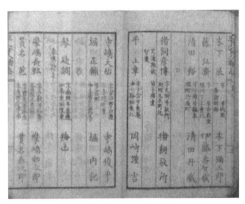

[그림3-4] 1838년판 「헤이안인물지」 : 1768년에 초판된 교토 거주 문인과 학예자 인명록. 한 사람에 한 행씩, 700명을 넘는 문인이 수록되어 있다. 교토에 유학하는 사람을 위한 교사 정보로 출판되었지만, 용도는 다양했을 것으로 보인다.

토제家元制의 형성과 함께 인쇄 출판되기에 이르렀다. 그것은 데혼이었으며 이른바 예능 훈련을 위한 텍스트였다. 데나라이도 능서의 기술 습득을 위한 훈련의 하나였다. 그렇게 보면 데나라이의 견본으로 삼았던 오라이모노도 역시 이 범주에서 파악할 수 있을 것이다. 오라이모노를 단순히 데나라이주쿠에만 관련시켜 생각하는 것은 교육 문화의 문맥을 좁게 보는 것이다.

'고전'의 성립

출판은 또한 민중의 '교양'을 형성하는데 공헌한 미디어였다. 비교적 이른 시기에 유포된 『태평기太平記』는 물론이고, 『도연초徒然草』·『원씨물어源氏物語』·『이세물어伊勢物語』·『고금화가집古今和歌集』·『마쿠라조시枕草子』·『방장기方丈記』·『평가물어平家物語』·『일본서기』 등 오늘날까지도 출판되고 있는 일본의 고전이 출판되어 서민들에게 공통된 교양을 제공했던 것이다. 사본에 의존했던 책이 출판으로 인해 대량 유포되기에 이르렀다. 참고로 근세 최고의 민간 출판서사였던 부춘당富春堂의 최초 출판물이 『태평기』였다.[6]

고전 텍스트뿐만이 아니라 텍스트 본문에 주석을 단 형태의 출판도 많았다. 서민들은 본문에 첨가된 주나 할주 등을 함께 읽으며 '고전'을 이해했다. 와카和歌나 하이카이俳諧, 요곡謠曲, 조루리淨瑠璃, 가부키歌舞伎 등에도 인용되거나 소재가 되기도 하면서 '고전'이 공유되었다. 상업 출판의 출현으로 다수의 사람이 공유하는 텍스트가 생산되어 일본의 '고전'이 되었으며 고전의 지위를 확정하는데 공헌했다. 따라서 오늘날 우리들이 공유하는 일본의 '고전'-현재의 국민적 교양으로서의 '고전'-은 에도 시대 전기의 출판 미디어의 보급을 계기로 성립되었다고 볼 수 있다. '고전'은 단순히 지식량을 증가시킨 것만은 아니었다. 요코다 후유히코橫田冬彦는 『가정구기可正旧記』에서 보이는 가와치야 가쇼河內屋可正의 독서를 근거로 다음과 같이 말한다.

　　가쇼의 독서의 인용은 경험적으로 얻어진 즉자적인 생활의 지혜를 반성적인 생활 규범의 윤리적인 명제·자손이나 마을 사람을 내면적으로 구속하는 교훈으로 승화시켜 권위를 부여하기 위해 이루어진다. 몰락의 공포나 생활의 지혜를 표현하기 위해 종교에 의하지 않고 새로운 언어나 논리를 부여한 것이 그들의 독서였으며, 거기에 '하나의 역사적 발전'의 구체적 조건이 있었던 것이 아닐까.

　　즉 근세 전기의 출판 미디어의 성립에 따르는 서민의 독서와 그 결과로서의 고전의 성립은 근세 서민의 '통속 도덕'을 구성하는 중요한 기회가 되었다는 것이다.[7]

학문의 '공공권'

　　일본의 '고전'만 출판된 것은 아니었다. 중국의 '고전'이나 사서오경 등 경서는 물론 역사서나 시문류-통속화된 『십팔사략十八史略』이나 『고

문진보古文眞宝』 등도 포함하여- 등 한문 서적이 간행되었다. 일본에서 출판된 한문 서적류를 화각본和刻本이라 하는데 한문 서적류가 학문-한학-의 텍스트였다. 즉 화각본에 의한 한문 서적류의 출판은 근세에 학문이 보급되는 전제조건이었다. 학문에 필요한 기본적인 텍스트의 입수가 용이해졌기 때문이다. 학문보급사의 관점에서 보면 상업 출판의 성립이 지닌 획기적인 의의를 인정하지 않을 수 없을 것이다.

출판서사의 성립에 따라 유학자, 문인 등의 지식인층이 학문적 저작이나 학설을 간행할 수 있게 된 사실에 주목할 필요가 있다. 즉 학문 저작의 간행이라는 형태로 유학자들은 학문을 공개·공유할 수 있었다. 만약 그것을 '학문의 공공권公共圈'이라 부른다면 그 공공권은 사본에 의존했던 이전 시대보다 훨씬 더 넓어졌다. 그것은 예를 들어 공간적으로는 멀리 떨어져 있다하더라도 서적을 통해 학문을 인식하고 이것이 학문 활동을 활성화시키는 계기로 작용했음을 의미한다.

교토에서 문인들의 모임을 운영했던 유명한 한시인漢詩人 에무라 홋카이江村北海는 1783년 간행된 저서 『수업편』에서 "책을 손에 넣기가 곤란했던 과거와는 달리 지금은 책이 넘쳐나고 있다. 손만 뻗으면 잡힌다는 속담처럼 무엇을 배우려면 어디 어느 곳을 가더라도 책을 읽으면서 공부할 수 있다"고 서술하고 있다. 이제는 책이 많아서 이전보다 쉽게 손에 넣을 수가 있다. 따라서 공부를 하기 위해 일부러 교토나 에도 등 학문의 중앙에 유학하지 않고도 지방에 거주한 채로 책을 교재로 삼아 자학 자습이 가능하다는 의미이다. 대량 출판 텍스트의 출현이 학문의 공공권을 확대시킴으로써 학문의 모습이 크게 바뀐 사태를 정확하게 파악한 증언이라 할 수 있다.

오라이모노의 출판

서사에 의한 상업적인 대량 출판은 책을 구입할 수 있는 지식 인구가 상당수 존재했기 때문에 가능한 것이었다. 동시에 출판 서적의 광범위한 유포와 유통 자체가 습자 서적-오라이모노- 출판의 증가를 촉진시켜 식자층을 더욱 증가시키는데 공헌한 측면도 있다.

고대·중세에 저술된 오라이모노-이것을 근세의 오라이모노와 구별하여 특별히 고오라이古往來라 한다-는 현재 『명형오라이明衡往來』, 『정훈오라이庭訓往來』 등 스무 종 이상이나 남아 있다. 고오라이모노는 중세까지 사본으로 전해지던 것이었는데 근세에 들어와 출판붐을 타고 간행되어 대량으로 간행 유포되었다. 게이초慶長에서 간에이기에 걸쳐 고오라이모노가 계속 출판되면서 간행본으로 대량 유포되기에 이른 것이다. 이것은 오라이모노에 대한 사회적 수요가 늘어났음을 말해준다. 더욱이 그 후에는 오라이모노의 신간서 출판 권수가 현저히 증가했다. 예를 들어 1685년판 『본조조각광익서적목록本朝彫刻廣益書籍目錄』에는 오라이모노의 신간이 145점, 1692년판에는 179점 넘는 책이 새로 간행되었다고 기록되어 있다.

오라이모노는 데나라이주쿠에서만 사용된 것은 아니었다. 집에 있는 자녀들의 학습, 상가 뎃치의 학습 등에도 사용되었다. 따라서 오라이모노의 증가가 곧 데나라이주쿠의 증가를 의미하는 것은 아니다. 그러나 그렇다고 해도 대량의 신간 서적의 출판은 문자 학습이 널리 보급되어 데나라이주쿠가 현저하게 증가했다는 사실을 추측케 한다. 문자 학습과 출판은 원인이자 결과로서 에도 시대의 문자 사회화의 발달과 관련되어 있었음은 틀림없는 사실이다.[8]

근세의 오라이모노는 다종 다양했으며 유통 범위도 전국적이었다. 근

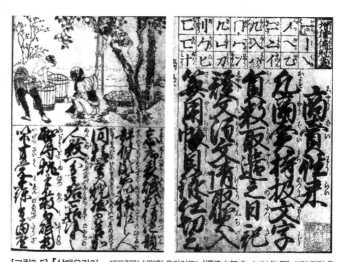

[그림3-5] 『상매오라이』 : 대표적인 실업형 오라이모노(堀流水軒 作, 1694年 刊). 상업 관련 용
어를 외우기 쉬운 어조로 세심하게 배열하여 풍부하게 담고 있다.(좌)

[그림3-6] 『회본정훈오라이』 : 『정훈오라이』는 중세에 만들어진 편지모범예문집으로서 근세에
널리 유포되었다. 그림처럼 삽화를 넣고, 낭송연습용으로 발음을 붙여 편찬되었다.(우)

세에 일본 열도 전체에서 사용된 오라이모노는 현재 총수 약 7,000종 이
상이 확인되고 있다.[9] 이 숫자는 각지에 각각의 고유한 오라이모노가 있
었음을 말해준다. 이는 데나라이주쿠의 선생이 자신의 지역과 아이들에
게 걸맞는 교재-데혼- 개발에 힘을 쏟아 독자적인 오라이모노를 만드는
데 노력한 결과였다. 그러나 한편으로는 전국 어디에서도 공통으로 사용
된 일군의 오라이모노가 있었다. 예를 들어 『상매오라이商賣往來』·『실어
교實語教』·『동자교童子教』·『농업오라이農業往來』·『금천장今川狀』·『여금
천女今川』·『정훈오라이庭訓往來』·『풍월오라이風月往來』 등 전국을 막론하
고 유통된 오라이모노는 이루 다 열거할 수 없다. 그것들 대부분은 에도,
오사카, 교토 등의 서사에서 출판되어 일본 열도 거의 대부분 지방에서
사용되었다. 즉 문자 학습을 위한 텍스트가 대량으로 인쇄되어 에도, 오
사카, 교토 등의 서사를 중심으로 전국으로 유통되었던 것이다. 유통 경

로는 근세 상품 유통의 네트워크를 이용했다. 어떤 경로를 통해 서적이 지방의 여러 독자들에게 전달되었는가 하는 지방의 실태에 대하여는 제5장을 참고하기 바란다.

학문의 교과서와 출판

교과서의 성립은 데나라이주쿠에서 사용하는 오라이모노 차원만의 문제는 아니었다. 앞에서 언급했던 것처럼 학문을 학습하는 장에서도 공통된 문제였다.

근세의 학문 세계에서 유학의 학습이 모든 것의 기초가 되었다. 의학·본초학·불교·병학은 물론이며 난학蘭學의 학습조차도 유학적인 교양이 필수였다. 유학 학습은 철두철미하게 텍스트를 읽는 학문이었다. 초학자도 학문의 대성자도 그들이 손에 들고 읽던 텍스트는 한결 같이 경서였다. 초학자는 그것을 '소독'하며 경서의 해석에 해당하는 강의의 수강 과정을 통해 텍스트를 자력으로 읽을 수 있게 된다. 학문의 대성자는 경서에 관한 무수한 주석서를 곁에 두고 경서를 해석해간다. 어떠한 경우를 막론하고 사용되는 텍스트는 역시 사서오경이나 『효경』 등 경서나 중국 서적이었던 것이다.

이러한 텍스트는 민간서사에서 훈독점訓読点을 붙여 출판하는 경우가 많았다. 예를 들어 하야시 라잔林羅山의 도슌점道春点, 야마자키 안사이山崎闇齋의 가점嘉点, 가이바라 에키켄貝原益軒의 가이바라점貝原点, 고토 시잔後藤芝山의 고토점後藤点, 사토 잇사이佐藤一齋의 잇사이점一齋点 등, 경서를 훈독하기 위한 가에리텐返り点, 오쿠리가나送り仮名 등의 훈점이 경서에 표시되어 출판된 것이다. 또 경서의 주석서나 일본인의 주석서-예를 들어 모리 데이사이毛利貞齋의 『사서집주리언묘四書集註俚諺鈔』, 가이바라 에키켄의 『근사록비고近思錄備考』, 『소학구독비고小學句読備考』 등-와 같은 많은 종류의 주석서가 출판되고 판매되었다.

근세의 전반기에는 학문의 세계에서 동떨어져 있었던 무사도 번교藩校가 보급되는 18세기 후반이 되자 학문의 연마를 당연한 것으로 인식했다. 18세기 후반 이후 번교의 보급은 무사교육이 일반화되는 커다란 계기였다. 그 이전에는 '무사양도武士兩道'라는 말이 있기는 했으나 실제로 무사가 유학을 연마하는 경우는 적었다. 번교의 교과서에 해당하는 텍스트는 사서오경이나 『효경』 등의 경서 외에도 『소학』·『근사록』·『백록당서원게시白鹿堂書院揭示』 등의 주자학 입문서, 『십팔사략』이나 『사기』 등의 사서류, 『당시선』·『고문진보』 등의 시문류, 여기에 각 번이 각기 독자적으로 존중하던 번의 시조나 번의 영주 등이 쓴 교훈적인 저작류 등이 있었다.

근세의 학문이 텍스트를 철저하게 읽는 학문인 이상 텍스트의 일정한 공급이 번교가 보급되기 위한 물적 조건이 된다. 데나라이주쿠의 예에서 보이듯이 서적의 공급은 출판의 발달과 궤를 같이하는 문제였다.

무엇보다도 당시에는 경서 텍스트를 학생 각자가 스스로 준비하는 것이 그리 쉽지 않았다. 보통은 학문상 필요한 서적을 번교의 비품으로 어느 정도 갖추었다. 그러나 여기에 그치지 않고 번교가 번의 재정으로 활판을 제작하여 교과서를 출판하는 이른바 '번판'이 두드러지게 증가했다. 번교 내에 편찬국·개판국·인쇄소 등 이른바 출판 기관을 설치하여 텍스트의 편찬이나 출판을 하는 번교도 적지 않았다. 가사이 조치笠井助治의 조사에 따르면 아이즈번會津藩, 미토번水戸藩 등 적어도 49개의 번교에서 번판이 제작되었음을 확인할 수 있다. 각 번에서 개판된 서적의 수는 786종 4,687책을 웃돌았다.[10]

에도 막부도 상당수의 텍스트를 '관판'으로 출판했다. 막부의 출판은 이에야스나 쓰나요시, 요시무네의 시대에도 시도되긴 했지만 본격적으로 시작된 것은 1799년 신축된 쇼헤이자카가쿠몬죠昌平坂學問所의 하야시 줏사이林述齋에 의해서였다. 이후 1867년까지 학문소에서 교정·출판된 것을 일반적으로 협의의 관판官版이라 총칭한다. 쇼헤이자카가쿠몬죠의 관판은 학문소에서의 유학 학습용 기초 서적이 중심이었다. 대부분이 한적으로 경사자집經史子集 등 총계 약 200부를 상회한다. 실제로 출판은 에도의 서사에 위탁하는 경우가 대부분이었는데 학문소에서의 교정은 한 치의 오차도 없는 것으로 정평이 나 있었다. 그 때문에 각 번의 번교에서도 이 관판을 중요하게 여겼으며 그러한 이유로 인해 텍스트용으로 널리 보급되었다.[11]

1793년에 설립된 막부의 화학강담소和學講談所에서는 『군서류종群書類從』의 편찬과 간행에 진력하여 일본 고전의 기초 문헌을 관판으로 출판했다. 막말에 설립된 양학조소洋學調所-후에 양학소洋學所, 개성소開成所로 개칭·변천-에서도 기초적인 난학·양학의 문헌이 간행되었다. 특히 양학소에서는 네덜란드 정부가 헌상한 양식활판 인쇄기가 활용된 점에 새로운 의미가 있다.[12]

이렇게 보면 막부의 출판 사업은 근세의 학문 발달을 위한 기초적인 부분을 담당했다는 것을 알 수 있다. 상업적인 채산성과는 거리가 있었지만 중요한 것은 학문에 필요한 기초적인 텍스트를 공급했다는 점이다. 또한 막부나 번의 학교 기관에서 사용하는 텍스트는 번의 재정 등의 공비로 충당하였기 때문에 무상사용이 원칙이었다.

근세 학교의 보급은 유학의 학습법이 기본이었기 때문에 반드시 텍스트 읽기에 철저해야만 했다. 난학의 학습 방법에도 유학의 학습 방법이 그대로 이용되었다. 초보적인 난학 학습은 역시 난학서의 소독에서 시작된다. 이렇듯 근세 학교에서는 무의식적으로 텍스트·교과서의 존재가 전제가 되었던 것이다. 따라서 근세의 교육에서 텍스트를 공급하는 출판의 상황은 중요한 요소를 지니고 있었다. 근대 이후에도 일본의 학교 문화가 교과서를 특별히 중시하는 것도 이러한 근세 이후의 교육·학습의 텍스트관이나 문화의 영향이라고도 볼 수 있다.[13]

근대교육의 전제

앞에서 열도 전체에-현재 홋카이도나 오키나와를 제외하고- 공통된 서기 언어와 통일적인 문자 사회가 형성되었다는 점, 국민적인 고전이 확정된 점, 그리고 그러한 문화의 공유에 출판미디어가 공급한 역할이 대단히 컸다는 점 등을 지적했다. 문자 인쇄 미디어에 의한 대량 복제가 문자 문화나 교양을 공유화하는 계기가 되었다. 이렇게 인쇄 미디어가 출현함으로써 대량 출판이 이루어지고 이로 인해 결과적으로 많은 사람들이 공통으로 사용하는 교재 텍스트, 즉 근대 학교에서 말하는 교과서에 해당하는 것이 출현하여 그것이 학습의 장에서 정착한 것이다.

대량 출판의 성립과 텍스트의 공급은 메이지기에 근대 학교가 시작되자 교과서를 대량으로 인쇄할 수 있고 또한 지체 없이 전국적으로 배포할 수 있게 되었다는 것을 의미한다. 적어도 인쇄와 제본의 기술, 책을 전국에 공급하는 유통 체제가 에도 시대에는 확립되어 있었던 것이다. 에도, 오사카, 교토 등의 출판서사에서 인쇄된 책을 전국에 공급하여 독자가 손쉽게 구입할 수 있는 하부 구조가 마련되어 있었다. 전국 각지의 서점에 출판 서적을 공급하는 네트워크의 형성, 행상이나 책대여점貸本屋 등 책을 유통시키는 체계가 확장되고 또 일정한 민중 층에 책 읽는 습관이 조성되었다.

이러한 사실은 근대 학교교육이 발족할 때 전국의 학교에 필요한 교과서나 교재를 제작하여 공급하는 기술이나 기구가 필요에 따라 충분히 대응 가능한 상태에 있었음을 의미한다. 교재의 측면에서 근세에 출판 기술과 보급의 발전은 일본의 근대 학교교육이 급속도로 보급될 수 있는 조건을 마련해 주었다. 근대 학교의 보급은 대량의 출판서적 제작의 기술이나 전국적인 유통 체제를 전제로 하지 않고는 생각하기 어려웠던 것이다.[14]

위에서 지적한 문자 문화의 공통화, 이에 따르는 공통의 교양 공급과 독서의 민중 침투 및 대량 출판의 기술과 보급은 마침내 근대 국민국가를 성립시키는 문화적 전제가 되었다고 해도 지나치지 않다. 메이지 초기 국가에 의해 장악된 근대 국민 교육은 세계사적으로도 그 유래를 찾아보기 어려울 정도로 빠른 속도로 보급되었다. 이는 근세의 공통 문자 문화와 대량 출판이 메이지 시대보다 앞서 존재했다는 사실을 빼놓고는 생각할 수 없다. 도쿄에서 인쇄된 교과서가 일본의 어느 학교에서도 아무런 지장 없이 그대로 사용되었던 것이다. 문자 문화의 공통화는 세계사적으로 보아도 반드시 일반적인 현상은 아니었다. 대부분은 근대화 과정에서 실현된 것이다. 그러나 일본의 경우 적어도 문자 문화와 출판 문화의 시점에서 보면 근대 교육은 근세의 연장선상에 있었다고 볼 수 있다.

3. 가이바라 에키켄과 출판 미디어

학습서의 저작과 출판

교육사를 미디어의 시점에서 볼 때 가이바라 에키켄은 시대를 구분 짓는 특별한 존재로 보인다. 결론적으로 말하면 에키켄은 새로이 성립한 출판 미디어를 이용하여 다수의 학습서를 저술한 유학자였다. 혹은 한문이라는 지적 언어로 이루어진 '학문'을 평이한 일상 어구의 독특한 문체로 번역한 계몽적인 저작을 양산하였으며 많은 독자로 하여금 '자기 학습' 하도록 만든 최초의 유학자였다. 다시 말하면 일상문으로 쓰인 '에키켄본'으로 통속화된 학문을 배우는 사람들이 전국에 다수 존재하게 되었다는 것이다. 여기서 '에키켄본'이란 전문학자가 아닌 일반 독자를 대상으로 한 에키켄의 계몽적인 저작을 가리킨다.[15] 에키켄은 민중의 자기 학습의 길잡이가 되는 텍스트의 생산자였던 것이다.

에키켄은 '통계 105종'-에키켄의 저작 출판에 협력한 제자 다케다 슌안竹田春庵의 말-, 권 수로 하면 수백 권이 넘는 방대한 저작을 남겼다.[16] 단순히 저작수가 많은 것만이 아니다. 저작이 미치는 영역의 다양함에 있어서도 그 유례를 찾아보기 어려울 정도다. 에키켄이 언급하지 않았던 영역이 없을 정도다.

[그림3-7] 가이바라 에키켄 : 65세 무렵의 초상화. 狩野昌 運筆. 본인에 가깝게 그리기 위해 다섯 번 다시 그렸다고 한다. 온후하고 근엄한 풍모와 책상 위의 약탕이 에키켄다운 모습을 보여준다.

지금까지 에키켄은 저술 영역의 다양함 때문에 다각도에서 평가되어 왔다. 예를 들어 유학사상사에서는 주자학에 학문적인 의심을 제기한 『대의록大疑錄』을 통해 고학古學 형성의 길을 개척한 선구자로 평가된다. 혹은 과학사나 실학사에서는 그의 본초학서本草學書인 『대화본초大和本草』의 분석을 통해 일본의 자연과학의 선구자, 선진적인 합리적 사상가로 평가된다. 교육사에서는 처음으로 아동의 교육을 체계적으로 논한『화속동자훈和俗童子訓』이라는 저서-그것도 아동의 발달 단계에 따른 연령별 교육 방법을 논한 저작-를 통해 '일본 교육학의 시조' 혹은 일본의 존 로크John Locke로 평가되는 등 근대 교육의 시점에서 높은 평가를 받았다. 그러나 그러한 평가는 모두 세분화된 근대 학문의 시점에서 에키켄의 저작 일부만을 골라 분석 평가한 것에 지나지 않는다. 에키켄이 살았던 시대의 사회에 입각한 역사적 평가라고는 보기 어렵다.

에키켄본

에키켄의 저작은 방대하다. 유학자로서의 본래 저작-경학-은 의외로 적다. 선행하는 무수한 주석서를 참고로 하면서 사서오경 등 경서에 주석·해석을 하는 것이 유학자 본래의 경학이다. 여기에 해당하는 에키켄의 저작은 엄밀히 말하면 존재하지 않는다. 물론 유학에 관한 한문 저작으로『근사록비고近思錄備考』·『소학구독비고小學句読備考』·『초학지요初學知要』·『자오집自娛集』·『신사록愼思錄』·『대의록』등이 있다. 그러나『자오집』은 그 자신이 지은 소논설문을 집성한 논문집,『신사록』은 학문상의 메모적 성격이 짙으며,『대의록』은 주자의 이기론에 대한 의문을 피력한 두서없이 쓴 글이다. 어느 것 하나 경서의 해석이라고 할 수 없다. 앞의 두 저작은『근사록』과『소학』의 주석서이긴 한데 그 원저 자체가 주자 등이 편찬한 주자학 입문서, 이른바 주자학의 교과서이다. 에키켄의 두 저작은 그 입문서에 대한 대표적인 주석을 발췌하여 여기에 그 자신의 논평을 첨가한 것이다. 따라서 두 저작은 학문적 독창성과는 거리가 멀다. 초학자용의 친절한 참고서나 학습서 정도가 될 것이다. 더욱이 두 저작 모두 비교적 이른 시기의 저작-39세와 40세-이며 탈고와 함께 출판되어 유통-위의 저작 중『대의록』을 제외하면 모두 생전에 간행-되었다. 물론 출판은 에키켄의 의사에 따른 것이었다.『초학지요』도 초학자로서 당연히 알아야 될 학문상의 계제에 대한 발췌본이었다. 이 외에 주자 문집에서 중요한 글을 발췌한『주자문범朱子文範』5권도 있다.

또한 그는 주자의 사서주석서-이른바 집주본集註本-에 훈점을 붙여 출판했다.『사서장구집주』19권 및 오경에 훈점을 붙인『오경정문훈점五經正文訓点』11권이 있다는 것도 잊어서는 안 될 것이다. 이 저작들은 모두 '에키켄훈점益軒点'의 사서오경으로 근세에 널리 유통되었다. 에키켄이 관직에 있었던 후쿠오카번에서는 번출판으로 개판되어 번교東校의 텍스트로 사용되었다.[17]

이렇게 볼 때 에키켄의 한문 저작-유학서-의 의도가 유학에 뜻을 둔 학습자에 대한 참고서 즉 실용적인 학습서에 있었음은 분명하다. 교육서로 분류해도 무방하다.

이렇게 에키켄은 다른 유학자에 비해 한문 저작이 적긴 하지만 평이한 일본어로 쓴 저작은 압도적으로 많다. 일본어 저작의 대부분은 비교적 빠른 시기에 출판되었다. 예를 들어 문서·음식·차에 관하여 신체로 표현하는 예법을 상세히 기록한『삼례구결三禮口訣』이 있다. 또 일용 백과 사전의 기능을 갖는『만보비사기万宝鄙事記』, 명칭이나 언어의 원류 등을 사전적으로 집성한『일본석명日本釋名』, 한문의 구독과 작문, 데나라이 등을 위한 친절한 학습서인『화자해和字解』·『심화규범心畵規範』·『서자답서書字答書』등이 있다. 위의 저작들은 모두 혼자 힘으로는 학문에 접근하기 어려운 일반 독자용으로 쓴 실용서이자 학습서였다. 요코타 후유히코는 그것을 '에키켄본'으로 총칭하고 있다. 요코타는 근세의 농촌 지도자들이 남긴 장서 조사를 통해 근세 독자가 에키켄의 일본어 저작군을-가이바라 고코貝原好古가 관련한 미야자키 야스사다宮崎安貞의 『농업전서農業全書』를 포함하여- 하나의 그룹으로 분류하려는 의식이 분명히 존재하고 있었음을 지적하면서 그것을 '에키켄본'이라 칭했다. 에키켄 사후에 『여대학女大學』이 '가이바라에키켄선생술貝原益軒先生述'로서 출판된 것도 '에키켄본'의 연장선상으로 파악할 수 있는 현상이다.[18]

다시 말하면 근세가 되자 문해 능력을 갖춘 사람들이 증가하면서 필요한 지식을 실용적인 서적에서 얻을 수 있게 되었다. '근세 독자의 성립'이라고 해도 지나치지 않다. 에키켄은 이러한 독자의 수요에 자각적으로 대처할 수 있는 저작을 생산해낸 최초의 유학자였다. 중세부터 내려오는 생활상의 실용 백과라고도 할 수 있는 『절용집節用集』이나 『대잡집大雜集』 등은 17세기에 들어서도 지속적으로 출판 붐을 타기 시작했다. 이러한 옛 실용서와 비교하면 '에키켄본'은 유학이라는 새로운 학문에 기초한 새로운 지식의 체계로서 제시되었다는 점에 현저한 차이가 있다고 하겠다. 독자가 '에키켄본'을 지지한 중요한 이유는 여기에 있었을 것이다.

'에키켄십훈'

'에키켄본' 중에는 거의 80세를 넘긴 만년에 의욕적으로 저술한 일군의 교훈서가 있다. 이 저작들은 메이지기에 '에키켄십훈'으로 불렸다. 이 교훈서들은 애당초 출판을 전제로 집필되었으며 활판은 교토의 서사인 이바라기야 류시켄茨木屋柳枝軒이 독점했다. 이 책들은 모두 시대를 뛰어넘어 간행된 롱셀러이다. 책은 일상적으로 사용되는 평이한 일본어로 쓰였는데 이는 한학의 소양이 없는 일반인을 대상으로 했기 때문이다. 예를 들어 에키켄은 『화속동자훈』의 서문-원문은 한문-에서 다음과 같이 말하고 있다.

지금 서민의 아이들은 교육을 올바르게 받지 못하고 있다. 그들이 날마다 습숙하는 바는 모두 그들의 덕성을 해치고 예법을 멸시하여 버리는 것들뿐이다. 나는 이 때문에 참람함을 무릅쓰고 옛 사람들이 자제를 교훈하는 뜻을 따라 일본어로 글을 쓰노라. 궁향촌동에 스승 없고 배움 없는 아이들이 늘 곁에 두고 읽는데 도움이 되기를 바라는 바이다.

에키켄은 스승으로 삼을 사람이 없고 학문도 없는 시골의 아이들이 스스로 학습하는 참고서가 될 수 있는 텍스트를 일본어로 썼다고 말하고 있다. 데나라이주쿠 같은 곳에서 어느 정도의 문해 능력을 획득한 보통의 서민이 스스로 학문을 연마하기 위한 사전-안내서-이 되는 텍스트를 제공하는 것, 이것이 저작의 의도라고 에키켄은 강조하는 것이다. 『군자훈君子訓』의 서문에서도 "공후대인 등 견문이 풍부한 사람을 위한"것이 아니라 "경사를 읽는데 어려움을 느끼는 사람을 위해", "오직 배우지 못한 사람들을 위해 일본어로 표현한 것이다"라고 저작 동기를 밝히고 있다.

사람들은 보다 더 행복하게 살기 위한 기준이 되는 텍스트로서 '에키켄본'을 읽었을 것이다. 유학이 삶의 기초를 가르치고 있었기 때문이다. 그 의미에서 '에키켄십훈'은 일본어 가나로 '번역'된 유학서이다. 독자는 '에키켄본'을 읽으면서 날마다 어떻게 살면 좋은 지에 대한 구체적인 판단의 근거를 찾으려 했다. 예를 들어『대화속훈大和俗訓』은 일상의 도덕을 설파한 책이다. 도덕적인 것을 추상적 이론적으로 설명하지 않는다. 오히려 사람과 교제할 때의 구체적인 장면에 입각하여 예를 들어 의복에 관한 주의나 언어 사용, 또 사람을 접대할 때의 방식에서부터 선물을 보내는 일에 이르기까지 구체적으로 실천할 수 있도록 설명하고 있다. 실천 도덕을 위한 매뉴얼 혹은 도덕술의 책으로 보는 견해조차 있다. 또

『양생훈養生訓』은 말할 것도 없이 시대를 초월하여 훨씬 많은 독자를 획득한 책이다. 이 책은 장생을 위한 양생술 책이다. 이 책에 쓰인 내용은 일상적 신체의 자세한 실제 기법이다. 그리고 신체의 규율화를 통한 마음의 양생을 목표로 하고 있다. 즉 신체의 규율화를 통해 자기의 기氣를 개선하고 기의 활동의 현상인 마음을 선하게 만들어 가는 신심양생술心身養生術의 책이었다.

이러한 에키켄의 저작은 확실히 당시의 유학자 지식인의 상식에서는 벗어나 있었다. 유학자의 저작이란 경서의 주석이나 연구가 본업이었으며 그렇지 않은 경우라 하더라도 학문적 저작인 한에서는 저작 언어는 한문이었다. 에키켄은 자각적으로 일본어 저작을 양산하여 다수의 실용성에 기여하는 것을 저작의 첫째 요건으로 생각하고 있었다.

전술한 것처럼 에키켄이 살았던 17세기말에서 18세기 전기는 출판 미디어가 급속하게 보급된 시대였다. 문자 사회가 성립하고 문자 문화를 신체화하는 서민이 늘어났으며 독서 인구가 급증하면서 본업으로 상업 출판이 가능해졌다. 이러한 사회 상황 속에서 에키켄은 출판이라는 새로운 '문화미디어'의 유통 루트를 이용할 의도로 저작을 시작한 최초의 유학자였다. 유학자 이외의 사람이라면 에키켄 외에도 선각자는 있었지만 유학자 중에서는 그가 최초였던 것이다.

학문-유학-에 의존한 '에키켄본'이 유통되었다는 사실은 우키요조시나 구사조시草双紙* 등의 독자층과는 다른 층의 독자가 성립하였음을 의미한다. 에키켄본을 통해 학문을 지향하는 독자층은 오락적인 구사조시, 에조시繪双紙의 독자와는 성격이 달랐다. 민중의 문화 능력 안에는 단순

---

* 에도시대의 통속적인 삽화가 곁들여진 그림책.

한 읽기·쓰기 정도의 문해 수준 이상의 안목이 존재했다고 보아야 할 것이다.[19] 즉 경서의 소독으로 시작하는 유학을 정식으로 배워 한문에 친근한 층과 데나라이주쿠에서 문해 능력을 몸에 익힌 다수의 서민층 이외에 이 양자의 중간에 한문의 언어까지는 아니더라도 스스로 몸에 익힌 문해 능력을 수단으로 독서를 통해 통속적인 학문을 지향하고 수용하려는 사람들이 폭넓게 존재했다. 그들은 -제5장 4절에서도 언급한 것처럼- 하이카이俳諧 등의 예능에도 익숙했던 농촌의 문인들이었을 것이다. 요코타나 스키진杉仁이 분명히 밝히고 있듯이 그들은 생업을 영위하면서 지역에서 문화적인 공통성을 지녔던 사람들이었다. 그들은 자기 지역에서 문화적 헤게모니를 쥐었던 중간층이었다.[20]

쓰지모토 마사시

*　*　*

-칼럼- '몸'에서 '마음'으로 향하는 교육관
　　- 에키켄의 '사전에 미리 하는' 교육
　가이바라 에키켄의 『화속동자훈』이라는 일본어로 쓰인 저작이 있다. 본문에서 언급했던 '에키켄십훈' 중의 하나이다. 이 책은 아동의 교육을 주제로 한 최초의 교육서로서 아동의 나이에 따르는 연령별 교육법隨年敎法을 제시하고 있다. 이 저작 때문에 에키켄은 교육학에서는 특별히 높은 평가를 받고 있다. 예를 들어 '일본 교육학의 시조'[11]라고 불려 존 로크나 루소에 비견되기도 한다. 그러나 그것은 교육학이라는 근대 학문 시점의 틀에 맞추어 만들어낸 에키켄의 이해일 뿐이다. 기본적으로 비역사적인 견해이다.
　『화속동자훈』은 겐로쿠기가 얼마 지나지 않은 1710년에 간행되었고, 에도 시대를 통하여 몇 번이고 간행된 롱셀러이자 베스트셀러로 많은 독자를 가졌다. 이 책은 '총론상', '총론하', '연령별 교육법·독서법', '데나라이 법', '여성을 교육하는 법'의 전5권으로 구성되었는데, 특히 5권은 『여대학』의 저본이 되어 근세의 여자교훈서에 절대적인 영향력을 미쳤다. 에키켄의 일본어 교훈서의 저작과 출판의 역사적 의미는 본문에서 언급했다. 여기서는 이 책이 전달하고자 하는 메시지를 단서로 근세인의 교육사상의 기본적 특징을 추출하여 근대의 교육과 비교해 보도록 하자.

『화속동자훈』이 전달하는 에키켄의 메시지를 하나 들어본다면, 그것은 '사전에 미리 한다'는 단어이다. 이 책의 키워드이다. 에키켄은 말한다.

'사전에 미리' 라는 말은 전부터—미리—라는 뜻이다. 어린아이가 아직 나쁜 것으로 물들기 전에 먼저 빨리 가르치는 것을 말한다. 빨리 가르치지 않아 나쁜 것에 물들고 난 후에는 가르쳐도 선으로 옮겨가지 않는다. 훈계를 해도 악한 일을 그만두기 어렵다. 옛 사람은 어린아이가 처음 음식물을 입에 대고 말을 하기 시작할 때부터 빨리 가르치라고 했다(권1).

아동이 태어나 악한 것으로 옮아가기 전에 음식을 먹을 수 있고 말을 할 수 있게 되는 유아기 때부터 빨리 아이를 가르치지 않으면 안 된다고 한다. 일종의 조기 교육의 주장인 것이다.

에키켄은 사람의 선악은 천성보다도 생후의 교육에 의한다고 하여 교육의 중요성을 강조한다. 한편 유아기는 처음에는 아무것에도 물들지 않는 백지와 같은 상태이다. 아동 자신이 자기 주위를 흉내내며 '보고 듣고' 하는 것으로 점점 '마음의 주인'이 형성된다. 만약 일단 악이 '마음의 주인'이 되어 버리면 아무리 가르쳐도 선으로 옮겨가는 일은 거의 불가능하다. 따라서 아동이 악에 물들기 전에 '사전에 미리' 빨리 가르치지 않으면 안 된다는 것이다.

에키켄의 이 주장에서 간파해야 할 것은 '근대 교육 사상'이 아니다. 유아 스스로가 눈과 귀로 '보고 듣고' 배우고 흉내 내는 힘과 그것이 유아의 인간형성에 결정적인 요인이 된다고 주장하는 점이다. 유아는 스스로의 신체적 지각에 따라 무자각적으로 주위를 모방하고 스스로의 마음을 만들어간다. 그것은 습관화에 의해 몸에 배인 강고한 '신체지身體知'라 할 수 있다. 그렇다면 유아를 처음으로 맡는 사람의 환경 그것이 그 아이의 선악을 좌우한다. 그 대상은 대개가 부모다. 부모나 보육자야말로 유아가 모방하는 모델이기 때문이다.

이러한 의미를 지닌 신체지는 '예절교육しつけ'이 추구하는 것과 중첩된다. 예절교육이란 아동이 매일 매일의 구체적 생활경험을 통해 일정한 행동형이나 사회 태도가 습관화되는 과정이다. 여기서는 언어에 의한 교육보다 무의식중에 신체가 실천해가기까지의 습숙이 요구된다. 예절교육은 신체적 습관화를 통해 인간 형성을 추구하는 방법인 것이다.

여기서 살펴 본 교육 사상은 많은 점을 시사해 준다. 첫째로 사람은 본래로 선을 갖고 있지 않다. 실현해야 할 선은 대상의 외부에 있다. 둘째, 그 선으로 옮겨가는 방법은 신체를 동원한 체득에 의한 것이다. 셋째, 모방과 습숙에 의한 신체지가 언어에 의한 가르침보다 뛰어나다는 것. 그것은 다른 말로 하면 신체적인 지각을 통한 사람의 내부(마음)이 형성된다는 교육관으로 이어진다. '몸에서 마음으로 향하는 교육관'이라 할 수 있다. 근본적으로 심신일원론의 사고방식인 것이다. 넷째로 교사는 가르치는 주체라기보다는 아동이 모방하는 모델이라는 교사관으로 이어진다.

사실 이러한 에키켄의 교육관은 에키켄뿐만이 아니라 일본의 문화에 흐르는 교육관이다. 예를 들어 차도茶道를 보자. 말 그대로 일거수 일투족 모든 것이 정해진 예법作法으로 가득 차 있다. 몸을 움직이는 형식이 정해져 있는 것이다. 그러나 차도의 신체예법은 간소청적簡素靜寂이라는 차의 깊은 정신세계로 들어가기 위한 수단에 지나지 않는다. 깊은 마음의 세계는 정밀한 신체의 규율을 통과해야만 도달할 수 있다고 여기는 사상이 차도의 세계에 펼쳐져 있다.

이것이 직인이나 상인의 도제, 예능의 내제자 등의 수련에서 보이는 방법 원리에 그대로 적용된다. 데나라이의 수련, 학문의 소독이나 불교의 수행도 이러한 교육의 시점에서 분석 가능하다. 밀교에 바탕을 둔 산악불교山岳仏教의 수행은 극한에 가까운 혹독한 신체적 수련을 동반한다. 그러한 신체적 수련에 앞서 사람들은 깨달음을 통해 깊은 불교의 정신세계 속으로 들어갈 수 있다는 확신이 있는 것이다.

한편, 현대의 학교교육이 아동에게 전달하고 있는 것은 '신체지'는 아니다. 근대지近代知에 의해 언어화되어 커리큐럼으로 분절화된 지식군이다. 그만큼 아이들의 실제 현실에서 멀리 떨어져 있다. 신체는 단련시키는 체육과 병으로부터 몸을 지키는 보건 위생이나 자연 관찰 대상으로서의 이과理科에서의 인체구조 등에 한정되어 있다. 근대의 학교교육이 소외시킨 것은 살아있는 아동의 '몸'이나 신체지의 학습이었다. 기껏해야 신체지는 학교 생활에서는 이른바 '숨겨진 커리큐럼' 안에 있을 뿐이다. 사람이 환경으로서의 '자연'과 접하는 가장 가까운 접점은 실은 자신의 신체인 것이다. 신체는 사람의 마음이 존재하는 곳이면서 하나의 생물로서 자연으로서의 우주와 연결되는 결절점이기도 하다. 에키켄에게 보이는 신체지의 학습관은 이처럼 우주와 연결되는 인간의 지의 존재방식에 시사점을 제공한다. 적어도 에도 시대의 사람들은 아동의 학습이나 성장을 이처럼 신체성의 감각과 다르지 않은 것으로 파악하는 감성을 갖고 있었다는 사실에 주목하고 싶다.

＊주

1) 春山作樹, 「本邦敎育學の祖益軒先生」, 『丁酉倫理學會倫理講演集』 337号, 1930年.

쓰지모토 마사시

제4장
근세 사회의 교육의 다양성

1. 사회와 교육의 다양성

근세 교육의 특질

'사민평등'이라는 말에서 알 수 있듯이 근대에 봉건적 신분제와 지방의 분권제가 부정되고 통일 국가 하에서 '평등한 국민'이 창출되었다. 이에 따라 국가에 의해 초등교육에서 고등교육에 이르는 상하 연속성을 갖는 통일적인 학교 체계가 조직되었다. 이 학교체제는 모든 국민에게 개방하는 것이 원칙이었다. 즉 근대교육의 특질은 국가가 통일적인 학교 체계를 조직하고, 학교가 모든 국민에게 개방되어 '국민' 형성에 관여했다는 점에 있다.

이 점과 비교할 때 근세 교육의 특질이 보다 선명하게 드러난다. 첫째는 그것의 다양성이다. '학교'가 다종다양했을 뿐만 아니라 각 학교의 상하 상호간에도 계통성이나 연속성이 없었다. 둘째, 국가나 정치가 교육을 조직하는 경우가 드물었다. 다시 말하면 근세는 신분제 사회였으며 신분에 따라 사회적인 성장 과정이 달랐다. 무사·농민·직인·상인들은 그들이 속한 사회의 형태에서부터 살아가는 방식 나아가 문화에 이르기까지 서로 크게 달랐다. 또한 그들이 속한 사회에 따라 아동 교육까지 달랐다.

예를 들어 승려·신관이나 의사 등과 같은 직능 집단의 교육도 직능에 따라 다양했다. 더욱이 같은 무사라 해도 쇼군將軍이나 다이묘大名 등 상층부의 봉건 영주층과 신분이 낮은 아시가루足輕* 층의 무사는 전혀 다른 사회를 구성하고 있었다.

교육을 사회의 내부에서 이루어지는 사회재생산의 영위라고 한다면 교육은 그것이 속한 사회에 따라 서로 다른 모습을 띠게 마련이다. 따라서 근세 교육의 전체상을 조감하는 것은 분명 극히 어려운 일일 수밖에 없다. 적어도 조직적 교육 기관인 '학교'를 밝히는 것만으로는 근세 교육을 포착할 수 없다. 이 점을 전제로 하여 근세 사회의 다양한 교육의 모습을 살펴보기로 한다.

이에의 교육

근세의 다양한 사회를 전체적으로 보면 대체로 '이에'† 공동체라는 형태로 구성되어 있었다. 여기에 하나의 특징이 있다. 촌락 공동체에서도 그것을 구성하는 단위는 한 사람 한 사람의 독립된 개인은 결코 아니었다. 촌락-공동체-은 실생활을 함께 하는 직계 가족으로서의 '이에'를 단위로 구성되어 있었다. 촌락의 공동체 정치-촌민자치-에도 가장家長이 '이에'를 대표하여 참가했다. 단 촌락에는 고도모구미子供組‡·와카모노구

---

* 일종의 보병으로 센고쿠 시대에는 활, 대포 등의 부대에 편성. 에도 시대에는 무사의 최하층 조직.

† 일본 사회를 구성하는 의제적·혈연적인 기능 집단. 남자가 계보를 잇지만 반드시 생물학적인 혈연 계승을 필요로 하는 것이 아니다. 가명家名을 계승하기 위해 이성 양자까지 포함한 의제적 부자관계를 인정하는 것이 특징이다. '이에'는 사회 내부에서의 직능 분장을 전제로 한 가직의 계승 체계지만 그렇다고 하여 꼭 자생적인 집단이라고도 할 수 없으며, 순수한 의미에서의 직능적 분장을 전제로 한 가명, 가직의 계승 체계인 친족 집단도 아니다.

‡ 촌락내부의 연령별 집단으로 7세에서 14·5세 정도의 아동으로 구성.

미若者組*・무스메구미娘組† 등 연령별 집단이 존재했는데 개인은 각기 연령에 맞는 촌락 내부의 여러 집단에 속해 있었다.

또 기독교 근절을 계기로 시작된 데라우케寺請는 '이에'를 단위로 하여 '단카檀家' 제도를 형성했다. 단카제檀家制는 사람들을 '이에'를 단위로 하여 단나데라檀那寺에 소속시키는 제도이다. 한 사람 한 사람은 개인이기 이전에 먼저 '이에'에 속하게 된다. 바꾸어 말하면 한 사람 한 사람은 '이에'에 속해야만 비로소 그 존재를 인정받았다고 해야 할 것이다. 다른 시각에서 보면, 개인이 직접적으로 대집단이나 권력에 휘둘리기보다는 이에라는 제1차 집단에 의해 보호되는 측면도 있었다. 여하튼 이에는 근세 사회를 구성하는 기초단위였다.

이 원칙은 무사의 세계에서도 마찬가지였다. 쇼군은 쇼군가로서의 도쿠가와가를 대표하며, 호소카와이에細川家・마에다이에前田家 등의 다이묘도 이에 단위로 편성되었다. 그들의 가신이 되는 무사는 주가主家의 가중家中‡으로 존재했다. 다이묘가의 가중인 무사도 또 각각의 이에를 단위로 다이묘가의 가중 질서 안에 편성되어 대대로 세습적인 주가를 섬겼다. 즉 무사 세계의 주종 관계 역시 무사의 이에를 단위로 한 이에의 중층 구조로 구성되어 있었던 것이다.

마찬가지로 상인의 세계 역시 이에가 기본 단위였다. 물론 양자 간에 의제적擬制的인 면이 있기는 했지만 그 경영체가 혈족을 기본 원리로 한 이에인 사실에는 변함이 없었던 것이다. 상가商家도 혈족적인 이에이면

---

* 촌락내부의 연령별 집단으로 미혼의 청년 남자들로 구성. 이들은 마을의 경비나 제례의 준비 등을 담당했다.
† 촌락내부의 미혼 여성들의 조직.
‡ 에도 시대 번藩의 가신家臣을 말한다.

서 자체가 하나의 경영체로서 기능하여 분가分家나 별가別家을 세우고, 그것이 연합한 이에공동체家共同體를 형성하면서 서로 협동 관계를 맺는다. 즉 본가·별가·분가 등의 상업적 경영 연합의 조직 원리가 이에였던 것이다. 그러한 이에의 경영 연합을 상징하는 것이 노렝暖簾*이었다. 동일한 노렝을 내거는 이에는 하나의 공동체에 속한다는 의식을 갖고 있었다. 그리고 점칙店則이나 가훈 등을 제정하여 자손이나 봉공인奉公人†에 대한 가업 경영의 규범으로 삼았다. 점칙이나 가훈이 상가의 자손이나 봉공인을 교육할 때의 기준이 되기도 했다는 것은 상상하기 어렵지 않다.

이렇게 무사·민중을 막론하고 이에가 사회 편성 상의 단위인 점에서 다이묘가도 상가도 농가도 모두 이에의 존속을 우선 무엇보다도 중요한 것으로 여겼다. 특히 이에의 존속은 후계자의 자세에 좌우된다. 이러한 시각이 아동에 대한 교육적 관심을 높였던 것이다. 이에의 재생산은 이에의 후계자가 되는 자제의 교육에 달려 있었기 때문이다. 반대로 말하면 이에는 사회를 구성하는 가장 기초적인 단위이면서 누구나 태어나서 맨 처음 속하는 일차 집단이며 이후의 생육 과정에서도 기초적 집단이었기 때문에 이에는 인간 형성의 가장 중요한 기반이 되었다. 여기서 이에

---

* 집의 출입구나 방의 칸막이로 늘어뜨리는 짧은 천. 중세의 에마키모노에 자주 등장하는데 방의 출입구에 많이 사용되었다. 근세초기부터는 상가에서 사용되어 상표나 옥호 등을 그려 넣었다. 근세전기의 가부 나카마가 형성되는 과정에서 상점의 신용과 영업의 권리 등의 의미로 전용되기 시작했다. 오랫동안 일한 봉공인이 주가에서 자금을 제공받고 별가나 분가로 독립해 갈 때 본가로부터 노렝을 받는다暖簾分け. 이를 통해 주가를 정점으로 하는 의제적인 이에 질서로 포섭된다.

† 주가를 섬기는 종자로 가신. 다른 집에 고용된 사람들의 호칭. 호우코우奉公란 원래 조정이나 국가의 봉사자를 뜻했다. 무가사회에서는 종자가 주인, 주가를 위해 전쟁에 참가하거나 일상적인 근무, 또는 농촌이나 상가와 일시 계약을 맺어 그 일에 종사하는 자 등 폭넓은 의미로 사용된다. 무가봉공인, 농촌봉공인, 상가봉공인등 다양한 형태의 봉공인이 존재했다. 에도 시대에는 봉공 계약서奉公人請状가 존재했는데, 계약서에는 봉공인의 출신 및 신분, 봉공 기간, 급여, 지급 방법에서 병이나 봉공인이 몰래 도망갔을 때의 의무까지도 기록되어 있다.

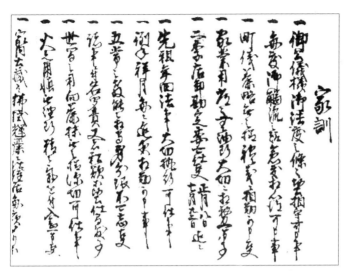

[그림4-1] 니시무라이에 가훈(西村彦兵衛家文書) : 교토의 상인인 조게야象牙屋의 니시무라 西村씨의 3대손 히코베彦兵衛가 1792년에 정리했다고 전해진다. 사진의 가훈을 비롯해 상업을 하는 향주·부처·봉공인의 마음가짐 등 여러 분야에 걸친 훈계가 조항별로 기록되어 있다.

교육의 필요성이 발생한다. 가훈家訓이 교육사의 중요한 주제가 되는 이유가 여기에 있다. 교육사에서 가훈의 연구는 이리에 히로시入江宏의 대저서가 현재의 연구 수준을 대표한다.[1]

이에의 자제에 대한 교육 책임은 가장·부모에게 있었다. 교육의 책임은 원칙적으로는 부친에 있었다. 그러한 이유로 직업적인 교육은 사제 관계가 부모 자제의 관계에 대비되었다. 상업뎃치商業丁稚[*]나 직인職人·도제제, 예능을 전승받는 내제자內弟子[†]도 모두 교육적인 관계가 부자의 관계에 대비되고 있었다는 점에 주목해야 한다. 거기에는 부모 즉 '오야가타'와 '오카미상'의 역할이나 자세가 포인트가 된다. 도제제의 교육 원리는 이러한 의제적인 부자 관계를 통해 이루어졌다. 현재의 스모相撲 세

---

[*] 직인이나 상인의 이에에 1년 계약으로 봉공하는 연소자. 잡역에 종사.
[†] 스승의 집에 함께 기거하면서 가사 등을 도우며 수련하는 제자.

계에 존재하는 헤야部屋 제도에는 '이에'를 단위로 한 도제제의 교육 체계가 여전히 남아있다.[2]

공동체의 교육

전술한 것처럼 서민들은 개인으로 존재하지 않는다. 우선 이에에 예속되며 이에는 촌락 등의 지역 공동체에 예속된다. 공동체는 공동체에서의 생존을 보장하고 보호하는 기능을 갖는 반면 구성원에 대한 강한 규제력을 갖는다. 아동들은 그들이 속한 이에의 아동이면서 마을의 아동이기도 했다.

아동을 '이치닌마에一人前*의 촌민으로 양육하는 것은 공동체의 재생산과 관련되는 아주 중요한 공공적 사항이었다. 유아기 과정에는 비교적 부모의 규제와 보호 아래 있었다. 그러나 한편으로는 자기 부모가 아닌 다른 집의 부모와의 사이에 '가리오야仮親†'라는 형식으로 부자 관계가 형성되기도 한다. 예를 들어 출산 과정에서 처음으로 아이를 받아내는 조산모를 '도리아게오야取上親'라고 하며, 처음으로 아이에게 수유를 하는 '지쓰케오야乳付親', 튼튼하고 건강한 아이로 성장하도록 기원하며 아이를-가리오야에게- 맡기는 역할을 하는 '히로이오야拾親', 아이의 이름을 지어주는 '나즈케오야名付親' 등이 있다. 이처럼 아이가 세상에 나오면 그 주변에 몇 사람의 의제적인 부모가 발생하면서 한 명의 아이의 성장에 관계하게 된다. 그들은 모두 부모의 자격으로 그 아이와 특별한 관

---

* 이치닌마에. 일본국어대사전에 따르면 '이치닌마에一人前'란 한 사람의 성인에게 할당된 분량, 성인, 성인으로서의 자격이나 능력이 있는 것, 기능 등이 보통 사람들과 비슷할 정도의 능력을 가진 사람 혹은 그 세계에서 통용될 정도의 능력을 소유한 것 등으로 서술하고 있다. 여기서는 '이치닌마에'으로 번역하였다.
† 일시적으로 부모의 역을 대신하는 사람. 가친.

계를 일생 동안 지속하면서 아이의 성장을 지켜보게 된다. 그 이외에도 여자가 처음으로 이를 검게 물들이는 이른바 '가네쓰케鐵漿付'를 할 때의 '가네오야鐵漿親'-후데오야筆親-나 남자의 성년식에 모자를 씌워주는 '에보시오야烏帽子親' 등도 '가리오야'의 한 형태이다.

더욱이 임신 5개월째의 '오비이와이帶祝' 이후 성년이 되는 과정에서 빈번히 거행되는 통과 의례에는 반드시 주위의 부모들과 함께 공식共食-함께 모여 식사를 하는 것-이 이루어졌다. 공식이란 그 아이의 성장에 관계된 촌락민의 네트워크를 재확인한다는 의미이다. 함께 식사를 하면서 신체화-서로 신체적으로 접촉하는 과정-하면서 아이를 보호 양육하는 사람의 연대감을 의식하는 것이다.

또한 여아의 경우 칠팔 세가 되면 자매나 가까운 친척 등 특정한 아동을 돌보는 아기보기-고마모리子守-를 시작한다. 아기보기는 대체적으로 열다섯 살 무렵까지 계속된다. 단 여자 아이 혼자서 단독으로 하는 것은 아니다. 아기보기를 하고 있는 여아가 촌락에 또래 집단을 만들고 그 중에서 연장자가 연소의 여아를 돌본다. 즉 촌락의 여자 집단이 마을의 어린아이를 집단으로 돌보는 관계를 말한다. 이 아기보기는 아동 집단이기 때문에 일종의 놀이문화라는 측면도 있지만 유아가 촌락의 여성으로 성장해 가는 아주 중요한 과정-즉 여자 교육의 하나-으로 간주되었다. 연소자를 돌보는 과정을 통해 자신에 대한 자각 의식이 높아지는 것이다. '아기보기'의 관계 즉 돌보는 대상이 되는 아이와 그 아이를 돌보는 여아와의 사이에는 그 후에도 특별한 관계가 지속된다. 아이에게 중요한 상담자가 생기는 것이다. 친자 관계는 아니지만 자매 관계와도 약간 다른, 다시 말하면 나이가 조금 많으면서 친근하게 돌봐주는 아이가 아니면 하기 힘든 역할을 맡게 되는 것이다. 이는 복잡 다양한 인간관계 안에서 사람의 성장에 다수의 사람이 깊은 관계성을 맺는 좋은 사례일 것이다. 아기보기에는 아이의 성장에 밑바탕이 되는 사람들의 깊은 관계가 작용하고 있었다.

남자는 여자의 아기보기의 연령에 해당되는 고도모구미 집단에 예속되어 촌락 내에서 고유의 역할을 맡았다. 고도모구미 상위 집단이 보통 15세를 넘으면 와카모노구미에 가입하여 와카모노야도若者宿에서 매일 밤 합숙하는 공동생활에 들어간다. 와카모노구미에서 촌락의 체험을 통하여 촌락의 이치닌마에로 성장해 간다. 남자아이들이 가입하는 와카모노구미가 있다면 여자에게는 무스메구미가 있었다. 이 두 그룹은 마을의 연애나 결혼에 관계되는 측면도 갖는다. 고도모구미, 와카모노구미, 무스메구미 등의 실태는 야나기타 구니오柳田國男을 비롯한 민속학 연구를 통해 상당 부분 밝혀졌다.

아무튼 촌락 공동체의 아동 양육에서 이치닌마에가 되는 과정은 개인의 문제가 아니라 공동체 전체의 문제였다. 많은 사람들이 아이를 둘러싸고 네트워크를 형성하면서 아이 양육에 관련되었다. 이러한 사람들의 집단 내부에서 아동은 필요한 지식이나 마음가짐을 말이 아닌 마음과 몸을 통하여 자연스럽게 배웠던 것이다.[3] 그리고 자녀 양육에 관계된 대인관계가 안정되어 있다는 것이 아이들이 안정적으로 성장해 가는 기반이었다는 사실에 주목해야 할 것이다.

도제제의 교육체계

전술했듯이 도제제에도 이에의 원리가 살아 있었다. 직인 도제의 경우를 예로 들어보자. 도제는 직인에게 입문하여 연계봉공年季奉公의 계약을 맺으면서 '오야가타親方·고가타子方'와 같은 가리오야코假親子 관계를 체결하여 함께 거주한다. 즉 친부자 관계처럼 함께 생활하며 오야가타에 노동력을 제공하면서 필요한 직업 기술-직능-을 습득하여 자립하는 것이다. 부자 관계이기 때문에 의식주는 보장되지만 원칙적으로 급여는 없었다. 직업 기술을 배워 자립한 뒤에도 부자·사제 관계는 지속된다.

도제제라고 하면 직인의 기술을 전승하는 도제를 연상할 것이다. 그러나 도제제는 직인세계에만 존재한 것이 아니다. 상가의 뎃치봉공丁稚奉公도 도제제이다. 유소년 시절부터 상인의 가주에 들어가 살면서 무급의 견습 봉공부터 시작하여 점차 상인으로서 필요한 노하우를 배우며 상술을 몸에 익혀간다. 이것도 상업 도제제인 것이다. 글을 모르는 아이들의 대부분은 이 과정에서 선배들에게 글을 배웠다.

전통적인 예도·예능의 세계나 혹은 스승과 함께 생활하는 내제자 제도 역시 도제제이다. 춤이나 라쿠고落語·노가쿠能樂 등 예도의 세계는 물론이고 장기나 바둑과 같이 승부를 목적으로 하는 세계에서도 스승 밑에 내제자로 들어갔다. 장기의 세계에서는 최근 20년 전까지만 해도 내제자 제도가 남아 있었다. 또 여자의 '교양 교육 봉공'의 성격이 짙었던 여중봉공女中奉公* 역시 도제제의 일종이다. 일정 기간 다이묘나 높은 봉록을 받는 무가 저택, 혹은 대상인의 저택에서 '여중'의 자격으로서 봉공하면서 가사 노동에 종사한다. 이러한 노동을 통하여 그 집안의 예법이나 언어 사용, 마음가짐이나 교양, 여러 가지 예능 등을 몸에 익히면서 여성으로서의 평가를 높이게 된다. 이때에도 역시 대부분이 무급이었다.

현재의 스모 세계에 존재하는 오야가타를 선택해 제자로 들어가 '헤야部屋'에 속하는 스모헤야제도도 도제제의 하나다. 제자로 받아들인 오

---

* 조추, 남의 집이나 여관 등에서 주인과 함께 살면서 가사나 청소 등의 잡일을 하는 여자.

야가타 밑에서 함께 거주하면서 다른 선배 제자들과 함께 생활한다. 이런 과정을 통해 전문적인 지식·직능이나 기능은 물론 그 세계의 예법에서부터 마음가짐까지 모든 것을 심신을 통하여 몸에 익히는 교육 체계가 작용했던 것이다.

도제제에서 스승師匠은 언어를 통해 적극적으로 가르치지는 않는다. 이른바 모델을 보이는 것만으로 제자로 하여금 스승의 숨소리 하나하나까지도 그대로 닮아 배우게 만드는 체계였다. 이와 같은 예능의 습득 과정에 대하여는 많은 선행 연구서가 나와 있다.[4]

가쿠몬주쿠學問塾의 교육은 그것이 학문 교습의 장이었다는 점 때문에 종종 학교적인 기능을 갖는 교육기관이라 생각하는 경향이 있다. 이는 근대적인 시선에 다름 아니다. 오히려 그것은 도제제적인 근세적 교육의 하나로 보아야 하지 않을까. 학문에 뜻을 둔 자는 자신이 선택한 스승에게 제자로 들어간다. 가능하면 스승 밑에서 기숙하면서 일종의 '서생'으로서 스승과 함께 생활하며 가까이 접촉한다. 이 관계 속에서 학생 스스로 학문을 닦아가는 교육적인 환경이 조성된다. 그것은 도제제의 교육 체계와 원리가 똑같다. 오가타 고안緒方洪庵의 데키주쿠適塾*에 기숙했던 후쿠자와 유키치福澤諭吉가 『후쿠옹자전福翁自傳』에서 묘사한 데키주쿠의 학문 수련 광경은 가쿠몬주쿠가 도제제의 교육 체계의 일종임을 말해준다. 히로세 단소廣瀬淡窓의 간기엔咸宜園†이라는 가쿠몬주쿠의 기숙료寄宿寮는 멀리서 온 학생을 받아들이기 위한 기숙사 시설이었던 것은 사실이

---

* 오가타 고우안이 오사카에 개설한 난학 주쿠로, 자신의 자를 따 適適齋塾약칭하여 데키주쿠라 했다. 입문자는 3000명을 넘었다고 한다. 이곳에서 후에 후쿠자와 유키치 등 메이지 시대의 중요한 역할을 담당한 인물이 많이 배출되었다.

† 1805년에 히로세 단소가 개설한 주쿠. 개방적이었으며 문인자가 3000명을 넘었다. 1893년까지 존속.

나 단지 기숙 시설에 그쳤던 것은 아니다. 그것은 히로세 단소의 시나 일기류에서 충분히 알 수 있다. 스승 밑 선배들과 공동으로 생활하면서 배우는 것 자체가 갖는 적극적인 교육적 의미를 자각했던 것이다. 그것이 내제자의 교육 체계 원리와 동일한 원리로 이루어진 제도였음을 놓쳐서는 안 된다.

그것은 학교에서의 문자나 언어에 의한 학습과는 달리 생활 속에서 심신을 통하여 전승되는 지식이나 기예와 같은 것이었다. 언어로 전달되는 근대 학문과는 질이 다른 지였다. 본디 근세의 학문은 근대지近代知와는 질이 다른 것으로 구성되어 있었다. 따라서 경서의 '소독素讀'-이는 '텍스트의 신체화'라 할 수 있다-에 기초한 학문의 의미는 그 교육법과 함께 새롭게 고찰되어야 할 문제인 것이다.

* * *

-칼럼- 이에모토제도家元制度는 교육 체계이다
　　-유예 수련遊芸稽古의 보급

근세는 서민들 사이에 유예遊芸-이른바 예능-가 유행한 시대였다. 근세에 보급된 유예는 본래 왕조 귀족들의 사교상의 놀이 문화였던 각종 아악雅樂이나 공놀이蹴鞠 등에 기원을 가진 경우가 많다. 이러한 왕조적인 유예 문화는 중세가 되면 상층 무가층에도 보급된다. 근세는 유예 인구가 급증한 시대이다. 먼저 문무양도文武兩道를 표방한 막번 영주층은 무예 이외에 귀족적인 예문주의禮文主義 행동을 표방했기 때문에 귀족 문화 전통에 관심을 보였다. 그 때문에 이들 새로운 권력자들은 차도茶道나 노能 등의 선생을 초대하여 유예를 적극적으로 수용하려고 노력했다. 학문-유학-뿐만 아니라 와카·차도·꽃꽂이·노 등이 무가들이 익혀야하는 '취미'나 '교양'이 되었던 것이다.

그러나 근세의 유예 인구의 급증은 역시 도시 인구 층에서 두드러졌다. 그것은 사회가 안정된 겐로쿠기(1688년) 이후부터 일반화되기 시작해 서서히 농촌까지 번져갔다. 장르도 다양하여 렌카恋歌 · 하이카이俳諧 · 노우타이能謡 · 차도 · 꽃꽂이 · 서도 · 그림 · 문향聞香 · 바둑 · 장기 · 거문고 · 피리 · 북 등이 보급되었다. 예를 들어 차도로 유명했던 센케千家 삼형제―소탄宗旦의 자제들로 소사宗左 · 소슈宗守 · 소시쓰宗室―가 번에 적을 둔 신분이었으면서도 평생을 교토에서 살았던 것은 교토의 상인町人 중에 차도를 애호하는 제자가 많았음을 단적으로 보여주는 것이다.

유예 보급의 사회적 배경을 생각해 보자. 첫째, 경제적인 성장이다. 경제적 · 시간적 여유가 유예를 즐기게 만들었다. 둘째, 유예의 매력이다. 유예에서는 일반적으로 본명과는 별도로 예명이나 아호를 가진다. 이를 통해 구속 사항이 많았던 세속의 신분을 벗어나 여러 예술 세계에서 변신할 수 있다. 서민이 자기 해방 · 자기 표현할 수 있는 매력에 충만한 세계였다. 물론 그 만큼 위험한 것이기도 했다. 예능에 열중하다 보면 가업을 망치기도 하기 때문이다. 이하라 사이카쿠井原西鶴의 『일본영대장日本永大藏』 제2권에는 유예 때문에 신세를 망친 사카이의 상인이 묘사되어 있으며, 또 미쓰이 다카후사三井高房의 『정인고견록町人高見錄』(1728년 성립)에는 지나치게 예능에 몰입하여 몰락한 호상豪商 17명의 사례가 나와 있다. 자손에게 보여준 가훈 등에도 거의 예외 없이 과도한 유예를 경계하는 문구가 포함되어 있다. 이러한 사실은 그만큼 유예의 매력이 컸음을 보여주는 것이다.

셋째, 유예는 혼자서 은밀히 즐기는 것은 아니다. 살롱적인 사교의 장이 있어야만 성립할 수 있었다. 즉 유예는 '친교의 문화', '동인連'의 문화였다. 문화적인 유예를 매개로 사람들이 연결된다. 이러한 이유로 유예 동인들은 생활이나 생업과는 다른 '사회'를 구성하고 있었다. 물론 그러한 관계가 상업-생업- 등에 활용된 경우도 적지는 않았을 것이다. 아니 오히려 상거래를 목적으로 예능의 동인에 들어갔던 경우도 틀림없이 있었을 것이다. 사실 마을의 하이쿠 애호가들의 네트워크가 양봉업이나 그 유통 루트와 중첩되어 있다는 연구도 있다.[1] 그러한 '친교 문화'에서는 유행을 타기 쉬운 유예보다는 공가公家나 다이묘들까지도 애호하는 격조 높은 고전적인 유예가 선호되었다.

서민들 사이에서 유예 애호가가 늘어나게 되면 초보자들에게 수련穡ᆢ을 시켜주는 선생이 필요해진다. 이른바 마을선생町師匠이 그들이다. 최고의 예를 보유한 유명한 선생은 다이묘 등 권력자들을 가르치기 때문에 다수 서민들을 수련할 기회는 없다. 따라서 그들의 제자들이 '현인玄人'으로서 마을선생 역할을 하게 되는 것이다. 이는 예능을 생활로 하는 예도자들이 특정한 후원자 없이도 직업으로성립하는 시대가 되었음을 의미한다. 이러한 마을선생의 증가가 이에모토제도를 성립시켰다. 이에모토제가 성립한 시기가 예술 인구가 증가한 겐로쿠기 이후 17세기말에서 18세기 전기까지의 시기와 거의 일치하는 것은 우연이 아니다. 차도·화도華道 등의 유예가 '도'라는 이름을 달아 '예도'화 되는 것도 이시기와 겹친다.

원래 예능의 스승은 제자에게 면허장을 전수했었다. 초기의 이에모토도 면허개전제免許皆傳制를 취했기 때문에 비법을 다 전수받은 수제자들은 새로운 이에모토를 개설할 수 있었다. 그러나 다수의 마을선생의 등장과 함께 새로운 분파가 금지되고 면허개전제에서 일자상전제一子相傳制*로 바뀌면서 이에모토제가 확립되었다. 그것은 면허장 전수권을 이에모토가 독점한다는 것을 의미한다. 여기에는 통제에 따르지 않는 제자를 파문시키는 권한까지도 포함되어 있었다. 이

---

* 학문이나 기예의 비결을 모든 제자에게 전하는 것이 아니라 자기의 한 자식에게만 전하는 제도

리하여 마을선생은 비록 스승으로부터 예명을 받았다 해도 예능을 가르치는 수준에 그쳤다.

이에모토가 독점한 것은 면허장 전수권만이 아니었다. 대본台本이나 텍스트 등 교재의 저작이나 출판, 예능의 '틀型(가타치)'나 연출 등을 통제하는 권한까지도 독점했다. 여러 방식으로 이에모토 밑으로 돈이 모이는 경제적인 통제도 여기에 부수되어 있다. 즉 대량으로 늘어난 예도 애호 인구를 바탕으로 그들에게 수련료를 받으면서 예능을 가르치는 마을선생이 있고 그 정점에 절대적인 권위와 권한을 가진 이에모토가 군림하는 체계가 이에모토제였다. 마을선생은 이에모토의 예능을 양적으로 확대 재생산 하는 중간적 존재이다. 이에모토제는 이에모토의 가예의 확산이나 분열을 막으면서 가예 권위의 영속화를 도모하는 교묘한 체계였다. 마을선생은 이에모토의 예능을 정해진 방식으로 가르치는 것만이 요구되었기 때문에 예도자로서의 개성적·창조적인 활동은 정체되고 자유 없는 형식 묵수를 할 수 밖에 없었다. 이에모토제 하에서 예능의 새로운 발전은 기대할 수 없었던 것이다. 이는 불교계에서의 봉건적인 사원본말제寺院本末制와 비슷했다.

이러한 이에모토제는 예능의 발전을 저해한 봉건적인 체계라 하여 지금까지 부정적으로 평가되기도 했다. 확실히 그러한 면이 있었다는 것은 부정할 수 없다. 그러나 그것은 서양 근대의 '예술'관에 근거한 일방적인 평가이기도 하다. 관점을 바꾸어 보면 이에모토제의 역사적 의미도 달라진다. 예를 들어 이에모토제는 '교육 체계'로 볼 수 있다. 유예의 대중적인 보급이 이에모토제를 만들어 내었다고 앞에서 언급했다. 다시 말하면 다수 대중이 왕조 문화에서 기원한 예능과 '전통 문화'를 수용할 수 있게 된 역사적 단계에서 그들에게 수련을 실시하고, 문화를 전달하여 보급하는 역할을 마을선생이 담당했던 것이다. 즉 이에모토제는 각종 예능의 대중화에 커다란 공헌을 했다.

예능은 세련된 근세인이 몸에 익혀야 할 문화적 소양이었다. 이렇게 보면 그것은 근세인에게 일종의 '교양'이었다. 마을선생이 근세적인 교양을 가르치는 교사였으며, 이에모토제는 그 교사를 조직적으로 재생산하는 문화와 교육의 체계로서 기능했다. 더구나 이에모토제 하에서는 여러 예능의 사범에게 부여되는 면허장에 일정한 기준이 있었기 때문에, 예능에 일정한 수준이 유지되어 근세인의 '교양' 수준을 유지하는데 공헌했다. 또 막말유신이나 근대화라는 극적인 사회적 변화에도 불구하고 전통문화가 오늘날까지 유지되어 온 것도 이에모토제가 지닌 '전승력'에 힘입은 바 크다.

덧붙인다면 일부의 화도나 차도를 제외하면 예능 인구의 대부분은 남자들이었다. 이는 유예가 사회적인 친교에 요구되는 사교 문화였다는 점과 관련된다. 예능의 세계에서 여성이 늘어나는 것은 근대에 접어들어서도 상당한 시간이 지나면서 비로소 가능했던 것이다. 오늘날처럼 '오케이코고토お稽古事(교양을 위한 수련)'의 대부분을 여성이 차지하게 된 것은 대체로 전후에 나타난 현상이라 할 수 있다. 동시에 남자들의 사교문화가 선술집이나 가라오케, 골프 등으로 바뀌었음을 생각할 때, 현대 일본의 사교는 문화적인 면에서 참으로 빈약하다고 하지 않을 수 없다.

주

1) 杉仁, 『近世の地域と在村文化』, 吉川弘文館, 2001年.

쓰지모토 마사시

* * *

2. 근세의 종교와 교육

사원본말제와 데라우케제도

제도화된 학교가 교육을 대표하는 근대에 비해 근세는 조직화되지 않은 사회에 의한 교육이 많았다. 근대의 용어를 빌리면 사회교육이나 사회교화에 해당된다. 따라서 근세의 교육사 연구의 대상을 명확한 형태로 한정하는 것은 곤란하다. 극단적으로 말하면 무엇을 교육으로 간주하는가는 그것을 보는 연구 주체에 따라 달라진다. 즉 '교육의 눈'으로 해석할 수 있다면 어떠한 현상도 교육사의 대상이 될 수 있는 것이다.

여기서는 근세의 제도화된 종교와 민중들의 참배參詣 여행을 사례로 들어 교육사의 시점에서 그 의미를 생각해 보자.

근세의 정치권력은 엔랴쿠지延曆寺나 일향반란一向一揆* 등 중세 종교세력을 군사적인 힘으로 굴복시킴으로써 성립되었다. 따라서 근세의 권력은 종교를 정치 지배 아래 종속시켜야 했다. 막부에 의한 종교-불교- 통제는 사원법도寺院法度를 통해 법적으로 사원을 규제하는 이른바 사원본말제寺院本末制의 확립으로 구체화 되었다. 그 결과 전국의 모든 사원은 종파별로 어느 하나의 본산本山·본사本寺의 지배 하에 강제적으로 종속되었으며 본산 자체는 막부의 사사봉행寺社奉行으로부터 정치적으로 지배받았다. 다시 말하면 불교 사원이 종파를 단위로 계열화·제도화·조직화가 진행된 것이다. 사원본말제 하에서 본산·본사와 말사의 관계는 다이묘 영주와 그 가신의 봉건적 주종 관계와 유사한 형태를 띠었다. 교의

---

* 무로마치, 센고쿠시대에 긴키近畿, 호쿠리쿠北陸, 도카이東海 지방에 일어난 일향종 정토진종 문도의 반란. 승려·문도의 농민을 중심으로 명주·지주가 연합하여 미즈노 다이묘·장원 영주와 싸웠다.

나 교학의 전수, 말사 주지의 임명 및 파면권은 물론 교단 내부의 종정 일체를 본산·본사가 장악하고 있었다.

본산은 교의·교학을 연구하는 동시에 자파의 승려를 양성하기 위한 학문·교육 기관을 종파 단위로 갖추고 있었다. 종파에 따라 호칭은 다르긴 하지만 단림檀林·학료學寮·학림學林 등으로 불리는 것이 그것이다. 막부가 승려들이 포교 등의 종교활동보다는 교단 내에서 학문과 교육을 하도록 장려했기 때문에 종파의 교의 연구가 더욱 체계화되고 정밀해졌다. 반면 새로운 교의新義나 다른 교의異義는 엄격하게 배제되고 종학宗學이 고정화되었다. 불법이 왕법에 종속되는 현상은 제도 측면만이 아니라 교의 측면에서도 확고해졌다.

막부는 사원을 민중 지배의 수단으로 동원했다. 기리시탄-기독교-을 근절하기 위해 도입된 데라우케제도寺請制度는 모든 사람을 특정 사원의 단가檀家로 만드는 제도였다. 즉 누구나 '이에'를 단위로 하여 특정한 단나데라檀那寺를 갖게 강제했다. 기독교인이 아니라는 것을 단나데라가 증명하는 데라우케寺請의 종문개宗門改가 매년 실시되고 모든 주민이 기재된 종지인별장宗旨人別帳(종문인별개장宗門人別改帳)이 작성되었다. 이 인별장은 모든 주민의 종교적 귀속과 거주 등의 실태를 파악하는 일종의 '호적' 대장과 같은 의미를 지녔다. 여기서 종교는 개인의 신앙과는 다른 차원에서 기능한다. 여행이나 봉공, 혼인 등을 할 때 이 인별장에 근거하여 단나데라가 발행하는 종지수형宗旨手形(데라우케증문寺請証文)이 마치 오늘날의 여권처럼 요구되었다. 이러한 사례가 보여주듯이 사원은 민중에 대한 행정 지배의 말단을 담당했던 것이다.

데라우케를 제도적인 기반으로 하여 민중의 일상생활 자체가 불교(사원)와 결합될 수밖에 없었다. 장례나 법요法要 등 망자에 대한 불교 의례를 사원이 담당함으로써 불교가 서민들의 생활 속에서 일정한 지위를 차지하게 되었으며 불교 의례는 생활 속에서 습속화되어 갔다. 어느 곳에나 가까운 곳에 사원이 있고, 어느 누구를 막론하고 단나데라나 승려와 다양한 장면에서 관계를 맺었다. 이러한 관계는 장례나 법요까지 포함한다면 실로 사후의 세계로까지 이어졌던 것이다.

촌락의 교사가 된 승려들

사람들이 가깝게 접촉하는 단나데라의 승려는 젊은 시절에는 중앙의 본산에서 학문을 닦으며 종파의 교의를 배우는 등 일정한 수행 과정을 마치고 온 자들이다. 그리고 대부분의 본산은 교토나 나라에 있었다-물론 에치젠越前의 에이헤이지永平寺(조동종曹洞宗)나 가이甲斐 미노부산身延山의 구온지久遠寺(일련종日蓮宗)처럼 교토·나라 주변에 위치하지 않은 본산도 존재했다-. 따라서 마을의 승려의 대부분은 이전에 학문이나 문화의 중심 도시에서 배웠던 지식인들이었다. 이처럼 근세 승려의 대부분은 일반 서민과는 어느 정도 거리 있는 문화와 지식과 권위를 가지고 있었다. 즉 그들은 마을에서는 소수인 '재촌在村 지식인'에 속하면서도 종교적 교의에 정통한 마을의 교사라는 양면성을 다소간 지니고 있었다.[5]

그러한 문화나 종교상의 권위를 배경으로 승려가 마을의 문도들에게 법화와 설교를 행한다. 종교나 신앙에 관한 것만은 아니었을 것이다. 때로는 왕법-정치-에 대한 복종이나 근면·검약·효양 등 일상적·통속적인 도덕훈화도 틀림없이 했을 것이다. 또한 본당을 이용하여 마을의 아동들에게 데나라이나 학문을 가르치는 경우도 드물지 않았음은 이미 많은 사례를 통해 밝혀졌다. 지바현·군마현·가나가와현의 '필자총筆子塚'-필총-을 모두 조사한 『필자총자료집성筆子塚資料集成』(國立歷史民俗博物

[그림4-2] 필총(필자총)의 예
지바현 훗쓰시**富津市** 료센지**了專寺** 경내에 있다. 1860년에
사망한 승려의 묘. 기단에 `필자중筆子中`이라 새겨져 있어
데나라이 제자들이 건립한 것임을 알 수 있다.

館)에 따르면 지바현에서 확인된 '필자총' 3,310기 중 거의 절반이 승려의 것이다. 데나라이 교사 중에 승려가 얼마나 많았는지를 보여주는 자료다.[6]

이처럼 근세의 승려는 마을의 '지식인'이면서 어느 정도 교사로서의 성격도 가지고 있었다. 승려가 갖는 문화성과 교사성은 그들이 마을의 외부에 위치한 본산과 문화적으로 연결되어 있다는 데서 비롯된다. 외부와의 문화적 연결은 마을 안에서 그들에게 권위를 부여하는데 큰 의미가 있었다.

본산 참배 여행

근세의 민중은 정치적 통제를 목적으로 한 단가제와 사원본말제 등의 불교 제도에 의해 제약을 받았다. 그런데 이 제도들은 또한 본산 참배를 명목으로 한 서민들의 여행을 가능케 했다. 근세의 민중은 일상적인 공동체 질서에서 탈출할 기회가 많지 않았다. 그런 대다수 민중들에게 본산에 참배하는 여행은 비교적 실현하기 쉬운 일생의 꿈이었다. 그것은 순수한 신앙의 순례라기보다는 오히려 절반은 '관광'을 겸한 여행이라고 보는 편이 옳을 것이다.

대개 정기적으로 선남선녀들이 몇 개의 그룹으로 나누어 단나데라 승려의 인솔로 본산 참배 여행을 떠난다. 교토나 나라는 본산이 집중되어 있는 도시였다. 규모가 큰 본산 주변에는 예외 없이 참배 문도들이 묵을 수 있는 저렴한 여관과 토산품점이 즐비하게 늘어선다. 마을을 벗어날 기회가 극히 적은 지방의 민중들은 본산 참배를 구실로 단조로운 일상에서 벗어나 다른 지방이나 도시를 견문·체험하게 된다. 그 여정에는 여러 곳의 명소와 유적지가 포함되어 있었다. 본산 주변의 숙소나 토산품점은 지방의 민중들이 원하는 정보를 제공하고, 상품도 갖추고 있었다. 본산의 거리町-문전거리門前町-는 신앙과 사람과 정보 그리고 상품이 교차하는 '관광도시'였던 것이다.

이러한 참배자의 체험을 통해 단순히 지식만이 늘어나는 것은 아니다. 그들이 보고 들은 것은 자신들이 사는 마을이나 자신의 존재 자체까지도 상대화시켜 바라볼 수 있는 계기가 되었음에 틀림없다. 그들이 경험한 여행은 때로는 자기 인식을 바꿀 수 있는 계기가 될 정도로 인간 형성에 중요한 의미를 가졌던 것이다. 그들이 체험한 것은 빠짐없이 마을 사람들에게 '풍물이야기'로서 회자된다. 여행의 경험은 그들이 사갖고 돌아온 토산품과 함께 새로운 지식과 정보 전달을 공유하게 만드는 기회이기도 했다. 이처럼 교육사의 시점으로 보면 다양한 의미를 찾을 수 있을 것이다.

신앙을 구실로 한 여행은 본산 참배만이 아니었다. 예를 들어 이세참궁伊勢參宮, 곤피라金毘羅 참배, 시나노의 젠코지善光寺 참배 등, 지방 곳곳에

서 다양한 신앙의 문화권=여행의 문화권이 성립되었다. 근세에는 숙박지의 역까지 포함한 교통망의 정비와 여행자의 안전을 위해 막부나 번에서도 여행자의 보호를 위한 법적 체계가 정비되었다. 그 결과 근세에는 역사적으로 최초로 서민이 비교적 가볍고 안전하게 즐거운 관광으로 여행을 할 수 있게 된 것이다. 공간의 이동과 '이문화' 체험은 반드시 사람들의 인식을 변화시킨다는 점을 교육의 관점에서 해명할 필요가 있다. 그렇다면 주기적으로 이세신궁에 수백만 명 규모로 열광적인 '오카게마이리御蔭參り'*가 일어난 현상 역시 그런 관점에서 검토할 수 있을 것이다.

3. 사회교화의 운동: 석문심학을 중심으로

사회 변동과 민중

사회 변동 과정에서 비교적 취약한 계층이 보다 강하게 스트레스를 받는다. 사회적인 스트레스에 내몰린 민중들이 그것을 극복하려는 노력은 다양하게 나타났다. 예를 들어 교호기 교토의 상인들 세계에서 시작해 근세에 전국적으로 보급된 석문심학石門心學 운동은 그 전형적인 예일 것이다. 그밖에도 농촌 부락에서는 예컨대 막말에 니노미야 손토쿠二宮尊德†나 오하라 유가쿠大原幽學‡ 등의 농촌 부흥 운동·교화 운동도 있었다.

혹은 오사카 근교에 있는 히라노고平野鄕의 간스이도含翠堂나 오사카 상인들의 가이토쿠도懷德堂의 교육적인 활동도 주목된다. 간스이도는 히

---

* 신의 은택을 얻기 위한 신궁 참배.
† 에도 시대 말기의 독농가. 철저한 실천주의자로 신유불 사상을 바탕으로 한 보덕교報德敎를 창시했다.
‡ 에도 시대 후기의 농촌 지도자. 신유불에 통달, 심학의 영향을 받아 농촌구제를 위해 조직한 선조주조합先祖株組合을 조직.

라노고의 지도자층(칠명가七名家)이, 가이토쿠도는 오사카 상층 상인들(오동지五同志)이 각기 기금을 출연하여 전문 유학자를 교사로서 초빙 고용하고 학교-대학- 시설을 설치하여 일상적으로 학문을 배우면서 외부에도 개방한 교육기관이었다. 가이토쿠도는 막부의 관허를 받아 오사카학문소로 발전하여 상인 사회에 뿌리 내린 독자적인 지적 공공권을 형성할수가 있었다. 오사카뿐만이 아니라 사이고쿠西國* 각지에 있는 다수의 지식인들과 연계하여 지적 네트워크의 중요한 연결점을 이루고 있었다.

간스이도와 가이토쿠도의 예는 경제와 문화의 힘을 가진 민중층이 스스로 학문-유학-을 본격적으로 공부하면서 그 학문의 힘으로 사회의 다양한 문제-스트레스-에 적극적으로 대응해 가려 했던 '자기 교육' 운동이었다. 간스이도·가이토쿠도는 모두 메이지 근대 학제가 시작될 때까지 학문과 교육활동을 지속했다.[7]

또한 19세기에 접어들면 민중적인 신흥 종교나 민속적인 신앙-유행신이나 현세 이익을 위한 신앙 등-이 곳곳에서 등장한다. 이러한 신흥 종교와 신앙은 막번제 사회 질서가 붕괴되는 거대한 구조적 변용으로 인해석문심학의 교화도 미치지 못한 곳에서 공동체 질서로부터 소외되고 배제되어가는 저변의 민중층에게 확산되어 갔다. 예를 들어 여래교如來教-오와리尾張의 기노喜之-, 구로즈미교黑住教-히젠備前의 구로즈미 무네타다黑住宗忠-, 천리교天理教-야마토의 나카야마 미키中山みき-, 금광교金光教-오카야마의 가와데 분지로川手文治郎- 등이 그것이다. 이러한 종교는기존의 정치나 사회 문화, 종교 체계에서 구원받지 못하던 사람들에게구제의 논리와 의지할 곳 다시 말하면 신앙을 주었던 것이다. 이러한 의

---

* 오늘날의 규슈 지방.

미에서 민중 종교는 자체로 하나의 민중 교화·사회 교화의 운동으로서 파악할 수 있을 것이다.

물론 막번 영주들도 나름대로 그 대책을 강구하지 않았던 것은 아니다. 6장에서 보겠지만 미토번의 도쿠가와 미쓰쿠니德川光圀나 오카야마번 이케다 미쓰마사池田光正, 쇼군 요시무네吉宗의 개혁 속에는 이미 선구적인 민중 교화나 구제 정책이 있었으며, 18세기말의 간세이개혁寬政改革에는 민중을 향한 교화가 본격적으로 정책화되었다. 이 부분에 대하여는 후에 살펴보기로 하고, 여기서는 연구가 많이 축적된 석문심학을 교육사의 시점에서 파악해 보기로 한다.

석문심학—바이간학 출현의 의미—

석문심학에 관하여는 지금까지 시조였던 이시다 바이간石田梅岩(1685~1744)의 사상과 교육에 관심이 집중되었다. 특히 사상사 연구에서는 대부분이 그러했다. 확실히 이시다 바이간의 사상을 그의 저술에 기초하여 데시마 도안手島堵庵 이하 바이간의 후계자들과 비교해 보면 바이간의 사상이 가지고 있었던 긴장감이나 어두운 그늘, '우주론적·철학적 의미'[8]가 점차 퇴색되어 갔다는 점을 부정할 수 없다. 도안 이후 후계자들의 석문심학사는 통속도덕화와 어용화라는 점에서 사상적 전락의 역사라는 것이 지금까지의 통설이었다.

그러나 바이간 사상이나 석문심학을 저술된 텍스트 분석에 의해서만 평가하는 것으로 충분할까. 텍스트 분석만으로는 바이간 이후에 석문심학이 보급되고 고양된 사실을 설명할 수 없을 것이다. 교화 운동이라는 시점에서 바이간 사상까지 포함해 재검토할 필요가 있다.

이 부분에 관해 이시가와 켄石川謙의 대저『석문심학사의 연구石門心學

史の硏究』가 있다. 이 책은 심학의 사상사적 연구도 바이간 연구도 아니다. 심학이 얼마나 넓은 지역에서 사회 교화운동으로서 전개되었는가를 실증적으로 전국 규모로 더구나 메이지에 이르기까지 각 시대를 통사적으로 추적한 연구다. 그것은 심학의 교화사이며 그러한 점에서 교육사의 관점이 일관되게 흐르고 있다.

바이간이라는 '유학자'-바이간은 자신을 '유학자'로 인식했다-의 출현이 갖는 의미는 무엇일까. 그것은 당시 경서라는 한문 텍스트로 구성되어 있던 '학문'에 대항하여 문자의 권위에 의하지 않는 '학문'을 새롭게 구성한 점에 있었다. 바이간이 의거했던 '학문'의 근거는 종교와 유사한 그 자신의 '개오체험悔悟體驗'이었다. 그것은 언어적인 주석이나 설명을 거부하는, 자기의 마음이 천지와 일체화되는, 확신에 가득 찬 직접적인 '체험'이었다. 이 지점에서부터 바이간은 문자에 의한 기존의 '학문'을 부정하고 일상을 사는 사람들이 기댈 수 있는 '학문'을 말하기 시작했다. 바로 그렇기 때문에 그의 '이야기'는 문자-한문, 학문-에서 소외된 민중의 마음에 다가갈 수 있었다. 지를 전달하는 미디어를 문자에서 음성으로 전환시킨 점이야말로 '교육의 미디어사'라는 관점에서 볼 때 바이간학梅岩學의 출현이 지닌 의미이다.

그러나 바이간이 시작한 교화='강석講釋'*은 그의 뜻과는 달리 여전히 경서에 기초한 기존의 이야기 방식에 매어 있었다. 바이간 나름으로 청중을 끌어들이는 강석 방식을 고안하려 힘쓰기는 했지만, 후에 도안이

---

* 교사가 학생에게 경서 텍스트의 의미를 강술하는 것을 말한다. 강석은 경서의 본문을 일정한 주소석서를 사용하면서 선생이 학생들 앞에서 텍스트를 해석하며 설명한다. 강석과 동일한 의미로 강해講解, 강서講書, 강설講說, 강경講經 등의 용어가 사용되기도 했다. 각 학파의 학문관에 따라 강석에 대한 이해가 다르다. 예를 들어 안사이학파闇齋學派는 강석을 강조하는가 하면, 소라이학파徂徠學派는 강석을 부정한다. 쓰지모토 마사시저·이기원 역, 『일본인은 어떻게 공부했을까』, 지와 사랑, 2009년 참조.

시작한 '도화道話'와 비교할 때 바이간의 강석은 경서를 인용하면서 거기에 의미를 부여하는 유학 강석의 틀을 벗어나지 못했다.

심학도화의 발명

"거리의 모퉁이에 서서라도 나의 뜻을 사람들에게 전하고 싶다"는 것이 바이간의 '교화의 입지立志'였다. 이러한 스승의 뜻을 충실히 계승한 자가 바이간 만년의 제자였던 데시마 도안이다. 교화사敎化史의 시점에서 보면 도안의 공적은 절대적이었다. 우선 심학 수업心學修業과 교화 활동의 거점으로서 심학강사心學講舎를 연이어 설치했다. 교토의 오사五舎를 시작으로 오사카에 삼사三舎를 설치했고 이후에 에도 그리고 마침내 전국 각지에까지 널리 심학강사를 세웠다. 강사가 확대되는 과정은 교토의 삼사－메이린샤明倫舎, 슈세이샤修正舎, 지슈샤時習舎－를 정점으로 한 심학강사의 조직화 과정이기도 했다. 각지의 심학강사의 인허가는 교토 삼사가 연서한 인감印鑑을 수여하는 것으로 이루어졌다. 이러한 절차가 말해 주듯이 도안은 심학강사에 잘 정비된 지배·종속의 관계를 적용했다.

또 교화의 제일선에 서는 심학자의 육성과 통제에 유의하여 잇달아 정서定書들을 정했다. 「단서병구상斷書並口上」이나 「회우대지會友大旨」 등이 대표적이다. 전자는 일정한 수업을 거쳐 개오開悟에 이른 후 『이시다선생문인보石田先生門人譜』에 등재된 심학자에게 수여되는 증서, 이른바 심학자로서의 면허 자격에 해당한다. 「회우대지」는 심학 수업의 회보석會輔席에서의 집단적·동지적인 학습 방법과 제도를 규정한 것이다. 직제나 학습 서목 등이 자세히 기록되어 있다. 이러한 것들은 모두 심학 보급 과정에서 심학의 수준을 유지하고 교화 운동을 다른 것으로부터 지키는 조직상의 고안으로 볼 수 있다. 그러나 한편으로는 그러한 일련의 과정들이 예능들의 이에모토제나 사원본말제를 연상시키듯이 교화의 근세 문화적 형태로 볼 수도 있다.

그러나 교화자 도안의 탁월한 점은 교화 방법의 개선에 있었다. 그때까지 일률적이었던 강석을 개선하여 성인·연소자·남·녀 별로 강석을 마련하였으며, 교화 대상에 어울리는 내용과 방법을 강구했다. 야간의 성인과는 별도로 7~15세 정도의 아동을 대상으로 주간에 강석을 개설하고 그것을 '전훈前訓'이라 불렀다. 도안이 했던 이야기口話는 문자화되어 『전훈』이라는 제목으로 출판되어 아동을 대상으로 한 교훈 교재가 되었다. 그밖에도 『여아 잠깨우기兒女ねむりさまし』, 『신실어교新實語教』 등 도안이 저술한 출판 교재가 적지 않다. 이것들은 주로 아동을 대상으로 한 것이지만 문자 교재를 사용한 것은 도안이 이야기를 통한 도화道話와는 질적으로 다른 교화의 보급을 염두에 두고 있었음을 의미한다.

석문심학을 교화 운동으로서 성공한 최대의 이유는 '도화'의 '발명'에 있었다. 도안은 바이간의 '강석'을 '도화'로 전환시킨 것이다. 강석-텍스트에 의거해 그 해석을 말하는 것-, 회보會輔-심학수업에 뜻을 둔 도우道友들이 주로 토론 방법을 통해 절차탁마하는 자리-와 구별되는 '도화'가 성립한 것이다.

매스로그의 설교

도화는 고토 히로유키後藤宏行가 제창하는 '매스로그mass-logue'에 해당한다. 자기 내부에서 완결되는 모노로그monologue-독백-나 일대일의 다이얼로그dialogue-대화-와는 달리 매스로그란 "스피치, 강의, 설법 등 특정한 연사가 불특정 다수의 군중을 향해 이야기하는 일종의 구두에 의한 정보 전달 형식"이다.[9] 바이간의 강석은 그의 뜻과는 달리 결국 다이

[그림4-3] 전훈청문도前訓聽問圖 : 데시마 도안은 교화 방법을 다양하게 고안했다. '전훈'은 아동 대상 강석인데 이 그림은 그 모습이다. 정장한 강사가 한 단 높은 강석에 앉아있고, 남자와 여자는 발을 쳐서 구분한 자리에 앉아 같은 강석을 듣고 있다.

얼로그에 그쳤다. 바이간이 남긴 저작과 기록은 그의 강석을 듣고 기록한 것이 아니라 문어체로 정리되어 재구성된 문답이었다. 바이간이 강석하는 모습을 그린 그림은 청중과 같은 평면의 다타미에 앉아 책 받침대를 앞에 두고 있는 자세인데 반해 도안의 그림은 청중보다 한 단 높은 자리에 앉아 다수의 청중에게 이야기를 하는 모습을 하고 있다. 도안의 경우에는 '강사-청중'의 관계가 일방향적이며 추상적인 관계로 바뀌어 있었다.

매스로그에서는 말하는 내용보다도 말하기 기술이나 대중 설득 기법이 본질적인 요인이 된다. 도화의 이야기는 개오자 바이간을 절대화시키는 절대적 진리-개오체험-의 존재를 전제로 성립된다. 그리고 문자가 아니라 구어(이야기)를 통해서만 개오의 마음을 전달할 수 있다는, 바이간이 개시한 '학문관'을 한층 더 철저히 한다. 다만 개오의 마음은 '말귀言句'로 전달 가능한 것은 아니다. '말귀'로는 전달할 수 없으며 "자신이 깨달을" 수밖에 없는 세계를 전달하는 이야기가 도화였다. 그것은 언어적·논리적 표현을 초월하여 청중에 리얼리티를 지닌 '체험'을 야기시키는 이야기가 된다. 즉 심정적인 공감이나 감동을 환기시켜 신체적 수준에서 '체험'시키는 이야기이다. 그것은 "이야기의 퍼포먼스"를 추구하는 것이다.

매스로그에서는 복잡한 논리나 추상적인 개념은 무력하다. "본심을 안다"고 하는 심플한 메시지를 도안은 오로지 일상적인 말로 바꾸면서-'궁리하지 않고', '자기를 버리고', '당연한 것으로'- 말한다. 의태어나 의성어를 빈번히 사용해 현장감 있는 감각을 환기시키기, 비유, 해학, 만담 落語, 와카, 속담, 속어·생활어나 방언, 아주 짧은 단문으로 연거푸 질문하기, 거기에 몸짓, 손짓, 표정, 음성의 고저, 강약, 목소리의 톤 등 '말하기'의 기법이 고안되었다. 말하기 기술은 '도화'의 보급과 함께 발전했다고 볼 수 있다. 나카자와 도니中澤道二·시바타 규오柴田鳩翁 같은 '도화'에 탁월한 심학자가 연이어 등장한 것도 우연은 아니다. 이러한 '말하기의 퍼포먼스'로서의 '도화' 기법은 실은 만담이나 강담講談 등의 말하기 예능으로 그대로 연결되었던 것이다. 아니 오히려 만담 등 말하기의 예능과 서로 영향을 주고받으면서 심학 도화가 출현했다고 보아야 할 것이다. 석문심학의 교화운동도 이러한 예능사의 관점을 겸하여 고찰할 필요가 있다.

'도화'로서 보급된 석문심학의 의미는 무엇인가. 근세 유학은 도덕 교화의 교설이 되면서 비로소 근세 일본 사회에서 의미를 갖기 시작했다. 가이바라 에키켄은 유학을 교화의 언설로 바꾸어 출판이라는 새로운 미디어를 통해 식자층에게 일본어로 쓴 유학서·도덕서를 제공했다. 에키켄은 책을 매개로 독서하는 계층을 대상으로 삼았다(3장 3절 참조). 이에 비해 석문심학은 문자와 독서와는 무관한 대중을 대상으로 하여 '학문'=도덕을 말하기 시작했다. 그때까지 교화할 수 없었던 계층도 교화에 끌어들일 수 있었다. 특히 도안 이후 그것이 본격화되었다. 민중 교화를 과제로 삼았던 간세이기의 위정자-마쓰타이라 사다노부松平定信-가 석문심학에 주목한 것은 당연한 일이었다. 간세이기에 막부는 이시카와지마石川島에 설치한 닌소쿠요세바人足寄場에 심학자를 강사로 의뢰하여 교화를 시작했다. 교토에서도 정봉공町奉公의 후원으로 심학자는 막말까지 민중 교화의 제일선을 담당했다.

또 심학도화는 교화사나 교수 방법사의 시점에서 포착할 수 있는 주제이기도 하다. 스즈키 쇼산鈴木正三이나 반케이盤珪와 같은 불교의 이야기 계보, 쇼헤이코교코몬昌平黌仰高門에서 에도 시민에게 실시한 유학자의 공개 강석(6장 2절 참조)이나 호소이 헤이슈細井平洲의 농민 교화-요네자와米澤와 오와리尾張에서의 농촌 순회 교화 활동- 등, 근세에는 다양한 교화 훈설이 있었다. 간세이기에 구상된 교화 제도-학교적 제도-나 국가적 규모의 교화-종교의 동원-를 구상한 후기 미토학後期水戸學도 있었다. 그러한 교화의 역사 계보 속에서 석문심학을 생각한다면 근세의 교화에서 무엇이 근대까지 이어졌으며 무엇이 사라졌는지 밝혀질 것이다. 근대 일본의 교육 제도는 국가에 의한 국민 교화의 측면을 지녔다. 그렇다면 교육칙어를 축으로 한 '봉독'이나 예배 등의 교화 퍼포먼스를 근세와 관련지어 다시 검토하는 관점이 필요할 것이다.[10]

* * *

-칼럼- 석문심학의 '미디어 전략'

근세 중·후기 전국적인 사회 교화 운동으로 알려진 석문심학. 일찍이 석문심학은 교육사의 주요한 연구 대상의 하나였다. 아니 애초부터 심학 연구는 '교육'에 대한 관심과 결합하여 성립했다고 할 수 있다. 심학은 처음부터 '하등사회의 교육'[1], '평민도덕교'[2] 등으로 주목 받았다. 지금까지의 연구는 대체로 심학의 교육적 의의를 찾아내는 것이 목적이었다.

또한 일본 교육사의 학문적 선구자인 이시카와 겐은 석문심학 연구에도 일생 동안 몰두했다. 근세에 '국민 교육'이 성립했다고 보는 그는 심학이 '하등사회'나 '평민'뿐만 아니라 무사층에도 받아들여졌다는 것을 확인함으로써 '국민' 교화, '국민' 도덕운동으로서의 심학상을 제시했다.[3]

그런데 현재 심학 연구는 그리 활발하지 않다. 심지어 교육사 분야에서 심학 연구는 거의 전무하다 할 수 있다. '국민 교육'의 선구적 형태를 석문심학에서 찾으려 했지만 그것이 드러나지 않았다고 해서 그리 한탄할 일은 아닐 지도 모른다. 그러나 심학 연구 자체가 이미 무의미해졌다고 보기는 이르다. '교육의 사회사'라는 문제틀로 볼 때 심학은 여전히 흥미로운 시사점을 환기시켜 주기 때문이다. 여기서는 심학이 어떠한 미디어 '전략'-무자각적인 전략까지 포함하여-을 통해 사회 속으로 파고들려 했는지 살펴보기로 한다.

제4장에서도 언급했듯이 심학의 '창시자'인 이시다 바이간은 '개오체험'을 계기로 '경서 권위의 절대성'을 '부정'하고 이를 통해 '세간의 학문을 비판할 수 있는 입장'에 섰다. 이는 "문자 텍스트에 기초한 지적인 정통 세계로부터의 일탈"을 의미한다. 바이간은 "책-문자-을 매개로 하지 않으면서 구어-음성언어-를 통해서도 '학문'은 구성될 수 있다는 확신에 도달했"던 것이다.[4] 여기서 문자가 아닌 구술에 의한 학문 방법의 적극적 의미가 발견된 것이다. 이러한 학문관이 마침내 '심학 도화', 즉 수백명의 청중을 대상으로 한 구두로 하는 이야기로 이어

지게 된다.

그러나 한편으로 심학은 문자를 통한 교화도 적극적으로 시도하고 있었다. 예를 들어 바이간은 매달 세 번씩 '월차지회月次之會'를 열었다. 그 모임은 미리 바이간이 서간으로 제시한 '제題'에 제자들이 '답서'를 발표하는 형식으로 진행되었다. 원래 이 형식은 경서를 철저하게 읽는 유학의 학문 방법과는 약간 거리가 있다. 이 형식은 문자 '읽기'로 보기는 어려울지도 모른다. 그러나 바이간이 '지적 정통의 세계'에서 '일탈'했다고는 해도 여전히 문자를 사용하는 계기는 있었다는 점에 주목할 필요가 있다. 이는 "심학은 곧 심학도화"라는 통설적 심학관을 재고할 필요가 있음을 말해주기 때문이다.

심학에서의 문자 사용은 바이간 이후에도 확인할 수 있다. 아니 오히려 문자를 통한 교화는 바이간 시대-1730~40년대 이후-보다도 그 제자였던 데시마도안의 메이와기明和期 이후-1760년대 이후-에 더 적극적으로 이루어졌다고할 수 있다. 원래 문자를 통한 교화 자체가 다양하기 때문에 단순화하기는 어렵다. 여기서는 그 중에서도 '시인施印'의 발행과 도화기록물의 간행이라는 두 측면에 주목한다.

'시인'이란 심학자가 발행한 대략 한 장짜리 인쇄물이다. '시인'의 사용 방법은 아직 충분히 밝혀지지 않았지만, 강석이나 도화를 할 때에 직접 배부되는 경우가 많았다고 한다. '시인'은 "강석이나 도화에서 들려주는 이야기의 요점을 정확하고 강하게 청중의 머리에 각인"시켜 주거나 혹은 "귀로 들은 것을 눈으로 요약해주는" 효과가 있었다고 한다.[5] 즉 '시인'이라는 문자 미디어는 구술에 의한 교화를 보충하는 효과를 지녔던 것이다.

다음으로 도화기록물이다. 도안 이후 도화-강석-의 기록물이 많이 남아 있었다. 왜 구술을 통한 이야기가 문자화되었을까. 이 문제는 보다 주의를 기울일 필요가 있다고 생각된다. 그러한 기록물이 마침내 교화의 미디어로서 명확히 자리매김되어 출판되기에 이른다. 그러면 도화기록물은 어떤 방식으로 읽혔을까. 가능한 한 이야기된 어조 그대로에 '충실'하게 문자로 '바꾸어 기록'하기 위한 노력이 이루어졌다. 그리고 기록물들은 마치 이야기하는 사람이 바로 눈 앞에서 말하는 듯한 감각으로 읽혀졌다. 개중에는 이른바 '대본'처럼 읽어 자신의 이야기로 '재생·재연' 하는 심학자까지 출현하게 되었다. 즉 심학 도화는 도화자가 구두로 하는 이야기의 청취 체험을 통해서만이 아니라 문자 미디어를 통해서도 유포된 것이다. 더구나 필사만이 아니라 대량 유포를 가능케 하는 출판 미디어에 편승했다. '음성'에서 문자─나아가 출판─로, 문자에서 '음성'으로 두 미디어는 서로 '변환'해 가면서 보다 다양하게 확산된 것이다.

이처럼 '음성'과 문자의 쌍방향적인 관계성을 어떻게 보아야 할까. 근대는 문자의 시대라 할 수 있다. (교육의) '근대화'를 논할 때 문해율이 문제시되는 것은 이 때문이다. 문자를 '읽을 수 있는 것'에 커다란 의미가 부여되면서─그러나 '읽을 수 있다'는 것의 의미는 간단하지 않다─, '읽을 수 있는 것'과 '읽지 못하는 것' 사이에 커다란 단절이 설정되고, 이로 인해 문해율이 '근대화'의 지표로서 부상하게 되는 것이다.

만약 야스마루 요시오安丸良夫처럼 민중의 측면에서 '근대화'를 추진시키는 힘을 석문심학에서 찾으려 한다면[6] '음성'과 문자─및 출판─를 상보적으로 동원하는 심학의 '미디어 전략'을 바탕으로 삼아 문해율을 지표로 하는 단선적인 '근대화'론을 재고해야 할 것이다. 문자가 반드시 '음성' 미디어를 불필요하게 만드는 것은 아니기 때문이다. '음성'과 문자의 단순하지 않은 관계. 그 관계성을 둘러싼 문제는 교육이라는 장을 성립시키는 미디어의 문제로 확대될 것이다. 그리고 이 문제를 둘러싼 고찰은 바꾸어 말하면 '교육의 사회사'를 구성하는 주제가 될 것이다.

주

1) 藤岡作太郎, 「心學の傳統」, 『史學雜誌』 5編, 8-10号, 1894年.

2) 足立栗園, 『近世德育心學史要』, 右文館, 1899年.

3) 石川謙, 『石門心學史の研究』, 岩波書店, 1938年.

4) 辻本雅史, 「マスローグの教說―石田梅岩と心學道話の『語り』―」, 『江戸の思想』 5号, ペリ
かん社, 1996年.

5) 石川謙, 『敎科の方法を話題として石門心學を語る』, 廣島圖書, 1949年.

6) 安丸良夫, 『日本の近代化と民衆思想』, 靑木書店, 1974年.

다카노 히데하루

제5장
근세 민중의 인간 형성과 문화

1. 가족 · 공동체와 아동

교육과 인간형성

교육은 인간형성의 중요한 한 부분이기는 하지만 교육만으로 인간 형성이 이루어지는 것은 아니다. 인간을 둘러싼 가족이나 공동체 집단이 인간에 미치는 작용, 생활과 노동 과정에서 이루어지는 다양한 모방과 습득 · 수련은 모두 인간 형성의 중요한 요소이다. 이렇듯 이치닌마에가 되는 아주 자연스러운 과정은 어느 사회에서나 존재하기 마련이다. 그것은 자기 혼자서 이치닌마에가 되는 과정처럼 보이지만 실은 인간이 성장하면서 이치닌마에가 되는 구조가 존재하는 것이다.

오늘날처럼 학교라는 극히 인위적 조직적인 교육이 발달하게 되자 이처럼 자연스러운 인간 형성 과정을 주목하기 어렵게 되었다. 때문에 인간 형성 과정에서 발생하는 많은 문제를 학교에서 해결해야 하는 것처럼 인식되고 있다. 물론 학교가 인간 형성의 중요한 부분을 맡게 된 것은 틀림없지만 학교교육이 인간 형성의 전부는 아니다. 극히 자연스럽게 '저절로' 이치닌마에가 되는 과정은 오늘날의 인간에게도 중요한 것이며 학교가 그 모든 것을 대체할 수는 없다.[1]

근세 사람들의 성장 과정은 인위적인 교육보다는 주로 이러한 자연스러운 인간 형성을 통해 이루어졌다. 그러면서도 사람들의 인간 형성 안에 교육을 위한 어떤 공통된 특별한 과정이 성립해 있었다는 것 역시 근세사회의 주목할 만한 특질이다. 데나라이手習라 불리는 읽기·쓰기 교육이 그것이다. 데나라이는 보통 아동기에 행해지며-물론 성장하고 난 후 시작되는 경우도 있다-, 노동에 앞서 이루어지는 것으로 여겼다. 그런 의미에서 데나라이는 생활이나 노동 속에서 자연스럽게 여러 기량을 획득해 가는 과정과는 다른, 교육을 위한 특별한 과정으로 확립되어 갔다. 또 그 내용에서도 공통성이 매우 높았고, 근세 후기에는 사회의 구석구석까지 보급되어 갔다. 근세는 가족과 공동체 혹은 직업 사회의 자연스러운 인간 형성 과정과는 별도로 아동기의 특별한 교육 과정이 일반적으로 성립한 시대였다.

제5장에서는 근세 민중의 생활에 초점을 두면서 자연스러운 인간 형성 과정과 교육을 위한 특별한 과정이 교착하는 양상을 살펴본다. 1절에서는 아동 성장의 기반이 되는 '이에'와 가족에 대해 살펴본다. 2절에서는 가업·직업에 참가하는 과정에서 근세인들이 어떻게 이치닌마에가 되어 가는지에 대하여 살펴본다. 또한 그 과정에서 읽기·쓰기의 능력이 서서히 이치닌마에의 노동력의 조건이 되어가는 과정을 제시해 보기로 한다. 3절에서는 문자 학습으로서의 데나라이주쿠手習塾-데라코야寺子屋-가 독자적으로 성장하여 사회에 보급되어 가는 양상을 살펴보기로 한다. 민중의 읽기·쓰기 능력이 형성됨으로써 생활이나 노동 부분에서 필요성이 충족될 뿐만 아니라, 문자로 구성되는 여러 문화에 참가하는 기회가 널리 민중에게 개방됨으로써 민중의 방대한 문화적 에너지를 이끌어내게 된다. 4절에서는 읽기·쓰기 능력이 증대됨으로써 민중들이 이처럼

문자문화에 참여하게 되는 양상을 살펴보려 한다.

'이에'와 가족

중세 후기부터 근세기에 걸쳐 일반 민중에서도 영속적인 '이에'가 성립한다. '이에'의 성립은 아동의 성장 환경에도 커다란 변동을 초래했다. 먼저 민중 각층에 성립해 가는 '이에'에 대하여 살펴보기로 하자.

여기서 '이에'라고 하는 것은 가족과 동의어는 아니다. 농업 등을 경영하는 노동조직으로서의 단위를 가리킨다. 예를 들어 복수의 가족이 모여 하나의 농업경영체를 형성하는 경우가 있다고 하자. 각각의 가족은 개별 가옥에 거주하며 부부 생활을 영위하고 자식도 함께 거주한다. 그러나 개개의 가족이 독립적으로 농사를 지을 정도의 기반이 없는 경우에는 복수의 가족이 합동으로 농사를 짓는다. '이에'란 이렇게 농업을 경영하는 조직을 말하며 위의 사례의 경우는 복수 가족의 집합체를 가리킨다.

지금까지의 연구에서는 이러한 집합체를 복합 대가족이라 부르면서 그 자체를 가족이라고 간주했다. 복합 대가족은 직계 친족뿐만이 아니라 다수의 방계 친족-차남, 삼남이나 그 가족-, 여기에 예속된 존재인 게닌 下人[*], 나고名子[†] 등을 포함하여 열 명, 경우에 따라서는 스무 명이 넘는 가부장제적인 대가족으로 간주되어왔다. 이러한 복합 대가족은 다이코 검지太閤検地등을 계기로 개개의 가족이 자립하여 독립함에 따라 개별 부부와 그 자녀를 중심으로 구성되는 단혼 소가족으로 분해되었다. 이 과

---

[*] 이에 내부의 세습적 종자 신분. 근세 초기에는 이에의 노예적인 예속성이 강한 후다이게닌이 존재했는데 에도 시대에는 봉공인 일반의 호칭이 되어, 점차 년계봉공인이나 하인의 주류가 되어 갔다. 게닌 이외에도 게난下男, 게조下女로 불렸다.

[†] 중세에서 근세의 예속 농민의 호칭. 유력자와 함께 가내 노동이나 경작을 하며, 때로는 매매의 대상이 되기도 했다. 히칸被官이라고도 불렸다.

정을 '소농자립'이라 불렀으며 자립한 소농민을 기반으로 형성된 사회가 막번사회였다.

이러한 통설적 이해에 대해 최근 많은 비판이 제기되고 있다. 논점은 다양하지만 그 중점은 주로 경영체로서의 '이에'와 가족을 구별하지 못했다는 것이다. 이제까지 복합 대가족이라 했던 것이 실제로는 농업경영체 조직이었으며 가족으로 간주할 수는 없고, 가족이라 할 수 있으려면 개개 가옥에 기거하며 생식하고 자녀를 양육하는 집단이어야 한다는 것이다. 즉 생산 경영을 행하는 조직·사회단위로서의 '이에'와, 성·생식·자녀 양육 등을 행하는 가족을 구별해야 한다는 것이다.[2]

지금까지 복합 대가족론의 근거로 인식되었던 히고국肥後國 고시군合志郡의 인축개장人畜改帳이나 시나노국信濃國 사쿠군佐久郡의 가별명세장家別明細帳 등에 대해서도 새롭게 재검토가 진행되고 있다. 지금까지는 이러한 장부에 기재된 한 호의 구성원을 가족이라 간주했었는데, 장부에 기록된 '일 호一戶'라는 것은 세대를 표기한 것에 지나지 않으며, 실제로는 각기 독립된 가옥을 갖추고 따로 사는 다수의 가족들이 장부상에 하나의 집단으로 파악된 것으로 간주하게 된 것이다.[3]

소농자립론을 이러한 관점에서 다시 살펴본다면 근세에 자립해 가는 것은 가족이 아니라 경영체로서의 '이에'가 될 것이다. 가족의 형태 자체가 크게 달라지지 않는다. 커다란 변화는 복수 가족의 집합체에 의해 이루어지던 농업 경영이 독립된 개별 가족의 경영으로 전환된 점이다. 다시 말하면 가족과 농업경영체로서의 '이에'가 일치되었다고 할 수 있다.

그러면 이러한 '이에'는 민중층 사이에서 어떠한 과정을 통해 성립된 것일까. 이 점을 살펴보기 위해 다음 절에서는 시간을 거슬러 올라가 추적해 보자.

민중 세계에서 '이에'의 성립

고대의 백성百姓은 부모 쌍방에 모두 이어지는 쌍방적인 친족 관계-부계·모계의 계통이 불문명한 쌍방적인 관계- 하에서 지연과 혈연이 뒤섞인 소공동체에서 생활하고 있었다고 한다.[4] 경지도 불안정하여 자주 바뀌었고, 혼인 형태도 대우혼對偶婚 -쌍방이 내키는 한에서만 혼인이 성립하며 다른 이성과의 성적 교섭을 배제하지 않는 혼인-, 처방혼妻訪婚*, 복혼複婚†, 친정에 아이를 맡긴 재혼 등등이 있었으며 가족 구성도 명확하지 않았다. 따라서 가산도 성립하지 않았고, 부부의 재산은 별도로 관리되었다. 이처럼 이에는 불안정하고 유동적이어서 임시적인 생활단위에 불과했고 개별적으로 경영을 할 수 있는 단계는 아니었다.[5]

이런 상황은 민중 차원에서는 중세 전기까지도 거의 극복되지 못했다. 사카타 사토시坂田聰에 따르면 중세 전기-12세기말에서 14세기 전반 무렵-에는 여성이 혼인 후에도 자기의 성을 가지고 있었고 부부 별도로 재산을 소유했다는 사실을 바탕으로 가족은 가산과 가명을 대대로 계승하는 영속적인 조직체가 아니었고 또 혼인 관계도 민중의 경우에는 대우혼이 잔존해 있었다고 보았다.[6] 따라서 중세 전기의 촌락의 구성 단위는 가족이 아니라 여성까지 포함한 백성 '개인'이었다는 것이다. 물론 이 경우의 '개인'은 근대적 개인과 동일한 것은 아니며, 백성 신분에서도 서서히 형성되기 시작한 의사적疑似的인 씨氏 집단의 부분 집합에 지나지 않았다. 중세의 촌락은 이러한 몇몇 씨 집단에 의해 구성되었다.[7] 요컨대 이 단계에서는 경영체로서의 '이에'는 성립하지 않았으며 촌락은 씨 집단으로 구성되었고 개인이 그 씨 집단에 매몰되어 있었다는 것이다.

---

* 남편이 처가를 방문할 뿐 동거하지 않는 혼인.
† 남편이나 아내가 동시에 두 사람 이상 존재하는 혼인형태로 일부다처제 등이 그것이다.

그러나 중세 후기-14세기 후반에서 16세기 후반까지-가 되자 대우혼
도 사회 전체적으로 극복되면서 부방거주혼夫方居住婚-여성이 남편의 집
에 거주하는 혼인-이 일반화되어갔다. 강한 결합력을 갖는 일부일처제가
지배적이 된 것이다. 이것은 안정적인 부부 가족이 역사에 등장했음을
의미한다.[8]

이러한 안정적인 부부 가족은 친부모와 장남 부부가 아버지 집에 동거
함으로써 부계적인 직계 가족으로 용이하게 전환할 수 있었다. 여기에서
한 세대에 그치지 않는 대대로 영속적인 '이에'가 출현하는 것이다.[9]

'이에'가 대대로 영속하게 됨으로써 '이에'의 고유한 명칭-가명-이 붙
는다. 단바국丹波國의 산간 장원인 야마쿠니장山國莊 장민莊民들의 성苗字
에는 밭田, 논畠, 숲林, 시내川 등 경관을 보여주는 말에 상하上下, 전후前
後, 입구口, 돌출부鼻 등의 장소를 보여주는 말이 붙어 만들어진 것이 비
교적 많다고 한다. 이렇게 특정한 장소를 나타내는 말이 성으로 사용된
다는 것은 안정적인 '이에'가 성립하여 몇 세대에 걸쳐 동일한 장소에 지
속적으로 거주하게 되었음을 의미한다.[10]

이렇게 하여 성립한 '이에'는 그러나 개개의 가족과 동일한 것은 아니
었다. 복수의 가족을 포함한 한 집단이 하나의 경영체로서 먼저 자립하
게 되고, 이후에 이 집단에서 개개의 가족이 경영적으로 자립하면서 비
로소 가족과 경영체의 '이에'가 일치되어 간다. 이것이 소농 자립의 구체
적인 과정이었다.

하야마 데이사쿠葉山禎作가 작성한 [그림5-1]은 집단에 매몰되어 있던
가족이 경영체로 자립해 가는 모습을 잘 보여주고 있다.[11] 이 그림은 가
와치국河內國 단보쿠군丹北郡 사라이케무라更池村-오사카부大阪府 마쓰바
라시松原市-의 1594년 무렵과 1677년 무렵의 택지를 비교한 것이다. 로

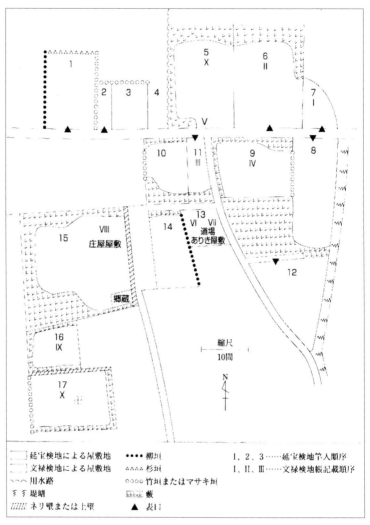

[그림5-1] 가와치국 단보쿠군 사라이케무라의 분로쿠기와 엔포기의 택지 :
葉山禎作「封建的小農民經營の分立期における家族形態」『家族史研究』제3집에 의함.

마숫자로 표시한 분로쿠검지文禄檢地 당시의 택지에 비해 엔포검지延宝檢地 때에는 1·2·3·4·8·10·12·14 등 새로운 택지가 형성되어 가는 모습을 알 수 있다. 또 분로쿠기의 택지IV는 엔포기에 택지 8·9로 나뉘어지는데 이는 택지IV의 전면에 세워져 있었던 문옥門屋*이 독립한 택지 8로 검지장에 기재된 것으로 추측된다.

이렇게 그림에는 이전의 택지가 세분화되면서 동시에 오래된 저택지에 인접하여 새로운 택지가 증설되어 가는 과정이 잘 나타나 있다.

다이코검지를 거쳐 근세기가 되면 핵가족 혹은 직계 가족에 의한 소농 경영이 지배적이었다. 일반 백성의 경우에도 자기 가족으로만 구성되는 '이에'가 자립한 농업 경영체가 되고 그것이 연공年貢을 부담하는 사회적 단위로 되는 것이다.

민중의 '이에'와 아동

위와 같이 중세 후기에서 근세 초기에 걸쳐 민중층에서도 자립한 경영체인 '이에'가 성립한다. '이에'는 이제 한 세대에 한정된 유동적인 것이 아니라 대대로 그 가산을 계승하면서 영속할 수 있는 경영조직체가 된 것이다.

이러한 영속적인 '이에'의 성립은 '이에'의 계속성에 대한 강한 의식-이에 의식-을 형성해 가게 된다. 예를 들어 그것은 습명襲名의 관행이나 묘비 건립 관행의 성립에서 잘 나타나 있다.

습명은 당주当主의 지위를 계승하는 동시에 할아버지 아버지의 성을 계승하는 것인데 이렇게 계승된 부자 상전父子相傳의 통명通名은 개인의

---

* 이에나 저택지에 딸린 행랑채

호칭이라기보다는 그 '이에'의 고유한 명칭이며, 초세대적인 '이에'의 동일성을 보여 주는 지표이기도 했다.[12] 오토 오사무大藤修는 데와국出羽國 무라야마군村山郡 나카야마구치무라中山口村-야마가타현 덴도시天童市-에서의 습명 관행의 성립 과정을 고찰하면서, 1677년부터 1712년까지의 기간 중에 습명한 사람들이 마을의 60호 중에서 본백성本百姓* 6호, 수탄백성水呑百姓† 3호에 지나지 않음에 비해, 1712～1752년 사이에는 본백성 5호, 수탄백성 6호로 늘어났으며, 더욱이 1752～1787년까지 농민 27호, 수탄 농민 21호가 되어 전 계층에서 습명이 일반화되었음을 밝혔다.[13] 이것은 '이에'를 영속적인 경영체로 간주하는 의식이 각 계층에 침투해 있었다는 것을 보여준다.

선조에 대한 숭배·제사도 또한 '이에'의 영속을 바라는 의식을 보여준다. 기나이 지방의 농촌에서는 겐로쿠기에 각 '이에'의 묘비·위패·과거장過去帳에서의 법명 기재가 발견되는데, 이것은 기나이 셋슈攝州에 있는 촌락에서 행해지던 습명 관행의 성립과 거의 동시대라고 한다.[14] 또 데와국의 산촌 지방에서 건립된 묘비는 교호기부터 덴메이기·간세이기에 걸쳐 이루어졌는데 이것도 앞에서 말했던 이 지역의 습명 관행의 성립 시기와 일치하고 있다. 즉 '이에' 의식의 고양이 선조 제사와 습명 관행을 동시기에 성립시켰던 것이다.[15]

이렇게 하여 확립되는 경영체로서의 민중의 '이에' 그리고 그에 수반하여 성립하는 이에 의식은 아동의 생육 환경에도 중대한 영향을 초래했다. 가산·가명을 계승하면서 그것을 영속적으로 유지하는 주체는 구체적으로는 자식이었다. 따라서 '이에'를 계승하는 자로서의 자식에 대한

---

* 에도 시대 논밭이나 가옥을 소유하고 영주에게 직접 연공을 바칠 수 있었던 자영 농민
† 전답을 소유하지 못한 가난한 소작농 또는 일용자의 농민(미즈노미 햐쿠쇼)

강한 관심이 커질 수밖에 없었던 것이다.[16]

실제로 근세기는 자녀의 성장을 둘러싼 환경이 크게 변모했다. 시나국 스와군諏訪郡의 종문인별개장宗門人別改帳을 통계학적으로 분석한 하야미 아키라速水融은 에도 시대에 인구학적 사실들이 크게 변화했음을 지적한 다.[17] 출생률과 유아 사망률도 예외는 아니다. 스와군 요코우치무라横內村 -나가노현 지노시茅野市-에서는 두 살이 된 유아 가운데 30~40%가 열 살 이전에 사망했다. 두 살이 되기 전에 사망하는 아동도 있기 때문에 실 제 사망률은 출생한 아동의 50%에 달했던 것으로 보인다. 또한 이 시기 의 출생수는 부부 당 12명 정도였다고 추정된다. 17세기의 스와 지방은 전형적인 다산 다사형의 사회였던 것이다.

18세기 후반 -1776~1800-이 되면 이렇게 높았던 유아사망률은 두 살 유아가 열 살로 성장하는 과정에서 사망률은 남자가 10%, 여자가 14%까지 저하되었다. 가령 두 살까지의 사망률이 이전 시기와 동일하다 고 가정한다면 열 살까지의 사망률은 20% 정도였다. 사망률이 뚜렷이 낮아졌다고 추정할 수 있다. 이로 인해 인구가 급격히 늘어났지만 인구 증가가 한계에 달하면 아동수의 감소로 전환된다. 개중에는 마비키間引* 나 낙태까지도 포함되어 있기 때문에 아동수 감소를 단순하게 출생률의 감소로 간주하기는 어렵지만, 아무튼 다산다사형의 사회에서 소산소사형 사회로 전환되고 있었다.

'이에' 의식의 고양과 '이에'를 계승하는 아동에 대한 관심의 증대는 그들의 생육 환경에도 커다란 영향을 미쳤다. 적은 수의 자녀를 극진하 게 보호하면서 제대로 양육하려는 자녀 양육 방식이 일반적인 현상으로

---

* 에도시대부터 메이지 시대에 걸쳐 민간에서 이루어졌던 출산 조정 방법의 하나. 갓 태어난 아이를 죽이는 것을 말한다.

자리 잡아 갔던 것이다.

이러한 사실은 동일하게 부부세대로 구성되면서도 경영적인 자립성이 약한 나고 세대名子世帶의 자녀와 비교하면 보다 분명해진다. 스즈키 유리코鈴木ゆり子는 1633년의 히고국 고시군合志郡의 나고 세대의 '자녀子供'를 고찰했다.[18] 이 지방 백성 중 기혼세대 한 호당 '자녀'-이 경우의 자녀란 연소자를 의미하는 것이 아니라 친자 관계에서 부모에 대한 자녀의 의미-의 평균수는 지역별로 0.90에서 1.54의 범위에 들어있다. 남자보다 여자의 비율이 극단적으로 낮으며,[19] 이 때문에 전체적으로 '자녀' 수가 적다. 그러나 나고 세대의 '자녀' 수는 이에 비해 극단적으로 적었다.

나고 부부의 한 세대 당 평균 '자녀' 수는 같은 지역에서 0.09에서 0.64의 범위에 있다. 즉 적은 지역에서는 거의 '자녀'가 없으며, 많은 지역일지라도 '자녀'가 채 한 명도 되지 않았다. 실제로 한 명의 자녀도 없었던 부부가 압도적으로 많았다.

그러나 부부 생활을 하는 한 자녀는 태어나기 마련이다. 스즈키는 이렇게 나고 세대에 '자녀'가 부자연스럽게 적은 이유는 나고가 주가主家의 지배에 예속되어 있어 나고 스스로가 경영을 통해 '이에'의 주체적 계승자가 되지 못했기 때문이라고 본다. 따라서 나고 세대에서 태어난 아동은 주가의 노동력이 되거나 아니면 다른 곳으로 봉공을 나가던가 매매되는 등 인신매매나 인구 삭감 행위가 이루어 졌기 때문이라고 추측하고 있다.

영세민 사이에서 이렇게 적은 -장부 상의- '자녀'수는 이 지역만의 현상은 아니었다. 17세기의 기나이에서 가까운 지방이나 시나노국에서도 종속 농민의 '자녀' 수는 백성의 절반 정도에 지나지 않았다.

이러한 영세민 자녀의 생육 환경과 비교할 때 자립한 '이에'의 후계자로서 양육되는 아동의 생육환경이 극진하게 보호되었음은 분명하다.

자녀 양육에 대한 시선

회화 사료를 소재로 역사 분석을 하는 구로타 히데오黑田日出男는 중세와 근세의 자녀 양육의 차이에 대해 흥미로운 지적을 한다.[20] 아기를 등에 업고 돌보는 소년이나 소녀의 모습이 근세의 회화에는 자주 등장하는데 비해 중세의 회화에는 거의 등장하지 않는다는 것이다.

아동이 아기를 돌보는 풍경은 오늘날 그다지 찾아보기 어렵게 되었지만 일본인에게는 매우 낯익은 모습이었다. 아기돌보기 노동의 어려움을 노래한 자장가는 오늘날에도 상당수 전승되어 있다. 그러나 그것이 중세의 회화 사료에 거의 등장하지 않는다는 것은 무슨 이유 때문일까.

구로타는 중세에는 아동의 아기돌보기 노동이 성립하지 않았다는 것에서 그 이유를 찾고 있다. 구로타에 따르면 현시점에서 소년·소녀의 아기돌보기 모습을 보여주는 가장 오래된 그림은 『기쓰네조시狐草紙』 제6단이다. 15세기말에 제작된 것으로 보이는 작품이다. 또 정확하지는 않지만 15세기 전반의 작품으로 보이는 『아시비키회芦引繪』에도 이와 비슷하게 묘사한 부분이 있다고 한다. 16세기말에 쓰인 루이스=프로이스의 『일구문화비교日歐文化比較』에는 "우리들 사이에서는 보통 성인 여성이 아기를 안고 다닌다. 일본에서는 아주 어린 소녀가 거의 언제나 아기를 등에 업고 다닌다"고 하여 이 시기에는 아동이 아기돌보기를 했음을 알 수 있다. 그리고 근세에는 아기를 돌보는 소년 소녀에 대한 그림이 빈번히 등장하게 된다.

이러한 사실로부터 구로타는 아기돌보기 노동은 중세 후기 이후가 되어 비로소 아동이 분담해야 될 노동의 일부가 되었다고 추정한다. 중세에서 근세로의 거대한 사회변동 과정에서 성인들의 직종이 늘어나고 노동 강도가 강해지자 전통적인 성별 분업의 틀을 넘어서서 그 때까지 여

성이나 노인의 일이었던 아기돌보기 노동이 아동의 역할이 되었다는 것
이다.

물론 중세의 그림에 아기를 돌보는 아동의 모습이 없다고 해서 중세에
소년소녀의 아기돌보기가 없었다고 단언할 수는 없다. 그러나 근세가 되
어 비로소 아기를 돌보는 아동의 모습이 자주 등장하게 되었다면, 그 배
경에는 아기 돌보기에 어떠한 형태로든지 변화가 있었을 가능성이 크다.
구로타가 지적하는 위와 같은 사정도 작용했을 것이다. 그러나 그 이상
으로 민중층 사이에서 '이에'가 확립되었다는 것과 보다 깊이 관련되어
있다고 생각된다.

복수의 가족이 함께 살며 집단을 구성하는 '이에'의 경우에는 자녀 양
육도 이 집단을 단위로 해서 이루어졌을 것이다. 또 독립성이 낮은 나고
세대의 '자녀' 수가 극단적으로 적었다는 사실에서도 알 수 있듯이, 예속
적인 성원들의 아동의 운명은 애당초 주가에 의해 결정되어 있었다. 그
러나 개개의 가족이 독립한 경영체가 됨에 따라 자녀 양육도 개개의 '이
에'를 기반으로 하여 개별적으로 실시되었을 것으로 추측할 수 있다. 그
리고 이러한 작은 '이에' -적은 노동력-에서는 아기를 돌보는 아동의 역
할이 필요했을 것이다.

또 근세기가 다산다사형 사회에서 소산소사형 사회로 전환하는 시기
였다는 것도 이와 관계가 있을 것이다. 전술한 것처럼, 근세 초기의 유아
사망률은 아주 높아서 절반 정도가 열 살도 채 되기 전에 사망해 버렸
다. 태어나는 아동의 수도 아주 많았다. 이러한 다산다사형 사회에서는
아동의 양육에 수고를 들이는데 그다지 중요성을 두지 않았으며, 또 실
제로도 곤란했을 것이다. 그러나 태어나는 아동의 수가 감소하면서 일단
태어난 이상 어떻게 해서든 생존시켜야 했다면 유아의 안전 확보는 아

주 중요해진다. 이러한 과정에서 아동의 아기돌보기가 필요해졌다고 추측된다.

즉, 적게 출산하여 확실하게 기른다는 근세적인 가족 경영이 아동의 양육에 대한 관심을 강화시켰으며, 또 한편으로는 양육을 위한 보조적인 노동력을 집 안에서 조달하지 않으면 안 되었던 것이다. 이는 부부와 자녀를 중핵으로 구성되는 근세의 소규모 '이에'에서는 당연할 것이다. 이러한 사정으로 아동이 아기를 돌보는 모습이 근세의 촌락에 다수 등장하면서 그것이 그림에까지 묘사되기에 이른 것이 아닐까.

공동체와 아동

이처럼 근세에는 가족에 의한 밀도 높은 자녀 양육이 이루어졌지만 아동의 발달과 성장의 기반이 가족에만 있었던 것은 아니었다. 거기에는 가족을 둘러싼 여러 가지 공동의 작용이 존재했다. 이는 가족이 지역 사회로부터 고립되어 오로지 '사적인 일'로서 자녀를 양육하는 오늘날의 모습과 크게 다른 점이다.

민속학에서 '친자맺기親子なり'로 불리는 의제적인 친자 관계는 그러한 공동 작용의 하나였다. 그것은 혈연 관계가 아닌 사람이 임시로 친자 관계를 맺는 것인데, 유년기의 도리아게오야取上親, 히로이오야拾親, 도리오야取親-도리코取子의 양부모- 등이 있다. 이외에도 성년기에는 에보시오야烏帽子親나 가네오야カネ親 등 다양한 형태가 있었다. 도리아게오야는 산파와 아기 사이에 맺어지는 것이며, 히로이오야는 아기를 형식적으로 버린 후 미리 부탁한 사람에게 아기를 데려가게 하는 것이다. 이들 모두는 아이가 무사히 성장하기를 바라는 마음에서 이루어진 것이었다. 도리오야도 마찬가지로 아이의 성장을 기원하면서 명목상 친자 관계를 맺는

것이다. 에보시오야는 열다섯 살을 전후로 이루어지는 남자의 성년식-겐푸쿠元服-에 즈음하여 맺어지는 것이다. 가네오야는 여자에 해당되는데 결혼할 무렵 여자의 치아를 검게 물들여주었다.[21]

이러한 의제적인 친자 관계는 '오야가타親方'*와 '고가타子方'† 사이에 상하 관계를 초래하는 경우도 있었지만, 기본적으로는 상호 부조를 목적으로 한 것으로서 오야가타는 인격적·경제적인 지원을 하고 고가타는 노동력을 제공했다. 지바현 내에서는 도리코-양자-들이 그 도리오야-양부모-가 사망할 때 건립한 묘석이 다수 남아 있어서, 비록 의제적인 관계였다고는 해도 얼마간 친밀한 관계를 맺고 있었음을 보여준다.[22]

이렇게 실제의 부모 이외에 다른 사람을 부모로 두는 것에 관하여 야나기타 구니오는 가족이 작아지고 본가와의 연쇄가 약해진 것을 그 이유로 들고 있다. 그 이전에는 "중앙에 엄연한 대부모가 있고, 또 친척 중에는 몇 명이라도 부모에 준하는 자를 찾을 수 있었기 때문에 친척이 아닌 사람까지 번거롭게 만드는 일은 없었다"[23]는 것이다. 소농자립으로 소규모 '이에'가 성립되자 자녀 양육의 기반도 이러한 '이에'가 맡게 되었다. 하지만 '이에'가 경영체로서 자립하기는 해도 아직 불안정함을 벗어나지 못한 소규모 '이에'에서는 자녀 양육을 위한 보장을 이러한 인격적인 의존 관계에서 찾지 않으면 안 되었다. 거꾸로 말하자면 소규모 '이에'의 자립이 오히려 이러한 의제적인 관계를 필요로 했다고 할 수 있다.

고도모구미子供組·와카모노구미若者組 등, 아동들이 성장 과정에서 참가하는 연령 집단도 공동체가 지닌 인간 형성 기능의 하나였다. 이에 대

---

* 도제제도에서 제자를 지배, 보호, 지도하는 사람. 일반적으로 주종관계 아래의 게라이코붕에 대한 오야카타(오야붕). 동족관계에서는 분가에 대한 본가를 가리킨다.
† 봉건적인 주종관계에서 오야가타의 지도, 감독을 받는 사람. 고붕.

해 4장 1절에서 서술하고 있기 때문에 그 부분을 참조하기 바란다. 아동들은 일정한 연령까지는 연령 집단에 속해 그 규칙을 지키며 이치닌마에로 일할 수 있도록 사실상 강제당했던 것이다.

마을 등의 이웃사회는 아동이 이치닌마에로 성장하는 장소였다. 근세가 '이에'가 확립된 시대였다고는 해도 그것은 이러한 공동체가 존재함으로써 비로서 성립할 수 있었다. 산림·원야·어장 관리·용수로·제방·도로·교량·신사의 수리 등, 각 가정마다 사람을 동원하여 작업을 해야 할 마을의 일들은 무수히 많았다.[24] 또 기근이라도 발생하면 마을 안에서 서로 융통하거나 때로는 영주와 교섭하는 일도 있었다. 마을이 공동체로서 기능을 수행했기 때문에 비로소 '이에'도 성립할 수 있었던 것이다.

아동에게는 이러한 공동체의 구성원으로서의 이치닌마에가 될 것을 요구했다. 이치닌마에가 되어야 비로소 공동체의 공식적인 구성원으로 인정받는 것이다.

이치닌마에의 조건으로 우선 연령이 있다. 대체로 15세가 이치닌마에의 기준이 된다. 15세가 되면 가명家名을 쓰고 마을의 와카이모노若い者(젊은이) 혹은 오토나男成로 불리며 마을 일에도 이치닌마에로서 참여할 수 있었다.[25]

성인이 되는 과정에서 성인식이 있었다. 원복元服이다. 이때가 대략 15세 정도였다. 「빙고국호무치군풍속문장답備後國品治郡風俗問狀答」에 따르면, 먼저 11세에 친족 혹은 다복한 사람에게 부탁하여 에보시오야로 삼고 하다오비肌帯*를 받는다. 15세에서 17세가 되면 이 에보시오야를 초대하여 앞머리를 자르게 하면서 축배를 든다.[26]

---

* 남자가 차는 훈도시.

여자의 경우는 10세, 12세 세모에 허리띠二布-고시마키腰卷き-와 함께 이를 물들이는 도구를 받는 의식이 있었다. 이를 물들이는 도구는 부모 역할親分을 맡은 사람이 주었는데 이를 후데노오야筆の親라 했다. 시집갈 때에는 후데노오야를 초청하여 이를 물들였다(빙고국 호무치군의 사례).[27]

이치닌마에의 기준으로서는 연령만이 아니라 노동력의 표준량도 있었다. 후쿠시마현 이와키군磐城郡에서는 하루에 벼 5말斗7되升 들이 세 가마를 거두어들이는 것이 성인 하루의 작업량이었다. 여자의 경우는 쌀을 나루까지 운반하여 배에 선적할 때 한 가마를 운반하는 것으로 되어 있었다.[28]

이러한 이치닌마에의 노동 규준은 여러 곳에서 확인된다. 1937년 나가노현에서 실시한 노동 관행 조사에 따르면 이치닌마에의 일을 표현하는 말로 '와리아테, 와리쓰케, 히토하카, 히토나시, 히토리분, 이토리아타리, 히토리아타마' 등이 있다. 구체적인 작업량의 표준으로 모심기는 3·4·5섬, 김매기는 300평, 벼베기는 3·4 섬, 탈곡은 6섬, 정미는 8말, 꼴베기는 3·4바리 등 그 양이 자세하게 정해져 있었다. 야마카다현 니시오키타마군西置賜郡 오구니마치小國町에서의 남자 이치닌마에의 하루 작업량은 밭 1단反*을 가는 것이고, 물건을 등에 지는 힘은 네 말 가마 16관-60킬로-였다고 되어 있다.[29]

이는 남자의 표준량인데 여자는 남자의 70% 정도였다. 모심기는 7묘 이상, 김매기는 1단보, 등짐은 10관목貫目-40킬로-, 실잣기는 하루 1파把, 길쌈은 2단反이었다.[30]

이렇게 근세의 아동들은 일정한 연령에 달하면 마을의 정식적인 성원

---

* 토지면적 단위로 오늘날의 약 300평

으로 인정되고 또한 이치닌마에의 노동을 할 수 있도록 요구받았다. 이치닌마에가 된다는 것은 부모의 요구만이 아니라 공동체의 요구이기도 했다. 이러한 강제력을 피부로 실감하면서 근세의 아동들은 이치닌마에를 목표로 삼았다.

＊　　＊　　＊

–칼럼– '이에'·여성·자녀 양육

오타 모토코太田素子의 『에도의 친자』[1]에 의하면, 에도 시대에는 "아버지가 아이를 기르는 시대"였다고 한다. 오늘날처럼 아버지가 자녀 양육에 그다지 개입하지 않고 오로지 어머니에 의해 자녀 양육이 이루어지고 있는 것과 비교하면 의외라고 느끼게 될 것이다.

근세에 접어들면 자녀양육서가 많이 편찬되는데 오타 모토코에 따르면 그 대부분은 남성이 쓴 것이고 또 그 책이 상정한 독자도 남성이었다고 한다. 물론 육아에 직접적 관계하는 사람은 모친이나 아기를 돌보는 여자·할머니 등 여성이 많았지만, '이에'의 계승자인 아동에 대한 자각적인 교육의 주체는 아버지였다는 것이다.

이러한 자녀 양육 방식은 가부장적인 '이에' 하에서 있을 법한 일이다. 가부장적인 '이에'에서는 가장이 선조 제사권·가족의 인사관리권·대외적인 이에 대표권·가업 가산의 경영 소유권 등을 소유했기 때문에[2] '이에'의 계승자인 아동 교육에서도 당연히 가장인 부친의 발언권이 강했던 것이다.

오치아이 에미코落合惠美子도 『근대가족과 패미니즘』[3]에서 산업화 사회 이전의 농민이나 귀족의 '이에'에서 집안일의 결정은 가부장의 일이었음을 지적하고 있다. 농업, 광업, 약초만들기, 가축 사육에서부터 처자나 하인·하녀와의 관계 조정, 자녀의 교육, 가부장으로서의 교양을 쌓는 것에 이르기까지 생업과 '가사'를 불문하고 모두 가부장이 관리했다. 오치아이에 따르면 산업화가 진행되고 가정과 경영이 분리되자—가업이 아니라 공장·회사 등의 근무로 생계를 꾸리게 되자— 가정은 '소비'를 중심으로 한 '생활'의 장이 되고 집안의 결정은 여성의 일이 되었다. 이렇게 해서 '주부'라는 존재가 탄생했다는 것이다. 남자는 밖, 여자는 안이라는 성별 분업이 시작되었다는 의미이다.

오늘날에도 뿌리 깊게 '가족'의 표준으로 느껴지는 모습은 따라서 결코 전통적인 것이 아니라 근대에 비로소 형성되었다는 것이다. 이러한 가족은 '근대 가족'이다. '근대 가족'의 특질로 오치아이는 가내 영역과 공공 영역의 분리, 남자는 공공 영역·여자는 가내 영역이라는 성별 분업, 가족 상호간의 강한 정서적 관계, 아동 중심주의, 핵가족 등 여덟 가지를 들고 있다. 산업화 이후 여성은 비공공 영역—가내 영역—으로 내몰리게 되어, 산업 사회로 나간 남성의 건강하고 쾌적한 '피난소'이자 시장에 인간—성인 남자—을 공급하기 위한 준비의 장인 '근대 가족'의 내부에 감금되었다고 보는 것이다.

하지만 근세 일본의 가족의 역사는 이러한 그림과는 약간 다른 가족의 모습을 보여준다. 물론 근세 일본에서도 생업과 '집안일家政'은 분리되지 않았고, 가부장이 그것을 모두 관리했지만 그 지배력은 그만큼 포괄적인 것은 아니었다. 특히 독점적인 친권의 행사로서의 부권은 일본에서는 무가 등을 제외하고는 확립되어 있지 않았다. 친권은 결코 아버지가 독점하지는 않았고 어머니의 친권도 상당히 강했다. 또 집안일에서 여성의 발언권도 상대적으로 강해 모친·주부로서의 권한은 어느 정도 인정받고 있었다. 며느리에 대한 시어머니의 간섭도 '의모義母'라 불리는 입장에서 이루어진 일종의 친권의 발동이다.[4] 우에노 지즈코上野千鶴子는 "근대적인 성별 역할 분담에서 일본의 주부가 집안일에 높은 자율성을 지녔던 것은 서구에 비해 특기할 만한 것이다"라고 지적하고 있는데,[5] 성별 분업의 이러한 일본적 특질은 근세기에 이미 형성되어 있었다.

따라서 오타가 서술하는 자녀 양육의 모습은 무가에서는 일반적이었지만 민중층에서는 양상이 달랐다고 보아야 한다. 부권이 강고한 가부장적인 '이에'와는 달리 모친의 강한 관여도 있었을 것이다. 또 그 과정에서 어머니와 자식 사이에 어떠한 '심성'이 작용했는가도 '근대 가족'과의 관계에서 해명되어 할 문제이다.

그런데 일본의 '근대 가족'의 모습에 대해 우에노는 가부장제와 관련지어 그특성을 밝혔다.[6] 페미니즘의 입장에 서 있는 우에노에 따르면 가부장제란 남성에 의한 여성의 지배 일반을 의미하는 것이지 봉건제의 잔재가 아니다. 따라서 그것은 전근대 사회 뿐만 아니라 전전·전후를 관통하여 현재에 이르기까지 존재한다. 근대의 일본은 메이지 민법(1898년 시행)을 통해 강력한 호주권을 지닌 '이에' 제도를 법제화했는데 이것도 봉건제의 잔재가 아니라 메이지정부가 근대 국민국가에 적합한 것으로 간주해 발명한 것이라고 본다. 이를 통해 확립된 이에 제도는 가부장적인 동시에 '근대 가족' 그 자체이기도 하다. 즉 근대 형성기에서 역사=사회적 구성물로서 확립된 것이 '이에'이며 그것은 근대적인 가부장제의 확립을 의미했다. 이처럼 '근대 가족'도 가부장제의 전개 속에서 이해하고 있는 것이다.

가부장제를 이렇게 이해하는데 대한 반론도 많다. 또 '근대 가족'에 특유하다는 친자나 부부의 '심성'에 관하여도 일본의 역사에 입각한 실증적 연구는 아직 부족하다. 이 문제는 아동의 교육을 둘러싼 역사연구에서도 중요한 주제라 할 수 있다.

주

1) 太田素子, 「江戸の親子」, 中公新書, 1994年.

2) 明石一紀, 「古代·中世の家族」, 歷史科學協議會編, 『歷史における家族と共同體』, 靑木書店, 1992年.

3) 落合惠美子, 『近代家族とフェミニズム』, 勁草書房, 1989年.

4) 明石一紀, 앞의 논문.

5) 上野千鶴子, 『近代家族の成立と終焉』, 岩波書店, 1994年.

6) 上野千鶴子, 위의 책.

야쿠와 도모히로

＊　　＊　　＊

2. 근세 민중의 직능 형성: 가업과 직업 속의 교육

농가의 가업과 학습

야나기타 구니오는 근세 민중의 독서·산필算筆은 기본적으로 직업 교육이었다고 보고 오늘날의 학교교육과 구별한다.[31] 이러한 설명 방식은 근세 민중 교육의 특질을 잘 보여주고 있다. 근세 혹은 학교교육 이전의 민중 교육 특질의 하나는, 교육이 직능 형성의 과정으로서 직업 자체와 분리되지 않은 채 이루어졌다는 것이다. 대부분의 경우 그것은 교육으로서의 자각을 수반하지 않았던 노동 자체 혹은 그것을 흉내 내는 과정이었다. 읽기·쓰기·셈하기(주산)와 같은 기초적인 '학력'도 많은 사람들에게는 노동 능력의 하나로서 당장에 필요한 것으로 간주되었다. 여기서는 노동과 밀접히 관련되어 이루어지는 근세 민중의 교육과 학습 실태를 살펴보기로 한다.

앞에서 서술했듯이 근세는 민중 각 층에 '이에'가 확립되면서 경영체로서 독립해가는 시대였다. 따라서 각 '이에'의 후계자 양성은 우선 각각의 '이에'에서 이루어질 수밖에 없었다.

가업의 계승은 근세기에 쓰인 각종 가훈家訓이 많이 남아있는 것에서 분명히 알 수 있듯이 경우에 따라서는 아주 강하게 자각하면서 의도적으로 교육되기도 했다. 그러나 대부분의 경우 가업의 계승은 아이가 노동에 직접 참가하는 과정에서 거의 스스로 터득하는 식으로 이루어졌다. 노동의 과정 자체가 노동 능력을 습득하고 습숙해 가는 과정이기도 했던 것이다. 그것은 새삼스레 교육으로 의식되지도 않았고, 말하자면 생활 자체였다. 이 생활 속에 노동 능력을 계승하여 이치닌마에가 될 수 있는 교육적인 작용이 있었다고 보아야 한다.

미야모토 쓰네이치宮本常一의『家郷의 訓』에는 이러한 가정에서의 노동 능력 습득 과정이 잘 묘사되어 있다.[32] 이 책의 초판은 1943년이지만, 여기에 쓰인 내용은 미야모토가 어렸을 때인 1910년부터 20년대에 걸쳐 일어난 일들이다. 그러나 그것은 근대 이전부터 이어져 온 여러 가지 관행을 반영한 것이기도 했다. 미야모토가 묘사하고 있는 아동의 노동 참가 방식은 근대 이전에는 매우 보편적인 광경이었다고 생각된다.

미야모토에 따르면 아동은 6~7세 정도부터 가족의 노동에 참가하게 된다. 남자는 논과 밭에서 일하는 부모 곁에서 그것을 보고 배우기 시작하고 여자는 아기돌보기를 시작한다. 미야모토가 살았던 시대에는 물론 이미 학교가 있었기 때문에 이러한 노동은 학교에서 돌아온 후에 하게 되지만 학교가 없었던 시대에는 7세 정도가 되면 매일 부모를 따라 논밭에 나갔을 것이다.

처음에는 등짐을 지거나 산에서 땔감을 해오는 일, 또는 일하고 있는 부모에게 밥을 나르는 등의 간단한 일을 한다. 성장함에 따라 논밭의 일을 배우게 된다. 예를 들어 논농사의 경우에는 먼저 모심기에 쓸 모 나르기가 최초였다고 한다. 모를 심는 사람들 뒤로 모를 날라 적당한 간격으로 모를 내려놓는데 팔에 조금씩 힘이 붙으면 모를 일일이 나르지 않고 모를 던져 넣는다.

모심기가 끝나면 다음은 김매기이다. 이것은 그다지 힘든 일이 아니므로 열 살이 되면 아이에게 시켰다. 가을 추수 때에는 벼 나르기가 아이의 일이었다. 그 후에는 탈곡을 마친 후 볏짚 나르기, 괭이로 볏그루 캐기, 밭이랑 일구기, 나무가래로 '흙고르기' 같은 일 등 계속해서 농작업이 이어진다.

이러한 노동의 과정은 대부분이 흉내내기를 통해 이루어졌는데, 부모로부터 지도나 질책을 받으면서 배우는 일도 많았다. 아이는 금방 피곤해지고 일이 싫증이 나면서 아픈 손만 만지작거린다. 그러면 부모로부터 곧 '허수아비냐'라고 야단맞고 허리가 너무 돌아갔다, 모를 잡는 법이 틀렸다는 등등의 지도를 받는다. 또 미야모토의 부친은 "논밭에 나가자마자 일을 시작하는 것이 아니다. 논밭 주위를 주욱 둘러본 후에 일을 시작하는 거다"라고 하고는 주위를 한 번 둘러 보았다고 한다. 논둑에 구멍이나 있지는 않은지, 거름의 부패 상태가 어떤지 등등을 확인하는 것이다. 이러한 부모의 모습을 보면서 아이들도 논밭 주위를 둘러보는 일을 배우는 것이다.

낫과 괭이를 사용할 수 있게 되면 다음에는 거름통을 짊어진다. 중심을 잘 잡는 것이 어려워 어깨 쓰는 법, 허리 쓰는 법 등이 중요했다고 한다. 거름통을 짊어질 수 있게 되면 마을 사람들도 비로소 거름을 질 수 있게 되었다며 아이로서 최고의 단계에 달했다고 인정해 주었다. 14세가 넘으면 대부분이 거름통을 짊어질 수 있었다고 한다.

쌀 한 가마를 등에 질 수 있으면 이치닌마에로 인정받았음은 앞에서도 언급했는데, 미야모토에 따르면 이것은 15세 정도의 일이었다. 쌀 한 가마를 등에 질 수 있게 되면 드디어 청년 조직에 들어갈 수 있는 자격이 있다며 이치닌마에로 간주되었던 것이다.

이렇게 아동은 가족과 함께 일하면서 그 과정에서 다양한 노동능력을 습득해 간다. 완전히 흉내내며 습득하는 경우도 있지만 부모의 지도나 타인에게 체계적으로 지도를 받는 경우도 있었다. 이런 식으로 기본적인 노동 능력을 습득하면서 비로소 이치닌마에로 인정받는다. 생활 자체가 이치닌마에가 되는 과정이었던 것이다.

농한기의 일과 아동

미야모토 쓰네이치가 『가향의 훈』에서 묘사한 아동들의 구체적 생활상을 근세의 문서 사료에서 찾는 것은 사실 어렵다. 공문 서류는 물론 개인 문서에서도 아동들의 일상생활을 묘사한 기록은 그다지 알려져 있지 않다.

에치젠국 오노군大野郡 고혼지무라五本寺村-후쿠이현福井縣 가쓰야마시勝山市-의 「작업일지(시고토가키아게초, 仕事書上帳)」는 그런 점에서 아동의 노동 실태를 보여주는 희귀한 자료이다.[33] 이 자료는 어느 해 11월의 노동 내용을 이에별로 정리한 것이다. 약 한 달간의 기간으로 더구나 그 시기도 농한기에 한정되어 있기 때문에 이 사료를 통해 누가 어떠한 일을 했는가를 한 눈에 알 수 있다.

원 문서에는 원래 표지가 없었는데 '작업일지'라는 의미의 제목은 이것을 사용하여 논고를 집필한 야마타 유조山田雄造가 붙인 것이다.[34] 이것은 근세기에 고혼지 마을의 쇼야庄屋를 역임한 사이몬 도시아키齋門敏輝

가의 사료인데 야마타도 지적하듯이 어떠한 목적으로 이러한 문서를 작성했는가는 분명하지 않다. 또 조사 년도도 분명하지 않지만 기재된 가족 구성과 사이몬가가 소장한 종문인별개장宗門人別改帳 등에 비춰보면 1869년의 것으로 추정된다.

「작업일지」에는 아동도 다수 등장한다. 기록된 것은 '일仕事'로 인정할 만한 일정량 이상의 노동이며, 간단한 일손돕기 등은 기록되지 않은 듯하다. 등장하는 아동은 열 살 이상인 경우가 많다. 다만, 만 나이는 아니고, 가장 어린 사람은 '고도모子供'라 표기 된 아홉 살의 아동이다. 이 외에 십대 아동이 18명 있다. 총노동자 62명 중에서 약 30% 가량을 차지한다. 일을 한 사람 중에는 며칠 밖에 노동 하지 않은 고령자도 포함되기 때문에 십대들의 노동력이 중요한 역할을 담당했음을 알 수 있다. 마을에는 물론 여덟 살 이하의 아동도 있지만, 「작업일지」에는 등장하지 않는다.

고혼지 마을에는 다른 마을로 봉공을 나간 사람이 8명 있었다. 이 중에 마을 내의 사이몬가-쇼야-로 봉공을 간 사람이 두 명, 다른 마을로 간 사람이 두 명, 돈을 벌기 위해 오사카로 나간 사람이 네 명 있다. 오사카로 나간 사람 중에 열아홉 살이 한 명, 그리고 이십 대 전반의 사람이 있다. 이 마을은 16세대가 살고 있기 때문에 네 세대에 한 사람 꼴로 돈을 벌기 위해 오사카로 간 셈이 된다. 돈을 벌러 다른 곳으로 가는 일은 청년기의 중요한 노동 형태였던 것이다.

노동의 내용을 보면 농한기라서 농작업보다는 주변적인 일이 많다. 연령에 관계없이 남자라면 볏짚 관련 노동, 여자라면 의류와 관련된 일이

---

* 장원의 사무를 담당한 관리. 에도시대에 영주가 백성들 중의 명망가를 선발하여 대관에 임명하고 마을의 세납이나 그 외의 사무를 통괄하게 한 촌락의 장.

중심이었다.

이 가운데 십대들의 노동 내용에 대해 몇 가지 구체적인 사례를 보자. 미쓰(19살)와 마스(12살)는 자매다. 11월 1일부터 3일까지 두 사람은 '땔감'을 구하러 간다. 연료로 쓰는 장작을 장만하는 작업이다. 이어서 4일부터 12일까지는 두 사람이 천을 짠다. 이것은 '사키오리타테裂織立'라 하는데 낡은 직물을 가늘고 길게 풀어 놓은 것을 씨실로 그리고 모시풀에 물들인 모시를 날실로 하여 천을 짜는 작업이다.[35] 13일부터 21일까지는 한 사람은 '사키오리다테'를, 또 한 사람은 '가세시' 혹은 '가세우미' 작업을 했다. 장부에는 이름이 기재되어 있지 않기 때문에 누가 어떠한 일을 했는지는 알 수 없다. '가세우미'는 고구마 줄기 껍질을 물에 담가 두었다가 쪄서 섬유를 뽑아 가늘게 찢어서 길게 뽑아 꼬는 작업을 말하며 '가세'는 그것을 실로 만드는 작업이라고 한다. 21일부터 27일까지는 한 사람이 '누노코하타우리', 또 한 아동이 '가세우미' 작업을 했다. '누노코하타우리'는 마지막 공정인 베짜기로 추측된다. 28일 날은 아무 것도 기재되어 있지 않다. 이 날은 다른 집도 마찬가지였기 때문에 '휴일'로 보인다. 마지막 이틀은 '누노코하타우리'와 '가세우미'였다.

위와 같이 자매는 처음 사흘은 땔감 관련 일을 했으며 그 밖에는 모두 의료 관련 일을 하고 있었다. 쐐기풀과에 속하는 모시에서 섬유를 뽑아 짜서 포로 만드는 공정을 이들 자매가 맡았다. 그 사이에 아버지는 짚으로 말의 발싸개를 짜고 어머니는 낡아 헤진 천을 수선하고 있었다. 어머니의 노동에 천의 수선이 많은 데 비해 딸의 노동에는 '가세', '사기오리다테'가 많은 것은 다른 집도 마찬가지였다. 집안에서 느슨하게 분업이 이루어지고 있었을 것이다. 후자의 노동은 젊은이들의 것이었을텐데도 나름대로 복잡한 작업을 포함하고 있다. 이러한 작업이 가능하기 위해서는 어머니나 언니가 행하는 작업의 견습 혹은 손수 가르쳐주는 과정이 있었다고 보아야 한다.

다음에는 엔키치圓吉(10세)과 지요키치千代吉(7세) 형제의 경우를 보자. 두 사람 모두 '새끼 꼬기'를 하고 있다. 5일과 6일은 한 사람은 '숯가마니 짜기', 또 한 사람은 '새끼 꼬기'를 했다. 7일부터 10일까지는 숯가마니 짜기와 '짚신짜기', 11일은 그때까지 '가세우미'를 하던 17살의 딸까지 참가시켜 새끼 꼬기를 했다. 12일부터 15일까지는 딸이 '숯가마니 짜기'를, 형제는 '장화(후카구쓰)'를 만들었다. '후카구쓰'는 볏짚으로 만든 동계용 장화이다. 16일부터 19일까지는 딸이 '숯가마니'짜기, 형제가 '새끼 꼬기', 20일부터 23일까지는 딸이 '숯가마니', 형제가 '장화'를 만들고 있었다. 도중의 19일에는 그때까지 만들었던 '가마니'와 '장화'를 전부 팔았다. 24일에는 딸이 계속해서 '숯가마니'를 짰고, '아이 둘'(형제)은 '동네에 놀러 나갔다가' 돌아와 '가마니', '장화'를 전부 팔았다. 그 후도 말일까지 같은 일을 하고 있었다.

이렇듯 이 집에서는 딸까지 포함하여 아이들은 주로 볏짚과 관계된 일에 종사하고 있었다. 그리고 만든 '가마니'나 '신발'을 다른 곳에 팔아 현금화했다. 아이들은 때로는 '야근'도 했으며, 이 집의 생계에서 농한기의 이러한 아이들의 노동력이 중요한 역할을 담당한 것으로 추측된다.

볏짚으로 '장화'를 만드는 일을 하려면 여러 가지 작업을 기억해야만 한다. 7살의 지요키치도 이 작업에 참가하고 있어서 이미 이 작업에 익숙해 있었음을 알 수 있다. 또 '거리'에 나가 '장화'를 파는 일도 아이들에게는 하나의 노동에 속했을 것이다. 아이들은 이러한 일상적 생활 속에서 서서히 이치닌마에의 노동력으로 성장해 갔던 것이다.

「작업일지」에서 흥미 깊은 것은 이상과 같은 각종 작업에 덧붙여 아동의 '데나라이'에 관한 기재가 있다는 점이다. 야마타도 지적하는 것처럼 아동의 '데나라이'는 노동에 준하는 것으로 인식되었던 것일까.[36] 데나라이를 하고 있었던 아이는 11세의 조키치丈吉과 12세의 요사쿠与作로 추정된다. 조키치의 경우는 1일, 2일, 5일, 6일, 9일, 10일, 13일, 14일, 15일, 25일, 36일에 '데나라이'라고 기재되어 있다. 요사쿠의 경우는 1일에 "데나라이 중간에 아기돌보기"라고 기재되어 있으며, 이후 5일까지 '동일'로 되어 있다. 그 이외의 날에는 '아들'의 '장화' '말 발싸개', '새끼', '눈 서까래' 등이 기재되어 있다. 이것이 요사쿠의 노동을 기재한 것인지, 18살의 형인 와키치和吉에 관한 기술인지는 분명하지 않다. 이들의 집에서는 이 외에도 7살과 4살의 아이가 있는데, 14살의 요사쿠가 데나라이를 하는 중간에 돌본 아기들로 보인다. 데나라이를 어디서 했는지는 분명하지 않지만 야마타는 이웃한 구로하라黑原 마을의 이케다 사이헤이 池田齋兵가 경영한 데나라이주쿠에 다닌 것으로 추측하고 있다.[37]

이상과 같이 농한기에도 아동들은 여러 가지 노동에 종사하며 각종 작업을 익혀갔다. 이 숙달의 과정은 많은 경우는 모방이었지만 복잡한 작업의 경우에는 부모나 형제 자매로부터 지도를 받는 경우도 있었을 것이다. 아동들이 스스로 이치닌마에가 되어 가는 과정은 이러한 생활이나 노동과 불가분의 관계에 있었다.

데나라이는 이에 비하면 생활이나 노동의 장을 떠난 독자적인 교육의 과정이다. 이러한 교육 과정의 형성에 대하여는 후술하겠지만 생활이나 노동과 분리되지 않은 다양한 직능 형성과 함께 독자적 교육 과정인 데나라이가 고혼지 마을에도 침투했다는 사실을 「작업일지」를 통해 알 수 있다.

이심전심에서 문자에 의한 전달로

앞에서 보았듯이 근세의 아동들은 생활 속에서 다양한 노동에 익숙해졌다. 그것은 많은 경우 '교육'으로 의식되지 않는 아주 자연스러운 생활 자체의 과정이었다. 그러나 이처럼 생활 속에서 자연스럽게 몸에 익히는 과정에 그쳤던 것은 아니다. 보다 안정적이며 윤택한 생활을 추구하여 노동의 각 과정이 정교해졌으며 이렇게 하여 복잡해진 노동은 의식적으로 전달·교육되지 않으면 안 되는 것으로 변화되었다.

근세에 다수의 농서가 편찬된 것은 농업 기술의 개선과 그것을 전달하려는 사람들의 의사를 잘 보여주고 있다. 농서에 관하여는 『일본농서전집日本農書全集』과 같은 사료집이 발행된 데서 알 수 있듯이 농업기술사에서 주목해 왔다. 그러나 이러한 체계적인 농업 기술서는 당시는 역시 한정된 사람들의 책이었을 것이다. 실제로는 체계화 되지 않은 채 생활에 밀착된 여러 가지 지혜나 기술이 구전을 비롯한 다양한 방법으로 전달되었을 것이다.

예를 들어 아마가사키번尼崎藩의 시오에무라潮江村-효고현 아마가사키시-와 시모사카베무라下坂部村-효고현 아마가사키시-에서는 1768년부터 1845년까지의 사이에 50종류나 되는 벼가 재배 되었다고 한다.[38] 이웃 마을인데도 공통된 품종이 별로 없었다는 것은 토지에 보다 적합한 품종의 개량이 의욕적으로 이루어졌음을 보여준다. 이 품종 가운데 마고에몬와세孫右衛門早稲나 규베에모치久兵衛餅처럼 인명을 붙인 벼가 있다. 품종을 육성하는데 공적을 세운 사람의 이름을 붙인 것으로 알려져 있다. 또 이세와세伊勢早稲·오미와세近江早稲 등 지명을 붙인 것은 그 지역에서 평판이 좋았던 품종을 유입한 것으로 보인다. 이처럼 이 지역에서는 여러 가지 시행 착오를 거치면서 농업 개량을 위한 노하우가 축적되었던 것이다.

이렇게 축적된 지식이나 노하우는 다음 세대로 계승되어 간다. 그리고 그 지식의 양이 늘어나 일상적인 노동이나 구전만으로는 전승하기 곤란해질 때 보다 의식적으로 그것을 계승시킬 방법이 필요하게 된다. 그 가장 체계적인 방법이 농서였겠지만 그 밖에도 지역에는 이러한 농업상의 지혜나 기술을 기록해 놓은 것들이 많다.

1867년에 쓰인 『농작업시기 및 손질법諸作仕付時節并手入方手扣』도 그 중 하나다.[39] 이는 에치고국의 시라쿠라 요시조白倉吉藏라는 인물이 편찬한 것이다. 제목에서 알 수 있듯이 작물 하나 하나마다 재배 시기나 손질 방법이 기재되어 있다. 예를 들어 "김매기는 와세의 경우 8월 중순 무렵의 5일째부터 5,6일 안에 한다. 나카테中稻는 입하 10일전부터 입하를 지나 사오일 무렵까지 김매기. 오쿠테晚稻는 입하에 접어 드는 칠팔 일경이나 10월의 10일 무렵에 김매기" 등과 같이 작업에 적절한 시기가 구체적으로 기재되어 있다. 이 외에 "우엉은 춘분 중에 손질하는 것이 좋다", "강낭콩은 춘분을 지난 4일 째, 2월 중순에 들어선 9일 째" 등 밭작물에 관해서도 기록되어 있다.

이러한 메모식의 기록은 아마 전국적으로 존재했을 것이다. 예를 들어 반슈요코하마무라播州余子浜村-효고현 히메지시姬路市-의 야스다가安田家 문서에는 와세·나카테·오쿠테 별로 파종·못자리·모내기·김매기의 주의사항이 쓰여 있다.[40] 『농작업시기 및 손질법』과 같은 취지로 쓰인 것으로 보인다. 또 단슈스모토淡州洲本-효고현 스모토시洲本市-의 사노가佐野家에 남아 있는 「월례가업득심초月例家業得心抄」에는 정월부터 시작하여 달마다 필요한 농작업이 기록되어 있다.[41] 여기에는 재배상의 주의 사항도 기재되어 있는 것으로 보아 농업기술의 전승을 의도한 것이 분명하다.

축적된 경험과 지식은 이런 과정을 통해 이심전심의 세계에서 문자로 기록되고 객관적으로 전달 가능한 정보의 세계로 전환해 간다. 물론 이러한 정보를 얻기 위해서는 읽기·쓰기 능력이 불가결함은 당연하다. 노동의 과정과 분리되지 않은 채 일체화되어 있었던 직능 형성을 초월한, 보다 일반적인 기능-읽기·쓰기와 같은-의 필요성이 여기에서 발아하고 있었다.

베짜기하는 여성들

지금까지 주로 농업의 직능 형성에 대해 살펴 보았다. 그러나 생활과 노동 안에 존재하는 이러한 직능 형성의 과정은 다른 많은 직업에서도 공통적으로 존재한다. 누노카와 기요시布川清司에 따르면 단슈후타카타군但州二方郡 미오무라三尾村-효고현 하마사카초浜坂町-의 어부였던 나카무라가中村家에는 어장을 찾아내는 방법에 관해 쓰인 소책자가 보관되어 있다고 한다.[42] 어장을 찾아내고 기억하는 것은 어부에게는 불가결한 학습 사항이었다. 소책자는 이러한 어부의 학습상의 필요를 충족시키기 위한 것이었다. 직업 능력을 향상시키려는 노력은 모든 가업이나 직업에서 이루어졌던 것이다.

위와 같은 직능 형성의 하나로서 지지미縮* 짜기를 하는 여성들의 노동을 예로 들어보자.

지지미는 에치고越後 우오누마군魚沼郡의 명산품이다. 『북월설보北越雪譜』로 잘 알려진 에치고의 문인인 스즈키 보쿠시鈴木牧之는 우오누마군 시오자와마치塩澤町-니가타현 시오자와마치-의 지지미 도매상縮問屋이었

---

* 천의 바탕에 주름이 생기도록 만드는 직물 방법

다. 지지미 도매상답게 보쿠시는 『북월설보』에서 우오누마 지역의 풍물인 지지미 짜기의 모습을 자세하기 묘사하고 있다. 『북월설보』에서 묘사된 지지미 생산에 관계된 사람들의 노동에 관하여 살펴보자.[43]

『북월설보』 초편·중권에는 "지지미 만드는 법은 우오누마군에 있는 마을들마다 일정하지 않다. 마을마다 물건을 만드는데 정해진 방법이 있다. 이것은 그들 스스로가 옛날부터 자신들의 지지미 짜기에만 익숙하고 다른 지지미 제작 방법에는 눈을 돌리지 않았기 때문이다"라고 언급하고 있다. 예를 들어 호리노우치구미堀の內組, 우라사구미浦佐組, 고이데지마구미小出嶋組등의 마을들은 흰색의 지지미를, 시오자와구미塩澤組의 마을들은 문양류模樣類 혹은 가스리飛白*, 도카마치구미十日町組 마을은 아사기지마淺黃縞† 하는 식으로 생산된 지지미의 종류는 지역마다 달랐다. 이것은 "옛날부터 자기 제품에만 숙련"되어 있어 각 지역에서 일정한 기술을 대대로 계승해 온 결과였다.

우오누마 지역의 베짜기 기술은 "마을의 부녀자들이 눈 속에 갇혀 있는 동안에 익히는 손 기술이다"라고 언급하고 있는 것처럼 주로 여성들에 의해 계승되어 온 것이다. 따라서 이 지역의 여성들에게는 무엇보다도 베짜는 기량이 요구되었다. 『북월설보』에는 그 정경을 다음과 같이 기록하고 있다. "지지미를 짜는 집에서는 며느리를 고르는 데에도 지지미 기술을 첫째로 꼽았으며 용모는 그 다음이었다. 그 때문에 부모들은 딸이 어릴 때부터 그 기술을 배우는 것을 으뜸으로 삼았다". 베짜기를 하는 마을의 부모들은 자신의 딸들에게 앞 다투어 지지미 기술을 몸에 익히도록 했다. 이처럼 딸들에 대한 교육을 통해 마을마다 특색 있는 지지

---

* 잔 무늬가 있는 천
† 연두색의 줄무늬 직물

미의 기술이 계승되어간 것이다.

딸들에 대한 교육은 12~13세 무렵부터 시작되었다. "열두 세살부터 후토누노太布*를 배우게 한다. 약 15~6세부터 24~5세가 여성으로서 기력이 가장 왕성해지는 때인데 이 시기가 아니면 좋은 품질의 지지미는 어렵고, 나이 들어 배우면 천의 표면에 광채가 없어서 품질이 떨어져 보인다"고 하여, 24~25세까지 기력이 출중한 세대의 노동력이 더욱 중요시 되었다. 그래서 딸들도 "극상품은 그 상품에 아주 숙련된 기술자를 골라 어느 마을의 누구라고 지정하여 주문했기 때문에 그러한 평판을 얻기 위해 모두가 기술에 힘쓴다"고 할 정도로 극상품을 짜는 기술자라는 평판을 얻기 위해 기술의 숙련도를 다투었다.

귀중하게 쓰일 지지미를 짜기 위해 '오하타야御機屋'라는 것을 설치했다. 이것은 "깨끗한 집안에서 될 수 있는 한 연기가 들어가지 않는 채광이 좋은 청결한 곳을 정해 새로운 돗자리를 깔고 사방에 줄을 쳐 두르고 그 중앙에 베틀기를 설치한" 것이었다. 오하타야는 "신이 계시듯 외경"하는 곳이어서 베짜는 사람 외에 다른 사람은 들어가지 못하며, 베짜는 여성은 자신을 더럽히지 않도록 다른 불에 음식을 조리하여 먹고 베틀을 접할 때는 의복을 갈아입고 소금물로 손을 씻고 입안을 씻어낸 후에 들어갔다.

이처럼 오하타야는 "지극히 솜씨 좋은 여성"이 아니면 설치할 수 없었으므로 여자들에게는 선망의 대상이었다. 그것은 "계하階下에서 승전昇殿의 자리를 부러워하는 것과 같다"고 이야기될 정도였다. "다른 딸들은 오늘은 누구누구의 오하타야를 참배하러 갈꺼야"라고 말했다고 하듯, 딸들은 자신이 동경하는 오하타야를 참배하면서 언젠가는 꼭 자신만의 오

---

* 굵은 실로 거칠게 짠 포

하타야를 건립하기를 바랬던 것이다.

지지미는 10월경부터 실을 잣기 시작해 다음해 2월 중순까지 표백하는 것으로 끝마친다. 그리고 4월에는 호리노우치·도카마치·오지야小千谷·시오자와 등 네 곳에서 열리는 시장에 내다 팔게 된다. 장이 열리는 날에는 부근 마을에서 남여를 불문하고 가지고 온 지지미에 이름을 기록한 팻말을 붙이고 가격을 흥정하게 된다. 지지미의 품질에 따라 '일등' '이등'의 품격이 붙여졌다. "누가 짠 지지미는 초시初市에 얼마 정도 팔렸지, 솜씨가 상당히 좋아졌어" 등등의 평가가 내려지며, 또는 "그 기술로 시집은 어림도 없지"라는 말을 듣는 여성도 있었다. 따라서 각 집안에서는 "이익은 둘째로 하고 명성을 다툴" 정도였으며, "장터에 지지미를 가지고 오는 것이 마치 병사가 전쟁터를 향해 가는 것과 같았다"고 할 정도였다. 이렇게 하여 우오누마의 여성들은 앞 다투어 베짜기 기술을 배워갔다. 『북월설보』에는 그러한 고생을 다음과 같이 기록하고 있다.

겨우 한 자 남짓 짜는 데에 구백이십 번이나 손을 움직인다. 한 단을 2장 7척이라 한다면, 이만 사천 사백 팔십 네 번이나 손을 움직이지 않으면 한 단도 만들지 못한다. 대략 그렇다는 것일 뿐이다. 지지미는 경척鯨差し 3척을 정척으로 삼는다. 실잣기부터 표백하여 단마무리하기까지의 고생을 헤아려 주었으면 한다.

이렇게 복잡한 베짜기는 어머니에서 딸로 기술 전승이 이루어졌을 것이다. 시집 갈 즈음해서 베짜기의 기량이 중시되었던 것도 이러한 기술의 전승자·교육자로서의 역할이 기대되었기 때문일 것이다. 아무튼 이러한 방식을 통해 깊은 눈으로 둘러싸인 우오누마 지역에서 화려함을 자랑하는 지지미의 기술이 대대로 계승된 것이다.

가업에서 직업으로

구로타 히데오는 중세에서 근세에 걸친 회화 사료를 해독하면서 아동의 '놀이', '일하기', '배우기'에 대한 모습을 많이 찾아 냈다.[44] 구로타에 따르면 중세 회화의 특징은 아동들이 성인들과 섞여 '노는' 모습이라고 한다. 물론 중세 회화에서도 아동들의 '일하는' 모습은 있었다. 그러나 중세에는 '일하는' 현장에서도 아동들은 어딘가 자유로우며 한가로운 모습이었다. 그것은 흡사 놀면서 일하는 것 같다고 서술하고 있다. 즉 중세에는 '놀기'와 '일하기'는 아동들의 생활 속에서 아직 분화되지 않은 채 결합되어 있었다는 것이다.

그런데 근세가 되면 아동들의 일하는 모습은 확실히 달라진다. 예를 들어 직인들의 제자나 아동들은 일의 한 공정에 배치되어 노동에 종사하게 된다. 반쯤은 노는 듯한 모습은 사라진다. 물통을 들고 상점 앞에서 물을 뿌리는 '뎃치丁稚'처럼 종전에는 없었던 새로운 아동의 모습도 묘사되어 있다. 즉 '놀기'와 '일하기'가 분리되면서 아동들도 반쯤은 노는 것이 아니라 확실한 노동의 세계에 등장하는 것이다.

이렇게 전환된 이유로 구로타는 15세기 말 이후에 전개된 노동 체계의 커다란 변동을 들고 있다. 병농 분리나 무라우케제 등 사회 체제의 전환을 배경으로 근세 도시가 전국적으로 성립했고 수공업·상업·교통업이 비약적으로 발전하는 등, 사회 전체에 걸쳐 대변동이 일어났다. 그리고 그러한 변동 속에서 노동의 현장은 도제제 같은 조직적인 성격을 띠게 되면서 가족적인 것에서 탈피해 갔다는 것이다. 가족 아래서 반쯤은 노는 듯 했던 종전의 아동 노동이 본격적인 노동 자체로 변모해 갔다.

근세에는 농업 등의 '가업'이 노동의 기본적인 형태였지만, 동시에 여러 종류의 산업이 발달하면서 조직적인 '직업' 세계가 다양하게 전개되는 시기이기도 했다. 그리고 근세 후기가 되면 도시 주민뿐만이 아니라 농촌에서 돈벌러 오는 사람들까지 이러한 '직업' 세계에 참가하게 된다. 에치젠 오노군 고혼지무라의 사례에서 본 '오사카 봉공'과 같은 것도 그런 사례의 하나였다.

이렇게 노동이 보다 조직적인 모습을 띠게 되자 노동 능력의 형태도 마찬가지로 조직적으로 변해 갔다. 직인 사회에서의 도제제나 상가에서의 정추제등 가족에서 분리된 노동 조직을 통한 직능 형성의 과정이 널리 성립하게 된 것이다.

도제제나 뎃치제에 대하여는 현재까지 많은 연구가 이루어졌다. 또 이 책의 4장 1절에서도 언급하고 있기 때문에 자세한 것은 그 부분을 참조하기를 바란다. 두 경우 모두 의제적인 친자 관계나 사제 관계의 형태를 취하게 되는데 이들 조직의 본질은 비혈연적인 고용 관계라는 점에 있다. 이러한 직업 조직의 일반적인 성립은 근세기에 접어들어 나타난 현상이며 '가업'에 머무르지 않는 '직업'적인 직능 형성의 성립을 말해주고 있다.

'뎃치10년 · 데다이手代*10년'이라는 말처럼 장기간에 걸친 '봉공'의 과정은 노동인 동시에 교육의 과정이기도 했다. 그 과정에서 단순한 모방이 아니라 보다 자각적인 교육이 이루어졌다. 판매 · 접객 · 매입 등으로

---

* 상가의 고용인으로 뎃치丁稚와 번두番頭의 중간 신분에 해당한다. 상법에서 판매, 상품의 구입 등 특정 사항에 대한 대리권을 가진 자. 에도 시대에는 군대郡代, 대관代官, 봉행奉行의 밑에서 잡무를 맡았던 자를 지칭한다. 정추는 상가에서 일하던 연소자의 봉공인을 지칭한다. 보통 열 살 전후에 고용되어 기본적으로는 무급이었으며 이에의 잡무, 주인의 자녀 보호, 심부름 등에 종사했다. 18세 전후로 원복을 하여 수대가 되는데 이때부터 이치닌마에의 상가봉공인으로 대접받았다.

노동 내용이 복잡해지면서 노동 과정과는 독립된 교육의 과정이 필요해졌다. 많은 상가가 가훈이나 점칙店則을 제정하고 직업상의 마음가짐이나 업무 내용에 바탕을 둔 보다 구체적인 지시를 내건 것도 교육이라는 영역이 불가결한 부분이 되어 갔음을 잘 보여준다.

상가의 교육 과정에서 공통적으로 보이는 것은 데나라이와 주산算盤 교육이다. 읽기·쓰기·셈하기는 대체로 상업에서는 필수 능력이었다. 따라서 어느 상가라도 그날의 노동이 끝나는 야간에는 데나라이·주산 학습을 장려했다. 가훈·점칙에도 반드시 이 항목이 들어가게 되었다.[45] 또 초보적인 읽기, 쓰기 외에 소독 등 학문 수양을 장려한 상점도 있었다.

이렇게 하여 노동 과정에서 독립한 고유의 교육 과정은 문해 능력의 형성이나 학문 수양 등, 직능 형성에 머물지 않는 학문·교육의 세계로 접근해 갔다. 물론 그렇기는 해도 이 단계에서 교육은 직능 과정의 내부에서 상대적으로 독자적인 위치를 차지한 것에 불과하다. 하지만 이처럼 노동 과정과 분리된 직능 형성의 움직임을 배경으로 마침내 데나라이주쿠 등 순수한 교육 조직이 근세 사회에 일반적으로 전개되게 된다.

*　　*　　*

−칼럼− 대사大事를 와카和歌로 전하는 풍경

세상에는 다양한 표어가 있다. 오늘날에도 가장 흔히 눈이 띠는 것은 교통 안전에 관한 것이 아닐까. 자동차로 도로를 달리다 보면, 여기 저기 표어를 쓴 간판이 있다. 아하! 라고 여길 정도의 간판도 적지 않다. 전쟁 중에는 전의를 고양시키려는 표어가 온 거리에 넘쳐 났다. 전후에는 '생활 개선' 표어가 마을마다 침투했었다. 표어에는 5·7조, 7·5조, 하이쿠형, 와카형 등등 여러 가지 형태가 있었는데 대부분의 표어는 인상적인 어조를 사용하여 짧은 시간에 사람들의 기억에 각인시키려는 것이 그 목적이다.

근세 사람들은 자신들이 획득한 노동 상의 지식을 다른 이에게 전달하려고 할 때에도 입에서 흥얼거리는 어조의 리듬을 살렸다. 와카의 형태로 농작업의 요점을 읊은 『백성전기百姓傳記』에 실려 있는 '못자리 백수苗代百首'는 그 대표격이라 할 수 있다. 『백성전기』는 작자·연대 미상인데 엔포·덴와년간天和年間 −17세기 말엽−에 작성된 것으로 추정된다. 소농 자립기의 농업 기술서로서 가장 초기의 농서에 속하는 것이다. '못자리 백수'는 그 8권에 수록되어 있다. "무릇 못자리는 벼를 길러 쌀을 수확하는 근본이라"라는 말로 시작되는 이 '못자리 백수'에는 볍씨 고르는 법, 못자리 만드는 법, 모 기르는 법 등이 와카의 형태로 기록되어 있다. 다음은 그 중에 몇 수를 뽑은 것이다.[1]

싹이 나올 무렵 볍씨를 손보면 불순물이 사라져 쌀이 좋아진다네.
볍씨를 소중히 하지 않으면 쌀눈이 망가져 가을 수확이 나빠진다네.

어느 것 하나 볍씨의 중요함을 노래하지 않는 것이 없다. 또 다음과 같은 노래도 있다.

볍씨는 음력 3월에 뿌리는 것이 좋다네. 그 시기가 지난 후에는 안 뿌리는 게 좋지.
못자리에 물이 너무 많고 바람이라도 불면 뿌리가 깊이 내리지 못한다네.

파종의 시기나 못자리에 물주는 법을 노래한 것이다. 이렇게 와카로 농작업상의 지혜를 전달하려는 예는 『백성전기』와 같은 훌륭한 농서에서만 볼 수 있는 것은 아니다. 문자 문화가 보급되면서 전국적으로 나타났다. 데와국出羽國 모가미군最上郡 오타키무라大瀧村-야마가타현 마무로가와초眞室川町-의 쇼야庄屋나 쇼지가庄司家에 남아 있는 『농가백수農家百首』도 그 예의 하나다. 다음에서는 오토모 기스케大友義助의 「대사를 와카로 전하는 풍경에 대하여」를 중심으로 살펴보자.[21]

『농가백수』는 묵지 10장 정도의 소책자인데 표제로도 알 수 있듯이 농가의 마음가짐을 와카로 표현한 것이다. 성립 과정은 분명하지 않는데, 당가當家의 주인이 오랜 경험에서 얻은 지식을 자손에게 전달하려고 쓴 막말기의 것으로 추정된다.

> 볍씨는 메이네女稻를 씨앗으로 써야 해. 가을 수확이 많으니까.
> 메이네는 처음부터 앞으로 가지가 뻗어 나오며 벼 끝이 두 줄기라네.
> 한 줄기 혹은 세 줄기인 것은 씨앗으로 쓰면 안 되지. 오이네男稻니까.

서두에 개재된 노래를 세 수 뽑아 보았다. 이 와카를 보면 이 책이 노래로서의 작품성 보다는 지식 전달을 우선시했음이 분명하다. 볍씨 고르는 법을 가르치고 있다.

> 깻묵을 뿌릴 때는 한 말 파종할 때 여섯 되 꼴로 못자리에 뿌려라.

이 노래는 못자리에 비료 주는 법을 가르치고 있다. 한 말에 깻묵 여섯 되라고 아주 구체적으로 지시하고 있다.

> 못자리에 방아벌레가 꼬이기 전에 쐐기벌레가 꼬이는 걸 알아야 하네.

못자리에 쐐기벌레가 보이면 잎 뒷면까지 물을 적셔 주어야 하네.

벼벌레나 이가 꼬이면 태워야 하네.

벼멸구가 꼬일 때 물기를 제거해 두면 벼멸구를 방지할 수 있다네.

벌레가 꼬이는 부분을 방제하는 방법에 관한 것이다. 병충해는 농가가 가장 무서워하는 것 중의 하나였다.

다음처럼 마을 전체에 관계된 교훈적인 것도 있다. 쇼야庄屋다운 가르침이다.

마을에 망한 백성이 나오면 파산한 만큼 모두에게 돌아온다네.

요리키与力*가 망하지 않게 해야 마을 사람들 어깨가 가벼워진다네.

『농가백수』에 실린 노래는 한결 같이 농업에 관한 아주 구체적인 내용으로 되어 있다. 이것을 참고하면 농작업에 아주 유용했을 것이다. 작자는 입으로 읊기 쉽고 외우기 쉬운 형태로 자신이 얻은 지식을 자손에게 혹은 이웃 사람들에게 전달하려 한 것이다. 이러한 전달은 보통 실제 노동 과정에서 이루어지는데 『농가백수』는 그 내용을 보다 체계적인 것으로 만들어 이후 세대까지 정확하게 전해주려는 의도에서 편찬된 것이다.

작자가 와카에 정통한 사실도 주목되는 점이다. 아마도 『농가백수』와 같은 '실용적인' 노래만 아니라 보통 때는 풍류 세계에서도 와카를 즐겼음은 분명하다. 민중의 문화 활동에 관해 이 장의 4절에서 서술하겠지만, 민중에 깊이 침투한 문화가 생활 속에서 길러진 노동의 기술·지식과 만났을 때 『농가백수』가 탄생한 것이다.

---

* 에도 시대에 봉행 밑에 있던 하급 관리

주

1) 『日本能書全集』第17卷, 農山漁村文化協會, 1980年.

2) 『山形縣民俗・歷史論集』第二集, 東北出版企劃, 1978年.

야쿠와 도모히로

＊　　＊　　＊

3. 문자 학습의 확산-교육의 독립 분화

봉공과 데나라이

전근대의 일본 사회를 유럽 등과 비교하여 민중 교육에 대한 국가의 관심이 강했다고 하기는 어렵다. 또 종교 단체가 자신들의 교세 확대를 목적으로 조직적으로 민중 교육에 몰두한 경우도 그다지 찾아보기 어렵다. 그럼에도 불구하고 데나라이주쿠는 아주 널리 보급되었으며 또 전국적으로도 공통성이 높은 교육과정이 성립했다. 문해識字의 대중화를 초래한 민중적인 동향이 국가나 종교 단체 등의 강제력으로부터 자립한 형태로 나타났다고 할 수 있다.

문자 학습이 대중화된 기본 요인은 앞 절에서 살펴본 것처럼 노동 과정에서 문자 사용이 필요해졌기 때문이다. 그 구체적인 과정을 사료를 통해 제시하는 것은 곤란하지만 이세국伊勢國의 데나라이주쿠 '주켄도壽硯堂'는 이러한 문자 학습과 노동의 관계를 고찰하는데 참고가 되는 좋은 사례일 것이다.

주켄도는 이세국 이이다카군飯高郡 쓰카모토무라塚本村-미에현 마쓰자카시松阪市-에 있었다. 1792년에 문을 열어 1822년 무렵까지 약 31년 남짓 존속했다. 이 기간에 입문했던 사람은 643명이었다.

주켄도 교육의 특징으로는 입문 연령이 높고 재학 기간이 짧다는 점, 데나라이나 소독 이외에 경영·회계 학습이 있었다는 점을 들 수 있다. 주켄도는 봉공에 나가기 위한 준비를 염두에 둔 데나라이주쿠였던 것으로 보인다.[46]

이러한 사실은 현존하는 「문제중명전장門弟衆名前帳」이라는 문인장門人帳에서도 확인 가능하다. 문인장은 단순히 입문자의 이름만을 기록한 입문 대장인 경우가 많은데, 주켄도의 「문제중명전장」에는 제자들의 퇴숙 후 동향까지가 기록되어 있다. 이것으로 입문자가 그 후 실제로 봉공을 하게 되었는지를 알 수 있다.

「문제중명전장」을 상세히 분석한 우메무라 가요梅村佳代에 따르면 주켄도에 입문한 643명 중 24.8%에 해당하는 사람이 퇴숙 후에 봉공으로 나갔다.[47] 봉공으로 나간 성별 비율을 보면 남자가 29.2%, 여자가 12.1%이다. 입문자수가 가장 많은 쓰카모토 마을-주켄도가 있던 마을-에서는 102명의 남자와 70명의 여자가 입문했는데 실제로 남자의 51.9%, 여자의 21.4%가 봉공으로 나갔다. 주켄도에서 학습하는 목적 중에 봉공을 위한 준비가 중요한 위치를 차지하고 있었음을 분명히 알 수 있는 대목이다.

봉공을 나가는 연령은 13세 전후가 가장 많았다. 봉공지는 이세국내, 교토, 오사카, 에도 방면이었는데 그중 남자는 에도가 많았다. 또 에도 봉공에서는 고지마치麴町의 이와키마스야岩城桝屋에 12명, 오와리마치尾張町의 에비스야夷屋에 11명, 오와리마치의 히루코야蛭子屋에 7명 등, 특정한 상점으로 다수의 봉공인이 나가고 있었다. 봉공지는 상점이 많아 이들은 상업을 가업으로 하기 위한 견습생이 되었는데 계약 기간을 끝내고 이치넌마에의 상인이 된 사례는 적었다고 한다.

대부분의 상가가 뎃치제를 바탕으로 데나라이를 중시했음은 전술한 바와 같은데, 주켄도는 노동 과정의 내부에 전개되던 문자 학습 과정이 취업 이전 단계에서 사전에 이루어진 사례로 볼 수 있다. 상점에 근무하는 사람에게 초보적인 읽기·쓰기·셈하기 능력이 필수였음을 보여주는 사례이다. 또한 대상점大店에서의 뎃치 봉공은 엄격했으며 경쟁도 아주 심했을 것이다. 실제로 주켄도에 입문한 학생들의 봉공 근무 역시 쉽게 성공하지는 못했다. 조금이라도 유리한 직업 생활을 하려면 봉공에 나가기 전에 미리 데나라이 등의 학습을 해둘 필요가 있었던 것이다. 이러한 교육의 수요가 바로 주켄도를 성립시킨 기반이었다.

지방 조카마치 주민들의 문자 학습

주켄도는 농촌의 사례이다. 이 지역에서는 장래에 봉공으로 일하겠다는 생활 상의 구체적 전망이 문자 학습을 필요하다고 인식하게 만들었던 것이다. 그러나 도시 주민에게는 문자 학습이 필요하다는 인식은 보다 일반적이었던 것으로 보인다. 이 점을 보여주는 사례로서, 에치고 무라카미마치村上町-니가타현 무라카미시-에 있었던 데나라이주쿠에 관하여 살펴보자.

무라카미는 에치고 북부에 있는 조카마치이다. 인구는 겐로쿠기의 9,000명을 정점으로 그 후 점점 감소하여 막말에는 대략 6,000명 정도였다. 이 지방의 조카마치인 무라카미에 이소베 준켄磯部順軒이 데나라이주쿠를 열었다.[48] 이소베 준켄의 데나라이주쿠에도 문인장이 남아 있다. 그에 따르면 이 데나라이주쿠는 1737년에 시작되어 1790년까지 존속했다. 데나라이주쿠는 이소베가 죽기 직전까지 문을 열었다.

겐분元文(1736~1741) 년간부터 시작되는 문인장은 현재 알려진 것 중에서도 가장 오래된 것의 하나인데 이를 통해 이소베 준켄의 부친도 데나라이주쿠를 열었음을 알 수 있다. 문인장의 서두에 1737년, 당시 22세였던 준켄이 그 해에 사망한 아버지의 가업을 계승했다는 사실이 기록되어 있다. 따라서 무라카미마치의 데나라이주쿠는 준켄의 부친의 시대 즉 늦어도 18세기 초두나 17세기 말엽에는 존재했었다고 추정된다.

이소베 준켄의 데나라이주쿠에 입문한 제자들은 개업한 약 50년 동안에 1,200명 정도에 이른다. 무라카미마치뿐만 아니라 주변의 농촌, 심지어 60키로 이상이나 떨어진 지금의 니가타시나 야마가타현에서도 입문자가 있었다. 멀리 떨어진 곳에서 입문하러 온 자들은 이소베의 집이나 가까운 곳에 기숙했던 것 같다.

다행스럽게도 무라카미마치에는 마을 지도가 대량으로 남아 있다. 이 지도를 문인장과 대조해 보면 어느 세대에서 누가 입문했는가를 확실히 알 수 있다. [그림5-2] 및 [그림5-3]은 1760년의 마을 지도와 함께 아라마치安良町 및 고마치小町의 입문 상황을 보여주고 있다. 아라마치는 이소베의 데나라이주쿠가 있었던 마을인데 [그림5-2]에 '좌충 수습사佐忠手習師'가 바로 그것이다.

그림 중에서 ▨부분은 문인장에서 확인 가능한 세대이다. 그림에서 알 수 있는 것처럼 이소베의 데나라이주쿠에 입문한 학생은 아주 많았다. 입문 세대율은 아라마치에서 45%, 고마치에서는 64%에 달한다. 모든 세대에 아동이 있었던 것은 아니었기 때문에 자녀가 있는 세대의 입문률은 훨씬 더 높았을 것이다. 고마치는 자녀가 있는 대부분의 세대에서 입문자가 있었을 것이다. 그림에는 각 세대의 직업도 기재되어 있는데 이것을 보아도 직업의 내용과 무관하게 입문했음을 알 수 있다. 이를 통해

[그림5-2] 1760년 아라마치安良町의 가옥배열 및 입문세대 :
「宝暦十年安良町家別明細帳」「磯部順軒門人錄」에서 작성.

18세기 중엽의 무라카미에서의 데나라이 학습은 너무나 당연한 것으로 받아들여지고 있었다고 할 수 있다.

그이소베 준켄 사후 한동안 오타키 쇼쿠로大瀧章九郎라는 인물이 아라마치에서 데나라이주쿠를 계속 했다. 오타키주쿠는 분카文化(1804~1818) 년간에 개교한 것으로 보이는데 1870년까지 지속되었다. 1855년 이후의 「문생록門生錄」이 남아 있다.[49] 이 문생록과 이소베 문인장을 비교해 보면 매우 흥미로운 사실을 알게 된다. 이소베가 주쿠를 열었던 무렵에는 입문자가 적었던 사이쿠마치細工町, 오구니마치小國町, 사카나마치肴

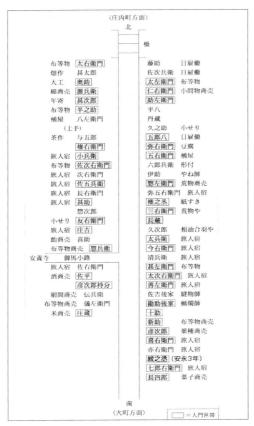

[그림5-3] 1760년 고마치小町의 가옥배열 및 입문세대 :
「宝暦十年安良町家別明細帳」「磯部順軒門人録」에서 작성.

町 등에서 많은 사람들이 오타키주쿠로 입문했다는 사실이다. 근세의 무라카미마치에 적어도 6명의 데나라이 선생이 있었던 것으로 알려져 있는데, 아마도 이들 데나라이 선생들이 개업하거나 폐업하면서 입문자의 통숙권역이 크게 변한 것으로 보인다. 근세 중기만 해도 가까운 곳에 데나라이 선생이 있었던 이 마을들이 막말기에는 아라마치에 있는 오타키주쿠에 입문하지 않으면 안 되는 사정-가까운 데나라이주쿠의 폐업-이

발생했다는 것이다. 이를 통해 근세 중기 이후의 무라카미마치에서는 어느 한 선생에게 입문하여 데나라이를 배우는 것이 흔한 일이었음을 알 수 있다.

그러나 주목해야 할 것은 이소베주쿠가 개설되던 당시, 다시 말하면 근세 중기에는 입문자의 대부분이 남자였다는 사실이다. 입문자가 1,200명이나 되었지만 여자는 겨우 다섯 명밖에 없었다. 데나라이주쿠에 입문하지 않아도 문자 학습 방법은 있었겠지만 문자 학습의 기회에 남녀 간에 뚜렷한 차이점이 있었음은 분명하다.

그런데 오타키주쿠 시대-막말기-가 되면 사태는 크게 변모한다. 1855년부터 1870년까지 입문한 618명 가운데 123명이 여자였다. 비율로는 20%정도이다. 이소베주쿠의 시대와 비교하면 여자의 문자 학습이 크게 비약했다고 할 수 있다.

무라카미마치의 사례를 통해 도시 주민 적어도 그들 중에 남자들의 데나라이가 이미 근세 중기에는 일반화되었음을 알 수 있다. 도시의 직업 생활에서 읽기, 쓰기 능력은 필수였다는 것이다. 데나라이가 노동에서 독립하거나 아니면 그에 선행하여 아동에게 교육시켜야 할 과정으로 확실하게 자리잡았음을 확인할 수 있다.

그러면 이러한 문자 학습 상황은 역사적으로 어느 단계까지 소급 가능할까. 안타깝게도 현재의 연구 단계로는 정확하게 알 수는 없다. 그러나 이소베 준켄이 1737년에 데나라이주쿠를 인수했을 당시에 이미 다수의 입문자들이 있었다는 사실을 통해 이소베의 부친이 살았던 시대도 거의 동일한 상황이었다고 추정할 수 있다. 도시에서는 이러한 문자 학습 상황이 근세 초기 혹은 중세 말기까지 소급될 수 있을 지도 모르겠다. 이 점에 대한 해명 이후의 과제로 남아 있다.

데나라이주쿠의 시대

문자 학습의 대중화 과정은 아직 해명되지 못한 부분이 많다. 데나라이주쿠가 어떻게 성립했는가 하는 문제도 아직 충분히 밝혀지지 않았다. 단지 단편적인 몇몇 단서가 남아 있을 뿐이다.

에치젠越前의 에라노우라江良浦-후쿠이현福井縣 쓰루가시敦賀市-의 1555년 사료는 이러한 얼마 안 되는 단서 중의 하나이다. 이 사료에는 슈코宗幸라는 행려승에 대해 "여기서는 글-이로하-을 배우려 해도 가르쳐줄 사람이 없어 거처할 곳을 마련했더니 스님이 탁발 나가는 것을 참아 주셨다"라고 되어 있다. 즉 현재 거주하는 곳에는 글을 가르쳐 줄 사람이 없기 때문에 슈코에게 의뢰하여 머물게 했다고 한다.[50] 이 사료를 통해 중세 말기에는 이미 문자 학습이 촌락에서도 중요한 일이 되었음을 확인할 수 있다.

데나라이 제자들이 건립한 선생의 묘석-필총筆塚-도 또한 근세 초기의 데나라이주쿠의 존재를 가르쳐주는 사료이다. 가와사키 기쿠오川崎喜久男는 지바현 내의 묘지를 샅샅이 조사하여 3,000개가 넘는 필총을 발견했다.[51] 데나라이 제자들이 건립한 것이 확실시되는 묘지 중에 가장 오래된 것은 1659년의 역수묘逆修墓이다. 역수묘란 생전에 미리 사후의 명복을 기원하여 건립한 묘석을 말하는데 하부군埴生郡의 조난長南-지바현 조난마치長南町-의 조엔지長円寺에 이 필총이 세워져 있다. 이 필총에는 '데나라이 제자 41인'이 건립했다는 사실이 분명하게 새겨져 있다.

지바현 내에는 이 외에도 '필자筆子·취자取子', '데나라이제자手習弟子'의 문자가 새겨진 조쿄貞享(1684~1688) 년간의 필총이 두 곳 있다. 겐로쿠 년간이 되면 필총이 속속 등장하게 된다. 필총은 보통 선생이 사망했을 때 만들어진다. 따라서 초기의 필총이 건립되기 대략 20년에서 30년

전에는 데나라이가 이루어졌다고 보는 것이다. 그러므로 늦어도 17세기 중엽에는 데나라이가 활발했음을 알 수 있다.

물론 그렇다고 하여 필총 건립 이전 시기에 데나라이가 없었다는 것을 의미하는 것은 아니다. 묘석의 건립이 일반적인 현상으로 자리 잡게 되는 것은 근세 이후의 일이다. 필총도 이러한 관습에 따라 건립되기 시작한 것이다. 따라서 필총이 없다고 하여 데나라이가 실시되지 않았다고 할 수는 없다. 필총의 건립 이전에도 물론 데나라이는 실시되었을 것이다. 다만 필총의 건립을 통해 정확하지는 않지만 오늘날 그 흔적을 더듬을 수 있게 되었다는 것이다.

근세 후기가 되면 데나라이주쿠는 아주 일상적인 풍경이 된다. 최근의 조사에 따르면 현재의 나가노 시내에서만 1,400개의 필총이 확인되었다.[52] 1,400명이나 되는 선생에게 대략 어느 정도의 입문자가 있었던 것일까. 앞에서 본 이소베 준켄이 혼자서 1,200명이나 되는 제자를 받아들였다는 사실을 떠올린다면 그 수는 방대할 것이다. 이소베주쿠를 예외적인 것으로 볼지라도 나가노시 전역의 데나라이 인구는 상당수에 달했다고 할 수 있다.

현재 가장 많은 입문자를 교육한 데나라이주쿠로 알려진 것은 오미국近江國 간자키군神崎郡 기타노쇼무라北庄村-시가현 고카쇼초五個莊町-에 있었던 지슈사이주쿠時習齋塾이다.[53] 이 데나라이주쿠에는 「지슈사이문인성명록時習齋門人姓名錄」이라는 문인장이 남아 있다. 1765년부터 시작되는 이 문인장은 세 권인데 각 권마다 '제2번', '제3번', '제4번'의 번호가 붙여져 있다. 따라서 '제1번'의 문인장이 있었음이 분명하다. 주쿠의 개업 시기는 메이와明和(1764~1772) 년간 보다 더 거슬러 올라간다. '제4번'의 문인장은 1873년에서 그쳤으니 실로 109년 이상 개업했다. 나카무라가中村家가 대대에 걸쳐 경영한 데나라이주쿠였다.

세 권의 문인장에 기재된 제자는 4,276명이 넘는다. 입문자는 기타노쇼北庄를 중심으로 현재의 고카쇼초 지역을 넘어 주변의 마을들에까지 이른다. 문인장으로 '취학률'을 분석한 시바타 준柴田純에 따르면 메이지 초년의 기타노쇼무라에서는 거의 90%에 달했다고 한다. 즉 기타노쇼 주민 대부분이 지슈사이주쿠에서 배웠던 것이다. 데나라이주쿠 교육의 보급 양상을 이해할 수 있을 것이다.

이처럼 데나라이주쿠는 근세기에 폭발적인 발전을 이루기는 하지만 이러한 일부의 사료가 전국적인 상황을 보여주는 것이라고 하기는 어렵다. 근세는 문자 학습의 지역적 편차가 아주 심했기 때문이다. 이 점은 몇몇 현에서 메이지 초기에 실시한 문해율 조사를 통해 밝혀졌다. 6세 이상의 전 주민을 대상으로 실시한 자기 이름 쓰기 능력에 대한 조사에 따르면 1877년의 시가현滋賀縣에서는 남자의 89.23%, 여자의 39.31%가 자기 이름을 쓸 수 있었는데 반해, 1884년의 가고시마현鹿兒島縣에서는 남자의 33.43%, 여자는 겨우 4% 정도에 지나지 않았다. 아오모리현靑森縣에서도 거의 비슷한 실태로 나타났다. 오카야마현岡山縣과 군마현群馬縣은 이 둘의 중간에 위치하고 있다.[54]

이렇게 실제의 문해율로 보면 역시 근세기는 발전도상에 있었다고 할 수 있다. 문해율의 커다란 지역적 편차는 학교 제도가 도입됨으로써 마침내 평준화되어 갔다.

마을과 데나라이주쿠

근세 국가는 데나라이주쿠의 성립과 보급에 거의 관여하지 않았다. 사원이나 마을의 쇼야, 혹은 이소베 준켄과 같은 상인町人처럼 다양한 사람들이 사적으로 개설한 것이 데나라이주쿠였다. 그러한 의미에서 데나라이주쿠는 사적인 교육 조직이라 할 수 있는데 그렇다고 해서 공적 단체가 전혀 관여하지 않았던 것도 아니었다. 일부이기는 하지만 마을이 데나라이주쿠의 개설과 유지에 관여를 했었다는 점은 주목할 만한 사실이다.

이러한 사례는 신슈信州* 지방에서 많이 발견된다. 예를 들어 스와군諏訪郡 사사하라신덴무라笹原新田村-나가노현 지노시茅野市-에서는 메이와·안에이기安永期 무렵부터 미토의 낭인이 오랜 기간 동안 데나라이를 가르쳤는데 그가 죽어 가르칠 사람이 없어지자 먼 지역까지 배우러 가야만 했다. 그래서 1823년부터 가이국甲斐國의 신주神主 나이토 히타치노스케內藤常陸之助라는 인물을 3년 계약으로 초빙했다. 나이토는 세 번이나 계약을 갱신하면서 1838년 생을 마칠 때까지 사사하라신덴에 거주했다. 그의 사후 1847년에 촌은 다시 이나伊那에서 가쿠자에몬角左衛門이라는 사람을 초빙했다. 사사하라신덴에서는 마을 관리村役들이 '어사장금御師匠金'을 적립하여 이들 선생들의 사례금으로 사용했다.[55]

신슈에서 가까운 조에쓰上越의 가미이타쿠라고上板倉鄕 나가사와무라長澤村-니가타현 아라이시新井市-에서는 마을이 데나라이 선생을 임용하고 계약을 체결했다. 1807년의 일이었다.[56] 이 마을에는 데나라이 선생이 있었는데 그가 전출하면서 전임 선생을 대신할 사람을 새로이 임용한 것이다. 계약의 내용은 데나라이 교육을 선생에게 일임한 후에는 다른 선생을 일체 임용하지 않는다, 마을에서의 지위는 쇼야 다음으로 한다, 데나라이 아동의 사례금이 부족할 경우 마을에서 보조한다는 등이었다. 나

* 시나노信濃의 다른 이름으로, 오늘날의 나가노현.

가사와무라는 에치고에서 신슈 방면의 가도에 접한 산간 지역이어서 데나라이 선생을 구하기가 손쉽지는 않았다. 이러한 지역에서는 마을이 데나라이 선생을 초빙했다.

이처럼 마을이 데나라이주쿠의 유지에 관여했다는 것은 데나라이 학습이 불가결한 것으로 자리잡으면서 데나라이를 사적인 일이 아니라 공적인 성격의 것으로 이해하게 되었음을 보여준다. 일반적으로 공적인 학교제도는 국민국가 형성기에서 국민 통합을 주된 목적으로 하여 성립하지만, 이러한 강제적인 형태에 선행하여 교육 공공화의 민중적 움직임이 있었다는 사실에 주목할 필요가 있다.

문자 학습의 풍경

지금까지는 데나라이주쿠의 조직적인 외관에 대하여 살펴보았다. 이제 데나라이주쿠의 내부로 눈을 돌려 보자. 문자학습의 실제 풍경을 살펴보려는 것이다.

데나라이주쿠 교육의 가장 큰 특질은 거의 대부분이 개인 학습이었다는 점이다. 오늘날의 학교와는 전혀 다른 점이다. 개인 학습이기 때문에 책상 배열도 지금과 크게 달랐다. 오늘날 대부분의 책상 배열 방식은 모든 책상을 선생 쪽으로 향하게 배열하여 아동 전원이 선생과 대면하도록 배치한다. 그러나 데나라이주쿠에서는 전혀 이러한 배치를 따르지 않았다. 데나라이주쿠에서 책상-덴진즈쿠에天神机-의 배치는 [그림-1] [그림-2](칼럼 참조)와 같다.[57] 아동들은 개별적으로 데나라이를 하도록 배열되어 있으며 선생은 방 한 구석에 있다. 실제의 지도는 학습자手習子가 선생 앞에 와서 배우거나 아니면 선생이 돌아다니면서 지도를 했다.

데나라이는 선생이 제시한 데혼手本*을 임서臨書하는 식으로 진행된다. 종이는 귀중품이기 때문에 한 장의 종이에 몇 번이고 연습을 하여 아주 검어질 때까지 사용했다. 그것을 말려서 다시 사용하는 경우도 있었다. 선생님은 진도가 서로 다른 학생들을 위해 매일 적당한 데혼을 작성해야만 했다. 한 장씩 주어진 데혼은 집에 보관하면서 한 권의 책으로 묶는 경우도 있었다. 근세 문서를 소장한 집에서는 이렇게 제본된 데혼이 발견되는 일이 적지 않다.

데나라이주쿠에서는 과연 어느 정도의 종이가 사용되었을까. 이에 대해 우메무라 가요는 흥미로운 사료를 소개한다.[58] 시마국志摩國 도시군答志郡 도바마치鳥羽町-미에현 도바시-에 있었던 구리하라주쿠栗原塾에는 「연년쌍지습수年年双紙習數」라는 사료가 남아 있다. 1856년부터 1867년까지의 데나라이 학생이 사용한 종이량을 기록한 것이다. 이 사료에 따르면 한 사람이 일 년 동안 사용한 종이량은 평균 1,465매에 달한다. 하루에 4장 꼴이다. 학생이 매일 데나라이주쿠에 등교하지는 않기 때문에 실제 일일 사용량은 이보다 훨씬 많을 것이다. 1년에 1,500장 가까운 종이의 구입은 필시 가계에 나름의 부담이 되었을 것이다.

선생이 제시한 데혼 안에는 각 장마다 그것을 학습한-부여받은- 날짜가 기록되어 있는 것도 있다. 이를 통해 데나라이주쿠의 문자 학습 진도를 알 수 있다. 〈표5-1〉은 야마가타山形 대학 구도문고工藤文庫가 소장하고 있는 데혼의 진도를 나타낸 것이다.[59]

이 데혼의 사용자가 누구인지는 전혀 알려져 있지 않지만 학습자는 1862년 2월부터 9월 사이에 대략 '이로하'에서 시작하여 아주 간단한

---

* 학습할 때 모범으로 삼는 문자나 그림을 그린 책.

단문이나 인명名頭을 대체로 학
습하고 있었다. 도중에 윤8월
이 있기 때문에 전체 9개월의
학습 기간이 된다. 빠진 날짜도
있는 것으로 보아 한 장의 데
혼을 습득하는데 며칠이 걸렸
거나 데나라이주쿠에 가지 않
았던 날도 있었던 것으로 짐작
된다. 교재가 '이로하'부터 시
작되는 것으로 보아 가장 처음
에 부여된 데혼으로 보인다. 학
습자는 9개월 동안 가나·숫자,
다수의 한자를 습득하고 아주
짧은 문장까지도 배우고 있었
다. 아마도 그 후에는 약간 긴
각종 문례를 배우고 이어서 본
격적인 오라이모노의 학습으로
나아갔을 것이다. 아니면 이 정
도에서 학습을 단념했을 수도
있다. 그 경우라면 배운 것이
충분히 정착하지는 못했을 것이다.

〈표5-1〉 최초 초급 교재의 학습진도(1862년)

教材內訳	月日
いろはにほへと	2月10日
ちりぬるをわか	3月12日
よたれそつねな	3月1□日
らむうゐのおく	3月19日
やまけふこえて	3月19日
あさきゆめみし	3月22日
ゑひもせす京吉六	3月26日
一二三四五六七八九十廿百千万億	3月27日
今日ゟかな手本相成申候	4月2日
珍敷青物送被下忝存候	4月12日
頓而せきあけも近く候	4月18日
端午之御祝義月出度申候	4月26日
五十音あいうえお	5月7日
かきくけこさしすせそ	5月14日
たちつてとなにぬねの	5月19日
はひふへほままみむめも	6月8日
やいゆえよらりるれろ	6月14日
わいうゑをんじ	6月22日
奉納 師若仕立夜 戌六月廿四日	6月24日
近頭木乃子取ニ参	6月30日
名頭源平藤橘弥与	7月6日
治善惣角新清右又亦市逸勘	7月12日
甚長久孫彦傳吉秀寛今政為	7月24日
丈宇裕儀永房林仁吾恒常連	8月3日
富金銀徳武兵友半己福助丹	8月10日
権杢由伊茂弥芳連峯森瀬丸	8月17日
梅染仲座倉庫辛順門内慶重	8月23日
才安弁留和苦男軍嘉舛仲国	閏8月1日
佐嘉弁団勝文多元小百千万	閏8月10日
鶴亀松竹龍虎猪熊丑馬犬鹿	閏8月17日
駒周仙岩岱代定栄広歳米幾婁民供力	閏8月24日
直専宗鉄宅増職浪滝玉浅祭岱次郎鉢	9月2日
寅辰巳三分秦健繁落太郎春右衛門夏左	9月8日
いまいとてひとはをくとも七夕乃	9月9日
奉納 六十両耳順 戌九月九日	9月9日
衛門秋太大冬兵衛沖之進殿様之丞名主	9月15日
組頭百姓代五人組頭此外略し終	9月21日

山形大学工藤文庫所蔵(手本)より作成。

데나라이주쿠의 학습 과정은 전국적으로 보아도 아주 놀라울 정도의
공통점이 있다. 이시카와 겐이 『데라코야寺子屋』에서 이와테岩手 지방의
데나라이주쿠 학습 과정을 다음과 같이 정식화 한 적이 있다.[60]

이로하(いろは・イロハ)→숫자→한자→단어→단구·단문
→일용문장(지리관계오라이·산업관계오라이)

앞에서 제시한 데혼에도 '이로하'에서 단구·단문까지는 공통적이다. 또 야마가타대학 구도문고에 소장된 손으로 쓴 다수의 데혼류를 보아도 일용문장까지의 학습 과정은 거의 동일했다. 일용문장까지가 이로하 문자 습득을 위한 기초편이며 그것을 기초로 하여 각종 오라이모노의 학습으로 나가는 것이 일종의 패턴이었다.

앞에서 소개한 시마국 도바마치의 구리하라주쿠 사례는 학생의 학습 과정을 알려주는 귀중한 사료이다. 이 데나라이주쿠에서는 1860년 이후 「데혼습수장手本習數帳」이라는 장부가 작성되어 매 학생들이 학습한 데혼명이 정리되어 있다. 우메무라 가요가 이것을 자세하게 분석했다.[61] 이를 통해 110명에 이르는 학생의 학습과정을 한 눈에 알 수 있다.

구리하라주쿠에서 사용된 교재는 60종류에 달한다. 학생에 따라 학습한 내용은 서로 달랐다.『가나』,『문장』,『인명』,『촌명』,『오십삼차五十三次』,『국진國盡』 등이 가장 많고 또 가장 공통적으로 배웠다.『가나』는 61명,『문장』은 73명,『인명』은 63명,『촌명』은 62명,『오십삼차』는 44명,『국진』은 46명이었다. 이것을 배우지 않은 사람들은 아마 이러한 초보적인 단계를 이미 습득한 상태였을 것이다. 이 여섯 종류는 초보 단계의 공통과정이었을 것으로 보인다.

그 외에 사용된 오라이모노로는『상매오라이商賣往來』29명,『여자삼습女子三習』22명,『잡용雜用』17명,『소식오라이消息往來』16명 등이 많았다.『상매오라이』는 근세 오라이모노 중에서도 특히 많이 사용된 오라이모노이다. 그 밖의 세 종류는 소식·문장 사용 계열의 오라이모노로 보인다. 이렇게 보면 가나에서 시작하여 단어나 단문, 일용문장으로 진행하면서 여기에 『상매오라이』와 같은 산업관련 오라이모노와 『촌명』·『오십삼차』·『국진』과 같은 지리 관련 오라이모노를 더하는 구성은 앞에서 본 이시카와 겐의 모델과 거의 일치한다.

물론 근대 학교와 달리 데나라이주쿠는 한 사람 한 사람의 학습 내용이 서로 달랐다는 것이 특질이기도 하다. 110명의 학생이 배우는 데혼은 사람에 따라 크게 다르다. 아주 초보적인 데혼을 한 권 정도로 마치는 아동이 있는가 하면 16권이나 배우는 학생도 있었다.

이렇게 학생들 배우는 내용이 서로 다른 점에 대해 다카하시 빈高橋敏도 조슈세타군上州勢多郡 하라노고무라原之鄉村-군마현 후지미무라藤見村-의 쓰쿠모안九十九庵 사례를 분석하면서 지적하고 있다.[62] 다카하시에 따르면 예를 들어 한 이에 출신의 아동들이나 거의 같은 나이에 동시에 등산-입문-·하산-퇴숙-한 아동들도 각기 다른 데혼을 배웠다고 한다. 선생이 한 사람 한 사람의 능력이나 필요성을 고려하여 적절한 데혼을 선택했을 것이다. 아동들의 학습은 공통성이 높은 초보적인 학습과정과 수천 종류에 달하는 오라이모노 중에서 선택된 매우 다양한 학습과정이라는 두 단계로 이루어진 것이다.

이와테의 회서사

여기서 약간 색다른 사료를 보자. 자신을 '회서사灰書師(하이가키시)'라 칭하는 선생에 대한 것이다. 이 선생의 이름은 다케다 산에몬武田三右衛門인데 무쓰국陸奧國 이와테군岩手郡 시노기무라篠木村-이와테현 다키자와무라瀧澤村-에서 데나라이주쿠를 열었다. 시노기무라에서 기모이리肝煎*를 역임하고 1843년에 사망한 인물이다. 다케다 산에몬은 『백성용달속언집百姓用達俗言集』이라는 독자적인 교재를 편찬했는데 그 서두에 「시노기무라의 산에몬이 삼가 아룁니다」라는 서문이 있다.[63] 이 서문이 실로 흥미롭다. 잠시 살펴보자.

우선 서두에 자신을 '회서사'라 한 이유를 다음과 같이 기록하고 있다. "하층 백성의 아이들을 가르치는 사람을 선생師匠이라고 하지는 않습니다. 그 이유는 하층 백성들의 자녀들은 붓과 먹, 종이도 없으며 노송나무로 만든 쟁반 안에 재를 깔고 젓가락을 붓 삼아 쓰기 때문에 회서灰書라 합니다". 다시 말해서 붓이나 먹, 종이를 소지하지 않은 채 데나라이주쿠에 오는 아동이 있기 때문에 '오시키折敷'-식기 등을 담는 쟁반-에 재灰를 담아 젓가락을 붓 대신 쓰게 하는 식으로 가르친다는 것이다. 이처럼 종이가 없는 아동들이 재로 학습하는 사례가 많이 보인다. 고바야시 잇사小林一茶의 하이쿠俳句에도,

낡은 쟁반에 재 담아 데나라이하는 겨울 古盆の灰で手習ふ寒哉

이라는 작품이 있다. 시노기무라에도 재로 학습하는 아동들이 있었을 것이다.

산에몬은 이어서 "시노기무라의 노인들이 자식이나 손자가 모두 자신의 이름 정도는 쓸 수 있게 하고 싶어서 회서사에게 부탁하였기에 145명을 맡아 돌보아 주었다"라고 기술하고 있다. 시노기무라 사람들이 이처럼 어려운 처지의 아동들에게조차 하다못해 자신들의 이름 정도는 쓸 수 있도록 가르치려 했음을 알 수 있다.

---

* 명주나 쇼야의 별칭.

산에몬에 따르면 입문하는 자들은 1년이나 반년 정도 배우다 그치는 경우가 많았다. 그 중에는 2~3년이나 배우는 자도 있었는데, 이들의 어머니들이 "글을 가르쳐 주십시오"라고 부탁해『촌명진村名盡』·『야산진野山盡』·『백성오라이百姓往來』·『농부경작장農夫耕作狀』·『상매오라이』를 가르치고, 이어서『무각오장無覺悟狀』·『데나라이장手習狀』이나『요시쓰네 함장義經含狀』·『어성패식목御成敗式目』등 각종 오라이모노를 가르쳤는데 제대로 읽는 아이들은 30명 중 두세 명 정도였다고 한다. 회서사 자신도 사실은 이러한 고문서를 이해하지 못했다고 실토했다.

1년 중에 150일 정도를 학습하는 아이는 아주 드물었으며 삼사십일 동안 전혀 데나라이를 하지 않는 적도 있었다. 눈 내리는 계절이 되면 "글을 배우러 왔습니다" 하며 들어오기는 하지만, "곡식을 날랐어요, 외갓집에 엄마와 함께 갔다 왔어요. 마을 잔치, 혼인 잔치에 가서 삼일 밤 자고 왔어요, 또 목욕하고는 이를 잡았어요 하는 등 좀처럼 공부하고는 거리가 멀었다"라고 말하고 있다.

이러한 상황이었기 때문에 읽고 쓰기의 습득도 제대로 되지 않아 "서른 명 중에 스물여덟 아홉 명까지는 겨우 어느 정도 외워 쓰기를 할 정도"라고 실토하고 있다. 그런데 "무식한 부모들은 데나라이라도 시키면 2년이나 3년 안에 능숙하게 읽고 쓰기가 가능할 것으로 생각한다. 회서사님이 자기 아이에게는 글을 가르쳐 주지 않았는지 몇 번이나 읽혀도 모른다고만 한다. 회서사님이 애정이 없기 때문이지. 올해로 3년째인데 한 자도 알지 못하다니 이상하다, 회서사를 바꾸고 싶다고 하는 자들이 많다"고 한탄하고 있다. 어떻게든지 아이에게 읽기·쓰기를 습득케 하고 싶은 부모와 농한기의 학습만으로는 제대로 된 지도를 할 수 없다는 선생 양측의 감정이 교착하는 모습이 잘 묘사되어 있다. 아동들도 "글 배우는 일을 그만두어서는"-성장하여 퇴숙한 후에는-"회서사를 남처럼 생각해"서른 명 중에 스무 명 정도는 "길에서 말을 타고 갈 때면 쓰고 있던 모자도 벗지 않고 꾸벅하고 인사하는 흉내만 내고 지나갈"뿐이었다. 따라서 자신과 같은 사람은 "전혀 선생이 아니라 회서사라고 이름 하는 것입니다"라고 자조하고 있다.

산에몬은 "1년이나 반 년 학습한 아이는 금천今川과 정훈은 전혀 필요 없다고 봅니다"라고 말한다. 데나라이주쿠에서 통상 가르치는 『금천장今川狀』・『정훈오라이庭訓往來』같은 것도 일 년 정도 학습한 아이들에게는 필요 없다는 것이다. 그리고 "하층의 백성들 자녀는 이름・잔고・세금 할당량・관에서 내린 방을 능숙하게 읽을 정도가 되면 다른 문서의 문장은 필요 없다고 생각하여, 백성이 일상적으로 사용하는 문장만을 조사하여 수집한 동자교 童子敎처럼 일부러 다섯 글자 씩 이어서 기록한"것이 산에몬이 손수 제작한 『속언집』이다. 다시 말하면 오라이모노를 중심으로 한 종래의 학습과정으로는 아동들이 정말 필요한 읽기・쓰기 능력을 기르기 어렵다는 것을 몸으로 체험한 산에몬이 스스로 편찬한 교과서가 『속언집』이었다.

『속언집』은 산에몬 자신이 말하듯이 중세부터 사용되어왔던 저명한 오라이모노인 『동자교』를 모방하여 전부 오언일구로 기록했다. 내용은 '백성일용속언집' '봄의 축일' '논밭 손질하기' '농사일 준비' '모내기' '각종 보청普請과 전마傳馬' '각종 상납물' '검지 점검' '집안의 보청' '공사 소송' '방문자의 관상법'의 11항목으로 구성된 전체 2,982구로 이루어진 방대한 책이다. 농경 작업이나 보통 일상생활에 밀착된 용어를 상당수 사용하였으며 또 그와 관련된 마음가짐이라 할 만한 내용이 주를 이룬다. 산에몬이 고심을 기울인 작품이다.

이처럼 산에몬주쿠의 자료는 아주 희귀한 것이다. 데나라이주쿠의 교육 실태가 이 정도로 생생하고도 사실적으로 묘사된 것은 매우 드물다. 또한 현장에서 선생의 신분으로 교육에 종사한 당사자의 언어라는 점에서 이 사료는 귀중하다. 그 서문을 보면 당시의 아동들에게 있어서 문자 습득이 얼마나 어려웠는가를 알 수 있다. 산에몬도 밝혔지만 반 년이나 일 년 학습한 정도로는 실용적으로 활용할 수 있는 읽기·쓰기 능력은 부족하다. 또 그 후의 실생활에서도 읽기·쓰기의 습관이 되어 있지 않으면 몸에 익힌 읽기·쓰기 능력도 쉽게 잊어버리게 될 것이다. 따라서 데나라이주쿠가 있었다고 해서 그곳에 다닌 아동들 모두가 읽기·쓰기를 할 수 있었다고 단언할 수는 없는 것이다.

또 『금천장』이나 『정훈오라이』 같은 아주 일반적인 오라이모노 조차 이 마을의 아동들에게는 아주 요원한 것이었다는 점이 선생인 산에몬의 이야기를 통해 밝혀졌다. 데나라이 교육의 현실과 싸우면서 산에몬은 이러한 전통적인 오라이모노에 체념하지 않고 스스로 교재를 편찬하기에 이른 것이다.

사료를 보면 자신의 아이들에게 읽기·쓰기를 가르치고자 하는 부모들의 소망이 엿보인다. 아마 부모들 중에는 글을 읽고 쓰지 못하는 사람도 있었을 것이다. "책이라는 걸 가르쳐 주십시오"와 같은 표현에서도 그러한 심정이 나타나 있다. 또 자녀의 학습을 전혀 가늠할 수 없는 것을 선생이 무정한 탓이라고 돌려 "회서사를 바꾸고 싶다"고도 말하고 있다. 산에몬은 이러한 부모들의 몰이해에 아주 고통스러웠다. 그 때문에 스스로를 '회서사'라 불렀던 것이다. 그러나 이러한 부모들의 언행을 통해 읽기·쓰기 능력에 대한 강한 욕구가 도호쿠東北 지방의 마을들에도 깊게 침투해 있었음을 알 수 있다.

오라이모노의 안목

데나라이주쿠의 교육에 대한 안목은 지금까지 살펴 본 것처럼 기초적인 읽기·쓰기 능력을 형성하는데 있었다. 이를 위해 가나에서 시작하여 간단한 문례文例 교재에 이르는 초보적인 교재들이 있으며 이어서 편지나 증문류証文類 등의 실용문이 있다. 이 단계에서 학습을 종료해 버리는 아이들도 많았다. 계속해서 학습하는 자에게는 각종 오라이모노가 교재로서 준비되었던 것이다.

근세기가 되면 수를 헤아릴 수 없을 정도로 많은 오라이모노가 간행 편찬된다. 중세에 작성된 것까지 합치면 그 수는 수천 종에 달한다. 오늘날에도 새로운 오라이모노가 발견될 정도로 다양성이 풍부했다. 그러나 이처럼 다양한 오라이모노에도 거기에는 몇 가지 교육상의 일관된 안목이 있었다.

오라이모노, 특히 근세기에 간행된 오라이모노 중에서 가장 많은 부분을 차지했던 것은 지리 관계 교재였다. 『일본교과서대계 오라이편 日本教科書大系 往來編』(별권·별권Ⅱ)[64]를 통해 근세기에 간행된 오라이모노를 헤아려보면 지리과로 분류되는 것이 전체의 20%를 차지하여 가장 많다. 손으로 쓴 미간행 지리 교재인 『촌명진村名盡』 등의 오라이모노는 각 지역에 무수히 남아 있다. 이들 지리 관계 교재를 통해 가까운 곳에서 먼 지역까지의 지명 및 지지地誌가 사람들 사이에 널리 보급되었던 것이다.

근세 오라이모노 중에서 최대의 히트작은 역시 『상매오라이』이다. 『상매오라이』 외에도 『농업오라이』·『백성오라이』·『반장오라이番匠往來』 등 각 종 산업에 관한 오라이모노가 산업과로 분류되어 있다. 산업과 오라이모노는 전체의 약 18%를 차지하여 지리과에 이어 2위였다.

『상매오라이』의 유명한 서두 한 구절을 보자. "무릇 상매에서 사용하

는 문자는 인원수員數·거래일지取遣之日記·증문證文·주문請取·차입質
入·산용장算用帳·목록目錄·결산요령仕切之覺 등이다". 소리를 내서 읽어
보면 알 수 있는데 사실은 어조가 좋다. 내용은 처음부터 끝까지 각종 단
어의 나열이다. "묵은쌀·햅쌀·보리·대두·소두·강두·메밀·좁쌀·피"
등 농작물 이외에, "금난·수자·단자·능사·축면·윤자·우이중" 등 '면
포류'도 있다. '무사의 용구'로는 "활·화살·철포·창·장창·미늘창(쌍
날창)·갑옷·투구·안장·등자" 등을 들 수 있다. '산해의 고기와 새'로
서 "학·꿩·기러기·오리·메추라기·종다리·백조·백로·개똥지빠귀·
백설조·비둘기·도미·잉어·붕어" 등이 있다. 이렇게 『상매오라이』에는
거의 모든 상품명이 나열되어 있다. 다수의 물건 이름을 외워 식별 가능
하도록 하는 것이 『상매오라이』의 목적이었다.

물건 이름을 열거하는 편찬 방식은 『상매오라이』 이외의 여타 오라이
모노에도 종종 적용되었다. 예를 들어 지리과로 분류되는 『오사카오라
이大坂往來』의 경우에도 상권은 오사카의 연중 행사나 유흥 등에 관해 기
록하고 있지만 하권에서는 명화名花·약의 종류·명주 종류나 그 외의 식
물·산물·가구·의류 등 물건 이름이 열거되고 있다. 『에도오라이江戸往
來』*도 같은 방식을 따랐다. 이 외에 지리과의 오라이모노에서는 지리지
의 뒤에 그 지역의 산물 등이 열거되는 경우가 많았다.

이렇게 보면 근세 오라이모노의 상위를 차지하는 지리과와 산업과의
중심적인 교재는 지명과 물건의 이름으로 된 방대한 양의 명사군으로 채
워져 있었음을 알 수 있다. 데나라이주쿠의 학습과 관련하여 "성의 첫자
와 에도방각과 마을이름과 상매오라이 이런 것들로 가득"이라는 민요가

---

* 오사카의 오늘날 표기는 大阪이지만 예전에는 大坂이라고도 했다.

자주 인용되는데 여기에 등장하는 교재도 자세히 보면 인명·지명·물건 이름의 명사군으로 구성되어 있다. 『성의 첫자名がしら』는 '원·평·등·귤源·平·藤·橘'로 시작되는 인명이며, 『에도방각江戸方角』·『마을이름村名』은 지명을 열거 한 것이다. 『상매오라이』는 앞에서 말한 것과 같다.

즉 읽기·쓰기의 기초과정-가나에서 실용문까지-의 다음에 등장하는 데나라이주쿠의 학습과정은 지명과 물건 이름에 관한 지식이 중심이 되었다. 그러면 왜 이렇게 방대한 지명이나 물건의 이름을 학습하지 않으면 안 되었던 것일까. 단적으로 말하면 그만큼 대량의 물건- 및 사람-이 지역 간을 이동하게 되었기 때문이다. 유통과 교통의 발달이다. 앞 절에서 본 것처럼 상가에서는 야간의 데나라이가 필수였으며 도시 주민들은 근세 중기부터 이미 데나라이 학습을 당연한 것으로 인식하고 있었다. 데나라이 학습이 활발한 곳은 본디 활발한 유통의 장소이기도 했다. 유통과 교통에 의해 연결되는 이러한 사회관계에 참가하기 위해서는 지리나 방대한 물건에 대한 지식이 필요했다. 근세 오라이모노는 이러한 지식 형성을 중요한 목적으로 했던 것이다.

그런데 오라이모노에는 이외에도 또 하나의 특징이 있었다. 그것이 바로 교훈이다. 교훈과教訓科로 분류되는 오라이모노는 간행된 오라이모노의 17% 정도를 차지한다. 지리과·산업과에 이어 제3위이다. 지리과·산업과 오라이모노가 중세 오라이모노와 거의 관련 없이 근세 이후에 편찬 간행되었던 데 비해 교훈과에서는 『실어교實語教』·『동자교』 등 중세에 기원을 둔 것이 근세에도 다수 간행되었다. 이 점은 교훈과 오라이모노의 큰 특질이다. 더욱이 중세 이래의 전통을 가진 것으로 '고오라이古往來'라 불리는 장르가 있는데 교훈과는 근세에 이르러 그것들과는 비교될 수 없을 정도로 발전했다. 특히 근세 후기에는 다수의 교훈과 오라이모노가 간행되었다. 따라서 중세 이래의 전통을 계승하면서 근세적인 발전을 이룬 것이 교훈과 오라이모노였던 것이다.

교훈과 오라이모노란 한마디로 하면 도덕서이다. 인간이 지켜야만 될 다양한 규준이나 살아가는데 필요한 마음가짐心得이 쓰여 있다. 교훈과 오라이모노가 근세에도 발전할 수 있었던 이유의 하나는 그 내용이 인간 도덕에 관련되었다는 점에서 어느 정도 보편성을 지니고 있었기 때문이 아닐까. 이러한 사실은 후쿠자와 유키치가 『학문의 장려學問のすすめ』에서 『실어교』를 인용하면서 학문의 필요성을 말하는 점에서도 드러난다. 후쿠자와는 다음과 같이 말하고 있다.[65]

이제 널리 인간 세계를 둘러보니 현명한 사람이 있으면 어리석은 사람도 있고, 가난한 사람이 있으면 부유한 사람도 있고, 귀족이 있으면 천민도 있는데 그 모습이 마치 구름과 진흙의 차이와 닮았으니 이 어인 일인가. 이유는 아주 분명하다. 실어교에 사람이 배우지 않으면 지혜가 없고 지혜 없는 자는 어리석은 사람이라 했다. 그렇다면 현명한 사람과 어리석은 사람의 차이는 배우고 배우지 않음에서 비롯되는 것이다.

인간에게 학문이 필요하다는 것을 역설하는 후쿠자와는 근세기에 민중에 보급된 『실어교』가 그 소재로서 유익하다고 생각했을 것이다. 바꾸어 말하면 『실어교』의 덕목은 메이지 계몽주의가 이용할 수 있을 정도의 보편성을 지니고 있었던 것이다.

교훈과 오라이모노는 도덕 규범이라는 인간에게 보다 보편성 높은 교재를 내용으로 했기 때문에 근세 오라이모노의 중요한 특질이 된 것이다. 그러나 그것이 근세기에 특히 눈부시게 발전했음을 생각한다면, 단지 전통을 계승하는데 그치지 않고 근세적인 의의를 지니고 있다고 보아야 할 것이다. 교훈과 오라이모노가 주장하는 도덕은 근면이나 절제, 효행 등 매우 일상적이고 비근한 것이었다. 즉 '방탕氣噎'한 생활을 고쳐 엄격하게 자기를 규율할 것을 사람들에게 요구한 것이었다. 이러한 자기 규율이 근세기에 더욱 강조되어야만 했던 이유를 고찰할 필요가 있다.

이 점에 관해서는 야스마루 요시오가 제기한 '통속도덕론'이 타당하다고 생각된다.[66] 야스마루는 근면·검약·겸허·정직 등의 통속적인 도덕이 단순한 전통적 생활습관이 아니라 자각적으로 행해야 할 규범·윤리로 근세기에 성립한 것은 근대 사회의 성립 과정에서 전근대성 일반으로는 해소할 수 없는 특유한 문제에 대응하는 의식 형태이기 때문이라고 보았다. 이러한 의식이 사람들 사이에서 출현할 수밖에 없었던 배경에는 상품 경제의 급속한 전개와 그것이 초래한 몰락과 황폐라는 위기가 있었다. 상품 경제의 발전은 전통 사회의 검소한 사람들의 욕구를 자극하고 팽창시켜 사치나 음주·태만으로 유혹했으며, 막번제적 관계를 벗어나 상승하는 기회와 동시에 몰락의 '자유'까지도 제공했다. 몰락하지 않으려면 전통적인 생활 습관으로 돌아가야만 했다. 인간을 그 내면에서 전 구조적으로 변혁시켜 통일적인 하나의 인격으로까지 새롭게 주조해 내는 것 말고는 직면한 문제를 해결할 방법이 없다고 당시 사람들은 생각했던 것이다.

즉 근세기에 더욱 강조된 통속 도덕은 단지 전통적 생활 습관인 것이 아니라 상품 경제의 발전이 초래한 사회 변동에 맞서기 위해 당시의 사람들이 행했던 인격 개조였다는 것이다. 그것을 위해 사람들이 쏟은 도덕적 에너지는 방대한 것이었다. 근세기의 교훈과 오라이모노의 눈부신 발전은 이러한 방대한 통속 도덕의 에너지와 무관한 것으로 볼 수 없다.

교훈과 오라이모노가 역설하는 교훈은 얼핏 보면 전근대적인 사회 질서에 대한 순종을 제시한 것에 지나지 않는다. 그러나 그것은 근대 사회의 성립 과정에 직면할 수밖에 없었던 사람들이 강고한 인격 형성을 통해 여기에 맞서고자 했던 결과였다.

근세 오라이모노의 특징은 모두 상품 경제나 유통·교통의 발전이라는 근세 사회의 모습과 크게 관련되어 있다. 거대한 사회 변동은 그에 참여하는 사람들에게 지리적 공간 인식의 확대와 지역 간을 이동하는 방대한 물건에 대한 지식, 강력한 자기규율에 의해 결합된 강고한 인격 등을 요구했던 것이다. 근세 오라이모노는 이러한 필요성을 주요한 기반으로 해서 형성되었다고 할 수 있다.

＊　　＊　　＊

－칼럼－ 데나라이주쿠에서는 책상을 어떻게 배열했을까.

데나라이주쿠(데라코야)에서는 책상을 어떻게 배열했을까. 책상을 어떻게 배열하든 문제되지 않는다고 생각하기 쉬운데 이것이 의외로 중요한 문제를 내포하고 있다.

오늘날의 학교에서는 교단과 학생용의 책상이 서로 마주보도록 배열하는 것이 보통이다－물론 최근에는 다양한 배치가 시도되기는 하지만－. 데나라이주쿠에서도 이와 동일하게 선생과 제자가 마주보는 형태로 배열했다고 여기는 사람도 많을 것이다. 시대극에 등장하는 데나라이주쿠의 장면에서도 대면식 배치가 많다고 한다.

각종의 회화 사료를 통해 데나라이주쿠의 책상 배열 방식을 검토한 에모리 이치로江森一郎는 에도 시대의 데나라이주쿠에서는 선생과 학생이 정면에서 마

[그림-1] 데나라이주쿠의 책상 배열방식(1)
(『兒童敎訓 伊呂波歌繪抄』)

주보는 형식은 일반적이지 않았다고 한다.[11]

그러면 데나라이주쿠에서는 어떻게 책상을 배열한 것일까. 우선 첫째 특징은 오늘날의 학교와 달리 실로 다양한 배열 방식이 있었다는 점이다. 이는 데나라이주쿠가 근대 학교처럼 국가에 의해 제도화된 것이 아니었기 때문이다. 다양한 배열 방식 중에서 에모리가 소개하는 회화사료 두 점을 제시해 보기로 한다.

[그림-1]은 1836년에 간행된 『아동교훈이로하가회초兒童敎訓伊呂波歌繪抄』에 게재된 것이다. 바깥쪽 가장자리에 커다란 초를 세우고 밖을 향하여 책상이 배열되어 있다. 에모리도 지적한 것처럼 바깥쪽 가까운 곳에 책상을 두는 것은 불빛을 받기 위해서였을 것이다.

[그림-2]는 1846년의 『주종심득초主從心得草』에 있는 것이다. 아동은 여러 방향으로 편안하게 앉아있다. 선생이 뒤에서 아동의 손을 잡고 데나라이 지도를 하고 있다. 가장 안쪽에 보이는 방석이 있는 곳이 선생의 책상일 것이다. 데나라이에 지쳐 하품을 하고 있는 아동의 모습도 묘사되어 있다.

선생과 아동 집단은 위의 그림에서 묘사되어 있는 것처럼 마주보고 있지 않다. [그림-1]처럼 아동들이 서로 마주보고 있는 경우가 많고, ㄷ자 형태를 취하거나, 바깥쪽 가장자리에서 밖을 향해 배치하거나-빛을 받기 위해- 집의 넓이나 형태에 따라 다양하다. 어쨌건 데나라이주쿠에서는 대체로 아동이 집단으로

[그림-2] 데나라이주쿠의 책상 배열방식(2)(『主從心得草』)

선생과 정면으로 대면하는 모습은 거의 볼 수 없는 광경이었다.

데나라이주쿠와 오늘날의 학교와의 이러한 차이는 실은 학습 방식-그리고 학습에 대한 생각-의 근본적인 차이에서 기인하는 것이다. 오늘날의 학교가 일제식 교수법을 기본으로 하고 있는데 비해 데나라이주쿠에서는 개인 교수를 기본으로 하고 있었다. 데나라이주쿠에서는 아동들은 집단이 아니었고, 어디까지나 한 사람 한 사람이 개별적으로 학습을 했으며 선생의 지도 역시 개인 단위로 이루어졌다.

데나라이주쿠의 학습이 이렇게 개인 교수를 기본으로 한 것은 물론 오늘날보다 개인이 더 존중받았기 때문은 아니다. 데나라이주쿠의 학습 자체가 개인 교수 방식을 취하지 않으면 안 되는 성격을 지니고 있었기 때문이다. 데나라이주쿠의 기본적인 학습은 '데나라이'라는 말이 그러하듯이 손을 반복적으로 움직이면서 문자의 필기법을 습득하는 것이었다. 그것은 신체적으로 습숙하여 몸으로 익히는 일종의 '기술'이었다[2]. 이러한 신체적인 숙달은 한 사람 한 사람이 각자 획득할 수밖에 없다. 또 데나라이주쿠에서는 등교하는 아동은 그날 그날 달랐으며 입문이나 퇴숙 시기도 아동마다 달랐다. 배우는 아동들의 면면이 마치 매일 바뀌는 식당 메뉴처럼 달랐기 때문에 고정적인 집단을 형성할 수 없었다. 따라서 데나라이주쿠는 개인 교수일 수밖에 없었던 것이다.

그러면 일제식 교수법은 교육의 역사 속에서 어떻게 하여 성립된 것일까. 데이빗 해밀튼의 『학교교육의 이론을 향하여』[3]에 따르면 유럽에서 교사·교실·학급이 일체가 된 현대의 학교교육 양식이 확립된 것은 19세기 후반에 들어와서부터이다. 한 사람의 교사가 하나의 교실에서 고정된 학급 집단을 상대로 일제 교수를 하는 오늘날 당연하게 여기는 교육의 양식이 확립되기 까지는 오랜 역사적인 경과가 있었다.

일제식 교수법이라는 말에서 받는 인상과는 달리 의외로 그 역사 과정은 한 사람 한 사람의 학생을 존중하는 개별화 사상이나 '허물없이 터놓고 말하는'(='대화적'인) 스타일을 통해, '기억하는 것'만이 아니라 '이해하는 것'까지 요구하는 사고방식과 관련되어 있었다. 일제식 교수법이라 하면 지금까지는 산업혁명기의 벨과 랭카스터의 모니터리얼 시스템이 그 단서라고 생각해 왔다. 그것은 상급의 성적 우수한 학생이 조교가 되어 하급의 학생을 가르치는 방식이며, 많은 학생을 대상으로 한다는 점에서 얼핏 일제식 교수법처럼 생각할 수도 있지만, 조교 자신은 개별적으로 가르치기 때문에 어느 의미에서는 개별 교수의 기회를 늘림으로써 교육의 효율화를 꾀한 방식이라 할 수 있다.

이에 비해 일제식 교수법은 단지 저렴한 교육을 추구했던 것은 아니다. 오히려 집단을 보다 세분화했으며 교사의 질문과 그에 대한 응답, 혹은 학생들 간의 대화와 토론을 통해 보다 농밀한 교육을 추구하려는 것이었다. 또 그것은 '공감'이나 '경쟁'과 같은 집단의 '힘'을 발산시키는 것을 목적으로 했다. 즉 집단에 기초를 둔 교육이야말로 일제식 교수법이 노리는 것이었다. 해밀튼에 따르면 이러한 농밀한 교육이 필요하게 된 배경은 급속한 산업화나 노동자의 증대 등으로 기존의 사회 질서가 흔들렸기 때문이다. 동요하는 기존의 질서를 대신할 새로운 질서의 형성을 꾀했다는 점에서 일제식 교수법의 고유한 의의가 있다.

일본에서도 일제식 교수법의 도입은 쉽지 않은 사업이었다. 그러나 그 확립 과정은 유럽과 달리 아주 갑작스럽게 일어났다. 데나라이주쿠의 개인 교수를 기본으로 삼아왔던 일본인에게 일제식 교수법은 낯선 것이었다. 메이지 초기의 어느 교수법 책에는 '많은 학생을 동일하게 가르치는 방법'으로서 '모두 (하나) (둘) (셋) (넷) 등의 구령으로 해야 하는' 것으로서 "명령(어떤 책을 꺼낼 때) 책상 뚜껑을 왼손으로 잡는다 (하나) 책상 뚜껑을 연다 (둘) 오른손으로 책을 잡는다 (셋) 책을 책상 위로 꺼내고, 책상 뚜껑을 덮는다" 하는 식으로 구령을 붙이면서 행하는 지도법이라고 소개되어 있다.[4] 이 책은 당시 일제식 교수법을 어떻게 이해하고 있었는지를 잘 보여주고 있다.

일본에서는 '학교', '책상', '의자'와 같은 도구가 먼저 도입되었다. 이러한 도구 사용을 강제하면서 일제식 교수법아 급속히 보급되어 간 것이다. "다타미에서는 수업할 수 없다. 뭐니뭐니해도 페인트칠한 서양식 건물이 제격이야. 그 안에 책상과 걸상을 들여 놓아야 하는거야 운운하며 다녔다"고 하는 메이지 초기 문부 행정 지도자의 회상은[5] 일본의 일제식 교수법이 어떻게 성립했는지를 잘 말해준다.[6]

주

1) 江森一郎, 『「勉强」時代の幕開け』, 平凡社選書, 1990年.

2) 辻本雅史, 『「學び」の復權—模倣と習熟—』, 角川書店, 1999年.

3) David Hamilton, Towards A Theory of Schooling, 1989年 安川哲夫譯, 世織書房, 1998年

4) 『補正 小學敎師必携』, 1875年.

5) 相澤熙, 『日本敎育百年史談』, 學藝圖書出版, 1952年.

6) 森重雄, 『モダンのアンスタンス―敎育のアルケオロジー』, ハーベスト社, 1993年.

야쿠와 도모히로

*　　*　　*

4. 민중과 문화

문자 문화의 입구

지금까지 주로 생활이나 노동과 관련해서 민중의 교육을 살펴보았다. 생활이나 노동의 과정에는 그것과 미분리된 형태로 다양한 교육적인 요소가 포함되어 있다. 그것은 애초에는 모방의 과정이자 말하자면 이심전심의 세계였지만, 마침내 노동을 위한 지식과 기술을 보다 자각적으로- 때로는 문자도 사용하면서- 교육하는 방식이 창출되었다.

노동과 관련된 많은 직능 가운데 읽기·쓰기 능력은 보다 공통성이 높은 능력의 하나로 정착되어 간다. 상품 생산이나 유통·교통의 발달로 인해 노동의 내용이 변화되었기 때문이다. 상가와 같은 직업에서의 읽기·쓰기·셈하기는 필수가 되면서 직능 형성 과정 안에서 데나라이·주산 교육이 점차 독립해 갔다. 그러나 이러한 능력의 필요성이 사회적으로 보다 일반화되자 데나라이는 오히려 노동에 앞서 미리 이루어져야 하는 것으로 변모했다. 이렇게 해서 데나라이주쿠가 널리 보급된 것이다.

따라서 데나라이주쿠 교육도 노동에서의 필요성과 크게 관련되어 있다. 데나라이주쿠에서 상당히 공통적인 최초의 교육과정은 가나와 한자

단어 등 기본적인 기호와 문례文例 교재로 구성되었다. 그것은 읽기·쓰기를 위한 가장 기초적인 과정이다. 그 후에 각종 오라이모노에 의한 학습 옵션이 이어지는데 오라이모노 역시 지명이나 물건의 이름 등의 지식획득 및 상품 경제의 진전에 따른 격심한 변동에 맞서는 강고한 인격의 형성 등을 교육상의 목표로 삼고 있었다.

이처럼 근세의 민중 교육은 생활이나 노동과 밀접히 관계를 맺으면서 전개된 것이다. 그러나 민중의 교육을 이러한 측면으로만 보는 것은 역시 일면적이다. 보다 상층의 민중 중에는 노동과 직접 관련되지 않은 문자 문화의 세계에 참여하는 것을 처음부터 목적으로 삼는 경우도 있었다. 또한 가령 노동의 필요에서 이루어진 학습이라 할지라도 이를 통해 형성된 문해 능력이 문자 문화 세계와의 연결 고리가 되어 그것에 접근할 수도 있었다.

이렇게 하여 근세기에는 민중이 문자 문화 세계에 활발하게 참여하게 되었다. 일반 대중을 대상으로 한 책방이 삼도를 중심으로 형성되면서 책은 누구에게나 친근한 것이 되어 갔다. 보다 대중적인 서적 유통으로 책대여점貸本屋도 여러 곳에서 출현한다. 또 단지 문화를 수용하기만 하는 것이 아니라 하이카이俳諧*가 아주 광범하게 행해진 것처럼 민중이 문자 문화의 세계에 주체적으로 참여하거나 지역 문화가 탄생하게 되었다. 이러한 상황은 데나라이를 출발점으로 한 읽기쓰기 교육이 대중화된 결과이기도 했다. 다음에서는 민중의 교육을 이러한 문화 세계와 관련지어 살펴보기로 한다.

---

* 와카의 일종으로 익살스러운 내용으로 구성된 노래 양식이다.

책방

근세는 사회의 구석구석에까지 책이 두루 보급된 시대였다. 물론 중세 이전에도 책은 있었다. 또 책의 출판도 이루어졌다. 그러나 거의 대부분 일반 서민과는 무관했다. 중세 이전의 책은 주로 불서였고 출판도 사원에서 이루어졌다. 그 시기에는 책의 출판과 판매가 상업화되지 않았으며 출판되는 책의 내용도 한정된 것이었다.

그러나 근세기가 되자 책은 민중에게 매우 친근한 대상이 되어갔다. 책의 출판·판매를 생업으로 삼는 책방本屋이 무수히 출현했고, 출판된 책도 불서와 같은 이른바 '임종'을 위한 책만이 아니라 생활에 필요한 서적-각종 실용서-이나 오락서 등이 계속해서 간행된 것이다.[67] 그 배경에는 근세기에 진행된 식자층의 확대가 있었다. 물론 책의 유통 증대가 식자층의 확대를 초래한 면도 있을 것이다. 아무튼 데나라이주쿠에서 초보적인 읽기·쓰기 습득을 바탕으로 누구나 이렇게 책의 세계에 참여할 수 있었던 것이다.

근세의 책방은 교토에서 시작되었다고 할 수 있다. 이노우에 다카아키 井上隆明에 따르면 이미 간에이기(1620~1640년대)에는 교토에 100곳이 넘는 한모토板元*가 있었다고 한다.[68] 그 후 출판의 중심지는 오사카·에도로 이동하여 이른바 가미가타上方†에서 출판된 책이 에도로 내려오는 '배포본下り本'의 세계에서 책이 직접 에도에서 출판되는 '지방본地本'의 세계로 바뀌어 갔다.

근세기 출판의 거점은 에도·오사카·교토 등 이른바 삼도이지만, 후기가 되면 지방에서의 출판도 활발해진다. 특히 나고야名古屋·가네자와

---

* 오늘날의 출판사에 해당하는 도서 발행소. 版元으로도 표기한다.
† 교토 지역을 가리키는 말이다.

金澤・센다이仙台는 삼도에 이어 출판 거점이 되어갔다. 또 이러한 거점 지역에서의 출판만이 아니라 자신들이 스스로 책을 출판하여 판매하는 책방이 전국 곳곳에 등장했다. 이노우에 다카아키의 연구에 따르면 전국에 6,000곳을 넘는 책방이 존재했다.[69]

이렇게 성립한 근세의 출판 미디어가 대량의 책을 각 지역으로 보내면서 당연히 말단에는 소매를 담당하는 점포가 출현한다. 이러한 책소매점에 관해서는 아직 충분히 밝혀져 있지 않지만, 이들이야말로 지역 사회에 훨씬 밀착한 문화 유통의 매체였다. 단편적이지만 이 부분에 대해 알수 있는 사료가 남아 있다. 신슈 마쓰모토의 서림 게이린도다카미야慶林堂高美屋는 1797년에 창업했는데 창업자인 다카미야진자에몬쓰네야스高美屋甚左衛門常康가 쓴 『도시노오타마키年のおたまき』는 간세이년간(1789~1801) 마쓰모토에서의 서적 유통 상황을 다음과 같이 기록하고 있다.[70]

여기 마쓰모토에는 이 무렵까지는 책방文屋이라는 점포가 없었으며, 모두 가게 한 구석에 책을 벌려놓고 파는 편점片店 형태였다. 대부분의 책은 모두 삼도에 구경가는 사람들이 있으면 그 때마다 부탁하여 사들였다. 간세이 말엽 무렵의 일이다.

이에 따르면 간세이기의 마쓰모토에는 책방을 전업으로 했던 곳은 없었던 것 같다. 같은 사료에는 창업 당시의 서적 유통에 대해서도 다음과 같이 기록되어 있다.

나도 처음에는 후우諷의 소책자, 조루리의 단행본 등을 구입하려는 의뢰가 있어 일을 보러 가는 고후甲府의 소매상 중에 삼도에 들려오는 사람들

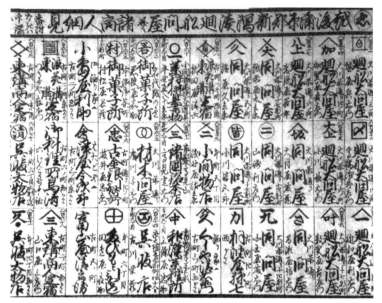

[그림5-4] 『동강상인감東講商人鑑』 하단 오른쪽에서 일곱 번째에 "書物筆墨類 和漢藥種所 本町五丁目三條屋忠助" 라고 되어 있다.

이 있으면 -그 중에 누군가에게- 매년 조금씩 부탁하여 구입했다.

즉 이 시기에는 고후의 소매상이나 '일보러' 삼도에 들리는 사람을 통해 책을 구입했다. 서적 유통의 전업 네트워크는 간세이기의 마쓰모토에는 아직 확립되어 있지 않았음을 알 수 있다.

이른바 '편점'에 의한 서적 유통 사례는 에치고에서도 볼 수 있다.[71] 1855년에 간행된 『동강상인감東講商人鑑』은 각지의 여인숙이나 상점의 편람을 기록한 것인데 그 중에 몇 군데의 서점이 실려 있다. 이 중에 니가타마치新潟町에 있었던 산조야다다스케三條屋忠助는 '화한약종소和漢藥種所 서물필묵류書物筆墨類'라고 되어 있어 약재상이었다. 또 다카타마치高田町의 사사야주사부로笹屋忠三郎도 '약물향구점藥物香具店 어서물소간물류御書物小間物類'라고 되어 있다.

또 에치고의 대표적인 한학 주쿠인 조젠칸長善館의 주쿠 대표塾主 스즈
키 데키켄鈴木惕軒의 「데키켄일기惕軒日記」에는 조센칸을 방문하여 책을
판매하는 책방이 몇 곳 등장한다. 이 중에는 '산조잡화점三條小間物屋'이나
나가오카長岡의 잡화점 등이 등장한다. 이 둘 모두 1854년의 기사이다.

이처럼 잡화상에 의한 '편점'에서의 서적 유통은 막말기에도 볼 수 있
었다. 책은 잡화나 약재 등과 함께 유통되는 상품이었다. 그러나 적어도
막말기가 되면 책의 유통을 전문으로 취급하는 상점이 각지에 출현한다.
앞에서 본 『동강상인감』에도 시바타新發田의 니이쓰야新津屋는 '화한서림
취급서사 和漢書林取扱書肆'라는 이름으로 등장한다. 또 스즈키 도시유키
鈴木俊幸에 따르면 막말기에는 삼도에서 간행된 서적을 전국적으로 보급
하는 서적 매홍서사賣弘書肆가 책의 마지막 부분에 기재되게 되었다고 한
다.[72] 예를 들어 1850년에 이즈미야 이치베和泉市部衛가 간행한 『여정훈
보문고女庭訓宝文庫』에는 오슈센다이奧州仙台, 시모우사사와라下總佐原, 에
치고산조越後三條, 신슈젠코지信州善光寺, 신슈마쓰모토信州松本, 고후甲府,
조슈다카사키上州高崎 등의 매홍서사들 이름이 연명으로 기록되어 있다.
스즈키에 따르면 이러한 매홍서사 일람을 권말에 게재한 서적이 가에이
무렵부터 급증하는 것은 판본을 조금이라도 접해본 사람이라면 경험적
으로 인지하고 있었다고 한다.

이러한 지방의 매홍서사는 삼도와 어떠한 유통망을 가지고 있었던 것
일까. 이 부분도 아직까지 연구 중에 있는데 여기서는 에치고의 사례를
살펴보기로 하자. 에치고에서는 긴 해안선을 따라가는 바닷길을 통한 물
류가 번성했다. 서적 유통 루트로 미쿠니三國 가도를 넘어 에도와 연결되
었음을 알 수 있다. 미쿠니 가도 중에서 가장 난코스인 미쿠니고개三國峠

의 정상에는 1866년에 에도나 에치고의 상인들이 헌납한 석등이 세워져 있다. 이 석등에는 헌납한 사람들의 이름이 새겨져 있는데 그 중에 에치고 서사의 이름이 있다.[73] 미쿠니고개를 넘어가는 서적 유통은 메이지 이전부터 에치고에서 책방을 경영했었던 서사의 회상록에서도 확인가능하다. 예를 들어 나가오카의 책방인 메구로주로目黒十郎는 메이지 초기의 서적 구입에 대하여 다음과 같이 회상하고 있다.[74]

나가오카의 서적은 예전이나 지금이나 대부분 도쿄에서 구입했는데, 지금과 달리 어음이 자유롭지 않았기 때문에 우리는 오지야小千谷의 야마모토 사에몬山本左衛門씨가 도쿄에 갈 때마다 부탁을 했어요. 그는 상인이라서 도쿄에 아는 곳이 있었기 때문이죠. 비록 책을 도쿄에서 구입한다고 해도 지금처럼 서적 시장이라는 것도 없던 시대였기 때문에 시중의 중요한 서점을 매일 돌아다니며 책을 사 모았으니, 사오십일은 족히 체재했습니다. 화물은 적대赤台라고 하여 궤짝의 아래위에 붉은 안료紅殻로 물들인 나무를 붙인 것으로 속은 기름종이로 발랐으며, 대부분이 일본어로 된 책들이었습니다. 이 화물을 고향으로 보낼 때는 비각飛脚 편으로 보냅니다. 운송방법은 상점마다 정해져 있었는데 우리 상점은 쇼헤이庄平, 누구네 상점은 누구 하는 식으로 이른바 삼도비각三度飛脚*에게 부탁합니다. 당시의 운송업자들은 힘께나 쓰던 자들이어서 가는 곳마다 화물주보다 훨씬 더 무게를 잡았지요. 미쿠니를 넘어 무이카마치六日町까지 오면 나가오카 상회의 선편에 부탁하여 나가오카로 물건을 보냈습니다.

---

* 매월 세번 정기적으로 에도·교토·오사카간을 왕복하던 비각

메구로처럼 나가오카에 가쿠하리覺張라는 서점이 있었다. 역시 메이지 이전부터 개업한 곳이었다. 메이지 초기부터 활약한 가쿠하리 지혜이覺張治平는 니가타현 서림계의 중진에 해당하는 사람이다. 가쿠하리 지혜이는 다음과 같은 회상을 남겼다.[75]

몇 시였을까. 노인이 회사에 나오셨을때 사원 중의 한 사람이 궤짝에 서적을 담아 짐을 싸고 있던 적이 있었습니다. 그것을 보고 계시던 노인께서는 그렇게 하면 안 된다고 하시면서 서적을 담는 방법, 끈을 묶는 방법 등에 대하여 자세히 일러주셨는데, 그러면서 자신의 젊었을 때의 일을 이렇게 말씀하셨습니다.

내가 젊었을 때는 철도도 없어서 도쿄로 책을 구입하러 갈 때에는 항상 걸어서 미쿠니를 넘어 며칠간 풍찬노숙하며 도쿄에 도착했다. 구입한 서적은 모두 미루나무로 만든 궤짝에 담아 - 짐을 담는 방법이 나쁘면 책을 많이 넣을 수 없어 - 몇 개의 궤짝을 말 등에 실어 미쿠니로 돌아왔는데, 어쩌다가 겉에 묶은 끈이 잘못되면 궤짝이 금방 엉망이 되지. 그래서 책을 담는 방법이나 끈을 묶는 방법을 그때마다 거듭 연구했었지.

이것은 메이지 초기를 회상한 것이지만 서적 유통의 실태는 에도기와 크게 다르지 않았던 것으로 보인다. 당시의 책 구입의 모습을 생생하게 보여주는 사료이다.

메이지 이전의 에치고·사도佐渡 지역에서는 지금까지도 60곳 정도의 서사가 있었다는 것이 확인되었다.[76] 그 중에는 메이지 이후에도 책방을 경영해 오늘날에도 니가타현의 유명한 서점이 된 곳도 있다. 이런 과정을 통해 막말기에는 각지에 책방이 등장하게 되었던 것이다.

책대여점

책은 판매만 되는 것은 아니었다. 책을 빌려 대여료를 받는 상업도 있었다. 이것을 책대여점貸本屋이라 한다. 책대여점은 에도 초기부터 존재한 것 같다. 겐로쿠기가 되면 하이쿠서俳書 등에 그 모습이 뚜렷이 묘사되게 된다. 나가토모 지요지長友千代治는 1703년의 다음과 같은 하이쿠를 소개하고 있다.[77]

오래되었네 오래되었네! 세모에 날라 온 빌린 책의 청구서

이 하이쿠의 의미는 대출한 책의 대여료를 청구한 계산서가 연말에 왔다는 것이다. 겐로쿠기에 이미 '책 대여'가 있었음을 이 하이쿠를 통해 알 수 있다.

1808년의 기록에 따르면 당시 에도에서 책대여점은 656곳이었다고 한다. 같은 시기의 오사카에는 약 300곳의 책대여점이 있었다.[78] 책대여점은 에도나 오사카뿐만이 아니라 전국에 출현한다. 나가토모씨에 따르면 오와리尾張・미카와三河 지방에서는 85곳 정도가 있었다. 또 나가토모씨가 수집한 책대여점의 장서인을 보면 쓰루오카鶴岡・쇼나이庄內・요네자와米澤-야마가타현-, 조슈타카네上州高崎・즈슈아타미豆州熱海・신슈信州 이이다飯田・호타카保高・니시나仁科 등 전국에 대여점이 존재했다는 사실을 알 수 있다.

책대여점에서 장기 두는 사이 공짜로 읽는구나(773년, 「그릇의 물」).

이 하이쿠에서 알 수 있듯이,[79] 도시 생활자들의 책대출은 지극히 일상적인 풍경이던 것 같다. 이 하이쿠의 의미는 책대여점 주인이 장기를 아주 잘 두는 손님과 장기를 두는 동안 책을 공짜로 읽었다는 것이다.

도시 뿐만 아니라 시골에도 책대여점이 순회했다. 에치고의 한학 주쿠인 조젠칸長善館은 간바라군蒲原郡 아오즈무라粟生津村-니가타현 요시다-에 있는데 그 일기 「데키켄일기」에도 책대여점이 등장한다. 1854년 5월 26일자 일기에도 "지금 마을에 차본옥借本屋이 왔다"라고 되어 있어 이 지역에서는 '차본옥'으로 불렀음을 알 수 있다. 1859년 9월 28일에는 "長沼來 借繪本八冊"라고 기록되어 있다. 나가누마야長沼屋는 책대여점이었던 것 같은데 그 후에도 빈번히 조젠칸에 왔다. 같은 해 10월 26일에는 "나가누마야가 와서 책을 빌렸다"라는 문구가 보이며, 다음해 1월 21일에는 "나가누마야가 와서 해외이문海外異聞 4책을 반납했다"라고 하여 빌린 책을 반납했다고 기록되어 있다.

조젠칸에는 실로 다양한 서사나 '책방 겸 문방구점', '잡화상' 등이 찾아왔는데 이들 중에도 책대여를 한 자들이 있었다. 아주 빈번히 찾아왔던 책방은 이웃 마을인 지조도마치地藏堂町-니가타현 분수이分水-에 있었던 이타미야伊丹屋였다. 이 책방은 책의 판매를 본업으로 삼고 있었지만 책대여까지 하고 있었다. 1860년 12월 7일에는 "이타미야가 와서 다이코기太閤記 4편 10권 대출"이라 하여 『다이코기』를 대출해준 것을 알 수 있다. 책대여점은 에치고에서도 번창했었다.

기노사키城之崎 온천에 있던 나카야 진자에몬中屋甚左衛門이라는 책대여점은 흥미로운 사례이다.[80] 나카야는 늦어도 1802년에는 기노사키 온천에서 책대여점을 열었는데 '만물 대여점万かしもの所'이라고 간판을 내걸어 책과 함께 비파나 샤미센 같은 것도 대여했다. 또 약재나 토산물 같은

것도 판매하고 있었다. 온천에 오는 손님을 상대로 다각적인 상술을 펼친 것 같다.

따라서 독자도 주로 기노사키온천에 오는 손님이었을 것이다. 『회본기노사키토산繪本城之崎土産』이라는 그림책에는 드러누워서 책을 읽고 있는 온천손님이 묘사되어 있다. 나카야에서 대출한 책일 것이다. 나카야에는 책을 짊어지고 돌아다니는 기스케돈喜助どん이라는 종업원이 있었는데 온천 손님을 상대로 억지로 책을 빌리게 하는 것으로 유명했다고 한다. 온천객은 잠시 체류하는 동안 나카야에서 책이나 샤미센 같은 것을 빌려 즐겼던 것이다.

장서의 이에

책을 빌려 주는 곳은 책대여점만이 아니었다. 일반 사람들도 책을 빌려주고 빌렸다. 이 시대 사람들에게 책을 빌리고 빌려주는 것은 극히 일상적인 것이었다. 근세기 서적이나 문서에는 소유자의 이름과 "이 책이 어디로 가더라도 반드시 돌려주세요"라는 메모가 있는 경우가 종종 있었다. 이는 사람들이 책을 빌리고 빌려주는 것으로 여기고 있었음을 보여준다.

개중에는 방대한 책을 소장하여 널리 이웃들이 이용하게 했던 사람도 있었다. 고바야시 후미오小林文雄는 이러한 집을 '장서의 이에'라고 부른다.[81] 부슈하타라군武州幡羅郡 나카나라무라中奈良村-사이타마현 구마타니시熊谷市-의 나누시名主* 노나카이에野中家도 이러한 장서의 이에의 하나였다. 노나카이에의 장서는 298점을 웃돌아 군기軍記·적토벌敵討ち·독

---

* 에도 시대 마을의 장으로 신분은 상인이나 백성이다.

본 51점을 비롯해 하이카이·와카·교카狂歌 등 47점, 교훈류 27점, 기행·지리·신앙관계 23점, 사회 정보에 관한 것 22점, 오라이모노 18점, 연극芝居·조루리·음곡音曲 등 18점, 한적漢籍 14점 등 다양했다. 한적과 같은 학문서 이외에 취미 오락에 관한 것이나 산법·농업 등 실용서도 많았다. 또 이 중에는 좁은 의미의 서적뿐만이 아니라 수리水利·조향助鄕* 등 마을관리가 마을 운영을 위해 작성한 행정 문서도 포함되어 있는 것으로 보아, 노나카이에서는 이러한 행정 문서를 활발히 수집했음을 알 수 있다. 즉 노나카이에의 서적 수집은 단순하게 책을 수집한다는 의미 이외에 정보 수집이라는 성격도 지니고 있었다.

노나카이에의 서적 수집 경로를 보면, 사원·책대여점·무가·여행자 등 다양한 경로를 이용하여 수집했다는 것을 알 수 있다. 그중에는 "이카호伊香保강에서 온천 치료를 하며 그것을 필사했다"(1805년)는 기록처럼 여행지에서 필사하는 경우도 있었다. 수집된 서적 중에는 판본보다도 필사본이 많다. 책을 빌리고 빌려주는 과정에서 필사는 판본의 구입과 함께 서적 보급의 중요한 형태였다. 또 이러한 필사에 의한 서적 수집에서 책대여점의 역할이 컸다는 것도 하나의 특징이다. 노나카이에서도 책대여점과의 교류가 눈에 띤다.

노나카이에는 1837년에 작성된 「만서적출입류万書籍出入留」라는 서적의 대여장부貸借簿가 남아 있다. 이를 분석한 고바야시 후미오에 따르면 노나카이가 실시한 서적 대출은 191건을 넘는다. 나누시층이 96건으로 가장 많지만 고마에小前† 중에서도 48건이나 대출하여 노나카이에

---

* 에도 시대 각 역 상비의 파발마나 인력이 부족할 경우에 대비하여 일정한 말과 사람을 부담하는 이웃 향촌 또는 그 과역.
† 에도 시대의 일반 농민을 가리킨다.

의 서적 대출이 나누시층에 한정되지는 않았음을 알 수 있다. 이 외에 절에서도 33건의 대출이 있어서 사원과의 관계도 깊었다.

그런데 노나카이에같은 '장서의 이에'가 반드시 특이한 사례라고는 보기 힘들다. 고바야시 후미오는 동일한 사례로서 무슈타마군武州多摩郡 구마가와무라熊川村-도쿄도 훗사이시福生市-의 이시카와이에石川家를 소개하고 있다. 이시카와이에에서도 분세이기文政期 이후 이웃의 사원이나 장기 동호인 등에게 활발한 서적 대출을 실시하고 있었다. 또 전국에 「서적출입류書籍出入留」니 「서적출입각書籍出入覺」 등의 대출 장부가 남아 있는 것으로 보아 개인 장서에 관한 대출 기록이 필요할 정도로 지역에서 큰 역할을 담당했다고 보고 있다. 장서는 단지 개인의 소유물을 넘어서서 지역 사회의 공공적인 것으로 변화되어 갔다는 것이다.

근세 출판의 융성이나 책대여점의 영업에 이어서 이러한 '장서의 이에'가 형성됨으로써 근세기에는 책을 손에 들고 읽는 모습이 사람들에게 매우 익숙한 광경이 되었던 것이다.

하이쿠를 읽다

책을 읽는 행위는 이른바 문화의 수용이라 할 수 있는데 수용하는데 그치지 않고 자기 스스로가 문화를 창출하는 사람들도 늘어났다. 이러한 문인은 종종 아호를 가지고 서로 아호로 부르는 문화적 서클까지 구축하고 있었다. 저명한 문인에 관하여는 「제가인명록 諸家人名錄」과 같은 명부가 작성되어 그 이름이 오늘날까지도 전해지고 있다.

분세이기의 간토·신슈의 인명록을 분석한 스기 히토시杉仁에 의하면, 문인들이 했던 문화 활동은 상당히 다방면에 걸쳐 있었다.[82] 하이카이俳諧·서도·한시·그림·꽃꽂이·와카 등이다. 그중에는 '업의業醫'*도 있었다. '업의'도 풍류의 하나로 여겨졌다. 인명록에 게재된 문화 활동의 종류는 합계 102종류가 넘는다.

이러한 문화 활동 중에 아주 광범위하게, 게다가 훨씬 더 깊게 민중층에 보급된 것이 하이카이이다. 인명록에 게재된 문인은 대부분이 지역의 상류층에 속하는 사람들이었는데, 그들 중에서도 하이카이가 압도적으로 많다. 이런 인명록에 게재되지 않는 사람들 사이에서 하이카이가 갖는 존재감은 훨씬 더 컸다.

나가노시 오지고나베大字小鍋에 구니미國見라는 집락이 있다. 고바야시에 따르면 이 구니미의 오다기리신사小田切神社에 1854년에 봉납된 「봉납사시발구奉納四時發句」라는 하이카이액자俳額가 있다. 120명 남짓한 사람이 하이쿠를 지었는데 그 중에 78명이 구니미의 사람들이다. 또 인접한 센기千木에서도 11명이 시를 제출했다. 구니미는 22호, 센기는 30호의 집락이기 때문에 양 집락에는 각 호의 약 3분의 1이 넘는 하이쿠 작가俳人들이 존재했었다는 것이 된다. 동일하게 이즈미다이라泉平-나가노시-에서도 호수 대비 하이진들의 비율은 33%라고 한다.[83] 촌락에 얼마나 하이카이가 침투했는지 알 수 있다.

하이카이는 어떠한 경로로 지역 사회에 침투해 갔던 것일까. 에치고의 경우를 보도록 하자. 에치고에서는 마쓰오 바쇼松尾芭蕉(1644~1694)의 『깊숙한 좁은 길奧の細道』 하이쿠 순회 이후인 겐로쿠기부터 하이카이서가 편집되었다. 1692년에 『렌쿠집가시와자키동인連句集柏崎連中』, 1703년에는 『하이카이가시와자키誹諧柏崎』, 다음 해에는 『와라닌교蕘人形』가 나오에쓰直江津에서 편찬되었다.[84] 이들 지역이 가시와자키柏崎나 나오에

---

* 의사놀이를 의미하는 것으로 보인다.

쓰의 해안선 지역이라는 점이 주목을 끈다. 이 책들보다 앞서 17세기에 간행된 『세단발구집歲旦發句集』, 『응축파鷹筑波』 등 전국적으로 저명한 하이쿠집에도 에치고의 하이진들이 등장하는데 그 대부분은 역시 해안선 지역의 사람들이었다.[85] 즉 에치고 사도 지역의 하이카이 문화는 일본해 순항 선박을 통한 교토와의 강한 연계 속에서 탄생한 것이다.

그러나 18세기 중엽이 되면 하이카이 문화는 확실히 내륙에도 침투해 간다. 간바라군蓮原郡 스바시리무라須走村-니가타현 사사카미무라笹神村-의 사쿠마이에佐久間家에는 교호기에서 간포기寬保期에 걸친 22개 봉납구집奉納句集인 「하이카이류俳諧留」가 남아 있다.[86] 이것은 각지의 신사와 절에 하이카이액자를 봉납한 기록으로 생각되는데, 봉납된 신사와 절은 현재의 산조시三條市·스이바라마치水原町·야스다마치安田町 등 내륙 지역에도 퍼져 있었다. 그 중에 1719년에 지샤무라寺社村의 간노도觀音堂-니가타현 미즈하라마치水原町-에 봉납된 하이쿠집에는 400수가 투고되었다. 선정된 사람들은 스이바라무라의 11명을 비롯해 현재 사사카미무라笹神村에서 5명, 시바타무라新發田村에서 4명 등 모두 이웃 마을 사람들이었다. 1739년 스가야菅谷의 부도도不動堂-니가타현 시바타시新發田市-의 봉납에는 실로 2,300수가 투고되었다. 하이카이 문화가 이미 이 시기에 지역 사회에 깊게 뿌리를 내리고 있었다는 사실을 알 수 있다.

하이카이는 단순하게 문화적 네트워크로 결합되어 있었던 것만은 아니다. 산업이나 유통과 밀접하게 관련되면서 지역을 연결하고 있었다. 오슈奧州 모토미야무라本宮村-후쿠시마현 모토미야마치-에 시오다 모헤에塩田茂兵衛라는 양잠상이 있었다. 모헤에는 '메이메이冥冥'라는 시호를 가진 유명한 사람이었다. 모헤에가 거래 상대였던 조슈上州 미야자키무라의 도미나가이에富永家에 다음과 같은 편지를 썼다(년도 미상). "올해는 양잠이 늦어져 영업에 손을 놓을 수가 없습니다. 자식이 방문하는 것으로 대신할까 합니다. 저와 마찬가지로 후의를 베풀어 주셨으면 합니다. 『어풍류御風流』가 그립군요. 꼭 또다시 하이쿠를 주고받기를 기대합니다. 가을 하이쿠를 5수 정도 보냅니다. 겨울 하이쿠는 아직 짓지 못했습니다."

즉 메이메이의 하이쿠는 자신의 장사와도 깊이 관련되어 있었다.[87] 하이카이 문화가 생활 현실과 분리된 단순한 풍류 세계였던 것이 아니라, 현실의 직업이나 생활에 뿌리를 둔 문화였음을 보여준다.

유학과 교육 네트워크

민중의 읽기·쓰기 능력 향상은 학문 세계로의 문을 열어 주었다. 일반적으로 근세에는 예능이나 데나라이 또는 학문은 적당히 하는 것이 좋다고 간주되었다. 과도하게 깊이 빠져들면 가업에 몰두하는데 방해가 되며 나아가 몸을 해치게 된다고 생각했기 때문이다. 그렇지만 일단 피어난 문화와 학문 세계에 대한 정열은 억제하기 어려울 정도로 성장했다. 바로 그렇기 때문에 이러한 세계에 몰입하는 것을 경계하는 분위기도 생겨났던 것이다.

앞에서 살펴본 것처럼 데나라이주쿠에서 읽기·쓰기를 습득하는 것도 일반 민중에게 그렇게 쉬운 것만은 아니었다. 많은 아동들이 아주 초보적인 과정으로 학업을 마쳤다고 생각된다. 그러나 개중에는 높은 학업 능력을 발휘하여 데나라이주쿠의 과정만으로는 만족할 수 없는 아동도 있었다. 그러한 아동들은 가까운 곳에 개설된 시주쿠私塾-가쿠몬주쿠學問塾-에 입문했다. 그러나 그것으로 끝나는 것은 아니다. 계속해서 학문을 추구하려면 물론 조건이 허락해야 하지만, 에도를 비롯하여 각 지역으로 유학遊學할 수도 있었다.

에치고에서는 이러한 유학이 지역의 학문·교육을 재생산하는 기능을 담당했다. 즉 데나라이주쿠에서 시주쿠로 나가고 다시 각 지역으로 유학을 떠난 사람들은 결국 다시 에치고로 돌아와 이번에는 자신이 시주쿠 등의 교육 조직을 개설한 것이다.

에치고에는 다수의 시주쿠가 있었는데, 숙주塾主 중에 유학 경험을 가진 사람이 적지 않다. 에치고에서 가장 대표적인 시주쿠로 아이자와 난조藍澤南城의 산요주쿠三余塾(1820년), 스즈키 분다이鈴木文台의 조젠칸長善館(1833년), 아오야기 고사이靑柳剛齋의 기간도希顔堂(1855년) 등이 있는데 이들의 숙주는 모두 에도에 유학한 후에 주쿠를 열었다.[88] 또 이 외에도 에도 유학자는 많았다. 특히 지슈도時習堂를 개설한 구로다 겐카쿠黑田玄鶴, 가쿠토세이쇼주쿠拙到誠正塾의 기무라 요사이木村容齋처럼 쇼헤이코昌平黌*에 입학한 사람도 많았다. 에치고의 대표는 대부분이 농민이나 상인이었는데 신분의 구별 없이 쇼헤이코에 입문한 것이다.

에치고 내에 시주쿠가 개설되자 시주쿠에 입문한 후에 다시 시주쿠를 열거나 에도에 유학한 후에 주쿠를 새로 여는 사람들도 출현했다. 예를 들어 다키자와 게이잔瀧澤景山·기타자와 홋카이北澤北海 등은 아이자와 호쿠메이藍澤北溟에 입문한 후에 시주쿠를 열었다. 와타나베 데쓰가이渡辺鐵崖는 아니자와 난조藍澤南城에게 배웠다. 사이케이주쿠西輕塾를 연 엔

---

* 에도막부의 학문소. 간세이기에 막부는 이학의 금정책에 따라 막신들에게 학문음미學問吟味, 소독음미素読吟味의 시험제도를 시작하여 시설, 학규, 인사, 직제 등을 쇄신했다. 1797년 쇼헤이코를 막부직할의 학문소로 개정하고 이곳을 중심으로 적극적인 교육정책을 전개했다. 막부와 그 자제의 입학을 장려하였으며, 각 번의 학생에게 서생료를 개방하여 전국의 문사 교육의 중심 기관으로 자리 잡았다. 쇼헤이자카가쿠몬조昌平坂學問所라고도 한다. 유신 후 정부가 접수하여 오늘날의 도쿄대학의 한 원류를 이루었다.

도 요시카타遠藤義方의 경우에는 먼저 아이자와 난조에서 배우고, 그 후에 쇼헤이코에 입학했다. 와타나베 기사부로渡辺喜三郎도 아이자와 난조에게 배운 뒤 에도에 유학하고 돌아온 후에 가르쳤다. 주로쿠도十六堂라는 주쿠를 연 하라 쇼슈原松州의 아들인 슈사이修齋는 먼저 니와시테이丹羽思亭-시바타번의 아시가루足輕*로서 가쿠반로學半樓를 개숙- 등에서 배운 뒤 또 쇼헤이코에서도 배웠다. 그도 귀향한 후 주쿠를 계승했다.[89]

이처럼 근세 후기가 되면 학문의 세계는 지역 사회에 중층적으로 형성되어간다. 지금까지 다룬 숙주들은 물론 쇼야나 지주 혹은 부유한 상인 등이지만, 그들의 유학과 개숙을 통해 많은 사람들이 학문의 세계를 접할 수 있게 된 것은 분명하다.

5. 근세에서 근대로

구휼과 강제력

이 장에서는 '이에', 연령집단, 공동체 등이 지닌 인간 형성의 작용을 될 수 있는 한 총체적으로 살펴보려 했다. 비록 부족하기는 하지만 인간 형성이 인위적이며 조직적인 교육 작용만으로 구성되는 것이 아니라 이치닌마에가 되어 가는 보다 자연스러운 과정을 기반으로 하고 있었음을 어느 정도는 밝혔다. 또 생활과 일체화된 인간 형성 과정 안에서 데나라이라는 교육을 위한 특별한 과정이 탄생하는 필연성에 대하여도 살펴보았다. 그것은 초보적인 읽기·쓰기 능력을 기반으로 학문과 문화의 세계로 이어졌다.

---

* 사무라이 중 최하급 무사

제5장 근세 민중의 인간 형성과 문화 ● 311

그런데 근세의 인간 형성 과정의 역사적 특질은 그것이 신분제의 고정적인 가업 계승과 결합되어 있었다는 사실이다. 물론 이러한 고정성은 근세 사회의 전개와 함께 약화되며 보다 유동적이 되어 가지만 그 구조를 결정적으로 붕괴시키는 일 없이 근대에 이르게 된다. 따라서 근세 사람들의 성장 과정은 반드시 개인 스스로가 만든 인생 설계에 기반해 자율적으로 이루어진 것은 아니었다.

또 연령 집단이나 마을의 성원으로서 이치닌마에가 되는 것이 공동체에 의해 사실상 강제된 것이었다는 점도 근세의 한 특징이다. 공동체의 참가는 결코 임의가 아니라 애초부터 전제되어 있었던 것이다. 어느 성원이 이치닌마에가 되는 것은 근세에는 그 개인의 사적인 일이 아니라 모종의 도덕적 강제력을 수반하면서 선택의 여지없이 사회로부터 요구된 것이었다.

이치닌마에가 되는 이러한 방식은 공동체의 구휼(hospitality) 방식과 상통하는 면이 있다. 구휼이란 약자·병자·여행자 등 곤란에 처해 있는 사람에게 필요한 것을 무조건 무상으로 제공하고 보호하는 것을 말하는데 이러한 구휼을 발휘할 때에도 도덕적인 강제력이 작용했다고 생각된다.[90]

구마노 사토루熊野聰가 말하는 것처럼 구휼은 역사적으로 보다 오래된 형태의 -화폐경제의 발전도가 낮은- 사회에서, 현대 세계에서는 국민총생산이 보다 낮은 국민들에게서, 한 나라 안에서는 도시보다 시골에서 보이는 것이 일반적이다.[91] 사실 현대 일본과 같은 사회에서는 이러한 의존 관계는 이미 희박해졌다. 오늘날의 우리들이 직면한 여러 문제는 대부분 이웃의 구제를 통해 해결되지 않는다. 시장에서 필요한 것을 조달하든지 아니면 행정에 구제를 요구하거나 한다. 가족이나 친족만이 인격적으로 의존할 만한 소수의 대상이지만 그조차도 역할이 서서히 줄어들고 있다. 근세는 많은 사람들이 이와 같은 경제적 관계에 휘말리기 시작한 시대였지만, 그럼에도 여전히 공동체의 구휼이 짙게 남아있던 사회이기도 했다.

구휼이 서로를 보호하는 관계이면서 동시에 그러한 대접을 서로에게 강제하고 있었던 것은 공동체와 그 성원의 안전·생존에 그것이 반드시 필요했기 때문이다. '이치닌마에'로의 성장이 공동체에 의해 요구되는 것도 실은 이와 같은 이치이다. 어느 한 인간의 성장을 지원한다는 것은 그를 보호하고 도와주는 것인데, 동시에 공동체를 유지하기 위해 '이치닌마에'가 될 것을 강제하는 과정이기도 했다. 따라서 그것은 순수한 자기 결정 과정일 수는 없었던 것이다.

근대에 일어난 변화

그러면 이러한 인간 형성 방식은 근대에 이르러 어떻게 변화되어 갔을까.

먼저 학교라는 것이 등장한다. 학교 제도가 성립하면서, 사람은 태어나면서부터 농민이나 상인, 직인 등으로 성장하는 것이 아니라, 그러한 구체적인 속성을 수반하지 않는 이른바 한 사람의 인간으로서 먼저 성장하게 된다-물론 초기의 학교에서는 무엇보다도 한 사람의 '국민'으로서 형성되기는 하지만-. 신분이나 직업에 따라 다른 직능 형성이 아니라 어떤 존재라도 될 수 있게 하는 일반적인 교육이야말로 초등 단계의 공적 학교제도가 표방하는 것이었다.

학교가 초래한 이러한 인간 형성의 변화는 매우 컸다. 공동체에서의 인간 형성은 개개인을 감싸는 공기처럼 의문의 여지없이 수용되어야 하는 것이었지만, 학교는 이러한 인간 형성을 분해하여 스스로의 미래상을 자기 결정하기 위한 준비와 시간을 독립시킨다. 아무리 학교가 애당초 국민 통합이라는 정치적 목적에서 제도화된 것이라 할지라도, 이러한 사실은 부정할 수 없는 의의를 가지고 있다.

또 근대 사회에서는 공동체 자체가 쇠퇴했다. 특히 전후의 고도 경제 성장과 그것이 초래한 거대한 사회 변동으로 인해 공동체는 결정적으로 쇠퇴했다. 공동체가 쇠퇴하면서 그것이 지닌 인간 형성력도 함께 쇠퇴해 갔다. 그리고 공동체의 인간 형성력이 약화되면 될 수록 학교를 통해 인간 형성이 이루어져야 한다. 본래 '저절로 자란다'고 하는 자연스러운 인간 형성 과정이 이렇게 하여 인위적인 교육의 과제로 인식되기에 이른 것이다.[92]

학교와 인간 형성

이처럼 공동체가 지닌 인간 형성의 체계가 쇠퇴하는 동시에 학교교육이 인간 형성에서 차지하는 비중이 커지기는 했지만, 학교교육이 인간형성을 완전히 대체할 수 없는 것은 당연하다. 따라서 공동체의 인간 형성력이 쇠퇴하여 사람들이 스스로의 장래를 학교에 맡기면 맡길수록 인간 형성의 전체상은 일그러질 수밖에 없다.

그것뿐만이 아니라 이치닌마에가 되는 자연스러운 과정이 약화되면서 학교교육까지도 왜곡되었다고 생각된다. 전술한 것처럼 학교는 신분이나 직업의 계승을 선택의 여지없이 자명하게 만드는 체계를 바꾸어 스스로의 장래를 자기 결정하는 주체를 생산해 냈지만, 이것이 교육의 목적을 극히 일반적인 성격을 가진 것으로 만들었다. 요컨대 특정한 장래상을 상정하지 않는 교육이야말로 학교의 특징인 것이다. 자신의 장래상을 신분적 속성이나 부모의 가업 혹은 학교 등이 결정하는 것이 아니라 스스로가 결정하게 되었다. 그러나 예전에 공동체가 지녔던 이치닌마에가 되는 길은 공동체 자체가 해체되면서 약화되었고, 그것을 대신할 길이 재편성되지 않은 채 장래를 일반적인 교육을 추구하는 학교에만 맡김으로써 학교가 장래의 자기상이 너무도 불명료한 학습의 장이 된 것 또한 분명하다.

이러한 사실은 어느 정도 필연적인 것이기도 하지만 자기의 장래상을 형성하는 계기가 지역 사회 안에서 너무 희박해진 결과 사람들은 학교에서의 당면한 -시험의- 성공만이 장래를 보장해준다고 믿게 되었다. 그리고 자칫하면, 학교에 다니는 일은 장래상도 목적도 확실히 정하지 못한 채, 심지어 그렇게 원한 것이 아닌데도 오랜 기간 시험과 경쟁을 반복하는 일이 되어버리는 것이다.

오늘날 학교는 '살아가는 힘'의 형성까지 자기 목적으로 표방하고 있다. 그러나 이러한 '힘'은 본래 학교에서 인위적으로 형성되는 것이라기보다 주로 가족이나 지역 사회 안에서 '자연스럽게' 형성되어야 하는 것이었다. 문제는 학교교육 자체가 아니라 인간 형성을 위한 새로운 공동의 관계를 어떻게 재형성할 것인가 하는 점이다. 우리들은 오늘날 아동들에게 일어나는 여러 문제를 단지 학교교육상의 문제로만 바라볼 것이 아니라 인간 형성의 전체 체계의 문제로 생각해야 할 시점에 서 있는 것은 아닐까.

야쿠와 토모히로

제6장
막부의 교육 정책과 민중

1. 막번 체제의 민중 교화

무사 교육과 민중 교화

근세의 교육정책은 물론 막부나 번의 위정자에 의해 이루어졌다. 크게 보면 무사 교육과 민중 교육 두 가지로 집약된다. 무사는 지배 계급으로서 정치와 군사를 담당하는데, 군사적 긴장감이 결여된 근세에는 군사보다는 주로 정치의 담당자로서 관료 육성을 위한 교육과 무사의 기질을 기르거나 유지하는 교육이 이루어졌다.[1] 한편 민중은 애초에 교육의 대상이었기 보다는 사회 질서 유지를 위한 교화의 대상이었다고 보아야 한다. 보다 좋은 '풍속'을 만들기 위한 교화가 추구된 것이다.

막부가 무사와 민중에 대한 교육을 정책적으로 자각하여 본격적인 형태를 갖기 시작한 최초가 간세이기였다. 다만 그 선구적인 의식과 정책은 교호기의 쇼군 도쿠가와 요시무네德川吉宗의 정치 개혁에 반영되어 있었다. 그 이전의 막부에는 적어도 교육정책이랄 만한 것은 없었다.

근세의 막번 권력은 전국 영주층의 군사력을 한데 결집시키고 중세말의 쓰치잇키土一揆* 등 민중 봉기를 무력으로 굴복시킴으로써 성립되었다. 다시 말하면 민중을 사상적인 의미에서 극복한 체제라고는 보기 어렵다. 이러한 사실은 막번 체제의 민중 지배는 데라우케제寺請制를 통해 제도적으로 불교를 강요했던 것을 제외하면 적극적인 교화 정책을 갖지 못했다는 점에 잘 나타나 있다. 앞에서 언급한 것처럼 데라우케제는 민중에 대한 교화라기보다는 기독교도 근절을 계기로 도입되어 호적과 관련된 행정 제도로 기능하게 된 제도였다. 그 결과 사원의 단가檀家의 틀을 벗어나지 않는 한 민중의 내면은 정치적으로는 거의 방치에 가까운 상태였던 것이다. 막번 영주가 고안해 낸 고찰高札[*]·촉서觸書나 '오인조장전서五人組帳前書[‡]'와 같은 방법은 확실히 모두 민중에 대한 규제를 위한 것이었다. 뿐만 아니라 도덕적인 각오를 역설하기도 했다. 그러나 그러한 대부분은 금지나 제한 조항을 늘어놓은 법적 규제의 테두리를 벗어나지 못했다. 즉 민심을 대상으로 한 적극적인 도덕 교화의 의도는 희박했다.

민중의 생활은 원칙적으로는 향촌이나 도시의 공동체 자치 안에 놓여 있었다. 민중의 의식을 직접적으로 규제했던 것은 일상생활과 일체화된 공동체였다. 습속화되어 있는 공동체의 윤리나 신앙이야말로 민중 의식의 모태이면서 또 도덕적인 근거였다. 이는 도시나 촌락의 공동체 내부

---

[*] 중세 사민, 농민, 호족등이 일으킨 무장봉기. 대개 채무 파기와 토지 환원을 요구한 덕정일규德政一揆로서, 기나이·간사이 지방의 가까운 곳을 중심으로 장원·촌락을 넘어 광역화하여 전개되어 나갔으며 막부나 수호대명과 싸웠다. 1428년 기나이에서 일어난 쓰치잇키가 최초였다. 덕정일규란 무로마치 시대에 일어난 쓰치잇키 중에 채무 파기의 실시를 입법한 덕정령德政令의 발포를 요구한 봉기를 말한다. 지진이나 재해등 천지지변의 원인을 위정자의 부덕으로 돌리는 천인상관설에 근거하여 재이를 방지하기 위한 인정을 요구하는 정치이다. 15세기 중엽을 정점으로 서서히 쇠퇴해 갔다.

[†] 고사쓰. 법령을 널리 일반에 고지하기 위해 사거리 등에 법령 내용을 묵서한 판을 걸어놓은 것. 제찰制札, 입찰立札이라고도 한다.

[‡] 에도시대 이웃한 다섯 가정을 단위로 묶어 조직한 치안, 행정의 연대책임제도를 오인조伍人組라고 하며, 오인조 제도를 실시하기 위해 작성된 장부가 오인조장伍人組帳이다. 이 오인조장의 농민이 준수해야할 법령등을 집성한 것이 오인조장전서이다. 시대에 따라 변화되면서 조문도 늘어나 농민 교화의 색채를 강하게 띤다.

의 정치적 문제가 자치에 맡겨져 있었던 점과 관련된다. 더욱이 여기서 말하는 습속화된 신앙이란 제도 혹은 조상제사로서의 불교를 포함하여 생활공동체에 관계된 우부스나産土*, 혹은 우지가미氏神†신앙 등을 말한다. 민중 한 사람 한 사람을 형성하는 교육의 계기는 앞에서 서술한 것처럼 공동체나 민속 안에 붙밖혀 있는 습속·관행·신앙 등에 의해 이루어졌다(4장1절 참조).

이케다 미쓰마사와 시즈타니학교

이러한 막번의 제도적인 현실 하에서 민중 교화-광의의 교육-를 정책 차원에서 구상한 봉건 영주는 전혀 없었을까. 그렇지는 않았다. 교호기 이전에 의도적으로 민중 교화 정책을 취한 번주도 없지 않았다. 유학 사상은 원래 민중 교화의 이념이나 논리를 내재하고 있었다. 근세 전기에 유학을 통해 정치주체로 스스로를 형성한 영주들이 소수이지만 존재했었다. 따라서 그 교화 이념을 성실히 실천하려 했던 영주도 당연히 나타났다. 오카야마번岡山藩의 이케다 미쓰마사池田光正가 대표적인 인물이다. 그 밖에도 예를 들어 호시나 마사유키保科正之-아이즈번會津藩-, 도쿠가와 미쓰쿠니德川光圀-미토번水戸藩-, 도쿠가와 요시나오德川義直-오와리번尾張藩-, 난부 시게나오南部重直-이와테번岩手藩- 등이 있다. 물론 쇼군 쓰나요시綱吉 역시 적어도 주관적으로는 그러했다.

이케다 미쓰마사는 이른바 사원 도태와 신직청神職請 등 종교정책과 병행하여 1667년 조카마치에 마치가타 데나라이조町方手習所를 설치하여 효경·소학·사서·산술 등을 배우게 했다. 또 '군마다 독서 선생'을 두도

---

* 태어난 고장의 수호신 혹은 향토 수호신.
† 씨족신 혹은 자기 고장의 수호신.

록 명하고, 1668년에는 영내 전역에 123곳이 넘는 데나라이조를 설치하여 마을 관리나 상층 농민 자제들 교육에 적극적으로 착수했다. 데나라이와 산술을 주로 하면서도 수시로 효제의 길·효경·소학·사서에 기초한 초보적인 학문도 가르치려 했다. 다만 데나라이조 자체는 미쓰마사의 의도대로 진전되지 않아 얼마 후 정리되었고 결국 최종적으로는 시즈타니학교閑谷學校로 집약되었다.

데나라이조 정책은 크게 후퇴했지만 미쓰마사가 번내의 서민교육정책을 포기한 것은 아니었다. 한편으로 심복인 쓰다 시게지로津田重二郎-나가타다永忠-를 학교봉공學校奉公으로 임명하여 와케군和氣郡 기타니무라木谷村에 시즈타니학교를 개설했다(1673년). 학교 재원으로서 학전學田을 항구적으로 제공하고 과역을 면제하는 등 필요한 모든 것을 공비로 충당했다. 미쓰마사는 이 시즈타니학교의 영속화에 집념을 갖고 최대한의 노력을 아끼지 않았다. 그 결과 시즈타니학교는 공자묘-대성전-와 장대한 강당, 문고와 학방-기숙사-까지 갖춘, 유학을 배우는 본격적인 학교가 되었다. 시즈타니학교는 주로 마을 관리층 자제가 입학했지만, 이들뿐만 아니라 무사·서민을 막론하고 심지어 다른 번의 학생까지도 입학을 인정하는 향학鄕學이었다. 막말 1851년에 방문한 요코이 쇼난橫井小楠은 "(시즈타니학교는) 에도에 있는 성당聖堂을 제외하면 천하에 이처럼 장대한 학교는 없을 것이다"(『유력견문서遊歷見聞書』)라고 칭송했다.[2]

시즈타니학교는 전국적으로 유명해져 산요도山陽道*를 왕래하는 많은 유명한 문인들이 방문했다. 시즈타니학교는 1871년의 폐번치현廢藩置縣

---

* 세토나이해瀬戸内海 지역에 설치된 역로. 에도시대에 산요도는 오사카에서부터 주위의 작은 길들이 합류하여 시모노세키로 이어지는 중요한 길이었다. 도중에 42개의 숙소가 있으며 규정으로 25명 25필의 말을 상비했다. 山陽道, 中國路, 中國街道, 西國街道라고도 한다.

까지 존속하였고 그 유산 중 일부는 국보로 지정되어 지금까지 남아있다. 민중들에게 문자학습만 아니라 학문까지 장려한 미쓰마사의 교육정책은 분명히 그와 병행한 번정 개혁-사원도태나 신직청 등-과 관련해서 분석해야만 될 것이다. 그렇다 할지라도 이는 근세 전기의 유학 사상을 체득한 봉건 영주가 민중에 대한 교육 주체로서의 의식을 자각적으로 갖고 있었음을 의미한다. 그것은 유학 사상에 본래적으로 내재되어 있는 '학교'를 통한 교육 도화론의 실천이었을 것이다. 그리고 미쓰마사가 예외적이기보다는, 미토의 도쿠가와 미쓰쿠니나 아이즈의 호시나 마사유키 같은 영주들도 유학을 통해 정치적 주체임을 자각한 영주로서-실천 방법이 서로 달랐지만-일정한 가능성을 가진 동일한 계보에 속한다고 볼수 있다. 그러한 의미에서 유학을 존중한 쇼군 쓰나요시도 유학적 '명군名君'의 계보에 속할 것이다.

2. 교호개혁과 교육

요시무네의 민심에 대한 관심

막부-쇼군 요시무네-는 교호기에 처음으로 민심에 정치적인 관심을 갖기 시작했다. 요시무네의 개혁은 민심을 움직이는 정책을 모색한 정치였다. 이케다 미쓰마사처럼 선구적 존재가 있기는 했지만 적어도 막부가 민중에 대한 적극적인 교화를 의식하기 시작한 것이다.

요시무네는 자신의 유학 학습에는 그다지 관심을 보이지 않았지만 무사나 서민에 대한 유학 교육을 진흥시키는데 자각적으로 노력을 기울였다. 그 이전의 쓰나요시綱吉, 이에노부家宣-및 아라이 하쿠세키新井白石 - 등은 유학을 심도 있게 학습한 위정자들이었고 그것을 통해 정치주체로서의 자각을 강화시키려 했다. 그러나 그것은 유학을 일종의 이념이나 의례로서 수용하는 수준에 그쳤다. 무사나 민중에 대한 교육을 정책으로 구체화시키는 데까지 나가지는 못했던 것이다. 이것은 보다 훌륭한 위정자가 되기 위해 스스로가 덕을 함양하고 그것을 정치에 구현하려는 덕치주의로서 주자학의 이상주의를 실천하려는 것으로 볼 수 있다.

이와 비교하면 요시무네는 덕치주의의 입장을 취한 것이 아니라 학문을 정치의 방법이나 기술로 활용하려는 관점을 취했다. 이는 주자학과는 질적으로 다른 것이다. 특히 서민교육에 대한 요시무네의 적극적인 자세는 주목할 가치가 있다.

학문을 정치의 방법과 수단으로 파악하는 관점은 소라이학徂徠學과 통하는 학문관이다. 요시무네는 오규 소라이荻生徂徠에 관심을 보였고 소라이도 요시무네의 정치 자문에 응하여 경세론서-『태평책太平策』, 『정담政談』-를 저술했다. 소라이가 교호 개혁에 깊게 관여했다는 것은 이미 입증되어 있다.[3] 소라이는 또한 이전까지 방치되어 왔던 민중의 공동체 자치에 적극적으로 개입해야 한다는 경세론을 주장했다. 소라이가 주장한 민중 자치에 개입하는 경세적 교화론은 민중 교화론의 역사에서 획기적인 것이었다.

오규 소라이의 민중 교화론

소라이는 "백성들에게는 효제충신을 알게 하는 것 말고는 필요 없습니다. 효경·열녀전·삼강행실 등을 벗어나서는 안 됩니다. 그 밖의 학문은 백성에게 사지邪智를 퍼뜨리는 것입니다. 백성들의 사지가 늘어나면 다스리기 어려워집니다"(『태평책』)라고 말한다. '효제'는 가르치지 않아도 모두 알고 있는 덕이기 때문에 사실상 민중의 교육이나 교화는 필요 없다는 결론이 된다. 그 때문에 소라이는 보통 민중 교화 유해론자로 간주되어 왔다.

그러나 소라이는 민중교화를 부정하지 않았다. 소라이가 부정한 것은 "도리를 사람들에게 가르쳐 그들에게 밀착해서 마음을 바로잡으려는", 언어를 통해 인심에 호소하는 주자학적인 도덕교화 방법이었다. 일종의 강석講釋에 대한 부정이다. 소라이에 따르면 강석은 "쌀을 절구에 넣고 찧는 것이 아니라 한 알씩 한 알씩 정미하는 것과 같은" 방법이지만 교화는 "쌀을 절구에 넣고 찧는" 방법이어야 한다. 교화의 대상은 한 사람 한 사람이 아니다. "성인의 도道는 배우는習 것이 으뜸이고 성인의 다스림治은 풍속風俗이 으뜸이다"라고 했듯이 생활 속에서 만들어지는 '풍속'이야말로 교화의 대상이 되어야 한다. 소라이는 민중이 집단적으로 만들어 내는 '풍속'이 바로 정치의 대상이라고 간주했다. "풍속을 바꾸는 것은 세상 사람들을 새롭게 거듭나게 하는"것, 다시 말하면 '풍속'을 변화시키는 것이야말로 민중을 변화시키는 교화의 방책이라고 소라이는 말하는 것이다(이상 『태평책』). 그리고 여기서 말하는 '풍속'이란 다음의 인용에서 분명히 드러나듯이 민중의 생활터전인 마을 공동체의 존재를 염두에 두고 있었다.

-호적 제도가 확립되면- 사람들에게 향리라는 것이 정해지기 때문에 친척도 가까운 데 모여 살고 어릴 적 친구들도 함께 모여 살게 되므로 자연히 친척이나 친구들의 눈을 생각해 나쁜 짓은 하지 않게 된다. (중략) 마을 사람들이 서로를 자연스레 물들이기 때문에 나쁜 일이 있어도 서로의 생각을 말하고 들으니, (중략) 따라서 부교奉行*가 다스리는데 마음을 쏟아 나누시

---

* 행정을 담당하는 무사

名主*가 알아듣도록 잘 지시를 내리면 마을은 서로 화목해지고 풍속도 자연히 바르게 되어 악인은 사라질 것이다(『정담』 1권).

소라이는 쇼군 요시무네를 위해 저술한 『정담』에서 호적제와 무사의 마을거주 제도를 기조로 하는 경세론을 전개했는데, 그 내용은 이러한 제도의 확립과 '풍속'에 대한 '부교'-영주-의 정치적 대책으로 이루어져 있었다. 이는 이전까지 정치적으로 거의 방치되었던 민중의 마을 공동체에 '나누시'층을 동원하여 정치적으로 개입한다는 것이었다. 이것은 '풍속'을 개혁하려는 적극적인 교화 정책 구상에 다름 아니며, 민중에 대한 영주층의 관심을 이전보다 훨씬 더 강화시킬 것을 요구하는 경세론이었다.

교호개혁의 교육정책: 강석

요시무네의 교육정책이 실제로 어느 정도 소라이의 경세론과 부합하고 있는지 구체적으로 제시하기는 어렵다. 다만 적어도 덕치주의적 발상의 배제, 민심에의 착목이나 제도 개혁의 중시 등의 기조가 서로 통하고 있음은 확인할 수 있다.

민심에 눈을 돌린 요시무네가 무사만이 아니라 민중 교화에 뜻을 둔 것은 당연하다. 먼저 1717년 쓰나요시 시대에 시작된 성당聖堂† 교교몬仰高門 동사東舍에서 실시되는 강석을 요시무네는 매일 실시하도록 했다. 서민에 대해 매일 강석을 개강한 것이다-교코몬일강仰高門日講-. 강사로

---

* 마을의 평민 지도자

† 공자와 4제현을 모신 사당. 문묘, 성묘라고도 한다. 1632년 오와리번주尾張藩主인 도쿠가와 요시나오德川義直가 앞장서서 세운 에도의 유시마湯島 성당 외에 나고야, 시즈타니, 사가, 미토, 아이즈 등에도 있었다.

는 하야시가林家의 문인들을 기용했다. 정丁의 날에는 직참直參*, 반半의 날에는 서민-상인이나 백성-에게도 강석을 개방하고 그 출석 상황을 매월 말 보고하도록 했다(『창평지昌平志』). 공개 강석에 요시무네가 강한 관심과 기대를 보였음을 알 수 있다. 이 일강日講은 이후 에도시대 내내 약 150년이나 계속된 교화활동이었다.

1718년 요시무네는 막부 직신直臣을 대상으로 향응석饗応座敷에서 강석을 시작하라고 명했다. 향응석이란 석전釋奠에 참가한 귀족들에게 향응을 제공하기 위해 쇼헤이코 내에 설치한 시설인데 그것을 막신들에 대한 강석 시설로 전용한 것이다. 하야시가 이외의 유학자를 강사로 한 강석장講釋場이었다. 더욱이 1719년부터 '다카쿠라야시키高倉屋敷'†에서도 하야시가 이외의 유학자에게 무사와 서민을 혼합하여 사서를 중심으로 강의를 하라고 명했다.

그러나 강석에 대한 무사의 출석 상황이 그다지 좋지 않자(『겸산비책兼山秘策』, 『정담』 4권), 요시무네는 출석을 장려하는데 고심했다. 이와 관련해 무로 규소室鳩巢나 기노시타 기쿠탄木下菊譚 등 주자학계열의 막부 유신儒臣들은 막신에게 출석을 강제할 것을 쇼군에게 요구했지만 요시무네는 반대했다. "그 자세한 내막은 이러하다. 쇼군께서는 학문이라는 것은 권위로 사람에게 시켜서는 어떠한 이익도 없으며, 스스로가 믿어 자연히 마음이 가지 않으면 어찌 할 수 없다고 생각하신다"(室鳩巢『兼山秘策』 제5책). 학문은 본인의 자발성에서 비롯되지 않는 한 의미가 없다는 요시무네의 생각은 소라이와 완전히 통하는 것이다. 소라이의 영향으로 간주해

---

* 주군을 직접 섬긴 가신. 직신. 특히 에도 막부의 하타모토旗本·고케닌御家人의 총칭.
† 쇼군의 대례 등이 있을 때 교토에서 다카쿠라가高倉家가 예복의 지도를 위해 에도에 와서 머물던 곳이 다카쿠라야시키高倉屋敷다. 요시무네는 1717년 4월부터 이곳에서 무로 규소 등의 유학자에게 강석을 하게 하고 서민들에게까지 청강을 허락했다.

[그림6-1] 황표지黃表紙에 그려진 교코몬일강(戀川春町『嬰鶴返 文武二道』] : 오른쪽 문이 교코몬. 왼쪽에서 출석자를 장부에 기록하고 있다. 이것이 당시 에도 시내의 한 풍경을 이루고 있었음을 알 수 있다.

도 좋을 것이다.[4]

모토야마 유키히코本山幸彦는 요시무네의 교육정책은 상인 교화에 주안을 두었고 무사에 대해서는 무예를 통한 자발성을 기대했다고 본다. 쓰지 다쓰야辻達也도 요시무네의 교육정책의 중점은 직참무사直參武士 교육보다는 서민 대상 민중교육에 있었다고 지적하고 있다.[5] 확실히 무사에 대하여는 강석의 청강을 장려하는 수준에 그쳤으며, 쇼헤이코를 무사의 학교교육 기관으로 강화하려는 방향성은 보이지 않았다.

요시무네의 민중 교화: 데나라이주쿠에의 착목

1722~1723년은 교호 개혁기에서 획기적인 시기이다. 주목해야 할 것은 민중을 대상으로 한 교육정책이 거의 이 시기에 집중적으로 실시되

었다는 것이다. 그것은 교육정책이 개혁 정치와 밀접하게 관계를 맺으면서 이루어졌다는 점을 시사한다.[6] 요시무네의 교육정책의 특징은 전체적으로 보면 민중들의 자발적인 활동을 전제로 하여 그것에 위로부터 관여한다는 점이다. 그 중에서도 주목을 끄는 것은 데나라이주쿠에 대한 착목과 출판의 적극적인 이용이다.

1722년 10월, 요시무네가 에도 교외에서 매사냥을 하고 있을 무렵의 일이었다. 요시무네는 의사였던 요시다 준안吉田順庵이 막부 대대로 내려오는 법도를 아동들에게 가르치고 있는 것을 알고는 감동을 받았다. 요시무네는 그를 포상하면서 주요한 법도나 「오인조장전서五人組帳前書」 등을 "무릇 다른 마을에서도 이처럼 가르치도록"(『겸산비책』 제5책) 지시하고는 같은 해 11월에는 데나라이 선생이 이를 데혼으로 사용하라는 문서를 하달했다.[7]

이처럼 데나라이주쿠의 데나라이용 데혼에 착목한 것은 요시무네가 아동에 대한 교육·교화의 유효성을 인식했다는 것을 의미한다. 더구나 막부의 법도法度·촉서觸書 류를 데혼으로 삼는 학습에 주목한 것이다. 객관적인 실정법에 기초한 정치를 표방했던 요시무네의 개혁이[8] 아동의 데나라이까지 시야에 넣었던 것이다. 적어도 막부가 아동을 시야에 넣은 민중 교화 정책을 실시한 것은 이것이 최초이다.

요시무네가 데나라이주쿠에 착목했던 것은 데나라이주쿠가 이미 보급되어 있었기 때문이다. 교호기에 적어도 에도에서는 데나라이주쿠는 서민들에게 매우 친근한 존재가 되어 있었다. 요시무네의 측근인 유학자 무로 규소가 쓴 1722년의 서간에서 에도에서 "데나라이를 배우는 아동"이 800여명 정도 있다고 기록되어 있다.[9] 이는 이른바 '에도의 808개 마치江戸八百八町'라는 수자에 맞춘 서술이 아닌가 싶기도 하나 적어도 한

마치에 데나라이 선생이 한 사람씩 있었다고 받아들여도 되지 않을까. 그렇다면 교호기의 에도에서 데나라이주쿠는 극히 친근한 존재로서 마음만 먹으면 아동이 다닐 수 있는 아주 가까운 곳에 데나라이주쿠가 있었다고 보아야 할 것이다. 그 정도로 문자 학습은 사람들의 생활 속에서 일상화된 풍경이었다.

출판미디어에 대한 관심

막부는 종종 출판물의 단속에 관한 법령-촉서-을 하달했다. 특히 쓰나요시 시대에 두드러지게 많았는데, 요시무네도 출판물 단속에 관한 촉서를 반복적으로 하달했다. 예를 들어 1720년에는 교토 지역의 서사에 대해 네 가지의 촉서를 연이어 내렸다. 이처럼 연달아 단속 촉서를 발한다는 것 자체가 그것이 별로 효과를 거두지 못했음을 보여주는 것이다.

요시무네는 세간의 출판에 강한 관심을 보였다. 예를 들어 책방에 나카마주식仲間株을 주는 형태로 나카마仲間 조직을 만들게 하고는 나카마 조직을 통해 출판을 통제하려 했다. 1721년, 에도에 있는 책방·구사조시야草双紙屋*·에조시야繪双紙屋에 나카마를 결성케 했다. 교토에는 쇼토쿠년간正德年間(1711~1716)에 공인된 나카마가 있었고 오사카에서는 1723년에 나카마를 공인했다. 또 1722년 전국에 출판 통제령을 발표하여 '풍속'에 유해한 책을 금지하고 새로운 판본에 작자와 출판사版元를 실명으로 명기할 것, 위반할 경우 출판물 나카마의 연대 책임 등을 규정했다(『어촉서관보집성御触書寬保集成』). 또한 요시무네는 마치부교町奉行인

---

* 에도 중기의 소설을 일컫는 말로, 에도에서 만들어진 그림이 들어있는 소책자. 그림이 주이며 여백에 가나로 글을 써넣었다. 부녀, 아이들을 대상으로 한 계몽적인 통속적 내용이 일반적이다. 표지의 색깔에 따라 적본·흑본·청본·황표지 등으로 분류. 에조시繪草子 (혹은 繪双紙)라고도 한다.

오카 다다스케大岡忠相에게 기존 간행서적 목록을 작성케 하면서 여기에 신간서적 목록을 순차적으로 첨가하여 출판물 감시 체제를 만들었다. 이른바 출판물 나카마 공인 제도와 묶어서 출판 통제령을 발포한 것이었다.

요시무네가 이렇게까지 출판에 간섭한 것은 출판물이 민중의 풍속에 막대한 영향력을 가진다는 것을 잘 알고 있었기 때문이다. 동시에 그는 단순한 단속만으로는 효과가 없다는 것 또한 인식하고 있었다. 숱하게 촉서를 발한 경험을 통해 그는 단편적인 법령만으로는 도시 대중의 마음을 통제할 수 없다는 것을 알고 있었다. 그래서 요시무네는 출판물을 역이용하면 교화에 효과적일 것으로 보기 시작한 게 아닐까. 후술하겠지만 민중 교화를 노린 계몽서의 출판에 요시무네가 예사롭지 않은 열의를 갖고 있었던 것을 보면 충분히 그렇게 볼 만 하다. 즉 막부 스스로가 서민 대상 출판물을 적극적으로 개편하여 이를 통해 민중 교화를 꾀한 것이다. 여기에 요시무네의 관점의 전환이 있다. 요컨대 이전까지 단속의 대상이었던 출판물이 요시무네에 의해 역으로 교화의 수단으로 전환된 것이다.[10]

출판물을 매개로 한 교육에 자각적으로 뛰어든 선구자는 앞서 언급한 가이바라 에키켄이었다(3장 3절 참조). 요시무네가 에키켄의 저서에 관심을 가지고 있었다는 사실은 『덕천실기유덕원전어실기부록德川實記有德院殿御實記附錄』에서 "-요시무네는- 한가할 때면 경전사자經傳史子는 물론 가이바라 아쓰노부貝原篤信가 지은 신사록愼思錄·농업전서農業全書·팔훈八訓·화한사시和漢事始·명수서名數書 (중략) 등 비속한 책까지 자리 한쪽에 쌓아 두셨고 측근들에게 즐겨 읽히셨다"(권10)는 기록을 통해 확인된다. 오토타케 이와조乙竹岩造는 이 기사를 근거로 에키켄의 출판물이 요시무네에 영향을 미쳤을 가능성이 있다고 보았다.[11]

『육유연의대의』의 출판: 아동에 대한 착목

이런 관점에서 주목되는 것은 1722년『육유연의대의六諭衍義大意』의 출판이다. '육유六諭'란 원래 명의 태조가 하달한 여섯 가지 칙유勅諭인데, 청의 세조가 그것을 인민 교유敎諭의 언어로 흠정했다.『육유연의』는 명말 범굉范鈜이 '육유'의 의미를 해설하고 예화 등을 삽입·부연하며 율령의 조문을 인용하고 말미에 시를 첨가하여 출판한 민중을 위한 수신서이다. 류큐琉球의 정순칙程順則이 청으로부터 류큐로 가져와 간행했다. 정순칙이 1714년에 사쓰마薩摩에 갔을 때 사쓰마 번주인 시마즈 요시타카島津吉貴에게 이 책을 헌상하였는데 요시타카는 이것을 다시 쇼군 요시무네에게 헌상한 것이다. 요시무네는 이 책에 주목했다.

요시무네는 막부의 유학자 무로 규소-주자학자-에게『육유연의』의 일본어번역을 명했다. 그러나 그것은 중국의 구어-속어-로 쓰여져 있었기 때문에 무로 규소는 정확히 읽지는 못했던 것 같다. 그래서 오규 소라이에게 훈독을 명했다. 소라이는 밤을 새면서 훈점을 달아 다음날 무로 규소에게 보냈다. 무로 규소는 그것을 바탕으로 일본어로 번역하여 세 책으로 제출했는데 요시무네는 "어린 동자들이 알기 쉽도록" 다시 쓰도록 요구했고, 그래서 무로 규소는 그 대의를 두 책으로 간략화하여『육유연의대의』가 완성된 것이다. 평이하고 간략함을 요구한 요시무네의 의도가 특히 아동의 교화에 있었다는 것은 분명하다. 더욱이『육유연의대의』에는 원래 있었던 중국의 율령 조문은 생략하는 대신 요시무네 자신이 집필한 원고를 실으려 했다는 점을 무로규소서간(『겸산비책』 5책)을 통해 알 수 있다. 이러한 사실로부터 쓰지 다쓰야는 요시무네의 의도가 민중에 대해 '준법정신을 역설하는' 것이었다고 추측한다.[12]

소라이의 훈독본은『관각官刻·육유연의六諭衍義』로 1721년에 출판되었다. 무로 규소의 『육유연의대의』는 그 다음 해, 능서가能書家로 알려진 데나라이 선생이자 낭인이었던 이시카와 간스케石川勘助에게 판목을 쓰게 하여, 데나라이용 오라이모노로 판각되어 에도의 데나라이 선생에게 널리 보급되었다. 더욱이 판목을 민간 서사에 내려주어 민간에서의 출판을 장려했다. 이 책이 항간에 유포되기를 기대했기 때문일 것이다. 또 막부를 따라 번교藩校*의 번판藩版으로 출판한 번도 적지 않았다. 예를 들어 사도와라번교佐土原藩校인 가쿠슈칸學習館이 덴포년간天保年間(1830~1844)에, 조수번교長州藩校인 메이린칸明倫館도 고카년간弘化年間(1844~1848)에 출판했으며, 히코네彦根·나고야·가케가와掛川·아키타秋田·미노이와무라번美濃岩村藩 등의 번에서도 출판되었다.[13] 막부는 이후-특히 덴포·고카년간-에 데나라이 선생을 표창할 때에는 늘 이 책을 부상품으로 주었다. 관판의 수신교과서였던 이 책이 데나라이용의 교본으로서 널리 사회에 유포된 사실이 갖는 의미는 사회사적으로도 고찰되어야만 할 문제이다. 적어도 데나라이용의 오라이모노로서 사용한 것은 요시무네가 도덕 교육의 대상으로서 아동에 주목한 것을 의미한다. 이 점을 새롭게 주목할 필요가 있다.[14]

막부는 1723년 3월에 데나라이 선생에게 '유달論達'을 발령하여 데나라이주쿠의 역할에 큰 기대를 보였다.[15] "마을에서 가르치는 일을 주로 삼는 사람이 데나라이 선생인데, 글자 쓰는 법만이 아니라 풍속을 바르

---

* 에도시대에 번사藩士와 그 자제의 교육을 위해 설치한 번 직영의 학교. 본래 한학유학의 학습을 위한 학교를 지칭. 18세기 후반 번정 개혁의 일환으로서 본격적으로 개설되기 시작하여 폐번치현(1871년)까지 약 280교의 번교가 개설되었다. 내우외환이 고조되는 1818·1830년 이후는 정치의 실천 주체 육성과 실용 기술 습득이 요구되어 번사 자제들의 입학이 강제되고 입학자의 연령층이 낮아졌다. 양학, 병학 등 군사나 근대 과학의 과목이 번교에 도입되었지만 유학을 학습 과목에서 제외한 번교는 없었다. 메이지기의 중등 교육 기관의 모체가 된 번교도 적지 않았다.

게 하고 예의를 지키며, 충효를 가르치는 것이 중요하다는 것을 마음에 새겨야 한다. 문자를 안다고 하는 자들이 (중략) 이와 같다면 데나라이 선생이 헤아리는 것 이상으로 정도正道에 일조하게 되어 세상 풍속의 이익이 적지 않을 것이다. 이를 주의 깊게 새기고 신중하게 분별하여 교육해야만 할 것이다". 즉 데나라이주쿠에서 아동에 대한 교육은 단순히 문자 학습에 그치지

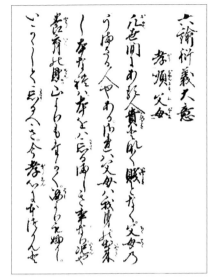

[그림6-2] 『六諭衍義大意』 : 유려한 필치로 쓰여 데나라이용 데혼으로 전국에 널리 장기간 유포되었다.

않고 풍속·예의·충효 등과 같은 도덕적인 교화의 기능을 갖는 것으로 기대되었고 더욱이 그것이 '정도에 일조'할 것으로 인식된 것이다. 이렇게 데나라이주쿠를 통해 아동을 교화한다는 요시무네의 정책은 이처럼 정치적인 의미를 지닌 것이었다. 정치가 비로소 아동 교육의 의미를 발견한 것이다. 그러한 의미에서 교육사상 획기적이라고 평가할 수 있다.

쵸닌학문소의 관허

요시무네가 실시한 교화·교육의 진흥책에는 쵸닌*들의 학문까지도 포함되어 있었다. 예를 들어 에도의 후카가와교수소深川教授所의 설립이 조성되고, 여기에 오사카의 가이토쿠도懷德堂가 쵸닌학문소町人學問所로 관

---

* 町人은 도시 상공업자 등 도시에 사는 시민을 지칭

허를 받았다. 후카가와교수소는 낭인 유학자인 스가노 히코베에菅野彦兵衛(兼山)가 1723년에 막부에 했던 청원이 발단이 되었다. 같은 해 막부에서 토지와 저택이 제공되고 장려금 30냥 정도가 조성되었으며, 무사·서민을 막론하고 『소학』이나 사서의 요지를 교육하는 한편 날짜를 정하여 일반인들도 청강할 수 있도록 했다. 강당·무예장·기숙사까지 갖춘 훌륭한 학교였다. 막말에 가까운 1845년에 쇼헤이자카가쿠몬죠昌平坂學問所가 관할하게 되었다. 향학을 어떻게 정의하는가에 따라 달라지기는 하나, 이 학교도 향학의 일종으로 볼 수 있을 것이다.

가이토쿠도는 오사카의 상층 죠닌-'오동지五同志'-들이 기금을 모금하고 유학자 미야케 세키안三宅石庵을 초대 학주學主로 맞이하여 1724년에 개설한 학문소이다. 가이토쿠도는 유학을 중심으로 독특한 학풍을 길러냈다. 가이토쿠도는 에도의 소라이학에 대항하여 형성되었기 때문에 반소라이학의 입장을 띠었으며, 학파적으로는 주자학이었지만 안사이학闇齋學이나 쇼헤이코의 주자학과도 달랐다. 1726년에 막부로부터 관허를 얻어 공적으로 인정받은 '학문소'로 유명해졌다. 가이토쿠도는 무귀론無鬼論을 주장하고 초월적인 것에 근거하지 않는 평이하고 보편적인 인간의 인식에 기초한 학풍을 표방했다. 그 학문적 성과는 경학-경서에 대한 주석-이나 정치 개혁을 논한 경세론 등으로 나타났다. 그것은 근세 교토 지역의 합리적이며 비판적 정신이 이룩한 높은 학문적 성취를 보여주었고, 이른바 '죠닌町人의 대학'으로 칭할 만한 것이었다. 즉 고도한 학문 연구와 이에 기반한 신분을 초월한 자유로운 교육이었다. 가이토쿠도에서는 나카이 지쿠잔中井竹山·나카이 리켄中井履軒 외에도 도미나가 나카모토富永仲基나 야마가타 반토山片蟠桃 등 독창적인 사상가들이 배출되었다. 가이토쿠도는 서일본 지식인들이 모여드는 지적인 세계의 네트워크 역할을 수행하면서 1869년에 이르기까지 약 140년의 역사를 자랑했다.

3. 간세이기 교육정책

간세이 이학의 금 평가

간세이기寬政期는 영주들의 민중교화에서 획기적인 시기이다. 단적으로 말하면 민심을 대상으로 한 적극적인 교화 정책이 등장했으며 더구나 그것이 유학 사상에 바탕을 두었으며 개혁 정치의 기본 이념을 이루었다. 이 점이 교호기의 요시무네와 크게 다르다. 이는 특히 막부의 간세이개혁寬政改革에서 두드러지게 드러난다. 예를 들어 성당을 중심으로 한 『효의록孝義錄』의 편찬과 출판 사업, 선행자의 적극적 표창, 농민 교화에 힘을 기울인 명대관名代官들의 배출, 무숙인無宿人들의 교화를 위한 석문심학-심학도화心學道話-의 도입 등 이루 열거하기에 부족할 정도이다. 그중에서도 이학의 금異學の禁 정책에 기초한 성당 학문소의 직할화와 확충이 교화 정책의 중심을 이루었다.

간세이 이학의 금에 대해서는 지금까지 그것이 봉건제 유지를 위해 사상과 학문에 대한 반동적인 정치적 통제라거나 혹은 막신 관료 양성을 목적으로 한 성당 개혁의 일환, 즉 인재 교육책의 일환으로 평가되어 왔다. 그러나 이러한 평가는 모두 이학의 금이 보다 폭넓은 것을 겨냥하고 있었음을 간과하고 있다. 이학의 금은 막말에 이르기까지 근세 후기의 정치와 학문-사상-과 교육을 관련짓는 보다 큰 틀을 만들어낸 정책이었다. 이학의 금 정책의 교육사적인 의미는 주자학 정학파의 교화론과 그 정책 구상을 살펴보면 분명하게 알 수 있다.

정학파의 논리: '학교' 체계화의 구상

이학의 금 정책의 논리를 준비·제공한 것은 주자학 정학파正學派 그룹이었다. 비토 지슈尾藤二洲·고가 세이리古賀精理·시바노 리쓰잔柴野栗山, 그리고 라이 슌스이賴春水 등은 메이와·안에이安永期(1764~1781)에 오사카에서 독자적인 학문을 형성하면서 강한 동지적 유대 관계를 맺고 있었다. 그들은 그 후에도 서로 연계하여 정치 현장에서-예를 들어 라이 슌스이는 히로시마에서, 고가 세이리는 사가佐賀에서- 혹은 지방에서의 민중 교화-예를 들어 빗추 가모가타備中鴨方의 니시야마 셋사이西山拙齋나 빈고 칸나베備後神辺의 간차잔菅茶山 등-에 참여하는 식으로 실천에 참여했다. "나-슌스이-는 이전에 시인志尹-지슈-과 함께 오사카에 머물렀다. 문도文道가 이미 광대하여 함께 학문을 이루는데 부족하지 않음을 깨달아 분연히 뜻을 세워 힘써 정학正學을 강구하였으며, 풍속이 깨끗하지 못한 것은 올바른 학문을 하지 않는 것에서 비롯된다고 늘 주장"(二洲『정학지장正學指掌』春水序文)했다. 즉 학문이 본래의 모습으로 기능하지 않기 때문에 '풍속불순'이 일어난다는 것이다. 이러한 입장에서 제출된 이학의 금 논리의 핵심은 라이 슌스이의 '학통론'에 명료하게 나타나 있다.

슌스이는 『예기』 왕제편王制篇의 "도덕을 하나로 하여 속을 같게 한다"는 말에 근거하여, 정치의 역할은 단일한 도덕 원리로 사람들의 '속' 즉 '풍속'을 통일하는 것이며, 이를 위한 통합의 논리를 제공하는 것이 학문의 책임이라 간주하여 이를 '학통學統'이라 불렀다. 학통론에서 핵심은 '속'-'풍속'-이다. 이 부분은 앞에서 본 교호기 소라이학의 경세론과 공통된다. '풍속'이란 여러 가지 의미를 갖지만 일단은 사람들의 사회 생활 안에 있는 질서 규범이라 정의하자. 당시는 '풍속'이라는 말이 빈번하게 사용되었고, 정치의 대상으로 간주되었다. 그리고 '풍속'은 그것을 행하는 민중의 도덕성에 바탕을 둔 규범으로 인식되었다. '교화'가 주제가 되는 것은 이 때문이다. 이 점에서 소라이학과 큰 차이는 없었다.

군자의 학은 통統을 아는 것을 으뜸으로 삼는다. 배웠는데 통이 없다면 배우지 않은 것과 같다. 통이란 성현이 전하는 바로서 고금에 밝고 천지를 관통하며 예법을 세우고 오륜을 밝히는 것을 말한다. 통은 하나뿐이다. (중략) 통이 있는 곳은 마치 대낮처럼 밝다. 따라서 군상君相은 이를 받들어 그 변화의 근원化源을 찾고, 학사學士는 이것을 받들어 그 덕의 뜻을 밝힌다. 정술政術이 위에서 하나가 되면 풍속이 어찌 밑에서 두 갈래 세 갈래로 나뉘겠는가. 학통이 명백하게 된 후에 치교治敎를 말할 수 있는 것이다(「학통설송적기언례學統說送赤碕彦禮」).

'학통'은 '풍속'을 통일하기 위한 민중 교화의 근원-'화원化源'-이며, 그것은 주자학이어야만 한다는 것이다. 주자학은 사람의 마음에서 천지 자연에 이르기까지 모든 것을 일관된 질서 원리-도덕 원리-로 설명하기 때문이다.

슌스이는 '풍속' 교화 = 통합의 방법을 구두 언어에 의한 '강석'에 의존하기 보다는 조직화된 '학교' 기관에서 찾았다. "모름지기 교도敎導에 뜻을 두는 학문은 무엇보다도 군상君上의 학문을 근본으로 삼으며, 소독 지남素讀指南을 가르치는 자나 데나라이 선생에 이르기까지 교도가 일치해야 한다. 예를 들어 일국 일영이 하나의 학관學館이 되도록 하여야 한다(「정술지득심政術之心得」『슌스이유향春水遺響』 三)". 즉 번주-군상-의 학은 번 교화의 '대본'이다. 따라서 우선 이것을 번의 '공학(公學)'으로 삼아

'학통'을 확정한다. 실제에서는 번주가 번교의 학을 주자학으로 확정하여 명시하는 것이다. 번학을 하나로 통일한 후 번교의 선생은 무엇보다도 사서 등의 경서에 대한 '소독지남'-유학의 초보-을 맡는 구독사句読師, 나아가 민중에게 문자를 가르치는 데나라이 선생-데라코야 선생-에 이르기까지 정학-주자학-의 이념에 따라 교육을 실시한다. 즉 위로는 번주에서 밑으로는 마을 아동들의 데나라이 학습에 이르기까지 한 번 전체를 하나의 학으로 교화해 간다면, '일국 일영'이 '하나의 학관-번교-'처럼 되어 '풍속'이 단일한 원리로 통일된다는 것이다. 즉 민중을 포함해 한 번의 인심을 번주가 중핵을 이룬 번 질서 안으로 정연하게 통합해 나가는 것을 추구한 교화 구상이었다.

이러한 슌스이의 교화 구상은 마을 사람들을 위해 번교와 제휴한 일종의 향학鄕學-도시와 농촌 마을에 번교의 분교를 개설한다-을 설립하고 데나라이주쿠를 공영화公營化-데나라이 선생을 경제적으로 원조하고 더불어 관리로서의 격식을 부여-하는 등 광범위한 것이었다. 그것은 아동의 데나라이에서 번교의 '대학' 수준 교육까지 체계적으로 조직된 '학교'를 통해 민중 교화를 전 사회적 규모로 전개하려는 구상이었다.

교도의 기품이 잘 세워지면 비록 빠른 시일 내에 그 효과는 볼 수 없을지라도 모든 사람의 심사가 풍속에 달려있기 때문에, 기품이 가벼운 자들까지도 풍속이 올바르게 되며, 염치의 기풍이 세워져 눈앞의 영욕에 현혹되지 않고, 아첨과 뇌물의 풍습이 자연히 사라져 건강한 풍속이 하나로 일관될 것임이 틀림없다(「정술지득심」).

라고 한 것처럼 이상적인 '풍습', 즉 이상적인 정치는 올바른 교화를 통해 실현된다고 생각했다. 여기에는 '학교'에 의한 교육 = '교화'는 정치를 위한 효과적이고도 중요한 방법이라는 인식이 나타나 있다. 이런 의미에서 정치의 입장에서 교화, 즉 민심을 대상으로 한 교육이 갖는 의의가 발견된 것이다. '학교'-번교·향학·데나라이주쿠-를 통해 민중 교화가 기능을 발휘한다면 인정仁政이라는 이상 정치가 실현될 수 있다고 본 것이다. 여기에는 비록 주자학이 표방되기는 하나 군주의 인격적 덕성에 의한 다스림이라는 주자학 본래의 덕치주의는 존재하지 않는다. 이는 '학통' 나아가 '학교'라는 교육제도에 기반한 교화론이자 인정론이다.

나카이 지쿠잔의 학교 공영론

지금까지 살펴본 이학의 금 논리는 주자학 정학파에만 고유한 것은 아니었다. 예를 들어 오사카의 쵸닌들이 설립하여 유지되었던 가이토쿠도의 학주 나카이 지쿠잔은 로중老中 마쓰타이라 사다노부松平定信의 자문에 응하여 저술한 경세론서 『초모위언草茅危言』에서 일종의 학교 공영론을 주장했다. 삼도에 대학을 설립하는 것 이외에도, 무사 자제의 데나라이를 위해 "사대부의 관사의 위치와 녹봉의 고하에 따라 칠팔십 명, 혹은 백 명에서 백사오십명까지 한 조로 묶는" 데나라이주쿠를 설치하고 그 유지비는 "편성된 반의 녹봉의 고하에 따라" 부담시킨다고 서술하고 있다(卷之三, 御鷹下ノ事). 또 서민 자제의 데나라이 선생-데라코야 선생-은 단순히 문자나 예능과 같은 기술적인 교습뿐만이 아니라 '풍교-풍속교화-'를 좌우하는 힘을 갖고 정교政教의 일면을 담당한다. 따라서 데나라이 선생의 선정이나 행동에 유의하는 동시에 관명官命으로 "마을마다 인품이 좋은 사람인지를 잘 헤아려 거주하게 한다. 인품이 그다지 나쁜 사

람이 아니라면 마을에서 상신하는 대로 데나라이 선생 자격을 허락"하도
록 하는 데나라이 선생의 대우책 혹은 정치적 통제책을 주장했다.

당시는 마을에서 승려에게 데나라이 선생을 맡긴 경우가 많았는데, 지
쿠잔은 불교를 통한 교화에 반대하여, 비록 경비가 많이 든다고 해도 "속
인 중에 재능이 있는 사람"을 교사로서 고용하여 아동에게 데나라이를
가르쳐야 한다고 주장한다. 즉 데나라이주쿠를 교화의 말단을 담당하는
중요한 기관으로 간주하고 그 교육적 활동을 사회질서 유지라는 정치 논
리의 관점에서 파악하고 있다. 주자학 정학파 그룹은 오사카에서 가이토
쿠도와 밀접하게 교류하고 있었으므로, 그러한 관점은 적어도 가이토쿠
도도 공유하고 있었던 것이다.

간세이 개혁과 이학의 금 정책

마쓰타이라 사다노부에 의한 간세이기의 교육정책은 전술한 논리에
기초해 있었다. 아니 오히려 교육정책뿐만이 아니라 개혁 정치 전체가
주자학 정학파의 이념에 기초해 있었다.

먼저 사다노부는 1787년 9월, "뜻이 있는 사람은 귀천을 불문"하고
교호 이후 정착한 성당의 '교교몬일강仰高門日講'에 출석하도록 장려했
다. 그리고 성당 개혁에 착수한다. 이른바 간세이 삼박사-비토 지슈·
시바노 리쓰잔·오카다 간센岡田寒泉-를 성당 전속 유학자로 등용했다.
1790년 5월, 사다노부는 쇼헤이코의 대학두大學頭인 하야시 노부타카林
信敬에게 "주자학은 게이초慶長 이래 대대로 신용해 온 것으로서"로 시
작하는 이른바 '이학의 금'을 공포했다. 그 내용은 요컨대, 주자학은 이
에야스 시대부터 채용된 '정학'이다. 하야시가는 정학에 기초하여 문하
를 교육해 왔는데, 근래 이학異學이 유행하여 풍속을 해치고 있는 것은

정학이 쇠퇴했기 때문일 것이다. 이후 문인들은 이학을 배우는 것을 금하고, 정학 강구에 힘을 기울이며 '인재를 양성하는 일'에 힘쓰라는 취지였다.

이 하달 자체는 하야시 노부타카, 즉 성당 학문소를 대상으로 내려진 것으로 결코 세상 일반에까지 이학을 금지시킨 것은 아니었다. 하물며 전국 여러 번에 대한 금령은 더더욱 아니었다. 그러나 이 이학의 금 자체는 전술한대로 민중까지 시야에 넣은 교화 정책이었으며 그것을 이념적으로 선언했다는 의미가 있었다. 이러한 방침 아래 성당 학문소의 개혁이 시작되었고 더욱이 개혁 정치 전체가 민중 교화를 큰 기축으로 삼아 진행된 것이다.

예를 들어 사다노부는 '부정'한 대관代官*이나 대관을 보좌하는 데다이代官手代의 대숙청 인사를 단행했다. 그 과정에서 간세이의 명대관들-하야카와 마사토시早川正紀·기시모토 가즈나리岸本一成·다케가키 나오히로竹垣直溫·데라니시 다카모토寺西封元·야마구치 다카시나山口高品·하쿠라야스모리羽倉秘救·오카다 간센岡田寒泉 등-이 등장한 것이다. 하야카와마사토시는 미마사카쿠제美作久世(지금의 오카야마현 마니와시에 위치)에서『구세조교久世條教』를 저술하여 민중에게 제시했고-데라니시는『데라니시팔개조寺西八箇條』를 저술한다-, 덴가쿠칸典學館이라는 학교겸 교유소教諭所를 설치했다. 그 후의 전임지인 빗츄備中의 가사오카笠岡에서도 게이교칸敬業館을 만들어 교화에 노력했다. 성당에 소속된 유학자인 오카타 간센은 히타치常陸의 대관으로 부임하여 자신의 학문을 민정의 실천의 장에서 활용했다. 그의 정치는 '인정'으로 칭송되어, 현지 농민들로부터

---

* 막부나 번 직할령의 연공 수납을 담당한 관리.

'공덕비', '간센탑寒泉塔', '오카다대명신岡田大明神' 등이 건립되었으며, 막말에는 농민의 탄원서에까지 간센의 민정에 대한 감사의 표현이 있었다고 한다. 이러한 명대관들의 '인정'은 유학적인 인정애민仁政愛民의 이념에 기초한 민중 교화의 자세라는 점에서 공통된다. 이학의 금이 이러한 민중 교화의 '인정' 정책과 일체화되어 있었음은 물론이다.

다만 주의해야 할 것은 이학의 금 체제가 반드시 이학을 배제한 것은 아니었다는 사실이다. 라이 슌스이도 번교는 '교화의 근원'이기 때문에 '하나로 통일된 학문'이어야 하나, '제가諸家'-사적인 가쿠몬주쿠-의 학문은 다양한 것이 좋다. "그들이 수련을 쌓는 바, 무슨 학문이든지 도움이 되어 인재가 될 수 있다면 각자 자신의 뜻을 펼치는 것이 좋다". 슌스이는 민중이 자신들의 적성에 맞게 배워 유용한 인재가 될 것을 기대하고 있었다. 즉 '공학'으로서의 규범적인 주자학을 전제로 하여, 사적인 영위로서 다양한 학문의 유효성을 전문적인 지식의 학이나 기술의 학으로서 적극적으로 인정한 것이다(『슌스이유향春水遺響』六).

이러한 인식은 마쓰타이라 사다노부에게도 일관되어 있었다. "학교는 원래부터 소학을 겸한 곳"으로서 "효제충신 이외의 가르침은 없다. 호탕함豪毅도 영특함英氣도 독실함에서 나오지 않으면 해가 되기"때문에 "소학으로 바탕을 형성하는 것이 먼 장래를 위해 도움이 되는 것이다. 바탕이 만족할 만큼 형성된 후에 그 특기에 따라 각각의 마음가짐과 읽어야만 될 책을 권하여 도와야 한다(「도화지기陶化之記」)". 즉 인간 형성의 기초라는 의미에서 '바탕'을 위해 모든 사람에게 공통된 도덕적인 규범학-주자학-을 배우게 한 뒤에, 각각의 특성이나 장점에 맞는 인재를 양성하는 것이 좋다는 것이다.

이는 '풍속' 교화의 학으로서 '정학'을 전제로 인재 육성을 위한 다양한 학문의 의의를 기대하는 이중구조이다. 그런 의미에서 번교는 '풍속' 교화의 교육과 전문적 지식이나 기술을 지닌 우수한 관료적 인재 육성의 장으로 간주된다. 이는 이학의 금 체제라고도 할 수 있는 학문과 교육의 이중구조가 간세이기에 형성된 것이다.

더욱이 전국의 많은 번-번교-에서도 막부의 이학의 금 정책을 채용했다. 그것은 단순히 막부 권력에의 추종이 아니라, 실제로 '이학의 금' 정책이 가지고 있었던 유효성이 드러난 것으로 보아야 할 것이다. 막부에 앞서 이학의 금을 실시한 번은 여섯 곳-도사번(1760년), 시바타번新發田藩(1772년), 가고시마번(1773년), 오바마번小浜藩(1774년), 사가번(1781년), 히로시마번(1785년)-이었다. 이는 단순한 막부에의 추종이라 하기 어렵다. 이학의 금 체제는 18세기 후반에 정치와 학문이 교차하는 지점에서 나타난 커다란 흐름이었다.

이러한 논리 아래 막부는 쇼헤이코 개혁에 착수하여 본격적으로 교육 정책을 실시했다. 1790년 '흥학의 의興學の義'를 발표하며 성당 신축을 선언, 1792년에 준공했다. 그 해에 '학문음미學問吟味'를 시작했다. 학문음미란 15세 이상의 막신 자제를 대상으로 한 학술 시험으로서, 이후 원칙적으로 3년마다 실시되어 1868년까지 계속되었다. 그와 함께 시작된 연소자를 대상으로 한 소독음미素読吟味는 매년 시행되었다. 학문음미와 소독음미는 주자학 학습을 확인하고 주자학을 강제하려는 의도가 있었다. 1793년에는 '학규오칙學規五則'과 '직장팔조職掌八條'를 제정하여 학규를 정비했다. 또 같은 해 이와무라번주 마쓰타이라 노리모리松平乘蘊의 3남을 하야시이에의 양자로 삼아 막부의 발언권을 강화시켰다.

1797년에는 하야시가의 주쿠를 수용해 막부 직할의 '학문소'로 바꾸었으며, 나아가 학사 증축과 성당의 재건에 착수하여 1799년에 준공했다. 그 다음 해에는 하타모토旗本[*]·고케닌御家人[†]을 대상으로 학문소에서의 적극적인 학문 장려를 위한 달達를 내렸다. 여기서 주목할 것은 학문소에 '서생료書生寮'를 설치했다는 점이다. 이 서생료에는 막신에 한정하지 않고 전국 여러 번의 호학 무사에게도 입학을 허용했다. 이것은 쇼헤이자카가쿠몬죠가 무사 교육의 중심 '학교'-대학-의 위치를 차지했음을 의미한다. 그 결과 이후 막부의 학문소에서 배운 유학자를 교관으로 채용하는 번교가 늘어났다. 간세이 이후 막말에 걸쳐-19세기- 주자학이 학문과 교육의 중추가 되었고, 막부나 여러 번에서 이루어진 지적인 활동과 공정公定 이데올로기는 대부분이 주자학을 전제로 했다.

막말 주자학과 교육

막말의 학문과 교육적인 지의 체계를 만든 이학의 금 체제가 갖는 의의를 확인해 보자. 첫째, 정치의 시선이 '소학' 교육-아동 교육-으로 향했다. 학교가 갖는 교화 기능에 착목하면서 민중 교육을 공적으로 조직화하는 방향, 즉 정치적인 '공교육' 구상이 나타난 것이다. 다만, 막부에서 '소학' 공교육이 구체적으로 정책화되지는 않았다. 이 논리는 후에 메이지 정부의 근대 공교육 제도를 이루는 하나의 전제가 되었다.

둘째, 학문-유학-이 정치의 정책적 중심을 차지했다. 과거科擧 제도가 없었던 일본에서는 학문이 정치와 관련을 맺는 제도적 근거가 없었으며 그 때문에 교육의 제도적인 보증도 없었다. 이학의 금 정책은 학문과 교육을 정치 안으로 끌어들인 것이다. 비록 제도화가 충분히 실현되지는 않았으나 무사에게 학문이 불가결한 것으로 인식되어 막번 모두 본격적

---

[*] 에도시대 쇼군 직속으로 만석 이하의 녹봉을 받던 무사
[†] 에도시대 쇼군 직속의 하급 무사

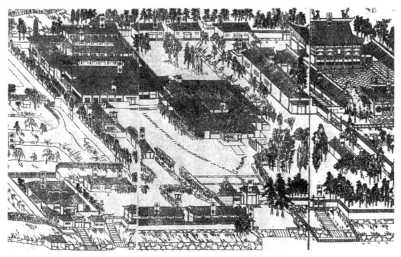

[그림6-3]쇼헤이자카가쿠몬죠 : 1799년 개축 후의 전경. 왼쪽 위는 가쿠몬쇼의 강당과 기숙사. 오른쪽 위는 유시마 성당의 공자를 모시는 대성전大成殿. 막부의 학문소로서 또 전국 무사교육의 중심으로서 위용을 보이고 있다.

으로 무사 교육에 착수하기 시작했다. 이후 유학 학습이 무사와 일부 민중에 널리 보급되는 중요한 계기가 되었다. 1868년까지 241교-1871년까지 포함하면 289교-의 번교가 설립되었는데-즉 대부분의 번에서 번교를 설치했다-, 그 가운데 유학 학습을 요구하지 않는 번교는 거의 없었다. 중국 고대의 고전을 배우는 유학에 직접적인 실용성은 없었다 할지라도 유학은 이른바 인간 형성의 도덕학이었다. 유학이 필수의 '교양'으로 인식되어 18세기말 이후 주로 무사 사회에서 일반화되었던 것이다.

셋째, 기축을 이룬 주자학의 지적 특질이다. 그것은 분명 실천적인 도덕론을 기조로 한 교화의 학이었지만, 또 한편으로는 천지를 일관하는 '리理'의 사상이기도 했다. '격물궁리格物窮理'로 정식화된 치밀한 이론을 가진 '합리'주의이며 또한 주지주의의 사상이라는 일면을 갖추고 있었다. 그 의미에서 주자학 학습은 고도의 지적 훈련이었으며 보편주의에 입각한 사상적 훈련이기도 했다.

넷째, 주자학에 의한 이러한 지적·사상적 훈련은 실용적 지식이나 기술 습득을 가능하게 했을 뿐만 아니라 이질적인 서양 근대의 학술을 주체적으로 이해하는 지적 토양이 되었다. 간세이 이후, 막번 모두 의학·군사학·수학·천문지리의 학 이외에 서양의 학술까지도 적극적으로 도입하려 했는데, 그것은 주자학 정학 체제와 모순된 것은 아니었다.

19세기가 되자 막부는 반쇼와게고요蛮書和解御用*를 설치(1811년)하고 난학자蘭學者를 등용하여 서양학을 흡수하게 했다. 그 난학자의 중심이 오쓰키 겐타쿠大槻玄澤였다. 그는 학문소 유학자였던 고가 도안古賀侗庵-고가 세이리의 아들-과 친밀하여 자신의 아들도 쇼헤이자카가쿠몬죠에 입학시켜 도안을 스승으로 삼아 주자학을 배우게 했다.

또한 양학 연구회인 반샤蛮社 그룹 안에는 쇼헤이자카가쿠몬죠와 깊은 관련을 맺고 있었던 주자학자가 많았다. 즉 서양 근대의 여러 학술을 주자학의 세계관에 기초하여 이해하려 한 지적 집단이었다. 서양 근대의 학문과 기독교에 공감했던 메이지 계몽 사상가인 나카무라 마사나오中村正直도 원래 막부 학문소의 교관이었다. 이렇게 막말의 개명파 지식인의 대다수는 정학화된 주자학을 지적 토양으로 삼았던 것이다.

분명 간세이 이후의 주자학은 질서 규범을 역설하는 도덕적 교설의 성격을 지닌다. 그러나 그러한 이유로 편협한 봉건 이데올로기로 단정해버리는 통설적 이해는 옳지 않다. 유연하고도 합리적인 지적 특질의 측

---

* 1811년 막부는 천문방天文方에 쇼멜의 백과사전을 번역하도록 했다. 천문방은 막부의 직명으로, 주로 천문을 담당하던 기관이었다. 1811년 천문방에 반쇼와게고요를 설치하여 번역 업무를 맡겼다. 번역 업무는 30년 이상이나 계속되어 많은 난학자가 등용되었으며, 다른 책의 번역도 진행되었다. 이후 번역 업무는 반쇼시라베쇼蛮所調所로 인계되어, 에도 막부의 양학 연수 교육의 중심 역할을 했다. 1862년에는 요가쿠시라베쇼洋學調所가 되고 다음 해에는 가이세이쇼開成所로 개칭하였으며, 유신 후에는 가이세이학교開成學校를 거쳐 현재의 도쿄대학으로 이어졌다.

면이 있었던 점에 더욱 주목해야 할 것이다.[16] 서양 근대의 학술이나 사상을 이해하려 한 지적 토양은 주지주의적인 주자학이었다. 막말에 막부가 보유했던 지적 자원이나 군사 기술은 다른 번들을 압도할 정도였다. 이는 유신 이후에 중앙 정부가 구 막부의 관료나 지식인의 지적 자원에 의존하지 않을 수 없었던 사실에서 드러난다. 또 메이로쿠샤明六社* 등에서 보이는 메이지 초기의 양학 계열 계몽적 지식인의 대다수가 구 막부의 반쇼와게고요의 계보를 잇는 가이세이쇼開成所-양학 연구와 교육 기관- 출신자였다는 점도 상기할 필요가 있다. 그들의 지적·사상적 토양이 쇼헤이자카가쿠몬죠의 주자학 안에 존재했다는 점은 분명하다.

덴포기는 외압이 현실적인 위기감으로 몰려오면서 내우-국내의 사회적 질서 혼란 현상-도 훨씬 깊어졌다. 이러한 분위기를 반영해 서양의 학술과 기술을 적극적으로 섭취하려는 조치와 민중 교화의 강화 등이 이루어졌다. 대체적으로 이런 움직임은 모두 간세이 이후의 체제 하에서 이루어졌던 범위를 벗어나지 않았다. 물론 후기 미토학水戶學 등의 존왕양이尊王攘夷 정치 운동이나 교육의 움직임도 격화되었다. 국학이 민중들에게 미친 다양한 사상적 교육적 영향력과 정치적 동원력도 무시할 수는 없다. 그러한 개별적인 동향에도 일정한 의의가 있음은 말할 필요도 없

---

* 메이로쿠샤. 메이지 초기의 대표적 학술 결사단체로 1873년(메이지 6년)에 결성되었다. 메이로쿠샤 결성의 발안자는 모리 아리노리森有禮이며, 니시무라 시게키西村茂樹, 후쿠자와 유키치福沢諭吉, 나카무라 마사나오中村正直, 가토우 히로유키加藤弘之, 쓰다 마미치津田真道, 니시 아마네西周 등 10명이 참가하게 되었다. 이들은 막말 양학 연구의 1세대에 속하며, 대부분이 가이세이쇼에서 근무하였으며, 유신후에는 신정부에 등용되었다. 메이지 6년(1873)에 발족하였기에 메이로쿠샤라 명명했다고 한다. 메이로쿠샤는 월 2회의 정기 모임 개최, 연설이나 토론회 실시, 『메이로쿠잡지』 발행 등을 통해 근대 일본의 계몽 시대를 주도해갔으며, 후의 자유 민권 세대가 메이로쿠샤에서 개최한 연설회를 통해 성장해 갔다. 1875년 신문지조례법의 제정으로 메이로쿠샤의 활동이 서서히 위축되면서 자연 소멸되었다.

다. 그러나 적어도 막부와 번의 수준에서는 기조 자체에 질적 변화는 없었다고 해도 좋다. 이렇게 보면 간세이기의 교육이나 학문에 대한 체제적인 정책은 멀리 근대로 향하는 역사에서 커다란 획기를 이루었다고 볼 수 있다.

＊　　＊　　＊

-칼럼- 에도 시대에도 수험 공부가 있었다

현대 교육에서 늘 문제가 되는 '시험' 문화는 에도 시대에 그 토대가 만들어졌다.

일본의 시험 제도는 고대의 율령 제도 하에서 설치된 대학료-고대의 대학-나 관리 등용 시험에서 그 기원을 찾아 볼 수 있다. 『겐지모노가타리源氏物語』 소녀권少女卷에는 대학료 시험 당일 수험생을 태운 수레로 북적대던 대학료 문 앞의 정경이 묘사되어 있다. 헤이안 시대에 시험이 적지 않은 영향력을 가진 관의 행사가 되었음을 엿볼 수 있다. 그 후 가마쿠라, 무로마치 시대에 율령제나 대학료가 쇠퇴함에 따라 시험다운 시험도 세상 사람들의 기억에서 사라져가면서 에도 시대를 맞았다.

에도 시대에는 번교나 막부의 학문소 등, 무사 계급의 학교를 중심으로 시험 제도가 부활했다. 그 형태나 기능에 따라 크게 분류하면, ① 수업 중에 실시되는 평상 시험, ② 학업 등급을 올릴 때 실시되는 진급 시험, ③ 무사 일반의 학업을 진흥시키기 위한 장려 시험, ④ 관리役職 임용과 직접 결합된 등용 시험 등의 네 가지로 분류할 수 있다. 에도 시대에 일찍이 번교에 시험 제도를 도입한 구마모토번에서는 삼 년에 한 번 실시되는 대시험을 세 번 치러도 성적이 오르지 않는 자는 무사 신분을 박탈하여 평민으로 방출한다는 규정이 있었던 것처럼, 시험과 신분을 연동시키는 제도가 일부 존재했었다.[1] 중국의 과거제도에 대한 정보는 청조에서 실시 정보를 망라한 「흠정과장조례欽定科場條例」가 수입되는 등 일본 유학자들은 적지 않은 정보를 갖고 있었다.[2] 그러나 시험으로 인재를 등용하는 제도에 대한 반대론이 유학자 사이에 적지 않게 보인다. 예를 들어 에도 후기 와카야마번和歌山藩의 유학자였던 엔도 가쿠슈遠藤鶴州-야스미치泰通-는 저서에서 과거의 폐해를 "명 말에 이르러 거상, 부농, 재산이 많은 자는 모두 박학한 학자를 고용하여, 문장의 난이도와 장단점에 따라 사례를 주고 사전에 예비답안을 작성하게 해 그것을 외워 과거 시험장에 가서 그것을 그대로 베껴 쓰는 식으로 과거에 응하며, 뇌물을 주고 진사급제를 요구까지 한다. 심하기 그지없다"(「지학문답志學問答」)[3]라고 극단적으로 비판하고 있다.

④의 등용 시험 제도는 근세 일본에서는 뿌리내리지 못했지만, ③의 학사 장려 시험과 같은 형태는 에도 시대를 통해 가장 많이 보급된 시험이 되었다. 학사 장려형 시험도 형태가 다양했으며 간소한 형식으로는 번주나 그 대리인 가로직家老職들 앞에서 경서의 한 구절을 읽거나 하는 시험이 있었다. 복잡한 형태로는 몇 과목의 시험을 조합하여 며칠에 걸쳐 실시되는 시험도 있었다. 후자의 전형적인 형태로 에도 막부의 학문음미가 있다[4].

학문음미는 1792년에 에도 막부에서 시작된 시험으로 막신 및 그 자제들의 학업을 검사하고 포상을 통해 그들의 면학을 장려하려는 의도를 가진 시험 제도이다. 대체적으로 3년 혹은 5년에 한 번씩 실시되었다. 처음에는 실시하는 측도 시험을 치르는 측도 '시험'에 대한 구체적인 이미지가 없었다. 그 때문에 시험을 실시하는 막부의 유학자나 감독자가 실시 요령을 작성하여 수험자에 대한 설명회-「대담」-를 개최하거나 모범답안을 제시하여 어떠한 시험인가를 주지시킬 필요가 있었다. 나중에는 합격 경험자의 체험담이나 필기시험의 답안 내용 등을 담은 수험 참고서 식의 사본이 편집되었고, 수험을 준비하는 주쿠나 서클의 활

[그림-1] 소독음미도(『古事類苑』) : 소독음미는 쇼헤이자카가쿠몬죠에서 행해진 소년 대상 막부의 학력시험. 오른쪽 방에서 한 사람씩 호출되어 시험을 치른다.

동도 활발해졌다. 이렇게 막말 에도의 무가 사회에서 시험을 둘러싼 노하우나 경험이 축적되고 전파되었던 것이다.[5]

시험의 명목이 비록 장려였다고는 해도 학문음미와 같은 학사 장려형 시험에도 수험 열기가 높았던 이유는 공적인 포상을 받게 되면 이력에 남는 공적을 세우는 것과 동일하게 되어 그 화려한 이력이 이후의 승진에 도움이 된다고 생각했기 때문이다. 막부에서 승진 심사를 할 때 제출하는 이력 서류의 작성 방식과 관련하여, 학문음미급제력學問吟味及第歷을 "순서대로 붉은 글씨로 기입"하라고 지정한 문서가 있다. 유신 후에 구 쇼헤이자카가쿠몬죠 관계자가 남긴 증언에도 "출세에 관계되기 때문이지요. 그곳에 급제하면 경력이 되기 때문입니다", 혹은 "2, 3년 전부터 시험 치르는 것에만 마음을 쏟는 사람이 있었던 것 같아요"라는 내용이 있다.[6] 유리한 취직에 기준을 맞춘 면학의 단계가 성립하면

서 이번에는 그 단계를 목표로 삼
는 면학 활동이 점차로 활발해 졌
다. 쇼헤이자카가쿠몬죠 내에서는
학문음미를 모방한 학력 시험이
실시되었으며 학풍이 비슷한 유
학자나 학문소 출신자의 주쿠나
사택에서 학문음미를 목표로 준
비학습이 이루어졌다.[7]

막부는 간세이 년간의 '이학의
금' 정책에 따라 주자학 정학파를
받드는 '공학公學'의 이념을 내걸
었는데,[8] 시험 제도는 그러한 제
도 아래서 학습 활동을 구체적으
로 추진하는 장치가 되었다. 수험

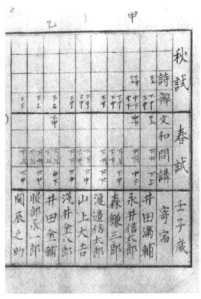

[그림-2] 임자춘추시품평부壬子春秋試品評簿 :
1852년, 쇼헤이자카가쿠몬쇼에서 행한 교내시험 성적부. 기
숙생·통학생 122명분 기록.

준비 학습의 모습가 자세하게 알려진 지역은 현재로는 에도 정도이지만, 에도
막부와 동일한 시험 제도가 막부의 직할영지나 와카야마·가나자와 등 막부와
가까웠던 번에도 전파되었다. 막부의 시험제도가 지방이나 메이지 이후의 학교
혹은 학교 시험에 어떠한 영향을 미쳤는지는 앞으로 밝혀져야 할 연구과제이다.

주

1) 文部省編, 『日本敎育史資料』 第三冊, 富三房, 熊本藩部, 1890年.

2) 內閣文庫編, 『內閣文庫漢籍分類目錄』 改訂版, 國立公文書館內閣文庫, 1971年.

3) 遠藤鶴州泰通, 『志學問答』(『日本經濟叢書』 26卷), 同刊行會, 1915年

4) 武田勘治, 『近世日本學習方法の硏究』, 小學館, 1960年.

5) 橋本昭彦,『江戸幕府試驗制度史の硏究』, 風間書房, 1993年.

6) 東京帝國大學史談會,『旧事諮問錄』, 靑蛙房, 1971年.

7) 橋本昭彦,『江戸幕府試驗制度史の硏究』, 參照.

8) 辻本雅史,『近世敎育思想史の硏究─日本における「公敎育」思想の源流』, 思文閣出版,

   1990年.

쓰지모토 마사시

제7장
입신출세주의와 근대 교육

1. 두 가지 시점에서

문명과 문화

근대 교육의 역사란 국민국가의 형성과 교육적 영위의 관계를 해명하는 작업이라 할 수 있을 것이다. 일단 교육 문제는 근세 봉건사회의 다양하고 중층적인 신분성, 지역성, 문화성을 국민이라는 일원적-중앙적- 가치에 통합하는 방법으로 볼 수 있다. 구미 여러 열강의 압력으로 개국하여 뒤늦게 자본주의 체계에 포함된 메이지 국가의 최우선 과제는 단기간에 서구 제국을 따라잡는 것이었다.

오랜 시간에 걸쳐 형성된 서양 문명은 단기간의 따라잡기라는 과제 하에서 그 문화적 문맥과 단절된 채 일본에 도입된다. 그것은 또한 일본이라는 공간 속에서 오랜 시간에 걸쳐 형성된 문화와 대립, 갈등을 반복하게 된다. 특히 국민이라는 새로운 픽션을 창조하는 교육적 영위 속에서 문명과 문화의 충돌은 끊임없이 반복된다. 문명을 서구의 도시에서 탄생한 합리성, 체계성을 지닌 사상·기술이라고 한다면, 문화는 생활경험을 통해 감각적으로 신체에 스며든 개별적 행동양식이라 할 수 있을 것이다. 일본에서 국민의 창출은 이 서양 문명과 문화의 상극 속에서 복잡하게 전개된다. 따라서 일본의 근대교육사를 개관할 때 첫째 시점은 이 문명과 문화의 상극, 갈등이 될 것이다.

경쟁과 규범

또한 국민국가의 형성은 자본주의 체계를 내실로 하기 때문에 필연적으로 개인이 공동체로부터 독립하게 된다. 이렇게도 말할 수 있을 것이다. 근대화란 개인의 욕망을 해방하고 경쟁을 동기로 삼는 사회를 초래했다. 이 이익추구의 세계에서 어떻게 국민의 규범-공공성-을 형성하는가가 교육의 과제가 되지 않을 수 없었다. 사회의 성립과 그 대중화에 수반하는 개인의 자립 또는 이익추구 세계의 확대와 경쟁이라는 사회적 메커니즘이 팽창하는 현실과 국민국가의 규범 형성에 교육이 어떻게 관련되었는가. 이것이 둘째 시점이 될 것이다. 이러한 두 시점에서 일본의 근대교육사를 개관하고자 한다.

2. '교육'이라는 번역어의 등장

'학제'와 입신출세주의

1871년 7월의 폐번치현廢藩置縣과 함께 메이지 정부는 명실 공히 중앙정부 체제를 갖추게 되었다. 같은 달, 문부성이 설치되어 본격적으로 전국 규모의 학교 제도를 창설·정비하기 위해 활동하기 시작한다. 정부 수뇌가 구상한 교육제도의 기본틀은, 그 비중을 어디에 두는가 하는 차이는 있었지만, 막말기에 사쿠마 쇼잔佐久間象山에 의해 정식화된 '동양도덕 서양예술'(『省諐錄』)에 있었다. 산업혁명을 창출한 근대기술을 도입하면서도 사회질서의 근간인 유교주의를 견지한다는 것이다. 문부성 설치 이

전에 이 이념은 두 가지 학교관으로 전개되었다. 1869년 2월의 부현시정순서府縣施政順序를 통해 '때때로 강담을 하여 시세를 잘 분별하고 충효의 도를 알도록 교유하여 풍속을 순화하는' 것을 목적으로 소학교 설립을 지시했다. 또한 같은 해 교토에서는 64개의 반구미番組소학교*가 발족했다. 후에 후쿠자와 유키치福澤諭吉는 그 '근대성'을 격찬하였지만, 사실은 전통적 자치조직인 마치구미町組를 기초로 정치적 견지에서 "유학을 가르치고 심학으로 사람의 길을 가르쳐 깨닫게 하는 곳"(「小學校建營之儀二付申達書」倉澤剛『學制の研究』)이라는 기능을 목적으로 설립된 것이었다.

한편, 1870년 2월에 정부는 양학을 주요 내용으로 한 대학규칙 및 중소학규칙을 정하여 양학에 기초한 인재양성을 위한 학교제도 구상을 밝혔다. 여기서 외국어학습을 중심으로 한 '고등수준 학교들의 부속소학교'라고 부를 만한 소학교가 구상되었다. 이렇게 폐번치현 이전에는 '동양도덕'을 배우는 코스와 '서양예술'을 배우는 코스가 별도의 학교로 구상되어 있었다. 그러나 정권의 기반이 안정되면서 정권 수뇌의 교육론도 근대화=국가부강을 꾀하는 '서양예술' 섭취로 중점이 이동했다. 이와쿠라 도모미岩倉具視는 1867년의 「제시책濟時策」에서는 서양문명에 대항하기 위해 '어린 아동들에게 오륜의 길을 교유할' 것을 주장했지만 1870년 8월의 「건국책建國策」에서는 국가 부강을 위해 '인지人智의 개진開進'이 필요하다 하여 부번현에 '수백 개의 소학교'를 설립할 것을 건의하게 된다.

문부성의 학교제도 구상은 이 연장선상에서 검토되었다. 1872년 8월에 반포된 「학제」는 전국을 8개 대학구, 256개 중학구, 53,760개 소학

* 반구미 소학교番組小學校은 메이지 유신후인 1869년에 교토 시민들에 의해 당시의 주민 자치조직이었던 반구미番組=町組을 단위로 창설된 64개의 소학교를 지칭한다.

구라는 학구제로 나누어 대학구에는 대학교, 중학구에는 중학교, 소학구에는 소학교를 배치한다는 장대한 계획이었다. 그러나 학교수가 순전히 탁상공론 식의 계획은 아니었다. 중학교 수에 대응하는 것은 근세의 번교藩校이며, 소학교 수에 대응하는 것은 근세의 데나라이주쿠의 숫자이기 때문에 숫자 자체에는 현실성이 있었다. 그러나 「학제」는 '서양예술' 섭취를 전제로 했고 종래의 생활에 입각한 학문·교육관과는 달랐기 때문에 그러한 점에서는 탁상 위의 공론이었다. 교육을 통한 근대사회의 창출이라는, 뒤늦게 출발하여 근대화를 꾀하는 메이지 국가의 피할 수 없는 과제가 대두되면서 바로 그 이유에서 국가 목표에 입각한 획일적 강제가 수반된 것이다.

「학제」의 이념을 설명하는 문서로 태정관포고 214호(「학사장려에 관한 하달學事奬励に關する被仰出書」)을 들 수 있다. 그것은 메이지 정부의 교육 과제는 유교주의라는 도덕주의에 결여되어 있는 '유형의 수리지학數理之學, 무형의 독립지심獨立之心'(『福翁自傳』)을 형성하는 것이어야 한다는 후쿠자와 유키치의 계몽사상과 중첩되는 것이었다. 우선 인생의 과제는 타자에 대한 봉사-부모·주군-에 있지 않고 각자가 풍요로운 생활을 하는 것이며 그를 위해 '지식재예'가 필요하고 그것을 배우는 곳이 학교라는 것이다. 그 교육내용은 근대 기술에 기초한 실학이어야 한다. 결국 개인주의·공리주의·실학주의에 기초한 극히 계몽성이 강한 내용으로 되어 있다. 특히 '학문은 입신의 재본'이라며 입신출세주의를 강조하여 국민과 근대학교를 결합시키려 했다. 또한 학교교육의 수익자는 개인이며 따라서 그 부담은 개인이 져야 한다는 수익자 부담의 논리가 도출되었다. 교육내용은 국가가 통제하면서도 재정 부담은 국민이 지게 하는, 서양 근대의 학교관과는 역전된 교육행정 체계로 출발한 것이다.

더구나 단기간의 근대화라는 과제는 학교제도에 효율성을 요구했다. 「학제」가 구상한 소학교는 등급제 편성을 취했다. 6개월 단위 교육과정에 따른 시험진급제를 취하여 시험에 합격해야만 진급한다. 물론 여기서 학습기간은 의미가 없다. '서양예술'과 관련된 지식과 재예의 학습을 기축으로 한 기능주의적, 능력주의적 교육·학교관을 취했다. 여기서 학교라는 공간이 지닌 집단의 교육력에 대한 착목은 전혀 보이지 않는다. 근세사회에 형성된 신체훈련적·도덕주의적 교육관과는 전혀 다른 학교의 설치를 추진하려는 것이었다.

문부성이 새로운 소학교 설치를 강력히 추진하자 각지에서 알력이 일어났다. 심한 경우는 학교 건물을 불태우거나 교사를 습격하는 일도 있었다. 근대 건축으로서의 학교 건물이나 양장을 한 교사가 지역주민에게는 말 그대로 이해할 수 없는 '서양예술'의 침입을 상징하는 것으로 간주되어 기존의 안정적 질서가 붕괴하지 않을까 하는 불안 때문에 일어난 일들이다. 그들이 학교와 교육을 일방적으로 거부한 것은 아니다. 일상적인 공간과는 너무나 이질적인 학교를 강제하고 재정을 부담지으면서도 교육내용을 통제하는 것에 대한 반발이었다. 다른 한편 적극적으로 「학제」를 받아들여 '근대'의 상징인 서양식 건축의 소학교를 거액의 자금을 모아 세운 지역도 있었다. 후자는 양잠·차재배 등 수출상품의 생산지역이 많고 개인의 재능이 인정되고 지주층을 중심으로 근대산업 발전이 전망되는 지역이었다. 그 곳에서는 '학교는 입신하는 재산과 자본'이라는 슬로건이 비교적 순조롭게 이해되었다고 할 수 있다.

그런데 이 「학제」의 반포·진행을 냉담하게 바라 본 문부성 수뇌가 있었다. 당시 이와쿠라사절단岩倉使節團의 문부담당 이사관으로 서구의 교육제도를 조사·시찰 중이던 다나카 후지마로田中不二磨 그리고 그를 동지로 신뢰한 기도 다카요시木戸孝允였다. 본디 그들의 조사 결과를 바탕으로 전면적인 학교제도가 구상되어야 함에도 불구하고 그들이 부재한 상황에서 정부가 「학제」를 반포한 과정 자체부터가 불만이었다. 특히 그들의 불만은 그것이 개화주의 일변도이며 서구 교육제도에 대한 이해가 일면적이라는 점이었다. 의무교육제도를 반드시 국가가 일방적으로 강제하는 식으로 보급해서는 안 된다는 점을 유의하지 않았다는 것, 또한 '서양예술'과 '동양도덕'을 어떻게 정합적으로 구성할 것인가 하는 시점을 놓치고 있다는 점에 대한 불만이었다.

'교육'과 교학의 상극

교육이 Education의 번역어로 확립된 것은 1878년이다. 미쓰쿠리 린쇼箕作麟祥가 체임버스의 『백과사전』의 한 항목인 EDUCATION을 1873년에는 교도설로 번역했지만 78년에는 교육론으로 고쳤다. 물론 교육이란 한자는 『맹자』에 처음 나오며 일본 근세사회에서 용례가 없지 않았고 메이지기에 행정용어로 등장하지 않은 것도 아니다. 1868년 12월 기도 다카요시의 「보통교육에 관한 의견서」에는 "전국에 학교를 부흥하여 크게 교육을 행하는 것이 오늘날 일대 급무임을 아룁니다"라고 되어 있다. 세계 열강과 대치하는 국력을 형성하려면 일반 인민의 지식 진보를 꾀하기 위해 학교를 세울 필요가 있으며 일반 국민의 지식 향상을 영위하는 것이 교육이라고 표현한다. 1871년 이와쿠라사절단의 파견 이유의 하나는 '각국 교육 제 규칙, 즉 국민교육방법'을 조사한다는 것이었고, 그것을 받아들인 다나카 후지마로의 상신서도 '교육법을 두어 인심 고유의 좋은 능력을 발달시킨다'고 하여 교육이란 용어를 사용한다. 행정 수준에서 국민의 지식 향상의 영위, 그 장소로서의 학교제도의 구상과 관련하여 결국 새로운 국민을 형성한다는 의미로 교육이란 말이 사용된 것이다.

그러나 국민에 대해 직접 「학제」의 근대교육이념을 설명하는 문서인 1872년의 태정관포고 214호에 교육이라는 말은 등장하지 않는다. 그에 대응하는 말은 '배우지 않으면 안 된다'고 할 때의 '학學'이었다. 국민 일반의 사회의식에서 교육이란 용어는 존재하지 않았지만, '학'이나 '습習'의 의식은 있었기 때문이라고 할 수 있다. 행정 수준에서 국민의 지적 수준을 향상시키는 영위를 교육이라 칭하는 세계와 민중 차원에서 '학'이나 '습'의 세계라는 이중의 구조가 존재했으며, '학'을 강조한 것은 「학제」가 개인의 입신을 전면에 내세운 것과 관련되어 있었다. 서구 문화의 번역 사업에서 선두를 달리며 학제 조사 업무를 담당한 미쓰쿠리 린쇼가 Education을 당초 '교도教導'로 번역한 것은 학교라는 장이 교사를 중심으로 개인의 지육을 중시하는 곳이라고 이해했기 때문일 것이다. 그렇기 때문에 태정관포고 214호는 취학하는 아동 쪽에 서서 '교'에 대응하여 '학'을 표방할 수밖에 없었던 것이다.

1878년에 교도에서 교육으로 바뀐 것은 다나카 후지마로가 「학제」 정책을 전면적으로 전환하기 시작한 시점과 겹친다. 다나카는 같은 해 5월에 소학교칙을 폐지하고 학교별 교칙제정권을 인정했다. 교육행정 체계를 국가에 의한 획일적 통제책에서 지역주민의 자발성 중시 쪽으로 바꾼 것이다. 그리고 같은 해에 「학제」를 대신하는 교육법령으로서 일본교육령을 입안한다. 거기서 교육은 '인민의 재식才識과 덕행'의 진전을 꾀하는 것으로 규정되었다. 개인의 '학'이나 '습'에서 출발하여 학교는 국민으로서의 재식·덕행 교육, 국민교육의 장으로 규정된 것이다. 1879년 교육령 제정은 국민의 지적·도덕적 수준을 향상하기 위한 교육, 즉 그에 필요한 내용을 국민에게 명시한다는 의미였다.

그 때문에 후에 후쿠자와 유키치는 1889년에 "즉 학교는 사람에게 사물을 가르치는 곳이 아니라 다만 그 천부적 자질의 발달을 방해하지 않고 이를 능히 발육하기 위한 수단이다. 교육이라는 글자는 매우 온당치 않으며 오히려 이를 발육으로 불러야 한다"(「文明敎育論」『福澤諭吉敎育論集』)고 말했다. '敎敎'가 아니라 '發發'이어야 한다는 것이다. 어쨌든 교육이란 말은 메이지 정권에 의해 일반 인민의 지식 재예의 향상을 통한 국가 부강의 방도로 「학제」 이전에 등장하여 1878년 무렵에 정착했다고 할 수 있다. 그것은 또한 기도·다나카 계열이 '동양도덕 서양예술'을 국가의 복지는 인민의 재식과 덕행=애국심에 있다는 식으로 구체화시킨 시기와 일치했다.

이 교육론이 국민으로서의 교육, 애국심으로서의 덕성을 내용으로 했기 때문에 '동양도덕'을 유교주의에 기반한 개인의 덕의 완성과 그 집합체로서의 국가로 보았던 천황측근파는 강하게 반발한다. 모토다 나가자네元田永孚가 쓴 「교학성지敎學聖旨」는 인의충효를 어릴 때에 감각적으로 가르치는 것이 교육의 기본이며 지식재예의 교육은 그 후에 해야 한다고 주장했다. 이른바 본말시정론本末是正論의 주장이다. 인간형성의 내용·방법을 교학이라는 말로 제시하고 있다. 이에 대한 정권 측의 반론은 이노우에 고와시井上毅가 기초하였는데, 「교육의敎育議」라 이름을 붙였다. 1879년의 교학과 교육 간의 논쟁은 각자가 그리는 인간형성의 내용·방법, 말하자면 근대의 논리와 근세적 전통 논리의 정면 대결을 의미하는 것이었다.

첫째 논점은 정치와 교육의 관계에 대한 것이었다. 모토다 나가자네는 자유민권운동 등의 사회질서 혼란은 교육이라는 계몽 정책 때문이며 인의충효의 교학으로 고쳐야 한다고 주장한다. 이에 대응하여 이노우에 고와시는 이는 유신의 변혁-개국, 사민평등, 언론의 자유-에 수반된 일시적 혼란일 뿐 교육의 책임으로 돌려서는 안 된다고 주장한다. 이노우에는 교육이 사회질서 형성에 간접적인 약효밖에는 없다고 보는데 반해, 모토다는 사회질서가 교학과 함께 존재한다고 말하는 것이다. 둘째 논점은 교육의 중립성이라는 근대국가의 근간에 관한 것이었다. 이노우에는 인의충효를 국교로 삼는 것은 정부가 국민의 내면에 간섭하는 것이며 근대 국가에서는 허용될 수 없다고 말한다. 그러나 모토다는 이러한 덕목은 천황 개인의 도덕성의 표출이며 역사적, 자연적인 것으로 형성되어 온 것이므로 권력에 의한 강제는 아니라고 반론한다.

근대국가·국민의 창출을 의도하는 교육은 입신이라는 사익을 유인책으로 하여 전개된다. 일찍이 이 시기부터 입신출세주의 이념이 구 사족층을 중심으로 사회적으로 작동하기 시작했다. 1877~79년의 소년-청년-잡지 『영재신지穎才新誌』의 게재 작문 1,550개 중 15.5%에 달하는 240개가 입신출세에 관한 작문이었다. 학교를 매개로 한 입신에 대한 열기가 고양되기 시작했다. 이 사익추구의 경쟁을 수반한 '서양예술'을 중시하는 교육과 천황의 신민으로서의 개인의 도덕성을 우선하고 사익추구와 경쟁을 억제하는 교학의 대립은 '동양도덕 서양예술'을 어떤 내용·방법·제도로 구상하는가의 대립이자 이후 일본 근대교육이 지속적으로 직면하는 과제이기도 했다.

3. 근대교육 수용의 다양성

다나카 후지마로와 민중의 자발성

1872년 반포된 「학제」는 근대 학교제도의 출발점이었지만 75년에 궤도를 대폭 수정한다. 그것을 주도한 사람은 1873년에 서구 교육시찰을 마치고 귀국한 다나카 후지마로였다. 근대화의 총체적 계획을 그리기 위해 서구 열강을 실지 조사하고 귀국한 사절단 단원들은 각각의 과제에 대응하여 관료 기구 속에서 중요한 역할을 담당한다. 약관 27세에 문부담당이사관에 발탁된 다나카는 귀국 후인 1873년 11월에 문부소보文部少輔로, 다음 해 9월에는 문부대보文部大輔로 승진하였고 1880년 사법경司法卿이 되기까지 실질적으로 문부성의 책임자 자리에 있었다. 문부담당이사관으로서 축적한 학식이 그러한 지위를 차지하는 기반이 된 것이다. 내용·방법이나 개별 학교와 관련된 서구의 정보 섭취는 다면적으로 이루어졌지만 국민교육의 구도를 총체적으로 이해하는데 있어 그는 제일인자의 지위에 있었다. 그가 그린 방대한 구상의 특징은 다음과 같았다.

시찰 후 그가 내린 교육행정의 요체의 결론은 "학법學法을 설치한 뜻을 엄격히 강제하기보다는 오히려 관대하게 각자를 분기시켜야 한다"(『理事功程』)는 것이다. 당초 미국의 연방제나 각 주의 자치를 인정하는 교육법에 당황한 다나카는 조사를 진행하면서 서구의 국민교육제도가 반드시 국가의 일방적 주도로 전개되지는 않는다는 점에 유의했고 또한 주민의 자발성에 기초하여 행정이 이루어진다는 점에 착목하게 된다. 특히 세계의 공장으로 번영을 자랑하는 영국에서 의무교육법제가 정비된 것이 그들이 시찰하기 직전인 1870년에 불과했다는 데 주목한다. 국가는 국민교육에 관한 대강을 정하고 그 세부의 운용은 주민·교원의 자치에 맡기는 것이 교육보급의 핵심임을 파악한 것이다. 교육령에서는 소학교의 유지 운영을 담당하는 학무위원은 선거에 의하도록 되어 있었다.

둘째로는 국민교육의 과제를 「학제」처럼 개인의 입신복지에서 구하는 것이 아니라 '국가의 복지'에 둔다는 점이었다. 덕육을 수반하지 않는 문명개화가 지닌 위험성을 경계해 덕육과 지육을 국민교육의 내용으로 삼았다. 지육에 의한 개인의 자립·해방이 입신출세라는 사익으로 직결되는 근대교육의 위험성을 어떻게 억제하고 국민의 공공의식을 어떻게 형성할 것인가 하는 문제였다. 이 공과 사의 관계성 또는 '동양도덕 서양예술'의 통일성과 관련하여 니지마 조新島襄로부터 강한 영향을 받는다. 미국에서의 조사를 도운 유학생이었던 니지마는 각지의 조사에 동행하며 미국 사회에서 기독교와 교회가 담당한 역할을 역설했다. 학교의 지육과 교회 가정의 덕육의 균형의 묘를 다나카는 이해했다. 덕육을 수반하지 않는 지육의 위험성을 어떻게 막을 것인가가 그의 시찰의 과제가 되었다. 유럽에서 조사를 거듭하면서 애국주의로서의 덕육을 역사·국어·지리를 매개로 교육하는 방법을 배운다. 덕육의 기본은 가정에 두되 학교의 덕육 내용은 애국심의 교육으로 한정한다. 그 때문에 모토다 등 교학파는 다나카가 주도하는 교육령에 격렬히 반발하게 되었다.

셋째는 교육내용·방법과 관련하여 교원의 전문성을 중시한 것이다. 매일매일 학교에서 교원의 실천을 통해 방법·내용의 개선이 이루어진다는 점에 착목했다. 미국이나 프러시아의 교원집회, 스위스의 교원을 구성원으로 한 교육회의 등에 주목했다. 후쿠자와 등 계몽주의자가 '명분'과 관련된 윤리로서 주장한 '직분職分'으로서의 전문성에 다나카도 신뢰를 갖게 된다. 교육령에서는 삭제되었지만 원안인 일본교육령안에서는 교육의회의 설치가 포함되어 있었다.

이러한 관점을 취한 다나카는 「학제」의 이념과 그것이 초래한 현실을 인정하기 어려웠다. 우선 착수한 것은 「학제」의 비현실성, 획일성을 민간의 정서에 입각하여 수정하는 것이었다. 1875년, 사립소학교 설치의 자유화를 꾀하여 이후에는 거의 신청하는 대로 지방당국이 승인하도록 지시한다. 소학교칙에 입각한 공립소학교중심주의를 수정한 것이다. 다음으로 1878년 5월에는 「학제」 시행상의 세칙인 소학교칙을 폐지하고 각 학교에 교칙편성권을 위임한다. 주민의 자치와 교사의 전문성에 의거하여 중앙집권적 교육행정을 대담하게 수정한 것이다. 이 교칙 폐지에서 다나카의 사법경 전출(1880년 2월)에 이르기까지 각 학교의 교칙편성권에 기반하여 각지에서 다양한 교칙 만들기가 전개된다. 교육령 공포 전에는 부현이 모범교칙을 작성하고 각 학교는 그것에 준거하는 것이 일반적이었고, 아오모리·아키타·나가노·아이치·미에·효고·오사카·와카야마·구마모토 등에서는 부현 단위의 학사회에서 모범교칙을 심의했다. 특히 나가노와 미에에서는 자유민권운동이 확산되어 학사회는 교원만을 구성원으로 했다. 교육령 공포 후에는 각 학교의 자주성에 위임하는 부현이 다수를 점하게 되어 각 지역, 학교에서의 교칙 편성이 일반적으로 행해졌다.

이러한 「학제」의 수정을 바탕으로 다시금 미국의 교육법을 조사한 후 교육령의 원안이 되는 일본교육령을 정하게 된다. 「학제」를 일본교육령으로 대치한 점에서 다나카의 의욕을 엿볼 수 있다. 원로원元老院에서 심의할 때 보수·교학파의 비판은 우선 「학제」의 개정이 아닌 새로운 교육령이라는 점에 집중되었다. 그것은 이 법령 개정의 정곡을 찌른 비판이었다. 「학제」가 개인의 입신복지를 기본으로 하며 국민 교육을 규정하지 않았다는 점을 비판하며 다나카가 교육령을 작성했기 때문이다. 개인의 도덕성 완성이라는 유교주의에 기반한 보수·교학파는 국민교육으로서의 교육령에 강한 불만을 가졌다. 「학제」의 개인의 복지 추구는 그 수정으로서의 덕육 중시를 통해 보완될 수 있다고 생각했기 때문이다.

천황 측근인 모토다 나가자네 등 교학파가 「교학성지」를 통해 인의충효의 덕육을 주장하며 교육령에 반대한 이유는 국민교육이라는 근대적 틀이 지닌 계약성, 기능적인 애국주의 교육에 대한 불만 때문이었다. 교육령은 모토다 등의 교학론이 자연성·역사성에 기반하여 천황에 대한 충으로서의 애국심을 역설하는 것과는 대립되는 것이었다. 교육이념·내용과 관련된 천황측근파의 저항에 직면하여 다나카안은 타협적인 교육령으로 수정되었다. 여기에는 자유민권운동에 부득이하게 양보할 수밖에 없었던 이토 히로부미伊藤博文의 판단도 작용했다. 수정된 교육령에서는 덕행의 내용이 분명치 않았고 자유화만이 규정되었다. 교육령 공포에 수반하여 공립소학교는 쇠퇴하고 사립소학교가 융성을 맞이한다. 민도에 대응한 학교로서 시설이 불충분한 사립소학교에서 출발해 점진적으로 수준을 높이는 점진주의를 취한 다나카는 그 현실을 그다지 우려하지 않았지만, 공립소학교 설치를 추진해 온 지방장관들에게는 불만스러운 사태였다. 다나카는 1880년에 사법경으로 전출하며 문부 행정을 벗어났고 이후 이 교육령에는 이른바 '자유교육령'이라는 실정의 낙인이 찍히게 된다. 국민교육의 도입, '민심을 학법學法'으로 삼는 주민·교원의 자치와 점진주의를 취한 다나카 문정에 대해 이러한 평가가 정착한 것은 역으로 일본의 근대교육의 왜곡을 보여준다고 할 수 있다.

모리 아리노리와 공리주의 교육 비판

교육령은 1880년과 85년에 두 차례 개정된다. 1880년 개정은 자유화

정책을 수정한 것이고 85년 개정은 지방재정의 악화에 대응하는 것이었다. 둘 다 부분적 개정이었다. 전면적 개혁은 모리 아리노리森有禮가 등장하면서 이루어졌다. 모리는 다나카가 의도한 국민교육을 엄밀히 구성하여 각 학교 종별로 교육목표를 명확하게 만들었다. 교육령을 대신하여 1886년에 소학교령·중학교령·제국대학령·사범학교령을 공포한다. 다나카의 시대와 모리의 시대는 결정적으로 달랐다. 1881년의 정변을 거쳐 프러시아형 입헌국가 구상이 기본노선으로 확고해지자 일본형 입헌국가의 국민교육을 구상하는 모리는 이토에 의해 초대 문상으로 발탁된다. 모리의 국민교육 구상은 서구 모델을 뛰어넘어 독자적인 근대 사회 수용에 근거한 것이었다. 그 점에서 국가 구상에서는 이토와 대립하기도 했다. 그는 '동양도덕 서양예술'이라는 과제를 어떻게 해결했을까.

모리가 문부대신으로 등용될 때 모토다 나가자네는 그가 기독교도라며 강경하게 반대한다. 모리를 비판하는 사람들은 항상 이러한 의심을 제기했다. 1889년 2월 11일에 그가 암살된 것도 이러한 불신과 불안이 계기가 되었음은 부정할 수 없다. 막말기인 1865년 사쓰마번薩摩藩 유학생으로 비밀리에 런던으로 출국한 모리는 정치학에 대한 관심이 강했고 마침내 영국에서 보호자였던 올리펀트의 안내로 미국에 있던 해리스의 교단에 참가하게 된다. 해리스의 콜로니에서 기도와 노동과 일본의 문명화 준비의 나날을 보낸 후 1868년, 메이지 신정부에 참가하기 위해 귀국한다. 귀국 직후 교토에서 다른 사람들을 물리치고 밤을 새워 요코이 쇼난橫井小楠과 해리스 교단에서의 생활에 관해 이야기한 적이 있었는데 모토다의 반발은 쇼난에게 들은 이야기를 근거로 한 것이다.

모리는 스웨덴 보르그파라는 청렴하고 금욕적인 기독교 일파를 통해 서양문명·사회를 이해했고 그것이 그의 독자적인 국가·사회론과 결합된다. 개인을 단위로 한 경쟁을 기본 속성으로 하는 근대사회는 모리에 따르면 두 가지 냉각장치를 갖고 있다.

자연적 차이 또는 사회적 차이 하에서의 경쟁은 불평등하며 그것을 시정하기 위해 법률을 통해 정의를 집행한다. 그 입법을 위해 직접대의제를 통해 의회가 설치된다. 또한 도덕 수준에서 기독교의 박애주의가 경쟁의 가열을 억제한다고 모리는 이해했다. 그러나 현실 서구 사회에서 이 두 장치가 반드시 효과적으로 기능하지는 않는다는 점에도 주목했다. 의회에서 다수의 형성이 반드시 정의의 실현을 이루지는 않는다는 것, 즉 다수파는 개별 이익의 축적으로 형성된다는 영국의회제도의 실상을 인식한 것이다. 또 현실 기독교의 박애주의에 실망했다. 그 때문에 개인의 윤리로서의 박애주의를 추구하여 해리스의 교단에 참가한다. 동시에 모리는 사쓰마 번사로서 '공公'을 항상 의식했다. 서구 열강이 경쟁하는 현실 속에서 국가의 독립과 식민지화 문제에 초점을 맞추게 되었다는 뜻이다.

근대사회의 개인주의·공리주의적 경쟁이 초래하는 폐해를 어떻게 지양하고 박애의 정신과 국가의식을 어떻게 형성하는가가 모리의 교육과제였다. 그의 교육사상이 지닌 특질은 그것이 서구 모델의 추종이 아니라 그것을 초월하여 과제를 설정했다는 점이다. 사회는 능력이 서로 다른 인간에 의해 구성된다. 그 때문에 공정한 법의 집행을 통해 평등이 실현되어야 한다. 그리고 그 법의 제정과 집행은 그 전문성을 갖춘 개인에게 맡겨야 한다. 그는 직접대의제가 아니라 간접대의제를 주장했다. 다수의 원리가 아니라 전문성에 기반한 윤리를 통해서만 개인주의·공리주의적 폐해를 지양할 수 있다고 생각했기 때문이다. 그렇다면 국민은 그 능력에 따라야 한다. 그 분제(지위나 신분)에 따라 능력을 형성하는 장으로 학교제도의 종별 목적을 명확히 하는 것을 과제로 하여 1886년에 여러 학교령이 제정된 것이다.

대일본제국헌법 제정을 심의할 때 이토 히로부미와 격렬하게 대립한 것도 이 '분제'론과 관련해서였다. 이토는 법이란 당연히 신민의 권리를 규정하는 것으로 보고 신민의 권리의무에 관한 조문이 필요하다고 주장했다. 그런데 모리는 신민은 '분제'만 있으면 되고 자연법에 속하는 권리를 정할 필요는 없다고 주장했다. 대립적인 모토다와 일치하는 듯한 논의를 전개한 것이다. 국민은 국가의 구성원으로서 그 능력에 부응하는 책무를 질 뿐이라 하여 권리와 의무라는 근대법의 틀과는 다른 국가론을 제시했다. 다만 그것은 모토다 등 유교주의자의 도덕주의적 교학론과는 달리 가치중립적인 기능주의적 교육론으로 전개된다. 따라서 '분제'에 기초한 기능주의적 교육론은 애국심의 담보를 필요로 한다.

이 과제에 부응할 수 있는 제안이 1887년의 「각의안閣議案」으로 제시된다. 국가의 독립은 애국심의 강약과 관련되기 때문에 교육의 '목표準的'-과제-는 '애국심의 배양'이어야 한다. 서구에는 애국심 교육의 '바탕素'이 되는 역사가 있어 역사교육을 통해 그것이 가능하다. 그러나 일본의 역사에서는 과거에는 무사가 정치를 전단專斷했고 메이지유신도 사쓰마와 조슈長州를 중심으로 한 일부의 운동에 지나지 않아 국민이 국정에 참가한 역사가 없다. 다나카 후지마로처럼 역사·국어교육을 통한 애국심 형성이라는 일반론으로는 대응하기 어렵다고 모리는 보았다. 그래서 모리가 끌어낸 결론은 '둘도 없는 자본이자 지대한 보원寶源'으로서의 천황제에 대한 착목이었다. 천황이라는 상징을 매개로 국가의식을 형성한다는 방법이었다. 이 또한 모토다 등의 교학론과 표면적으로는 유사하지만 인격적·도덕적 복종이 아니라 어디까지나 국가의 상징으로서 천황에 착목한 것이므로 그들의 논리와는 달랐다.

후에 모리는 그 상징을 활용하는 방법으로 '신체의 능력'에 착목하여 집단주의적 훈련의 도야성을 적극적으로 평가한다. 모리는 1886년 9월 오키나와사범학교에 어진영御眞影-메이지 천황과 황후의 사진-을 하사하는 것을 시작으로 도부현립사범학교·심상중학교에 하사하게 했고, 기원절紀元節·천장절天長節*에는 어진영 배례를 중심으로 한 축하의식을 추진했다. 천황 축하를 위해 '천황폐하만세' 의례를 적극적으로 도입한 인물도 모리 아리노리였다. 그것은 신에 대한 무조건적 봉사를 기도하는 기독교의식에서 배운 것이라고 지적되어 왔다. 이러한 집단주의적 훈련과 관련하여 모리는 특히 사범교육 교원양성을 중시했다. 국민교육의 성패는 최종적으로는 교원의 질에 달려 있다고 생각해 사범교육의 목표를 순량順良·신애信愛·위중威重 등 세 기질에 두었다. 그 기질 형성과 관련해 병식체조, 기숙사에서의 집단생활을 도입했다. 또한 국가의 교원임을 담보하기 위해 급비제給費制†을 도입했다.

그러나 모리의 비극은 그의 기능주의적 교육론이 일본사회의 질서의식에 의해 환골탈태되었다는 점이다. 순량-모리의 당초의 표현으로는 종순從順-은 본래는 교육-교직-의 전문성에 기초한 윤리에 대한 복종을 의도한 것임에도 불구하고 현실적으로는 상명하달의 논리로만 기능하게 된다. 또는 급비제도 자부심만이 아니라 중학교와의 차이와 격차의식을 낳게 된다. 기숙사에서의 집단생활도 개인의 자립이 아니라 상하의 복종관계를 낳게 된다. 말하자면 국민교육이라는 교육의 작위성을 국민의 기

---

* 기원절은 일본 초대 천황은 진무천황 즉위일(2월 11일), 천장절은 현 천황의 탄생일을 말하며 축일로 지정되었다. 기원절은 2차대전 후에 폐지되었으나 1966년 '건국기념일'로 부활했으며, 천장절은 2차대전 후 '천황탄생일'로 개칭되었다.
† 학비 및 기본적인 의식주 비용을 학생에게 지급하는 제도

능-분제- 형성에서 찾은 모리는 일본의 전통적 교학론이 지닌 '자연의 교' '자연의 학'이 지배하는 사회의식과 그에 기반한 질서의식이라는 장벽과 고투하지 않을 수 없었던 것이다.

특히 집단주의적 훈련을 중시한 그의 기능주의적 교육론은 사이비집단주의적 훈련방법으로 구체화된다. 1890년의 교육칙어 제정에 수반하여 각 학교에 칙어 등본이 하부되었다. 그 전해인 89년 말에는 어진영이 '모범이 될 만한 우등한'(文部省總務局長通牒) 고등소학교에도 하사되었다. 1891년 4월에는 문부성은 소학교설비준칙-11월 개정되어 문부성훈령으로 봉호奉護규정이 독립한다-을 정하여 어진영·교육칙어의 '봉치奉置' -관리- 방법을 구체적으로 지시했다. 같은 해 6월에는 「소학교축일대제일의식규정」에 의해 어진영과 교육칙어를 장치로 한 의례 양식이 정해졌다. 비록 모리 사후이기는 하지만 이런 과정을 통해 집단주의적 훈련은 어진영·교육칙어의 신성화와 의식에 의한 천황제 이데올로기 형성 방법이 되었다. 1896년 6월에는 산리쿠三陸 쓰나미에 휩쓸린 학교에서 어진영을 봉호하려다 이와테현岩手縣 시모헤이군下閉伊郡 하코자키箱崎심상소학교 교원 도치우치 다이키치栃內泰吉가 순직하는 사건이 발생했다. 어진영은 교원의 생명을 바쳐서까지 봉호해야 할 신성성을 갖게 된 것이다. 이후 패전까지 어진영이나 교육칙어의 봉호 때문에 순직한 교원은 30명에 달했다.

국민교육이라는 작위성과 자연의 교학이라는 전통의식을 어떻게 통합하는가가 모리의 뒤를 이은 이노우에 고와시에게 맡겨진 문제였다.

−칼럼− '어진영'의 복사대금은 얼마였을까

'어진영'이란 천황·황후의 공식 초상사진이며 교육계에서 관행적으로 사용된 용어이다. 궁내성의 공식명칭은 '어사진御寫眞'이었다. '어진영'을 국가의식 형성의 도구로 학교교육의 장에서 적극적으로 활용하려 한 인물은 초대 문부대신 모리 아리노리였다. 그는 국민교육의 과제를 국가의식의 배양에 두고 그 수단으로서 천황의 존재를 최대한 활용했다. 1886년 오키나와사범학교에 대한 '하사'를 시작으로 이듬해에 걸쳐 모든 공립심상중학교·심상사범학교에 '하사'하게 된다. 1888년 이후 '하사'된 메이지 천황과 황후의 '어진영'([그림-1])은 이탈리아인 어용화가 기요소네Chiossone, Edoardo가 그린 초상화를 궁정사진사 마루키 리요丸木利陽가 촬영한 것이며 천황을 직접 촬영한 것이 아니라 이상적인 명군의 이미지로 그린 것을 촬영한 것이다.

초상사진의 활용을 통해 천황과 국민을 접근시키는 방법은 메이지 전반기의 '지방순행'을 통해 천황의 권위를 창출하는 방법을 대신해 입헌체제에 대응한 '근대'적 방법으로 자리 잡았다. 그러나 대일본제국헌법이 만세일계를 근거로 천황의 절대성을 전제로 삼는 한 그 제약을 받게 된다. 유럽의 왕실처럼 그 초상이 화폐나 우표 등에 사용된 것이 아니라 궁내성의 엄밀한 관리 하에서 천황의 절대성과 신비성을 창출하는 장치가 된 것이다. '어진영'에 동반하는 장치였던 교육칙어등본이 일률적으로 '하사'된 데 비하여 '어진영'의 '하사'는 언제나 '신민'으로부터의 청원에 기반한 엄밀한 수속을 필요로 했다.

1891년 6월의 소학교축일대제일의식규정에 의해 '어진영'에의 경례, 교육칙어봉독, 교장훈화, 축제일 합창이라는 학교의식의 양식이 정해짐으로써 '어진영'이 소학교에 일률적으로 보급될 수 있었다. 이미 1889년에는 고등소학교에는 '모범적'이라는 조건을 달아 '하사'가 인정되었다. 이 학교의식의 일반화와 그에 수반하는 '신민' 의식 형성에 '어진영'은 불가결한 장치가 되어 문부성은 그 '하사'를 필요로 하게 된 것이다. 그러나 '어진영'의 신비성과 권위의 확보도 양보할 수 없는 조건이었다. 그래서 등장한 것이 복사본 '어진영'이다.

이미 1890년 8월, 문부성은 고등소학교만이 아니라 시정촌립소학교·유치원에도 '충군애국의 기개를 함양'하기 위해 '하사'해줄 것을 궁내성에 요청했다. 이에 대해 궁내성은 "지금 공립 각 소학교 일반에 하사하기는 어렵지만 (중략) 학교 비용으로 인근 학교에 하사된 어진영을 복사하여 받들어 내거는—봉게奉揭 — 것은 무방하다"(宮內廳書陵部 『御寫眞錄』)고 회답한다. 이를 받아들여 문부성은 1892년에 지방장관의 허가를 받은 복사 '어진영' 및 '초상화' 봉게를 인정한다.

이 1890년부터 92년에 걸친 문부성과 궁내성의 '어진영' '하사'를 둘러싼 절충은 천황의 권위를 활용한 충군애국정신의 함양인가 아니면 천황의 성스러운 권위 유지인가를 둘러싼 확대와 억제의 충돌이라고도 할 수 있다. 그 타협의 산물이 복사 '어진영'이었다. 시정촌립심상소학교와 유치원에 대한 '어진영'의 '하사' 청원이 인정된 것은 1916년 9월 이후부터이다. 1918년에는 사립소학교의 청원이 인정되어 모든 학교에 '어진영'이 '하사'되었다. 제1차 세계대전 이후 사회의 대중화에 천황제도 적극적으로 대응하지 않을 수 없었기 때문이다.

한정된 '하사'와 함께 봉호규정의 엄격성이 '어진영'의 권위를 창출하게 된다. 문부성은 1891년 11월에 훈령 제4호로 '어진영'과 교육칙어등본의 보관은 '매우 존중하여 봉치'하라고 지시했다. 이 훈령에 근거하여 각 부현은 상세한 봉호규칙을 작성한다. 사이타마현埼玉縣은 1896년에 「어영 및 칙어등본수호규정」을 정한다. ① 어영은 봉치함에 보관하고 자물쇠로 잠글 것, ② 어영·칙어등본 수호를 위해 당직과 숙직 직원을 둘 것, ③ 봉치함의 개폐는 정촌장 입회 하에 교장 또는 수석훈도가 할 것 등 극히 엄격한 규정이었다. 그러나 이미 1892년 10월에

[그림-1] '어진영'(메이지 천황과 황후)

현 내의 몇몇 소학교에 복사 '어진영'이 '하사'되어 있었고, 이 규정이 정해지기까지는 그렇게까지 엄밀하게 봉호가 이루어진 것은 아니었다. 1893년 문부성총무국장통첩에서 "어진영 및 칙어등본 봉치에 관해서는 24년 문부성 훈령 제4호의 발령이 있어 단속에 관해 통첩했음에도 불구하고, 어진영을 갖고 있는 곳 중에는 최근 어영 또는 칙어등본을 분실하거나 또는 어영을 학교 밖으로 옮겨 봉치하는 등의 학교가 있다"며 조심스럽게 보관하지 않는다고 지적할 정도였다. 아마도 이는 복사 '어진영'의 보관에 관한 지적일 것이다.

고등소학교에 대한 궁내성의 직접 '하사' 수속은 엄격해, ① 현의 내무부장이 군장에게 상신한 학교에 관해 조회하고, ② 군장이 지사에게 상신하며, ③ 지사가 문부대신에게 신고하고, ④ 문부성 인사과장이 지사에게 '하사' 통첩을 내리는 과정을 거쳐 약 10개월에 걸쳐 '하사'되었다. 다른 한편 복사 '어진영'은 사이타마현의 경우 복사를 청원하여 복사 '어진영'을 받기까지 약 한 달 가량 걸렸다. 직접 '하사'된 '어진영'과 복사 '어진영'을 받아들이는 방식에 차이가 생기는 것은 당연했다. 그러나 1893년 통첩 이후 각 도부현은 훈령 제4호에 근거하여 봉호규칙을 정해 직접 '하사'된 것인지 복사한 것인지를 불문하고 '어진영'을 엄격히 봉호할 것을 요구했다. 관리의 엄밀함이 '어진영'의 권위와 절대성을 창출한 것이다.

'어진영' 봉호를 위한 최초(1896년 6월)의 희생자 도치우치 다이키치는 이와테현 가미헤이군 하코자키심상소학교 훈도인데, 물론 그는 복사 '어진영' 때문에 순직했던 것이다.

그런데 복사 비용은 학교가 부담했다. 어느 정도였을까. 1893년 전후 사이타마에서는 2원 75전, 나가노현 히가시치쿠마東筑摩군에서는 4원 50전이었다.[1] 지역에 따라 다르지만 복사비용 자체는 많지 않은 액수였다고 할 수 있다. 그럼에도 불구하고 직접 '하사'된 것만이 아니라 이른바 대용품인 복사 '어진영'에까지 이만큼의 정신성을 부여한 힘은 어디서 온 것일까.

주

1) 小林輝行, 「長野縣下諸學校への『御眞影』の下付とその普及Ⅱ」, 『信州大學敎育學部紀要』 六九号.

모리카와 데루미치

*　　*　　*

4. 교육칙어의 성립과 교육체제의 정비

이노우에 고와시와 '국체의 정화'

1889년 2월, 모리가 암살당하고 그의 기능주의적 교육구상은 좌절된다. 그 후 국민교육의 틀은 덕육주의로 이행하여 교육칙어의 제정으로 향한다. 덕육주의 진흥을 원한 것은 대일본제국헌법 체제로의 이행, 정당정치-총선거-의 실시에 수반하여 구래의 질서 유지에 불안을 느낀 지방장관들이었다. 그들은 1890년 2월의 지방장관회의에서 덕육진흥의 건의를 수합하여 문부성에게 덕육내용을 확정해줄 것을 요구했다. 이 건의를 받은 당시 수상 야마가타 아리토모山縣有朋는 군인칙유軍人勅諭에 상당하는 칙어 제정을 강력히 추진한다. 그 초안 작성의 중심에는 그의 요청을 받은 이노우에 고와시가 있었다. 법제 관료로서 제국헌법 작성에도 참가한 이노우에는 모리와 달리 근대법 체계의 원리와 '동양 도덕'으로서의 천황제를 포함한 습속의 조화를 어떻게 꾀할지 부심했다.

초안 작성을 의뢰받은 이노우에는 특히 두 가지 점에 유의한다. 첫째로 이 칙어는 제국헌법-입헌국가체제-에 적합해야 한다는 것, 결국 군주-국가-는 "신민의 마음의 자유에 간섭하지 않는다"는 중립성 원칙을 유지하지 않으면 안 된다는 것. 둘째로 충효를 덕육의 중심에 두는 데 이견은 없지만 그 논거를 어디서 찾는가 하는 점이었다. 특정한 철학·종파의 색채를 띠면 정통성을 둘러싸고 끝없는 논쟁이 일어나지 않을까 경계했다. 전자에 관해서는 천황 개인의 저작으로 하고 총리대신 이하의 서명副署을 달지 않는 형식을 취해 헌법상의 정치적 칙어와 구별했다. 문제는 특정한 종파·철학을 넘어선 설명의 논리를 어떻게 마련하는가 였다. 이노우에는 미토학의 국체론을 원용하여 충효는 '국체의 정화國體の

精華'에 '연원淵源'한다고 했다. 천황에 의한 건국, 만세일계라는 허구를 전제로 천황의 도덕적 권위를 확립하고 그에 대한 보은으로 충의 자연성·역사성을 설명한다. 이노우에는 충효론을 '자연의 가르침'으로서 전개하여 종파·철학의 모든 논리를 끌어들이려 했다. 모리의 작위로서의 국민교육과는 차원이 다른 '자연의 가르침'으로서 충효교육을 제시한 것이 이 교육칙어였다. 게다가 모토다 나가자네 등 교학파도 이견은 없었다. 그러나 그 때문에 교육칙어는 근대화가 자본주의 경제체제를 내용으로 하는 한 언제나 도덕성을 '작위'로 형성한다는 도전을 받게 된다.

일찍이 청일전쟁 후 문상 사이온지 긴모치西園寺公望는 교육칙어 개정에 착수한다. 전승을 통해 제국주의 국가로서 자립과 경제발전을 내다본 그는 교육칙어의 충효론을 "세간에는 여전히 동양의 누습에 연연하여 이를 고치기를 꺼려하는 무리들이 종종 있다. 편벽되고 비굴한 생각으로 충효를 말하거나 옛사람의 기벽奇僻의 행동을 흠모하여 인생의 모범으로 삼으려는 자도 있다. 이들이 문명의 진도에 장애를 주는 바 적지 않다"(1895년 3월 30일 고등사범학교 졸업식에서의 연설, 『西園寺公望傳』 別卷二)고 비판한다. 그런 다음 문명의 진전을 바탕으로 제2차 교육칙어안을 스스로 기초한다. "짐이 전에 칙어를 내려 교육의 대의를 정했으나 종종 민간에서 학생을 이끌고 후진을 화도化導할 때 그르치는 바 없지 않았다. 지금 이를 교정하지 않으면 크게 후회할 날이 올 것이다"(상동), 따라서 새롭게 "사교社交의 덕의를 권장하고 흔연히 각자의 업무를 고무하여"(상동)야 한다며, 개인의 자립과 국내외 교류에 대응할 수 있는 인간관에 기반한 새로운 덕목을 포함시킨다. 물론 이 개정안은 빛을 보지 못했다. 그러나 정부 내에서도 이 '자연의 가르침'인 충효론은 근대화의 관점에서 늘 동요하게 된다.

이노우에는 문상으로서(1893년 3월~94년 8월) 국민교육의 내용에 실업교육을 도입하여 자본주의화를 전망한 학교제도를 구상한다. 실업보습학교규정·도제학교규정을 제정하고 중등학교에 실과-공업과·농업과·상업과-를 도입했으며 실업교육 진흥을 위해 실업교육비국고보조법을 제정했다. 이노우에는 경제적 발전-부국-을 기반으로 애국심을 배양하려 했으며 따라서 그에게 교육칙어는 상징 이상의 적극적 의미를 갖지는 않았다. 1891년에 소학교축일대제일규정을 고쳐 학교의식을 삼대절-기원절·천장절·1월1일-에 한정하고 학교의식에서 종교적 색채-대제일-를 배제한 것도 이노우에였다.

다만 이노우에는 제국헌법 체제의 위험성을 숙지하고 있었고 그 위험성을 막는 장치로 교육칙어를 준비했던 것이다. 천황의 행정부와 의회의 관계로 상징되는 위험성은 법률론이 아니라 덕의론을 통해서만 해소될 수 있다고 생각했다. 1889년의 「입헌시정의견立憲施政意見」에서 "헌법은 단일한 법률이 아니라 오로지 덕의를 통해 성립하는 것이다"라고 말한다. 천황 대권을 전제로 행정·입법·사법의 삼자는 서로 양보하는 덕의에 기초하여 운용되어야 한다. 그를 위해 '자연의 가르침', 풍속 습관으로서의 국체론에 기반한 덕의 형성이 불가결한 전제가 된다고 생각했다. 그 때문에 교육칙어의 덕목을 주입하는 수신교육을 비판하지만 다른 한편으로는 사범학교에서의 「헌법의 대의憲法之大義」-법률- 교육도 비판한다. 그에게 덕의의 형성이란 국체로서의 풍속 습관에 기반하는 국가론을 의미했다. 언어·역사를 매개로 서로 양보하는 덕의가 교육의 과제가 되며 교육칙어는 말하자면 그 기축으로서 의미를 갖는 것이었다.

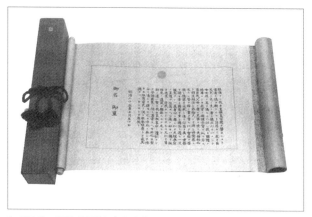

[그림7-1] 교육칙어등본(쇼와기 제작) : 문부성직할학교·기관 등에 하부되었다.
16변국화문장이 찍힌 공식 인쇄등본. 소학교 등에 하부된 것보다 조금 크다.

사와야나기 마사타로와 국민교육

국가 운영을 담당하는 엘리트 양성으로서의 중·고등교육과 국민-신민-형성을 꾀하는 의무교육이 연결되어 공교육제도의 체계가 전체적으로 기능하기 시작한 것은 1900년대부터다. 관료를 양성하는 제국대학이 특권화되어 사회적으로 학력의 유효성이 명시되고, 얼마 지나지 않아 청일전쟁 후의 경제발전에 수반하여 기업사회에서도 학력에 따른 대우의 차등이 발생한다. 학교제도는 제국대학을 정점으로 고등학교·전문학교의 고등교육, 중학교·고등여학교·실업학교의 중등교육 각자가 계층성을 갖고 보다 유효한 학력을 추구하는 경쟁구조에 수반하여 정착해 간다.

본래 관료를 포함한 근대국가의 전문적 직업인은 시험을 통해 자격이나 지위를 획득하는 것이 일반적이었다. 메이지기 전반, 학교제도가 정비되지 않은 단계에서 학력은 개인의 학문 경력을 보여주는데 지나지 않았고 시험을 포함한 다양한 방법으로 전문적 직업인을 채용했다. 그러나 학교제도의 정비에 수반하여 근대 일본에서는 학력과 직업자격이 결합된다. '학문은 입신하는 재산'이라는 「학제」의 입신출세주의가 관료양성이나 채용과 관련되면서, 학력은 곧 직업자격의 획득이라고 인식되기 시작했고 학력의 사회적 위신은 더욱 높아갔다. 1887년 「문관시험보및견습규칙文官試驗補及見習規則」에 의해 주임관奏任官-고등시험- 임용에서 제국대학 법학부·문학부 졸업생은 시험이 면제되었다. 또한 다수 존재하던 사립 법률학교 중에서 문부대신의 인가를 받은 사립학교 졸업자만 응시 자격을 부여받았다. 또한 판임관判任官-보통시험- 임용에서는 관립부 현립중학교·제국대학의 감독을 받는 사립법률학교 졸업자에게는 시험 면제의 특권이 주어졌다.

이렇게 제국대학을 정점으로 한 학력구조는 관료의 임용제도와 결합하여 형성되어 갔다. 1893년에는 임용규칙을 대신해 「문관임용령」이 제정되고 제국대학 졸업자의 무시험 임용은 폐지되었지만 예비시험 면제의 특권이 주어져 학력의 효용은 그대로 온존했다. 청일전쟁 후에는 기업도 본격적으로 졸업자를 채용함으로써 학력이 임금격차와 결합되어 학력의 유효성이 확산되었다. 이렇게 해서 중학교-고등학교-제국대학을 출세 코스로 삼는 경쟁 체계가 기능하게 된다.

이에 수반하여 강의록을 활용한 독학의 세계도 크게 변화했다. 당초에는 대학에서의 최신 정보로서 강의를 문자화한 대학강의록이 간행되었지만 1900년대에 접어들면 중학교 졸업자격 취득을 목표로 중학교강의록이 간행된다. 이는 학교 밖의 독학의 목표가 새로운 지식·교양의 획득에서 자격 획득으로 이동했음을 반영한다. 1903년 9월, 「전문학교입학자검정규정」(성령제14호)에 의해 검정을 통한 중학교·고등여학교 졸업자격 취득의 길이 열렸다. 이 전검 제도와 결합하여 중학강의록을 통한 독학 세계가 확산된 것이다. 하지만 예컨대 오사카부의 1904년 전검시험 지원자 17명 중 합격자는 1명, 06년은 12명 중 합격자는 없었다. 사실상 전검 제도는 좁은 문이었지만 초등 이후 교육 세계에서 밀려난 청년층에게 학력을 통한 입신이라는 꿈을 이어받는 장치로 기능했다.

*　　*　　*

-칼럼- 소학생도 낙제했다고?

현재의 소·중학교-의무교육-에서 성적을 이유로 낙제하는 경우는 현실적으로 존재하지 않는다. 그러나 유럽에서는 지금도 의무교육단계에서 성적 불량으로 인한 낙제생이 존재한다. 서구의 교육제도를 모델로 삼아 출발한 일본과 낙제를 둘러싼 이러한 차이는 언제 무엇 때문에 발생했을까. 근대 소학교제도의 출발점이 되는 1872년의 「학제」는 소학을 각기 4년제의 상하 두 등급으로 나누고 각 등급을 6개월 단위로 하여 전부 8급으로 나누었다. 이 6개월은 일단은 학습기간의 표준이며 "매급 졸업자는 시험을 통해 승급시키며 낙제한 자는 이전처럼 그 급에 머무르게 한다"(「埼玉縣小學規則」 1876년)고 하여 시험을 통해 진급하게 했다. 따라서 낙제와 월반을 전제로 한 체계였다고 할 수 있다.

사이타마현의 공립소학교를 예를 들면, 교육령에서부터 제2차소학교령기(1882~-92)까지 낙제생은 진급시험-봄가을 연2회- 수험자의 6~8%에 달했다. 40% 미만의 득점자 또는 한 과목 영점 수험자는 낙제생이 된다. 1900년에 제3차 소학교령으로 이 시험진급제에 개혁이 가해졌다. 이 시행규칙 제23조에는 "소학교에서 각 학년의 과정 수료 또는 전 교과 졸업 인정은 별도의 시험을 통하지 않고 아동 평소의 성적을 평가하여 정한다"고 하여 시험 대신에 '아동 평소의 성적을 평가'하는 고사제考査制로 바뀌었다. 이 개혁을 주도한 사와야나기 마사타로澤柳政太郎는 국민교육의 내용을 정선하여 일률적으로 국민교육의 수준을 높이는데 주안을 두었다. 사와야나기는 시험이라는 압력을 배제하고 아동의 건전한 심신 발달을 꾀하는 동시에 일상적인 평가 도입과 아울러 태도·품행을 포함한 교사의 판단을 중시함으로써 학교의 집단성이 지닌 교육력에 기대를 걸었다. 현실 사회의 빈부·계층 차이를 반영하기 쉬운 시험제도를 배제한 것은 사와야나기가 일원적인 교육을 통한 국민의 융화성 형성을 일본의 의무교육의 과제로 삼았음을 반영한다.

그러나 의무교육제도의 형태로는 과정 수료를 의무화하는 과정주의課程主義를 견지했으므로 평가방법만을 개혁하는데 불과했다. 학령 6세에 달한 해당 월 이후 최초 학년을 시작으로 하여 '교과를 수료'하는 것을 취학의 종료기로 정했다. 따라서 의무취학 기간인 심상소학교의 4년간은 어디까지나 표준이며 제 때에 교과를 수료하지 않는 한 학령기의 마지막인 14세까지 취학의무가 부과된다. 이 의무취학기간인 4년과 학령기간-6세~14세-이 다르기 때문에 원리적으로 과정 수료를 의무교육의 종료로 하는 한 취학의무는 최대한 8년이 된다. 아직 취학이 안정적이지 않았던 당시에 8년의 의무가 비현실적인 공론이었음은 말할 필요도 없다. 그러나 무엇 때문에 메이지 공교육은 4년간의 취학의무라는 연수주의年數主義 혹은 9세까지라는 연령주의年齡主義를 도입하지 않았을까. 그것은 국가가 요구하는 일정 수준의 통제된 내용을 교육한다는 국민교육의 틀에서 자유로울 수 없었기 때문이다. 그 의무연한에서 최대한 개인의 발달을 추구하고 개인의 발달에 시점을 맞추는 연수주의-연령주의-의 제도이념은 뿌리를 내릴 수 없었던 것이다.

근대화의 진전에 수반하여 국가가 요구하는 교육내용은 증대되었고 1907년 소학교령을 개정하여 제4차 소학교령 의무연한을 6년으로 연장하게 된다. 그러나 여전히 학령기 8년과는 2년간의 차이가 있다. 이 차이는 1941년 국민학교령에 의해 의무연한이 8년이 될 때까지 해소되지 않았다. 물론 이 연장은 전쟁이 확산되는 상황이어서 실현되지 않았다. 따라서 이 차이는 전쟁 전의 의무교육에서는 해소되지 않았다. 전후 "국민은 보호하는 자녀에게 9년의 보통교육을 받게 할 의무를 진다"(교육기본법 제4조)고 하여 의무교육연한이 9년으로 정해지고 15세까지의 취학의무규정이 제정되어 이 차이는 해소된다. 9년의 취학의무가 명확해진 것이다. 엄밀히 말하면 9년간의 연수주의보다는 15세까지라는 연령주의를 원리로 한다고 할 수 있다. 결국 성적 불량으로 낙제한다 해도 의무연한에 변함은 없는 것이다. 이 점에서 전쟁 전의 의무교육제도에서 낙제는 취학의무의 연장을 의미하며 취학조건을 갖추지 못한 낙제생을 학교 밖으로 배제하는 것이었다. 의무 취학률의 상승과 그 안정화를 추구하는 정책과는 모순을 일으킨 것이다.

사와야나기의 고사제 도입은 마침내 그 모순을 해소하는 방법으로 기능하게 된다. 고사제는 일상의 수업에서 응답, 복습·응용 문제에 대한 답안을 근거로 10점 만점에서 4점 미만을 낙제로 했다. 합격 불합격 기준선에 변경은 없었지만 수업 장면에서의 응답이 중시됨으로써 출석·품행操行 등 태도가 평가에 가미되었다. 따라서 당연히 점수만으로는 낙제할 사람을 구제하는 기능을 지녔다. "졸업 혹은 수료를 판정할 때에는 그 학업성적 교과목 5점 이상을 얻은 자를 합격자로 한다. 단 적절하게 직원이 협정하여 참작할 수 있다"(「小鹿野町敎育諸規程」 1909년)라 하여 직원회의의 판단에 맡기는 부분이 있고 일상의 출석·품행을 가미하여 진급이 인정되는 것을 '인정합격'으로 부르게 된다.

이렇게 러일전쟁 이후의 의무연한 연장에 수반하는 국민교육의 확충책 하에서 진급·졸업 판정은 교과 점수를 중심으로 하면서도 출석·품행점수를 더함으로써 낙제생수는 감소하게 된다. 사이타마현의 지치부군秩父郡 오가노마치小鹿野町소학교의 예를 보면, 1918년 이후 성적에 따른 불합격자는 모습을 감추고 낙

제생도 대폭 감소한다. 국가가 국민교육을 확충하고 취학을 안정시키는데 과정주의에 입각한 시험 내지 고사제에 의한 낙제가 장애가 된 것이다. 학교시설·교원 배치가 불충분한 상황에서 낙제생에 대응하는 교육체계를 만드는 것은 불가능에 가까웠다. 때문에 고사제의 도입에 수반하여 학년학급 단위의 진급·졸업이 일반화된다. 이렇게 하여 일본의 전전 의무교육제도는 과정주의를 표면 방침으로 하면서도 출석·품행 등을 가미한 밀어내기식ㅏ コロテン式 진급·졸업방식, 말하자면 형식적 연수주의를 취하게 된 것이다.

과정주의가 연수주의-연령주의-와 결합하고 그 과정이 국민 개개인의 발달 가능성을 최대한 보장한다면 낙제가 지닌 의미는 일정 수준에 도달할 수 없는 낙제생이 아니라 개인의 발달의 속도 문제로 인식될 것이다. 유럽에서 낙제생의 존재는 그러한 의무교육의 역사에 입각하여 평가할 수 있을 것이다. 반면에 일본에서는 학년학급제를 단위로 한 밀어내기식 진급·졸업방식이 1910년대 후반에 형성되어 일반화됨으로서 낙제라는 제도는 사회적으로 배제되었다. 전후에 교육가치가 국가에서 개인으로 전환되고 9년제 의무제의 연수주의-연령주의-가 도입되었음에도 불구하고 낙제를 둘러싼 사회적 의식은 전전을 계승하여 학년학급제를 전제로 한 밀어내기 방식이 정착된다. 의무교육에서 성적을 이유로 하는 낙제생의 부재는 국가주의 교육과 결합한 일본적 집단주의 의식의 반영이자 연수주의 원리의 형해화가 초래한 현실을 반영한다고 할 수 있다.

모리카와 데루미치

＊　＊　＊

청일전쟁에서 러일전쟁에 이르는 시기, 학력의 유효성이 정착하면서 동시에 초등교육에서도 국민 형성이라는 기능적 관점에서 개혁이 진행된다. 1900년 소학교령 개정-제3차 소학교령-은 전전의 의무교육제도의 기본 구조를 확립하는 획기적인 개정이었다. 이 개정을 주도한 인물이 사와야나기 마사타로다. 그는 국민교육의 최소한의 내용을 합리적·효율적으로 교육하는 장으로 소학교를 재편한다. 최소한의 내용으로 수신·국어-이전의 독서·작문·습자를 통합-·산술·체조 등 네 교과를 필수제로 하여 그 내용을 시행규칙-제1절 교칙-으로 상세하게 정한다. 심상소학교를 4년제로 일원화하고 수업료를 원칙적으로 폐지한다. 또한 시험진급제와 관련해 일상의 고사에 의한 진급방식을 도입한다.

4년간 의무교육의 기회균등을 보장하고 아동의 발달단계와 교육내용의 대응을 중시한 개혁이었다. 이 점과 관련해 사와야나기는 러일전쟁 후에 4년으로 일원화한 의무교육제도에 의한 국민일치의 정신이 전쟁에서 승리한 요인의 하나라고 말했다. 또한 제1차 세계대전 후의 빈부·계급 분열을 예상해, 초등교육제도의 일원화가 그 대립을 완화·예방하는 역할을 담당할 것이라고도 말했다. 국민으로서의 공통적-공시적- 경험을 중시하는 국민교육론을 견지했기 때문에 소학교에서 시험진급제라는 개인주의·경쟁주의를 폐지하고 학년학급이 지닌 집단성을 고려한 일상의 고사제를 도입한 것이다.

다른 한편, 새롭게 체조를 필수과목으로 지정해 신체적 기능을 중시했고 또 국어교육에 대담한 개혁을 가한다. 사용 한자를 1,200자로 한정하고 발음식의 '보비키가나표기법棒引き仮名づかい*'을 채용했으며 가나 자체의 통일을 꾀한다. 일상생활에 필요한 구어문체에 기반한 국어교육으로 고친 것이다. 그러나 이 기능주의적 관점은 역사적 가나표기법을 전

---

* 자음의 장음을 선의 부호 ' ― '로 표기하는 가나표기법. 1900년 8월 공표된 소학교령 시행 규칙에 따라 소학교 교과서는 이 방법으로 표기했다.

통문화, 고유의 문화로 보는 보수파의 반대에 부딪혀 러일전쟁 후인 제4차 소학교령에서는 한자제한과 '보비키가나표기법'이 폐지되고 역사적 가나표기법이 부활한다. 국민의 기능성 중시는 언제나 전통이라는 일본의 독자성론과 대립했다. 사와야나기의 소학교 정책은 사회 정책의 관점을 포함하고 있었다. 동일한 공간에서의 공시적 경험을 중시한 방법, 기능적 국어교육론도 그 표현이었다. 결국은 현실화될 수밖에 없는 빈부·계급 격차가 초래할 대립을 소학교 교육의 일원화를 통해 완화할 수 있을 것이라고 인식했다. 그렇기 때문에 그는 국가의 통제 하에서 합리적·효율적·기능주의적 교육을 추진하려 한 것이다.

사와야나기는 당시의 교육학에 대해 비판적이었다. 이념이나 주장에 그치는 주관적 교육학이 아니라 '교육적 사실'에 기반한 과학적 연구의 필요를 통감했다. 학교라는 조직의 규모, 아동의 발달 단계와 교재의 관계 등을 교육실천을 통해 검증할 것을 요구했다. 이를 위해 1917년 세이조成城소학교를 창설하여 스스로 그 실험에 참여한다. 이 제3차 소학교령은 그러한 사와야나기의 합리성·과학성을 반영한 것이다. 또한 그것은 제2차 이토 히로부미 내각의 문상 사이온지 긴모치가 '동양의 누습'에 얽매이지 말고 '세계의 문명'을 따르는 인간 형성을 위해 교육칙어 개정을 모색했던 것과도 관련된다. 이러한 국민교육론의 전개에 대응하여 교육칙어 봉체파도 새로운 논리 구성을 모색하기 시작한다.

국정판 교육칙어 해설서인 『칙어연의勅語衍義』(1891년)의 저자인 철학자 이노우에 데쓰지로井上哲次郎는 교육칙어의 권위 확립과 관련된 발언을 일관되게 지속했다. 교육칙어 강제에 반발하는 기독교도에게 논쟁을 걸며 동화를 주장한 이노우에는 사이온지의 개정론에 관해서는 국가주의야말로 국민교육의 절대조건이라는 논리로 반대한다. 그러나 독자적 덕육론으로서의 교육칙어가 형해화되어 실체성을 상실한 점은 인정한다. 교육칙어의 정통성 확립이 반드시 내면화로 이어지지는 않기 때문에 내면화 방법을 고찰하지 않으면 안 된다는 것이다. 인식에 기반한 도덕주의는 효과가 크지 않기 때문에 의지와 감정에 기반한 도덕주의를 취해야 한다. 그 의지와 감정에 기반한 방법으로 이노우에는 인식 불가능한 '대아大我'에 대한 직관에 바탕을 둔 종교가 아니라 윤리적 종교가 필요하다고 역설했다. 러일전쟁 후에 그것은 국민도덕론으로서 체계성을 띠고 등장한다.

교과서 국정화

일본의 교육 문화는 데나라이에 의한 문자·지식의 획득이라는 쓰기문화가 특징이었다. 물론 한자의 소독素讀이라는 읽기 방법이 유학세계에는 존재했다. 그러나 그것은 사족층을 중심으로 한 교양층에 한하며 번교-중등·고등교육에서만 계승되었을 뿐이다. 근대학교를 통한 국민교육의 전개는 쓰기문화에서 읽기문화로의 전환을 수반했다. 쓰기를 통한 주체적 개별학습에서 읽기를 통한 일제교수로 방법이 전환된 것이다. 그리고 읽기교수법과 관련된 중심 교재로 교과서가 작성, 사용된다. 취학률이 상승하고 학년별 학급이 증가하자 교과서를 사용한 읽기중심 교육이 보다 정교한 방법으로 전개된다.

1889년도 문부성 취학률-『문부성연보』에 기재된 수치-은 남자 64%, 여자 30%, 완전취학률-남자.『육군성통계연보』에 따른 소학교 졸업률 수치-은 41%에 지나지 않았다. 1899년도가 되면 전자는 남자 85%, 여자 59%, 남자 완전취학률은 75%로 상승했고, 1903년도 완전취학률-남자-은 80%를 넘어선다. 그에 대응해 학년단위의 단식학급으로 편성된 소학교가 40% 가량을 점하게 된다. 교과서가 국민의 문자문화 형성, 지식 전달에서 압도적인 힘을 갖게 된 것이다. 쓰기문화에서 읽기문화로의 전환이 사실상 종료된 것은 1900년대였다. 그것은 또한 읽기방식이 음독에서 묵독으로 이행하는 시기와 겹친다. 전통규범의 전달방식인 음독에서 개인의 내면적 사고를 수반하는 묵독으로의 변화는 메이지 시대에 근대로 이행했음을 의미한다.

따라서 1900년대가 되면 교과서제도가 사회적인 관심을 모았다. 여기에는 두 가지 문제가 얽혀 있었다. 첫째는 교육칙어의 하부를 통해 교육내용, 특히 충효도덕주의를 철저히 한다는 내용 통제 문제였다. 둘째는 교과서 작성·판매가 교육산업으로 비대해지면서 교과서회사 간의 경쟁이 격화됨에 따라 부패문제가 발생했다는 것이다. 전자에 관해서는 1896년 귀족원의 수신교과서 국정화 건의를 계기로 수신교과서의 국정화가 일찍부터 주장되었다. 그 원류는 1882년, 모토다 나가자네가 편찬한 『유학강요幼學綱要』를 지방장관에게 하부한 것으로까지 거슬러 올라간다. 말하자면 충효주의적 교육을 철저히 하는 통제수단으로 고려된 것이다. 그러나 모리 아리노리의 기능주의적 교육론, 이노우에 고와시의 실업교육론, 사이온지 긴모치의 칙어개정론 등 교육칙어의 충효주입주의와는 다른 국민교육론의 주장도 강한 뿌리를 갖고 있었다. 1897년 제2회 고등교육회의에서는 검정교과서의 소학교 단위 자유채택제가 가결되어 문부성도 그 법안화를 추진했다.

그러나 자유채택제의 실현은 보류되고 결국 국정제가 부상하여 법안화된다. 정책이 전환된 이유로 몇 가지를 생각해 볼 수 있다. 첫째는 수신교과서 국정화에 대한 강한 의지가 존재했다는 점이다. 자유채택제를 주장하는 학제연구회의 지도자 이자와 슈지伊澤修二도 수신교과서만은 국정화를 주장했다. 둘째는 검정제도 하에서의 채택을 둘러싼 부패, 심사의 공정성에 대한 불신 등 교과서와 관련하여 강렬한 불신감이 존재했다는 점이다. 학교현장에 가까웠던 지방교육회는 검정채택제에 강한 불신을 나타냈다. 연합체인 전국연합교육회는 1899년에 심사의 공정성에 대한 의심과 교과서의 통일성 결여를 이유로 자유채택제에 반대했다. 셋째는 근대 관료의 교육적 합리성에 기반한 반대였다. 사와야나기 마사타로는 양질의 교과서 확보, 교과 상호 간의 제휴 그리고 현장의 의견을 반영한 교과서의 개량을 위해 국정제를 주장했다.

자유채택제인가 국정제인가의 문제는 내용의 자유인가 통제인가 하는 논점을 포함하면서도 그 이상으로 교과서라는 시장을 사회가 통제할 수 있는가 하는 문제였다. 시장의 거대함은 국정교과서 제도가 발족한 1904년도에 국정교과서 수신·일본역사·지리·국어의 발행허가 부수가 약 2,218만부였다는 것으로도 짐작할 수 있다. 검정제도의 운영 방법은 부현 단위의 채택과 4년간의 계속 사용이었다. 따라서 교과서 회사로 볼 때 채택되면 4년간 판매부수가 보장된다. 따라서 부현의 도서심사위원회를 중심으로 판매 공세가 이어지고 다양한 부패가 발생했다. 결국 1902년 12월부터 부현지사·중의원 의원을 포함한 210여명이 뇌물수수 혐의로 검거되는 교과서부정사건이 발생해 선정적으로 보도되었다. 검정제도에 의한 부현 채택제의 부패가 사회적으로 지탄되면서 일거에 국정화로 흐름이 바뀐 것이다. 1904년 4월에 국정교과서제도가 발족한다.

검정제 하의 부패를 방지하는 대책으로 몇 가지 방법이 실시되거나 검토되었다. 첫째는 벌칙의 강화로서 1901년에 부정한 방법으로 채택된 교과서회사의 교과서는 이후 5년간 채택하지 않기로 했다. 둘째는 자유채택제에 의한 채택 범위의 축소이며 셋째는 국정제였다. 벌칙 강화가 효과적으로 기능하지 않는 이상 선택지는 자유화와 국정화로 좁혀진다. 전에 다나카 후지마로가 민중의 자발성을 국민교육제도 정착의 조건으로 간주했던 그 관점 자체가 문제가 된 것이다. 국정화가 지닌 의미의 한 가지는 학교·교과서와 관련된 사회가 공정성을 담보하지 못하면서 그 사회 자체가 공정성을 부인하고 국가에 그 담보를 요구한 것이라고 할 수 있다. 물론 사상통제를 위해 국정화를 요구하는 권력의 동향이 있었음은 말할 것도 없다. 1902년 12월 교과서부정사건의 발생에서 국정화 법안 작성까지 그렇게 짧은 기간 안에 국정화가 순탄하게 이어진 것은 국가 권력이 사건 적발을 계기로 교과서 이권에 집착하며 국정화를 반대하는 층을 일거에 내리 누르려는 의도가 작용했다고 볼 수 있다. 그렇기는 하나 교과서의 국정화 요인을 권력의 의지만으로 설명하는 것은 지나치게 일면적이다. 1904년 4월에 시작된 국정교과서는 이후 패전까지 1910년, 1918년, 1933, 1941년 등 네 차례 개정되었고 후에 분류상으로 국정I~V기 교과서로 불린다. 덧붙여 말하면 국정I기 수신교과서는 자본주의 발전에 대응하는 개인의 자립을 역설한 근대적 내용의 교과서이므로 국정화가 곧 교육칙어적 도덕주의로 직결된다고 하기는 어렵다.

학교와 세간

근대학교가 표방한 입신출세주의, 새로운 국민의 창출이라는 과제를 적극적으로 받아들인 것은 사족층, 일부의 도시주민 등 제한된 층이었다. 종전의 녹고祿高 지급이 폐지되자(1876년), 전문 직업인으로 재생하려는 사족층에게 입신의 수단으로 학교는 유용했다. 농촌에서도 일부 유력자 자제가 입신을 추구하며 도시로 유학해 기회를 노렸다. 도시 유학을 통한 입신출세의 세계가 새로운 삶의 방식과 인간형성의 공간이 되어갔지 만 농촌에서는 종래와 같이 이치닌마에一人前로 살아가는 세계가 여전히 강고했다.

1875년에 효고현의 산간지인 후쿠자키福崎의 의가醫家-유학자-집안 에서 태어난 야나기타 구니오는 11세에 고등소학교를 졸업하고 13세까 지 고향에 머무른 후 유학을 떠난다. 유학지는 우선 맏형이 사는 이바라 키현 후카와布川였다. 17세까지는 취학하지 않고 좋아하는 책을 탐독하 며 몇 년 간 보낸 후 도쿄의 중학교에 진학한다. 1893년에는 제일고등중 학교 입학, 97년에는 제국대학에 진학했으며 졸업 후 엘리트 관료의 길 을 걷는다. 재능이 넘친 야나기타는 어렵지 않게 중학교-고등학교-제국 대학이라는 엘리트 코스를 밟는다. 근대의 교육·학교체계 성립과 함께 한 그는 또한 농촌의 이치닌마에의 세계가 무너져가는 것을 실감한다.

그가 태어날 무렵 그러니까 1875년의 일이었다. 맏형이 15살을 넘길 무렵 어머니가 이제는 아이가 아니니까 놀기만 하지 말라고 질책을 하 며 고베神戸의 사범학교로 유학하라고 설득하자, 형이 "그러면 담배쌈지 를 사달라"고 요구해 친척이 그건 지당하다고 맞장구쳐주었다고 한다. 15세를 분수령으로 하는 이치닌마에의 세계 속에서 아동은 젊은이가 되 며 성인이 될 본격적 준비를 한다. 15세 이후 와카슈구미若衆組에 참가하 고, 새 훈도시를 차고 신사참배를 하고, 촌에 필요한 예법·기법을 몸에 익히는 것이 후카와 같은 농촌에서 인간형성의 과정이었다. 맏형은 15세 를 기점으로 근대학교의 세계에서 살게 된다. 그보다 뒤늦은 야나기타는 세간의 교육을 곁눈질하며 1879년에 4살이 되어 소학교에 입학하고 학 교체계 속에서 자기형성의 길을 밟는다. 그 과정에서 그는 새로운 교육 이 진행되면서 '오래되고 익숙한' 세간의 교육이 후퇴하는 변화를 실감한 것이다.

다른 한편, 1875년에 도쿄의 유복한 재목상 집안에서 태어나 저널리스트로 대성한 하세가와 뇨제칸長谷川如是閑도 일찍이 4살 1개월 때 메이지소학교에 입학했고 이후 부모가 마련한 사립 모토지마주쿠本島塾에서 배웠으며 12살부터 고등교육기관 예비교인 도진샤同人社, 공립학교共立學校, 도쿄영어학교에서 배운 후 19세에 도쿄법학원-이후의 주오대학中央大學-에 진학한다. 부모는 효과적인 단계를 준비해서 외국어를 포함한 학문 취득을 통해 지식인-법률가-으로 사는 길을 걷게 하려 한 것이다. 거기서 세간의 교육을 실감할 틈은 없었을 것이다. 농촌과 도시는 전통적 교육과 근대적 교육이 대비되는 공간이었다. 후에 야나기타는 근대학교가 공무원이나 도시 상인을 양성하는 독서 계산, 읽기 쓰기 중심 교육을 모든 아동에게 강제하고, '위대한 사람이 될 것'을 학교나 가정에서 반복하여 외침으로써 다양한 삶의 방식이 사라져 가는 점을 비판한다. 입신출세라는 성공담이 강조되고 모든 아동이 그 경쟁에 참가하여 결과적으로 많은 실패자가 만들어지며 그 실패자들이 살아갈 길을 준비해 주지 못하는 근대학교의 문제점을 지적한다. 무엇이 될 지 애매한 채로 '위대하게 되라'는 교훈을 만들어내는 근대학교는 아동을 전습을 통한 기술·예법의 획득이라는 농촌 세계에서 분리시켰다.

독학을 통한 개성적인 삶의 방식과 학력으로 결합된 근대학교 체계의 좁은 틈 사이에서 삶을 산 인물로 식물학자 마키노 도미타로牧野富太郞가 있다. 1862년, 도사土佐의 사가와마치佐川町에서 태어난 마키노는 1874년에 소학교에 입학한 후 우수한 성적으로 착실하게 진급하여 2년간 하등일급을 마치자 자퇴했으며 이후 학교 밖에서 독학의 길을 걷는다. 후쿠자와 유키치의 『학문의 장려』에 감격한 마키노는 학문을 통해 입신하기로 결심하고 고치高知로 나가 히로타 마사로弘田正郎-고쇼가쿠샤五松學舍-·나가누마 고이치로永沼小一郎-사범학교-에게 개인적으로 사사받고 식물학자의 길을 걷기 시작한다. 1884년, 22세 때 다시 도쿄로 상경해 제국대학 식물학교실 출입을 허가받았지만 두터운 학력의 벽에 막혀 출입이 금지되기도 했고 1893년에는 조수로 채용되었으나 승진은 강사 (1912~39)까지밖에 인정되지 않았다. 업적이 탁월했음에도 불구하고 독학 방식을 인정하지 않는 학력의 벽 앞에서 마키노는 아카데미즘에서 정당한 위치를 부여받지 못했다.

개인의 학습을 통한 인격 형성 또는 전문적 직업자격을 획득하는 독학의 세계도 1900년대의 중학강의록 보급이 보여주듯 중등학교 졸업자격이라는 학력획득 방법으로 변화했다. 또한 그것은 틀(가타치)型의 계승을 통한 전통적·단련적 신체 문화에 대한 사회의 시선도 변화시켰다. 야나기타는 배에 힘을 잔뜩 주고 허리를 굽히는 사족의 신체 동작을 언급하며 "이런 자세가 모두에게 웃음거리가 된 것은 헌법 발포보다 훨씬 후인 메이지29년인가 30년 무렵으로 그때까지는 누구도 웃지 않았다"(「故郷七十年」『定本 柳田國男集 別卷 第三』)고 했다. 그런 자세가 웃음거리가 된 것은 1897년 무렵이라는 것이다.

이치닌마에 형성 방법이었던 이에나 촌의 연장자로부터 듣고 외우기, 견습, 독습, 독학 세계와 "위대하게 되라"는 경쟁압력을 내재한 근대교육은 어떻게 교착했을까. 소학교의 완전취학률-남자-은 1903년에는 80%를 넘어 다수의 아동이 소학교를 졸업하게 된다. 농촌과 도시를 비교하면 근대적 상공업의 발전에 따른 도시로의 인구이동에 수반하여 도시부의 취학률은 정체되었고 농촌부의 취학률은 말 그대로 완전취학에 가까워진다. 이는 농촌에서 견습·듣고 외우기 방법 대신에 교과서를 통한 문자·지식 습득 비중이 높아진다는 의미였다. 마에다 아이前田愛의 『근대독자의 성립』에 따르면 메이지 사반세기는 음독에서 묵독으로 이행하는 시기이며 이는 구술 음독을 통한 전통적 규범 지향에서 묵독을 통한 공동체로부터의 개인의 자립과 내면화로의 이행을 수반했다고 지적한다. 말하기와 듣기 학문의 세계는 학교의 보급과 문자미디어의 보급에 따라 묵독의 세계로 이행한다. 박학한 학예사가 모리 센조森銑三는 자신의 독서벽이 시작된 계기는 소학교를 졸업한 1907년 무렵 향리 아이치현愛知縣 가리야刈谷에서 잡지 회람회가 열려 아버지가 거기에 참가한 탓에 매월 십수 종의 잡지를 읽기 시작한 것이라 했다. 잡지 미디어의 보급에 수반해 개인의 묵독 세계는 지방에도 일반화되어 갔다.

문자문화의 보급은 세간의 교육과 학교교육 간의 모순을 드러냈다. 따라서 새로운 공동체적 규범으로서 국민도덕론을 보다 철저히 하기 위해 학교 밖의 교육=사회통속 교육이 러일전쟁 후 농촌사회에서 본격적으로 전개된다. 이 관점은 청년단운동의 아버지로 일컬어지는 야마모토 다키노스케山本瀧之助가 "소학교 교육의 중대한 장애물은 저 옛날부터의 와카렌주若連中 또는 와카이슈若い衆로 불리는 청년무리이다"(1905년 제5회 전국연합교육회연설, 山本瀧之助『地方青年團體』)라 하여 학교교육과는 이질적인 전습을 통한 세간 교육의 기능을 가진 전통적 집단을 비판한 것과 관련된다. 소학교 교육의 확장, 다시 말하면 문자문화를 매개로 청년교육 조직을 재편한다는 것이었다. 각 지역에서 소학교 졸업자 동창회가 조직되고 동창회를 중심으로 각종 교화사업이 전개되었다. 학교의 가치를 확산시키기 위해 지역·가정·학교의 제휴가 이루어진다. 마침내 이 동창회 조직은 기존의 와카렌주를 대신하여 청년단으로 발전한다.

5. 사회와 교육의 대중화

국민도덕론과 신교육론

1900년대에 들어서면 '학력'의 사회적 위신이 확립되고 초등교육이 보급되면서 교육문화가 촌의 체험실사적 학습에서 지식 중심의 추상적 국민 또는 위대한 인물을 지향하는 것으로 뚜렷이 변화한다. 이 교육문화의 변용은 농촌의 공동체 질서에 대응했던 교육칙어의 충효주의 교육을 형해화시켰다. 러일전쟁 후에는 사회에서 개인과 국가의 자연적 일체감이 뚜렷이 무너지고 있었다. 17억엔의 전비와 10만여 사상자를 희생하여 얻은 것이라곤 전전에 비해 늘어난 세금이었고 국가에 대한 국민의 신뢰가 급격히 약화되었으며 개인주의·사회주의적 사조가 큰 흐름을 이루었다. 입신출세주의라는 공리적 개인주의와 국민-신민-의 공공적 관념 간의 조화와 균형이 무너지고 개인주의로 크게 기울어짐에 따라, 국민교육론의 재편이 요구되었다. 나쓰메 소세키夏目漱石는 이렇게 묘사했다. "옛날은 전하의 위광으로 뭐든지 가능한 시대였습니다. 그 다음은 전하의 위광으로도 불가능한 게 존재하는 시대였습니다. 지금 세계는 제아무리 전하건 각하건 어떤 질서 이상으로 개인의 인격 위에 올라탈 수는 없는 세상"(『우리들은 고양이이다吾輩は猫である』)이 되었다는 것이다. 이러한 세상의 변화에 대응할 수 있는 도덕교육론이 국민교육의 장에서 요구되었다.

그래서 '동양도덕'의 철저와 실업 활동을 담당할 인재를 양성한다는 의도로 1907년에 소학교령이 개정되고-제4차-의무연한은 2년 연장되어 6년 의무제가 된다. 아울러 일본역사·이과를 필수과목으로 만들어 앞서 말한 과제에 대응한다. 또 의무연한이 연장되면서 심상소학교에서 중등학교로 진학이 직접 연결되었고 소학교 고등과는 2년제를 기본으로 하는 청년교육기관의 역할을 맡게 된다. 이 제도 개혁과 함께 1908년에 교과용도서조사위원회가 설치되어 국정I기교과서의 개정작업이 시작된다. 개인도덕·개인의 자주성을 중시했던 I기의 수신교과서는 충효중심주의로 개정된다.

수신교과서 개정을 담당한 인물은 호즈미 야쓰카穂積八束·이노우에 데쓰지로·요시다 구마지吉田熊次 등이었다. 1910년 4월부터는 개정된 심상소학 수신서 권1·2와 새롭게 편찬된 신제 제3학년용 고등소학 수신서가 사용된다. 후자는 2년제가 기본인 고등소학교에서 3년제도 인정했기 때문에 편찬된 것으로서 사범학교 예비과의 「도덕의 요령」 교과의 교재이기도 했다. 요시다 구마지는 1918년에 "현재 우리 교육계에서 문제가 되는 국민교육론이 최초로 공식적으로 출현한 것은 고등소학수신서 제3학년 교사용도서라고 할 수 있습니다"(『우리 국민도덕我が國民道德』)라고 말하며, 국정II기 수신교과서의 이념을 국민도덕으로 규정했다. 러일전쟁 이후 사회에서도 국민도덕론이 고창된다. 법제상으로 국민도덕론이라는 용어가 등장한 것은 1910년 사범학교 교수 요목에서 제4학년에 「우리 국민도덕의 특질」이 개설되면서부터다.

국민도덕론으로 불린 II기 개정의 요점은 "교육에 관한 칙어에 기반하여 충효의 대의를 밝히고 국민 고유의 특성을 발휘하게 하는데 특히 주의를 기울인 수정"(1910년3월 문부성훈령 제2호)이라는 점이었다. 국민 고유의 도덕으로서 충효주의를 강화한 것이다. 고등소학 3학년용 수신교과서 11과는 "우리나라는 가족제를 바탕으로 나라를 세워 대국을 이루었으며 황실은 우리의 종가이다. 우리 국민은 자식이 부모를 경애하는 정으로 만세일계의 황위를 숭경한다. 따라서 충효는 서로 분리될 수 없는

하나다"라며 충효일치를 강조한다. 천황가를 종가로 하는 대가족이 일본
이며 개별 가족은 그 종가의 일원이기 때문에 천황에 대한 충은 부모 자
식의 효와 동질이라고 하는 가족국가관이다. 그를 위해 심상소학 2학년
수신교과서에 새롭게 「조상을 존중하라ソセンヲタットベ」와 「황대신궁ク
ワウダイジング」* 단원을 두었다. 집안의 조상 제사와 아마테라스天祖에
대한 제사를 결합시킴으로써 이노우에 데쓰지로가 말한 직관적 충효일
치론을 역설한 것이다.

　그러나 충효일치주의의 국민도덕론은 또 하나의 애로를 극복해야 했
다. 충-군-과 애국을 어떻게 연결시키는가 하는 문제다. I기 수신교과서
에서는 충군-구스노기 마사시게楠木正成-, 충의-서남전쟁西南戰爭의 다니
무라 게이스케谷村計介-, 애국-원구元寇의 고노 미치아리河野通有-이 각
각 별개의 덕목으로 거론되었다. 그러나 II기에서는 동일한 인물을 다룬
교재가 모두 충군애국의 덕목으로 설명된다. 본래 군주와 신하의 계약적
개념인 충과 부모 자식의 자연성에 기초하는 효, 군주에 대한 충과 국가
라는 법인격에 대한 애는 차원이 다른 것이었다. 그 때문에 충효일치·
충군애국을 일본 고유의 도덕으로 규정했다. 모토다 나가자네 이래 자연
성·역사성에 기반한 공동체의 가치로서 설명해 왔지만, 러일전쟁 후의
개인주의·사회주의라는 근대사상에 대응할 수 있도록 근대적 치장을 두
르게 된다. 사회다윈이즘, 사회유기체설을 원용한 우월자-강자- 보존과
천황과 국민의 유기일체성이라는 현상긍정 의식을 매개로 설명되는 것
이다.

　이러한 국민도덕론이 전개되면서 학교교육은 내용·방법상 두 가지 새

---

* 미에현 이세시 이스즈(五十鈴) 강가에 있는 신궁으로 제신은 아마테라스 오미카미

로운 과제를 짊어지게 된다. 조상숭경과 황대신궁을 강조함으로써 학교교육과 지역의 신사숭배를 결합시켰다. 우지코氏子* 의식의 형성을 통한 이에의식家意識·지역의식과 천황숭배를 결합시키는 것이다. 이 이에와 조상 숭경은 사회의식으로 뿌리 깊게 남아 있었다. 야나기타 구니오는 일본인의 강렬한 이에 의식의 예로 쇼와 초기 모지門司에서 보호를 받았던 90세 노인의 소지품에서 45매의 위패가 나왔다는 신문기사를 소개한다. 이 이에의식, 자기 뿌리와 관련된 조상숭배 의식은 근대화가 낳은 개인주의·효율성을 억제하는 기능을 담당할 수 있었다. 러일전쟁 이후 행정촌이 확대될 때 우지가미氏神·신사 통합이 최대의 걸림돌이 된 것도 이에 의식이 얼마나 강했는지를 보여준다. 이처럼 이에 의식이 강한 일반 사회의식에 착목했던 국민도덕론은 가족국가관으로서 충효주의를 역설했다. 말하자면 그 자연성은 신사라는 종교적 분위기를 매개로 하여 직관적으로 느낄 수 있는 것이라는 것이다.

종교와 공교육의 결합에 대해서는 이노우에 고와시도 이노우에 데쓰지로도 그리고 교학파인 모토다 나가자네도 비판적이었다. 비판적인 이유는 전자는 근대국가의 원칙 때문에 그리고 후자는 불가지한 절대자를 인정하지 않기 때문이었다. 그들의 공통점은 서양 문명인 기독교의 침입·확대에 대한 두려움이었다. 조약 개정에 수반한 내지잡거內地雜居†를 앞두고 문부성은 1899년 훈령 제12호로 학교에서 종교교육·의식을 금지했다. 다만 국가신도는 종교가 아니라 제사라는 이유로 예외로 함으로써 학교교육과 국가신도의 관계는 거꾸로 더욱 강해졌다. 일본 고유의

---

* 같은 씨족신-수호신-을 받드는 사람들을 의미한다.
† 일본에 들어와 있던 외국인이 거류지를 제한받지 않고 자유롭게 국내에 거주하게 한 제도.

도덕은 이처럼 이에 의식에 의거하여 신사라는 제사 공간과 결합하여 일종의 종교적 분위기 속에서 양성되는 것으로 설정되었으며, 그와 관련해 학교의식이 중시되었다.

둘째 걸림돌은 대역사건大逆事件(1910년)*에 뒤얽혀 남북조南北朝†의 정통성正閏 문제가 발생함으로써 역사연구와 국민도덕의 관계가 논란이 된 것이다. 국정II기 일본역사 교과서는 남북조 시기를 양조 병립론이라는 학계의 정설에 따라 기술했다. 1911년에 남조와 북조라는 두 조정이 정통성을 둘러싸고 싸웠다는 교과서 기술 때문에 천황시역天皇弑逆이라는 대역사건이 발생했다는 주장이 제기되었다. 이것이 문제가 되자 당시 가쓰라 다로桂太郎 내각은 바로 수정에 착수하여 같은 해 10월에 '요시노吉野의 조정'으로 수정한 개정판을 낸다. 그 결과 남조정통론-보다 정확하게는 북조말살론-으로 개정된 것이다. 그 과정에서 개정의 시비를 둘러싸고 논의가 전개되어 국민도덕론자 이노우에 데쓰지로는 교육에서는 역사적 사실보다 국민도덕을 우선해야 한다고 주장한다. 이 남북조 정통성 문제로 인해 교육상으로 국민도덕론의 우선성이 확립되었고 이후 일본의 학교제도가 갖는 이중성이 분명해졌다. 결국 대학에서는 학문의 자유-물론 체제를 비판하지 않는 범위 내에서-가 인정되었지만 그 이하의 학교에서는 국민도덕론이 우선시되었다. 국민도덕 우선론인 이노우에 데쓰지로도 제국대학 교수로서는 '실증적' 도덕사를 전개하며 만세일계의

---

* 메이지천황 암살계획의 발각에 수반된 탄압사건. 1910년 일부 사회주의자들의 천황 암살계획을 이유로 많은 사회주의자와 무정부주의자들이 검거되어 26명이 대역죄로 기소되고 24명에게 사형이 선고되었으며, 다음해 1월에 고토쿠 슈수이幸德秋水 등 12명이 처형되었다. 고토쿠사건幸德事件이라고도 한다.

† 일본 역사에서 1336~1392년 사이에 교토의 북조와 요시노吉野의 남조가 대립한 시대를 말한다.

허구성에 관해 강의했다. 이렇게 '동양도덕' '서양예술'의 이원적 과제는 국민도덕의 보급과 국민도덕론의 전개에 수반해 교육과 학문의 분리, 학교제도의 이중성으로 구체화된다.

그런데 국민도덕론은 개인의 자립을 역설하는 신교육론과 병존했다. 러일전쟁 이후, 제국주의 국가로서 식민지 경영을 본격화할 때 요구되는 자립적·활동적 인물상이 모색된다. 이는 국외시장을 둘러싼 경쟁이 격화되는 20세기에 여러 열강들에게 공통된 과제이기도 했다. 1900~03년에 걸쳐 유럽에서 유학하고 신교육론자로 귀국한 다니모토 도메리谷本富는 서구의 신동향에 민감하게 반응한 인물이었다. 이전에는 하우스크네히트의 오단계 교수주의자(예비-제시-비교-통합-응용)로서 주입주의 교육론을 전개했던 다니모토는 이번에는 신인물·활인물주의新人物·活人物主義와 자학보도주의自學輔導主義를 역설했다. 서적중심, 교안중심, 교사중심의 학교교육을 비판하고 자학주의에 기반한 교육을 주장했다. 그것은 또한 자연성으로서의 충효주의가 아니라 입헌체제 하의 국민과 국가의 관계성을 역설하는 것이기도 했다. 이에 의식·향토 의식이라는 정서로는 담을 수 없는 웅비하는 큰 뜻을 지닌 인간상을 그리면서 국민의 책무를 진 개인의 자립을 담보하려 한 것이다. 실제 소학교 교육에서는 국민도덕론의 이데올로기성보다 이 신교육론의 자학주의가 교육방법으로 수용되어 자학·자치를 도입한 학급·학교경영이 각지에서 시도된다.

러일전쟁 이후 도시로 인구가 이동하고 도시 기능이 확대되면서 국민도덕론을 떠받치는 이에·지역의 기반이 무너졌다. 국민도덕론이 대역사건을 빌미로 일어난 사상탄압이라는 강권적 통제에 일익을 담당하기는 했지만, 교육 현실에서는 개인의 입신이 동기로 작용하는 제국주의적 개인주의와 그것에 규정되는 활동주의적 방법이 보급되었다. 나쓰메가 말했듯이 개인주의라는 역사의 흐름은 무시할 수 없었다. 따라서 자연성을 논거로 하는 도덕교육론은 그 기반이 붕괴되면서 동시에 작위성을 강화한다. 현실적인 실리와 결합시켜 천황제교육의 이데올로기를 주입하게 된다. 종교교육을 금지하면서 국가신도와 학교교육의 실체화를 추진한 1899년의 문부성훈령 제12호도 종교계 사립전문학교·중학교에 대한 통제를 병역 유예 및 전문학교 입학 자격 특권 부여와 병행하여 전개했다. 메이지 말기의 국민도덕론은 대역사건이라는 탄압과 일체가 되어 현장에의 침투를 꾀했지만 현실적 실리를 적극적으로 만들어내지는 못했기 때문에 오히려 신교육론 앞에서 후퇴할 수밖에 없었다고 할 수 있다.

교원사회의 성립

다야마 가타이田山花袋가 『농촌교사田舎敎師』(1909년)에서 묘사한, 상급학교 진학을 단념한 가난하고 쓸쓸한 교원의 생활은 러일전쟁 전후 소학교 교사의 일면을 보여준다. 전에는 지방 도시의 최고학부였던 사범학교도 1900년대에 중등학교-고등교육제도가 정비되면서 중학교에 진학할 수 없는 청년을 대상으로 한 급비제 학교로 자리잡았고 그것이 소학교 교원에 대한 사회적 평가에도 반영된다. 1900년 전후로 사범학교 입학자의 과반수를 농촌 출신이 점하게 되면서 소학교 교원상은 사족층이 지닌 국가적 기개를 상실한 교수자=전문기술자로 형성된다. 그런데 다야마 가타이가 모델로 삼은 고바야시 슈조小林秀三-소설에서는 하야시 세조林淸三-는 중학교를 졸업한 후 경제적 이유로 진학을 단념하고 무자격 대용교원으로 교단에 선 교사였다. 항상 상급학교에 진학한 친구들과 비교되는 스스로의 초라한 위치를 확인하면서 교사의 일에 열중하지 못했던 청년이었다.

의무취학률이 높아져 많은 교원이 필요하게 되었지만 사범학교의 양성 규모가 크지 않아 비정규 교원이 다수 고용되었다. 이는 시정촌의 비용 부담을 경감시키는 문제와도 관련되었다. 고바야시 슈조가 친구 부친인 군시학郡視學*이 소개해서 소학교 교원이 되었는데, 그 대신에 나이 많은 교원이 그 자리를 내주게 된다. 정계 사범학교 졸업자를 중심으로 교원사회 내에 몇 가지 계층이 생겼다. 때문에 고바야시 슈조도 소학교 교원검정시험에 도전하여 정규 교원 자격을 획득하려 했다. 1907년 소학교 교원 중에서 사범학교 졸업자가 약 1만8천명, 검정합격자가 약 7만4천명, 무자격자가 약 2만3천명이었다. 상급학교 진학을 단념할 수밖에 없었던 청년들의 차선의 선택이 '가난한 피고용자'라는 소학교 교사의 자기인식을 초래했던 것이다.

사범학교는 정계 엘리트 양성 체계와 분리되기는 했으나 농촌에서는 일정한 지위를 누렸다. 고바야시 슈조와 같은 시기에 사이타마현 지치부秩父군에서 소지주의 아들로 태어난 모리야 요시모토守屋喜元는 고등소학교 졸업 후 출신학교에 임시교원雇教員이 되었고 준교원검정시험으로 준훈도 자격을 취득한다. 19세인 1899년에는 현교육계의 엘리트 길을 밟게 된다. 그에게 사범학교 입학은 희망과 빛으로 가득 찬 것이었다. 사범학교 입학 연령은 16세(1898년 개정)였고 고등소학교를 졸업한 우수한 청년은 임시 교원을 거쳐 사범학교에 입학하는 것이 일반적이었다. 사범학교는 농촌의 중소지주 자제들의 등용문으로 기능했다. 졸업 후에는 출신 지역의 지적·도덕적 지도자 역할이 기대되었다.

이렇게 1900년대에 '가난한 피고용자' 교원에서 지역의 지도층에 이

---

* 시학은 학교를 시찰하고 교육현장의 지도, 감독을 담당한 지방교육 행정관으로 부현시학·군시학·시시학 등이 있었다.

르기까지 다양한 교원상이 혼재되어 있던 교원사회는 점차 전문적 직능 집단으로 형성되어 갔다. 1883년 창설된 대일본교육회는 96년에 제국교육회로 개편되었고 그 다음 해 "제국교육회는 제국 교육 사회의 교도 기관으로서 교원의 보급 개량을 도모하는 것을 목적으로 한다"고 목적 규정을 바꾸었다. 동시에 사업 내용에 "교육사회의 공의를 발표한다"는 표현이 첨가됨으로써, 교원 및 교육관계자들이 교육에 관한 여론을 형성하는데 적극적으로 관여하기 시작했다. 제국교육회는 1897년에는 전국연합교육회를 개최하고 각 지방교육회와 제휴하여 교육여론 형성과 그 운동화를 추진한다. 이러한 교육회의 활동을 매개로 각 지역에서 교육회 결성이 추진되는데 그 계기가 된 것은 1899년 6월의 지방시학제도 정비였다. 도부현시학관→부현시학→군시학을 통한 학사지도·교육관계 서무지도 관리기구가 정비되었다. 특히 다음 해 4월에 전임군시학제가 도입되어 의무교육의 지도 관리는 군단위의 군시학 중심으로 실시되었다. 이와 아울러 교원의 지도관리 철저, 교원의 자질 향상을 위해 군교육회가 연이어 결성되었고 나아가 군교육회를 통합하는 현교육회가 결성되었다.

물론 교육회의 기본적 성격은 행정당국의 지도 하에서 의무교육 보급을 위한 보완적 기능을 담당하는 것이었다. 그러나 교육회 구성원의 대부분은 교원이며 교원의 자질 향상, 연수를 위해 교원부회가 설치되는 것이 통례였다. 이 교원부회의 강습회 활동은 1907년 제4차 소학교령에 의한 의무연한 2년 연장에 수반하여 활발해졌고 지역에 따라서는 이 교원부회를 독립시켜 활동하는 곳도 있었다. 제1차 세계대전 후의 급격한 인플레, 보선普選운동의 고양 속에서 교원의 독자적 요구에 뿌리내린 자주적 교원조직을 추구하는 움직임도 활발해진다. 1918년, 시모나카 야사부로下中弥三郎를 중심으로 계명회啓明會가 결성되었고 다음 해에는 교원조합 계명회로 개칭하여 제1회 메이데이에도 참가한다. 교원의 자주적 조직으로서 계명회는 교육 자치를 주장하며 메이지 근대화 과정에서 상실된 노동과 교육의 결합, 촌의 자치적 관행, 교육의 토착성 복권을 꾀했다. 계명회 결성 시에 참가한 대부분의 교사들은 시모나카가 사이타마사범학교 시절에 가르친 학생들로서 출신 지역의 소학교 교원으로 활약하고 있었다. 그들은 농촌의 중견 지주층 출신으로서 촌의 지도자가 되겠다는 기개도 있었다. 그런 만큼 그들은 급격한 인플레와 배금주의적 풍토, 보선운동이 고양되는 와중에서 자유로운 토론이 가능한 군교육회에서 출발하여 자립적인 교원 조직-사회-을 추구했다. 그들은 새로운 교원조직인 계명회의 '사민평등적 토론'에 감격했다. 농촌에 기반을 두고 교사로서의 자립·자치를 추구했던 그들은 계명회가 도시중심, 노동자중심 활동으로 넘어가자 이탈하게 된다.

그러나 사이타마현에서는 계명회 운동을 계기로 참가 교원이 늘어난 군에서 군교육회가 결성된다. 교원의 독자적 요구를 반영하기 위하여 교육회는 교장회 그리고 이미 발족한 여교원회와 합류하여 1926년 현의 소학교교원회를 결성하게 된다. 독자적인 요구를 지녔던 교원회는 교육회와는 달리 행정 당국과 일정한 긴장관계를 형성했다. 특히 1915년에 소학교 교원 총수의 33%를 점하면서도 교원 사회의 최저변을 이루고 있던 여교원의 활동은 주목할 만한 것이었다. 남녀 간의 임금·대우 격차 시정, 출산 전후의 휴업제 확립을 요구한 여교원의 운동은 절실한 것이었다. 1917년, 제국교육회 주최로 열린 제1회 전국소학교 여교원 대회를 계기로 여교원의 지위 향상 운동이 각지에서 조직된다.

1900년대에 시작된 교원의 대중화에 대응하는 조직화는 제1차 세계 대전을 전후한 시기에 교육회에서 독립하여 교원들의 독자적 요구의 장으로서 교원회를 결성하는 방향으로 향한다. 그것은 교원사회의 계층성을 반영한 조직을 지향하는 것이기도 했다. 그러나 또한 현교원회가 결성됨으로써 교원회의 독자성이 약화되고 행정의 영향력이 강해졌다고도 할 수 있다.

지역사회와 학교개혁

초등이후 교육의 개혁

제1차 세계대전 후, 자본주의적 경제관계가 농촌지역에도 침투하고 라디오·신문·잡지 등이 보급되면서 도시와 농촌, 성인과 청소년의 정보 격차도 축소된다. 농민·노동자·도시상공업자가 계층으로 자립하여 보선운동을 중심으로 스스로의 경제적·사회적·정치적 요구 실현을 추구했다. 나아가 각 지역·계층 안에서 성인과 청년의 세대 간 대립을 포함한 운동이 전개된다. 이미 심상소학교의 완전취학률도 90%를 넘어섰고 1919년에는 그 50%가 고등소학교·실업보습학교 또는 강의록을 통해 새로운 정보를 획득하고 있었다. 1920년 문부성이 도쿄시의 소학교를 대상으로 의식조사를 한 결과, 60~70%의 아동이 사회주의·데모크라시·스트라이크·노동문제·보통선거 등의 말을 알고 있었다.

사회주의·데모크라시로 상징되는 사회변동에 대응하는 교육제도 개혁을 위해 1917년에 임시교육회가 설치되었다. 초등교육제도에 관해서는 의무연한 2년 연장이 보류되고 내용방법 상의 답신을 하는데 그쳤다. 소학교교육에서는 지육 편중의 시정, 지방 실정에 입각한 교육과정 편성을 취하고 고등소학교에서는 실업 과목을 중시한 과정 편성을 취한다

는 내용의 답신이었다. 임시교육회의 답신의 주안은 중등·고등교육기관
의 양적 확대와 취학기간의 단축에 있었다. 중학교 4년을 수료하고 고등
학교에 진학할 수 있게 함으로써 고등학교에 이른바 '중고일관中高一貫'
7년제를 인정했다. 양적 확대와 관련해 제국대학 외에도 관공사립 대학
및 단과대학 설치를 인정했다.

제도개혁을 수반하지 않았던 소학교 교육개혁에서는 실업교육과 지방
실정에 입각한 과정 편성이 강조됨으로써 이 시기 각 지역에서 고등소학
교·실업보습학교를 둘러싸고 다양한 개혁이 시도된다. 지육 편중 비판
은 덕육론과 연결되기보다는 오히려 실업·실학을 중시하는 적극적 개혁
과 연결되었다.

도시 지역에서는 고등소학교 개혁이 추진되었다. 도쿄시고등소학교장
회는 1925년에 시장에게 「우리 시의 고등소학교 조직 개선에 관한 조사
안」을 건의한다. 고등소학교는 3년제로 단독 설립할 것, 실업과목을 중
시하여 공업·상업 과목을 필수로 할 것, 일부 교과에 교과담임제를 도입
할 것 등을 요구했다. 다음 해인 1926년에는 소학령이 일부 개정되어
실업과목 중시, 일부 교과의 교과담임제가 인정되었다. 도쿄·오사카·고
베 등 대도시 지역에서는 단독으로 설치되는 고등소학교가 증설되어 아
카데믹한 중등보통교육과는 다르게 실업중등교육을 통한 중등 사회의
국민양성을 과제로 하는 대중적 중등교육기관으로 기대되었다. 그러나
제도적으로는 심상소학교의 연장으로서의 초등교육인지 아니면 중등교
육의 전기 과정인지 그 위치가 명확치 않았고 사실상 의무연한 2년 연장
으로 간주되었다. 그 무렵 도쿄시에서는 공업·상업 등의 실업교육을 중
시하였고, 오사카에서는 공장·상점에서의 실지 교육을 중시하는 등 지
역의 사회·경제구조의 특성에 대응한 교육과정이 조직되었다.

농촌 지역의 초등 이후 교육기관으로는 고등소학교와 함께 실업보습학교·청년단이 있었다. 실업보습학교는 1905년에는 2,746교였으나 20년에는 14,232교가 되어 소학교의 약 60%에 달했으며 취업 청년의 보습 기능을 담당했다. 1915년과 18년의 청년단훈령에 의해 실업보습학교는 청년단의 수양 기관의 성격을 띠면서 일체화되었다. 그리고 1924년 10월의 「실업보습학교 공민과 교수 요강 및 그 교수요지」(훈령 제15호)에 의해 실업보습학교에서 공민교육이 중시되었다. 공민교육의 도입은 정규 중등학교보다 먼저 실업보습학교에서 시작되었다. 물론 공민교육은 데모크라시나 사회주의의 온상인 농민조합운동에 대응하기 위한 이념이었지만, 이 정책으로 인해 실업보습학교가 덕육 기관으로 변한 것은 아니다. 농촌 지역의 구조에 대응해 고등소학교·실업보습학교·청년단은 다양한 전개를 보인다. 그 한 사례를 사이타마현 시오도메潮止 마을-지금의 야시오시八潮市-을 통해 보자.

시오도메 마을은 1911년, 지방개량운동의 모범촌으로 내무성에 의해 선정된다. 1922년, 촌장 다나카 시이치로田中四一郎는 농촌의 계급 대립·보선운동에 대항하기 위해 공존동영共存同榮의 부락 공동체 건설을 꾀하며 시오도메촌 자치학교를 개교했다. 그것은 청년단 수양부를 발전시켜 고등과 졸업생을 대상으로 한 실업보습학교 규정에 근거한 주간학교였다. 그가 실업보습학교로서의 자치학교를 구상한 것은 그 편이 촌의 자율성이 보장되기 때문이었다. 자치학교는 중견인물 양성을 목적으로 실업교육보다 보통과목을 중시했다. 시오도메에서는 남자 심상과 졸업생의 60%가 고등과에 진학하고 그 30%가 졸업하며 고등과 졸업자의 50%가 자치학교에 진학한다. 그러나 경제공황이 도래하자 자치학교를 통한 촌의 중견지도자 양성은 농촌사회의 대중화 앞에서 기능을 발휘하지 못한다. 다나카는 1932년에 자치학교를 심상소학 졸업자 대상 을종乙種 실업학교 규정에 근거한 학교로 재편한다. 그것은 실질적으로는 고등소학교를 흡수하는 것이었다. 교육내용도 농업과 중심, 실습 중시로 바꾸어 농업기술 교육에 주력한다. 이는 불황 하에서 공존동영이라는 이른바 공민교육으로는 촌의 청년을 장악하지 못했다는 것, 촌의 농민에게 필요한 실제적 지식·기술과 촌의 경제적 발전을 매개하지 않는 한 촌민으로서의 공민성조차 형성할 수 없다는 것을 보여준다.

나가노현 시모이나군下伊那郡의 청년단 자주화운동처럼 행정-성인-이 지배하는 청년단을 청년 자신의 요구에 기반한 조직으로 만드는 운동을 전개한 지역도 있었다. 개중에는 1922년에 고등과를 졸업한 미야모토 쓰네이치宮本常一처럼 100호 정도의 촌락에서 여덟 명의 졸업생 중에 혼자만 고향에 남아 홀로 남겨진 비애를 안고 졸업과 동시에 청년회-15~25세- 일을 맡을 수밖에 없었던 청년도 있었다.

내가 사는 마을만 그런 것은 아니었다. 나는 집이 가난해서 중학에 진학하지 못하고 강의록을 보면서 공부했다. 오늘날의 통신교육 같은 것인데 그 부록으로 딸려 오는 잡지에 투고하면서부터 여러 곳의 알지 못하는 친구들로부터 편지를 받게 되었다. 그 편지들을 보니 가고시마현에도 돗토리현에도 또 지바현에도 촌에는 젊은이들이 거의 없었던 것 같다. 남아서 서민이 될 수밖에 없다는 쓸쓸함 탓인지 먼 곳에서 친구를 찾으려 했던 것이다(「나의 청년시대私の靑年時代」『宮本常一著作集』十二).

그들은 강의록을 통해 바깥 세계와 교류하며 살아갈 힘을 얻었다. 초등 이후 교육을 수료한 후 농촌 청년들은 기존의 질서를 넘어서는 삶의 방식을 추구했다. 자립적인 청년층들은 이러한 청년단이나 강의록 세계를 통해 지역의 교육활동을 밑에서 떠받치고 있었다.

신교육운동과 구관습속

제1차 세계대전 후 일본사회에서 임시교육회의가 말하는 지육 편중 비판은 덕육 중시가 아니라 문화·예술성, 종교성과 관련된 인간성 교육으로 이어졌다. 특히 도시의 풍요로운 신중간층이 다니는 사립소학교·중학교가 선두를 달렸다. 문부성의 규제로부터 상대적으로 자유로운 독자적 이념을 내건 학교에 대한 사회적 지지 기반이 도시 지역에 성립되어 있었다. 1917년, 사와야나기 마사타로가 창설한 세이조소학교는 근대학교가 지닌 제도적 억압을 어떻게 극복할 것인가, 아동의 발달단계와 교재의 관계를 어떻게 아동을 축으로 개편할 것인가를 표방한 '실험학교'이기도 했다. 마침내 세이조소학교는 미국의 파커스트의 이론인 달톤 플랜의 도입 학교로서 전국적으로 주목을 모으게 된다. 개인 학습을 기축으로 한 학교 개조론은 그 방법의 구체성으로 인해 널리 수용되었다. 러일전쟁 이후 주장되어 온 신교육론으로서의 활동주의·자학주의 이념이 방법 수준에서 구체화되었기 때문이다.

이 달톤 플랜 외에도 오이카와 헤이지及川平治의 분단적分團的·동적動的 교육이라는 집단학습을 도입한 방법론도 주목받았다. 또는 나라여자고등사범학교 부속소학교의 기노시타 다케지木下竹次는 합과학습론으로서 아동의 생활 경험을 축으로 한 교과론·학습론을 전개했고, 지바사범학교 부속소학교의 데즈카 기시에手塚岸衛는 자유교육론으로서 자치 활동을 포함한 학급·학교경영론을 전개하여 많은 참관자를 불러 모았다. 이들은 메이지국가에 의해 형성된 근대학교의 제도적 억압을 개인 중시

학습으로 개편하려는 시도였다. 이 때문에 다이쇼기의 신교육은 다이쇼 자유교육으로도 불리게 된다. 세이조소학교의 『교육문제연구』, 지바사범 부속소학교의 『자유교육』, 나라여자 고등사범부속소학교의 『학습연구』 등 잡지미디어가 이론과 실천의 보급에 큰 역할을 담당했다.

예를 들어 사이타마현 지치부군의 청년 교사들은 칸트나 루소를 읽고 기노시타의 학습론과 데즈카의 자유교육론을 배우고 세이조소학교의 달 톤 플랜의 실제를 관찰하며 스스로의 학습론을 구축한다. 한 예로 히구 치樋口소학교에서는 1925년도부터 고학년에 달톤 플랜을 도입하고 아동 의 개별 학습을 기축으로 한 학급 경영에 착수한다. 이처럼 1920년대에 는 신교육이 도시의 사립소학교→사범 부속소학교→일반 공립소학교라 는 방향으로 말하자면 도시에서 농촌으로 광범하고 다양하게 전개되었 다. 그들의 열기는 1919년 8월에 도쿄에서 개최된 팔대교육주장강연회 八大敎育主張講演會라는 당시의 대표적인 신교육론자들의 강연회에 전국 각지에서 4천여 명이 참가한 것만 보아도 알 수 있다.

문화·예술·종교성을 통한 개인으로서의 인간형성이라는 신교육론의 사회적 수용은 말하자면 메이지유신 후의 문명개화에 뒤이어 제이의 문 명개화로 부를 만한 것이었다. 야나기타 구니오는 1900년 전후로 기존 의 신체문화-허리를 숙이고 안짱다리로 걷는 법-를 비웃는 시선이 생겼 다는 것을 날카롭게 지적했다. 그로부터 제1차 세계대전을 거쳐 약 20년 이 경과하면서 근대는 신체문화뿐만 아니라 일상적인 생활스타일에까지 확대 침투한다. 문화주택에 사는 봉급생활자는 아동교육을 중시하고 고 학력을 추구하며 일찍부터 문자문화관에 적응하려 했다. 신교육론자의 대표적 인물인 니시무라 이사쿠西村伊作는 1921년에 '예술 본위의 학교' 로 문화학원文化學院을 창설한다. 와카야마의 대 산림지주로 재산을 모은

니시무라가 사재를 털어 문화학원을 창설한 때는 장녀 아야가 소학교를 졸업하고 고등여학교 진학을 목전에 두었을 무렵이었다. 획일적·통제적인 공립고등여학교 진학을 받아들일 수 없었던 그는 자신의 이념예술본위에 기반한 학교를 만들었다.

또한 『붉은 새赤い鳥』를 1918년에 창간하고 동심주의 아동문학운동을 전개한 스즈키 미에키치鈴木三重吉도 그 계기는 장녀 스즈에게 읽힐 만한 문학성이 풍부한 작품이 없고 의리인정, 권선징악 류의 읽을거리밖에 없었기 때문이라고 한다. 옛 습관과 관습에 사로잡힌 문화나 가치관을 대신하여 근대적 인간과 그에 대응하는 문화와 그에 기반한 교육을 추구하기 위해서였다. 도시의 신중간층은 그것을 지지했다. 도쿄의 다키노가와瀧野川소학교에서 신교육론에 기반하여 학교 경영을 전개한 야마자키 기쿠지로山崎菊次郎는 1914년에 부임할 무렵의 학교교육 실태를 다음과 같이 기록했다.

체조를 하는 오늘 같은 날도 양복을 입지 않고 하오리羽織와 하카마袴를 입고 게다下駄를 신은 채 가르칩니다. 나는 깃을 세운 양복을 입고 있었습니다만 어쩔 수 없이 그렇게 갈아입었습니다. 수업을 보아도 말이 안 됩니다. 어떤 교사는 자기가 맡은 아동에게 하숙집에서 밥통을 배달해 오게 합니다. 그걸 교실로 가져오게 해서 먹습니다(山崎菊次郎「나의 학교경영私の學校經營」『敎育論叢』).

이런 전통적인 습속 관행-농촌적-을 근대적-도시적-인 관계로 바꾸는 것이 신교육론이었다. 도시적인 문화를 학교에서부터 확산하는 것이었다고도 할 수 있다. 전술한 『붉은 새』를 지방에서 지지한 것은 교사층이었고 그들은 그것을 보조교재로 활용했다. 그러나 1914년에 창간된 『소년구락부少年俱樂部』는 『붉은 새』가 휴간된 29년에는 45만부로 창간 당시의 15배로 부수를 늘렸다. 통속적인 읽을거리인 『소년구락부』가 도시적-서양적-문화인 『붉은 새』를 압도한 것이다. 동심주의의 자유로운 글쓰기를 꾀한 교사들은 결국 아동의 생활작문生活綴方으로 나가게 된다. 통속적인 촌의 생활 속에서 살아가는 아동들에게 어떤 힘을 줄 수 있을까가 신교육론자들의 과제가 되었다.

이노우에 데쓰지로의 불경사건과 교육통제

제1차 세계대전 후 민본주의로 대표되는 데모크라시가 고양되고 로마노프왕조가 붕괴된 후 사회주의 정권이 성립하자 국민의 도덕규범으로 1910년 전후에 제출된 충효일치주의의 국민도덕론의 재구성이 요청되었다. 혈통에 의한 만세일계를 천황의 도덕적 권위의 근거로 삼는 일본 고유의 도덕론을 민본주의 사상과 조화시키고 그것이 세계적 보편성을 가진다는 점을 설명하지 않으면 안 되었다. 국민의 교육수준은 의무교육으로 완전취학에 가까워졌고 중등교육기관이 확충되었으며 취업청년도 청년단, 실업보습학교 등을 통해 정보를 획득하며 자신의 살 길을 모색하는 시대가 되었다. 이제 신화적인 만세일계설로 천황의 권위·절대성을 말하는 것만으로는 충분치 않았다.

제1차 세계대전 이후 세계의 평화주의적 동향과 국내의 정치적 상황, 예컨대 다이쇼大正 천황이라는 카리스마를 결여한 천황이 존재하는 상황 속에서 국민도덕론을 재구성하는 데 선두에 선 인물은 이번에도 이노우에 데쓰지로였다. 그는 일찍이 1918년에 「세계에서의 황실의 특색」에서 일본의 천황은 대대로 왕도王道이며 세계적 보편성을 갖는다고

말했었다. 『국민도덕개론』(1912년)에서는 국체는 만세일계의 황통을 기초로 하여 성립하며 그 황통과 관련지어 혈통을 중시해야 한다고 말했다. 그러나 1925년의 『우리국체와 국민도덕我が國體と國民道德』에서는 왕도적 국체론에 기반하여 국민도덕론을 전개한다. 전에는 '천양무궁天壤無窮'의 신칙神勅[1]이라며 천황제국가의 무조건적 발전을 예언했지만, 이번에는 '치언治焉'이 인정仁政·왕도를 의미한다고 설명함으로써 혈통보다는 인정·왕도라는 민을 위한 정치가 황통의 조건이라고 주장한다. 따라서 현실의 민본주의 사상은 국민도덕론에 어긋나지 않는다는 것이다. 혈통에 의한 정통적 국체론을 왕도라는 정치를 조건으로 하는 왕도적 국체론으로 재구성함으로써 충효일치주의의 타당성을 역설한 것이다.

그는 가능한 한 신화적 설명을 피하고 합리적으로 설명하려 한다. 혈통, 삼종의 신기三種の神器[*]에 기반해 천황의 권위를 설명하는 것은 크게 후퇴하고 상대화된다. 그러나 이 조건부 국체론, 즉 천황도 보편적 가치-왕도-에 구속된다는 국체론은 1926년에 도야마 미쓰루頭山滿 등으로부터 불경스런 기술이라고 공격을 받아 다음 해에는 출판법 19조에 의해 발매금지 처분을 받게 된다.

이 불경사건의 배경에는 그의 교육칙어개정론이 영향을 미쳤다는 견해도 있다. 이 역시 러일전쟁 후 조선을 병합하며 본격적인 식민지제국이 된 일본국가가 타 민족을 지배·동화한다는 정책의 본질적 문제와 관련되어 있었다. 1911년 조선교육령은 "교육은 교육에 관한 칙어의 취지에 근거하여 충량한 국민을 육성하는 것을 본의로 한다"(제2조)고 규정했다. 본국에서는 교육칙어를 신중하게 근대국가의 중립성 원칙을 배려

---

[*] 황위의 표식으로 역대 천황이 대대로 이어받았다고 하는 세 가지 보물, 즉 거울(八咫鏡), 검(天叢雲劍), 거울(八尺瓊曲玉)을 가리킨다.

하여 천황의 개인적 저술로 간주했기 때문에 학교령 본문에 교육칙어는 등장하지 않았다. 식민지 교육에서는 칙령 본문의 목적 규정에 교육칙어를 삽입했으며 이는 식민지를 '근대국가'답게 만들려 하지 않았다는 증거였다.

그러나 일본 고유의 도덕을 말하는 교육칙어는 다른 민족의 교육목표가 될 수 없다. 1919년 3월 1일의 조선민족의 반일봉기와 독립운동에 직면하여 교육칙어에 기반한 동화정책의 수정이 논의된다. 그 무렵 이노우에는 조선·대만 등 문화가 발달한 국민을 동화시키는 것은 곤란하므로 신중하게 대처해야 하며 그를 위해 "선조의 유훈을 현창하는 것으로 족하다"는 부분을 수정한 새로운 교육칙어가 필요하다고 말한다. 어쨌든 이노우에는 국내외의 민주주의적 조류에 대응하여 또는 국민의 문화 향상에 대응하여 합리적으로 교육칙어 이념을 재해석하려 했다. 그러나 그 합리성도 전통적 국체론의 언설 앞에서는 후퇴하지 않을 수 없다는 것이 드러났다. 말하자면 자본주의화의 진행, 사회의 대중화 진행에 수반하여 전에는 유효하게 기능했던 천황제 이데올로기의 구조가 경직화되기 시작했음을 보여준다.

이후 만세일계=혈통주의에 의한 국체론이 강조되고 교육과 학문에 대한 통제가 강화된다. 이 변화는 이미 1924년 마쓰모토松本여자사범학교 부속소학교의 가와이川井훈도 사건으로 소학교 현장에서 시작되었다. 이 사건은 가와이 훈도가 수신 시간에 국정 수신교과서를 사용하지 않고 독자적인 교재로 수업을 진행한 것이 문제가 된 것이다. 가와이 훈도는 휴직당했고 국정 교과서 수업이라는 틀이 더욱 강요되고 교원의 자유로운 교재 선택이 어려워지는 상황을 낳았다. 이러한 '사건'을 통한 국민도덕론의 단속 통제와 함께 청년의 사상통제 방법으로 1925년 4월에는 중등학교 이상에서 현역장교에 의한 군사교련이 부과되었으며 26년 4월에는 취업청년을 대상으로 하는 청년훈련소가 개설된다.

'학력'의 대중화와 시험경쟁

구메 마사오久米正雄가 『수험생의 수기受驗生の手記』를 발표하여 제일고교 시험에 두 번 실패한 주인공이 연애에도 실패해 실의 속에서 자살하는 비극을 그린 것은 1918년이었다. 관료양성을 중심으로 하는 중학교-고등학교-제국대학의 엘리트 양성 계열은 1900년대가 되면 화이트칼라층-전문실무가- 양성을 목적으로 하는 중학교-전문학교 계열을 주변에 병렬시키며 높은 위신을 자랑했다. 따라서 그 정점을 노리는 경쟁은 서열이 높은 고등학교와 서열이 높은 중학교에 입학하기 위한 경쟁이 되어 지원자가 증대되면서 더욱 격렬해졌다. 학력경쟁의 입구에 위치하는 중학교는 제1차 세계대전 전에는 경쟁원리에 기반하여 이른바 도태적 기능을 담당했다. 학력·체력·경제력 삼박자를 갖추어야 통과가 가능한 학교였다. 메이지30년대에 전국 평균으로 중학생은 1학년에서 10%가 탈락했다. 졸업 시에는 입학생의 60%만이 남았다. 그 반수 정도가 진학하여 중앙 엘리트를 노리고, 나머지 반은 지방 사회의 지도자, 중견전문직으로 취업한다. 더구나 1907년 제4차 소학교령에 의해 심상과 6년부터 중학교 진학이 가능해졌지만 1912년이 되어도 입학자의 약 60%를 고등소학교 졸업 또는 중퇴자가 점했다. 심상과 6년을 수료한 후 진학한 사람은 소수이며 시험경쟁의 연령폭은 12~14세로 넓어 여전히 졸업 시점에서의 시험이 사회적 압력이 되지는 않았음을 보여준다.

그러나 제1차 세계대전 이후 중·고등교육기관의 확충-〈표7-1〉 참조-에도 불구하고 시험경쟁은 격렬해진다. 학교 증설을 상회하는 수험자 증대는 경쟁압력을 고조시켰다. 심상과 6년 수료 후 중학교 진학이 1920년에는 60%를 넘어서면서 소학교 졸업 시점에서의 진학 경쟁이 격렬해진다. 더욱이 임시교육회의의 답신을 거쳐 취학기간 단축을 위해 중학교 4년 수료 후 고등학교 입학이 인정되었고 소학교 5년을 수료한 후 중학교에 입학하는 것도 인정되었다. 이렇게 진학 연령을 1년 앞당김으로써 시험경쟁이 더욱 심해진다. 더구나 학교 증설로 인해 각 단계에서 학교 간 격차가 확대되고 경쟁도 심해졌다. 도쿄제국대학 진학을 노리는 고교 간 격차도 뚜렷해졌다. 구메의 『수험생의 수기』를 보자.

옆 방의 마쓰이松井는 이삼일 전에 가나자와로 출발했다. 그는 금년에는 제사고四高를 선택했다. 그가 결국 사고를 선택한 심정은 나도 눈물이 날 정도로 잘 알고 있었다. "나도 올해는 도쿄에 있고 싶어 견딜 수 없네" 근처 소바집에 가서 단 둘이서만 약소한 결별을 할 때 그는 감정에 복바쳐서 말했다. "나는 그곳으로 가지만 자네는 여전히 일고一高에 응시할 용기가 있다는 것만으로도 놀라워" "내가 말인가? 내 용기는 필사적인 거야" 나는 이렇게 토해내듯 말했지만 나도 이고二高로라도 달아날 수 있다면 좋았을 것을, 하고 생각했다.

이렇게 일고一高*를 정점으로 하는 경쟁에 몰리는 기분을 기록하고 있다. 당연히 그것은 고등학교 입시에 유리한 명문 진학 중학교를 노리는

---

* 제일고등학교의 약칭이다. 도쿄에 위치해 있었고, 1949년에 도쿄대학 교양학부로 합병되었다. 아울러, 이고는 센다이에, 삼고는 교토에, 사고는 가나자와에, 오고는 구마모토에, 육고는 오카야마에, 칠고는 가고시마에 있었다. 전전의 일본에서는 이들 고교 명칭이 대체적으로 고교 순위로 간주되었다. 이들 관립고등학교는 대학 예과의 성격을 갖고 있었다.

소학교 졸업시의 경쟁을 격심하게 만든다. 도쿄부의 공립중학교에서 고등학교-대학예과- 진학자를 보면 부립일중府立一中을 정점으로 부립사중府立四中이 그 뒤를 잇는 서열이었다. 그것은 입시경쟁률에도 반영된다. 중학교 증설에 수반하여 공립 평균경쟁률은 1918년에는 6.1:1이었으나 26년에는 4.2:1로 감소한다. 그러나 최고인 부립일중은 평균을 크게 상회하는 높은 경쟁률을 보인다-〈표7-2〉참조-. 사립중학교도 마찬가지였다. 도쿄부의 중학교는 사립에 크게 의존하는 체제였고, 고등학교-대학예과- 진학자의 약 65~70%는 사립중학교 출신이었다. 사립 명문 진학교에 지원자가 몰리면서 평균 경쟁률을 크게 상회했다-〈표7-2〉〈표7-3〉참조-.

〈표7-1〉 중 · 고등교육기관 증설

종별 연도	중학교		고등여학교		실업학교갑		고등학교		전문학교		대학	
	학교	학생	학교	학생	학교	학생	학교	학생	학교	학생	학교	학생
1916	325	147,467	229	80,767	207	53,589	8	6,346	90	42,430	4	7,448
1926	518	316,759	663	299,463	593	193,681	31	18,107	139	73,909	37	30,002
1936	559	352,320	806	403,559	994	361,963	32	17,097	178	98,347	45	46,614
1944	812	622,346	1,263	817,172	1,858	826,309	33	27,405	286	196,329	48	79,221

『學制百年史 資料編』

〈표7-2〉 도쿄부 공립 · 사립중학교제1학년 입학자 경쟁률

	1918년			1921년			1924년			1926년		
	지원자	입학자	배율	지원자	입학자	배율	지원자	입학자	배율	지원자	입학자	배율
부립일중	1,599	169	9.5	1,422	172	8.3	1,271	229	5.6	1,196	229	5.2
부립이중	154	87	1.8	253	98	1.5	294	147	2.0	373	151	2.5
부립삼중	831	194	4.3	1,233	199	6.2	738	285	2.6	727	237	3.1
부립사중	1,169	164	7.1	1,181	205	5.8	828	250	3.3	794	243	3.3
부립오중	-	-	-	1,550	197	7.9	1,553	206	7.5	1,036	192	5.4

부립육중	-	-	-	-	-	-	1,305	275	4.7	1,379	257	5.4
부립칠중	-	-	-	-	-	-	643	278	2.3	733	271	2.7
부립팔중	-	-	-	-	-	-	782	273	2.9	1,248	255	4.9
시립일중	-	-	-	-	-	-	-	-	-	1,365	214	6.4
시립이중	-	-	-	-	-	-	-	-	-	729	206	3.5
공립중계	3,753	614	6.1	5,639	871	6.5	7,414	1,943	3.8	9,580	2,255	4.2
사립중계	9,555	3,931	2.4	17,841	5,299	3.4	15,120	6,558	2.3	13,891	6,226	2.2
공사중계	13,308	4,545	2.9	23,480	6,170	3.8	22,534	8,501	2.7	23,471	8,481	2.8

『東京都教育史 通史編3』, 일부 수정.

〈표7-3〉 사립중학교 입학경쟁률제1학년 · 상위 5교

	1918년	1921년	1924년	1926년
입학경쟁률 1위	開成中 8.3배	開成中 8.8배	開成中 5.2배	麻布中 6.4배
2위	明治中 5.2배	京華中 8.6배	京北中 4.1배	開成中 5.2배
3위	京華中 4.5배	明治中 6.5배	京華中 4.0배	京華中 4.0배
4위	麻布中 4.3배	麻布中 6.0배	麻布中 4.0배	明治中 3.0배
5위	芝中 4.2배	芝中 5.3배	明治中 3.4배	

『東京都教育史 通史編3』

당연히 중학교 시험 경쟁은 소학교 교육에 영향을 미쳐 명문 진학 중학교로의 진학자가 많은 명문 진학 소학교를 낳았고 공립소학교 간에도 격차가 발생했다. 지식인을 비롯해 도시 신중간층이 다수 거주하는 도쿄의 혼고本郷 구내 공립소학교의 1916년 중학교 · 고등여학교 진학률을 보면 소학교간 격차가 뚜렷하다. 구의 평균은 남녀 모두 약 40%이지만 세이시誠之소학교는 남녀 공히 거의 100%가 진학하며 명문진학 중학교 · 고등여학교에 다수를 보낸다. 이러한 명성 때문에 학구 밖에서 들어오는 다수의 월경越境 입학자가 나타났다. 1936년 조사를 보면 통학구역내 통학아동은 겨우 22%에 불과하고 나머지는 구역외 통학 학생이 점하는 이상한 구성이었다. 지방 도시에서도 마찬가지였다. 사이타마현의 현도인

우라와마치浦和町를 보자. 현립 우라와중학교에 진학한 우라와마치 내의 소학교 출신자를 보면 1923년에 사범학교 부속소학교, 여자사범학교 부속소학교, 우라와소학교가 80%를 차지한다.

제1차 세계대전 이후 사회구조의 변화에 수반하여 이러한 시험경쟁에 참가하는 가족들이 확대되었다. 도시로의 인구인동, 상공업 관련 관리직 전문기능자 증대 때문이었다. 1925년 4월에 조사한 부립일중 학생의 부모 직업구성은 '은행회사원 기타 실업가'(31.7%), '관공리'(11.2%), '군인군속'(10.2%)이 상위를 점한다. 또 세이시소학교의 월경입학자의 부모 직업을 보면 1931년도에는 회사원 33%, 관공리11.7%, 은행원 6.7% 등으로 되어 있었다. 도시 기능이 확대되면서 관리직 전문기능자들이 몰려들었으며, 자본이 없었던 이들 도시 신중간층은 다음 세대에게 재산 대신에 학력을 물려주려 했다. 이 경쟁은 중·고등교육기관의 확충과 함께 격차간 경쟁으로 격심해지면서 장기간에 걸친 시험경쟁을 아동들에게 짐지우게 되었다. 특히 도시 부문에서는 교통수단이 정비되면서 학력경쟁이 보다 넓은 범위를 무대로 하여 전개되었다. 예컨대 전국의 고등학교-대학예과- 입학자수의 약 25%는 도쿄부의 중학교 출신이 차지했다.

소학교 졸업 전인 심상과 5년 수료부터 시작되는 시험경쟁에 참가하는 사람들은 몇 개의 관문을 돌파하며 엘리트가 되는 길을 노렸다. 그런데 고등교육기관이 확충되면서 희소한 엘리트 자리를 노리는 경쟁이 더욱 격화되었고 결과적으로 시험 승리자가 반드시 인생의 승리자가 되지는 않았다. 일찍이 1910년에 이시카와 다쿠보쿠石川啄木는 "매년 관립사립 대학생이 수백명이지만 그 절반은 직업을 얻지 못하고 하숙집에서 빈둥거리고 있지 않은가. (중략) 이렇게 일본에는 '유민遊民'이라는 이상한 계급이 늘어나고 있다"(『시대폐색의 시대時代閉塞の時代』)며, 뜻을 이루지 못한 채 '부형의 재산을 축내며 쓸데없는 이야기'로 시간을 보내는 '유민'이라는 불가사의한 청년층의 존재를 지적했다. 제1차 세계대전 이후에 관리부문이 확대되면서 실업전문학교를 졸업한 중급 간부가 수용되기는 했지만 대학졸업자에게 충분한 자리가 제공되지는 않았다. 시험의 승리자를 요구하는 근대학교가 패배자에 대한 관점을 결여하고 있다고 야나기타 구니오가 지적한 것도 희소한 자리를 둘러싼 장기간에 걸친 경쟁의 폐해를 알고 있었기 때문이다. 시험이 인생의 목적을 지향하는 수단이 아니라 서열이 높은 학교에의 도전 자체가 목적이 되어버렸다. 학문을 통해 뜻을 이루는 메이지적인 청년이 아니라 목적의식이 희박한 청년을 낳은 것이다.

그 때문에 시험경쟁을 냉각시키기 위해 중등학교 입시방법의 개혁이 시도되고 또한 소학교 졸업 시점에서 진학을 억제하기 위한 진로지도가 강화되었다. 1927년 문부성은 입학시험을 입학고사로 바꾸어 내신서·인물고사·신체검사를 통해 선발하려 했다. 필기시험을 폐지하고 시험준비 교육을 억제하려 한 것이다. 그러나 현실적으로 중학교간 격차가 존재했기 때문에 경쟁을 냉각시키기는커녕, 오히려 주관적인 시험 방식에 대한 비판이 강화되었다. 결국 1929년에는 인물고사 방법이었던 구두시험을 대신해 필기시험을 부가할 수 있게 함으로서 사실상 입학시험이 부활했다. 또한 1927년에「아동생도의 개성존중 및 직업지도에 관한 건」훈령을 발포하여 '개성'에 따른 진로지도를 통해 진학희망자를 억제하려 했지만 원하는 결과를 낳지는 못했다.

중등교육기관의 확충은 지방 농촌사회의 청년교육 방법에도 영향을 미쳤다. 미야모토 쓰네이치는 다음과 같이 말한다.

와카모노구미에는 서민 자제만 아니라 지방 사무라이의 아동이나 쇼야의 아동도 함께 가입했고 대우 상의 차이는 없었다. 따라서 사무라이의 아동이라 해서 특별히 우두머리로 뽑힌다거나 하는 일도 없었고 구미 안에서 조금의 거리도 없었다. 그러나 이러한 분위기가 일시 무너진 적이 있다. 그것은 다이쇼 끝무렵부터였다. 대체로 마을의 양가의 자제들은 중등학교 등으로 진학했고 그 젊은이들은 도로공사나 본오도리盆踊り*에 나와 춤추는 것을 싫어했다(「가향의 훈家鄕の訓」『宮本常一著作集』六).

농촌 청년들의 '평등'한 인간관계가 중등학교 진학자 증대로 인해 무너지는 것이다. 제1차 세계대전 이후 학력의 대중화는 무엇보다도 개인의 입신이라는 사적 이익을 유인책으로 했기 때문에 농촌의 교육체계를 동요시켰고 국민도덕론을 기초로 한 국민교육과 일정한 마찰을 빚게 된다. 경쟁 압력은 입시방법 개혁을 통해서도 냉각시킬 수 없었기 때문에 새로운 국민교육 방법에 의한 국체 정신의 함양이 추구되었다. 1925년 육군현역장교학교배속령에 의한 중등학교 이상에서의 현역장교에 의한 군사교련 실시는 이러한 학력의 대중화에 따른 청년의 목적의식의 희박화에 대응하기 위한 것이었다.

경제공황과 교원사회

1920년대에 심상소학교는 완전취학에 가까워지고 고등과 진학률도 50%를 넘는다. 또한 제1차 세계대전으로 총력전의 기반이 국민의 지적 수준에 달려 있다는 점이 분명히 드러나게 되어 의무교육연한의 -2년-

---

* 백중맞이盂蘭盆때 농촌 청년들이 모여서 추는 군무

연장 문제는 데모크라시, 배금주의 풍조에 대응하는 국체정신의 형성과 관련해 초미의 과제가 되었다. 1924년, 기요우라 게이고淸浦奎吾 내각의 문상 에기 가즈유키江木千之는 화폐주조 수익금-1억3천만엔-을 기금으로 한 교육개선 및 농촌부흥기금특별회계법에서 4백만엔을 지출하고 여기에 임시금 1천5백만엔을 더하여 의무교육연한 연장계획을 세우고 문정심의회에 2년 연장안을 물었다. 그러나 기요우라 내각이 퇴진하면서 연장 청원은 철회되었다. 대신에 가토 다카아키加藤高明 내각의 문상 오카다 료헤이岡田良平는 연장준비를 위해 사범학교 학급 증설을 추진했다. 소학교 교원 중에서 본과 정교원은 50% 정도에 불과해 그 비율을 높일 필요가 있었으므로 학급 증설을 통해 매년 2천명씩 사범학교 졸업 교원 공급을 늘린다는 계획이었다.

이 연장 준비를 위한 사범학교 학급 증설은 1929년 경제공황의 도래와 불황의 심각화, 지방재정의 긴축으로 인해 중단된다. 본과 제1부-고등소학 졸업 후 입학하는 5년제-의 학급수는 1928년부터 감소로 돌아서 32년에는 24년 계획 이전 수준으로 되돌아간다. 본과 제2부-1931년부터 중학교 졸업 후 입학하는 2년제-는 30년과 31년에 크게 감소했지만 32년 이후 대폭적인 학급 증가로 돌아선다. 사범학교에서 1부보다 2부의 비중이 높아졌다. 이러한 비율 변화는 있었지만 사범학교 졸업생수는 1927년의 14,186명을 정점으로 이후 감소하여 35년에는 8천명이 되어 20년 전후의 졸업생수로 돌아갔다.

증원 계획은 중단되었으나 그 이전의 증원으로 인해 사범학교 졸업 교원의 비율은 증가해 1935년에는 본과 정교원이 총수의 60%를 점하게 된다. 사범학교 학급증설과 연한 연장의 보류, 불황으로 인한 교원의 이직 감소 등으로 인해 이 불황기는 사회적으로 교원의 '포화상태' 시기였다. 사범학교 졸업 교원의 증가는 소학교와 농촌 교사 간의 관계를 변화시켰고 불황 하에서의 디플레이션으로 인해 교사에 대한 농촌 사람들의 시선도 달라졌다. 1922년에 소학교 고등과를 마친 미야모토 쓰네이치는 그 변화를 다음과 같이 말한다.

> 사범학교 출신 선생이 많아지면서 교육이 일신되었다. 다른 지방 출신의 교사들이 많이 왔다. 또 농촌 생활을 비판하곤 했다. 이 사람들과 농촌 사람들 사이에 무언가 어울리지 않는 일이 일어났다. 그들이 농촌 생활을 제대로 이해하지 못한 것이 큰 원인이었다. 선생들은 가르칠 것만을 가르치고 농촌 생활에 대해 진정으로 답해주는 경우가 적었다(「가향의 훈」『宮本常一著作集』六).

농촌의 습속과 관행을 생활로 실감하지 못하는 사범학교 졸업 교원들이 증가하면서 농촌 사람과 교원 간에 일정한 긴장이 유발되었다. 더구나 디플레이션이 진행되면서 봉급생활자인 교원을 부러워하는 감정도 생겼다.

1932년 6월에 사이타마현 학무과는 각 소학교장에게 「교원근무에 관한 건」 통지를 보냈다.

> 작금의 시국에 관하여는 각기 신중하게 고려하여 적절한 방책을 실시해야 함은 아시는 바와 같고, 또한 경제 불황이 더욱 심각해져 교육상에서도 봉급 체불 또는 봉급 일부기부 증가의 경향도 나타나고 있으며 일부 지방민 중에는 교육자의 지위를 부러워하는 감정도 나타나는 등 실로 교육계의 장래에 대해 중대한 사태를 노정하고 있는 것에 관해서는(「自大正七年四月

至昭和七年三月 親展書類綴」秩父郡國神小學校 所藏).

이렇게 말문을 연 후에 하기휴가 중에 촌민의 반감을 사지 않도록 하라고 주의를 준다. 시정촌의 경비에서 나온 봉급으로 생활하는 교원을 가까이에서 지켜보는 농촌 사람들의 시선은 냉담했다. 이러한 사회의 시선에 돌출하지 않게 일상생활을 하면서 교원의 전문성을 적극적으로 발휘할 것을 요구하는 것이다.

교사들은 서로 다른 두 가지 요구에 부응해야 했다. 하나는 높아진 중등학교 진학 요구에 부응해 좋은 결과를 내는 것이며 둘째는 불황 하의 농촌 지역에서 소학교 교육이 경제생활에 간접·직접적으로 유효성을 지녀야 한다는 기대에 부응하는 것이다. 당시 청년교사로 교단에 섰던 가네자와 가이치金澤嘉市는 진학자 준비 교육에 열중한 나머지 고등과에 진학한 학생들을 전혀 안중에 두지 않았다고 후에 회한을 담아 회고했다. 중등학교 시험경쟁에서 좋은 결과를 내는 것은 학교와 교사에 대한 사회적 평가와 직결되었기 때문에 고학년 담당교원은 준비교육에 열중하게 된다.

5학년에서 6학년으로 올라가면서 점차 입학전쟁에 돌입했다. 쇼와6년(1931년)에 시작한 만주사변이 점차 전선을 확대해가는 중에도 우리는 다만 교실에 갇혀서 입시 결과에만 기대를 걸었다. 하루 일과가 끝나면 아이들에게 오후 간식을 먹게 하고 저녁 여섯시 경까지 준비교육을 계속 했다(金澤嘉市『어느 소학교장의 회상ある小學校長の回想』).

그는 이렇게 도시마구豊島區 니시스가모西巢鴨 제3소학교 교사 시절을 회상한다. 시험 결과에 따라 소학교와 교원을 평가하는 현상은 농촌 지역에서도 마찬가지였다. 사이타마현 지치부군의 히구치소학교는 달톤 플랜을 도입한 자유교육을 전개하여 농촌 사람들과 긴장을 유발했지만 『학교연혁사』에는 1928년도의 중등학교 진학실적 탓에 자유교육이 촌민들에게 수용될 수 있었다고 기록하고 있다.

교육방침도 실적도 대체로 순조롭게 발전했고 촌민들의 교육에 대한 이해도 진전되어 학교를 의심하지 않게 되었다. 이는 당국에서 제시하는 개성존중 교육, 실제에 입각한 근로학 중시 교육, 직업지도 등에 관한 훈령 때문일까. 현 또는 부형의 이해 때문일까. 아니면 졸업 아동의 중등학교 입학률이 비교적 양호해졌기 때문일까 – 농림학교 지원자 다섯 명 중 네 명, 중학 지원자 네 명 중 세 명, 그리고 실과에 한 사람 입학 –.

불황이 진행되자 촌민들은 쓸모 있는 교육을 기대하게 되었고 지치부의 히구치소학교 부모들도 마침내 "고등과에 올라가도 영수증도 만족스럽게 쓸 줄 모른다"며 자유교육을 비판하게 되었다. 아동 발달이라는 보편성에 의거한 자유교육은 불황으로 인해 그 생활공간인 지역사회가 요구하는 학력의 형성 쪽으로 나가게 된다. 그것은 추상적인 지식 대신에 촌의 전통적 생활습관에 뿌리내린 구체적·일상적 지식 획득을 꾀하는 것이었다. 문부성도 1930년 사범학교규정에서 지리과에 '지방연구'를 도입했고 사범학교에 향토연구시설비를 교부하여 향토교육 진흥을 꾀했다. 또는 1932년에 시작된 경제갱생운동에 대응하는 정신갱생, 생산주의 교육도 마찬가지였다. 소학교의 독자성과 교원의 전문성은 이처럼 향토교육과 경제갱생운동에 참여함으로써 구체화되었다. 그들은 국가의 정책과제에 밀착함으로써 지역사회로부터 신뢰를 획득하려 했다.

그러나 반드시 국가 정책이기때문에 쓸모 있는 교육에 주목하게 된 것은 아니다. 쓰기 문화로서의 작문 교육에 착목하여 아동의 확실한 독서 능력, 주체적 사고력을 형성하려는 시도가 각지에서 전개되었다. 사이타마에서는 쇼와 초기에 장학사 시모야마 쓰토무下山懋의 지도 하에서 작문교육綴方敎育=문집 만들기에 착수한다. 시모야마는 교원의 자질 향상, 전문성을 향상시키지 않고는 사회의 신뢰를 얻을 수 없다고 생각해 작문교육을 통해 교원 자질 향상을 꾀하려 했다. 그가 모범으로 삼은 것은 이미 각지에서 실천되고 있는 문집 만들기였다. 홋카이도의 기무라 분스케木村文助의 『촌의 아이村の子ども』, 시즈오카의 후하라 요시노리富原義德의 촌 소학교 아동 문집(『아동문원兒童文苑』)에서 자극을 받았다. "글을 통해 아동이 생활할 수 있도록 하고 이를 통해 아동이 아직 생활하지 않았거나 또는 아동의 생활 전개가 심화되지 않은 방면을 개척"하는 것에 지도의 안목을 두고 '생활하는 힘' '생활을 보는 힘' '생활을 표현하는 힘'을 결합한 아동상을 그리는 것이었다. 아동을 생활자로 인식하여 글쓰는 힘을 매개로 생활을 보는 힘, 사고하는 힘을 형성하려는 것이다. 이러한 관점에서 군내 각 학교 아동의 작문을 모아 1929년에 군문집을 창간한다. 이러한 문집 만들기의 영향을 받아 자주적 연구회를 조직하고 사회과학 이론에 입각한 전국적인 교육운동에 참가하는 교원도 나타났다.

이 작문교육과 관련해 전국적으로 주목받은 것은 농촌 불황이 심각한 아키타에서 1929년 6월에 설립된 북방교육사北方敎育社-나리타 다다히사成田忠久 등-의 생활작문운동生活綴方運動이었다. 생활에 관해 글을 씀으로써 생활인식을 심화하고 그것을 교재로 삼아 삶의 방식을 탐구한다는 것이었다. 그것은 이미 국어과 작문의 틀을 넘어서 학교교육 전체의 개혁을 시야에 담게 된다. 1929년 10월에는 도쿄에서 사사오카 다다요시小砂丘忠義·노무라 요시베野村芳兵衛에 의해 『작문생활綴方生活』이 창간되어 작문을 통해 교육전체의 개혁을 의도하는 작문 이론이 작문교사의 교류와 아울러 전국적으로 전개된다.

1929년 세계 공황에 수반하는 경제불황으로 인한 사회의식 변화는 지역사회와 학교·교원의 관계를 되묻게 만들었다. 교원들은 어떻게 전문성을 구체적으로 드러낼 것인가를 요구받았다. 총체적으로는 추상적인 지식 교수에서 구체적·실제적인 일상생활에 입각한 지식의 획득으로 이행하면서, 교원사회는 향토교육에서 출발해 교학쇄신이라는 멸사봉공의 길로 혹은 생활에 필요한 학력을 추구하는 길로 두 가지 방향으로 갈라진다. 전자는 국가에 쓸모 있는 교육이라는 방향으로, 후자는 사회에 쓸모 있는 방향으로 나가는 서로 다른 지향을 갖고 있었다.

농산어촌경제갱생운동과 농촌 학교

불황에 고통 받는 농촌 경제를 재건하기 위해 1932년부터 농산어촌경제갱생운동이 전개된다. 이 운동은 "농촌부락에서 나라의 미풍인 이웃을 보호하고 서로 돕는隣保共助 정신을 활용하고 경제생활에서 이를 철저히 함으로써 농산어촌 산업 및 경제의 계획적 조직적 쇄신을 기도해야 한다"(농림성훈령 제2호, 1932년 10월)는 목적으로 '인보공조의 정신'이라는 교화 활동과 산업조합·농사조합 등 조합조직의 재편을 통한 생산·유통의 합리화로 경제 갱생을 꾀하려는 것이었다. 지주의 권위가 지배하는 농촌사회를 자작농 중심의 생산·유통 체계로 재편하려는 생산주의적 합리성에 기반한 운동이었다. 때문에 지주의 권위를 벗어난 농민층을 통합하는 교화운동이 운동의 중요한 축이 된다. 촌장·농회장·조합장·소학교장이 운동의 네 기둥을 이루고 소학교가 교화운동의 중핵을 담당한다.

이 운동이 전개되면서 소학교가 농촌 경제 및 풍기 유지에 직접 관여하고 교원들 운동의 담당자로 활약하게 된다. 쇼와 초기, 사이타마현 지치부군에서 신교육운동을 추진한 청년교사들도 불황의 도래와 경제 갱생 운동을 맞이해 관점을 바꾸게 된다. 1933년도에 경제 갱생 계획 지정촌이 된 구나久那촌의 소학교장 시오야 마쓰지로塩谷松次郞는 우선 농촌 경제의 재건이 첫째고 교육개혁은 그 다음이 될 수밖에 없었다고 회고한다. 구나촌의 경제갱생계획은 양잠 중심의 생산구조를 다양한 판매작물-연초·감·밤 등- 생산으로 전환하는 것이었다. 이러한 경영 다각화에 대응하여 시오야는 소학교를 양란·양계 센터로 만들었다. 병아리를 각 집에 돌리고 양란에 참여했다. 또한 아동에게 가정에서의 한평농원一坪農園과 가축사육을 장려하여 '체험실사학습'을 실시했다. 때로 고등과 학생을 농촌 도로정비에 동원하기도 했다. 이러한 생산주의적 교육과 함께 '인보공조의 정신'을 함양하기 위해 아동통학단을 조직하고 우지가미氏神 참배를 정례화하며 축제일에 철저히 '국기'를 게양하게 했다. 그가 목표로 삼은 정신갱생의 과제는 "권리를 주장하기에 앞서 의무를 수행하기" "헌신적 노력의 수양"이었다. 그 때 그가 의거한 것이 보덕주의報德主義 사상이었다. 학교교육의 과제를 자유와 자율이라는 방법을 통해 아동의 개성을 기르는 신교육론에서 '사私'를 버리고 헌신성을 기르는 보덕주의로 대치한 것이다. 그것은 또한 불황과 경제갱생운동 하에서 향토 생활자의 시선으로 학교교육을 새롭게 파악하는 것이었다. 그 방향성은 시오야처럼 생산주의적·체험적 교육이 되기도 하고 관념적인 향토애 강조가 되기도 하는 등 다양했다. 다만 인보공조의 정신과 관련하여 학교교육을 사익, 공리성功利性을 억제하고 국가적 충성심을 우선하는 가치

형성의 장으로 전환하려는 점은 공통적이었다.

또한 경제갱생운동은 국민의 사상형성 방법에 새로운 관점을 도입했다. 이 운동이 생산·유통체계의 합리화를 꾀하는 이상, 국가가 가진 기능성에 착목하게 된다. '인보공조의 정신' 함양을 위해 경신숭조의 이데올로기와 함께 국가 관념의 함양을 강조한다. 따라서 이 운동에서는 농촌의 통합 상징으로서 '국기' 게양을 추진했다. 학교교육이 '국기'와 무관하지는 않았다. 그러나 어진영·교육칙어라는 천황의 권위에 의거하는 국민도덕론에서 국가의 상징인 '국기'는 정당하게 자리매김되기 어려웠던 것도 분명하다. 1925년, 실업보습학교에 공민교육이 도입되고 그 연장선상에서 향토교육이 구상된 것도 국가와 국민의 관계성에 관한 교육이 불충분했기 때문이다. 경제갱생운동을 통해 소학교교육에서 '국기' 게양을 적극적으로 추진하게 된다.

학교에 국기 게양대가 만들어지고 마을에서도 지구별로 게양대가 설치되었다. 또한 청년단이 국기 게양을 관리하는 촌도 있었다. '국기' 게양은 '멸사'와 국가에 대한 충성의 상징으로 자리잡았다. 어진영·교육칙어는 천황의 신성성의 상징으로서 비일상적인 의식의 장에 어울리는 것이었다. 그러나 지주적 질서 대신에 자작농 중심의 대중적 조직화로의 이행을 꾀하는 경제갱생운동은 '국기'라는 일상적 상징을 필요로 했다. 때문에 종래 학교교육에서 그 위치가 명확하지 않았던 '국기'가 적극적으로 도입된 것이다.

-칼럼- 교정에 세워진 니노미야 긴지로상

지금도 소학교 교정의 한 구석, 흔히 교문 주변에서 청동 혹은 석조로 만든 니노미야 긴지로二宮金次郞상을 볼 수 있다. 장작을 등에 지고 손에는 책을 든 채 읽으면서 걷는 모습을 묘사한 것이다. 인물덕목주의에 의해 편찬된 국정수신교과서에서 등장 빈도수 2위를 점한 것이 니노미야 긴지로였다. 1위는 메이지 천황인데 근대국가의 건설자로서 외경의 대상으로 묘사되어 있다. 이 천황을 따르는 이상적인 신민의 모습을 구체화한 것이 니노미야 긴지로였다. 빈농의 아들로 태어나 효행·근면·검약·분수分度·겸양推讓의 덕목을 실천하며 입신출세한 그의 모습은 전전 농촌사회에서 살아간 농민들에게 구체적인 이상 그 자체였다.

긴지로는 I기에서 V기에 걸쳐 18개 과에 등장한다. 특히 II기 수신교과서(1910년 이후)에서 중시된다. I기 수신교과서(1904년 이후)는 개인의 도덕 확립과 공리주의적 가치를 중시한 말하자면 자본주의화에 대응하는 덕목을 중시했으며 그것을 비판하며 편찬된 II기 수신교과서는 충효주의를 강조하고 개인이 아니라 국민도덕을 고창하게 된다. I기에서는 제3학년용에서 4개 과(ニ―ニ―효행, きんべん근면, がくもん학문, じんえい자영)에 등장하여 자립자영의 모범이 된 긴지로는 II기에서는 2권의 7개 과에서 다루어지고 그 덕목도 "オヤノオン부모의 은혜, カウコウ효행, キョウダイナカヨクセキ사이좋은 형제, シゴトニハゲメ열심히 일하자, シンルヰ신뢰, ガクモン학문, キンケン근검"과 교육칙어 덕목에 대응한다. 여기서는 소년 긴지로가 저학년 교재로서 빈곤에 좌절하지 않는 효행·근면·고학의 실천자, 입신의 '본보기'로 묘사된다. 2권의 25.9%를 니노미야 긴지로가 점한다.

III기(1918년 이후), IV기(1933년 이후)에서는 3권의 각 3개 과(かうかう효행, しご とにはげめ열심히 일하자, がくもん학문)로 줄어들고 V기(1941년 이후)에서는 초등과 수신 1권의 한 과(一つぶの米한 알의 쌀)에만 등장한다. 전시체제라는 국민 기능을 국가적으로 집약하고 재편하는 시기에 근면 역행을 통한 입신출세의 이상상은 적합하지 않았고, "집안을 일으키고 나라를 부흥시키기 위해서는 마음이 해이해 서는 안 된다" 하여 근면을 집안과 국가의 번영으로 연결시켜 이야기한다. 국가 에 대한 충성이 요구되는 전시로의 이행기에 대응하여 수신교과서에서 긴지로 의 역할은 후퇴하게 된다.

그러나 수신교과서에서는 후퇴하면서도 교문 앞에 새롭게 긴지로상이 등장한 것이다. 학교교육의 맥락이 아니라 농산어촌경제갱생운동의 전개에 따른 것이 었다. 1929년 세계공황으로 시작된 불황은 특히 농촌 지역에서 심각했다. 그 재 건을 위해 1932년도부터 경제갱생운동이 실시되어 생산·소비체계의 합리화와

[그림-1] 니노미야 긴지로 동상(兵庫縣 姬路市 網干 小學校 校庭)

농민의 정신교화운동에 관여한다. 학교교육에서도 향토교육이 외쳐지고 농촌지역의 실태에 입각한 실학적 교육이 요구되었다. 경제갱생운동의 일환인 정신교화운동은 학교를 중심으로 착수되어 교장이 지도자가 된다. 그 무렵 보덕주의가 교화 이데올로기로 교육자에게 수용된다. 분수·겸양·지성·근면 등의 가치는 입신출세주의·공리주의적 가치를 억제하는 멸사봉국滅私奉國의 맥락에서 수용되었다. 쇼와의 경제공황에서부터 전시기에 걸쳐 보덕주의는 무사無私과 지성至誠—봉국—을 중핵 이데올로기로 하여 재평가되었고 니노미야 긴지로는 농촌교화의 상징으로 다시 등장한 것이다.

교문 주변의 소년 긴지로상의 등장은 단순한 소년 '본보기'의 범위를 넘어서 이른바

〈표1〉 아이치현 긴지로상 보급	
연도	학교수
1927	2
1928	2
1929	1
1930	4
1931	5
1932	7
1933	38
1934	41
1935	67
1936	55
1937	19
1938	11
1939	11
1940	21
1941	7
1942	6
1943	5
1944	3
계	305

『愛知縣敎育史』第4卷

농촌경제의 갱생을 뒷받침하는 교화운동의 마스코트였다. 아이치현 오카자키岡崎시는 니노미야 긴지로 석상의 주산지였고, 동상의 주산지는 도야마현 다카오카高岡시였다. 아이치현의 니노미야긴지로상 보급을 보면 표-1처럼 1933년부터 40년에 걸쳐 집중된다.

이 마스코트도 1941년 8월 금속류특별회수령에 의해 청동 긴지로상은 공출되어 교정으로부터 '출정出征'당한다. 그러나 전후에도 "전시 중에 청동상을 공출한 후에는 전과 동일하게 소년 니노미야긴지로상을 장작을 짊어진 석상으로 만들었기 때문에 그 수가 늘어났을지언정 줄어들지는 않았다"[11]. 패전에 따라 신민

교육 장치였던 '어진영', 교육칙어가 학교에서 퇴장하고 그 봉호시설이었던 교정의 봉안전은 파괴되는 가운데서도 국정 수신교과서의 이상적 신민의 '본보기'였던 니노미야 긴지로상은 계승된다. 그것은 경제갱생운동의 마스코트로서 농촌 사회 속에서 등장했기 때문에 전후의 경제재건의 윤리적 모델로서 계속성을 지닌다고 인식되었기 때문일 것이다.

주

1) 奈良本辰也 「『二宮尊德』をどのように受けとめるか」「理想」 1955년 9월호.

모리카와 데루미치

* * *

6. 전시하 교육과 '근대교육' 비판

교학쇄신과 연성론

미노베 다쓰키치美濃部達吉의 천황기관설天皇機關說 사건·을 계기로 전개된 국체명징운동은 일본 사회의 근대적 요소를 드러내 재검토를 추구하는 것으로서, 사회과학-마르크스주의-에 대항하는 사상선도책에서 출발해 개인주의·자유주의 사상을 배제하고 적극적인 일본정신의 구축을 꾀하는 운동이었다. 이 운동에 수반해 1935년에 교학쇄신평의회가 설치되어 국체관념의 명확화와 그 함양 방법이 검토된다. 그러나 국체 개념

* 천황기관설은 메이지헌법에 대한 해석의 하나로서, 국가의 통치권은 천황에게 있다는 설에 반하여 통치권은 법인인 국가에 속하며, 천황은 그 최고기관이라고 보는 학설이다. 미노베 다쓰키치 등이 제창했으나 1935년 국체명징 문제가 일어나면서 국체에 반하는 학설로 간주되어 배척되었다.

은 본래 융통무애融通無碍의 존재 가치를 지닌 것이라고 주장함으로서 결국 교육칙어가 제시하는 바를 바꾸어 말한 것에 지나지 않았다. 여기서 논의의 초점은 함양의 방법에 관한 것이었다. 이 점과 관련하여 교학쇄신평의회 취지 설명문에는 "참으로 나라의 기초를 배양하고 국민을 연성할 수 있는 독자적 학문·교육의 발전"이라며 국민연성國民鍊成(연마육성하는 일)이라는 새로운 개념을 제시했다.

그렇지만 천황상과 관련하여 분명한 전환이 꾀해진다. 종래의 국민도덕론-가족국가관-에 기초한 인자한 아버지 같은 천황상이 아니라 신성한 존재로서의 신권천황상神權天皇像이 강조된다. 답신에는 "우리나라에서는 제사와 정치와 교육은 근본적으로 일체이며 불가분"하다 하여 신=천황에 대한 제사를 기본으로 하는 교학론을 일본적인 것으로 설정한다. 여기서 도출된 것이 '수련의 장'으로서의 학교론이었다. 교수의 장으로서의 학교교육에서 수련의 장으로서의 학교로 전환이 나타난 것이다. 교육을 대신하는 교학과 연성수련이라는 두 용어가 독자적인 가치개념을 지니며 이후 교육·학교론에 영향을 미치게 된다.

그런데 어째서 교육쇄신이 아니라 교학쇄신이었을까. 교학개념과 교육개념의 대립은 1879년의 이른바 「교육의教育義」 논쟁에 의해 명확해진다-앞의 「'교육'과 교학의 상극」 절 참조-. 교학이란 ① 인의충효의 덕육 중심, ② 뇌수에 감각시키는 방법, ③ 교학은 치정治政에 직접적인 약효가 있다는 치교일치론 등 내용으로 하는 전통적 인간형성론을 의미했다. 그리고 무엇보다도 그것은 일본의 역사적·자연적 영위라고 하는 점이 특징이었다. 한편, 교육은 ① 지적 계몽 중심, ② 문자·언어에 의한 방법, ③ 정치로부터의 교육의 상대적 독립성 등을 내용으로 했다. 결국 근대국가의 국민 창출이라는 작위성을 수반하는 영위였다. 국체명징운동에 수반해 1930년대에 교학쇄신과 수련연성이 소리 높이 외친 것은 일본 근대교육의 '근대성'에 대한 비판이었다. 교학론자인 모토다 나가자네가 쓴 『유학강요幼學綱要』가 민간에 유포되고 주석서를 포함한 출판부수가 절정에 달한 시기도 이 교학쇄신의 시기였다. 메이지기에는 아홉 종류, 다이쇼기에는 두 종류였으나 쇼와기에는 열 다섯 종류가 간행된다. 물론 1930년대 교학파의 복권은 모토다의 재현에 그치지는 않는다. 인의충효라는 개인의 도덕성의 연장선상에 있는 예정조화적인 질서가 아니라 국가-천황-에의 복종을 으뜸으로 삼는 식으로 재편된 것이다. 그를 위해 교학쇄신운동은 '조국肇國(건국)의 정신' '팔굉일우八紘一宇'를 강조하고 '멸사봉공'을 슬로건으로 한다.

1937년 5월 국체의 해설서인 『국체의 본의』가 간행되고 같은 해 7월에는 사상운동추진기관으로 교학국이 설치되었다. 『국체의 본의』는 개인주의를 중핵으로 하는 서양사상을 비판하고 일본적 윤리 공동체에서 국체의 본의를 찾았다. 그것은 역사적·자연적 존재로 규정되며 따라서 지적 교육으로 형성해야 하는 것이 아니라 주체적으로 실감해야 하는 것으로 설명되었다. 이 점과 관련해 수련이 강조되어 마침내 연성 개념으로 발전하여 전시하 교육의 핵심 개념이 된다. 이 수련이 의미하는 바는 '일본인으로서의 주체' 형성이었다. 지적 인식을 수반하는 개인의 발달과 공민교육을 통한 국민(신민) 형성이라는 기능주의적 교육론 대신에 일본적 교학론의 내용·방법을 가리키는 것으로 수련이 등장한 것이다.

수련은 메이지말에 등장한 수양주의를 계승하여 교양주의와 대치시키는 방법이었다. 교양주의는 다이쇼기에 고등학교 학생을 중심으로 서양사상·철학 섭취를 매개로 하는 인간형성으로 전개되었고 수양주의는 현실 생활과 자신 간의 갈등을 자기노력으로 지양하는 방법으로 정착했다.

이 자기노력이라는 주체적 인식 방법이 수련으로 조직되었다. 청년기 교육을 중심으로 근대 학교 제도 밖에서 전개된 수양주의가 학교교육에 도입된 것이다.

이 교학론은 자유교육의 실천자를 포함해 농촌 교사들의 공명을 불러일으켰다. 그들의 전향의 궤적을 단순히 설명할 수는 없다. 다만 농촌의 경제불황과 그로 인해 고통 받는 농민 생활에 직면한 진지한 교사들의 모습은 인정되어야 한다. 전술한 사이타마현 지치부군의 시오야 마쓰지로는 루소·칸트를 배운 후에 "그 방법은 더할 나위 없이 극진한 것입니다. 그러나 참으로 교사 자신이 마음 속에서 생각한 방법은 아닙니다"(『更生埼玉』 1937年 6月号)라고 술회하며 자신이 교양적 인식에 그쳤다고 반성한 후 주체적으로 실감하는 수련론으로 기울어간다. 그는 "우리는 우선 '나私'를 응시하지 않으면 안 된다고 느끼고 있습니다"(상동)고 했고 그 결과로 '자기중심적我儘'인 자기를 버리는 것을 교육의 과제로 설정했다. 입신의 수단이자 경쟁의 장이었던 학교를 멸사를 통한 의무수행의 장으로 전환시키고자 한 것이다. 또 한 사람의 지도자였던 다카이 쇼조高井鉦三도 1937년 『농촌 교육의 길村の敎育道』에서 니노미야 손토쿠二宮尊德를 인용하면서 "천지의 경經(도리법칙)에 앞서 인간의 경經이 있다. (중략) 촌은 기록되지 않은 경의 보고經藏다"라 하여 문자로 표현되지 않는 습속 세계와 농촌 공동체에 동화하는 것을 교육적 과제로 삼았다. "사람들은 넘쳐나는데 마을 백성들은 무거운 빚을 진 채 좁은 경지를 갈고 있다. 농촌 교사인 너는 이 짐을 함께 질 각오가 되어 있는가"라고 스스로에게 묻는 농촌 교사로서의 자각이 그로 하여금 '농촌의 소박한 신앙과 마쓰리의 교육'으로 향하게 했다. 지적 교수에서 주체적 실감으로서의 수련으로의 전환이 자신의 과제가 되었다. 교학쇄신운동과 함께 향토

교육도 향토애라는 윤리적 공동체의 인식과 일본정신 형성의 방법으로 한정되어 간다.

황국신민 연성과 교육개혁

교학쇄신평의회의 답신에 의한 교육이념의 재편을 받아들여 전면적인 내용·제도개혁을 위해 1937년에 교육심의회가 설치되었다.

교육의 내용 및 제도 전반에 걸쳐 근본적 통합적인 조사연구를 행하고 (중략) 경제, 산업, 국방을 비롯해 종교, 예술 등 모든 문화 활동과 불가분의 관계에 서서 거듭 국내의 상황과 동아 내지 세계 정세를 감안하여 광범한 국책적 견지에서 충분한 조사심의를 행하고 적절한 방책 시설을 수립한다(第一回總會近衛文麿內閣總理大臣挨拶『資料敎育審議會總說』).

종합국책의 견지-고도국방국가라는 전시체제 확립-에서 전면적 검토를 요구한 것이다. 따라서 임시교육회의와 마찬가지로 원안을 제시하는 방식이 아니라 심의회에 백지 위임하는 방식을 취해 포괄적·근본적 검토를 요구했다. 종합 국책이라는 틀 안에서 단기적·시국 대응적 검토가 아니라 임시교육회의 이후 대중화된 사회를 포함한 교육적 과제에 대응하는 근본적 논의가 전개되었다. 따라서 교육심의회의 답신·건의는 전후교육개혁과 연속적인 면을 지녔다.

심의회는 약 4년간 일곱 차례의 답신과 네 차례의 건의를 채택하며 대폭적인 개혁노선을 제시했다. 그 요점은 첫째, 교육목적을 초등교육에서 고등교육 나아가 사회교육·가정교육까지 일관하여 '황국의 도에 입각'한 황국민 연성으로 규정한 것이다. 둘째는 6년 의무제의 소학교를 8년

의무제의 국민학교로 바꾸고 중학교·여자중학교-고등여학교-·실업학교를 중등학교로 일원화하고, 2학년 이하에서 상호 전학을 인정한 것이다. 셋째는 교육내용·방법과 관련하여 지식의 분과적 교수를 폐지하고 교과의 통합과 종합교수를 도입하고 또한 '심신일체의 훈련'을 중시하여 교과외 활동·교외활동을 중시한 점이다. 넷째는 교육의 기회균등과 관련된 제도 정비이다. 맹·농교육의 의무화와 빈곤에 따른 취학유예·면제를 폐지한 점이다. 그러나 제도개혁은 전쟁의 확대와 파국 속에서 보류되고 전후사회로 넘겨지게 된다.

국책적 견지에서 총체적인 검토를 시도한 교육심의회도 고도국방국가가 요청하는 합리성을 관철하지는 못했다. 제도개혁에 관해서는 1920년대 이래의 의무교육연한 연장과 중등교육의 일원화 과제에는 응하면서도 초등-중등-고등이라는 삼단 계제를 취하지는 않았다. 의무연한 2년 연장은 초등교육의 연장이었고 6년 단계부터 중등학교에 접속되는 복선형 학교제도는 변하지 않았다. 중등학교의 일원화도 실제로는 세 종류의 중등학교의 병존에 지나지 않았다. 더구나 교육심의회가 발족되기 직전에 청년훈련소와 실업보습학교를 통합하여 1935년에 발족한 청년학교의 의무화가 결정되어, 청년기 교육의 재편이라는 교육심의회의 주요 테마는 실질적으로는 심의의 범위를 넘어서지 못했다. '중견국민'을 양성하는 중등학교와 국민학교 고등과-청년학교라는 청년교육의 이원화가 고정되어 중등교육의 계급제도가 오히려 명확해졌고, 대중적 중등교육의 확대라는 방향이 제시되지는 않았다.

실제로 이 교육심의회의 답신 중에서 구체화된 것은 황국민 연성이라는 내용·방법 개혁에 관한 것뿐이었다. 황국민 연성이라는 용어가 마술적 언어로서 교육 세계를 석권하게 된다. 황국민 연성의 내용은 '황국의

도에 입각하여'라고 표현되고 '황국의 도' 개념의 제시는 종래의 교육칙어 해석에 변경을 초래했다. 메이지 공교육체제는 교육칙어의 해석에서는 신중하여 "부모에 효도하고 형제에 우애하며" 이하의 제2단락에 나오는 개별 덕목을 중시했고 제1단락의 총론격인 조국론肇國論, 만세일계를 적극적으로 다루지는 않았다. '황국의 도'는 이 제1단락을 포함하는 것으로 해석된다. 이 변경은 당연히 교학쇄신운동의 노선으로 이어진다. 이렇게 하여 근대적·자유주의적 해석론은 후퇴하고 '팔굉일우' '조국정신'이 고창되고 천황의 신성이 전면에 대두된다. 그것은 '멸사봉공'의 철저를 꾀하고 고도국방국가라는 국가통제정책에 대응하는 이념으로서 유효성을 가지는 것이었다.

이 '황국의 도' '황국민'과 관련된 내용·방법 개념으로 연성론이 전개된다. 지덕일체·심신일체라는 일본적 신체문화론을 공통 요소로 하여 다양하게 시도된다. 신체동작의 통제를 통한 방법이 중시되고 전통적 기법이 강권적으로 도입된다. 연성은 주체적인 연마를 요구한다지만 그 주체는 학교에서의 강제에 의한 관념으로서의 주체의식이며 그것을 실감시키기 위한 신체훈련이 강조되었다. 교학쇄신의 조류를 타고 1936년 2월에 일본적 훈육을 주장하는 잡지 『훈육訓育』이 간행되었고 38년에는 잡지의 독자들을 중심으로 국민훈육연맹이 결성된다. 이 민간 단체에 의해 연성=행行적인 교육의 이론과 실천이 지도된다. 지바의 도가네東金소학교, 가나가와神奈川의 가마쿠라鎌倉제일소학교의 실천이 모범 사례로 소개되었다. 교육칙어·어진영이라는 천황숭배의 도구와 함께 가미다나神棚*와 '국기'를 상징으로 한 집단적 훈육 방법이 제시된다. 도가네국민

---

* 집안에 설치한 신을 모시는 곳.

학교의 강당 의식을 통해 그 일면을 살펴보자.

이어지는 북소리에 맞추어 일동은 강당에 집합하고 교장이 입실한 후 다시 북소리가 들리자 물을 끼얹은 듯 조용하다. 교장이 등단하여 아동을 향해 인사한 후 정면을 향해 사제가 동시에 정중하게 예배한다. 다음으로 교장이 어제御製를 봉독하고 단상 중앙에 정좌하여 하치마키鉢卷*를 조이면 아동들도 일제히 착석하여 머리띠를 두른다. 앉는 방식은 옛날식에 따르고, 손가락은 고리를 만들어 무릎 위에 놓는다. 때마침 종소리가 댕 하고 울리면 일동 침묵하여 몇 분간 묵상한 후, 댕 댕 두 번 종이 울리면 눈을 뜨고 휴대한 소책자 전진훈戰陣訓을 펼친다. (중략) 이 때 일체 호령을 하지는 않는다(志垣寬『全國國民學校新建設參觀記』).

행行이란 침묵의 행이며 학교는 이른바 침묵을 통해 자신이나 이면을 주시하여 '자기중심성'을 극복하고 봉공을 통해 국가-천황-에 대한 충성심을 형성하는 장이 되었다. 각지의 모범적인 국민학교 실천 사례를 시찰한 시가키 히로시志垣寬는 "거의 대부분 일본적인 것들의 부활에 그쳤고, 일본에 비교적 부족한 방면 특히 과학적 방면의 개척이 대단히 유치하다"(상동)고 지적했다.

위의 행 교육-침묵과 봉공-은 1938년 중등학교에서의 집단근로 작업에서 시작해 행학일체라는 이름 하에서 국민학교 고등과부터의 근로동원과 노동력 확보 정책에 수반하여 학교 밖으로 확대되어 간다. 본토로 미군 공습이 일상화되고 본토방위 작전이 진행되자 학동소개學童疏開

---

* 머리에 두르는 띠

가 실시된다. 특히 1944년에 시작된 국민학교 4학년생 이하를 대상으로 한 집단소개로 인해 농촌의 사원·여관을 활용한 집단생활이 시작되었는데 이 역시 행학일체의 교육으로 자리매김된다. '동양도덕 서양예술'로 시작된 막말 이후의 근대화는 둘 사이의 균형을 취하는 교육정책으로도 전개되었다. 그러나 교학쇄신을 계기로 교학이 복권되고 일본적·특수적 주체성론이라는 불가지한 방법이 채용되면서 서구 근대 사상을 배제하고 압도적으로 '동양도덕'으로 기울어지게 되었다.

사회의 '평준화'와 진학경쟁

중일전쟁이 확대하고 군수산업이 팽창하면서 경기도 회복되고 중등학교 진학자도 증대한다. 소학교 졸업자 중에서 중등학교 진학률은 1930년의 20.4%에서 40년에는 26.7%로 급증한다. 이에 대응하여 중견기능자 양성을 위한 실업학교가 도시 지역을 중심으로 증설된다. 군수산업에 대응한 중견기능자 양성이라는 국책에 따라 1930년대 후반부터 중등교육정책이 대담하게 전환된다. 1920년대부터 30년대에 걸쳐 중등학교 진학자 증대와 수용인원의 격차 또는 명문 진학교 입학 지원으로 인해 시험경쟁이 과열되었다. 이에 대응하여 입시방법의 개선과 소학교 졸업 시점에서의 진로지도 강화를 통한 억제책이 취해졌다. 그러나 1930년대 후반부터는 문부성도 내무성도 중등학교의 확대 노선을 분명히 하였고 통제경제 하에서도 중등학교 건설은 특별히 배려하게 된다(〈표7-1〉 참조).

중등학교 확충과 함께 입시방법의 개혁에도 착수했다. 1939년 9월에 「중등학교입학자선발에 관한 건」(문부차관통첩)을 발포하여 필기시험을 금지하고 더구나 인물고사는 '덕성에 기반하여 판단력'을 평가하도록 했다. 이 선발 방법의 개혁으로 인해 특정 명문 진학교에 특정한 소학교 출신자가 대량 합격하는 현상은 사라졌다. 세이시소학교를 보면 부립일중 합격자는 1939년에는 23명이었으나 40년에는 한 명으로, 부립오중 합격자는 39년에는 22명이었으나 40년에는 9명으로 급감한다. 내신서에 차이가 없는 한 신체검사와 덕성에 관한 주관적 판정이 합격을 결정한다. 때문에 중학교 측은 학력이 부족한 입학자를 받아들이게 된다며 비판적이었지만 소학교 측 반응은 좋았다. 특정 소학교 출신의 대량합격자가 자취를 감추고 각 소학교로 분산되었다. 더욱이 1940년 11월에 문부성은 대도시를 포함한 부현에서는 가능한 한 학구제와 종합선발제를 도입하겠다고 통지한다. 이러한 입시제도 개혁은 중등학교 진학률이 30% 가까이 달하면서 이제 중등학교는 입학희망자를 골라내기보다는 합리적인 기준을 통해 가능한 한 받아들이는 방향으로 정책을 전환했음을 보여준다.

그것은 또한 통제경제에 수반한 경제생활의 평준화를 배경으로 중등학교 진학 희망자들이 크게 늘어났기 때문이다. 1938년 이후 소비재 공급이 줄어들고 통제경제가 일상생활 수준까지 침투하자 지역사회의 조직화가 진행되었다. 정내회町內會가 배급·방공기능을 중심으로 조직되었고 주민 관계는 공간적 혼재에서 사회적 혼재로 변화했다. 이러한 일상생활에서의 사회의식의 평준화, 경제생활의 평준화에 수반해 도시 지역에서도 중등학교 진학층은 도시 중간층에서 노동자층으로 확대된다. 내각통계국의 가계조사를 보면 도시 지역의 봉급생활자-관공리, 은행·회사원, 교직원-와 노동자-공장노동자·교통노동자-의 1938~39년 아동 1인당 교육비 지출은 월액으로 전자는 0.95엔, 후자는 0.91엔으로 거의 비슷했다. 도시 지역에서는 교육비 지출의 계층 차이가 축소된다.

지방 도시에서도 중등학교 진학자 증가에 대한 대응책이 전시 국민생활의 안정을 위해 중요 시책이 된다. 사이타마현의 우라와浦和시는 1943년 4월에 그 대책으로 우라와시립중학교를 창설한다. 그 설치 이유를 시장은 다음과 같이 말했다.

중등학교 수험자는 매년 격증의 일로에 있는데 학교시설은 입학지원자를 만족시킬 수 없어 유감이다. (중략) 지원자에게 향학의 길을 열어 전쟁시대의 산업, 군사, 교육의 상호 진전을 기하고자 한다. 최근 지원자를 보면 15년도(1940년)에 132명, 16년도 170명, 17년도 172명이 입학하지 못했으며 18년도의 지원자는 남자 622명이어서 2년전처럼 354명이 입학하면 262명이 입학할 수 없게 된다. 본 시의 발전 추세로 장래를 보면 그 곤란함이 더욱 가속될 것으로 생각된다(『浦和市議會史』上).

전쟁에서 패색이 짙어지며 근로동원이 확대되고 1943년부터 학도출진에 따라 재학생이 전쟁에 동원됨으로써 학교교육이 붕괴해 감에도 불구하고 진학희망자의 증대는 멈추지 않았다. 따라서 물자부족 속에서도 후방생활 안정을 위해 학교 증설이 꾀해진 것이다. 전쟁의 파국적 전개에 수반하여 학생들을 죽음으로 내모는 교육이 진행되면서도 중등학교 진학자는 증대하는 이 파라독스는 어떠한 사회의식 때문이었을까.

가가 오토히코加賀乙彦는 자전적 작품『영원한 수도永遠の都』에서 1943년 도립육중에 입학하여 중 1때 육군유년학교 시험 불합격, 중 2때 나고야육군유년학교 합격까지의 궤적을 다음과 같이 그렸다.

50명 가량이 있던 학급 속에서 각 학년 당 단 한 명만이 유년학교에 합격했다. 그 녀석은 반에서 일등 하는 수재였다. 나와 사카다坂田 그리고 그 다음 일곱명 즉 아홉명은 작년에 떨어져 금년을 노렸다. 지금 육군유년학교를 목표로 하는 사람은 소수지만 장래 반의 60% 정도가 군대의 학교로 진학하려는 것도 사실이다. 4학년이 되면 대부분 육군사관학교나 해군병학교에 가려 한다. (중략) 모두가 군인이 되고 싶은 것이다. 신문은 "가열한 전국 하에서 전지에 있는 아버지와 형을 뒤이으려는 후방소년의 의기가 하늘을 찌르며 전장으로 전장으로 다투어 나간다"고 쓰고 있다. 요컨대 모두가 대전쟁 속에서 보다 유리한 직업에 취업하려는 어린애 마음으로 생각하고 있는 것이다.

전시체제에서 유리한 지위를 추구하는 것은 당연히 죽음의 기회를 줄이기 위해서였고, 중등학교 진학과 그 후의 시험경쟁은 전시에도 냉각되지 않았다. 그러나 그와 같은 사적 이익의 추구는 '멸사봉공' 하에서 '표면적 방침'으로는 엄격히 부정되었다. 가가는 이렇게 말을 잇는다. "정말 속으로는 그렇게 생각하면서도 겉으로는 고하토御法度*로 '나라에 봉공' 하거나 '천황폐하의 심복이 된다'고 말하거나 작문에 쓰거나 했다"고 하여 사리와 봉공을 구별하는 심리를 말한다. 그 자신이 유년학교 출신자인 퇴역중좌가 주최하는 진학학원에 다니면서 표면방침-군인칙유와 개전 조서-에 관한 시험 규칙을 배운다.

'표면방침'의 이념을 구가하면서도 실제로는 사리의 확보를 의식하며 경쟁이 진행되는 것이다. 결국 교학쇄신에서 시작된 사적 영역의 통제와 국가계획으로의 동원이라는 교육정책은 '표면방침'으로서의 봉공과 사

---

* 법도, 법령

리의 확보 간을 형식적으로 끊어버리는 결과를 초래했을 뿐이다. 대중화·평준화가 진행되는 사회에서 교육을 매개로 하는 입신의식은 억제되는 것이 아니라 팽창할 뿐이며, 당연히 교학 이데올로기라도 사리의 추구라는 역사의 흐름을 멈출 수 없었다. 결과적으로 국가의 '표면방침'에 의거한 신체규제로서 폭력적인 교육만이 횡행하게 되었고, 바로 그 때문에 '표면방침'을 강요당했던 청소년이나 교사들은 패전 이후 교육과 국가에 대해 강한 불신을 갖게 되었다고도 할 수 있을 것이다.

모리카와 데루미치

제8장
이민 교육과 이문화 이해

1. 이민과 해외 인식

개국과 서민의 외국상

근대 일본 서민들의 이문화 수용이나 해외 인식은 직접적인 해외 도항이나 유학을 경험한 소수의 사람들을 제외하면 국가나 지식인의 문화 장치, 즉 학교교육을 시작으로 교과서나 계몽잡지 등을 거쳐서 형성된 것에 지나지 않는다. 근세 사회의 일본인, 그중에서도 서민의 해외 체험은 특이한 '사건'을 제외하면 전혀 없었다.

17세기 초에 확립된 에도 막부는 일본인의 해외 도항 및 피치 못할 사정으로 해외로 나간 사람들의 귀국은 물론 네덜란드인과 중국인, 그리고 조선에서 온 사절단 이외에는 외국인의 내항조차도 금지시켰다. 단 조선과의 외교를 담당했던 쓰시마번(대마도)의 관리들은 조선을 왕래할 수 있었다. 쓰시마번의 관리였던 아메노모리 호슈雨森芳洲처럼 부산에 설치된 왜관에 건너가 3년간이나 머물면서 조선어인 한글과 조선의 풍속을 배운 지식인도 있었다.[1] 그러나 이들의 해외 체험은 예외적인 것으로 당시의 서민에게까지 널리 침투한 것은 아니었다.

에도 시대 말기가 되면 표류민으로 외국선에 구조되어 그대로 외국에 머물면서 교육을 받은 서민도 나온다. 도사번土佐藩의 어민이었던 만지로万次郎-존 만지로, 1828~1898-는 1841년 14살 때에 표류하다 미국선에 구조되어 메사추세츠주의 뉴벳트포드에서 교육을 받았다. 그 후, 포경항해에 따라나서기도 했으며 새크라멘토에서 가네야마金山로 들어오는 등 우여곡절을 거쳐 10년 후 류큐에 돌아와 도사번에 등용되었다. 페리가 내항한 해에는 막부 직참直參이 되어 나카하마中浜라는 성을 하사받았다. 그는 후에 막부의 군함 교수소 교수에 임명되었다. 1860년에는 간린마루咸臨丸에 승선하여 또다시 태평양을 건넜다. 메이지유신 후에는 개성학교開成學校의 교수가 되어 교육에도 종사했다.[2]

또한 셋쓰攝津의 어민이었던 히코타로彦太郞-조셉 히코-는 13살 때에 엔슈나다遠州灘에서 폭풍을 만나 표류하다 미국선에 구조되었다. 당시 미국은 표류민의 송환을 계기로 일본의 문호를 개방하려 했다. 미국은 히코타로를 페리 함대에 태워 일본에 송환시킬 계획으로 마카오까지 데리고 갔으나, 페리의 도착이 반 년이나 늦어져 결국 미국으로 다시 돌아갔다. 히코타로는 볼티모아에 사는 부호의 원조를 받아 미션 학교에 입학, 영어를 시작으로 미국인의 소양을 배웠다. 그 후, 비어스·뷰캐넌·링컨 대통령과 회견을 하는 등 당시 미국 사교계에서 일약 유명해졌다. 귀국할 때에는 미국 시민권을 얻어 1859년 가나가와神奈川 영사관의 통역으로 9년 만에 귀국했다. 영사관을 사임한 후, 1864년에 해외신문을 발간하여 일본의 신문 사업의 원조가 되었다. 메이지 유신 후는 대장성御藏省에 출사하여 국립은행 조례의 편찬에 종사하는 등, 메이지 정부의 근대화 정책에도 공헌했다.[3] 서민이 표류민으로서 외국에 체재하면서 거기서 받은 교육을 통해 이문화를 체험하는 것은 개인적인 특이한 사건에 속하는 것이었다.

한편, 1853년 페리 내항은 에도의 서민들에게도 실로 천하가 흔들리는 대사건이었다. 이 무렵에 출판된 엄청나게 많은 '가와라반かわら版'*이나 니시키에錦繪†에는 서민의 눈에 비친 외국상이 생생하게 묘사되어 있다.⁴ 막말의 대다수 지식인은 페리 내항을 일본의 위협으로 받아들였지만 '가와라반'이나 니시키에의 대다수는 외국이나 막부를 풍자적으로 묘사하여 절실한 긴박감 같은 것은 그다지 묘사되어 있지 않다. 그러나 외국에 대한 일본의 민족의식 혹은 '신국神國' 의식이 곳곳에 나타나 있어, 이러한 외국상의 형성이 동시에 자국상의 형성을 촉진시켰다고 판단된다.

페리 내항을 계기로 일본인의 해외 도항이 활발해졌다. 1860년에는 일미 수호통상조약 비준 교환을 위해 외국봉행外國奉行‡인 신미 마사오키新見正興가 견미특사의 자격으로 미국선으로 샌프란시스코와 파나마 운하를 거쳐 워싱턴에 도착했다. 이 사절단의 보호선으로 기무라 셋쓰노카미요시타케木村攝津守喜毅를 군함봉행軍艦奉行§으로, 가쓰 가이슈勝海舟를 함장으로 한 간린마루가 일본함으로는 처음으로 태평양을 건너 샌프란시스코에 정박했다. 후쿠자와 유키치는 그 당시 군함봉행의 한 사람으로 승선했었다. 후쿠자와는 후에 샌프란시스코 주변에서 50일 정도 머물면서 체험한 이문화, 예를 들어 여성을 정중하게 대접하는 풍습이라든지 워싱턴 대통령의 자손을 아는 사람이 없다는 사실 등에 놀랐다고 회

---

* 에도 시대 찰흙에 글자나 그림을 새겨 기와처럼 구운 인쇄판 또는 그것으로 인쇄한 것으로서, 메이지초기까지 사용했고 지금의 신문에 해당한다.
† 에도시대 풍속화의 다색도 판화로 에조시絵草紙라고도 한다.
‡ 1에도 막부의 직명. 통상 무역이나 그 이외의 외국의 응접일체의 사무를 관장. 1858년에 창시되어 1868년에 폐지.
§ 에도 막부의 직명. 해류의 경비, 군함의 제조, 군함의 조련 등을 관장. 1859년 설치.

고했다.[5]

1865년에 영국에 파견된 사쓰마번의 유학생들처럼 정식적인 허가를 얻지 못했지만 당당히 해외로 도항한 사람들도 등장했다. 그래서 막부는 1866년 11월부터 해외도항인장-여권-을 발행하여 조건부이기는 했지만 사실상 일본인의 해외 도항을 승인하기에 이르렀다. 그러나 해외로 나가는 것은 한정된 소수 엘리트들에게만 허락되어 일반 서민에게는 여전히 머나먼 꿈에 지나지 않았다.

대다수의 서민은 메이지 유신 이후 신정부가 잇달아 내린 서양에 기원을 둔 문명개화 정책을 반드시 환영하기만 했던 것은 아니다. 징병령은 소박한 서민들의 감각에서 보면 '혈세血稅'나 다름없었다.

1872년의 학제에서 시작한 일본의 국민 교육은 서서히 서민에게 새로운 문화를 제공했다. 예를 들어 이때까지 일본에는 없었던 건축 양식으로 건축된 학교에서, 데나라이주쿠에서 익숙했던 덴진즈쿠에(책상)天神机 대신에 의자를 갖춘 책상에 앉아, 붓 대신에 연필을 쥐고는, '오라이모노'와는 질적으로 다른 교과서나 괘도를 통해, 일제수업一齊受業이라는 새로운 학습 형태로, 데나라이주쿠와는 지적으로 다른 공간에서 일본적으로 변형된 외국을 체험해 갔다.

이 시대에는 자신의 의지로 그것도 집단으로 해외에 도항하여 이문화를 체험한 일본인들이 있었다. 그들은 이민移民이라 불렸던 사람들이다. 이민의 역사와 그 교육은 일본의 근대사 속에서 지금까지 그다지 주목받지 못했으며 그들을 위한 교육에 관심을 갖는 경우는 거의 없었다. 이민이라는 현상은 지역적인 사건으로 간주되었고, 식민지 교육과는 달리 국가적인 관심을 불러 일으킨 적도 없다. 오히려 이민은 국가의 입장에서는 성가신 외교적인 문제를 야기시키는 '버려진 백성棄民' 같은 존재이기도 했다. 그러나 해외에서 이문화와 만나 일본인으로서의 자기를 응시하면서 다양한 문제를 극복하고 이질적인 문화와 국가 아래서 살아남는 방법을 찾아내려 했던 그들의 노력은 일본에 사는 일본인이 체험할 수 없었던 새로운 가능성을 창출하는 행위이기도 했다.

이민의 시작

이민의 역사는 메이지 유신으로 거슬러 올라간다. 1867년에 하와이 왕국의 주일 영사를 겸하고 있던 미국인 상인 반 리드의 알선으로 하와이 사탕수수 경작지에 일본인을 보내기 위한 모집이 실시되었다. 그러나 도항 직전에 막부가 무너지고 메이지 유신 정부가 수립되었다. 막부로부터 도항 인장이 발행되었지만 메이지 유신 정부는 출항을 허가하지 않았다. 출국 허가를 받지 못한 채 1868년 5월에 150여명의 일본인들이 태평양을 건너기 시작했다.

이 때 하와이로 이민 간 사람들을 '원년자元年者'라 불렀다. 그러나 익숙하지 않은 노동과 노예와 같은 생활을 강요당했던 일본인 이민의 실정이 미국의 신문에 보도되고 그것이 일본에도 전해졌다. 또한 이민의 전담당자였던 마키노 도미사부로牧野富三郎가 일본 정부에 구출 탄원서를 보낸 사실도 있어 일본은 정황 시찰을 위해 관리를 파견했고 귀국을 희망한 40여명의 일본인을 데리고 돌아왔다.

1871년에 하와이 왕국과 일본 사이에 수호통상조약이 체결되었지만 노예 노동자를 수출한다는 여론이 들끓었고 유신 후의 국내 질서 확립이 우선시되면서 노동자 이민은 당분간 단절되고 말았다. 일본이 다시 하와이에 이민을 보내기 시작하는 계기가 된 것이 1881년 칼라카우아 국왕의 방일이었다. 국왕은 메이지 천황과의 회견을 통해 가이우라니 공주와 황족인 야마시나노 미야사다마로山階宮定麿-히가시후시미야노 요리히 토東伏見宮依仁-와의 결혼을 성립시켰으며, 서양 열강의 압력에 대항하기 위해 일본을 중심으로 한 환태평양연맹 같은 것을 제안했다고 한다.[6] 그 러나 이 연맹은 하와이에 강한 영향력을 갖고 있던 미국과의 대립을 야 기할 수밖에 없다는 야마가타 아리토모山縣有朋 등 중신들의 강한 반대에 부딪혔다. 결국 양국은 이민 노동자를 보내는 사항에 관해서만 교섭이 진전되어 1885년에 도항에 관한 조약이 체결되었다. 이것이 관 주도 이 민官約移民의 시작이다.

제1차 이민은 모집인원 600여명에 비해 응모자는 2만8천여 명이나 되었는데, 체격이 건장한 자를 중심으로 946명의 일본인을 선발하여 하 와이로 보냈다. 1894년 관주도의 이민이 폐지될 때까지 26회에 걸친 이 민선으로 약 2만9천명의 일본인이 하와이로 건너갔다. 이후는 민영 이민 회사가 창구 역할을 했다. 1898년에 미국이 쿠데타로 인해 공화국이 된 하와이를 병합하자 계약에 의한 고용살이노동年季勞動 형태가 미국 헌법 에서는 노예 노동에 해당된다는 점 때문에 1900년에 계약 이민이 폐지 되었다. 이때까지 이루어진 이민을 사적 계약 이민 시대라고 부른다. 미 국으로의 노동 이민이 폐지되는 1908년 일미신사협약日米紳士協約의 체 결까지 자유 이민이라는 형태로 이어져 약 14만 7천여명의 일본인 이민 자가 하와이에 상륙했다.

계약 이민 시대는 금의환향하기 위한 이른바 '외화벌이出稼ぎ' 이민 형 태였지만 성공하여 귀국하는 이민자는 아주 적었다. 대부분의 이민자는 생각한 것처럼 저축할 수 없었기 때문에 하와이에 눌러 앉을 수밖에 없 는 상황이었다. 또한 이민의 형태도 점차 하와이에 정주하려는 형태로 변해갔다. 이처럼 정주 이민의 비율이 높아지자 일본인 이민자 사회에서

[그림8-1] 가래를 들고 일하는 [호·하나] 관주도 이민시대의 일본인여성노동자

도 자녀 교육이 중요한 과제가 되었다. 또한 일미신사협약 이후는 브라질이나 페루로 진출하는 이민도 나타났다. 메이지 말년부터 다이쇼기에 걸쳐 등장한 해외팽창론이 여기에 박차를 가했다. 이러한 상황을 배경으로 국내에서도 이민 교육에 대한 관심을 가지게 되었던 것이다.

히로시마현의 이민 사전 교육

일본에서 가장 많은 이민을 보냈던 히로시마현에서는 비교적 이른 시기부터 이민에 관한 사전 교육이 실시되었다. 제2회 관주도 이민을 파견할 때 히로시마현에서는 다음과 같은 현령 유고諭告를 발령하여 해외로 나가는 일본인에게 주의를 주었다.

하와이로 외화 벌이를 위해 도항을 할 때, 그 나라에 가서는 그 나라법을 지키고 건강을 유지하며 오로지 일에만 종사하고, 품행을 방정히 하여 조금도 나라에 욕이 되지 않도록 마음을 가져야 한다. 또한 항상 절검을 주로 하여 돈을 저축하고 다음에 귀국할 때에는 금의환향하는 명예를 얻도록 각자 힘써 노력할 것을 바라는 바이다. 메이지 18년 5월25일 히로시마현령 千田貞曉(「日本人民布哇國へ出稼一件」外務省外交史料館所藏).

즉 하와이국의 법률을 지키고 나라에 수치가 되지 않도록 품행을 방정히 하며 금의환향할 수 있도록 근면하고 절약에 힘쓰라는 내용이다.

외무성에서도 1885년에 「외화벌이의 마음가짐出稼ぎ人の心得書」(「布哇國へ本邦人出稼雜件」外務省外交史料館所藏)을 작성했다. 이것은 11조로 되어 있는데 '열심히 일하는 마음가짐'을 통해 노동의 자세를 강조하고, '하와이국에 갈 때의 소지 물품'의 경우 예를 들어 이불 보다는 '블랑켓', 짚신 보다는 구두를 장려하거나, '의복'에서는 사탕수수밭에서 일할 때 적합한 것들을 소개하고 있다.

'급료'에서는 남성이 한 달에 9달러, 여성은 6달러가 지급되는 것 이외에 식료비로서 남성이 한 달에 6달러, 여성은 4달러가 지급되지만 병이 들어 쉬게 될 때에는 비용을 공제하기 때문에 쉬지 않도록 노력해야 한다고 기록하고 있다. 또한 '식사'에서는 병에 걸리지 않도록 쌀 이외에 채소나 소고기를 먹도록 권장하고 있다. '시간'에서는 경지에서는 10시간, 실내의 사탕제조 공장에서는 12시간의 노동 시간을 명기하면서 이때까지의 일본인의 노동 습관과는 달리 규칙이 정해진 시간노동 형태에 관하여 설명하고 있다.

이외에도 '진심으로 힘써야할 일'에서는 정직히 노동에 종사할 것, '저축'에서는 급료의 25%를 공제하여 이자와 함께 3년 후 귀국 시에 지불한다거나 검약에 노력할 것 등이 제시되어 있다. 특히 '도박'에서는 당시의 서민들 사이에 몸을 망치는 악습으로 널리 퍼져있던 도박을 엄금했고, '하와이국에 있는 동안에는 그 나라의 법률에 따라야 한다'고 하여 법률을 지키는 일이나, 고용주의 명령에 순종할 것 등이 기록되어 있다.

마지막 제11조에는 '고용주에 부당한 취급을 당했을 때의 소송 수속'이라는 항목을 설정하여 계약과 다른 부당한 대우를 받았을 때는 하와이국의 이주민 사무국에 호소할 것을 제시하고 있다.

이처럼 「외화 벌이의 마음가짐」은 이국에서의 생활 정보, 특히 새로운 노동습관이나 노동관념과 준법정신을 역설하는 동시에 권리의 주장을 인정하는 등 계몽적인 의미를 갖고 있었다.

이민보습학교의 개설

1903년의 『예비일일신문芸備日日新聞』(2월19일자)에는 오사카에서 열리는 간사이연합교육대회에서 히로시마시의 소학교 교원이 '이민 전에 실시해야 할 교육 방법은 무엇인가'라는 문제를 제기했다는 기사가 실렸다. 그 글을 쓰게 된 동기는 당시의 해외 이주자의 대다수가 '무교육자'여서 '국가의 체면'을 깎아내려 장래 이민 사업에 방해가 될 위험성이 있기 때문이라는 것이었다. 그 내용은 도항 전에 이민 희망자에게 교육을 실시하는 것은 이민을 보내는 지방뿐 아니라 '팽창하는 국민'이 당연히 노력해야 할 교육적인 과제라고 규정한 후, 국체에 관한 건, 국민 도덕에 관한 건, 국기에 관한 건, 국제법의 요령, 만국 지도의 개요, 이주지의 풍습 습관 등 대략 여섯 가지 과제에 대한 논의를 제안하는 것이었다. 이것이 어떠한 반응을 일으켰는지는 잘 알려져 있지 않다.

히로시마현사립교육회가 발행한 『예비교육芸備教育』(1906년 5월25일자)에는, 1906년에 히로시마현사립교육회가 이민보습학교의 설립에 착수하여 같은 해 9월에 사립 니호지마二保島이민보습야학교를 개설했다는 기사가 보인다. 「이민보습학교설립의 의의」에 따르면 대다수의 이민이 교육을 받지 못했기 때문에 '해외에서 우리 제국의 위신을 떨어뜨려 동포의 체면을 손상시키는' 결과를 초래하고 또 '벌어들여야할 이익을 벌지 못하고 손해 보지 않아도 될 것을 손해' 보는 경우가 적지 않았다. 그래서 국가의 위신과 이민의 이익을 지키는 것이 이민보습학교의 목적이라고 서술하고 있다. 또한 이민보습학교는 도쿄에 설립된 지도자 양성을 목적으로 한 식민학교나 이민학교와는 성격이 다르고 어디까지나 이민 노동자에 대한 '보습 교육'을 목적으로 한다는 것을 강조하고 있다.[7]

개교에 앞서 제정된 「사립니호지마이민보습야학교규칙」에 따르면 교과목은 수신·국어·산술·역사·지리·영어 및 실업사항으로 되어 있다. 수신이외에는 선택과목으로서 1과목 이상을 전공하며 수신도 별도의 시간을 정하지 않고 각 교과 시간에 필요에 따라 적당히 가르치도록 했다. 실업사항이란 이민지의 농업 사정이나 이민에 관한 법규상의 수속이나 마음가짐을 내용으로 했다. 수업 시간은 평균 1일 2시간 매 주 6시간으로 14세 이상의 해외 도항을 희망하는 '신체 건장하고 품행이 방정'한 자가 입학 자격이었다. 이 이민보습학교는 니호지마무라에서 설립한 고등소학교 내에 설치하며 수업 연한 1년으로서 수업료는 '당분간 무료'였다. 그러나 이 보습학교가 그 후 어떻게 운영되었는지 기록이 남아 있지 않다. 히로시마현의 『학사년보』에는 개교 때와 이듬 해의 학생 수가 약 60명과 35명이었으며, 1913년 12월 19일자로 폐교되었다는 내용이 기록되어 있다.

이민보습학교가 개설된 것은 히로시마현에서도 미국 본토와 하와이 이민이 정점에 달했던 무렵이다. 미국 본토에서 반일 운동이 일어나고

1908년 일미신사협약이 체결되자 일본은 미국 이민을 자숙하며 초청이민가족이나 약혼자 이외의 이민을 사실상 금지했고 이민자 수도 감소했다. 니호지마이민보습야학교의 폐지에는 이러한 상황의 변화가 알게 모르게 영향을 미쳤던 것으로 보인다.

그러나 이민 교육이 완전히 쇠퇴한 것은 아니었다. 니호지마무라의 오카와심상고등소학교大河尋常高等小學校에서는 1918년에 이민 정보를 비롯해 이민 교육의 실제에 관한 사항을 게재한 『이민과 교육』이라는 600쪽이 넘는 방대한 책을 편찬하여 출판했다. 이민지의 지리적, 경제적 상황에서부터 사회제도까지 이민에 필요한 정보나 징병유예에 관한 규정과 절차나 고향을 떠나 이민지에 상륙할 때까지의 여러 주의 사항과 태도, 이민지에서의 복장이나 예절·식사·위생에 이르기까지 생활 전반에 관해 아주 자세히 해설하고 있다.

『이민과 교육』에서는 이민 교육 자체는 국가가 보편적으로 취급해야 할 과제라고 하면서도 그 실제에 관하여는 '지방화하고 향토화하여 실시해야 할 것'이라고 말하고 있다. 과목 중에서는 특히 수신과에 중점을 두었다. 이에 따르면 일본의 국민 도덕의 장점은 세계에 유래가 없는 것이지만 그것은 동시에 외국에서는 단점이 될 수 있다. 특히 '공덕심'과 '자치독립의 뜻'이 결핍되어 있어 이것이 '황화론黃禍論을 조성시켜 반일사상을 야기시키는 원인'이 된다고 분석한다. 또한 '세계에 보기 드물게 고국을 생각하는 국민'이 '배외정신의 국민'으로 비치게 된다고 지적한다.

나아가 이민 교육은 소학교교육에서부터 사회교육으로 전개해야만 비로소 완성된다는 생각을 피력하고 있다. 사회교육의 실제로서는 외국의 사정을 자세히 알고 있는 독자나 이주 경험자들의 강연회, 사진이나 회화 등으로 이민지에 관한 정보를 시각적으로 이해하거나 이민지의 언어로 된 신문이나 서적을 이용한 강연회 등을 제안했다.

이러한 사회교육 사업을 담당한 것은 히로시마 현민의 해외 발전을 후원하는 것을 목적으로 하여 현의 정재계인사가 중심이 되어 1915년에 결성한 히로시마현식민협회-후에 히로시마현해외협회로 개칭-였다. 이 협회에서는 해외 도항자의 예비 교육과 함께 '국민들에게 세계적인 지식의 보급을' 도모하고 '일반 현민들이 일등 국민으로서의 소질을 갖게 한다'(「廣島縣植民協會設立趣旨」廣島縣廳文書)는 것도 중요한 목적의 하나였다.

지금까지 살펴본 것처럼 이러한 이민 교육은 일본 국내의 수신 교육이나 해외 인식의 한계를 자각하고 그것을 수정하는 쪽으로 발전할 가능성을 지니고 있었다. 그러나 결과적으로 이민 교육은 이민을 보내는 지역에 한정된 '향토 교육' 이상으로 발전하지는 못했다. 오히려 만주나 타이완, 조선 등에서의 해외 팽창 정책과 결합된 식민 교육이 전면에 대두됨으로써 이민 교육이 지닌 교육의 새로운 발전 가능성이 막혀버렸다. 이러한 교육의 가능성은 이민지의 일본인학교에서 이질적인 문화와의 만남을 통해 전개된다.

2. 하와이 일본인 학교의 창설

하와이의 일본인 이민

1868년에 최초의 하와이 이민이 출발했다. 정확히 말하면 하와이 이민은 기한을 정하여 일정한 조건 아래 일한 후 귀국하는 '외화 벌이'라는 형태를 취했다. 외화 벌이 이민으로서 해외로 나간 사람들은 3년의 계약 기간이 종료된 후에는 금의환향할 예정이었다. 그러나 모든 사람들이 계

확한 대로 귀국한 것인 아니었다. 오
히려 성공하여 귀국한 사람들은 소수
였고, 대부분은 도항에 관한 여러 경
비로 빚을 졌고 또 이민지에서도 생각
한 것처럼 저축하지 못하여 어쩔 수
없이 이민지에 뿌리를 내렸다.

마침내 처음부터 정주를 목적으로
논밭이나 가옥 등 일본에서의 생활 기
반을 정리하여 하와이로 간 사람들이

〈표8-1〉 현별 하와이 재주
일본인 인구(1924년)

현 명	인 구
히로시마현	30,534
마쿠치현	25,878
쿠마모토현	19,551
오키나와현	16,536
후쿠오카현	7,563
니이가타현	5,036
후쿠시마현	4,936
와카야마현	1,124
미야기현	1,088

『日布時事』, 『在哇年鑑』(1927년)에 의함

증가하게 되었다. 일본에서는 경제 불
황과 실업 문제가 인구 문제와 함께 논의되면서 이민이 장려되었다. 그
러나 전국적인 정책의 차원에서 논의된 것은 아니었다. 또한 이민이 국
민적 과제로서 등장한 것도 아니었다. 1924년의 각 현별 하와이 재주 일
본인 인구를 보면 천명 이상을 보낸 현은 〈표8-1〉과 같다.

1924년 하와이의 일본인 인구 총수는 125,368명인데, 이민현이라 불
렸던 히로시마·야마구치·구마모토·오키나와 출신자가 대부분을 차지
했다. 앞에서 살펴본 것처럼 교육에 관해서도 현 단위로 이민 대책이 강
구되었는데, 좀더 정확히 말하면 정촌町村 차원에서 보다 현실적인 문제
로서 논의되었다.

비교적 이른 시기부터 해외 이주에 착목한 일본인 중에 시가 시게타카
志賀重昻가 있다. 시가는 1885년에 남양제도를 순항한 후 그 체험을 바탕
으로 다음 해에 『남양시사南洋時事』(『志賀重昻全集』 제3권)를 간행했다. 제
18장에 「하와이 재류 일본 이주민」이라는 장을 두고 이민의 이점에 대
해 다음과 같이 논하고 있다. 첫째는 '일본의 하등 사회가 직업을 얻는

것', 즉 인구 증가와 실업 문제의 관점에서 이주를 통해 실업률을 내릴 수 있다는 것이다. 이주자가 이주지에서 현금 수입을 얻어 일본의 물산을 사들이면 일본의 수출을 촉진시켜 '한 사람의 이주자가 세 사람의 이익'이 된다고 말한다. 둘째로 '일본의 하등 사회에 규율있게 일하는 법을 일깨우는 것'이라는 항목을 두고 있다. 시가에 따르면 일본의 농업 노동밖에 체험하지 못한 이민이 서양의 조직적인 노동 형태를 배우면 일본 노동자의 질적 향상을 가져올 수 있다는 것이다. 셋째 이점으로는 돈을 벌어들인 이민이 현지에서 수입을 본국으로 송금하거나 갖고 돌아옴으로써 '일본국의 자본을 증식시키는 것'이 가능하다고 말한다. 넷째로 시가는 "일본 인민은 또 해외의 사정에 아주 어두워 이것을 아는 자가 극히 드물다. 그렇다면 이들로 하여금 해외에 이주시켜 넓은 세상의 사정에 눈을 뜨게 하는 것은 오늘날의 급선무이다"라고 하여, 일본인에게 '모험 진취의 기상을 함양하고 그 지식을 증식'시킨다는 이점을 들고 있다.

이민과 식민

시가 시게타카는 남양 제도를 순항하며 서양 열강의 식민지 지배 실태를 접했다. '쿠사이섬'에서는 선주민족의 인구가 감소하고 '피지섬'에서는 앵글로색슨족이 '너무나 강폭하여' 원래의 섬주인을 추방하고 스스로 새로운 주인이 되었으며, '사모아섬'에서는 고유의 종교가 바뀌었고, '하와이'에서도 사람들은 '매미가 벗어버린 허물'처럼 껍데기만 남아 버렸다고 말하고 있다(『志賀重昻全集』 제3권).

남양제도의 소수민족이 하나 둘씩 서양 열강의 식민지 지배아래 민족으로서의 자립성을 상실해가는 모습을 보면서 시가는 이러한 식민지 지배로부터의 독립을 '진화進化'로 파악했다. 시가는 이러한 식민지주의와

이민의 차이점에 대해 다음과 같이 서술하고 있다.

> 우리들은 겸병의 뜻을 품고 있는 것이 아니다. 식민 정략을 부르짖는 것
> 도 아니다. 단지 해외의 여러 나라에 우리 동포가 퍼져 살며 장사를 하고
> 농사에 종사하기를 희망하는 것이다. 해외의 여러 나라에서 상업적인 신일
> 본을 만들기를 바라는 것이다. 겸병의 뜻을 확장하는 것과 상업을 보호하
> 는 것 어느 쪽이 나은가. 식민 정략을 주장하는 것과 상업적인 신일본을 만
> 드는 것, 어느 쪽이 나은가. 신식민지에 군단을 배치하는 것과 무역관을 설
> 치하는 것, 어느 쪽이 나은가.(『志賀重昻全集』 제3권)

즉 개개의 일본인이 해외로 이주하여 각각의 경제 활동을 하는 것과
군대를 동반한 국가적인 정략으로서의 식민지주의를 구별하고 있다. 그
러나 이러한 인식은 예외적인 것이었고, 해외팽창론이 여론으로 들끓게
되자 식민과 이민을 명확히 구별하지 않는 논의가 횡행하게 되었다. 뒤
에서 살펴보겠지만 일본 정부가 다시금 이러한 구별을 의식한 것은 미국
의 반일 운동과 이민의 관계가 외교 문제로 표면화되는 시기부터이다.

일본인 학교의 등장

일본인이 하와이에서 개설한 가장 오래된 교육 시설은 하와이의 코하
라지역에서 기독교 전도 활동에 종사하던 일본인 목사 간다 시게히데神
田重英가 1893년에 공립 학교의 일부를 빌려 개교한 것으로 알려져 있
다. 또 마우이섬의 쿠라 지방에서는 감리교 계통의 목사 고미 다마키五味
環가 30명 정도의 일본인 자제를 모아 학교를 열었다.[8] 자세한 내용은 알
수 없지만, 당시 기독교 단체들이 일본인 사회의 생활 개량 문제에 주목

하면서 많은 일본인 전도사가 하와이로 파견되었다.

처음에는 이민의 대부분이 외화 벌이라는 형태를 띠어서인지 자제 교육에는 거의 관심이 없었다. 일본인 학교라는 명칭으로 일본인 자제의 교육 기관이 창설된 것은 1896년의 일이다. 청일전쟁 후에 해외열이 높아져 이민에 박차를 가하여 많은 일본인이 해외로 나가던 무렵이다. 하와이 전도회사傳道會社의 초청으로 하와이에 온 오쿠무라 다키에奥村多喜衛는 호놀룰루에 일본인 소학교를 개설했다. 오쿠무라는 하와이에 온 지 얼마 되지 않은 일본인 아이들이 영어, 하와이어, 일본어 3개 국어를 혼용하고 있는 것을 보고 일본인 학교의 창설을 생각하게 되었다고 하면서 다음과 같이 말한다.

지금까지 미국사를 읽으면서 저 청교도들이 신세계로 이주했을 때 자신들의 주거가 마련되자마자 교회당과 학교는 반드시 건설했으며, 자치교회 자유 교육이 실로 미국 건국의 토대가 된 것을 알고는 크게 느끼는 바가 있었다. 동포들이 도래한 지 벌써 10년 가까이 되어 하와이에 사는 자들이 2만 5천에 달하며, 따라서 학교 갈 나이에 다다른 아동들이 적지 않은데도 아직까지 일본인 학교가 한 곳도 없다는 사실은 하와이에 사는 동포들의 특수한 사정 같은 것은 조금도 몰랐던 단순한 서생이 생각하기에도 너무나 안타까운 일이었다. 이것이 바로 내가 왜 일본어 교육을 일으키지 않으면 안 되는가라고 느낀 첫째 이유였다(奥村多喜衛『태평양의 낙원太平洋の樂園』).

오쿠무라는 호놀룰루 시내에 개설되어 있던 많은 인종들로 구성된 유치원 안에 일본인반을 증설할 것을 청원했고 나아가 그 건물의 일부를 빌려 일본인 소학교를 열었다. 이 일본인 소학교의 특질은 창설 시에 제정된 「일본인소학교규칙」을 통해 알 수 있다.

제1 명칭 : 본교는 일본인 소학교라 칭한다.

제2 목적 : 본교는 하와이 일본인 자제에게 일본적인 교육을 실시한다.

제3 교원 : 소학교 본과 교원의 면허를 소지하거나 혹은 그에 상당하는
자격을 가진 자를 임용한다.

제4 생도 : 남녀 6세이상의 자를 취학시키고 본과와 부과를 둔다.

제5 학과 : 독서 습자 및 작문 3종으로 하며 더불어 수신 체조과를 둔다.
단 교과서는 우리 문부성 검정 독본을 사용한다.

제6 만2년을 졸업기로 하며 나누어 4학기로 한다.

제7 부과는 오후 2시부터 1시간, 본과는 오후 3시부터 2시간 수업한다.

제8 시험 : 매년 4월 및 10월에 학기 시험을 실시한다.

제9 유지 : 본교는 생도 부형 및 유지들의 기부금으로 유지한다. 단 생
도에게는 수업료를 부과하지 않는다(小澤義淨 編『ハワイ日本語學校
教育史』).

이에 따르면 일본인 소학교의 교육은 일본인의 육성을 목적으로 한 것
이었다. 오쿠무라는 '본교는 일본 내지內地의 공립 소학교에 준할 필요'
가 있다고 판단해 당시 호놀루루의 총영사를 겸직하고 있던 공사 시마무
라 히사시嶋村久의 중개로 문부성에 교수용구와 교과용 도서를 보내 줄
것을 요청했다. 이 청원을 받아 문부성은 "호놀루루의 일본어 학교 개설
은 우리나라 이민 자제의 교육에 관한 대단히 아름다운 미행"이라고 장
려의 훈시를 내리면서 교육 칙어 사본과 교수용구 및 참고 도서 등을 송
부했다(『태평양의 낙원』).

[그림8-2] 오아후섬 에와 경지의 일본인소학교(1897년)

일본인 소학교는 학교 체제가 정비됨에 따라 학생수도 증가하고 새롭게 토지를 구입하여 교사를 신축할 정도로 발전했다. 드디어 교원이 부족해지자 1902년에 교원의 파견과 교장의 선정을 문부성에 의뢰했다. 같은 해 사범교육의 경험을 가진 마시타 류헤이眞下龍平가 교장으로 부임했다. 마시타의 교장 취임으로 일본인 소학교는 문부성령에 준하여 교과서·교과목·교수법에 이르기까지 "내지의 학교에 손색없을 정도로 발전하기에 이르렀다"(柴田榮『布哇日本人發展史』)고 평가될 정도였다.

일본인 학교는 기독교의 전도와 함께 확대되었지만, 1910년대 전후부터 불교 각 파의 하와이 포교 활동도 시작되었다. 이들은 기독교계의 일본인 학교를 모방하여 포교 활동의 일환으로 일본인 학교를 개설하기 시작했다. 일본인 학교의 창설에 관하여는 플랜테이션의 자본가들도 이민부부의 노동을 기대하는 의미에서 장소 제공이나 기부 등 적극적으로 지원하는 태도를 보였다. 또 오쿠무라의 일본인 소학교에서 보이듯이 '일본적인 교육'을 베푼다는 교육 방침은 불교 각 파들에게서 훨씬 더 뚜렷하게 나타났다. 이러한 이유에 대해 혼간지파本願寺派의 포교 활동을 맡고 있던 이마무라 에묘今村惠猛는 "당시는 부형들이 안정되지도 않았고 정착할 생각도 없었다. 따라서 부속 소학교도 제1기의 아동은 적어도 부모와 함께 일본에 돌아올 것으로 여겨 이에 준하여 학과목의 배당·교수·훈련·관리 등을 마련했다'(『布哇開敎史』)고 회고한다. 즉 일본적인 교육은 '외화 벌이 이민'이라는 장래 일본에 귀국할 것을 전제로 한 이민에 대응하기 위한 것이었다.

중앙 일본인회와 문부성

일본인 이민들 중에 영주자가 늘어나 일본인 사회가 조직화됨에 따라 교육에 대한 관심이 높아졌다. 1903년 8월에 "우리 동포는 단결된 힘으로 기존의 권리를 지키며 우리들 미래의 발전을 저해하는 것을 막기 위해 준비한다"는 목적 아래 「중앙일본인회 창립취의서」를 발표했다. '외화 벌이'에서 '영주'로 이민의 형태가 변화할 무렵에 나타난 과제를 다음과 같이 정리하고 있다.

원래 우리들은 이 땅에서 추호도 정치적인 뜻을 갖지 않고 오로지 산업상의 진보 향상의 도모를 원했지만, 이곳을 잠시 외화를 버는 곳으로 간주하는 것과 영구적인 산업적 이주지로 간주하는 것은 시설에서 큰 차이가 있다고 보아야 한다. 즉 영구적인 이주지의 시설은 우리들이 서로 합심하여 경영할 필요가 있다. 예를 들어 일본인 소학교를 설치하여 소년 자제들에게 일본 국민이 되는 교육을 실시하거나 풍교를 높여 국민의 품격을 유

지하는데 힘쓰는 것, 우리들의 산업 이익을 증진하며 사회적인 지위를 높이는 것 등이 그것이다(『ハワイ日本語學校敎育史』).

1903년 11월에 창설된 이 중앙일본인회는 총영사 사이토 미키齊藤幹를 회장으로 선출했다. 제1회 대의원회에서는 '일본인 소학교에서 사용할 교과서 편찬을 목적으로 문부성으로부터 시학관의 파견을 청원하는 안'이나 "교육의 보급을 도모하고 학제의 통일을 기하기 위해 매년 1회 교육회를 개최한다"는 등을 결의했다. 이 결의에 기초하여 다음과 같은 청원서가 제출되었다.

하와이 각 섬에는 현재 40여 곳의 일본인 소학교가 있습니다. 이곳에 있는 관립학교는 오직 국민적인 교육의 시행을 목적으로 삼는 바, 그 교수방법이나 교과서의 선택 등에 관하여는 본국과 크게 뜻을 달리할 필요가 있기 때문에, 아직까지 일정한 방침이 확립되지 않아 상당한 곤란을 겪고 있습니다. 이에 중앙일본인회 대의원회는 본국 외무성에 문부성 시학관의 파견을 요청합니다. 실지 조사가 번거롭기는 하지만 이를 통해 교수 방침을 확정하여 식민지 아동에 적합한 교과서 편집의 일을 위촉하기로 결의하는 바입니다(「하와이재주 일본인 학령아동교육방법에 관해 하와이 중앙일본인회가 청원서제출布哇在住本邦人學齡兒童敎育方ニ關シ同地中央日本人會ヨリ請願書提出」外務省 外交史料館 所藏).

이 청원서는 총영사 사이토 미키를 거쳐 외무 대신 고무라 주타로小村壽太郎에게 송부되었다. 내용을 통해 분명히 알 수 있듯이 하와이의 일본인 자제 교육은 제도와 내용 면에서도 본국의 교육을 그대로 적용하기 곤란하기 때문에 하와이의 특수한 상황에 적합한 교과서의 편찬과 교수 방침을 확정하려는 것이 이 청원서의 목적이었다.

이 청원서를 접한 문부성에서는 미국에 출장 중이던 문부 참사관 마쓰무라 시게스케松村茂助로 하여금 귀국길에 하와이에 들러 시찰하도록 결정했다. 청원서 제출로부터 1년이 지나 문부성에서 답신이 왔다. 이에 따르면 일본인 소학교의 교과서가 통일되지 못한 문제와 관련하여 "문부성에서 편찬한 국정 교과서를 채용하면 각 소학교가 통일될 뿐만 아니라 국정 교과서는 그 가격이 아주 저렴하므로 편리할 것으로 생각된다"(「外務次官珍田捨己宛,文部省次官木場貞長發信文書」 外務省 外交史料館 所藏)고 답신함으로써 청원서의 의도와는 반대로 문부성이 제정한 국정 교과서의 사용을 지시했던 것이다. 더욱 교원의 초빙에 관하여도 중앙일본인회에서 총영사를 거쳐 일단 외무성으로 신청하면 외무성에서 문부성으로 의뢰장을 회송하고, 그것이 구체적으로 도도부현의 사범학교로 내려가는 루트가 1900년대에 확립되었다.[9]

이처럼 일본인 사회의 조직화가 외무성의 말단 기관인 총영사관과 밀접히 관련되는 식으로 이루어짐에 따라 일본인 학교도 일본 국가의 영향을 상당히 크게 받게 되었다. 그러나 중앙일본인회가 발의하여 결성된 교육회 중에는 마우이교육회馬唯教育會처럼 "하와이의 일본인 학교는 하와이에서 출생한 아동을 교육할 때 일본계 시민으로 다룸으로써 종래와 같이 단순히 문부성에만 의하지 말고 그 특수성을 잘 고려할 필요가 있다"(『ハワイ日本語學校教育史』)고 주장하듯이 반드시 문부성의 국정 교과서에 의한 교육에 얽매이지 않는 '일본계 시민으로서의 교육'이라는 새로운 관점이 생겨났다. 이는 확실히 일본인과는 다른 새로운 일본인 이민상의 창출을 의미하는 것이었다.

이러한 교육 문제가 일본인 이민 사회 안에서 주요한 관심사가 되어 이민 사회를 둘로 가르는 논쟁으로 표면화되기 시작한 것이 1910년대 무렵부터이다. 그것은 일본인 학교의 질적인 변용을 의미할 뿐만 아니라 일본인 이민 사회 자체가 커다란 전환기를 맞고 있었음을 보여주는 것이었다.

＊　＊　＊

-칼럼- 호노무의 성인

하와이주의 경제, 정치 중심은 오아후섬의 호놀루루이다. 여기서 멀리 떨어진 하와이제도의 호노무라는 외진 사탕수수 경작지에 1894년 한 사람의 일본인 기독교 전도사가 왔다. 그의 이름은 소가베 시로曾我部四郎이다. 부임한 지 3년 후인 1897년에 호노무기주쿠保能武義塾이라는 기숙학교를 창설했다. 이후 1949년 세상을 떠날 때까지 그는 호놀루루 일본인 이민 사회의 명사로 나서는 일 없이 호노무에 뿌리를 내리고 그 생애를 가난한 사람들의 교육에 받쳤다. 그래서 그는 '호노무의 성인ホノムの聖人'으로 불리게 되었다.

1865년에 후쿠오카 구로다黑田 번사藩士의 장남으로 태어난 소가베 시로의 청춘은 극적이다. 도쿠토미 로카德富蘆花는 소가베 시로를 주인공으로 한 소설 『추억의 기록思い出の記』에서 청춘의 방랑 시대를 거쳐 시코쿠의 이마바리今治교회에서 열렬한 기독교 신자가 되기까지 과정을 그리고 있다. 그 후 도쿠토미 소호德富蘇峰가 구마모토에 개설한 오에기주쿠大江義塾에서 배웠는데, 소호의 상경으로 오에기주쿠가 폐교되자 이마바리교회에서 사사를 받았던 요코이 도키오橫井時雄에 부탁하여 교토의 도시샤대학同志社大學 별과인 신학과에 입학했다. 그러나 도시샤대학의 창설자였던 니지마 조新島襄가 사망한 지 몇 달 후 소가베는 도시샤를 그만 두었다. 이유는 분명하지 않다. 전도사로서 나라나 군마의 교회에서 전도 활동에 종사한 후에 하와이 전도자 모집에 응모하여 하와이로 왔다. 대부분의 일본인 전도자와 마찬가지로 소가베는 성서의 가르침을 전하기보다는 생활고로 버려진 어린아이들이나 도박의 채무로 매매된 여성, 의지할 곳없는 노인들의 구제 등, 이민 사회의 저변에서 허덕이던 약자를 지키는 일부터 시작했다. 이러한 사람들을 보호하고 수용하면서 교육을 통해 자립하는 길을 스스로가 확립해 가도록 하기 위해 호노무기주쿠를 열었던 것이다. 소가베는 호노무기주쿠를 개설하면서 니지마 조의 장례에서 그의 관 앞에 바쳐진 '자유교육自由教育, 자치교회自治教會, 양자병행방가만세兩者竝行邦家萬歲'라는 글귀를 들면서 "우리 전도에 대한 주장과 교육 상의 방침은 실로 이 두 어구를 기준으로 삼는다"고 말했다. '자유교육'이란 국가의 권위나 권력으로부터 독립하여 양심을 주체로 한 인간 교육을 실천하는 것을 의미하며, '자치교회'란 미국의 전도 회사나 미국인의 보호로부터 모든 면에서 자립하여 스스로의 신앙의 힘으로 교회를 운영하는 것을 의미한다. 이것은 실로 니지마가 도시샤에 바친 염원이기도 했다.

소가베는 일본계 2세를 일본의 낡은 관습에서 벗어난 '진정으로 자유로운 아동'으로 보고 인종이나 계급 같은 지상의 모든 차별이나 편견을 타파할 가능성을 지닌 존재로 간주했다. 호노무기주쿠의 교육은 기독교주의에 기초해 있었지만, 소가베가 남긴 사료에는 불교나 유교를 소재로 한 것도 많이 보인다. 또한 아동들에게는 엄한 규율과 연령에 따르는 노동이 부과되었다. 불교계와 기독교계의 일본어 학교의 대립이 격화되는 가운데 호노무기주쿠는 두 곳의 아동들을 받아들이기 위해 규모도 점차 확대하여 150명 가까운 학생이 재적하게 되었다. 이와 함께 소가베의 명성도 자자해졌지만 소가베 자신은 그러한 것에 전혀 관심을 보이지 않았다. 소가베는 20년간은 전도사로서 활동했지만 신자들에게 세례를 주는 자격을 가진 목사로는 불리지 못했다. 소가베가 정식으로 목사 안수식을 받은 것은 1915년의 일이다.

일본과 미국의 전쟁이 발발한 지 1년 후, 하와이 전도 회사는 노령을 이유로 소가베에게 은퇴권고를 보냈다. 1942년에 소가베가 은퇴한 후 호노무기주쿠는 폐교 상태가 되었다고 한다. 소가베 사후 유언에 따라 많은 사료가 소각되었기 때문에 호노무기주쿠는 소가베 시로의 존재와 함께 역사의 한 구석으로 내몰리고 말았다.   오키타 유쿠지

*   *   *

3. 미구화와 일본어 학교

국민교육으로부터의 자립

1898년 미합중국은 하와이를 병합했고 2년 후인 1900년에는 속령제 屬領制을 실시했다. 이로 인해 하와이의 일본인 이민 사회는 크게 변화되었다. 합중국이민법이 적용되어 기한을 정한 계약 이민이 폐지되자 대다수의 일본인 노동자는 노동 조건이 좋은 미국 본토로 건너갔다. 그러나 저임금과 과도한 노동을 감내하는 일본인 노동자들이 백인 노동자들의 생업을 빼앗는 결과를 초래하게 되고 여기에 풍속 습관이나 종교의 차이 등을 이유로 일본인에 대한 배척 운동이 일어나게 되었다. 또 하와이에서 태어난 일본인 자제는 미국 시민권을 얻게 되고 학령기에 달한 후에는 정부가 인정하는 공립이나 사립학교에서 미합중국 시민으로서의 교육을 받게 되었다.

이러한 상황 변화에 수반하여 일본인 학교의 국정 교과서를 통해 함양되어 온 애국주의 교육과 관련하여, '국가본위'가 아닌 '세계 본위'의 애국심을 제창하는 여론이 등장하기 시작했다. 일본인 이민 사회의 여론

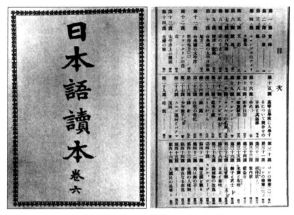

[그림8-3] 하가 아이치芳賀失―가 개정한
일본어학교 교과서 표지(좌) 및 목차(우)

을 주도해 왔던 일문 신문의 하나인 『하와이식민신문布哇殖民新聞』에서는
'세계 본위의 애국심'을 배양하는 구제척인 교육 방침으로 다음과 같은
'평민교육론'을 제창했다.

갈팡질팡하는 한 작은 나라를 위해 베푸는 교육, 근소한 한 작은 민족을
위해 베푸는 교육, 겨우 5년 10년의 장래를 위해 베푸는 교육, 우리는 이를
일고의 가치도 없는 것으로 여긴다. 그렇기 때문에 우리들은 평민교육을
부르짖는 것이다. 어찌하여 세계의 교육은 평민교육인가. 생각해보라! 만
국의 평민 노동자는 스스로 세계 공통의 이해관계를 가지며, 한 나라 국민
의 최대 다수가 평민 노동자이듯이 세계 인류의 최대 부분은 실로 평민 노
동자이기 때문이다. 귀족의 교육은 귀족들이 하게 하라, 국가의 교육은 국
가가 하게 하라. 그러나 평민 교육은 제군들의 임무이다. 우리들은 먼저 제
군들이 평민교육을 고취하여 적어도 하와이에 있는 일본 국민의 기초 위에
확립시킬 것을 바라는 바이다(『布哇殖民新聞』, 1909년 9월 24일자).

이 평민교육론은 사탕수수밭에서 일하는 일본인이나 중국, 포르투갈 등 다양한 민족으로 구성된 이민 노동자의 급료인상 운동의 노동 쟁의를 배경으로 형성된 것이다. 그들이 일상 생활을 통해 감각적으로 체득한 것은 "좋고 아름다운 생각은 인류에 공통된 보편적 신념이므로 한 나라, 한 민족의 도덕 관념보다도 공통적인 성질을 갖는다"고 한 것처럼, 국가나 민족정신으로 규정된 도덕교육보다도 인간에 공통된 아름다운 것을 좋아하는 보편적인 '미육적 교육'이었다. 또한 언어교육에서는 '언어의 통일, 의사의 융통은 적어도 세계적인 평민교육의 기초'라는 이유에서 영어 교육의 중시를 제창했다. 또한 일본의 교육으로부터 자립하여 독자적인 교육 개혁의 필요를 역설하면서 다음과 같이 주장한다.

우리들이 마지막으로 부형 및 교육가들에게 희망하는 대단히 중대한 발의가 있다. 그것은 무엇인가. 다름 아니다. 교과서, 학년 제도, 여타 학과목과 같은 것을 반드시 현대의 일본 교육에 의거할 필요는 없다. 이것을 참고의 재료로 삼는 것은 괜찮다. 그러나 일본과 하와이는 그 위치 및 사정이 다르다. 하와이는 일본인의 이민지이기 때문에 이민에 어울리는 필요한 지식, 도덕, 체력, 미육을 가르쳐야 한다. 이것을 이루기 위해서는 종래의 교과서에 근본적인 개혁을 시도해야만 하는 것이다(『布哇殖民新聞』, 1909년 9월 24일자).

이 글에서 분명히 알 수 있듯이 일본 문부성이 지시한 국정 교과서를 비롯해 일본인 학교 전반에 관한 개혁이 제창되었던 것이다. 이러한 경향을 더욱 촉진시킨 것은 미국 본토의 반일 기운과 하와이의 기독교계 일본인 학교와 불교계 일본인 학교의 대립이었다.

학교 소동의 발발

하와이에서 최초로 일본인 학교 창설에 착수한 것은 기독교 전도사였다. 이보다 약간 늦게 불교 각파도 포교 활동을 시작하면서 기독교 전도활동을 모방하여 포교장과 함께 일본인 학교를 개설했다. 일본인 이민에게 장례나 법사, 여기에 현재도 계속되고 있는 우라봉에盂蘭盆會* 등의 일상적인 행사에 불교는 빼놓을 수 없는 존재였다. 당연히 불교계의 일본인 학교가 급속히 증가하여 1902년에는 혼간지가 호놀루루에 호놀루루혼간지 부속 소학교를 개설함에 따라 오쿠무라 다키에가 창설한 일본인소학교의 학생수가 급감했다. 오쿠무라는 "혼간지는 열심히 학교 창설에 노력하여 이미 학교가 설치되어 있는 섬이나 경작지에까지도 학교를설치하려는 모양이었다. 이로 인해 학생 쟁탈이 발생하자 우리 학교는순일본식이다, 충군애국의 본가본원이다 하는 식으로 다양한 수단을 동원하여 학부형의 마음을 끌려고 함으로써 이른바 학교 소동이 각지에서발생했다"(『태평양의 낙원』)고 그 후의 상황에 대해 서술하고 있다.

기독교계 일본인 학교에 대응하여 '순일본식'과 '충군애국'을 강조하는 혼간지계 일본인 학교의 대립은 단순한 학생 확보 상의 대립에 멈추지 않고 일본인 이민 교육의 기본 방침에 관계되는 문제이기도 했다. 당시 일본계 2세의 한 사람은 "일본어는 불교의 언어이며 영어는 기독교의언어"[10]라는 인식을 가지고 있었다고 회고한다.

일본의 문화적 풍토를 그대로 하와이에 들여온 불교계 일본인 학교에비해 기독교계의 일본인 학교를 지지하는 사람들 가운데에서 불교계의일본인 학교와는 이질적인 교육 방향, 즉 국민교육으로부터의 이탈이라

---

* 음력 7월 보름을 중심으로 조상의 영혼을 제사지내는 불교행사

는 방향을 내세운 주장이 나타났다. 여기에 미국 본토의 반일 감정을 의식하여 일미 관계 개선책으로서 '미국화주의'가 일어나자 불교계 일본인 학교의 '국민교육'에 대한 비판이 거세졌다.

일본계 시민의 교육

기독교계와 불교계의 일본인 학교 대립으로 시작된 '학교 소동'을 통해 '아메리카 시민교육' 아니면 '국민교육'의 어느 한쪽으로 교육 방침을 정하려는 논의가 부상했다. 특히 제1차 세계대전 이후 미국에서는 '하나의 국기와 하나의 언어'를 슬로건으로 하는 아메리카주의 운동이 활발해졌다. 드디어 이 운동은 외국어학교단속법이나 영어교육강제법안으로 이어져 미합중국의 교육계에 커다란 영향력을 미쳤다. 하와이에서는 '하와이의 일본인 문제The Japanese Problem in Hawaii'가 백인 사회에서 제기되기 시작했다. 하와이 시민 교육 위원회Citizenship Education Committee는 일본인 문제와 관련하여 다음과 같은 요인을 지적했다.

① 하와이의 일본인 인구 증가
② 하와이 출생 일본인 아동 증가
③ 귀화권에서 일본인 배제
④ 하와이 출생 일본인은 미국시민이라는 것
⑤ 일본어 학교의 존재
⑥ 투표권을 가진 일본계의 급증
⑦ 일본어학교를 규제하기 위한 법령화의 시도[11]

이러한 문제를 해결하는 방법으로 다음과 같은 일본인 학교의 개혁안을 제시했다. 이에 따르면 첫째, 일본인 학교의 교원은 영어나 미국의 역사, 미국의 원리-민주주의-를 이해할 수 있는 자로 바꾸어야 한다. 둘째, 일본 천황에 충성을 다해야 한다는 교육을 중지하고 아메리카주의를 증진시키도록 학교의 방침을 바꾸어야 한다. 셋째로 일본인 학교의 교과목 수와 교수 시간을 줄여야 한다. 넷째 일본인 학교와 그 교원을 교육국 The Teritorial Department of Education의 감독 하에 둔다(『Americanization Institute Papers』). 이러한 미국 사회의 움직임에 따라 일본 본국의 지식인 중에서도 적극적으로 새로운 이민 교육의 방향을 제창하는 의견이 제기되었다.

이민 교육의 전환

1914년 7월 하와이교육회에서는 시가 시게타카를 초빙하여 '재미 일본인의 교육 및 교과서편찬법'[12]이라 부제를 붙인 강연회를 개최했다. 시가는 아동이 생활하는 환경에 적합한 교육을 중시하여 "그 지방의 정세에 적합한 교육 방침을 세우는 것은 생존 경쟁과 인류 진화의 본의에 맞는 것"(「미본토 및 하와이 재류 일본인의 교육米本土及布哇在留日本人の敎育」)이라며 인류에 보편적인 교육 원칙이라는 인식을 보여준다. 이러한 입장에서 "본국의 교육 방침과 타협할 필요가 없다"고 잘라 말한다. 시가의 이민 교육론은 '본국의 교육'에 대한 날카로운 비판을 배경으로 하고 있었다. 예를 들어 교육칙어에 기초한 수신 교과를 중시하는 일본의 덕육과 서양인의 도덕 관념을 비교하면서 다음과 같이 서술한다.

서양인의 미덕은 이른바 동정同情의 관념에 풍부하다. 일본인의 미덕은 충효의 마음이 깊다. 일본인은 자기를 사랑하는 것을 알고 자기의 부모에 효도해야할 것을 알며, 자신의 군주에 충성해야 할 것을 안다. 그러나 인류의 한 사람으로 자기와 관계되지 않는 사람을 사랑하고 자기와 관계되지 않는 사람에게 효도하며 자기와 관계되지 않는 사람에게 충성하는 것을 모른다.

이처럼 '일본의 미덕'이라 하는 충효의 덕육도 인류의 일원으로서 보면 반드시 충분한 것은 아니다. 그래서 덕육과 관련하여 "미국 하와이 재류 일본 아동의 덕육법에서는 이 서양인의 최대 미덕, 즉 사회에 대한 동정과 공덕심을 배우게 하여 일본인의 최대 단점을 교정하는데 노력해야 한다"(「미본토 및 하와이 재류 일본인의 교육」)는 주장을 전개한다. 나아가 시가는 이민 교육에 부과된 역사적인 역할로 동서 문명의 융합을 언급한다.

시가에 따르면 미 본토나 하와이에서 태어난 일본의 아동들은 선천적으로 동서 문명을 조화 융합하여 새로운 문명을 창조하는 입장에 서 있다. 이것이야말로 미국에 사는 일본인이 세계에 공헌할 수 있는 것이라는 주장이다. 따라서 일본인 학교에서 사용하는 교과서도 "인류는 태어난 나라와 인종의 차이에 관계 없이 모두 동일하다. 그 대우를 달리해서는 안 된다"(「미본토 및 하와이 재류 일본인의 교육」)는 보편주의-시가는 이것을 '세계 문명의 대의'라 했다-의 입장에 따라 편찬해야 한다고 주장했다. 또 이러한 국제인의 육성이라는 관점에서 종래의 이민 교육에 다음과 같이 반성을 요구했다.

일본인은 오랫동안 섬나라에 봉쇄되어 있었기 때문일까. 외국에 이주한 이상은 그 나라에 대해 어떠한 형태든지 '공헌' 해야 한다는 것을 알지 못한다. 일본인이 외국에 이주하여 환영받지 못하는 주된 원인 중의 하나가 여기에 있는 것이다. 대체로 이러한 일본인처럼 외국에 이주하면서 그 나

라에 어떠한 '공헌'-자기 이익을 위해 일한 결과로 그 나라에 공헌한 것은 여기서 말하는 진정한 '공헌'이 아니다-도 하지 않는 사람들은 드물다. (중략) 일본인은 외국에 살면서 그 나라에서 이익을 취하지만 그러한 의미의 '공헌'을 하지는 않는다. 요컨대 따지기만을 좋아하고 소란을 피우는 국민 일지언정 '실실(實實)'을 행하지는 않는 국민이다(「해외발전은 논의보다는 실행이다 海外發展は論議よりも實行なり」『志賀重昂全集』第1卷).

시가에 따르면 일본인을 이처럼 '해외 발전에 적응하지 못하는 인종'으로 만들어버린 것은 바로 "원래 일본의 교육주의는 아주 협소하며 고루하고 섬나라답고 쇄국적이어서 해외나 외국의 사정을 가르쳐" 주지 않는 일본의 교육이었다. 또한 "현재 섬나라의 국정 교과서는 근본적으로 잘못된 것이다"(「續世界山水圖說」『志賀重昂全集』第2卷)라며 국정 교과서를 날카롭게 비판했다. 일본의 교육 방침을 이렇게 비판하면서 시가는 하와이의 아동에 적합한 교육의 확립을 부르짖어 커다란 반향을 불러 일으켰다.

1915년 2월 하와이교육회 개회식이 열렸다. 내빈으로 초청된 하와이 주재 총영사 대리 아리타 하치로(有田八郎)는 일본인 학교의 교육 방침을 일본인으로서의 '국민교육'에서 벗어나 '순국어교육(純國語敎育)'으로 한정해야 한다고 역설하면서 다음과 같이 일본의 사정을 언급했다.

우리나라의 현재 정세를 되돌아보건대, 하와이의 수만 동포들의 힘을 보태지 않으면 일본이 온전히 존립할 수 없는 것일까. 만약 그렇다고 한다면 음으로 충군애국의 지조를 배양하지 않으면 안 되겠지만, 사실은 그렇지 않다. 7천만 동포는 능히 스스로를 유지하고 유유히 열강들 사이에서 어깨를 나란히 하면서 그 우승(優勝)의 지위를 누리고 있다. 내가 보건대 일국을

유지하기 위해 오늘날의 인구로 충분하다. 유럽 전란을 겪은 독일이 그 좋은 예인 것이다. 여기서 나는 말하고 싶다. 일본 제국은 하와이에 사는 일본인들에게까지 많은 것을 기대하지는 않는다고. 사태가 이러할진대 왜 힘들여 가며 국민교육을 실시하려 하는지, 나는 그 뜻을 이해하기 어려운 것이다(『ハワイ日本語學校教育史』).

아리타의 이러한 발언은 미국 본토의 반일 운동을 진정시키는 것이 중요한 외교 과제였던 일본 정부, 특히 외무성이 우선시한 정치적 판단에서 비롯된 것이었다. 아리타의 제안을 받아 일본인 학교라는 명칭은 폐지되고 이를 대신하여 일본어 학교라는 명칭이 사용되게 되었다.

하와이에서 최초의 일본인 소학교를 창설한 오쿠무라 다키에도 아리타의 말을 이어받아 "하와이 아동의 교육은 미국 교육에 맡기며 결코 우리 국민 교육을 실시해서는 안 될 것이다. 즉 일본인 학교의 필요는 국어 교육에 있으며 전적으로 일본어 학교를 사명으로 삼아야 한다"(『ハワイ日本語學校教育史』)고 말했다. 아리타와 오쿠무라의 논리는 같은 방향을 제시하고는 있으나 결코 동질적인 것은 아니었다. 그것은 해외 발전 방향을 중국이나 그 밖의 아시아 지역에서 찾으면서 이민을 이른바 '버린 백성棄民'으로 외면하는 식으로 미국의 반일 문제에 대처하려는 일본 국가의 정치적 판단과 자신들의 아이덴티티 확립을 목표로 자립의 방향을 모색하는 이민의 주체적 영위의 차이였다.

이러한 움직인 가운데 비교적 '국민적인 교육'의 성격이 강했던 혼간지에서도 '학원學園'이라는 명칭을 사용하면서 교육방침의 전환을 선언했다. 일본인 학교 개정 취의서는 다음과 같이 밝히고 있다. "깊이 있게 심사숙고한 결과 기존의 조직 방침에 개정을 가하여, 학교를 교육적인 가정의 조직으로 삼아 부형을 대신해 혹은 부형을 도와 공립학교의 입퇴학 절차, 출결석의 독려, 행위 예법 교육 등 대체로 교육 있는 가정이 학교와 협동하여 해야 할 일들을 인계받고, 교사들은 공립학교와 부형의 중간에서 모든 중개 노력할 것을 임무를 삼는다"(『布哇開敎史』). 그러나 이러한 노력에도 불구하고 일본어 학교에 대한 당국의 간섭은 강화되었다.

＊　　＊　　＊

－칼럼－ 해외팽창론과 이민 교육

해외 이민의 교육이 일본의 교육계에서 주목을 받게 된 것은 제1차 세계대전 후에 이른바 해외팽창론이 등장하는 시기와 같이 한다. 1917년에 『해외발전과 우리나라의 교육海外發展と我國の敎育』이라 제목을 붙인 책이 출판되었다. 저자는 일본역행회日本力行會 회장인 나가타 미노루永田稠였다. '일본역행회'는 원래 시마누키 헤이다유島貫兵太夫가 고학생 구제 사업을 목적으로 1897년에 조직한 '도쿄노동회'가 몇 번의 명칭을 바꾸어 1900년에 개칭된 것이다. '일본역행회'의 제2대 회장인 나가타는 고학생 구제와 도미 이민을 결부시킨 사업을 발전시킨 인물이다. 이 책에 서문을 써 준 사와야나기 마사타로澤柳政太郎는 "이 책을 보니 기존의 교육가가 등한시했던 아니 전혀 신경을 쓰지 못했던 것을 새로운 견지에서 논한 아주 좋은 책이다"라고 평했다.

나가타는 "위대한 여타의 인종과 접하고, 커다란 가옥에 살고 넓은 산천초목에 접하며, 한 묘의 밭을 김매는데 하루를 소비하는 밭에서 일하면서 사해동포주의와 기독교 나라의 공기를 호흡하는 것은 우리의 편협한 섬나라 심리상태를 깨뜨리고 세계적인 대국민다운 수양을 얻을 수 있는 유일한 방법이다"라며 이민이 가져다 준 '정신적인 이익'을 말했다. 쇄국 시대에 형성된 편협한 국민성을 극복하여 '국제화' 시대에 걸맞는 일본 국민으로 자기 변혁해가는 계기로 삼은 것이다.

나가타가 이민 교육에서 가장 강조한 것은 '영주하겠다는 결심'이었다. 나가타가 판단하기에 일본의 교육은 일본의 국민을 일본에 묶어두는 것이어서 해외에 영주할 수 있는 기개를 방해하는 것이었다. 이 '영주의 결심'이 없으면 해외에서는 "그 지방의 주민과 조화하지 못한다. 예를 들어 학교의 건축, 도로의 보수 등 그곳에 사는 국민들의 사업에 기부금이 필요한 경우에도 영주할 마음이 없는 자는 출금을 거부"하게 되어 일본인을 배척하는 원인이 되기도 하며 해외에서 사업의 성공을 방해할 뿐이다. 또한 '세계적 수양'이라 부제를 단 항목에서는 "일본의 교육은 아직까지도 충효의 범위에 갇혀 있어 사람들이 단지 충과 효를 해석하기만 할 뿐 세계의 여러 인종과 잡거하고 함께 사는 원만한 생활을 영위할 수 없다. 따라서 이후의 식민자는 충효 외에도 사람들의 친구인 예수神人의 뜻을 배우지 않으면 안 된다"라고 하여 충효로 규정되는 일본 교육을 개혁할 것을 제창한다.

나가타는 메이지 교육에서 다이쇼 교육으로 전환된 것을 일본 일국의 국가중심주의에서 국제 사회를 시야에 넣은 교육으로의 질적인 전환으로 파악했다. 제1차 세계대전 후의 국제 사회에서 일본인은 어쩔 수 없이 '다른 인종과 공동 생활'을 해야 했다. 이러한 상황에서 국가를 최우선으로 하여 구성된 메이지 시대의 교육 방침으로는 이미 적응할 수 없다는 것이다. 새로운 교육 방침으로 나가타는 "개인주의, 가족주의, 국가주의에 더하여 세계주의를 취해야 한다"는 네 가지 주의를 제창했다. 나가타에 따르면 메이지 시대의 교육은 국가주의와 가족주의를 중시하고 개인주의와 세계주의를 경시해왔기 때문에 일개인을 타민족과 비교할 때에 많은 결함을 노출시켜 "국가를 위해서는 부정불의를 해도 된다"는 매우 편협한 '충군 애국주의'를 낳았다는 것이다. 그러나 이 세계주의는 반드시 국체주의와 모순되는 것은 아니었다. 오히려 세계를 향해 팽창하는 국체주의를 받쳐주는 논리를 내포하고 있었다. 이러한 한계를 지니면서도 그의 교육론 안에는 다른 국가나 문화 아래서 형성되어온 국민이나 민족이 공생하는 시대가 시작되었다는 것을 인식함으로써 국가에 갇혀 있던 국민성이나 민족성을 국가를 초월한 곳에서 재구축하는 사고가 싹트고 있었다. 나아가 나가타의 이민 교육론은 새로운 국민 교육의 모색을 촉진시켰다.

오키타 유쿠지

*　　*　　*

4. 교육의 자유와 소송 문제

일본어 학교 폐지론

1917년 8월 일본에서 초빙된 일본어 학교 교원의 입국이 거부된 사건이 발생했다. 애초부터 '학습을 필요로 하는 전문직 직업 종사자'는 계약 이민의 제외 대상으로 입국이 인정되었기 때문에 이미 많은 교원이 들어와 있었다. 거부된 대부분의 교원이 혼간지 계통의 일본어 학교에 부임할 예정이었다. 혼간지파의 책임자였던 이마무라 에묘는 하와이 당국을 상대로 소송을 제기하여 3년 뒤에 승소했다. 그러나 이 사건은 하와이의 외국어 학교 문제를 상징적으로 보여준다.

하와이 외국어학교단속법안의 제출은 기독교 계통과 불교 계통의 일본어 학교의 대립과 밀접한 관계를 갖고 있었다. 1918년 11월 16일자 일문 신문 『닛포지지日布時事』에 일찍이 도시샤대학의 교단에 서서 일본 전도에 공헌한 시드니 굴리크가 일본어 학교에 대한 의견을 기고했다. 굴리크는 기독교계통의 일본어 학교를 경영하면서 일본인 이민 사회의 중심적인 역할을 맡아온 오쿠무라 다키에의 조언자이며 강력한 지지자 중의 한 사람이기도 했다. 기고문에 따르면 불교계 중에서도 정토종淨土宗 부속학교에서는 공평한 정신 아래 일미 양국 상호의 복리 증진을 목적으로 한 교육이 실현되고 있지만, 혼간지파의 학교에서는 불행하게도 그러한 인상을 얻을 수 없다고 했다. 굴리크가 관찰한 바에 따르면 혼간지파의 일본어 학교 교원 중에는 미국의 역사나 이상 및 공화정치의 본질을 이해하지 못하고 본국에 있는 일본인보다도 보수적이며 다음 세대의 일본계를 교육할 자격이 없는 자가 대부분이었다. 그래서 다음과 같이 제안했다.

문제의 근본적인 해결은 새로운 주법縣法을 제정하여 교원의 자격 검정 시험을 실시하는 것이다. 즉 하와이주에서 교원이 되려는 자는 어떤 공립학교이건 모두 영어, 미국의 역사, 미국의 정체 및 민주주의의 이상에 관한 시험을 실시하여 이에 합격한 자에게 주당국이 교원 면허장을 부여하고 이 면허장을 가진 자만이 교원이 되게 하는 것이다(『日布時事』 1918년 11월 16일자).

이 '굴리크의 제안'이 공표된 2개월 후에 하와이 미국인에게 영향력을 가진 유력지 『퍼시픽 커머셜 애드버타이져』지에 호놀루루시의 어느 회사 임원 A·F·저드가 기초한 「학교 교원 자격 제도안」이 게재되었다.[13] 이 내용은 거의 '굴리크의 제안'을 답습한 것이었다.

이러한 여론 형성의 배경에는 미국화주의를 슬로건으로 내세우며 일본인 이민 사회에서 소수파에 속하던 기독교계의 일본어 학교를 지원하려던 주류사회의 다수파 세력이 존재했다. 1920년에 하와이 전도회사 일본인 위원은 다음과 같은 결의를 공표했다.

하와이 전도회사는 하와이 사탕수수 경작지가 비기독교적인 종교단체에 대해 이후에도 종전대로 경제적 원조를 하는 것은 하와이의 행복과 전 하와이에 거주하는 외국인의 기독교화 및 미국화에 지장을 초래하는 것이라 믿는다. 따라서 제2기의 최초 사업으로 전도회사 사원 중에서 사탕수수 경작지와 경제적 관계를 맺는 자들이 농장주조합이사회에 본 위원회의 의견을 제출하도록 종용할 것을 결의한다. V. 마크웨이, 奧村多喜衛, H. 귤리트, 堀貞一(『ハワイ日本語學校敎育史』).

일본인 서명자는 기독교 전도나 일본어 학교 경영에 종사하는 사람들이었다. 이 결의를 통해 미국화주의의 또 하나의 목표가 일본인 이민사회에서 '비기독교적인 종교단체' 즉 불교 세력을 제거하려는 것에 있었음을 짐작할 수 있다.

하와이의 외국어학교단속법이 출현한 배경에는 일본인 이민 사회에서 기독교와 불교의 대립, 그리고 미국의 정책적인 미국화주의 운동에 대응하는 일본 정부의 일미 마찰에 관한 완화책이 작용하고 있었다.

외국어학교 단속법의 상정

저드안은 커다란 반향을 일으켜 일문 신문들은 일제히 반론을 전개했다. 예를 들어 『하와이조보布哇朝報』는 부자·형제·자매 등 육친 사이에서 사용하는 언어를 법률의 이름으로 버리라는 것은 동서고금을 막론하고 들어본 적 없는 폭거라 지적했다. 나아가 만약에 이러한 법률이 미합중국의 영토 내에서 성립한다고 하면 그것은 '인도의 유린, 인권의 무시, 자유 평등 박애의 미국사를 더럽히는 최대의 사건'(『布哇朝報』 1919년 1월 16일자)이라고 냉혹하게 비판했다. 이에 대해 영자신문(Honolulu Star Bulletin, February 3, 1919)은 이 제안은 일본어 학교의 박멸을 목적으로 한 것이 아니라 천황 숭배와 일본에 대한 애국심을 육성하려는 일본어 학교를 개혁하여 미국에 100%의 충성심을 갖는 순수한 미국 시민을 양성하려는 것을 목적으로 한다고 반론했다.

또한 준주회의準州議會의 의원 로린 앤드류스는 교원 개인보다는 학교에 면허장을 부여하는 안을 제안했고, 이어서 저드안과는 거의 동일한 안을 하원 교육회 위원장 H.J. 라이만이 제안했다. 이러한 법안에 대해 일본인 사회의 대부분은 반대 결의를 하며 반대 운동으로 나아갔다.

또 의원이나 경작지 경영자 중에서도 반대 의견이 나오기 시작했다. 결국 이들 안은 부결되었지만 하와이에서 실시하는 교육을 근저에서 재검토하는 「교육조사위원회설치법안」이 만장일치로 가결되었다.

이 법률에 기초하여 하와이 당국은 합중국 정부에 교육 조사단 파견을 요청했다. 합중국 교육국장과 대학 교수로 구성된 조사단이 연달아 하와이를 방문하여 1920년에 보고서를 제출했다. 이 보고서에서 불교계의 일본어 학교교육은 미국화주의와 모순된다고 언명하고 "수자 상으로 하와이의 공립학교 수를 훨씬 넘어버린 일본어 학교는 명확히 반미국적이지는 않지만 확실히 비미국적인 영향의 중심이라고 믿는다"는 판단에 입각해 "위원회는 공립학교 앞에 놓인 장애물을 제거하는 가장 중요한 첫걸음으로서 모든 외국어 학교는 폐지되어야 한다고 권고하는 데 어떤 주저함도 느끼지 않는다"고 결론짓고 "상설과 임시를 막론하고 차기 회의에서 모든 외국어 학교를 폐지"[14] 할 것을 제안했다.

이 보고서는 하와이 교육 전체를 대상으로 했다는 점에서 큰 의미를 갖고 있다. 미국에서는 연방 정부가 각 주의 개별 교육정책에 간섭하는 것은 드물었다. 그만큼 이것은 단순한 교육 조사가 아니라 미국의 태평양 정책의 일환으로서 이른바 전략적 차원에서 만들어진 보고서였음을 말해준다. 하와이에 영향력을 갖는 단체의 대다수는 일본어 학교를 교육국의 지배와 감시 하에 두는 일정 형태의 법적 규제를 생각했다. 그런데 미합중국에서 파견된 교육조사위원회가 그러한 법적 규제보다도 일본어 학교의 폐지를 주장한 것은 하와이 교육을 '교육 문제'로서가 아니라 '정치 문제'로서 인식했다는 것을 여실히 보여준다.

일미합동위원회

연방 정부의 교육조사단 보고서는 일본어 학교를 폐지하려는 안이었지만 호놀룰루 상업회의소는 검사총장의 협력을 얻어 사립 학교에 대한 교육국의 권한을 강화하고 교수 용어를 영어로 한정하며 제7학년 이하의 아동에게 영어 이외의 국어 교수를 폐지하며 교원의 자격 조건으로서 민주주의의 이상과 미국의 역사 및 정치에 관한 지식을 요구하는 '외국어학교단속법'을 발표했다. 이에 따라 일본국 총영사관은 '겉으로 들어나는 단체적 혹은 정치적 활동'의 자숙을 호소하는 한편, 일본국 정부에 구체적인 대응책을 요구했다. 이에 대해 외무대신 우치다 고사이內田康哉가 총영사 야다 조노스케矢田長之助 앞으로 다음과 같은 훈시를 내렸다.

본 건은 오직 미국에 호적을 둔 아동의 교육에 관한 문제로서 정면에서 이의를 제기하는 것은 좋지 않지만, 사실상 다대한 관계에 있는 사건이기에 귀하의 지역 내외의 인사와 함께 충분히 양해를 구해야 하며, 귀관은 의견대로 개인적으로 미국인 유력자와 접촉하여 될 수 있는 한 급격 혹은 가혹한 변화를 피하도록 충분히 노력해야 한다(「矢田總領事宛 內田外務大臣發信文書」 1920년 11월 9일자, 外交史料館文書 제47호).

이 훈시에서 드러나듯이 일본 정부는 기본적으로는 일본어 학교 문제에 간섭하지 않겠다는 입장이었다.

상업회의소가 제안한 일본어학교 단속법안에 대해 유력 영자지 『애드버타이저』지의 사장 사스톤의 중개로 일본인 측이 대안을 제시하고 양자의 합의하에 법안을 성립시키자는 제안이 나왔다. 그래서 야다 총영사가 중개하여 선택한 일본인 대표와 미국인 대표로 구성된 합동위원회가 설치되었다. 결국 일본인 위원이 제안한 대안에 약간의 수정[15]을 첨가하여 1921년 양자 합의아래 외국어 학교 단속에 관한 법률(Act 30)이 성립했다. 이 법률은 교원 자격을 중심으로 교육국의 인가 권한을 강화시킨 것으로 이때까지 제안된 외국어학교 단속법안과 본질적으로 다른 것은 아니었다. 다만 일본인 위원이 참가함으로서 일본어 학교 문제가 일미 양 국민의 협력아래 해결되었다는 인상을 주었던 것이다.

이 법률이 발표되기에 앞서 교원자격 시험 준비를 위한 '일본어 학교 교사 미국화 강습 사업'이 개최되었다. 그러나 다수의 일본어 학교 교원이 수험을 포기하고 그 결과 일본어 학교의 통폐합이 진척되자, 총영사관도 "금후 일본어 학교는 매년 쇠퇴 경향을 보일 수밖에 없을 것이다"라는 내용의 보고서를 본국에 보낼 수밖에 없었다. 교육국은 일본어 학교의 교과목 개정과 교과서 편찬을 위해 일미연합위원회 개최를 통고해 왔다. 이 제1회 위원회에서 미국 위원은 돌연 다음과 같이 일본어 학교 취학연한 단축안을 제안해 왔다.

① 초등의 일본어 학교 수업 연한은 6년으로 한다.
② 아동은 적어도 공립학교의 제3학년이나 이에 상당하는 연한까지는 외국어 학교의 출석을 불허한다.
③ 사용하는 교과서는 모든 일본어 어구나 관용어에 해당하는 영어를 병기해야 하며 교과서는 아동들이 영어를 일반적인 표현 수단으로 사용한다는 것을 염두에 두고 작성되어야 한다.
④ 외국어 학교는 일시적인 시설로서 간주되기 때문에 우리들은 교육국이 공립학교의 건물에서 교육국이 고용한 교사가 동양어를 교수하는 기능을 계속하도록 지원할 것을 권고한다.[16]

이 미국 위원의 제안은 합중국의 하와이 교육 조사 보고서의 결론과 마찬가지로 일본어 학교의 폐지를 목적으로 한 것이었다. 일본 위원이 강경하게 반대한 결과 미국 위원은 제2조에 대해 유치원부터 소학교의 제1학년과 제2학년의 일본어 학교 입학을 점차적으로 폐지하는 시한부 이행 조치를 다시 제시했고 제4조의 삭제를 인정했다. 이 취학 연한 단축안이 성립하자 영자신문에서는 "일본어 학교의 종국적인 절멸을 향한 첫 걸음이며 이것은 하와이가 필요하다고 믿는 방침과 합치되는"[17] 것이라고 논평했다. 그러나 일본인 이민 사회에서는 합중국 헌법에 보장된 교육의 자유에 기초하여 일본어 학교의 자립성을 지키려는 사람들과, 미국과의 협조에 중점을 두면서 일본어 학교의 폐지를 수용해야 한다고 생각하는 사람들 사이에 점차 깊은 골이 패여 갔다.

소송파와 반소송파

취학 연한 단축안이 성립되자 1,368명의 '유치과'의 아동들이 퇴학할 수밖에 없었다. 일본인 이민의 노동 조건 개선과 급료 인상 운동 등 이민의 권리 옹호에 종종 나서 그 자신이 투옥되는 경험이 있었던 하와이 보지사布哇報知社의 사장 마키노 긴자부로牧野金三郎는 이 문제를 순전히 '법리문제'로 파악하여 "외국어 학교 단속법은 위헌이라는 소송을 제기할 각오가 있다면 우리는 철두철미하게 학교 당국자 및 부형과 함께 투쟁자의 편에 서겠지만, 만약 이러한 각오가 없다면 시끄럽게 소동을 벌이는 것보다 오히려 처음부터 가만히 있는 것이 낫다"(『日布時事』 1922년 8월 8일자)며 소송을 전제로 이 문제를 다루어야 한다고 주장했다. 나아가 당국이 수학 연한 단축 법안을 철회하지 않는 한, 이미 타협하여 발효된 외국어 학교 단속법을 포함한 일본어 학교 문제를 '근본적으로 해결'해야 한다며 단호하게 투쟁 자세를 취했다. 이에 대해 마우이 교육회는 "외국어 학교 학년 단축 규정은 일본인에게 아주 커다란 희생을 지불하는 것이기는 하지만 일본인계 시민 장래를 생각하여 해당 규정을 준수한다"(『日布時事』 1922년 8월 16일자)는 결의를 공개하였으며, 일본총영사관도 외교상의 배려에서 이 법안에 찬성의 뜻을 표했다.

이 문제를 둘러싸고 일본인 사회는 소송으로 몰고 가는 소송파와 반소송파 둘로 나뉘어 졌다. 하와이보지사의 마키노 긴자부로는 재류민에게 '학교 문제 소송위원회'의 조직화를 제안하면서 외국에 학교 단속과 관련한 법안 전부가 위헌이라는 소송을 제기할 것을 호소했다. 이에 동조한 것은 대부분 가난한 노동자들이었으며, 소송 경비도 1인당 50센트에서 1달러씩 갹출하여 조성함으로서 재류민의 힘으로 싸울 것을 호소했다. 마키노에 따르면 미국에서 생활하는 한 일본인도 미국인과 동등하게 권리 문제와 관련해 당당히 싸운다는 것을 실증할 필요가 있었다. "제정된 법률이 위법이라는 의심이 발생할 경우 이것을 법정에 가져가 판사의 판결을 바라는 것은 권리의 주장인 동시에 또한 법률을 준수하려는 자의 의무다"(『布哇報知』 1922년 11월 22일자). 따라서 공립학교의 제2학년을 수료하지 않으면 일본어 학교에 입학을 금지하는 것은 '교육의 자유'를 침해하는 것이며 이 법률로 일본어 학교의 경영이 파탄되는 것은 '사유 재산의 손실'에 해당된다고 주장했다. 또한 사립 학교의 교사는 학교 소유자에게 임면 권리가 있기 때문에 교원 검정 시험도 부당한 것이라며 그 폐지도 함께 제소했다. 이러한 제소 운동에 대해 대표적인 영자신문의 사주 모린 사스톤은 「하와이 재주 일본인에 대한 충고」라는 제목으로 다음과 같은 의견을 게재했다.

우리는 지금 모든 계급의 일본인에게 일본인 학교 문제가 충분히 숙려될 때까지 또한 다른 해결 방도가 모두 사라지기 전까지는 결코 소송을 제기하지 말 것을 충고한다. 소송의 제기는 싸움을 거는 것이자 도전이다. 소송 제기는 일본인과 미국인의 문제 즉 인종 문제가 될 수밖에 없다. 그럴 경우 인종적 편견은 점점 더 강해지고 양국민 간의 협조와 제휴는 붕괴될 것이다.[18]

소송 반대를 호소하는 사스톤의 의견은 하와이에 사는 백인 미국인 일반을 대표하는 것이었다. 소송의 권리는 널리 미국 국민에게 인정된 권리임에도 불구하고 소송에 반대한 것은 외국어 학교 단속법의 합법성을 믿는다는 의미가 아니라, 실로 일본인에게 미국인과 동등한 권리를 인정하지 않겠다는 것을 의미했다. 한편 총영사 야마자키 세이이치山崎馨一는 일본인 유지를 모아 소송반대 서명을 요청하면서 다음과 같은 성명을 발표했다.

우리는 미국의 국시를 존중하고 미국인과의 협조 태도를 취하며, 하와이 전반의 복지를 증진하는 것이 우리들이 명심하여 준수해야할 올바른 정신이라고 믿는다. 우리는 외국어 학교 학년 단축 문제에 관한 소송 제기가 일본어 학교 및 아동의 장래에 오히려 불이익을 초래할 것이며, 동시에 이 때문에 하와이 일미 양국인의 감정을 저해하고 일반적인 문제에 중대한 악영향을 끼칠 것으로 판단하여 소송에 반대한다. 위의 소송 제기가 일본어 학교의 학부형에 그치지 않고 하와이 재류 일본인 전반의 이해 관계에 영향을 미칠 것으로 믿기에 우리들은 이에 소송 반대에 관한 의견을 발표하고 또 각 학교 부형 및 일반 동포 여러분들이 신중한 태도를 취하기를 바란다 (『ハワイ日本語學校敎育史』).

야마자키 총영사의 호소에 호응하여 소송 반대 성명문에 서명한 것은 일본인 이민 중에서도 은행가나 기업가 등 하와이 당국과 밀접한 관계를 가진 사람이나 기독교를 통해 미국화주의에 공헌한 목사나 의사 등 모두가 일본인 이민 사회의 지식인 계층에 속하여 지도하는 입장에 있던 사람들이었다.

소송 제기를 한 일본어 학교에는 법률적용중지가처분法律適用差止令이 적용되어 종래대로 교육을 실시할 수 있었지만, 소송에 반대한 학교는 얄궂게도 여러 제약을 당하게 되었다.

합중국 대심원의 판결

재판은 1923년 1월 11일부터 순회 재판소에서 열렸고 외국어 학교 단속법은 합법이지만 교육국의 권한 안에 학년 단축을 정하는 권한은 포함되어 있지 않으며 그것은 외국어 학교 단속법에도 반하는 것이라는 판결을 내렸다. 이에 대해 당국과 소송파가 불복하여 상고했다.

그러나 상고한 다음날 훨씬 더 엄격한 추가 법안이 제출되었다. 이에 따르면 교육국에는 외국어 학교에 관한 학년 단축 권한과 폐쇄 명령권을 부여하고 외국어 학습을 1년 38주 이상, 1주 6시간 이상, 1일 1시간 이상 가르쳐서는 안 된다는 제한을 부과하고 교과서에는 영어 동의어를 게재하며, 판매 수입은 당국에 납부한다는 내용이었다. 이를 계기로 소송에 참가한 일본어 학교는 대략 150교 중 87교에 이르렀다.

더욱 몰아부치기라도 하듯 1925년에는 통학생 한 사람당 1달러의 세금을 부과하고 법률적용금지가처분도 인정하지 않는다는 법률을 통과시켰다. 이에 대응하여 하와이 법정이 아니라 연방 지방법원에 법률적용금지가처분을 신청했다.

1926년 3월 22일에 샌프란시스코 제9합중국 순회 공소원은 학교 단속법이 헌법을 위반한 것이며 "부모가 독자적인 방법으로 아이를 교육하는 권리를 인정한다. 헌법으로 인정된 권리를 억제 혹은 부정해서는 어떠한 선량한 시민도 만들 수 없다"[19]고 판결을 내렸다. 하와이 당국은 여기에 불복하여 합중국 대심원에 상고하여 1927년 2월 21일에 판결이 언도되었다. 그 내용을 요약하면 하와이 당국이 제정한 외국어 학교 단속법 및 이에 관한 법칙은 합중국 헌법에 위반된다는 것이었다.

판결문에서 외국어 학교 단속법은 그 학부모가 가치가 있다고 믿고 또한 분명히 공공의 안전에 해가 되지 않는 교육을 아동에게 실시하려는 사립학교에 대한 단순한 단속의 범위를 벗어난 것, 즉 학교의 관할권을 당국에 부여하고 교원, 교과목 및 교과서 선정의 자유를 이들 학교의 소유자및 학부형들로부터 박탈하는 것이라 판정했다. 나아가 외국어 학교 단속법은 부형이 중요하다고 생각하고 국가도 유해하다고는 인정하지 않는 교육을 아동에 부여할 공정한 기회를 박탈하는 것이라고 파악하고 일본인 부형은 부당한 단속을 받지 않고 자제를 교육할 권리가 있다는 것을 명기했다.

외국어 학교 단속법에 대한 재판 투쟁을 통해 일본인 이민이 얻은 것은 데모크라시의 근간에는 '교육을 받을 권리'가 존재한다는 깨달음이었다. 이들은 그것이 침해되었을 때는 상대가 공권력이라도 정당하게 자기의 권리를 주장해야 한다는 것을 다시금 실감한 것이다. 소송에 반대하고 부조리할지라도 미국의 동화정책을 무조건 받아들이면서 일본계의 입장을 지키려는 것, 이와는 반대로 소송이라는 경험을 통해 시민의 의무와 권리를 지향하며 일본계로서의 자립성을 지키려는 것은 이질적인 문화에 대한 자세의 차이이기도 했다.

일본에서는 교육의 국가 지배가 관철되어 국민이 '교육권의 소재'는 고사하고 교육에 관한 일체의 이의제기를 봉쇄당했다는 것을 생각하면 하와이 일본인 이민이 체험한 학교 문제는 일본인들이 밟아 온 또 하나의 '근대교육'사를 보여주는 것으로 이해할 수 있다.

5. 일미 전쟁과 2세 문제

이중국적 문제

'2세 문제'란 1세가 자신의 자녀들의 미래상과 관련해 갖고 있는 교육 문제였다. 지금까지 살펴본 것처럼 1세가 사용하던 언어와 습관, 여기에 일본인의 가치 의식과 2세가 미국의 공립학교에서 합중국 시민이 되기 위해 받는 교육 사이에는 커다란 간격이 존재했다. 그것은 동시에 가정 생활에 균열을 초래했다. 일본인 학교는 이러한 균열을 조금이라도 융화 시키려는 것이었지만 그것은 또한 미국의 동화에 반하는 요인으로 간주 되었다. 이러한 교육 문제의 근저에 있었던 것이 이중국적이었다.

하와이에 이민으로 건너간 일본인들의 자녀들 중에서 미합중국에 병 합된 이후의 하와이에서 출생한 자는 미국 시민권을 취득할 수 있었다. 그러나 한편으로는 1899년에 제정된 일본의 국적법에 따르면 부친의 혈통에 따라 국적 취득이 결정되기 때문에 부친이 일본 국적인 2세에게 는 자동적으로 일본 국적이 부여되었다. 문제를 더욱 복잡하게 만든 것 은 1899년의 국적법에는 일본 국적을 이탈하는 규정이 없어 2세는 자 신의 의지와 상관없이 이중국적이라는 부담을 안을 수밖에 없었다는 점 이다. 특히 반일 운동이 거세지면서 미국에 정주하며 미국인으로서 교 육을 받은 2세에게 이 이중국적은 보다 절실한 문제였다. 이러한 문제 는 하와이보다도 미국 본토의 일본인 사회에서 중요한 '문제'로 인식되 었다.

1914년에 미국 태평양 연안 일본인회협의회에서 2세가 일본 국적을 이탈할 수 있게 일본의 국적법을 개정하도록 일본 정부에 요청하자는 제 안이 나와 다음해 정식으로 청원서가 제출되었다.[20] 로스앤젤레스나 시애틀에서 일본인 이민사회의 지도자가 방일하여 「이중국적문제해결이유서」를 제출하고 에바라 소로쿠江原素六와 시마다 사부로島田三郎의 협력을 얻어 각계에서 국적법 개정운동을 일으켰다. 외무성 역시 반일 운동의 고양으로 일미 관계가 악화되지 않을까 우려했기 때문에 1916년 3월에 국적법의 일부가 개정되었다. 이에 따르면 외국에서 태어나 그 나라의 국적을 취득하고 그곳에 거주하는 자로서 내무대신의 허가를 얻은 자는 국적 이탈을 신청할 수 있다는 조건이 붙었다. 또한 14세 이하의 2세는 양친이나 보호자가 신청 절차를 밟아도 좋지만 15세에서 16세의 2세는 자신이 이탈 절차를 밟아야 하며, 17세 이상의 남자는 일본에서 병역의 의무를 마쳤거나 병역의 의무가 없는 자로 인정되지 않으면 국적 이탈 신청을 할 수 없었다.

국적 이탈을 인정한 이 국적법 개정은 2세 교육을 미국에 동화하는 방향으로 생각하던 1세들에게는 새로운 국면전개였다. 그러나 한편으로는 절차의 복잡화에 더하여 이중국적 문제의 근본적인 해결이라는 측면에서 생각하면 이 개정은 아주 불충분한 것이었다. 일본 국적을 이탈하지 않으려는 또는 이탈이 불가능한 자제가 있는 1세는 2세 교육에서도 일본과의 연결을 끊어버리는 결단까지는 이르지 못했다. 일본어 학교에 통학시키지 않고 공립학교에서만 미국인으로서 2세를 교육하려는 1세는 아주 소수였다.

이러한 사정은 반일 운동가들에게 좋은 공격 재료가 되었다. 일본 국적을 갖고 일본의 병역 의무를 지며 일본어 학교에서 천황과 일본 국가에 충성을 다하는 교육을 받아 온 미국 시민이 존재한다는 것 자체를 반일 운동가들은 인정하기 어려웠던 것이다. 이때까지의 반일 운동의 대상은 미국에 귀화할 수 없는 외국인이라 간주되었으며, 2세를 일본의 신민으로 교육하려 했던 1세들이었다. 그러나 이중국적을 갖고 투표권까지 갖는 2세에 부여된 시민권을 박탈하려는 운동이 발생하면서 비판의 대상은 2세로 향했다. 이러한 상황 속에서 1세를 대신하여 2세가 자신들의 입장을 주장하면서 운동을 전개하게 되었다.

일본계 2세의 과제

하와이의 학교 문제가 기독교계와 불교계의 일본어 학교 대립에서 기인했다는 것은 앞에서 살펴 보았다. 또 이 대립을 통해 기독교계의 일본어 학교가 미국 시민이 되는 교육 방침을 제기하면서 그것이 일본의 풍토에 뿌린 내린 불교계 일본어 학교를 배척하는 근거가 되었다는 것도 밝혀졌다.

일본어 학교의 존재가 미국의 동화에 장해가 되고 나아가 반일 운동의 요인이 된다는 이유로 적극적으로 미국화주의 운동을 전개한 것은 오쿠무라 다키에였다. 오쿠무라는 '반일 예방 계몽 운동'이라 칭하며, 2세를 '두 마음을 품지 않는 미국 시민'으로 교육하고 시민권을 회득하여 선거권의 행사 등 시민의 권리와 의무를 다하는 '충량한 미국 시민'으로 양성할 것을 제창했다. 이를 위해서라도 적극적으로 2세의 일본 국적 이탈을 추진시켜 '태어난 땅에 발을 붙이고 농업 노동으로 입신출세하는 사상'을 촉진시켜야 한다고 주장했다(奥村多喜衛 『하와이의 일미문제 해결운동 布哇に於ける日米問題解決運動』).

한편 2세들의 독자적인 운동도 이 무렵에 시작되었다. 하와이섬의 히로시에서는 '일본인미국시민회'라는 명칭의 2세 조직이 만들어졌다. 회장인 아라카와 후토시荒川太는 2세의 입장에서 다음과 같이 말한다.

일본의 주권자는 우리들 또한 일본 신민이 될 것으로 생각한다. 이러한 사상은 오류이다. 우리들의 입장을 오해하는 것이다. 미국에서 태어난 우리들은 끊임없이 일본에서 멀어지려는 노력을 계속한다. 우리들은 두 가지 주권을 행사할 수 없다. 우리들은 충량한 미국민이다. 그리고 우리들은 미국에서 교육받았으며 그 이외의 다른 많은 부분에서 미국에 빚진 것이 많다. 그래서 미국에 의무를 갖고 있는 것이다. 하와이에서 태어난 일본인은 미국의 이상을 우리의 이상으로 삼고 필요하다면 미국을 위해 싸워야 할 것이다. 가령 일본인인 우리들의 부모와도 싸우지 않으면 안된다(『日布時事』 1916년 2월 24일자).

필시 이러한 생각을 갖는 2세의 등장 자체가 1세에게는 전형적인 '2세 문제'로 받아들여졌을 것이다. 하와이에서는 일본인이 주 총인구에서 차지하는 비중이 다른 주와 비교하여 압도적으로 높았다. 또한 현인회縣人會나 각종 종교 행사를 통해 1세들의 사회조직이 정비되고 질서가 서 있었기 때문에 반드시 이러한 '일본인미국시민회'의 주장이 일반적이었던 것은 아니었다. 그러나 미국의 퇴역 군인 조직인 군인단이 2세들의 미국 동화를 촉진하기 위해 일본계 미국 시민협회를 조직화하고 16세 이상의 2세를 이 조직에 가입시켜 이중국적을 이탈해 미국에 충성을 다하는 '100% 미국인' 되기 운동을 전개했다. 또 이중국적을 가진 자에게는 하와이 공립학교의 교원이 될 자격을 주지 않는다는 제한을 만들었다. 이처럼 이중국적은 미국 시민으로서 하와이에 정주하여 새로운 직종에 취업하려는 2세의 앞길을 막는 것으로 인식되었다.

1920년에 하와이대학에 입학한 학생의 16%가 일본계[21]였던 것에서도 알 수 있듯이 경작지 노동자로서 일하는 1세대와는 달리 화이트칼라로 불리는 직종의 종사자가 증가하면서 의사나 변호사 등의 전문직에 종사하는 2세도 생겨났다. 따라서 오쿠무라가 말했던, 백인과 경합하지 않고 부모 세대와 동일하게 농업 노동에 종사하여 미국화 주의에 노력하는 2세의 모습과는 달리 차별이나 편견에 대항하여 미국 시민으로서 자신들의 존재를 주장하는 2세들이 성장했다.

2세들이 조직한 하와이의 일본계시민협회The Society of American Citizens of Japanese Ancestry는 이중국적 문제의 근본적인 해결을 목표로 일본 정부에 대한 청원 운동에서 중심적인 역할을 맡게 되었다.

그들은 "일본이 이중국적의 국적 이탈과 관련해 이와 같은 연령 제한을 두지 않고 귀화 또는 외국 병역에 복무, 혹은 임의로 외국 국적을 취득한 자에 대해 병역의 의무를 비롯한 일체의 의무를 면제하여 절대적으로 일본의 국적을 상실할 수 있도록 개정"(『布哇日本人年鑑』第17回, 1921년, 布哇新聞社)할 것을 요구했다.

그 결과 1924년에는 일본인 국적법이 두 번 개정되어 국적 이탈 조건은 모두 철폐되었다. 또한 부친이 일본인인 경우 자동적으로 일본 국적을 부여하는 조항도 출생 후 14일 이내에 일본 영사관에 출생 통지를 제출해야만 일본 국적을 취득할 수 있는 것으로 개정되었다. 그러나 이 법안이 성립하여 많은 2세들이 일본 국적을 이탈했는가 하면 반드시 그렇다고는 단언할 수 없다.

1924년 12월 1일부터 1925년 11월 30일까지 하와이 위생국에 제출된 일본인의 출생 신고는 5,024명이었다. 일본 영사관에 출생 신고를 제출하여 일본 국적을 유보한 자는 3,646명이었다. 이에 비해 일본에 국적 이탈 신고를 마친 자 449명과 일본 국적의 유보 서류를 제출하지 않아 자연히 국적이 이탈된 자 1,379명을 합쳐 일본 국적을 이탈한 자는

1,828명이었다.[22] 이것은 도대체 무엇을 의미하는 것일까.

일본 국적의 이탈은 오쿠무라가 말하듯이 100%의 미국 시민이 되는 것을 보장한 것일까. 많은 일본인 이민 1세는 인종적인 편견이나 차별을 몸으로 체험해온 세대이며 2세 자신들도 그러한 편견이나 차별이 쉽게 해소되지 않는다는 것을 일상적으로 이해해 왔다. 이민을 받아들인 미국 쪽의 냉혹한 현실이 이 국적 이탈의 숫자로 드러난 것은 아닐까.

2세 중에는 학령기가 되면 일본에 돌아가 일본의 교육을 받고 다시 미국으로 돌아오는 '귀미帰米 2세'라 불리는 사람들도 적지 않았다. 일본의 교육을 받고는 일본에 반발한 자들이나 아니면 일본인 의식을 고양시켰던 자들이나 미국에 돌아왔을 때는 미국의 공교육 아래 자라난 2세와는 다른 존재로서의 자기를 발견했다. 이러한 사람들은 오히려 1세에 가까운 의식을 계속해서 가지고 있었다.

미국 본토에서는 고등 교육을 받은 2세들이 자신들의 권리 확립과 옹호를 목표로 전국적인 일본인 조직을 탄생시켰다. 이것이 일본계미국시민협회Japanese American Citizens League, 통칭JACL이다. JACL의 모체가 된 조직은 미국충성연맹이었다. 샌프란시스코의 젊은 2세 치과의사였던 토마스 T. 야타베가 제창한 이 조직은 글자 그대로 미국에 충성을 다하는 일본계 2세의 집단으로 구성되었고 그 정신은 JACL에도 계승되었다. 1930년 시애틀에서 제1회 전국 대회가 열린 이후 전 미국으로 퍼져나갔고 일본인 조직으로는 커다란 영향력을 갖기에 이르렀다.[23]

세대 간 단절과 수신 교육

이중 국적 문제가 일본의 국적법 개정으로 해결되고 외국어 학교 단속법도 1927년 합중국 대심원에서 승소 판결을 얻어낸 일본인 이민 사회에서는 일본어 교육이 공전의 활황을 맞았다. 〈표8-2〉는 일본어 학교가 하와이에 등장한 이래로 진주만 공격 전년까지의 일본어 학교의 추이이다.

이 표를 보면 일본인 이민 사회 조직화가 진행되는 1910년대에 일본어 학교가 비약적으로 증가한 것을 알 수 있다. 1925년부터 35년에 걸친 증가는 외국어 학교 단속법안 승소의 영향에 따른 것은 분명하다. 외국어 학교 단속 법안이 제출된 이후 일본인 학교는 명칭을 변경하면서 일본어만을 가르치는 어학교로서의 성격이 짙어졌다. 그러나 1927년 승소 판결은 일본어 학교의 교육 내용에 새로운 전개를 초래했다. 그것은 수신 교과의 중시였다. 원래 미국화주의를 방해한다고 지적된 과목이 수신과였다. 그러나 충군애국을 기둥으로 하여 일본과 천황에 충성을 다할 것을 강조하는 수신 교육과는 달리 새로운 일본인 이민을 위한 도덕 교육이 필요하다는 여론이 대두되었다.

수신 과목은 미국 공립학교에는 없지만 일요일에 각 기독교 교파가 교회에서 가족과 함께 기독교에 기초한 도덕 교육을 받는다. 일본인은 그러한 습관이 없기 때문에 일본어 학교에서 수신과를 둘 필요가 있다는 것이 이 여론의 주장이다. 이 수신 교육 필요론은 주로 1세대가 바랐던 것이다. 특히 1930년대가 되자 2세는 모든 부문에서 미국 시민의 입장에서 발언하게 되었다. 많은 1세대들은 만혼이었기 때문에 미국에서 태어난 2세와는 연령차가 컸으며 공립 학교에서 배우고 부모보다 고등의 교육을 받은 2세 젊은이들과의 문화적인 단절은 메우기 어려웠다. 여기에 역시 언어 장벽이 양자의 상호 이해를 방해했다. 특히 그 골을 깊게 만든 것은 1931년 일본군이 일으킨 만주사변을 둘러싼 해석이었다.

〈표8-2〉 하와이의 일본어 학교의 추이

년 차	교 수	년 차	교 수
1895년	1	1920년	144
1900년	11	1925년	147
1905년	51	1930년	174
1910년	102	1935년	181
1915년	135	1940년	165

1934년 하와이 대학에 제출한 일계2세 Koichi Glenn Harada의 석사논문 "A survey of The Japanese Language Schools in Hawaii"와 1943년 하와이 대학에 제출한 일계2세 Katsumi Onishi의 석사논문 "A study of The Attitudes of the Japanese in Hawaii Toward The Japanese Language School" 및 小澤義淨 編『ハワイ日本語學校敎育史』의 조사를 수정하여 작성.

1세는 일본의 중국 침략을 조국 일본의 발전이라 생각했으나 많은 2세들은 일반적인 미국인의 여론과 동일하게 일본의 중국 정책에 비판적인 입장을 취했으며 중국을 지지하는 자들조차 있었다.[24] 수신 교육은 이러한 1세와 2세 사이의 단절을 조금이라도 메울 수 있을 것으로 기대되었다.

1930년대 일본어 학교에서 가장 중시된 것은 수신 교육이었다. 수신 교과서는 하와이 일본어 학교 교원 중에서 위원을 선출하여 편찬하게 했다. 일본에 대한 충성심이나 민족의 우수성을 말하는 내용은 완전히 모습을 감추고 효행이나 정직, 진실이나 경로 정신 등 확실히 1세와 공유할 수 있는 덕목이 제시되었다. 이것은 영어로도 병기되어 있어 많은 미국인이 읽어도 이해하기 쉽도록 배려했다.

이러한 2세의 동향에 일본 정부도 관심을 갖기 시작하면서 재미 영사관에 조사를 지시했다.[25] 또한 일본에서는 적극적으로 2세를 받아들이기 위한 교육 기관까지 설치했다. 만주 사변 다음 해인 1932년에는 척무성拓務省이 해외교육협회를 설립하고 그 부속 학교로서 미즈호학원瑞穗學園

이 개설되었다. 이외에 와세다早稻田 국제학원이나 일미 학원 등 일본계 2세를 받아들이는 교육 기관이 개설되었다.

유지 이치오카에 따르면 2세에 대한 1세의 기대는 1931년 이전에는 미국인의 편견이나 오해를 2세가 바로 잡아주는 것이었지만, 만주 사변 이후는 극동의 상황을 설명하면서 일본의 중국 정책을 변호해주는 것이 었다.[26] 또 1920년대에는 일본계 이민에 대한 일본 정부의 대응은 아주 냉담했지만, 1931년 만주 사변과 이에 계속된 1933년의 국제 연맹 탈퇴 이후는 일본계 이민 특히 미국 시민권을 가진 2세에게 주목하면서 일미 우호의 '다리'로서 적극적으로 이용하려 했다. 그러나 그것이 미국에 있는 2세들의 입장을 반대로 궁지에 몰아넣게 되었다.

진주만 공격과 일본어 학교

외국어 학교 단속법안 문제가 결말이 나자 하와이에서는 일본계와 백인 사회 사이에 협조 정신이 높아져 갔다.[27] 일본어 학교에서도 1930년 대 중반부터는 교단에 서는 일본계 2세 교원이 전체의 29%를 차지하게 되었고,[28] 공립학교와 연대도 이루어져 표면적으로는 대립을 야기시키는 요인은 보이지 않았다. 1935년 일본어 학교의 수는 181개나 달했다. 이 무렵 하와이에서는 준주準州(Territory)에서 정식적인 주로 승격을 요구하는 운동이 전개되고 있었다. 미국 의회에서는 1935년 10월에 하원의 테리토리위원을 하와이에 파견하여 주 승격에 관한 공청회를 개최했다. 그 무렵 하와이 총인구의 약 40% 가까이 점하던 일본계를 미국화하는 문제에 관심이 기울여지고 또다시 충성 문제가 부상했다. 호놀룰루의 유력한 영자 신문『애드버타이저』지는 하와이 주 승격이 인정받지 못하는 이유를 사설에서 다음과 같이 논하고 있다.

하와이가 미국의 주권을 갖는 하나의 주가 되기 위해서는 모든 점들에서 미국적이 될 필요가 있다. 시민은 어떠한 인종의 2세이건 어떠한 혈통을 이어 받건 그것은 문제가 되지 않는다. 필요한 것은 그들이 완전한 미국인이어야 한다는 것이다. 그러나 하와이의 현상은 어떠한가. 동양인계 시민의 부모들은 직장에서나 생활에서나 미국적인 표준을 거부한다.[29]

즉 하와이의 일본인은 노동 임금에서 노동 시간, 비즈니스 방법, 풍속 습관에 이르기까지 본토의 백인 문화와는 이질적인 기준을 갖고 있는 것이다. 그 때문에 미국인은 그들과 경쟁하는데 많은 고생을 강요당하고 있다고 지적한다. 또한 일본어 학교를 언급하면서 다음과 같이 말한다.

일본어 학교의 교사들이 그들의 선조에게 물려받은 원리, 교훈, 신념을 자랑으로 삼는 것은 자연스럽고도 당연한 것이다. 그러나 이러한 전통의 대부분은 미국인의 이상에 전혀 합치되지 않는다. 하와이에 태어난 2세나 3세가 일본어 학교에 통학하고 불교 사원에 참배하는 경우-일본어 학교와 불교 사원은 관련되어 있다-는 줄어들고 있지만 여전히 다수의 시민들이 여기에 참가하고 있다. 그 결과 그들은 오전에는 공립학교에서 조지 워싱턴의 이상을 배우고 오후에는 일본어 학교에서 일본 정부에 대한 충성을 배운다.[30]

이에 대응하여 일본어 학교의 연합 조직인 하와이교육회는 곧바로 『애드버타이저』에 반론을 제기하여 일본어 학교가 '미국의 이상'에 따라 '일본계 시민으로서의 완전한 인격 양성'에 노력하고 있다는 것을 반복하여 주장했다. 그러나 이 논쟁은 이 이상 확대되지 않았다.

이러한 일본어 학교의 융성을 배경으로 일본에 2세를 유학시키는 풍조는 강해졌다. 1936년 7월 6일에 개최된 하와이교육회의 제9회 대의원회에서는 하와이 출신 일본 유학생 조사가 주요 의제로 발의되었다.[31] 이 경향은 1940년까지 계속되었다. 1세들의 눈에는 일본의 군사강대화와 동아시아에서의 영토 확대 정책이 일본 제국의 번영으로 비쳤기 때문이다.

그러나 이 현상과는 반대로 1935년을 정점으로 일본어 학교수는 감소 경향을 보인다. 일본어 학교에 다녀도 일본어를 제대로 읽고 쓰지 못하는 2세들의 수가 증가하고, 1세들와 접촉하기 위한 일본어 지식을 필요로 하지 않는 3세나 4세의 시대가 되어감에 따라 일본어 학교의 기능과 역할은 종말을 맞이할 수밖에 없다는 것이 1934년에 하와이대학에 일본어 학교에 관한 연구로 석사 논문을 제출한 일본계 2세 글렌 하라다의 결론이었다.[32]

1941년 12월 7일-일본 시간으로 8일- 이른 아침, 일본군은 하와이 진주만에 기습 공격을 감행했다. 이에 앞서 1941년 봄부터 연방 정부의 단속반-FBI-이 일본어 학교의 경영자나 교장·교원, 승려나 신관, 현인회 임원 등 일본인 이민 사회의 지도자격 인물들의 자택을 방문하기 시작했다. 일미 관계가 악화되어 일촉즉발의 상황에 있다는 것은 1세나 2세 모두 공통으로 인식하고 있었다. 그러나 대부분의 일본인 이민은 일미 전쟁이 하와이를 무대로 시작되리라곤 예상조차 하지 못했다.

일미 개전은 2세에게는 실로 그들이 미국인일 수 있는지를 시험하는 일종의 후미에踏み繪*와 같았다. 그 날 오후 4시 무렵 일본어 학교의 교장

---

* 일본의 에도 시대에 기독교를 엄금하기 위해 사람들로 하여금 기독교 등의 상을 새긴 목판 등을 밟게 하여 신자가 아님을 증명하게 하던 정책

과 승려, 신관, 일어 신문의 사장, 그 밖에 일본인 이민 사회의 지도자로 간주된 사람들이 연이어 체포되어 호놀루루항의 반대편에 있는 샌드 아일랜드라는 작은 섬에 유배되었다. 그 후 이들은 미국 본토로 연행되어 테네시주나 루이지아주, 몬타나주의 사막 지대에 마련된 리로케이션 캠프-수용소-에 전쟁이 끝날 때까지 억류되었다.

미국 본토의 일본인 이민 상황은 아주 비참했다. 1942년 2월에 일본인 및 일본계 미국인에게 강제 퇴거 명령을 내려 수용소로 보내는 대통령령 제906호가 발동되었다. 적국 외국인들 중에서 일본인만이 재산을 처분할 충분한 시간도 주어지지 않은 채, 트렁크와 일용품 몇 가지만을 소지하고 가시철망과 총구로 둘러싸인 수용소에 마치 죄인처럼 격리되었다. 12만 명이 넘는 수용자들 중에서 3분의 2가 미국 시민권을 가진 일본계인이었다.

하와이에서는 당일로 군정- Marshal Law-이 실시되고 모든 학교는 다음 날, 전반명령제6호[33]에 의해 일시 폐교되었다. 일본어 학교는 자주적으로 폐교했고 전쟁 후까지 다시 문을 여는 일은 없었다. 특히 적국 언어인 일본어에 대해서는 'Speak American'이라는 전시 슬로건 하에서 공공 장소에서는 사용이 금기시되는 분위기였다. 게다가 일본인이 일본군의 앞잡이 노릇을 한다는 소문이 퍼지면서 일본인 가정에서는 일본어로 쓰인 서류나 서적이 대량으로 처분되었다. 영어를 말하지 못하는 1세를 위해 군의 검열 아래 재개된 일어 신문을 통해 영어 강좌 같은 것들이 개시되었다. 그러나 많은 1세들은 전쟁이 종결될 때까지 입을 닫고 침묵해야만 했다.

당시 귀국 권고에도 불구하고 일본에 유학하고 있던 2세들에게 이 전쟁이 가져다 준 댓가는 너무나 컸다. 미국 국적을 가진 자는 적국 외국인

으로 간주되어 하와이에서 보내오는
송금이 끊겨 유학은 커녕 매일 매
일의 생활고에 시달렸다. 취직을 위
해 일본 국적을 회복하는 조치를 취
했던 사람들 중에서 병역 연령에 달
한 자는 일본군에 징병당했다.[34] 일본
국적 회복과 일본군에 입대했다는 점
은 전후에 하와이로 돌아와 미국 시
민권을 회복할 때에 커다란 장애가
되어 2세인 청년들을 괴롭혔다.

진주만 기습 공격 이후 일본인 이
민에 덧씌워진 오명과 차별을 스스로
의 피와 생명으로 씻으려 했던 것이
일본계 2세 부대였다. 하와이 출신 제

[그림8-4] 방자신문邦字新聞 : 일본계 강제
수용소신문 『トパーズ時報』 1942년 12월
1일자.

100대대와 본토의 2세들이 가세하여 442부대가 편성되었다. 1943년에
지원병을 모집하자 하와이에서는 한 달만에 9,507명의 응모자가 나왔
다. 종군한 어느 일본계 2세 병사는 다음과 같이 회고한다.

누가 말을 꺼내지도 않았는데 전선으로 가자, 최전선에서 싸우자 라는
말이 일본계 병사들 사이에서 퍼지기 시작했다. 한 번 타오르자 이 말의 매
력은 걷잡을 수없이 크게 팽창되어 멈출 줄을 몰랐다. 이 말의 감동이 입
에서 입으로 전해지면서 더욱 강해졌다. 이것 말고는 구제받을 방법이 없
는 것 같았다. 가장 위험한 전선을 선택하여 종군한다. 다른 이들이 할 수
없는 공을 세울 필요가 있다. 그 결과 전사해도 상관없다. 전사는 명예이기

[그림8-5] 알칸사스수용소 내의 일본어학교(1942년 11월 22일)

때문이다. 이 명예는 드디어 그들이 배신자가 아니었다는 유력한 증거가
되는 것이다(ハワイ日本人 聯合協會 編 『ハワイ日本人移民史』).

전쟁에 참가하여 용감하게 전사하는 것이 미국 국가에 충성한다는 증
거였다. 이들 2세 부대는 주로 유럽 전선의 최전선에 배치되어 미국군의
사상자율의 3배에 달하는 희생자를 내었다. 이 일본계 부대의 존재가 널
리 미국에 소개되면서 이때까지 미국인이 가졌던 일본계 이민을 보는 눈
이 크게 바뀌게 되었다.

이문화 교류는 때로는 커다란 댓가를 치르게 한다. 일본인 이민이 걸
어온 역사는 동시대의 일본인에게 커다란 역사적 교훈이 되었다. 왜냐
하면 어느 누구도 배움의 권리를 침해당해서는 안 되며 자녀의 교육권
은 국가라도 침해할 수 없다는 것을 몸으로 배웠기 때문이다. 거대 권
력에 동화됨으로써 이질적인 국가와 문화의 한 구석에 안주하여 생활하
기 보다는 권력을 상대로 스스로의 권리를 지키는 소송 운동을 일으켜

민주주의를 실천해 보임으로써 참으로 이문화를 이해했던 이름도 없는 많은 일본인 이민이 존재했다는 사실을 일본의 교육사에 기록해 두고 싶다.

오키타 유쿠지

제9장
식민지 지배와 교육

1. '식민지'란 무엇인가

식민지 지배의 흔적

대만이나 한반도 등 일본의 옛 식민지였던 지역에는 식민지 지배의 흔적이 지금도 다양한 형태로 남아 있다. 옛 대만총독부 건물은 현재도 총통부로 사용되고 있다. 옛 조선총독부 건물은 1995년에 해체되었지만 조선총독부에 의해 많은 건물이 파괴된 경복궁 복원은 아직 끝나지 않았다. 본래 존재했어야 할 것이 상실된 것도 하나의 흔적이다. 박물관에 가 보면 중국어나 한글로 된 전시 중에는 '국어'로 가르쳤던 일본어 교과서가 진열되어 있다. 물론 흔적은 사물만이 아니다. 나이든 어른들이 이야기하는 일본어는 말하자면 신체화된 식민지 교육의 흔적이다.

학교에서 역사를 배울 때에도 대만이나 한반도 사람들은 일본과의 관계를 무시할 수 없다. 필자가 방문한 한국 어느 학교의 학교사 연표에는 1910년부터 1945년까지를 공백으로 해 놓았다. 무시하려 하면 분명한 공백이 생겨버린다. 또 오늘날의 연구자가 식민지 시대의 역사를 배우려면 어쨌든 일본어 문헌을 읽을 필요가 생긴다. 총독부가 작성한 문서는 물론 당시의 신문·잡지 대다수는 일본어로 썼기 때문이다. 물론 대만이나 한반도의 오늘날의 젊은이들 중에는 식민지 지배의 흔적을 거의 의식하지 않고 살아가는 사람도 있을 것이다. 그러나 거리의 모습에서나 할아버지 할머니 세대의 태도와 말투에서 미묘하게 위화감이 느껴지는 것의 유래를 따지고 들면 일본의 식민지 지배라는 문제와 마주칠 수밖에 없는 상황에 처하게 된다.

반대로 일본 상황은 어떨까. 연장자들 중에 중국어나 조선어를 '국어'로 배운 사람은 있을 리 없다. 한반도나 대만과의 관계를 무시해도 혹은 중국이나 한글로 쓰인 문헌을 읽지 않아도 이른바 '근대일본사'를 일단은 배울 수 있다. 그러나 그렇게 배운 '근대일본사'란 대체 무엇일까. 식민지 지배의 역사에 의해 폭력적으로 만들어진 **비대칭적 관계**를 거의 무의식적으로 되풀이하지는 않을까. 식민지 지배란 과거의 문제만이 아니라 현재진행형으로 계속되는 문제라는 점을 먼저 유의해야 한다.

교육에서의 식민지주의도 단지 과거형 문제만은 아니다. 결론부터 말한다면, 교육은 이중의 의미에서 지배자와 피지배자의 비대칭적 관계를 재생산하는데 관여해왔다고 생각된다. 첫째는 식민지 사람들의 종속적 지위를 고정화하고 정당화하는 역할을 담당했다는 점이다. 식민지에서 지배자와 피지배자의 비대칭적 관계를 정치적·사회적 격차로 고정화하고 그것을 자연적인 것으로 정당화하는 가치관을 '식민지주의'라고 표현한다면 교육은 '식민지주의'의 실천을 위한 중요한 도구의 하나였다.[1] 또하나는 전후 일본의 교육이 식민지주의를 자각적으로 극복하지 않고 오히려 단순히 식민지 지배의 역사를 망각함으로써 식민지주의적 가치관을 재생산해왔다는 점이다. 오늘날 역사교과서를 둘러싼 문제도 이러한 전전·전후의 상황과 밀접한 관련을 갖고 있다고 생각된다.

식민지 지배의 문제를 '과거'에 가두어버리지 않기 위해서는 역사를 서술하는 관점에 관해 재고할 필요가 있다. 종래의 식민지 교육사 연구에서는 걸핏하면 식민지 지배 전체 구조와의 관련을 충분히 인식하지 않은 채 식민지 지배의 특징을 '동화정책'이라는 말로 개괄하는 경향이 일반적이었다. 이 '동화정책'이라는 규정이 반드시 틀렸다는 의미는 아니다. 실제로 '동화'라는 말을 식민지 정책의 당사자들이 사용했다. 교육 내용에서의 일본어·일본문화의 압도적 우위처럼 '동화정책'이라는 포착 방식이 적절하다고 생각할 수 있는 현상도 분명 존재한다. 다만 그 의미 내용은 애매하며 또 논자에 따라 다양했다. 예를 들어 조선에서 삼일 독립운동 후에 경질된 조선총독 하세가와 요시미치長谷川好道는 '조선 동화의 방침은 병합 당초부터 불변'이라고 말했지만 당시 수상이었던 하라 다카시原敬는 '조선을 내지에 동화하는 방침으로 제반 제도를 쇄신'해야 한다고 주장했다. 하세가와는 **종래처럼** '동화' 방침을 유지해야 한다고 말했지만 하라는 **새롭게** '동화' 방침에 입각해 제도를 고쳐야 한다고 말한 것이다. 동일한 말을 사용하면서도 그 의미 내용은 분명 서로 다르다.

식민지 지배에서 '동화정책'이라는 말이 적절한 사태와 그렇지 않은 사태가 복잡하게 뒤섞여 현실이 구성되었고 그 현실을 어떻게 평가하는가가 논자에 따라 달랐던 것이다. 따라서 '동화'라는 말은 무엇인가를 설명하는 개념이라기보다도 오히려 그 자체가 설명되어야 할 개념이다. 즉 '동화'라는 말이 사용되었을 때 구체적으로 그것이 무엇을 의미했는가를 물을 필요가 있다.[2] 이 장에서는 이 점에 유의하면서 식민지의 교육제도·교육이념에 관해 개설적으로 논하고자 한다.

「교화의견서」의 식민지주의

'식민지주의'로 이야기된 것의 내용을 명확히 밝히기 위해 우선 하나의 사료를 읽는 것부터 시작하자. 이른바 '일한병합' 직후인 1910년 9월, 조선인에 대한 교육방침에 관해 「교화의견서敎化意見書」라는 제목의 비밀 의견서가 기초되었다. 조선총독부의 초대 학무과장 구마모토 시게키치隈本繁吉의 문서 안에 정리되어 있으므로 구마모토 또는 그와 가까운 관료가 학무부 내에서 협의하기 위해 기초한 것으로 추정된다.

이 의견서의 주제는 "조선민족을 과연 동화할 수 있는가 없는가" 하는 것이다. 그리고 이 의견서는 '동화'는 불가능하며 불필요하다고도 주장한다. '동화'가 불가능한 첫째 이유는 '일본민족'의 황실에 대한 충의심은 황실이 대종가大宗家—본가 중에서도 본가—라는 '사실'에 유래함에도 불구하고 조선인은 황실과 특별한 관계가 없다는 것, 둘째는 조선인이 '조선민족이라는 명확한 자각심'을 가지고 있다는 것, 셋째는 조선에서 상대적으로 소수인 일본인 식민자가 미치는 영향이 크지 않다는 것 등이다. 이런 이유를 든 다음 집필자는 교육의 힘을 과대평가하는 것을 경계하고, 언어·풍속·습관과 같은 '외적 방면'은 모르지만 황실에 대한 충의심이라는 '내적 방면'까지 교육을 통해 바꾸는 것은 불가능하다고 말한다. 즉 「교화의견서」에서는 '동화'라는 말의 의미내용을 언어·풍속·습관의 동일화에 그치지 않고 황실에 대한 충의심을 양성하는 것으로 파악한 다음, 황실에 대한 충의심은 '일본민족'으로 태어났기 때문에 갖게 되는 것인 이상 교육으로 바꿀 수 없다고 주장하는 것이다.

다음으로 집필자는 조선인을 '동화'하는 것이 불가능할 뿐만 아니라 불필요한 이유로 "철두철미하게 조선을 일본민족이 발전하기 위한 식민지로 경영하고 조선민족을 일본민족에 비해 종속적 위치에 두어야" 한다는 발상을 분명히 한다. 이처럼 조선인을 '종속적 위치'에 두려면 "다른 것들은 모두 정당한 자유경쟁에 맡기고 우승열패優勝劣敗의 자연도태를

행하면 된다"고 말한다. 교육을 둘러싼 방침도 이러한 통치방침 전반에 입각해 고려된다. 즉 '충량한 신민忠良ナル臣民'이 아니라 '순량한 신민順良ナル臣民'의 양성을 꾀해야 한다고 말한 후, 교육기관은 간이한 초등학교와 직업학교로 한정하고 '제국의 화평을 해칠' 우려가 있는 고등교육기관은 설치하지 말아야 한다고 주장한다. 교육내용 면에서는 '널리 일본어를 보급하는' 한편, 덕육에 관해서는 황실에 대한 '감사보은의 정'을 기르는데 그치고, 성실·근검·규율·청결 등의 덕목을 가르치는 것을 중심으로 해야 한다고 주장한다(「秘 敎化意見書」 1910年, 隈本繁吉文書).[3]

이러한 「교화의견서」 내용을 한 마디로 요약하면 조선이 일본의 '식민지'인 이상 조선인을 '동화'하는 것이 아니라 종속적 지위에 두는 것을 목표로 해야 한다는 것이다. 특히 그 요지를 이해하는 포인트는 '자유경쟁' '우승열패' '자연도태'라는 말일 것이다. '자유경쟁'을 통한 '자연도태' 원리에 따라야만 사회가 보다 '진화'된 단계에 들어선다는 생각은 세계는 약육강식의 장이라는 인식에 바탕을 두고 메이지기 일본에서 사회진화론으로 유통되었다. 「교화의견서」의 기조에는 이 사회진화론적 발상이 있다. 다만 결코 '자유경쟁'의 원리를 조선에도 적용해야 한다고 말한 것은 아니다. '민족의 생존경쟁'이라는 말에도 분명히 드러나듯이 경쟁의 주체는 개인이 아니라 민족이다. 집필자의 관심은 어떻게 하면 '일본민족'이 약육강식의 세계에서 '우월한 자'로 계속 남을 수 있는가 하는 것이었다.

조선인을 우선 종속적 지위에 둔 후에 '자유경쟁'을 해야 한다는 생각은 교육방침에도 명확하게 드러난다. 간이한 초등학교와 직업학교만 설치하면 된다는 안은 조선인에게 학력을 통한 사회적 상승 경로를 열어두어서는 안 된다는 의미이다. 근대적 사회에서는 일반적으로 학력의 서열이 사회적 지위 형성에서 중요한 요소가 된다. 근대 일본에서도 여성에게는 제국대학의 문호를 개방하지 않거나 중학교 이상 학교에 진학하기 위해서는 일정한 경제력이 필요했 것처럼 다양한 제한은 있었지만 고학력 취득을 통한 '입신출세'의 욕망이 널리 공유되는 상황이었다. 그러나 「교화의견서」의 집필자는 '입신출세'라는 욕망과는 무관하게 종속적 지위에 의문을 품지 않고 規律 바르고 근면하게 노동하는 '순량한 신민'으로 만들기 위해 조선인을 교육해야 한다고 말하는 것이다.

이러한 「교화의견서」의 논리 전개는 피지배자의 환심을 얻기 위한 修辭를 벗어버린 식민지 지배의 리얼리즘을 보여준다. 애초 '동화'가 불가능한 이유를 말한 모두 부분에서는 "천조天祖-아마테라스 오미카미天照大神를 가리킨다-는 일본 민족의 시조이며 천조의 직계인 황실이 우리의 대종가라는 것은 하나의 신념일 뿐만 아니라 부정할 수 없는 사실이다"라 하여 초자연적 교설을 개진한다. 이처럼 논증도 반증도 불가능한 '사실'을 선언한 의미도 의견서 전체의 취지에 비추어 볼 때 명확하다. 천조 운운하는 날조된 '사실'은 '일본 민족'과 그 밖의 사람들의 경계를 자연시하고 절대시하면서 이른바 '자유롭지 못한 경쟁'을 정당화하기 위해 이용된다고 할 수 있다.

실제로 식민지교육은 반드시 「교화의견서」의 제언대로 이루어지지는 않았다. 본디 「교화의견서」에 보이는 냉혹한 논리는 제국 일본의 지배적 엘리트로서의 지위를 약속받았던 자들 사이에서만 공유되어야 할 사상이며, '제국의 화평을 해칠' 위험이 있는 조선인에게 공언할 수 있는 성질의 것은 아니었다. 그러나 「교화의견서」에 표명된 식민지주의의 논리야말로 식민지교육의 기본적 원리였다는 가설적 견지에 입각할 때 식민지교육을 둘러싼 문제구조를 보다 제대로 이해할 수 있을 것이다.

'식민지'의 범위

「교화의견서」는 "철두철미하게 조선을 일본민족이 발전하기 위한 **식민지**로 경영"(방점 인용자)해야 한다고 말한다. 이 문장은 "식민지란 무엇인가"를 정의하고 있다고도 할 수 있다. '자유경쟁'이 아니라 '자유롭지 못한 경쟁'이 제도화되어야 하는 지역이야말로 **식민지**이며 조선은 **식민지**라는 대전제 하에서 교육방침도 수립되어야 한다고 집필자는 주장하는 것이다. 이러한 용법을 근거로 여기서 다시 식민지란 무엇인가 라는 문제를 고찰해보자.

과연 '식민지'란 무엇일까. 어떻게 정의해야 하고 또 어디를 가리키고 있는가. 실은 이 질문에 답하기는 쉽지 않다. '식민지'라는 말이 법령상의 용어로 거의 사용되지 않았기 때문이다. 법령상으로는 지명을 열거하는 방식이 사용되는 경우가 많았다. 다른 한편, '식민지'와 동일한 의미로 '내지內地'에 대비되는 '외지外地'라는 말도 사용되었고 일반적으로는 '신영토' '신판도'라는 말도 자주 사용되었다. 따라서 대만이나 조선이 일본의 '식민지'로 간주되었다는 상식적 견해를 출발점으로 하면서도 다시금 그 정의를 생각해 볼 필요가 있다.

식민지에 대응하는 영어 콜로니colony는 고대 로마제국의 속령이나 대영제국의 캐나다, 오스트레일리아처럼 이주지라는 의미를 갖고 있다. 그러나 일본에서는 대만이나 조선을 영속적인 이주지로 간주한 사람보다도 관리-경관이나 교원을 포함하여-나 실업가로서 일시적으로 체제하는 사람 쪽이 훨씬 많았으므로 이주지라는 정의는 부적절하다. 정치적으로 주권을 상실한 지역이라는 정의는 조선은 몰라도 대만처럼 애초 독자적인 정치적 단위를 구성하지 못했던 지역에는 적합하지 않다. 경제적인 관점에서 보면 원료공급지·상품시장·자본수출지라는 점이 중요한데 이것만으로는 '내지'가 된 지역과의 구별이 반드시 명확하지는 않다.

근대 일본에서 '식민지'의 의미를 정의하기 위해서는 '내지'와 '외지'가 어떻게 구별되었는가를 먼저 고찰할 필요가 있다. 여기서는 법제적인 자리매김의 차이에 착목한다. 국제법상으로는 일본의 영토-또는 '조차지' '위임통치령'처럼 영토에 준하는 지역-이면서 법적 평등이라는 원칙의 적용에서 제외되는 지역으로 정의한다. 근대적 국민국가는 본래 법앞에서의 평등을 원칙으로 하지만 '식민지'에서는 대일본제국헌법이 실질적으로 적용되지 않았다는 것을 비롯해 다양한 예외 규정이 있었다. 예컨대 대만총독이나 조선총독의 행정 명령은 각기 '율령律令' '제령制令'으로 불리었고 법률과 동일한 효력을 가졌다. '내지'의 법령이 그대로 연장 시행된 경우도 있지만 그 지역에만 통용되는 법령-율령·제령 외에 부령府令·청령廳令- 등이 제정되는 경우도 있어 전체적으로 다른 법체계가 구성되었다. 더구나 현지 사람들이 입법 과정에 참가하는 기회가 뚜렷이 제한되어 대부분 일본인으로만 구성된 행정기구가 강대한 권한을 장악했다.

이러한 전제적 통치체제가 형성된 것은 식민지가 된 지역이 대외전쟁의 결과 이른바 '전리품'으로 획득된 사정과 무관하지 않다. 여기서 각 지역이 영유되는 역사적 경위를 확인해보자.

1895년, 청일전쟁의 결과 일본은 대만을 영유하고 통치기구로 대만총독부를 설치했다. 러일전쟁의 결과, 포츠머드조약(1905년)에 따라 한반도, 중국 동북지방, 사할린-가라후토樺太- 남반부로 제국 일본의 영토가 확장되었다. 1905년에는 대한제국을 '보호국'으로 만들고 1906년에는 한국통감부를 설치하여 외교권·행정권·군사권·사법권을 차례대로 탈취했고 1910년에는 '한일합방'을 단행했다. 1906년에는 관동-중국 요

동반도 끝부분-을 중국으로부터 조차지로 접수하여 관동도독부關東都督府-1919년에 관동청으로 개편-를 설치했고 1907년에는 사할린 남반부의 통치기관으로 화태청樺太廳을 설치했다. 제1차 세계대전 후에는 대전 중에 점령한 구 독일령 미크로네시아를 국제연맹을 통해 위임통치령으로 만들어 1922년에 남양청南洋廳을 설치했다.[4]

이들 지역이 일본의 공식 식민지이다. 그렇다면 중일 15년 전쟁 이후에 일본군이 침략하여 점령한 토지는 '식민지'에 포함시킬 수 있을까. 1932년에는 중국 동북지역에 괴뢰국가 '만주국'이 만들어지고 37년 이후에는 중국대륙 각지에 일본군의 괴뢰정권이 형성되었다. 또한 아시아·태평양전쟁 이후 동남아시아 여러 지역에서는 일본군에 의한 군정이 실시되었다. 이들 지역의 경우, 피점령 지역 사람들의 동의는 물론 서구 열강 중심의 제국주의적 국제질서 하에서의 '합법성'조차 인정되지 않았다는 점에서 식민지와는 구별하여 일반적으로 '점령지'로 부른다.

홋카이도와 오키나와

법제적 관점에서 보면 이상과 같이 '식민지'를 정의할 수 있다. 그러나 모든 정의가 그렇듯이 이 정의도 일정한 관점에서 제한적이며 식민지를 둘러싼 문제를 반드시 정확하게 포괄하지는 못한다. 그 중에서도 중요한 것은 홋카이도와 오키나와의 위치 문제이다.

메이지유신 이후 '에조치蝦夷地'는 홋카이도가 되고 '류큐왕국琉球王國'은 오키나와현이 되었다. 제국헌법의 제정에 앞서 영유된 이 두 지역이 헌법의 적용범위 안에 있음은 분명했다. 그러나 징병의무와 참정권에 관해 중요한 예외규정을 두었다. 홋카이도와 오키나와를 본적으로 하는 성인 남자에게 징병령이 적용된 것은 1898년, 중의원 의원선거법이 홋카이도에서 시행된 것은 1904년, 오키나와에는 1912년, 그리고 미야코宮 古·야에야마八重山*는 더욱 뒤늦은 1919년이다. 즉 1895년 시점에서 홋카이도·오키나와를 본적으로 하는 사람들에게 징병령은 적용되지 않았고 중의원 의원선거법도 시행되지 않았다. 바꾸어 말하면 대만 영유 시에는 아직 홋카이도와 오키나와의 '내지성'이라고 할 만한 것이 애매했다고 할 수 있다.

이렇게 '내지'와 '외지'의 구별이 애매한 상황 하에서 대만 영유 당시에는 대만을 '내지'로 끌어들여야 한다는 견해도 존재했다. 그러나 결과적으로는 점차 홋카이도·오키나와의 '내지'적 성격이 강화되는 한편 대만은 '외지'로 간주된다. 조금 앞질러 말하자면 이러한 상황이 변화한 것은 아시아·태평양전쟁이 최고조에 달했을 때이다. 전쟁으로 인한 인적·물적 자원의 압도적 결핍에 직면해 대만·조선에서도 '내지성'이 강화되고 그 때까지의 '식민지'로서의 자리매김에 일정한 수정이 가해졌다. 행정기구에서는 1942년에 대만총독부·조선총독부·화태청의 관할 관청을 종래의 척무성에서 내무성으로 변경하고 43년에는 사할린을 내지로 편입했다. 권리·의무 관계라는 점에서는 1944년에 조선을 본적으로 하는 성인 남자에게 병역법을 적용하고 45년에 대만의 성인 남자에게도 적용했으며, 패전 직전인 45년 4월에는 '병력자원'으로 동원하는 대신 반대급부로 중의원 의원선거법을 조선·대만에 시행했다. 전시 하에서 종래의 '내지'와 '외지'라는 구별을 재편하려 했음을 알 수 있다. 그러나 대만·조선에서의 중의원 의원선거도 실제로는 시행되지 않는 등 실효성을 발휘하지 못한 채, 1945년의 제국 붕괴를 맞이한다.

---

* 미야코와 야에야마는 모두 오키나와현 남서부와 대만 사이에 있는 열도의 지명이다.

이렇게 법제상의 자리매김에 착목하면 역시 홋카이도·오키나와 대만·조선은 크게 다르다. 그러나 법의 운용 수준에 주목하여 권리·의무 관계만이 아니라 구체적인 교육문제까지 볼 경우 그 구별은 다시 애매해진다.

홋카이도에서는 도청이 1899년에 「홋카이도 구토인 보호법」, 1901년에 「구토인 아동 교육 규정」을 제정하여 특정한 고탄コタン*에 특설 아이누학교를 설치하여 아이누와 샤모シャモ†-와진和人-의 별학을 원칙으로 하면서 아이누에 대해서는 '간이'한 교육을 행하기로 정했다. 『근대아이누교육제도사연구』(1997년)에서 오가와 마사토小川正人는 「홋카이도 구토인 보호법」을 제정할 때 아이누의 교육을 무용하게 만들어 신속히 '멸망'시켜야 한다는 논의가 강하게 존재했음을 주목하면서 이러한 위협에 기반한 억압정책이 '간이' '비근'한 교육내용·방법·정도에 반영되었다고 분석한다.[5]

오키나와에서는 예를 들어 다음과 같은 신문기사를 들 수 있다. 대만 영유 다음 해인 1896년에 『도쿄아사히신문東京朝日新聞』이 대만의 유력자 자제를 일본 내지로 유학시키는 문제와 관련해 쓴 기사이다.

대만 도민의 교육: 동 도민島民의 교육에 관해 문부성에도 크게 주의할 바가 있다. 몇 명의 준재를 선발해 내지에 유학시키자는 설도 있지만, 미개한 자에게 갑자기 문명적인 교육을 실시하면 종종 그 목적을 그르치는 경우가 있다. 현재 오키나와현인처럼 내지에 유학하여 다소간 문명적인 공기를 쐬고는 갑자기 류큐독립론을 주장하며 현치縣治을 방해하는 자가 적

---

* 아이누족 마을
† 아이누가 일본인을 부를 때 쓰는 말

지 않으니, 대만인들의 내지 유학도 마찬가지 결과를 낳게 될 것이라는 반론도 있다. 유학 건은 잠시 보류하는 것이 좋다(『東京朝日新聞』 1896년 5월 9일자).

1896년 당시 이 기사가 전하듯이 '류큐독립론'이 주장되었는지는 분명하지 않다. 그러나 오키나와 출신의 현비縣費 유학생으로 도쿄제국대학을 졸업한 자하나 노보루謝花昇가 바로 이 기사가 쓰인 시기에 공유지의 관유화를 둘러싸고 오키나와현 지사와 격렬히 대립했음을 상기해야 할 것이다. 자하나는 관직을 사퇴하고 오키나와에서 중의원선거법을 시행하도록 노력했지만 뜻을 이루지 못한 채 광인이 되었다.

『도쿄아사히신문』의 기사는 이러한 오키나와를 둘러싼 정치적·경제적 항쟁을 '문명'과 '미개'라는 문제로 뒤바꾸어 논한다. 즉 한편으로 '류큐독립론'을 부르짖는 인물이 나타나면 '현치에 방해'가 되므로 유학제도는 폐지해야 한다고 주장하지만 또 한편에서 '미개한 자'에게 '문명적 교육'을 해서는 안 된다는 논리로 그러한 조치를 정당화한다. 여기서 '문명'과 '미개'라는 말은 본래는 다른 이유에 기반하여 교육 방침을 정당화하기 위한 수사의 역할을 담당하고 있다고 보아야 할 것이다.

아이누에 대한 '간이'하고 '비근'한 교육 방침, 오키나와나 대만 출신자의 도쿄 고등교육기관 유학 폐지, 그리고 「교화의견서」에 보이는 바 초등학교와 직업학교만 설치하면 된다는 견해. 모두 단편적 사례이고 각 지역에 독자적인 문제 구조와 관련해서는 별도로 논의해야 할 것이다. 다만 여기에 일관된 발상이 있는 것 또한 분명하다. 그것은 일정한 사람들의 종속적 지위를 고정화한다는 목표에 입각해 교육제도나 교육내용을 구성해야 한다는 발상이다.

『도쿄아사히신문』기사에는 문부성이 볼 때 '미개'하므로 '문명'적 교육을 해서는 안 된다고 되어 있지만, 메이지유신 당시의 일본인도 서구인의 눈으로 보면 상당히 '미개'했다. 바로 그렇기 때문에 1872년「학제」이후 '문명개화'의 수단으로 학교교육이 중시된 것이다. 그러나 청일전쟁 이후, 정치적·경제적 항쟁이 격렬했던 지역은 '예외'적으로 학교교육 특히 고등교육 보급을 억제해야 한다는 생각이 대두되었다. 「교화의 견서」의 경우는 이러한 방침을 정당화하기 위해 '천조는 일본 민족의 시조…' 운운했고, 앞의 신문기사에서는 '미개'와 '문명'이라는 수사를 구사했지만, 노리는 바는 상당히 공통적이다. 식민지주의적인 관계는 '식민지'의 통치자와 피통치자 사이에서 명료하게 드러나기는 하지만, 홋카이도의 아이누나 오키나와 사람들에 대한 교육 방침에서도 보이듯 법제적 관점에서 정의된 '식민지'라는 틀을 넘어서서 존재한다는 점에 유의해야 할 것이다. 다만 홋카이도와 오키나와까지 시야에 넣어 모든 식민지 상황을 논의하는 것은 필자의 역량을 넘어서는 문제이므로 이 장에서는 주로 대만·조선의 역사에 관해 논하고자 한다.

2. 교육에서의 식민지주의

식민지 교육행정

앞 절에서 '식민지'란 대외적으로는 일본의 영토이면서 본국과는 다른 법체계로 구성된 지역이라고 정의했는데 그 점은 교육행정 기구에도 반영된다.

식민지의 교육에 관해서는 원칙적으로 문부성의 관할이 아니라 각 식민지 통치기구가 큰 폭의 재량권을 가지고 있었다. 현지 주민 대상 초등학교 명칭도 대만에서는 '공학교公學校' 및 '번동소학교蕃童小學校', 조선에서는 '보통학교普通學校', 사할린에서는 '교육소敎育所', 관동에서는 '공학당公學堂', 남양군도에서는 '공학교公學校' 등 다양한 명칭이 사용되었다. 각 지역에 공통된 점은 모든 지역에서 일본인 아동이 다니는 초등학교가 '소학교'가 되고 현지 주민 대상 학교에는 '소학교'라는 명칭이 사용되지 않았다는 것, 그리고 심상소학교의 수업연한인 6년(1907년 이후)에 미치지 못하는 그 이하의 수업연한으로 억제되어 있었다는 점이다. 교과서도 문부성 저작 국정교과서(1904년 이후)가 아니라 원칙적으로 각 통치기관의 학무관계 부국이 문부성 국정교과서를 참고하여 작성한 교과서가 사용되었다.

다만 재량권이 있었다고는 해도 완전히 자유로웠던 것은 아니다. 교육제도의 골격을 정하는 법령이나 직할학교 관제를 칙령勅令으로 공포하는 경우는 원칙적으로 감독관청-내무성이나 척무성-을 통해 본국 정부의 승인을 얻어야 했다. 본국 정부와의 이러한 역학 관계는 지역이나 시기에 따라 달랐다.

육군의 영향력을 배경으로 본국 정부로부터 강한 독립성을 지녔던 조선총독부의 경우, 1911년 「조선교육령」(칙령제229호, 제1차 조선교육령)을 제정할 때 거의 본국 정부의 간섭을 받지 않았다. 이에 비해 대만의 경우, 1919년에 「대만교육령」(칙령제1호, 제1차 대만교육령)을 제정할 때는 본국 정부와 대만총독부의 구상은 애초부터 크게 달라 양자가 절충하는 과정에서 교육령의 내용이 크게 흔들렸다. 1922년에 새로운 「조선교육령」(칙령제19호, 제2차 조선교육령), 「대만교육령」(칙령제20호, 제2차 대만교육령)이 제정될 때에는 이 두 법령이 같은 날(2월 26일) 공포된 것에서도 알 수 있듯이 본국 정부가 양자를 조정했다. 사할린·관동·남양군도에 관해서는 각 학교 종별에 대응하는 규칙은 제정되었지만 교육제도 전체를 규정하는 교육령은 제정되지 않았다.

1930년대 후반이 되면 대만·조선인도 군사적인 동원 대상이 되면서 '황민화' 정책이 전개된다. 교육제도에서는 1938년에 조선교육령을 대폭 개정-개정된 법령은 일반적으로 「제3차 조선교육령」으로 불린다-하여 학교 명칭을 내지와 마찬가지로 소학교·중학교·고등여학교로 통일했고, 1941년에는 본국의 국민학교 제도 시행에 대응해 초등학교 명칭을 '국민학교'로 통일하기 위해 대만교육령과 조선교육령이 개정된다. 따라서 교육정책 전개에 따라 구분하면 제2차 대만·조선교육령 제정 이전, 동령 제정 이후부터 1930년대 중반까지, 30년대 후반 이후 시기로 나누어 고찰할 수 있다.

다음으로 대만 영유 당초의 시행착오 속에서 교육제도가 형성되는 과정을 좀 더 상세히 논한다. 대만 영유 당초의 10년간은 통치방침을 둘러싼 논의의 진폭이 컸고 이 때 형성된 통치방침은 다른 식민지를 포함해 제국일본의 붕괴에 이르기까지 그 방향성을 큰 틀에서 규정했기 때문이다.

이자와 슈지의 교육구상

대만총독부의 초대 학무부장 심득心得*(후에 학무부장)으로 취임한 이자와 슈지伊澤修二는 대만을 '식민지'로 규정하지 않고 '내지'로 통합한다는 구상을 갖고 있었다.

1896년 2월 국가교육사國家敎育社 연설에서 이자와는 대만을 서구 제

---

* 고코로에, 보통은 마음가짐을 의미하나 여기서는 하급자가 상급의 직분을 대신하여 담당할 때의 직분을 가리킨다.

국의 '식민지'처럼 간주하지 않고 '일본국의 몸, 즉 일본국 자신의 일부분'으로 삼아야 한다고 말하면서 교육을 통해 "사람의 마음 깊은 곳에서 대만을 일본화하는"것을 목표로 해야 한다고 말했다(「國家敎育社第六回定例演說」 1896年).[6] 대만을 '일본화'하기 위한 수단으로 이자와가 중시한 것은 '국어'로서의 일본어였으며, 우선 타이페이에 국어학교를 설치하고 도내 각지에 국어전습소를 설치했다. 국어전습소는 속성으로 통역을 양성하는 등 행정적 필요에 부응하기 위한 잠정적 교육시설이었지만, 1896년에 이자와는 국어전습소를 개조하여 소학과 6년, 중학과 4년으로 이루어진 '공학교'를 창설한다는 구상을 밝혔다. 공학교의 교육내용에 관해서는 대만 재래의 초등교육기관인 서방書房에서 과거 시험을 위해 유교 경서가 중시되어 왔음을 전제로 하면서 "경서의 독서는 대체로 기존과 같이 하되 수신의 기초는 교육칙어에 따르고 또 진사 급제에 필요한 무용한 문자 대신에 유용한 일본어, 지리, 역사, 산술, 이과 등 학문으로 한다"고 말한다(「대만공학교 설치에 관한 의견臺灣公學校設置に關する意見」 1897年).[7]

이러한 이자와의 구상은 「교화의견서」에 쓰인 교육 방침과는 다른 방향성을 보여준다.

소학과 6년, 중학과 4년으로 보통교육을 행한다는 이자와의 구상은 간이한 초등학교와 직업학교만 두면 된다는 「교화의견서」의 주장과는 분명 다르다. 한편, 일본어 보급에 관해서는 「교화의견서」에서도 "널리 일본어를 보급해야"한다고 했다. 다만 언어·풍속·습관 같은 '외적 방면'은 모르지만 '내적 방면'에 관해 '동화'는 불가능하다고 했다. 이에 비해 이자와는 대만 사람들을 '일본화'하는 것이 필요하기도 하고 가능하기도 하다고 생각했다. 동일하게 일본어 보급을 중시하지만 그 의미 부여가 다른 것이다.

양자의 차이는 교육칙어의 자리매김에서도 나타난다. 「교화의견서」에 서는 교육칙어는 어디까지나 '일본민족'이 현대 세계에서 '민족의 생존 경쟁'에서 우위를 점하기 위해 필요하며 조선인에 대해 교육칙어의 주 지에 기반해 충군애국 교육을 행하는 것은 잘못이라고 말한다. 한편 이 자와는 대만 사람들에 대한 수신교육도 교육칙어를 근간으로 해야 한다 고 생각했다. 이자와는 또한 교육칙어의 일부분은 유교의 가르침과 공통 되며 한문으로 번역하면 그 취지를 침투시키기 어렵지 않다고 생각했다. 실제로 교육칙어의 한문번역을 작성하여 1897년 국어학교 졸업식에서 는 일본어 교육칙어에 뒤이어 한문 교육칙어를 낭독한다.

이자와의 교육구상은 보다 빠르게 근대화를 추진한 일본 교육에 대한 자신감, 대만의 한민족 문화-한자·한문·유교-와 근대적 교육내용을 절 충하려는 경향, 교육의 영향력에 대한 소박하다고 할 정도의 신뢰감을 특징으로 한다. 이러한 경향은 처음부터 대만을 '식민지'로 간주하지 않 고 '일본국 자신의 일부분'으로 해야 한다는 발상에 의해 뒷받침되었다. 그러나 이자와의 구상은 실현되지 않았다. 대만총독부의 예산이 전체적 으로 삭감되는 가운데 교육비 지출을 억제하려 했던 대만총독 노기 마레 스케乃木希典는 1897년에 학무부를 대폭 축소하고 이자와를 학무부장에 서 해임했다. 당시 일본 점령에 저항하는 무장봉기가 잇따랐고 이에 대 한 가혹한 진압이 또 다른 저항을 유발하는 상황 속에서 경찰비가 증대 해 대만 통치 전체로 보면 교육에 신경 쓸 여유가 없었다. 이자와의 구상 은 너무 '이상주의적'이었다고 평가할 수도 있다. 물론 이 경우의 '이상 주의적'이란 일본인 관료가 볼 때의 평가이다. 1897년 1월, 이자와가 상 경 중에 항일무장봉기세력에 의해 학무부원 여섯 명이 살해당한 사건-

[그림9-1] 국어학교부속소학교(위)와 공학교
(아래) : 일본인 대상 소학교에는 대만인 대상
공학교보다 많은 교육비가 투여되어 학교건축
에도 그 차이가 뚜렷이 드러났다.

즈산옌芝山巖사건-이 발생한 것으로 상징되듯이 대만인들에게는 교육 관
계자라도 무력을 배경으로 재래의 사회질서를 폭력적으로 파괴하는 사
람들에 지나지 않았다.

이자와가 해임된 다음 해인 1898년, 「대만공학교령」(칙령제178호)이
공포되었다. '공학교'라는 명칭은 이자와의 아이디어를 계승했지만 그
내용은 어떻게 하면 교육비를 삭감하는가 하는 원리에 입각해 구성되었
다. 종래의 국어전습소는 모두 관비 지급이었으나 공학교령에서는 공학
교의 설치·유지에 필요한 경비에서 일본인 교원의 봉급·여비 이외에는
지방세에서 지출하지 않았으며, 수업료뿐만 아니라 호수할戸數割의* 협의
비 등 정규 세금에 더하는 준조세에서 지출하게 하는 등 주민부담으로
유지하기로 했다. 더구나 지방 주민이 학교를 유지하는데 충분한 재정
조건을 갖춘 경우에만 설립을 허가했기 때문에 총독부의 교육비 지출은

---

* 집을 소유한 자 혹은 집을 소유하지 않았을지라도 독립생계를 가진 자를 단위로 부
과하는 市町村의 특별세. 1940년 폐지됨.

한정적이었다. 중학과 설치도 보류되었다. 다른 한편, 교육 내용에 관해서는 이자와의 구상이 부분적으로 계승되었다. 즉 1898년에 공포된 「대만공학교규칙」(부령제78호)에서 '국어'로서 일본어를 교육내용의 중핵으로 삼고 수신에서는 교육칙어의 대의를 가르쳐야 한다고 정했다.

대만인 쪽에서 보면 경비는 거의 스스로 부담하면서도 교육 내용에서는 자유가 없고 일상생활과 거의 관계 없는 일본어·일본문화를 배워야 하는 체제가 형성된 것이다. 이는 대만뿐만 아니라 이후 식민지에서 학교의 기본적 체제가 된다.

의무교육과 취학률

공학교 수업연한과 교육내용이 정해진 단계 이후에 문제가 된 것은 공학교를 의무교육으로 할 것인가 하는 것이었다. 1900년에 학무과장에 취임한 기무라 다다시木村匡는 이자와 슈지와 마찬가지로 교육을 적극적으로 보급해야 한다고 생각했다. 구체적으로 민비가 아니라 공비를 통해 학교의 설립유지비를 부담해야 한다고 주장하는 동시에 의무교육제도 시행을 주장했다. 그러나 이 주장은 민정장관 고토 신페이後藤新平의 방침과 대립하여 취임한 지 일 년도 안 되어 기무라도 해임된다. 1903년에 총독관방참사관이었던 모치지 로쿠사부로持地六三郎가 학무과장을 겸임하여 고토 신페이의 뜻을 실현해 교육행정을 담당한다.

1904년에는 전 학무과장이었던 기무라와 현직 학무과장인 모치지가 의무교육을 둘러싸고 논쟁을 전개한다. 기무라는 구관조사회舊慣調査會의 조사 결과 등을 참고하여 참작을 가하면서도 의무교육을 시행하여 대만인 교육을 '국민교육'의 일환으로 조직해야 한다고 주장했다.[8] 이에 반해 모치지는 학령아동이나 보호자를 파악하는 전제가 되는 호적법도 정비되어 있지 않다는 사실 등을 지적하면서 제국헌법의 적용을 둘러싸고 대만에서는 '실제적인 필요에서 특별한 여러 제도가 시행되고 있는' 상황에서 교육만 돌출하여 의무제를 시행하는 것은 불가능하다고 반론했다.[9]

이러한 모치지의 주장의 전제가 되는 생각이 잘 나타나 있는 것이 「현치관견縣治管見」이라는 의견서다. 이 의견서에서 모치지는 '신부의 토인新附ノ土人'인 대만인에게 "건국 삼천년 이래 군신의 의로 연성 응결된 야마토大和 민족과 동일한 건전한 국민성격"을 양성하는 것은 불가능하다고 말하며 다음과 같이 주장한다. 본래 식민지 경영의 목적은 경제상의 이익을 거두는 것이다. '열국의 경쟁이 격렬'한 오늘날 '배를 등으로 바꿀 수 없는'* 이상, 의무교육제도의 시행을 주장하는 '동화주의'는 '공론空論'에 불과하다. 오히려 6년제 공학교는 '본도本島의 민도에 비추어 너무 지나치게 긴' 이상 4년제 심상과와 4년제 고등과로 분리해야 한다(「縣治管見」 1902年, 後藤新平文書).

모치지의 주장의 골자는 '야마토 민족'이 세계적인 '경쟁'에서 이기기 위해 대만은 어디까지나 '식민지'로 경영해야 하며 교육 방침도 그러한 통치 방침에 입각하여 입안되어야 한다는 것이다. '경쟁'이라는 것을 강조하면서 '식민지'의 종속적 성격을 명확하게 해야 한다는 점, '건국 삼천년 이래…'라는 말로 그러한 조치를 정당화하는 점 등 「교화의견서」의 견해와 통하는 발상이 분명하게 나타나 있다. 실제로 모치지는 공학교 수업연한은 8년도 4년도 가능하다고 한 후 4년제로 해야 하는 학교를 지정했다. 이 지정이 이루어진 1910년 시점에서 8년제 공학교는 9교, 6년제는 84교, 4년제는 77교였던 것을 보면 모치지의 의도가 연한의 탄력

---

* 당면한 중대사를 위해 다른 일이 희생되어도 할 수 없다는 일본 속담

화가 아니라 단축에 있었음이 분명하다.

이처럼 대만에서의 교육을 '국민교육'의 일환으로 간주하여 내지와 동일한 교육제도를 형성하려는 구상이 대만 영유 당초에는 존재했지만 모치지 로쿠사부로가 학무과장으로 있던 시기(1903~10년)에는 부정되었다. 오히려 식민지의 교육은 '국민교육'의 밖에 위치하는 것이며 의무교육을 실시하지 않는 것이 기본 방침이 되었다.

같은 시기 '국민개학'을 꾀한 내지에서는 대조적 변화가 일어났다. 1900년 제3차 소학교령 공포에 수반해 보호자가 아동을 학교에 취학시키도록 의무지우는 것만이 아니라 취학기회를 보장하기 위해 지방행정당국이 학교를 설치할 의무나 의무교육단계의 아동 고용을 금지하는 규정을 두어 의무 교육 제도를 확립했다. 노동에 종사할 수밖에 없는 가난한 아동들에 대해서는 '탁아학급'이나 '특별학급' 처럼 시간수가 적은 교육과정을 준비하여 1900년대에는 100% 가까운 취학률을 달성했다. 또한 1907년에는 심상소학교 수업연한을 6년, 고등소학교를 2년으로 하여 의무교육 연한을 6년으로 연장했다. 대만에서도 일본인 식민자를 대상으로 내지 제도에 준거한 소학교를 설치하여, 일본인은 고등소학교만 졸업하면 학력 서열에서 우위를 확보할 수 있는 체제가 형성되었다.

다른 한편, 일본에 의해 '보호국'이 된 한반도에서는 대만과 동일한 변화가 일어났다. 일본정부는 1904년, 제1차 한일협약에 의해 일본인 고문을 통한 내정간섭 체제를 공식적으로 만들고 시데하라 다이라幣原坦를 학정참여관이라는 명목으로 파견했다. 한반도에서는 갑오개혁(1894~95년)을 계기로 학교종별 상호 접속관계를 명확히 한 근대적 교육제도가 형성되고 있었지만 시데하라에게 주어진 과제는 이 교육제도를 보호국화에 적합하게 재편하는 것이었다. 구체적으로 1906년 제정「보통학교령」(칙령 제44호)[10]에 의해 조선인 대상 초등학교 명칭을 종래의 소학교에서 보통학교로 고치는 동시에 수업연한을 6년-심상과 3년, 고등과 3년-에서 4년으로 줄였다. 시데하라는 이후 회상에서 수업연한 인하에 관해서는 망설임이 있었지만, 세계의 식민지를 시찰하고 영국령 인도의 '영어소학'이 심상과 4년 이하라는 것을 알고 "안심할 수 있었다"고 말했다(『植民地教育論』).[11] 영국의 식민지 인도와의 공통성을 근거로 수업연한 인하를 정당화하는 논리는 보호국가의 '개혁'이 한반도의 '식민지'화를 지향한 것임을 분명히 말해준다.

이상과 같은 정책의 귀결로 대만·조선에서 취학률은 내지보다도 훨씬 낮은 수준에 그쳤다. 대만교육회의 산출에 따르면 대만의 공학교 취학률은 남녀 평균 1910년에 5.8%, 20년에 25.1%, 30년에 32.6%였다.[12] 조선의 보통학교 취학률은 오성철의 추계에 따르면 역시 남녀 평균으로 1920년 시점에서 4.4%, 30년에는 17.3%였다.[13] 대만에서는 1910년대, 조선에서는 20년대에 일정한 증가를 볼 수 있지만, 여전히 100%에는 훨씬 못 미치는 수치이다. 더구나 1930년대 전후 대만에서도 반수 가까운 아동들이 졸업 전에 중도 퇴학하여 실질적인 취학률은 훨씬 낮았다. 그 요인으로는 총독부 통제가 강하게 미치는 학교에 대한 기피감도 존재했겠지만, 가령 입학하고 싶은 경우에도 수업료가 유료라거나 지방행정당국의 학교설치 의무가 정해져 있지 않았던 것이 크게 영향을 미쳤다고 생각된다.

또한 남자와 여자의 취학률이 크게 달랐다는 점에도 착목해야 한다. 예를 들어 1930년 시점에서 초등학교 취학률을 남녀별로 보면 대만 공학교는 남자가 45.6%인데 비해 여자는 14.7%, 조선의 보통학교는 남자 28.0%인데 비해 여자 6.2%이다. 여자에게 학문은 필요 없다는 '남존여

비'의 부권적 질서와 식민지 지배가 결합하여 이러한 낮은 여자 취학률을 낳은 것이다. 여자를 조혼시키는 관행도 이러한 사태에 박차를 가했다. 대만의 여성사 연구가 양쯔이楊翠가 10세 전후의 어린 소녀를 인신매매의 대상으로 삼는 한민족 사회의 관행이 일본 식민지 지배 하에서 '양녀'라는 틀이 제도화됨으로써 강화된 사실에 주목하면서 식민지 권력과 부권과 자본에 의한 삼중의 압력이 존재했음을 지적한다.[14] 전시기에 일본군 '위안부'가 된 대만인 여성 중에는 공학교 졸업 수준의 학력을 가진 사람은 거의 없었고 대부분은 빈곤이나 양친이 일찍 사망해 '양녀'가 된 사람들이었다.[15] 동일한 문제는 조선인 '위안부'에도 해당된다. 김부자金富子는 1930년의 국세조사에서 조선인 여성의 8할 가까이가 일본글도 조선글도 읽을 수 없는 '문맹자'였음에 주목하여 '위안부'로 증언한 19인 중에서 보통학교 졸업 이상의 학력을 가진 사람은 한 사람뿐이었음을 지적한다.[16]

이렇게 '국민교육'의 외부에 위치한 식민지에서는 많은 아동들이 취학 기회를 보장받지 못한 채 가정 내외에서 노동에 종사했다. 그것은 '국어'로서의 일본어 사용을 강제당하는 학교교육의 공간으로부터 상대적으로 자유로울 수 있었다는 것이기도 하다. 그러나 동시에 일본어를 말하지 못하면 '무능'하게 간주되는 식민지 지배 하에서 모든 사회적 불이익에 무방비 상태로 노출되었다는 뜻이기도 하다.

조선교육령과 대만교육령

지금까지 초등교육을 둘러싼 문제를 중심으로 기술해 왔다. 여기서 중등 이상의 교육기관도 다루어보자.

조선총독부는 1911년에 제1차 조선교육령으로 교육제도의 개요를 정한 후 「보통학교규칙」(부령 제110호), 「고등보통학교규칙」(부령 제111호), 「사립학교규칙」(부령 제114호) 등을 제정하고 보통학교-수업연한 4년-에 접속하는 중등 정도의 교육기관으로 고등보통학교-수업연한 4년-, 여자 고등보통학교-수업연한 3년-, 실업학교-수업연한 2년 또는 3년-를 제 도화했다. 같은 시기 대만에서는 교육령이 아직 제정되지 않았고 대만인 대상 교육기관으로는 공학교 외에 국어학교나 의학교, 그리고 농사시험 장 강습생과 같은 실업교육시설이 존재했을 뿐이다. 그 점을 생각할 때 조선총독부가 보다 일찍 체계적 교육제도를 구성한 점은 주목할 만하다. 이러한 차이는 식민지화 이전 상황의 차이에 기인한다고 생각된다.

한반도에서는 1910년 단계에서 재래의 초등교육기관인 서당이 널리 보급되어 있었고 민족운동의 일환으로 설립된 사립학교나 기독교계 사 립학교가 다수 존재하여 학교수 전체의 9할 이상을 점하고 있었다. 한국 통감부는 상급학교의 입학 자격을 제한하는 조치나 재정 기반의 파괴 등 을 통해 이들 사립학교를 '도태'시키는 정책을 추진했지만 모든 학교를 폐지할 수는 없었다. 한국학부 서기관이었던 구마모토 시게키치는 '병 합' 직전에 기초한 의견서에서 학생들이 "사립학교 또는 종교학교에 운 집해 불완전한 교육 하에서 험악한 영향을 받는"것을 피하기 위해서라 도 공립 중등학교를 설치할 수밖에 없다고 한 다음, '실과중학'적인 조직 으로 토지조사사업을 위한 기술자 등 하급관리 양성에 착수해야 한다고 말한다(「학정에 관한 의견學政ニ關スル意見」 1910年, 隈本繁吉文書).

제1차 조선교육령에서는 고등보통학교의 수업연한을 내지의 중학교보 다도 1년 단축했고 구마모토의 제언대로 교육내용에서 '법제경제'를 '실 업'과 결합해 한 과목으로 하는 등의 조치를 통해 '실과중학'적 성격을 명확히 했다. 또한 1915년에는 사립학교규칙을 개정하여 일정한 유예기간을 두면서도 원칙적으로 종교교육·의식을 금지하는 방침을 명확히 하여 기독교계 학교의 다수를 폐교로 몰아댔다. 또한 제1차 조선교육령에서는 대학에 관한 규정을 두지 않았고 전문학교에 관한 규칙 제정을 보류했는데 이 사립학교규칙 개정과 같은 날 마침내「전문학교규칙」(부령 제26호)을 제정했다. 이는 사립전문학교의 영향력이 신장하는 것을 막기 위한 조치로 생각된다.[17]

이상과 같이 1910년대 조선총독부의 교육정책은 총독부의 통제가 충분히 미치지 못하는 사립학교의 존재를 압살하는 한편, 사립학교에 조선인 학생이 모여드는 것을 막기 위해 필요한 만큼만 공립 중등·고등교육기관을 보급하는 자세를 기조로 했다. 이에 비해 대만에서는 기독교계 사립학교로는 북부에 캐나다장로교회가 경영하는 단수이淡水중학·여학원, 남부에 잉글랜드장로교회가 경영하는 타이난臺南장로교중학·여학교가 존재하는 정도여서 대만총독부는 사립학교의 영향력에 조선의 경우만큼 배려할 필요는 없었다. 1911년에 조선총독부에서 대만총독부 학무과장으로 전임한 구마모토 시게키치는 금후의 교육 방침으로 "표면상 교육을 중요시하는 듯하면서도 실제로는 하등 이를 장려하지 않고", 교육시설은 '열국이 볼 때' 하지 않을 수 없는 만큼만 설치하며, 특히 '유민遊民'의 배출을 막기 위해 중등학교는 신설하지 않고, 설치하는 경우에도 저급한 실업교육기관에 한정해야 한다고 말한다(「비, 대만의 교육에 대한 소견의 한 두가지 의문秘 臺灣ニ於ケル敎育ニ對スル卑見ノ一二並ニ疑問」1911年, 限本繁吉文書).

교육은 단지 '표면상' 중시하면 되고 실제로는 보급할 필요가 없다. 보급한다고 해도 서구인이 보기에 너무 지독하게 식민지 지배를 하고 있다고 하지는 않을 정도로 보급하면 된다는 이 견해는 식민지주의에 기반한 교육방침의 논리를 단적으로 보여준다. 아울러 구마모토가 정리한 서류 속에 포함되어 있는 모치지 로쿠사부로의 「교육행정개요각서」라는 문서에서는 "교육시키지 않는 것을 교육 방침으로 한다"고 하면서 "이 새로운 주의에 기초해 종래의 동화주의에 감염되어 있는 일반 교육사회의 두뇌를 개조하는 것은 실로 아주 곤란"했다고 하여 이자와 슈지나 기무라 다다시를 비판하고 있다(「教育行政概要覺書」 隈本繁吉文書). 구마모토는 이 점에서 모치지 방침의 충실한 계승자였다고 할 수 있다. 그러나 1919년에 학무부장을 사직하기까지 구마모토는 방침을 전환하지 않을 수 없었다. 1915년에 대만인 대상으로 타이중臺中중학교 설치를 인가한 것, 1919년에 제1차 대만교육령을 제정한 것은 그러한 방침 전환을 보여준다. 왜 이렇게 전환할 수밖에 없었을까. 거기에는 대만에 고유한 복잡한 정치상황이 뒤얽혀 있었다.[18]

1910년대 전반은 대만총독부가 내우외환을 겪은 시기였다. 중국대륙의 신해혁명(1911년) 영향도 있어 대만 도내에서 항일무장봉기 시도가 잇따랐다. 또한 대만에서는 중국대륙에서 도래한 한민족 외에도 중앙 산간부와 동부 해안에 선주 소수민족-일본 통치 시대에는 '번인蕃人' '고사족高砂族'으로 불리었다-이 거주하고 있었는데 임야 자원을 노리고 산간부로 지배를 확장한 대만총독부는 10년부터 '리번오개년사업理蕃五個年事業'을 시작하며 선주민의 완강한 저항에 직면해 이 '사업'은 전쟁의 양상을 띠었다. 총독부는 무력으로 제압한 지역을 경찰행정 지배 하의 '특별행정구역'으로 포함시키고 '번동교육소蕃童教育所'를 설치했다.[19] 번동교육소는 소학교·공학교와는 다른 계통의 간이한 교육시설이며 경찰관이 교원을 겸임하고 총독부 경무국 관할 하에 두었다.

1910년대 전반의 선주민 정복전쟁에서 대만총독부는 대량의 인부·물

[그림9-2] 3·1독립운동 : 시위하는 여학생들. 3·1독립운동은 종래의 식민지 통치방침의 파탄을 결정적으로 만드는 사건이었다.

자를 징발하기 위해 한민족 유력자의 협력을 요청하지 않을 수 없었다. 한편, 유력자 쪽에서는 중등·고등교육기관을 설치하지 않는 것에 대한 불만이 높았다. 그들의 협력을 확보하기 위해서 총독부는 중학교 설립을 인정하지 않을 수 없는 상황이었다. 1914년에는 유력자의 기부금을 기본재산으로 하여 공립 중학교를 설치하기로 결정했지만 이 구상은 중학교 관제 제정과정에서 본국 정부의 강한 저항에 부딪힌다. 법제국 관료가 '중학교'라는 명칭을 사용하는데 난색을 표명하는 동시에 조선의 고등보통학교와 마찬가지로 4년제 초등학교에 접속하는 4년제 학교로 할 것을 요구했기 때문이다. 그 이유는 조선의 제도와의 일관성을 확보하려는 동시에 "보통교육의 향상을 도모하면 헛되이 토인사회의 문명적 의식의 발달을 조장하여 결국 통치 상 매우 유해한 결과를 낳을 우려가 있다"는 것이었다(「公立臺中中學校設置問題」 隈本繁吉文書). 여기서 1896년 시점에서의 『도쿄아사히신문』 논조의 재현을 쉽게 확인할 수 있다. 구마모토 시게키치를 비롯해 대만총독부 측에서도 본래는 이러한 식민지주의 방침을 견지하려 했지만, 한민족 유력자의 협력을 요청하지 않을 수 없다는 위기감의 정도에서 본국 정부와 차이가 있었던 것이다.

결국 1915년에 설립된 타이중중학교는 명칭은 '중학교'였지만 수업연한은 4년, 입학자격은 공학교 4년 졸업 정도로 정해졌다. 본국 정부의 의향이 우선시되었던 것이다. 뒤이어 대만교육령 내용을 절충하는 과정에서 공학교의 수업연한을 원칙적으로 4년으로 인하하고 중학교를 폐지하는 안이 본국정부로부터 제출되었지만 대만총독부의 관료들이 지닌 위기감을 서서히 본국 정부도 공유하게 된다. 1919년에 공포된 제1차 대만교육령은 6년제를 원칙으로 하는 공학교와 4년제의 고등보통학교로 이루어진 보통교육 체계를 형성했다. 또한 1919년에 조선에서 삼일독립운동이 발발하자 총독부는 이를 철저하게 무력으로 진압하는 한편, 종래의 식민지 통치방침을 수정하지 않을 수 없었다. 이렇게 해서 '문화정치'를 표방하는 새 총독 사이토 마코토齋藤實 하에서 1920년에는 대만과 보조를 맞추기 위해 보통학교 수업연한은 6년제를 원칙으로 하는 것으로 개정되었다.

이러한 개혁이 이루어진 데에는 1918년에 본국 정부의 수상에 취임한 하라 다카시가 식민지주의 방침을 변경하려 했다는 것도 하나의 요인이 되었다고 생각된다. 그러나 보다 본질적으로는 식민지가 된 지역 사람들의 교육요구에 총독부가 대응하지 않을 수 없었기 때문에 개혁이 불가피했다는 점을 놓쳐서는 안 된다. 대만교육령 제정과정에서 구마모토 시게키치는 "적당한 교육을 제공하는 것이야말로 우리에게는 안전판이 되므로 통치 상 무해하다"고 말한다(「公立臺中中學校設置問題」 隈本繁吉文書). 표면상으로는 교육 보급을 중시하면서 실제로는 보급을 억제한다는 방침이 1920년대 이후에는 바뀌어 식민지 통치의 '안전판'으로서 교육을 보급한다는 방침이 점차 명확해진다.

3. 식민지 통치의 '안전판'으로서의 교육

제1차 세계대전 후의 세계정세

1919년 3월 1일, '경성'-현재의 서울- 파고다공원에서 33인의 민족 대표가 쓴 「독립선언서」가 낭독되었다. 이 선언서는 모두에서 "우리는 여기서 조선이 독립국이며 조선 인민이 자유민임을 선언한다"고 한 후, "구시대의 유물인 침략주의, 강권주의"를 비판하고 "정의, 인도, 생명 존 엄을 위한 민족적 요구, 즉 자유의 정신을 발휘할" 것을 '공약公約'으로 내걸었다. 이를 계기로 태극기를 휘날리며 '독립만세'를 외치는 대규모 시위 활동이 한반도 각지에서 전개되었다.

조선총독부는 이러한 운동이 발생한 데 경악했지만, 조선인 측에서는 '침략주의'나 '강권주의'를 '구시대의 유물'로 간주하는 생각이 세계의 대세가 되고 있음을 민감하게 통찰하고 있었다. 「독립선언서」 발표와 동 시에 제1차 세계대전 중에 '민족자결'의 중요성을 역설한 미국 대통령 윌슨에게 청원서를 보낸 것도 그러한 인식의 표현이었다. 물론 윌슨에 대한 조선인의 기대가 실제로 실현된 것은 아니다. 같은 해 파리강화회 의는 일본을 포함한 전승국의 식민지 재분할을 위한 회의의 성격이 짙었 고 조선뿐만 아니라 세계 각지의 식민지 민중들의 민족자결의 희망을 배 반했다. 그러나 국제연맹이 결성되고 열강의 새로운 식민지가 국제연맹 감시 하의 '위임통치령'이 된 것에서도 드러나듯이 노골적인 '침략주의' '강권주의'에 대한 제동이 필요하다는 인식이 공유되어 가는 것 또한 분 명했다. 예를 들어 영국은 제1차 세계대전 이후 다양한 조건을 달면서도 식민지 인도의 '자치' 요구를 인정하는 정책으로 서서히 전환했다.

후발 제국주의 국가인 일본은 이러한 세계의 대세에 어떻게 대응했을까. 종래의 식민지 통치 방침을 수정하고 식민지인들에게 일정한 양보를 하지 않을 수 없는 상황에 몰렸다는 점에서는 일본도 영국과 마찬가지였다. 다만 일본의 경우는 단계적으로 '자치'를 인정한다는 방향으로 정책을 전환하지 않았다. 오히려 세계의 대세에 역행하듯이 대만과 조선을 점진적으로 내지로 통합해 간다는 방향으로 대응했다. 교육정책에 관해 보면, 이미 언급했듯이 "교육시키지 않는 것을 교육 방침으로 한다"는 방침을 바꾸어 '안전판'으로서 교육을 보급하는 방침이 취해진다. 다만 보급한다고는 해도 '안전판'인 이상, 대만인이나 조선인의 '문명적 의식' 발달을 조장하고 '통치 상 매우 유해한 결과'를 초래하는 것이 되어서는 안 되었다. 피지배자가 교육을 받으면 받을수록 일본인에 대한 종속성을 심화시켜 가도록 교육 제도도 내용도 엄격히 통제했다. 그리고 '국어'로서의 일본어 교육과 학교의식이 주로 이런 역할을 담당한다.

제2차 조선교육령과 제2차 대만교육령

1922년, 제2차 조선교육령과 제2차 대만교육령이 같은 날 공포되었다. 이 신 교육령은 1910년대 말 이래의 개혁의 추세를 바탕으로 조선인·대만인 대상 교육제도를 일본인 대상 교육제도와 부분적으로 통합하려는 것이었다.

제1차 조선교육령과 제2차 교육령의 성격의 차이는 제1조에 명료히 드러난다. 제1차에서는 "조선에서 조선인의 교육은 본령-조선교육령-에 의한다"고 되어 있으나 제2차에서는 "조선에서의 교육은 본령-조선교육령-에 의한다"고 되어 있다. 즉 조선에 거주하는 일본인 식민자 대상 교육제도와 조선인 대상 교육제도를 완전히 다른 계통으로 했던 제1차 교육령과는 달리 제2차 교육령에서는 조선인과 재조 일본인 양자를 대상으로 하는 것이다. 또한 제2조에서 "국어를 상용하는 자의 보통교육은 소학교령, 중학교령 및 고등여학교령에 의하며 단 이들 칙령 중에서 문부대신의 직무는 조선총독이 수행한다"고 정했고, 제3조에서 "국어를 상용하지 않는 자에게 보통교육을 실시하는 학교는 보통학교, 고등보통학교 및 여자고등보통학교로 한다"고 되어 있다. '일본인'과 '조선인'을 구별 기준으로 하지 않고 '국어를 상용하는 자' '국어를 상용하지 않는 자'로 함으로써 일부 조선인이 소학교나 중학교에 입학하는 것을 인정하고 민족 간의 부분적 공학을 인정했다는 의미이다. 또한 보통학교 수업연한은 원칙적으로 6년, 고등보통학교는 5년, 여자고등보통학교는 3~5년으로 하여 거의 내지와 같은 수준으로 하는 동시에 새롭게 대학에 관한 규정을 두고 대학 및 전문학교에서는 민족 간의 공학을 원칙으로 했다.

제2차 대만교육령에서도 대만인과 대만거주 일본인 쌍방을 대상으로 하면서 초등교육 단계에서는 '국어를 상용하는 자'는 소학교, '국어를 상용하지 않는 자'는 공학교로 정하고 중등학교(중학교·고등여학교·실업학교) 이상에서는 공학을 원칙으로 했다. 고등교육만 아니라 중등교육에서도 공학을 원칙으로 하는 점이 제2차 조선교육령과 다른 점이다. 조선에서는 조선 거주 일본인이 공학 반대 방침으로 총독부에 압력을 행사한다거나 사립 중등학교의 영향력이 컸기 때문에 조선인이 공학의 중등학교를 기피하고 사립학교에 모여드는 사태를 염려하지 않을 수 없었다는 점 등이 이러한 차이를 만들어낸 요인으로 생각된다.

이 제2차 교육령에 기반하여 1924년에는 경성제국대학 창설이 결정되어 같은 해 우선 예과가 발족했고 26년에는 경성제국대학이 설립되었다. 대만에서도 1922년에 타이페이고등학교를 설치하고 28년에 타이페이제국대학을 설립했다. 이러한 사실은 식민지 교육을 낮은 수준에 묶어

두는 정책이 수정되었음을 의미한다고 일단은 말할 수 있다. 제2차 교육령 공포 시에 조선총독 사이토 마코토는 "교육의 보급 철저를 도모하고 민중이 한층 문화의 혜택을 입게 하며 그 복지를 증진시킨다"고 개혁의 의도를 설명했고, 대만총독 덴 겐지로田健次郎는 "내지인과 대만인 간의 차별교육을 철거하고 교육상 완전히 균등한 상태에 이르렀음은 본 총독이 참으로 흔쾌히 여기는 바다"라고 말한다.

이 자화자찬격인 총독들의 말을 과연 문자 그대로 받아들여도 좋을까. 또 제2차 조선·대만교육령 발포에 의해 종래의 식민지주의 방침이 극복되었다고 할 수 있을까. 그렇지 않을 것이다.

첫째, 의무교육제도는 이 단계에서도 적용되지 않았고 교육비 부담을 대폭 민간에 의존하는 체제는 변경되지 않았음을 확인할 필요가 있다. 대만에서도 조선에서도 초등학교 취학기회조차 보장되지 않는 아동들이 절반 이상인 상황은 변하지 않았다. 그러한 상황 속에서 막대한 비용을 들여 제국대학을 설립하는 것은 '본말전도의 계획'이라는 비판도 있었다.[20]

둘째, 중등 이상 학교의 입학시험은 '국어'인 일본어로 행해졌다. 조선이나 대만에서 중학교나 고등여학교에 입학하려는 사람은 일본인과 동일한 시험을 일본어로 치러야 했다. 일본인은 일본어를 모어로 해서 태어났다는 사실만으로 '국어를 상용하는 자'로서의 우월적 지위를 확보하는 동시에 입학시험에서도 유리한 입장에 설 수 있었다. 실제로 중등학교에서 민족 간 공학이 원칙이었던 대만에서 대만거주 일본인과 대만인의 인구비는 1 대 19 정도였음에도 불구하고 입학자수에서는 일본인이 대만인을 상회하는 상황이 지속되었다. 더욱이 타이페이제국대학과 같은 고등교육기관은 내지에서도 입학시험을 행했기 때문에 학생의 압도적 다수는 일본인이었고 대만에 위치한 '일본인을 위한 학교'의 양상을 보였다.

대만의 항일운동 지도자의 한 사람이었던 차이페이휘蔡培火는 『일본 본국 국민에게 보낸다日本々國民に與ふ』(1928年)라는 저서에서, 총독부는 "국어중심주의를 취하여 정치상, 사회상 먼저 우리의 입을 막고 우리를 무능한 사람들로 만들었다"고 비판한다.[21] '국어중심주의'를 취함으로써 아무리 풍부한 능력을 갖고 있어도 일본어로 표현할 수 없으면 '능력 없는' 자로 간주되는 체제가 형성되었다는 것이다. 모어를 달리 하는 복수 집단이 공존하는 체제 하에서 일정한 언어를 '국어'로 하는 것은 집단 간의 우위·열위를 규정하는 데 유리했던 것이다.

일반적으로 '교육의 기회균등'이라는 원칙은 환경의 차이를 시야에서 제외함으로써 실질적인 평등 원리가 될 수 없다고 지적되는데, 식민지에서는 언어 문제가 개입되어 이러한 문제가 더욱 선명히 드러날 수밖에 없었다. 비유적으로 말하면 대만인이나 조선인이 가까스로 일본인과 경쟁하는 장에 들어서는 것이 허용된다고 해도 훨씬 뒤처져 출발할 수밖에 없었다고 할 수 있다. 그것이 '부자유한 경쟁'이라는 점은 변하지 않았다. 본디 이러한 '경쟁'의 규칙을 정하는 자가 오로지 일본인이라는 점도 변하지 않았다.

물론 제2차 교육령에 의해 '국어를 상용하지 않는 자'가 고학력자가 되는 길이 열렸다는 의미도 과소평가할 수는 없다. 실제로 그러한 사람들도 소수나마 존재했으며 내지로 유학하여 고학력을 취득하는 대만인이나 조선인도 나타났다. 다만 그러한 경우에도 취직이라는 국면에서는 여전히 '내지인'과 그 이외라는 구별에 직면할 수밖에 없었다. '내지인'인가 아닌가 라는 구별은 일상적으로는 성명의 차이로 나타나며 본적의 차이로 제도화되었고 양자나 결혼 등의 수단 말고는 본적 이전이 금지되어 있었으므로 법적으로 '내지인'이 되는 것은 거의 불가능했다.

더욱이 제2차 교육령이 피지배자 사이에 분열과 갈등을 만들어냈다는 점도 주목해야 할 것이다. 항일운동이 집단적 연대를 필요로 하는데 비해 교육을 통한 고학력 취득은 개인적 영달을 보장할 것 같은 외관을 만들어낸다. 이는 집단적 연대를 억제하는 역할을 담당했다. 대만인이나 조선인 가운데 이 '부자유한 경쟁'에서 일정한 '성공'을 거둔 자가 나타나는 동시에 도중에서 좌절하는 자, 애당초 출발선에 설 수 조차 없는 자들 사이에 서열이 만들어졌다. 흔히 식민지에서 일본어는 '동화'의 수단으로 파악되지만, 그러한 측면뿐만 아니라 일본인을 우위에 두면서 피지배자를 분열시키고 서열화하는 기능에도 유의해야 할 것이다.

교육칙어와 학교의식

식민지 교육은 의무교육을 시행하지 않는다는 점에서는 '국민교육'의 밖에 있지만 다른 한편으로 일본어를 '국어'로 배우게 한다는 점에서는 '국민교육'의 일부로 설정되었다. 즉 한 편에서 '당신은 일본인이 아니다'라고 배제하면서 다른 한 편에서 '일본인답게 살라'고 하여 포섭하려는 이중구조가 이루어졌다. 제2차 대만·조선교육령은 그 때까지의 일방적 배제 정책을 개편함으로써 오히려, 배제하면서 포섭한다거나 혹은 포섭하면서 배제한다고 하는 모순에 가득 찬 애매함을 증대시켰다. 이러한 모순은 '일본민족'으로서의 중핵적 교조인 교육칙어의 취급에서도 드러날 수밖에 없었다.

본디 교육칙어로 정식화된 천황숭배는 서구 제국주의의 식민지가 되지 않겠다는 위기의식에 촉발되면서 말하자면 방위적 자세에 의해 '만들어진 전통'이었다. 따라서 '보편'을 표방하는 서구에 대항하여 '특수'한 것으로서 '일본민족'이라는 관념을 만들어내는 것을 기조로 했다. 그러한 교의

가 어떤 형태로건 '보편'을 치장할 필요가 있는 제국의 이념이 되기에는 적합하지 않은 것은 명백했다. 그러나 다른 한편으로 이런 문제를 공언해 버리면 교육칙어의 권위를 손상시킬 가능성이 있었다. 따라서 식민지에서 교육칙어의 자리매김은 딜레마에 가득 찬 것이 될 수밖에 없었다.

이미 지적했듯이 대만 영유 당초, 이자와 슈지는 교육칙어를 대만 교육의 이념으로 삼으려 생각했다. 그러나 이자와의 낙관적 전망에 반대하여 '천양무궁의 황운을 부익'하는 것이 '선조의 유풍을 현창하는' 것이라는 교육칙어의 내용은 대만인의 반감만을 부를 뿐이라는 우려가 일본인 교육관계자로부터 연이어 제기되었다. 1902년에는 교육칙어 낭독이나 '기미가요' 제창이 일본인과 동일한 '감격의 눈물'을 일으킬 것으로 기대할 수 없는 이상, "본도 교육계가 무릎을 꿇고 유물적唯物的으로 지어진 제2의 칙어"를 요청해야 한다는 의견도 나타났다.[22] 실현되지는 않았지만 1912년에 대만총독부 내부에서 구마모토 시게키치를 중심으로 대만판 교육칙어를 작성하려는 시도도 은밀히 진행되었다.

그렇다면 학교의식은 어떠했을까. 일본 내지에서는 1891년 「소학교축일대제일의식규정」 제정을 계기로 '어진영'에 대한 배례, '기미가요' 제창 그리고 교육칙어 '봉독'을 결합한 삼대절-기원절·천장절·1월1일의 학교의식-이 점차 정착했다. 이에 비해 대만에서는 1898년 대만공학교 규칙 및 1904년 동 규칙 개정에서도 삼대절은 휴업일로 지정되는 데 그쳤다. 그러나 1912년 10월 개정에서 삼대절 외에 대만총독부 시정기념일(6월17일)에 내지와 동일한 형식으로 학교의식을 행해야 한다고 규정했다. 같은 해 8월에 대만총독부 내부에서 대만판 교육칙어를 극비리에 기초하고 있었음을 상기한다면 불가사의한 대응이다. 그러나 식민지 대만에 적합한 교의를 구성하는 것이 곤란했기 때문에 학교의식의 도입이 꾀해졌다고 보아야 할 것이다.

조선에 관해서도 동일한 문제를 지적할 수 있다. 제1차 조선교육령은 제2조에 "교육은 교육에 관한 칙어의 취지에 기반해 충량한 국민을 육성하는 것을 본의로 한다"고 선언했고, 1912년에는 교육칙어등본을 각 학교에 반포할 때 총독부훈령 제1호를 통해 "학교의 식일에는 정중히 이를 봉독하고 학생으로 하여금 밤낮으로 명심하게" 하라고 지시했다. 그러나 이 훈령 두 달 전에 제정된 보통학교규칙에서는 학교의식에 관한 규정은 없고 훈령 이후에 이 규칙이 개정된 흔적도 보이지 않는다. 본디 내지에서는 거의 모든 공식 학교에 칙어등본이 '하부'된 데 비해 조선에서는 관립학교 및 "도장관의 신청에 의해 공사립학교 중에서 조선총독이 적당하다고 인정한 학교"에 대해서만 등본을 '하부'하도록 했다. 따라서 학교의식을 행한다 해도 칙어등본이 없는 학교가 다수였던 것이다. 그 점 때문에 보통학교규칙에 일률적으로 학교의식을 규정하지 않았을 것이다.[23]

1919년에는 삼일독립운동의 충격 하에서 교육칙어의 권위자인 이노우에 데쓰지로井上哲次郎-도쿄제국대학 문학부 교수-가 조선에 대한 새로운 칙어를 작성해야 한다고 주장했다. 대만판 칙어를 작성하려던 시도처럼 이 이노우에의 제안도 실현되지는 않았다. 다만 제2차 조선교육령에 관해 심의한 추밀원 본회의에서 조선교육령 중에서 교육칙어에 관한 조항은 "종종 조선인의 반감을 사고 도리어 통치에 불리를 초래할 우려가 있다"는 이유에서 삭제되었다. 다른 한편 이러한 '우려'의 존재를 은폐하려는 듯 1922년의 새로운 「보통학교규정」(부령제8호)에서는 삼대절 학교의식에 관한 규정을 두었다.

이렇게 대만이나 조선에 학교의식을 도입한 것은 식민지 교육이념으로 교육칙어가 적합하다고 생각했기 때문이라기보다 오히려 다양한 문제점을 안고 있었기 때문에 행해진 것이라고 생각된다. 본디 이러한 임시변통적인 대응으로 '조선인의 반감'이 해소될 리는 없었다. 1931년 '만주사변' 당시 조선군참모였던 간다 마사타네神田正種는 전후 스가모巢鴨의 옥중에서 쓴 회상기에서 학교의식에 관해 다음과 같이 말한다.[24]

오랜 기간 사이토 총독이 통치하면서 조선이 어쨌든 겉으로는 다스려지고 있는 듯하지만, 속으로는 곪아터져서 실제로는 민심이 험악하고 반일 숭미 사상이 팽배해 있으며 (중략) 학교 벽에는 미국과 일본의 전쟁을 기다린다는 격렬한 낙서가 즐비하고, 삼대절 축일에는 선생이 학생들 사이로 들어가 불경 사건이 일어나는 것을 막고 기미가요가 끝나면 곧바로 식을 해산할 정도의 상태였다.

학교의식 말고 교육칙어의 자리매김을 둘러싼 딜레마에 대처하는 또 하나의 수단은 칙어해석 수준에서 다른 다양한 요소를 접합시키는 것이었다. 후자의 문제와 관련하여 특히 뚜렷한 것은 문명의 '은혜'를 가져다 준 존재로 천황의 이미지를 연출하는 것이었다.

조선의 고등보통학교 수신교과서에는 전체적으로 메이지 천황의 「보신조서戊申詔書」(1908년)에 따라 교재를 구성하면서, "빈약하고 미개한 나라는 세계의 문명이 발전해도 그 혜택을 충분히 볼 수 없다"고 단정하고 '세계 열강의 하나'인 제국 일본에 귀속하는 것이 이익이라고 강조한다.[25] 대만에서는 1895년 대만영유 전쟁 중에 근위사단장으로 사망한 기타시라카와노미야 요시히사北白川宮能久 친왕의 죽음이 최대한 이용되었다. 대만총독부는 요시히사 친왕을 대만신사의 제신으로 모시는 동시에 공학교용 수신교과서의 교사용 지도서에서 요시히사 친왕이 오기 전에

[그림9-3] 타이완총독부 『공학교수신서』 권2(1927년) : 1901년에 관폐대사官幣大社로 창건된 타이완신사에 관한 교재. 일본군의 대만 점령에 저항한 대만인은 단지 '악당ワルモノ'으로 기록되어 있다.

대만은 철도도 수도도 없고 전염병이 유행했지만 요시히사 친왕이 온 이후에는 '개명되었다'고 설명한다.[26]

모두 서구제국주의가 초래한 '근대문명'의 매력과 위력에 호소하면서 천황의 나라인 일본에 귀속됨으로써 비로소 '문명의 은혜'를 향수할 수 있다고 말한다. 그러나 이러한 교설은 조선에서도 대만에서도 일본에 의한 식민지화 이전에 근대화의 시도가 이루어졌다는 사실을 무시할 뿐만 아니라 왜 서구인과 일본인만이 근대화의 주체가 될 수 있는가라는 물음에 대한 답을 빠뜨렸다. '문명의 은혜'를 통한 정당화 수사는 그러한 질문 자체를 봉쇄하기 위한 일종의 '신화'로 볼 수 있을 것이다.

1930년대가 되면 이러한 수사도 뒷전으로 물러나고 오로지 학교의식만이 비대해진다. 1920년대에는 서구제국주의와의 협조 노선을 포기하지 않았던 일본정부도 군축문제를 둘러싸고 점차 서구와 대립이 심화되면서 1931년 '만주사변' 이후, 33년의 국제연맹 탈퇴를 거쳐 결정적으로 대립한다. 이에 수반해 서구의 근대문명을 확산시키는 에이전트로서 식민지 지배를 정당화하는 논리를 버리고, 일본문화의 '우수성'에 대한 노골적인 주장을 전면에 내세운다.

'황민화정책'과 군사동원

1930년대 전반에는 그 때까지 교육의 권외에 방치되어 있던 사람들에 대한 조선총독부나 대만총독부의 자세가 변화했다.

조선에서는 1929년부터 '일면일교—面—校'-면은 내지의 행정촌에 해 당한다- 계획을 실시하여 공립보통학교가 설치되지 않은 지역에 4년제 보통학교를 증설한 외에도 34년부터 농촌 지역에 2년제 간이학교를 설 치했다.[27] 대만에서는 타이페이주臺北州가 1930년에 국어강습소를 설치 한 이래 각지에서 동일한 시설이 설치된다. 국어강습소의 대상은 주로 공학교를 졸업하지 않은 대만인, 강습기간은 1년 정도, 내용은 일본어·창가·체조·실과 등이었다. 이 시기부터 '국어' 습득의 압력이 종래보다 훨씬 높아져 공학교에서도 제2차 대만교육령에서 수의과목이었던 한문 과를 설치한 학교가 1930년대에는 격감했고 37년에는 신문·잡지의 한 문란 폐지와 함께 공학교에서 한문과도 명실 공히 폐지되었다.

사회교육시설인 국어강습소는 물론 조선의 4년제 보통학교나 간이학 교도 중등학교 진학을 전제로 하지 않는 교육기관이며 교육내용도 저급 한 것이었다. 교육을 통한 포섭의 대상은 종래에 비해 훨씬 광범위해졌 지만, 식민지인을 종속적 지위에 둔다는 식민주의적 방침이 철회된 것은 아니다.

1936년에 조선총독에 취임한 육군대장 미나미 지로南次郎는 조선인을 '충량한 황국신민'으로 만들어 '내선일체內鮮—體'를 달성해야 한다고 역설했다. 대만에서도 1936년에 종래의 문관총독 대신에 예비역 해군대장인 고바야시 세이조小林躋造가 대만총독에 취임하며 '남진화, 황민화, 공업화'라는 시정방침을 내걸었다. 총독정치에 대한 대만군과 조선군의 영향력이 강화된 이 시기 이래 '황민화'를 슬로건으로 하면서 식민지 민중을 전시총동원 체제에 포섭하기 위한 정책이 전개되었다. 경제적 이익을 거두는 대상으로서 '식민지'를 이용한다는 발상이 철회된 것은 아니지만, 군사적 관점에서 '식민지'인을 이용하려는 전략적 사고가 정책의 기조가 된다.

이러한 1930년대의 정책 변화가 명료하게 드러난 것은 대만·조선의 기독교계 학교에 대한 대응이다.

대만·조선의 기독교계 학교의 대부분은 서구인 선교사가 경영하는 것이었다. 1915년에 조선총독부가 사립학교규칙을 개정하여 종교교육을 금지하는 강경방침을 제시한 적은 있으나 삼일운동 후에는 선교사의 강한 항의를 받고 이 강경방침을 철회하여 다시금 사립각종학교에서 종교교육을 용인했다. 그러나 1930년대에는 영국·미국 등 서구 여러 나라와의 군사적 긴장이 고조되면서 종래의 서구인 선교사에 대한 배려는 불신과 증오로 바뀌었다. 더구나 기독교계 학교의 대부분은 서구선교사의 영향 하에 있었던 것만 아니라 대만인이나 조선인의 항일운동과 결합되어 있었다. 30년대 중반은 신사참배의 강제를 돌파구로 하면서 이러한 학교를 접수하거나 폐교로 내모는 정책이 대만과 조선에서 전개되었다.

대만에서는 1934년에 일본인 관료와 미디어가 일체가 되어 타이난장로교중학교에 대해 신사참배를 하지 않는 이 학교는 '비국민' '스파이' 양성소라고 음해하는 운동을 전개하여 신사참배를 강제했을 뿐만 아니라, 주요한 대만인 관계자를 추방하고 심지어 교장이나 이사장을 일본인으로 만드는 '개혁'을 단행했다. 1935년부터 36년에 걸쳐 단수이중학에 대해서도 우익단체가 중심이 되어 동일한 운동을 전개하였고 36년에는 타이페이주가 이 학교를 접수했다. 조선총독부도 1935년부터 마치 '후미에踏繪'처럼 신사참배와 폐교 중 양자택일을 강요하는 강경방침을 들이밀어 38년에 신사참배를 거절한 기독교계 학교 18교를 폐교로 내몰았다. 대만·조선의 기독교계 학교는 항일운동과의 관계, 서구인 선교사와의 관계, 기독교계의 신앙이라는 세 가지 점에서 실태가 어떠했는가 와는 관계없이 '스파이'를 만들어낼 가능성을 가진 학교로 간주된 것이다.

＊　　＊　　＊

－칼럼－ 근대교육에 희망을 걸었던 대만인 린마오성

식민지 교육은 한 마디로 차별을 근간으로 한다. 그러나 식민지가 된 지역의 사람들은 단지 수동적으로 차별당하기만 한 것은 아니다. 총독부의 통제가 강하게 미치는 학교에 입학한 경우에도 거기서 배운 것을 '독립'이나 '자치'라는 목표를 위해 역이용하거나 또는 사립학교를 거점으로 스스로의 교육문화를 창조하려는 활동을 전개했다. 교육이 언제나 그러한 가능성을 지닌 행위이기 때문에 총독부는 교육 보급을 억제했으며 그 내용을 신경질적으로까지 통제하려 한 것이다.

피식민자 측의 주체적 교육과 관련된 예로 린마오성林茂生의 족적을 더듬어 보자. 린마오성은 1887년, 타이난시臺南市에서 태어났다. 기독교에 입교한 부친으로부터 한자 초보를 배운 후 1903년에 영국인 선교사가 경영하는 타이난장로교중학교에 입학했고 그 후 내지에 유학하여 도시샤同志社중학교·제삼고등학교를 거쳐 도쿄제국대학 문과대학을 졸업했다. 일본통치 하 대만 최초의 '문학사'였다.

1916년에 대만에 돌아온 린마오성은 모교인 타이난장로교중학교의 교감이 되는 한편, 타이난상업전문학교 교수직을 겸임했다. 제2차 대만교육령이 제정되자 중학교는 일본인·대만인 공학이 되었지만 일본인에 의한 차별은 끊이지 않았다. 한편, 장로교중학교는 대만인만의 학교이며 대만어로 성서를 가르치는 특징을 갖고 있었다. 그러나 새로운 교육체계 하에서 압도적으로 불리한 입장에 놓여 있었다. 즉 '사립각종학교'로 규정되었기 때문에 졸업생은 상급학교 수험 자격이 없어 다수의 학생이 정규 중학교로 전학하기 위해 중도 퇴학했다. 인정에 필요한 조건으로 제시된 것이 재정적 기반의 충실이었으므로 린마오성은 기부금을 모집하는데 주력했고, 이 활동은 기독교도 여부를 불문하고 많은 대만인 지지자를 모았고 타이난장로교 중학교후원회가 결성되었다. 후원회는 1928년에 이 학교를 '명실 공히 대만인의 학교'로 만든다는 「선언서」[1]를 발표한다.

1927년, 린마오성은 미국의 콜럼비아대학에 유학했다. 유학 시 선택한 논문 주제는 「일본통치하의 대만의 공교육」이었고, 그 안에서 공학제가 다양한 문제를 야기한다고 지적하면서 중등교육을 민족 간 별학으로 해야 한다고 주장하는 동시에, 미국의 아동중심주의 교육법을 소개하는데 힘썼다. 이 아동중심주의적 관점이 식민지교육에 대한 비판과 결합되어 있음은 다음과 같은 문장에서도 헤아릴 수 있다. "근대교육은 아동의 창조적 힘을 없애서는 안 된다는 발상이며, 외부로부터의 강제가 아니라 안으로부터 개개인을 발달시키는 것을 목적으로 한다. 동화란 바라지도 않는 외부로부터의 기준을 강제하려 하는 것이다"(Mosei Lin, *Public Education in Formosa under the Japanese Administration*, New York, 1929). 대만총독부는 스스로 대만에 '문명'의 은혜를 가져다주었고 교육의 근대화를 추진했다고 자랑했지만 그것은 린마오성이 추구하는 근대교육과는 달랐다.

1930년에 대만에 돌아온 린마오성은 장로교중학교의 이사장에 취임하여 학교를 '대만인을 위한 학교'로 만들기 위해 체제를 정비하려 했다. 또한 타이난시

[그림-1] 린마오성

에서 열린 강연회에서는 민주주의 가치를 역설하고 "문명에 뒤쳐진 국가의 경찰은 왕와 같은 권력을 발휘하며 민중을 대한다"고 말했다.[2] 그러나 '왕'이었던 대만총독부는 폭력적으로 이러한 희망을 압살하려 했다. 즉 중학교 인정에 필요한 조건인 재정적 조건이 정비되자 이번에는 새롭게 집단적 신사참배를 요구했다. 신앙상의 이유에서 학교관계자가 이 요구를 받아들이기를 거부하자 일본인 관민이 일체가 되어 학교를 공격했고 신문지상에는 "타이난장로교중학문제 국체의 존엄을 모독하는 비국민을 응징하라 타이페이향군 결기"같은 선정적인 머리기사가 실렸다.[3] 이 사건의 결과, 집단적 신사참배가 행해지고 대만어를 통한 성서 교수가 폐지되었을 뿐만 아니라 린마오성은 이사장 등 학교와 관련된 모든 직을 '사직'당했다. 이처럼 '대만인을 위한 학교'를 만들려는 꿈은 분쇄되었다. 그러나 린마오성의 발언과 활동은 대만에서의 식민지 교육이 '근대교육'인지, 대만총독부가 대만에 가져다준 것은 '문명'이었는지에 대한 날카로운 물음을 여전히 던지고 있다.

주

1) 『臺灣民報』 236号 , 1928年

2) 『臺灣民報』 300号 , 1930年

3) 『臺灣新報』 1934年 3月 8日

고마고메 다케시

＊　　＊　　＊

일반 학교의 양상도 크게 변화했다. 조선총독부는 1937년에 '황국신민서사'를 제정하고 "우리는 대일본제국의 신민입니다"로 시작하는 이 '서사'를 조회 등의 장에서 반복하여 낭송시켰다. 1938년에는 육군특별지원병제도를 각의 결정하고, 같은 해 조선총독부는 제3차 조선교육령을 제정하여 "충량한 황국신민을 육성한다"는 것을 교육목적으로 내걸었다. 이 교육령은 초등·중등교육 전체를 내지의 법령에 준거하여 일원화하는 것을 목적으로 표방했고, 보통학교를 소학교로 고등보통학교를 중학교로 여자고등보통학교를 고등여학교로 개칭했다. 그러나 사실상 각 학교의 민족별 입학자 비율에 큰 변화는 없었고 보통학교의 간판을 소학교로 바꾸기만 한 학교도 적지 않았다. 교육내용에서는 조선어를 선택과목으로 하는 동시에 문부성 국정교과서를 사용하는 것을 원칙으로 했다.

1941년에는 내지의 국민학교령에 대응해 조선에서도 「국민학교규정」(부령제90호)을 제정하여 초등학교 명칭을 국민학교로 바꾸었다. 그러나 내지와는 달리 초등과와 고등과의 구별이 없는 6년제 국민학교나 4년제 국민학교도 존속시켰다.

대만에서는 1937년부터 군수품 수송 등을 담당하는 군부軍夫로 대만인을 중국 대륙에서의 전쟁에 동원하는 정책이 추진되었고 42년에 육군특별지원병제도를 실시했다. 지원병제도 시행이 조선보다 4년 늦은 이유는 대만의 한민족을 중국대륙의 한민족에 대한 전쟁에 동원하는 것에 대한 우려가 존재했기 때문으로 생각된다. 1941년에는 「대만공립국민학교규칙」(부령 제47호)을 제정하여 '국민학교'로 명칭을 통일하는 한편, 교육내용에서는 종래의 소학교는 과정 제1호표에 의거하게 하고 종래의 공학교는 과정 제2호표·제3호표에 의거하게 하여 실질적으로는 종래의 구별을 유지했다. 1943년도부터 국민학교 입학자에게 학년 진행 순서로

[그림9-4] 타이난장로교중학생의 신사
참배 : 신사참배는 총독부의 뜻에 충실
한가 아닌가를 시험하기 위한 `후미에踏
繪`로서의 의미를 지니고 있었다.

의무교육제도를 적용했다.[28] 1941년부터 '고사의용대高砂義勇隊'로 동원
된 선주민족에 대해서도 43년에 교육소 수업연한을 4년에서 6년으로 연
장했다.

아시아·태평양전쟁에서 일본의 패색이 짙어지자 대만과 조선의 남성
을 지원병으로 선택적으로 동원하는 데 그치지 않고 징병 대상으로 만들
었다. 조선의 경우는 1944년도부터 징병제를 실시하기로 42년에 각의
결정, 대만에 관해서는 45년도부터의 실시를 43년에 각의 결정했다. 징
병제 실시에 대비해 조선에서는 1942년에 「조선청년특별연성령」(제령 제
33호), 대만에서는 44년에 「대만청년특별연성령」(율령 제15호)을 공포했
다. 대만에서 1943년부터 학년 진행 순서로 의무교육을 실시하기 시작
했지만 그 이유는 징병적령예정 청년들 중에는 일본어를 거의 모르는 사
람들이 다수 포함되어 있어 일본어를 가르치는 것을 비롯해 대만·조선
의 청년들 '병력자원'에 적합한 존재로 만들기 위한 훈련이 불가결했기
때문이다.

징병제 실시와 관련하여 조선총독부 경무국장이 기초한 극비문서에서
는 조선인이 징병의 대가로 참정권을 요구하는 것을 '참으로 비국민적

태도'라 하여 경계하면서 '신중한 검토'가 필요하다고 말하고 있다(극비,
내선 일체의 이념 및 그 실현 방책 요강 「極秘 内鮮一體ノ理念及其ノ實現方策要綱」
大野綠一郎文書). 그럼에도 불구하고 징병제가 실시된 이유에 관해 미야
다 세쓰코宮田節子는 육군 중앙이 '야마토민족'의 '인적 국력' 소모를 극
력 회피하기 위해 '외지 민족의 활용'을 꾀해야 한다고 말한 사료에 주목
하면서, 육군 중앙이 조선총독부 및 조선군에 앞서서 결정한 것으로 추
정한다.[29] '야마토민족'과 그 이외의 사람들의 역할을 명확하게 구별하여
계층화한 식민지 통치 초기와 양상은 달랐다 해도 '야마토민족'의 이익
을 우선하면서 '외지민족'을 '활용'해야 하는 존재로 간주한다는 점은 변
함 없었다.

황민화정책기의 특징은 '황민'으로서의 공손함을 보이기 위한 의식이
학교, 가정, 지역을 불문하고 보편화된 것이다. 신체적 실천으로서 의례
적 행위를 충실하게 행하는가에 대한 일상적 감시를 강화함으로써 적어
도 전시총동원에 저촉될 가능성이 있는 행위를 단속하는 것이 중시되었
다. 단속 대상은 '통적행위通敵行爲'로 간주되는 언동은 물론 조선어나 대
만어를 말하는 것 등 생활의 구석구석까지 확대되었다. 예를 들어 앞서
다룬 타이난장로교중학교(1939년) 이후 창룽長榮중학교에서는 조사서에
'황민연성의 상황'이라는 항목을 두어 개인별로 "매일 아침 가미다나神
棚* 예배 및 궁성요배 후, 각자 일하는 것을 일과로 한다", "아버지는 화
복和服을 착용하는 때가 많아 황민화 정도가 우량하다", "식일 등에 참석
한 적이 없다"는 등의 사항이 기록되어 있다. 각각 우·량·가로 판정되
어 합격 판정 시에 참고로 삼았다. '황민화' 정도가 '불량'하면 조사서를

---

* 집 안에 신위를 모셔두고 제사지내는 선반으로, 황민화정책 시기에 천황 숭배를 목적
으로 강요된 의례 장치이다.

기재한 국민학교 교원의 책임이 될 수도 있으므로 내용을 액면 그대로 받아들일 수는 없지만, 일상적인 감시의 그물이 깔려 있었음을 알 수 있다. 이 단계에서 학교교육을 보급하는 것은 감시를 위한 체계를 강화하는 것과 거의 동일한 의미였다.

이상에서 논의한 것처럼, 전전기의 대만·조선에서 식민지 교육은 교육을 보급하지 않는 것을 '교육방침'으로 한 시기, 일본인 대상 교육제도와 대만인·조선인 대상 교육제도를 일부 통합하여 '안전판'으로서 교육을 보급하기 시작한 시기, 감시 체계의 일환으로서 교육을 적극적으로 보급한 황민화정책기로 나눌 수 있다. 제1시기에서 제2시기로의 전환은 총독부가 대만인이나 조선인의 교육요구에 부분적으로 타협함으로써 일어났다. 제2시기에서 제3시기로의 전환은 식민지인을 포함하여 총동원 체제를 구축할 필요라는 외재적 요인에 의해 초래되었다.

이러한 시기적 변화는 있었지만 일관된 것은 대만인이나 조선인에 의한 자주적 교육문화 창조의 움직임을 철저히 억압한 것이다. 그것은 사립학교에 대한 정책에 단적으로 드러나지만, 그것만이 아니라 일본어 능력을 둘러싼 서열이나 학교의식에서의 종순함이 인간으로서의 가치를 정하는 서열로 기능하는 체제로도 실현된다.

처음에 언급했듯이 지배자로서의 일본인과 피지배자로서의 대만인, 조선인의 격차를 고정화하고 정당화하는 가치관을 식민지주의라고 한다면, 교육에서의 식민지주의는 일정하게 수정되면서도 지속적으로 존속했다고 평가할 수 있다. 물론 가령 '동화정책'이라는 말을 자주적 교육문화 창조를 억압하는 것으로 정의한다면 식민지에서의 교육정책은 '동화정책'이었다고 할 수도 있다. 그러나 '동화'를 일본인으로 동일화하는 것으로 정의한다면, 의무교육제도가 대만에서는 겨우 43년에 도입되었고 조선에서는 도입되지 않았던 사실 등, '동화'라는 말로는 포착할 수 없는 차별로 가득 찬 현상이 도외시된다는 점에도 유의해야 할 것이다. 총독부 관료는 반복하여 '동화 방침은 불변'이라고 말했지만 그 말은 이러한 차별에 가득 찬 현실을 은폐하는 의미를 갖고 있었다.

4. 전후 일본에서의 식민지주의

탈식민지화의 좌절

1945년 8월 15일, 일본정부는 연합국의 포츠담선언을 수락하여 조선은 독립하고 대만은 중화민국에 귀속되고 식민지제국 일본은 붕괴했다. 이전에 '내지'로 불린 지역에서는 평화적이고 민주적인 국가를 건설하려는 의욕에 기반하여 전후 교육개혁이 추진되었다. 그러나 식민지 상실이 패전과 동시에 일어났기 때문에 식민지 지배에 수반해 만들어진 사회구조나 가치관을 극복해 가는 과제는 방치되는 경향이 있었다.

다른 한편, 일본이 이전에 '식민지'로 했던 지역에서 살아가는 사람들은 다양한 형태로 식민지 지배의 부채에 직면했다.

조선에서는 1948년에 성립한 이승만 정권이 식민지기의 '친일파'를 재판하기 위한 '반민족행위에 관한 특별조사위원회반민특위'를 발족시켰다. 그러나 한반도에서 동서냉전의 최전선으로서의 성격이 강화되면서 반민특위의 활동은 중도에 좌절되었고 전쟁 말기에 증대된 조선인 엘리트의 다수가 대한민국의 중추로 잔존했으며 더욱이 조선전쟁에 의한 '분단'으로 이러한 체제가 동결되었다.

대만에서는 반세기에 걸친 식민지 지배의 결과로 국민당과 함께 중국대륙에서 건너온 사람들과 대만인들 사이에 심각한 사회적·문화적 갈등이 생겼다. 항일전쟁을 막 끝낸 중국국민당은 대만인 전체를 일본의 전쟁에 협력한 '전범'과 같은 존재로 간주하여 "중국을 모르고 문화를 모르고 항일을 모른다"는 이유로 대만인의 정치참가를 부정했다. 탈식민지화와 정치적 권리 획득을 추구하는 대만인은 이러한 국민당의 정책에 강하게 반발하여 1947년 2월 28일, 양자의 대립은 무력 충돌로 발전하였고 많은 대만인이 국민당 군대에 의해 학살당했다-2·28사건-.

탈제국주의화의 방치

구식민지에 살았던 사람들의 탈식민지화 시도가 이렇게 좌절되는 한편, 일본에서는 '탈제국주의화'라고 할 만한 과제에 대한 대처가 극히 불충분한 형태로밖에 이루어지지 않았다. 그것은 조선인 학교를 비롯한 외국인학교에 대한 대응에서 뚜렷하게 드러난다.

1920년대부터 30년대에 걸쳐 일본 내지로 이주할 수밖에 없었던 조선인은 야학회 등의 조직을 통해 자주적 교육활동을 전개했다. 1930년대에는 이러한 활동이 극심하게 탄압되었지만, 45년 '해방'을 맞이한 재일 조선인은 각지에서 사립학교를 재개했다. 이에 대해 문부성은 48년 1월 학교교육국장통첩 「조선인설립학교의 취급에 관하여」에서 조선인 학교에서의 학령아동 교육을 인정하지 않는 방침을 명확히 하고 학교를 폐쇄하려 했다. 고베에서는 폐쇄명령에 저항하는 조선인이 경찰과 충돌하여 조선인 청년 한 사람이 경찰관에게 사살당했다. 이 사건에 뒤이은 교섭의 결과 다양한 제한을 달면서도 사립소학교·중학교에서의 민족교육이 인정되었다-한신阪神 교육투쟁-. 그러나 한반도의 긴장이 고조되면서 다음 해인 1949년 10월에는 문부성 및 GHQ가 더욱 강경한 방침을 명확히 하여, 각의 결정 「조선인학교의 처치방침」과 문부성관리국장·법무부특별심사국장통첩 「조선인학교에 대한 조치에 관하여」를 통해 조선인 교육은 공립학교에서 행한다는 원칙을 정하고, 공립으로 이관하거나 폐교하라는 양자택일을 강요했고, 제로 많은 학교가 폐교로 내몰렸다. 이러한 방식은 1930년대에 대만과 조선에서 사립학교를 압살하는 방식과 거의 다르지 않았다.

* * *

–칼럼– 전후 사회과교과서에서의 식민지 지배에 관한 기술

전후 일본의 사회과 교육에서 전전의 식민지 지배자로서의 경험을 비판적으로 되돌아보려는 시도는 극히 불충분했다. 그러나 물론 전혀 없었던 것은 아니다. 특히 주목할 만한 것은 1950년대에 작성된 사회과 교과서이다. 1958년에 학습지도요령에 법적 구속이 있다는 해석이 문부성에 의해 제시되기 이전에는 식민지 지배의 역사와 마주 하려는 자세가 뚜렷한 기술도 있었다.

예를 들어 1956년에 출판된 중교출판中教出版의 소학교사회과교과서 역사 분야에서는 '부산항'이라는 절을 두어 1907년 무렵의 상황을 다음과 같이 기술했다.

부산항에 배가 닿을 때마다 일본의 관리들 여럿이 수행자를 데리고 배에서 내렸습니다. 조선의 시가지인데도 항구 근처는 일본의 관청이나 일본인 회사, 상점이 줄 지어 늘어섰고 산 중턱에는 일본의 절들이 세워졌습니다. 조선인은 점차 시가지 변두리나 산 위쪽으로 이사했습니다.[1]

부산이라는 한 도시의 공간적 이미지와 연결시키며, 조선인에게 '식민지화'된

다는 것이 무엇을 의미했는가를 구체적으로 떠올리게 하는 서술이다. 뒤이어 '일한병합' 이후의 상황에 관해 "조선의 아동들은 학교에서 조선어나 조선역사를 자유롭게 배울 수 없었습니다"라고 기술하고 식민지 지배의 결과로 고향을 버릴 수밖에 없는 사람들이 나타난 것을 언급하며 "부산항에는 이러한 사람들이 많이 모여들었습니다. 아무 것도 없이 옷만 걸친 채 일본에 당도한 조선인은 탄광의 광부나 돌나르는 인부가 되어 일했습니다"라고 기술하여 식민지 지배 문제와 재일조선인 문제를 연속적으로 생각하도록 기술한다. 또한 지리적 분야에서도 조선전쟁으로 많은 생명을 잃었다고 말한 다음 '아리랑노래' 가사를 게재하고 "이 노래는 부모나 형제가 뿔뿔이 흩어져간 슬픔을 노래한 것입니다. 이 노래는 예부터 조선 사람들 사이에서 불리어 왔습니다만, 일본이 조선을 지배하면서부터 보다 많이 불리게 되었습니다. 지금도 이 노래를 부르며 조선의 사람들은 하나의 조선이 되기를 바라고 있습니다"[2] 라고 쓰고 있다. 이 기술은 평화롭게 살아야 할 고향으로부터의 이산이라는 점에서 일본에 의한 식민지 지배도, 냉전구조 하에서의 분단도, 조선인에게는 일관된 역사적 체험이었다는 인식을 보여준다.

그러나 학습지도요강에 준거한 1962년판 교과서에서는 내용이 크게 바뀐다. 관계자의 증언에 따르면, 1950년대 당시도 중교출판 교과서의 인용 부분은 검정 과정에서 삭제를 요구받았지만 겨우 살아남았는데 62년도판에서는 교과서의 구성 자체가 크게 바뀌어 앞서 인용한 기술은 말소된다.

또한 일본서적日本書籍이 작성한 중학교 사회과교과서 『토지와 생활』에서는 총론에서 "아시아의 식민지는 독립국이 되었다. 그러나 이전의 '본국'과 완전히 대등하게 된 것은 아니다"라고 쓰고, 식민지 시대에 형성된 산업구조가 전후에도 구 '본국' 일본에 대한 종속적 성격을 미치고 있음에 주의를 촉구하면서, 조선 지배에 관해 "총독부를 통해 일본을 위한 정치를 추진했다. (중략) 흥남의 인조비료공장을 비롯해 중공업·화학공업을 일으켰다. 그러나 일본이 지배하던 동안에 조선 사람들은 어떤 생활을 했는지 생각할 필요가 있다"고 기술한다.[3] 불충분하나마 조선인 쪽에서 역사를 보는 시점을 취하려 했음을 알 수 있다.

그러나 1962년도판 교과서에서는 "일본을 위한 정치를 밀고 나갔다"는 부분이나 '그러나 …' 이하의 부분을 삭제한다. 대만에 관해서도 1955년도판에서는 쌀의 품종 개량이나 봉래미蓬萊米의 발명을 다루면서 "그러나 도민은 이 일본종 쌀은 즐기지 않았다"고 기술한 데 비해, 1962년도판에서는 단지 "쌀과 사탕수수는 이전에 일본령이었던 시대에 우리나라가 품종개량이나 관개공사에 노력한 결과 풍성해졌다"고 기술하는데 그친다. 결국 '우리나라'의 이익을 세계인식의 중심에 놓고 인프라 정비나 생산력 증대에 '공헌'했다는 면만을 강조한다. 인프라의 정비를 위해 실제로 일한 사람은 누구인가, 누구의 세금으로 작업을 했는가라는 관점은 빠져 있다. 시점을 한정하면 '생산력의 증대'라는 사실을 추출할 수 있다 할지라도 식민지 지배 하에서 식민지화된 지역의 사람들이 "어떻게 생활했는지 생각할 필요가 있다"는 점은 분명하다.

주

1) 周鄕博 外 編集 『あかるい社會 六年の上』 中敎出版, 1956年.

2) 周鄕博 外 編集 『あかるい社會 六年の下』 中敎出版, 1956年.

3) 安倍能成 外 編集 『中學生の社會 土地と生活 下』 日本書籍, 1955年.

고마고메 다케시

＊　　＊　　＊

교육은 마땅히 '국민교육'이어야 하며, '비국민'을 양성하는 학교는 폐교해야 한다는 생각은 전후에도 뿌리 깊게 존속했다. '일본인처럼' 되는 것을 서열화의 극점으로 하면서 그 서열화의 척도 속에서 대만과 조선의 사람들을 종속적 존재로 묶어둔다는 지향도 변하지 않았다. 1980년대 이후 '국제이해교육'이나 '이문화간 교육'의 중요성을 외치지만, 식민지 지배 역사의 비판적 총괄이 불충분했기 때문에, 걸핏하면 표면적인 '우호'와 '이해'의 중요성을 이야기하는 것으로만 끝나버린다. 오늘날에도 조선학교나 중화학교를 비롯한 외국인 학교의 존재는 '사립각종학교'로밖에 인정되지 않고 국립대학 수험 자격에서나 정부의 보조금 지급에서도 압도적으로 불리한 조건에 놓여 있다. 그것이 상징하듯이 문화적·민족적 다양성을 인정하면서 제도적 평등을 보장하는 교육제도의 존재 방식은 금후의 과제로 여전히 남아 있다. 식민지 지배로 인해 만들어진 비대칭적인 관계는 현재진행형의 문제로 존속되고 있으며 교육도 그러한 구조 속에 깊이 개재되어 있다.

제1장

1 デイブィット・リースマン・岡田直之 訳,「精神の火薬」,『アメリカーナ』4卷7号, 1958年.

2 早川庄八,「前期難波宮と古代官僚制」,『日本古代官僚制の研究』, 岩波書店, 1986年.

3 片岡宏二,「渡來人と靑銅器生産─佐賀平野の渡來人集落を中心として─」, 早稻田 大學考古學會,『古代』102号, 1996年.

4 梶山勝,「『漢委奴國王』金印と弥生時代の文字」,『古文化談叢』30上, 1993年.

5 志水正司,「倭の五王に關する基礎的考察」,『史學』39卷2号, 1966年.

6 小林芳規,『圖說日本の漢字』, 大修舘書店, 1998年.

7 王家,『日中儒學の比較』, 東アジアの中の日本歷史5, 六興出版, 1988年.

8 甘粕健,「古墳の形成と技術の發達」,『岩波講座日本歷史1』, 岩波書店, 1975年.

9 花田勝廣,「古墳時代の鐵・鐵器生産工房」,『拍原市歷史資料館館報』3号, 1992年.

10 中村浩,「和泉陶邑窯の成立─初期須惠器生産の槪觀的考察─」,『日本書紀研究』 7号, 1973年. 中村浩,「奈良前期の須惠器生産」,『日本書記研究』12号, 1982年

11 關晃,『古代の歸化人』, 關晃著作集第3卷, 吉川弘文館, 1996年.

12 齋藤忠,「古代東國における歸化人安置に關する二, 三の考察─那須國造碑と中心と して─」,『齋藤忠著作選集第2卷, 古代朝鮮文化と日本』, 雄山閣出版, 1997年.

13 都出比呂志,「土器の地域色と通婚圈」,『日本農耕社會の成立過程』, 岩波書店, 1989年.

14 大町健,「ウヂ・イヘ・女・子ども」, 日本村落史講座編集委員會編,『日本村落史講座 第 6卷生活I』, 雄山閣出版, 1991年.

15 田中禎昭, 「日本古代の在地社會と王權」, 『歷史學硏究』677号, 1995年.

16 小池德子, 「繪卷物よりみた運搬法の変遷」, 木下忠編, 『背負う・担ぐ・かべる』, 双書フォークロアの視点7, 岩崎美術社, 1989年.

17 櫛木謙周, 「律令制下の技術勞働力編成─技術官人を中心に─」, 『日本古代勞働力編成の硏究』, 塙書房, 1996年.

18 武田佐知子, 「律令國家による儒敎的家族道德規範の導入─孝子・順孫・義夫・節婦の表旌について─」, 竹内理三編, 『古代天皇制と社會構造』, 校倉書房, 1980年.

19 坂本太郎, 「飛鳥・奈良時代の倫理思想─とくに親子の間の倫理思想について─」, 『古典と歷史』, 吉川弘文館, 1972年.

20 笠井剛, 「東宮傳・東宮學士の硏究」, 『皇學館論叢』31卷4号, 1998年.

21 關和彦, 「古代村落の再檢討と村落首長」, 『歷史學硏究』626号, 1991年.

22 荻野三七彦, 「畫指─中國と日本─」, 森克己博士古稀記念會編, 『史學論集 對外關係と政治文化』第一, 吉川弘文館, 1974年.

23 佐藤信, 『日本古代の宮都と木簡』, 吉川弘文館, 1997年.

24 高島英之, 「古代東國の村落と文字」, 水野祐監修, 『古代王權と交流2 古代東國の民衆と社會』, 名著出版, 1994年.

25 杉本憲司, 「平安貴族の中國風敎養について─『日本國見在書目録』よりみての一考」, 『アジアの中の日本』, 紀要別册2, 1995年.

26 宮瀧交二, 「日本古代の民衆と『村堂』」, 野田嶺志編, 『村のなかの古代史』, 岩田書院, 2000年.

27 池田源太, 「文章經國」, 『奈良・平安時代の文化と宗敎』, 永田文昌堂, 1977年.

28 尾形裕康, 「就學始の史的硏究」, 『日本學士院紀要』8卷1号, 1950年.

29 飯沼清子, 「藤原道長の書籍蒐集」, 『風俗』27卷2号, 1988年. 飯沼清子, 「平安時代中期における作文の實態」, 『國學院雜誌』88卷6号, 1987年.

30 服藤早苗, 「童殿上の成立と変容—王權と家と子ども—」上·下, 『史學』66卷4号·67卷 1号, 1997年.

31 瀧川政太郎, 「平安初期の法家」, 『歷史敎育』9卷6号, 1961年.

32 久木幸男, 「村邑小學とその公共性」, 『日本古代學校の研究』, 玉川大學出版部, 1990年.

33 竹內理三, 「口傳と敎命—公卿學系譜(秘事口傳成立以前) -」, 『貴族政治の展開』, 竹內理三著作集5, 角川書店, 1999年. 초판은 1940年.

34 曾我良成, 「官司請負制下の實務官人と家業の繼承」, 『古代文化』37卷12号, 1985年.

35 西山松之助, 『家元の研究』, 西山松之助著作集第一卷, 吉川弘文館, 1982年.

36 小林芳規, 『平安鎌倉時代における漢籍訓讀の國語史的研究』, 東京大學出版會, 1967年.

제2장

1 石川松太郎, 「中世」, 『講座日本敎育史5 研究動向と問題点/方法と課題』, 第一法規 出版, 1984年.

2 石井進, 「中世社會論」, 『岩波講座 日本歷史8』, 岩波書店, 1976年.

3 尾上寬仲, 「慈鎭の勸學講」, 『講座日本敎育史1 原始·古代/中世』, 第一法規出版, 1984年.

4 久木幸男, 「中世第一章 槪說」, 『講座日本敎育史』, 第一法規出版, 1984年.

5 久木幸男, 「日本中世敎育におけるギルド的傾向」, 多賀秋五郎編, 『中世アジア敎育 史研究』, 國書刊行會, 1980年.

6 綱野善彦, 『中世東寺と東寺領莊園』, 東京大學出版會, 1978年.

7 久木幸男, 앞의 논문 參照. 권학원이나 아시카가학교의 길드적 경향에 관한 서술은 위 논문에 의한 것이다.

8 川瀨一馬, 『足利學校の研究』, 講談社, 1948年.

9 皇至道, 『西洋教育通史』, 埼玉大學出版部, 1962年.

10 川瀨一馬, 앞의 책.

11 石川謙, 『日本學校史の研究』, 小學館, 1960年.

12 結城隆郎, 「中世日本の寺院學校と民衆教育の發達」, 多賀秋五郎編, 앞의 책.

13 伊藤清郎, 『中世日本の國家と寺社』, 高志書院, 2000年.

14 久木幸男, 「中世の村校について」, 『印度學仏教學研究』20卷2号, 1972年.

15 大戸安弘, 『日本中世教育史の研究—遊歷傾向の展開—』, 梓出版社, 1998年.

16 結城隆郎은 앞의 논문에서 "중세 교육 기관중에 첫번째로 손꼽는 것이 촌락당 평균 두 군데의 절, 전국적으로 약 2만개 정도의 사원이며 사원에서 실시하는 세속 교육이야말로 최고의 과정이었다"라고 서술하고 있다.

17 石川謙, 앞의 책.

18 黑田日出男, 『繪卷 子どもの登場』, 河出書房新社, 1989年.

19 林屋辰三郎, 『中世芸能史の研究』, 岩波書店, 1960年.

20 久木幸男, 「中世第一章 槪說」.

21 伊藤清郎, 앞의 책.

22 籠谷眞知子, 「亂世のこどもの日日」, 結城隆郎編, 『日本こどもの歷史2 亂世のこども』, 第一法規出版, 1977年.

23 土谷惠, 「法會と童舞」, 五味文彦編, 『芸能の中世』, 吉川弘文館, 2000年.

24 結城陸郎, 『金澤文庫の教育的研究』, 吉川弘文館, 1962年(第3章第2節, 「金澤北條氏の好學と金澤文庫」).

25 結城陸郎, 위의 책.

26 結城陸郎, 위의 책.

27 籠谷眞知子, 『中世の教訓』, 角川書店, 1979年(第2部第3章「武家と教訓」).

28 籠谷眞知子, 「中世の教訓とその展開」, 『講座日本教育史 1原始·古代/中世』.

29 久木幸男, 「中世第一章 槪說」.

30 籠谷眞知子, 『中世の敎訓』(제2부제2장 「武家故實」).

31 鈴木理惠, 「平安時代の貴族社會における口傳の位置」, 『日本敎育史硏究』13号, 1994年.

32 村井康彦, 『武家文化と同朋衆』, 三一書房, 1991年.

33 籠谷眞知子, 「文芸の推進」(『中世の敎訓』, 제2부제4장)

34 村井康彦, 앞의 책.

35 齋藤正二, 「花傳書誕生時代の社會·文化狀況」, 『日本的自然觀の硏究』下卷, 八坂書房, 1978年.

36 石川松太郎, 「古代·中世撰作の往來(古往來)」(제1편), 『往來物の成立と展開』, 雄松堂出版, 1988年. 오라이모노에 관한 기술은 이 책에서 많은 도움을 받았다.

37 豊田武編, 『體系日本史叢書10 産業史 I』, 山川出版社, 1964年. 이 부분의 기술은 이 책에서 많은 도움을 받았다.

38 大河直躬, 「技術の發展」, 『ものと人間の文化史5 番匠』, 法政大學出版局, 1971年.

39 大河直躬, 위의 책, 「働く子ども」.

40 籠谷眞知子, 「中世の敎育と家訓」, 結城陸郎編, 『日本敎育文化史』, 明玄書房, 1975年.

41 林屋辰三郎, 「中世芸能座の成立」, 『中世芸能史の硏究』.

42 大戸安弘, 앞의 책.

43 石川謙, 앞의 책.

44 大戸安弘, 앞의 책.

45 久木幸男, 「中世民衆敎育施設としての村堂について」, 『日本敎育史硏究』6号, 1987年.

46 久木幸男, 「一乗多忠撰『叡山大師傳』にみえる村邑小學について」, 『傳經大師硏究』, 早稻田大學出版部, 1973年. 久木幸男, 『日本子どもの歷史 一夜明けの子ども』, 第一法規出版 1977年.

47 入間田宣夫,『百姓申狀と起請文の世界—中世民衆の自立と連帯』, 東京大學出版會, 1986年.

48 黑田弘子,「片仮名書申狀と百姓訴訟」,『ミミヲキリ ハナヲソギ—片仮名書百姓申狀論』,吉川弘文館, 1995年.

49 入間田宣夫,「庄園制支配と起請文」,『百姓申狀と起請文の世界—中世民衆の自立と連帶』.

50 久木幸男,「中世民衆教育施設としての村堂について」,『日本教育史研究』6号.

51 綱野善彦,「日本の文字社會の特質」(제5장),『日本論の視座—列島の社會と國家』, 小學館, 1990年.

52 大橋俊雄編,『時宗の成立と展開』, 吉川弘文館, 1973年.

53 大橋俊雄編,『時宗二祖他阿上人法語』, 大藏出版, 1975年, 15쪽.

54 大戶安弘,『日本中世教育史の研究—遊歷傾向の展開—』.

55 大橋俊雄編,『時宗二祖他阿上人法語』, 162쪽.

56 大戶安弘,『日本中世教育史の研究—遊歷傾向の展開—』.

57 大戶安弘,『日本中世教育史の研究—遊歷傾向の展開—』, 第一章.

58 小山靖憲,「中世賤民論」,『講座日本歷史4´中世2』, 東京大學出版會, 1985年.

59 和島芳男,『叡尊·忍性』, 吉川弘文館, 1959年.

60 「金剛仏子叡尊感身學正記」, 奈良國立文化財研究所監修,『西大寺叡尊傳記集成』, 法藏館, 1977年, 42·43쪽).

61 中村元,「奉仕の精神—忍性の社會活動」『日本歷史』20·21号, 1949年. 후에『中村元著作選集第8卷, 日本宗敎の近代性』, 春秋社, 1964年수록.

62 『神奈川縣史』資料編2, 神奈川縣, 1973年, 594·598쪽.

63 綱野善彦,『中世東寺と東寺領莊園』.

64 尾上寬仲,「談義所と天台敎學の流傳」,『叡山學報』복간 1号, 1961年.

65 網野善彦, 『無緣·公界·樂—日本中世の自由と平和』, 平凡社, 1978年.

66 尾上寬仲, 「中古天台における談義所」, 『印度學仏學硏究』8卷1号, 1960年.

67 大戶安弘, 『日本中世教育史の硏究—遊歷傾向の展開』.

68 網野善彦, 『中世東寺と東寺領莊園』.

69 반리의 생애에 대하여는 中川德之助의 일련의 논고를 참조하기를 바란다. 「万里集九についての硏究—室町時代中期における五山文學の樣相」(1969年, 博士論文). 「万里集九傳(1)」『廣島大學教養部紀要』, 人文社會科學2号, 1969年. 「万里集九傳(2)」, 『廣島大學教養紀要』, 人文社會科學6号, 1973年. 『万里集九』, 吉川弘文館, 1979年.

70 玉村竹二, 「日本中世禪林における臨濟·曹洞兩宗の異同—『林下』の問題について」, 『日本禪宗史論集 下之一』, 東京大學出版會, 1979年.

71 玉村竹二, 위의 책.

72 早川孝太郎는 『花祭』전편48쪽(『早川孝太郎全集』第一卷, 未來社, 1971年)에서 "일반적으로 하나마쓰리라고 하면 산에는 이미 눈이 내려 쌓여 아주 추운 눈내리는 밤을 연상했다. 이 눈내리는 밤에 대한 다양한 인상이 얼마나 뿌리 깊게 마을 사람들의 가슴에 깊게 새겨져 있었는가에 대하여는 최근까지·지금은 그 정도는 아니지만·모든 생활의 기조를 이러한 밤을 중심에 두고 생각하고 있었다는 사실이다"라고 서술하고 있다.

73 加美宏, 『太平記の受容と変容』, 幹林書房, 1997年.

74 加島芳男, 『中世の儒學』, 吉川弘文館, 1965年.

75 加島芳男, 위의 책.

76 加島芳男, 위의 책.

제3장

1 靑木美智男,「幕末期民衆の敎育要求と識字能力」,『講座日本近世史·開國』, 靑木書店, 1985年 參照.

2 高木侃,『增補三くだり半』, 平凡社ライブラリー, 1999年, 參照.

3 長友千代治,『近世貸本屋の硏究』, 東京堂出版, 1982年. 長友千代治,『江戶時代の書物と讀書』, 東京堂出版, 2001年, 參照.

4 辻本雅史,「貝原益軒と出版メディア」, 衣笠安喜編,『近世思想史硏究の現在』, 思文閣出版, 1995年.

5 橫田冬彦,「益軒本の讀者」, 橫山俊夫編,『貝原益軒─天地和樂の文明學』, 平凡社, 1995年.

6 長友千代治,『江戶時代の書物と讀書』. 덧붙여『태평기』가 '태평기 읽기'의 강석 텍스트『太平記評判秘傳理盡초鈔』 등과 함께 근세인에게 널리 침투하여 그들의 '교양'의 일부를 형성하고 있었다는 사실에 관하여는 若尾政希,『「太平記讀み」の時代』, 平凡社, 1999年, 參照.

7 橫田冬彦,「『徒然草』は江戶文學か?─書物史における讀者の立場─」,『歷史評論』605号, 2000年.

8 衣笠安喜編,『京都府の敎育史』, 思文閣出版, 1983年(「第3章第一節」辻本雅史 執筆).

9 石川松太郎,『往來物の成立と展開』, 雄松堂出版, 1988年.

10 笠井助治,『近世藩校における出版書の硏究』, 吉川弘文館, 1962年. 笠井助治,『近世藩校の綜合的硏究』, 吉川弘文館, 1960年. 山下武,『江戶時代庶民敎化政策の硏究』, 校倉書房, 1969年.

11 笠井助治, 앞의 책.

12 山下武, 앞의 책.

13 辻本雅史,『「學び」の復權─模倣と習熟─』, 角川書店, 1999年.

14 佐藤秀夫, 『ノートや鉛筆が學校を変えた』, 平凡社, 1988年, 참조.

15 橫田冬彦, 앞의 논문, 「益軒本の讀者」.

16 『국서총목록』에는 저서로 약 200종이 수록되어 있다. 또한 羽生紀子, 『西鶴と出版
メディアの硏究』, 和泉書院, 2000年, 參照.

17 笠井助治, 앞의 책.

18 橫田冬彦, 앞의 논문, 「益軒本の讀者」.

19 橫田冬彦, 위의 논문.

20 杉仁, 『近世の地域と在村文化―技術と商品と風雅の交流―』, 吉川弘文館, 2001年.

제4장

1 入江宏, 『近世庶民家訓の硏究―「家」の經營と敎育―』, 多賀出版, 1996年.

2 더욱이 '가정 교육'이란 '학교 교육'이 보급된 근대에 이와는 별도의 교육의 장으로
서 학교 교육과 대치하여 제기된 좋은 의미에서의 교육이었다. 여기에 '사회 교육'이
첨가된다. 따라서 여기서 말하는 '이에'의 교육이란 '가정 교육'이라는 근대의 개념
과는 다른 것이다.

3 柳田國男, 「敎育の原始性」, 『民間傳承』11卷1号, 1946年. 후에 『定本柳田國男集』第
29卷, 筑摩書房, 1964年에 수록.

4 生田久美子, 『「わざ」から知る』, 東京大學出版會, 1987年. 梅本堯夫, 「邦樂の傳統的
敎育法」(梅本외 『アプラサス』, 音樂之友社, 1985年). 入江宏, 『近世庶民家訓の硏
究―「家」と敎育―』, 多賀出版, 1996年. 辻本雅史, 『「學び」の復權―模倣と習熟―』,
角川書店, 1999年.

5 승려가 갖는 교육사의 의미를 이렇게 볼 수 있다면 근세의 승려 양성 교육은 훨씬
중요시 되었을 것이다. 그러나 현 단계에서 근세 승려 양성 교육에 관한 연구 축적
은 너무나 부족하다.

6 그러나 '후데코즈카(筆子塚)'라는 석비가 묘비라는 성격상 그 대부분이 사원의 묘
　지에서 확인된 사실과는 깊은 연관성이 있는 것은 분명하다. 즉 선생이 승려였던
　경우라면 대부분 '후데코즈카'가 건립되었을 것으로 짐작되는데, 그렇지 않는 경우
　에는 승려에 비해 건립되는 비율은 낮았을 것이다. '후데코즈카', '후데즈카(筆塚)'
　의 호칭 용어는 제5장 51번 주를 참고.

7 이것은 향학의 범주에서 다루고 있다. 향학 논쟁을 일으킨 津田秀夫, 『近世民衆教
　育運動の展開』, 御茶の水書房, 1978年, 참조. 회덕당에 관하여는 宮川康子, 『富永
　仲基と懷德堂—思想史の前哨—』, ぺりかん社, 1998年. ナジタ・テツオ(子安宣邦외
　역, 『懷德堂—18世紀日本の「德」の諸相—』, 岩波書店, 1992年.

8 柴田實, 「石門心學について」, 柴田編, 『石門心學』, 日本思想大系42, 岩波書店,
　1971年.

9 後藤宏行, 『「語り口」の文化史』, 晃洋書房, 1989年.

10 辻本雅史, 「マスローグの教說—石田梅岩と心學道話の『語り』」, 『江戸の思想』5号,
　ぺりかん社, 1996年.

제5장

1 인간 형성의 자연적 과정의 중요성에 대하여는 小原秀雄, 『敎育は人間をつくれる
　か』, 農山漁村文化協會, 1989年.

2 明石一紀, 「古代・中世の家族と親族」(歷史科學硏究會編, 『歷史における家族と共
　同體』, 靑木書店, 1992年.)

3 齋藤修, 「大開墾・人口・小農經濟」(速水融・宮本又郎編, 『經濟社會の成立』, 岩波書
　店, 1988年).또한 鈴木ゆり子, 「百姓の家と家族」(『岩波講座 日本通史 第12巻 近世
　2』, 岩波書店, 1994年)의 연구에서도 근세 초기의 가족이 방계 친족의 부동거 핵
　가족 혹은 직계 가족을 기본형으로 삼았다는 것이 분명해졌다. 지금까지 복합 대

가족이라 간주되었던 것이 성원간의 노예 관계가 아닌 혈연적인 주거지 공주집단 (共住集団)이라는 견해도 있다. 주거지 공주 집단에 대하여는 鷲見等曜, 「近世初頭の農民家族」(『前近代日本家族の構造』, 弘文堂, 1983年). 이러한 학설은 주 3의 齊藤論文, 주 2의 明石論文, 大嶋眞理夫, 「近世初期の屋敷地共住集団と中後期の本家分家集団」(『歴史における家族と共同體』)등에서 계승되고 있다.

4 義江明子, 「古代の氏と共同體および家族」(歴史科學硏究會編, 앞의 책, 『歴史における家族と共同體』)

5 明石一紀, 「古代・中世の家族と親族」(歴史科學硏究會編, 『歴史における家族と共同體』)

6 坂田聰, 「中世の家と女性」, 『岩波講座 日本通史 第8卷 中世2』, 岩波書店, 1994年.

7 坂田聰, 위의 논문.

8 坂田聰, 위의 논문.

9 坂田聰, 위의 논문.

10 坂田聰, 위의 논문.

11 葉山禎作, 「封建小農民經營の分立期における家族形態」, 『家族史研究 第3集』, 大月書店, 1981年.

12 大藤修, 『近世農民と家・村・國家』, 吉川弘文館, 1996年.

13 大藤修, 앞의 책.

14 大藤修, 앞의 책.

15 大藤修, 앞의 책.

16 田嶋一, 「近世社會の家族と教育」, 『講座 日本教育史 第2卷』, 第一法規出版, 1984年.

17 速水融, 『近世農村の歴史人口學的研究』, 東洋經濟新報社, 1973年.

18 鈴木ゆり子, 앞의 논문.

19 그 이유가 가노동 인구에 속하지 않는 여자를 조사한 점에 불비한 사항이 있었기

때문인지 마비키에 의한 것인지는 분명하지 않다고 한다.

20 黑田日出男, 『繪卷 子どもの登場』, 河出書房新社, 1989年.

21 의제적인 부자관계에 관하여는 大林太良, 「擬制的親子關係の意義と形態」, 平和和彦, 「農漁村における擬制的親子關係」, 上野和男, 「擬制的親子關係と村落構造」(이상 『講座家族6 家族·親族·同族』, 弘文堂, 1974年. 喜田野淸一, 「親方子方」, 『日本民族學大系4 社會と民俗Ⅱ』, 平凡社, 1959年.

22 川崎喜久男, 『筆子塚硏究』, 多賀出版, 1992年.

23 柳田國男, 「社會と子ども」, 『定本柳田國男集 第15卷』, 筑摩書房, 1969年.

24 石川松太郎·直江弘治編, 『日本子どもの歷史 3』, 第一法規出版, 1977年.

25 石川松太郎, 앞의 책.

26 石川松太郎, 앞의 책.

27 石川松太郎, 앞의 책.

28 石川松太郎, 앞의 책.

29 石川松太郎, 앞의 책.

30 石川松太郎, 앞의 책.

31 柳田國男, 「昔の國語敎育」, 『定本柳田國男集 第19卷』, 筑摩書房, 1969年.

32 宮本常一, 『家鄕の訓』, 岩波文庫, 1984年.

33 齋門敏輝家文書(福井市). 齋門家는 전후 후쿠이시로 옮겨가기 까지 오노군大野郡 가쓰야마무라勝山村 오카마치岡町의 고혼지(五本寺)에서 거주했는데 근세에는 쇼야를 담당하는 가문이었다. 사료로는 후쿠이현청이 소장하고 있는 마이크로필름을 사용했다.

34 山田雄造, 「農閑期における女性勞働—『仕事書上帳』を中心に—」, 『縣史資料』6号, 후쿠이현 총무부 현사편찬과, 1996年.

35 「작업 일지」에 기재된 내용은 모두 34주의 야마다(山田雄造) 논문을 따랐다.

36 山田雄造, 앞의 논문.

37 山田雄造, 앞의 논문.

38 布川淸司, 「近世民衆の家族敎育」, 井ケ田良治·田端泰子·布川淸司編, 『家族と敎育』, 早稻田大學出版部, 1996年.

39 『新津市史 資料編 第3卷 近世二』, 新津市史 편찬위원회, 1990年.

40 布川淸司, 앞의 논문.

41 布川淸司, 『近世民衆の暮らしと學習』, 神戶新聞出版センター, 1988年.

42 布川淸司, 위의 책.

43 『北越雪譜』의 인용은 모두 이와나미클래식『北越雪譜』, 岩波書店, 1982年을 따름.

44 黑田日出男, 앞의 논문.

45 家訓·点則에 관하여는 宮本又次, 『近世商人意識の硏究』, 有斐閣, 1941年. 入江宏, 『近世庶民家訓の硏究—「家」の經營と敎育—』, 多賀出版, 1996年. 三好信浩, 『日本商業敎育成立史の硏究』, 風間書房, 1985年 등.

46 中川紀子, 「松坂における一寺子屋『壽硯堂』の形態—寛政4年門弟衆名前帳を中心として—」, 皇學館大學敎育學會編, 『皇學館大學敎育學會年報』1号, 1980年.

47 梅村佳代, 『日本近世民衆敎育史硏究』, 梓出版社, 1991年.

48 이소베준켄의 데나라이쥬크에 관하여는 波多野淸子, 「近世寺子屋についての一考察」(未刊), 『新潟縣史 通史編4 近世二』, 新潟縣, 1985年. 八鍬知廣, 「近世越後の民衆と文字學び」, 靑木美智男·安部恒久編『幕末維新と民衆社會』, 高志書院, 1998年 등.

49 『新潟縣史 資料編11 近世6』, 新潟縣, 1983年 수록.

50 江良浦 자료에 관하여는 久木幸男, 「中世民衆敎育施設としての村堂について—越前敦賀郡江良浦宗幸庵の場合—」, 『日本敎育史硏究』6号, 1987年. 더불어 柴田純, 『思想史における近世』, 思文閣出版, 1991年. 'いろは字'를 '보다' 의 '보다' 를 '가

르치다'라고 해석하는 것에서는 久木幸男를 따른다.

51 川崎喜久男, 앞의 논문. '筆塚'는 붓을 공양하여 묻는 묘지를 말한다. 사자寺子들
이 그들의 스승을 위해 건립한 붓을 묻지 않는 묘지를 후데쓰카라고 부르는 것은
원래 적절한 표현은 아니다. 이때문에 최근에는 후데코筆子가 건립한 묘지의 의미
를 살려 '후데코쓰카(筆子塚)'라고 부르는 경우가 많다. 그러나 이러한 일본어 표
현은 후데코를 제사지내는 묘지가 되어 버린다(久木幸男, 「筆子と『筆塚』」, 『日本敎
育史往來』102号). 木村正伸는 '시쇼우쓰카(師匠塚)'라고 불러야 한다고 제언한다
(木村正伸, 「『筆子塚』はどう呼ぶべきか」, 『日本敎育史往來』102号). 그리고 아직 정
착은 되어 있지 않지만 후데코즈카라는 표현이 타당할 것 같다. 여기서는 우선 기
존의 호칭을 따라 '후데즈카'라고 했다.

52 隆幡浩樹, 「長野市域の石像物と筆子塚」, 筆子塚硏究會報告資料, 1999年6月 19日.

53 시중사이숙에 관하여는 柴田純, 「近世中後期近江國在村─寺子屋の動向─門人帳
の數量的分析を中心に─」, 『日本社會の史的構造』, 思文閣出版, 1995年.

54 八鍬友廣, 「19世紀末日本における識字率調査─滋賀·岡山·鹿兒島縣の調査を中心
として─」, 『新潟大學敎育學部紀要 人文社會科學編』32卷1号, 1990年.

55 『長野縣敎育史 第1卷 總說編1』, 長野縣敎育史刊行會, 1978年.

56 『新潟縣史 資料編6 近世1』, 新潟縣, 1980年.

57 江森一郎, 『「勉强」時代の幕あげ』, 平凡社選書, 1990年.

58 梅村佳代, 「近世志摩國の寺子屋─鳥羽町栗原家を事例として─」, 『國立歷史民俗博
物館硏究報告』54集, 1993年.

59 八鍬友廣, 「硏究ノート 近世民衆の初步的讀み書き敎育について」, 『日本敎育史硏
究』8号, 1989年.

60 石川謙, 『寺子屋』, 至文堂, 1966年.

61 梅村佳代, 앞의 책.

62 高橋敏, 「手習塾九十九庵の學習」, 朝日百科·日本の歷史別冊, 『村の手習塾—家族と子供の發見』, 朝日新聞社, 1995年.

63 武田三右衛門에 관하여는 長岡高人, 『岩手縣域寺子屋物語』, 熊谷印刷出版部, 1984年. 『岩手郡誌』, 岩手縣敎育會岩手郡部會編, 1941年. 『南部叢書第一冊』, 南部叢書刊行會編, 1927年등에 보인다. 『百姓用達俗言集』의 저자를 武田右衛門이라 단정하는 짓는 것은 『岩手郡誌』에 의한 것이다.

64 『日本敎科書大系 往來編 別卷 往來物系譜』, 講談社, 1970年. 『日本敎科書大系 往來編 別卷Ⅱ 續往來物系譜』, 講談社, 1977年.

65 福澤諭吉, 『學問のすすめ』, 岩波文庫, 1978年.

66 安丸良夫, 『日本の近代化と民衆思想』, 靑木書店, 1974年.

67 內田保廣, 「江戶の本屋さん」, 『國文學 解釋と敎材の硏究』42卷11号, 學燈社, 1997年.

68 井上隆明, 「近世出版事情」, 『歷史公論』11卷4号, 1985年.

69 井上隆明, 『近世書林板本總覽』, 靑裳堂書店, 1981年. 이후 지방 출판에 관한 연구가 진척되어 많이 늘어났다. 朝倉治彦·大和博幸, 『近世地方出版の硏究』, 東京堂出版, 1993年.

70 高美屋甚左衛門등의 사료에 관하여는 鈴木俊幸, 「地方の本屋さん—たとえば高美屋甚左衛門」, 『國文學 解釋と敎材の硏究』42卷11号를 참고했다.

71 越後의 책방에 대하여는 八鍬友廣, 「越後·佐渡地域の書肆について」, 『新潟大學敎育學部紀要 人文社會科學編』, 35卷1号, 1993年을 참조.

72 鈴木俊幸, 앞의 논문.

73 桑原孝, 「三國峠の石灯籠」, 『魚沼文化』29号, 1988年.

74 加賀幸三, 『奮鬪の長岡』, 北越新報社, 1924年.

75 關魚川編, 『覺張治平翁追憶』, 岩瀨直藏發行, 1933年.

76 八鍬友廣, 앞의 논문.

77 長友千代治, 『近世貸本屋の研究』, 東京堂出版, 1982年.

78 今田洋三, 『江戸の本屋さん』, NHKブックス, 1977年.

79 長友千代治, 앞의 책.

80 中屋甚左衛門에 관하여는 長友千代治, 『近世貸本屋の研究』를 참조.

81 '藏書の家'에 관하여는 小林文雄, 「近世後期における『藏書の家』の機能について」, 『歴史』76輯, 東北史學會, 1991年.

82 杉仁, 「近世の社會と在村文化—關東在村文人一覽(三)」, 『早稻田實業學校研究紀要』31号, 1997年.

83 小林計一郎, 「俳諧の隆盛と社會—小林一茶を中心に」, 『日本の近世14 文化の大衆化』, 中央公論社, 1993年.

84 越佐古俳書研究會, 『近世越佐の俳書 第1卷』, 高志書院, 1998年.

85 『新潟縣史 通史編3 近世1』, 新潟縣, 1987年.

86 笹神村佐久間家文書.

87 杉仁, 「石碑史料の歴史背景」, 筆子塚研究會報告資料, 1998年2月21日.

88 『新潟縣教育百年史 明治編』, 新潟縣教育廳, 1970年.

89 越後의 사숙(私塾)과 유학에 관하여는 伊東多三郎, 『近世史の研究 第3冊』, 吉川弘文館, 1983年을 참조.

90 熊野聰, 앞의 논문.

91 熊野聰, 위의 논문.

92 「ひとりでに成る」과정에 대하여는 小原秀雄, 『教育は人間をつくれるか』참조.

제6장

1 그러나 무사의 무예가 무용한 취급을 당했던 적은 한 번도 없었다. 번교에서도 '문무양도'라는 이념 아래, 무예 계고가 상당히 중시되어 번교 교육으로 편성되었던

것이다. 이로인해 번교내의 문(유학) 뿐만이 아니라 무예 계고의 시설까지도 설치하는 것이 일반적이었다. 그러나 지금까지 무예 계고를 대상으로 한 교육사적인 연구는 공백에 가깝다. 근대 교육학에 기초한 교육사에서 제외된 주제중의 하나일 것이다.

2 이상 柴田一, 『近世豪農の學問と思想』, 新生社 1966年. ひろたまさき·倉地克直, 『岡山縣の教育史』, 思文閣出版, 1988年.

3 예들들어 平石直昭, 『荻生徂徠年譜考』, 平凡社, 1984年.

4 辻本雅史, 『近世教育思想史の研究』, 思文閣出版, 1990年.

5 本山幸彦, 『近世國家の教育思想』, 思文閣出版, 2001年. 辻達也, 『江戸幕府政治史研究』, 續群書類從完成會, 1996年,

6 辻達也, 앞의 책.

7 『德川禁令考』, 前集第四.

8 辻達也, 앞의 책.

9 『兼山秘策』, 또한 『有德院殿御實紀附錄』에서도 이 숫자를 따르고 있다.

10 岡亞以子, 「德川吉宗の教育政策─出版メディアと『ことも』への着目─」, 京都大學教育學部, 1996年度卒업 논문.

11 乙竹岩造, 『日本庶民教育史』上卷, 臨川書店, 1929年, 1970年復刊.

12 辻達也, 위의 책.

13 笠井助治, 『近世藩校における出版書の研究』, 吉川弘文館 1962年.

14 이외에 요시무네는 서민을 위해 『小揚理兵衛傳』(1726年刊), 『普救類方』12卷(1729年刊), 『東医宝鑑』·『仁風一覽』(1734年刊)을 편찬하고 출판했다. 이러한 출판물은 의사가 없는 지방의 백성이나 빈민을 위해 병들에 대한 대처법을 정리한 것이다. 특히 요시무네가 고이시카와小石川 양생소의 의사인 하야시 료테키林良適등에게 편찬시킨 『普救類方』는 3600가지의 처방이 제시되어 있다. 중국의 의서에 기초한

것과, 민중들 사이에서 경험적으로 전승되어온 처방이나 거의 미신이나 축술에 가까운 종류에 이르기까지 기록되어 있다. 이러한 책은 비교적 염가로 보급되었다. 에도기부터 오늘날에 이르기까지 남아있는 장서를 조사할때에 대부분 발견되는 책이다(塚本學, 『生きることの近世史—人命環境の歷史から』, 平凡社, 2001年). 뿐만 아니라 관판된 판목은 반드시 관에서 보관한 것이 아니라 필요한 부수를 인쇄한 뒤에는 서사에 하양하는 경우가 많았다. 그후 중판할 때에는 '관판'이라는 글자를 '賜板通行'의 글자로 대체했다. 그러한 사실은 1798년 2월의 포령에서 "최초의 관판으로 찍은 후에 판목을 서사에게 하양하여 인쇄한 육유연의나 동의보감과 같은 것들, 그 외의 가령 처음에 관에서 판각한 것이라도 그 후 서사가 판목을 소유한 만큼은 이제부터는 관판이라는 글자를 사용하지말고 '賜板通行'의 문자를 사용할 것이다"(『御触書天保集成』)라는 문서를 통해 분명히 알 수 있다.

15 이 명령이 내려진 해에 대한 여러 설이 있다. 모토야마 유키히코本山幸彦는 여러 설들을 검토한 후에 1723년이라고 보는 것이 타당하다고 결론을 지었다. 여기서는 이를 따른다. 또한 이 유달은 천보기에도 내려졌다. 本山幸彦, 위의 책, 『近世國家の敎育思想』 참조.

16 그러나 간세이후의 주자학의 특질을 전부 이렇게 일률적으로 이해해서는 안될 것이다. 예를들어 난학에 관심을 가진 막부 주변의 개명파 그룹에 탄압을 받은 '반사(蛮社)의 옥獄'은 메쓰케目付인 도리이 요우조鳥居耀藏가 일으킨 것이다. 도리이는 대학두 하야시 줏사이林述齋의 세째 아들이었다.

제7장

1 "아시하라葦原의 千五百秋 미즈호瑞穂의 나라는 이 나의 자손이 왕이 되어야할 땅이다. 너 황손이여! 가서 다스려라. 나아가라. 황위宝祚의 융성함이 마땅히 천양과 더불어 무궁하리라."(『일본서기』 신대권하, 岩波書店, 日本古典文学大系). 이

아마테라스 오미카미의 신칙이 일본의 국체의 기초를 정했다고 국정교과서는 기술하고 있다.

제8장

1 上垣外憲一 『雨森芳洲』, 中公新書, 1989年.

2 中浜明 『中浜万次郎の生涯』, 富山房, 1966年.

3 近盛晴嘉 『ジョセフ゠ヒコ』, 吉川弘文館, 1986年.

4 가와라판이나 니시키 그림을 통해 막말기 서민의 대외상을 연구한 것으로 M·윌리암 스틸 『もう1つの近代』, ぺりかん社, 1998年.

5 福澤諭吉 『福翁自傳』, 岩波書店, 1954年.

6 『明治天皇紀』第五, 吉川弘文館, 1971年.

7 문부성이 본격적으로 이민 식민 교육에 착수한 것은 1930년대에 들어서부터이다. 이 이전까지는 척식대학拓殖大學의 전신이던 타이완 협회 학교가 1900년에 설립되었다. 이 외에 고학생 구제 사업으로 도미渡米 이민을 제창한 島貫兵太夫의 '일본역행회日本力行會'가 비교적 이른 시기에 이민 교육에 착수했다. 또한 1933년에 문부성은 이민 식민 교육을 목적으로 모리오카盛岡·미에·미야자키宮崎의 고등 농림 학교에 척식 훈련소를 설치했다.

8 小澤義淨編 『ハワイ日本語學校教育史』, ハワイ教育會, 1972年.

9 沖田行司 『ハワイ日系移民の教育史』, ミネルヴァ書房, 1997年.

10 Osimo R.Kakuiti, The Problem of Japanese Assimilation in Hawaii:A Dissertation Submitted to the Faculty of the Graduate School of Art and Literature in Candidacy for the Degree of Master of Arts:Department of Practical Theology in the Graduate Divinity School.The University of Chicago.

11 Americanization Institute Papers, The Citizenship Education Committee Honolulu Hawaii, 1919.

12 시가는 '미 본토및하와이 재류일본인의 교육'(년월일 미상)이라 제목을 붙인 이민 교육에 관한 논고가 있다. 이것은 하와이에서의 강연 취지와 거의 기조를 같이 하 기 때문에 시기적으로는 이 전후에 쓰인 것이라 보여진다.

13 The Pacific Commercial Advertiser, January 4, 1919. 또한 A·F 쟈드는 하와 이 기독교 전도를 시작한 보스톤 선교 교단의 자손에 해당되며 하와이 백인 사회 를 대표하는 입장에 있었던 인물이다.

14 A Survey of Education in Hawaii; Department of the Interion Bureau of Education Bulletion, 1920, No 16.

15 일본인 위원이 제출한 대안은 다음과 같다.

① 하와이 섬안의 모든 외국어 학교는 교과목, 교수 시간및 교과목에 관하여 교육 국의 허가를 받아야 한다

② 외국어 학교란 영어 이외의 국어를 교수하는 모든 학교를 지칭한다. 단 일요학 교는 여기에서 제외한다.

③ 외국에 학교는 공립 학교에 통학하는 아동및 생도에 대해 공립학교가 시작하기 전에 수업할 수 있다.

④ 외국어 학교 교사는 모두 교육국에서 발급하는 면허장을 소유해야만 한다.

⑤ 교육국은 외국어 학교 교사에 면허장을 발급하는데 민주주의에 관한 개념, 미국 역사및 미국의 정치에 관한 상당한 지식을 소유하고 있는 지를 확인해야 한다.

⑥ 교육국은 외국어 학교 교사에 면허장을 발급하는데 아동 또는 생도에 대해 미 국의 이상주의에 반하는 교육을 시행하지 않은 것을 선서해야 한다.

⑦ 외국어 학교 교원 면허장 발급후라 해도 제5조에 규정된 자격을 소유하지 못한

자로 인정, 또는 제6조 규정의 선서에 위배된 자라 인정되는 자에 대해 그 면허장을 박탈할 수 있다.

⑧ 본 법 제1조및 제3조의 규정에 반하고 또는 면허장을 소유하지 못한 채 외국어를 교수하는 자에 대해 상당한 처벌을 부여한다.

⑨ 본 법은 1922년 7월1일부터 실시한다.(「內田外務大臣宛 '矢田總領事發信文書」 1920年11月17日자, 外交史料館文書第91号)

16 A Brief Survey of the Foreign Language School Question, Japanese Education Association of Hawaii, February, 1923.

17 Honolulu Star·Bulletion, July 30, 1922.

18 The Pacific Commercial Advertiser, November 20, 1922.

19 Eileen H.Tamura, Americanization, Acculturation, and Ethnic Identity:The Nisei Generation in Hawaii, University of Illinois Press, 1994.

20 이 문제에 관하여는 유지 이치오카 「『第二世問題』1902-1941年」(『北米日本人キリスト敎運動史』同寺社大學人文科學硏究所編, PMC出版, 1991年)및 坂口滿宏 「二重國籍問題とハワイの日系アメリカ人」サントリー文化財団報告書『ハワイにおける日系人社會とキリスト敎會の変遷』1989年)에 잘 나와있다.

21 R·윌슨, B호소카와 『ジャパニーズ·アメリカン』有斐閣, 1982年.

22 『布哇日本人年鑑』大17回, 布哇新報社, 1921年.

23 JACL및 일본에서 귀국한 2세에 관하여는 R·윌슨, B호소카와 『120%忠誠』, 有斐閣, 1984년을 참조.

24 R·윌슨, B호소카와 『120%忠誠』, 有斐閣, 1984년.

25 「富井周宛 廣田廣毅發信文書」1934年11月16日, 外務省外交史料所藏.

26 유지 이치오카 「『第二世問題』1902-1941年」(『北米日本人キリスト敎運動史』同寺社大學人文科學硏究所編, PMC出版, 1991年). 이외에도 이치오카는 "THE

ISSEI:The World of the First Generation Japanese Immigrants, 1889·1924",
1988이 있다.

27 沖田行司編『はわい日系社會の文化とその変容』ナカニシヤ出版, 1998年.

28 Koichi Glenn Harada "A Survey of The Japanese Language Schools in
Hawaii", 1934

29 The Pacific Commercial Advertiser, October 9, 1925

30 The Pacific Commercial Advertiser, October 9, 1925

31 小澤義淨編『ハワイ日本語學校教育史』, ハワイ敎育會, 1972年.

32 Koichi Glenn Harada(1934), op.cit.

33 田丸忠雄『ハワイに報道の自由はなかった』, 毎日新聞社, 1978年.

34 ハワイ日本人連合協會編『ハワイ日本人移民史』, ハワイ報知社, 1977年.

제9장

1 '식민지주의'라는 말에 관해 駒込武『植民地帝國日本の文化統合』(岩波書店, 1996
年)에서는 법제적 차원에서 내지와의 차별화를 의미하는 것으로 '식민지주의'라는
말을 사용했지만 이 책에서는 의미내용을 확장하여 그러한 정책을 정당화하는 사
상·가치관이라는 의미로 사용한다.

2 '동화정책'이라는 일면적 규정에 관한 비판으로는 미주 1)의 서장 참조. 이 장은 위
책의 대만·조선관계 부분을 수정한 것이다. 개설에 어울리도록 보충한 부분도 적
지 않지만, 지면 관계상 교원양성이나 실업교육에 관해 논하지 못했고 학교의 수량
적 변천에 관한 통계적 수자를 제시하지 못한 점 등 놓친 부분도 많다. 또한 '교육
사회사'라는 이 책 전체의 주제와 관련지어 말하자면 여전히 식민지 교육의 기본적
구조에 관한 인식이 반드시 공유되어 있지 않는 상태에서 '사회사'적 기술을 하기
는 어렵다고 생각된다. 식민지처럼 '식민자의 사회'와 '피식민자의 사회'가 대립하면

서도 병존하는 상황의 '사회사'적 기술을 할 때의 방법론적 난점을 필자가 극복하지 못했다는 점도 부언해 두고 싶다.

3 구마모토 시게키치 문서 중에서 조선 관련 사료는 渡部學·阿部洋 編『日本植民地教育政策史料集成(朝鮮編)』(龍溪書舍, 1991年)에 수록되어 있다.

4 그 밖에도 러일전쟁의 결과 일본정부는 동청철도(東淸鐵道)(장춘(長春) 이남)와 그 지선 연선의 토지 행정권을 획득했고 1906년에는 반관반민의 국책회사로 남만주철도주식회사(만철(滿鐵))을 설치하여 행정 업무를 맡겼다. 이 만철 부속지를 '식민지'에 포함시켜야 하는가 아닌가는 판단하기 어렵다. 일본 측이 획득한 것이 행정권뿐이었으므로 식민지에 포함시키기 어렵다는 것이 일반적 견해이다. 그러나 간토주와 만철부속지에 공통된 법령도 적지 않았음을 감안할 때 '식민지'로 포함시켜 생각하는 쪽이 적절한 경우도 있다.

5 小川正人, 『近代アイヌ敎育制度史硏究』(北海道大學出版會, 1997年).

6 信濃敎育會 編『伊澤修二選集』(信濃敎育會, 1958年).

7 상동.

8 木村匡「臺灣の普通敎育」(『臺灣敎育會雜誌』二八号, 1904年).

9 持地六三郞「臺灣に於ける現行敎育制度」(『臺灣敎育會雜誌』三一号, 1904年).

10 이 경우 「칙령」은 대한제국의 칙령을 의미한다.

11 幣原坦『朝鮮敎育論』(六盟館, 1919年).

12 臺灣敎育會 編『臺灣敎育沿革誌』(臺灣敎育會, 1939年).

13 오성철『식민지초등교육의 형성』(서울:교육과학사, 2000년). 古川宣子「植民地期朝鮮における初等敎育」(『日本史硏究』370号, 1993年)도 참조. 조선총독부의 통계서에 따른 취학률은 추정학령아동에 대한 현재 취학의 비율이며, 학령아동 중의 졸업자나 중퇴자를 포함하지 않는다.

14 楊翠『日據時期臺灣婦女解放運動』(臺北:時報文化出版, 1993年).

15 婦女救援基金會 主編 『臺灣慰安婦報告』(臺北:臺灣商務印書館, 1999年). 駒込武 「臺灣植民地支配と臺灣人'慰安婦'」(Vaww-net Japan 編 『'慰安婦'·戰時性暴力 の實態I-日本·臺灣·朝鮮編』綠風出版, 2000年)도 참조.

16 金富子 「教育の中の朝鮮人女性」(吉見義明·林博史 編 『共同研究 日本軍慰安婦』 大月書店, 1995年). 金富子 「1930年朝鮮國勢調査にみる識字とジェンダー」(『人民の 歷史學』142号, 1999年)도 참조.

17 조선총독부의 고등교육정책에 관해 상세한 것은 阿部洋 「日本統治下朝鮮の高等教 育-京城帝國大學と民立大學設立運動をめぐって-」(『思想』565号, 1971年)을 참조.

18 타이중중학교의 성립 과정에 관해 상세한 것은 若林正丈 『臺灣抗日運動史研究 增 補版』(研文出版, 2001年)을 참조.

19 久保義三 外 編 『現代教育史事典』(東京書籍, 2001年)의 「대만의 교육」 항목에서 필자는 "15년에는 '교육소에서의 교육소표준'이 정해졌다"고 기술했는데 이 기술은 오류다. 정확히 말하면 "1908년에 '번동교육표준'이 정해졌고 1928년에 이를 폐지 하고 '교육소에서의 교육소표준'이 제정되었다"고 해야 한다. 또한 같은 항목에서의 '교육소에서의 운동회'는 정확히는 '우서(霧社)공학교에서의 연합운동회'이다. 여기 서 정정하고 싶다. 또 대만선주민족 교육에 관해서는 北村嘉惠 「『蕃童教育所』普及 過程における臺灣先住民社會の變容」(『日本の教育史學』43集, 2000年)을 참조.

20 蔣渭水 「反對建設臺灣大學」(『臺灣民報』2卷19号, 1924年).

21 蔡培火 『日本々國民に与ふ』(臺灣問題研究會, 1928年).

22 木下龍 「本島教育に關する卑見」(『臺灣教育會雜誌』5号, 1902年).

23 식민지에서의 교육칙어와 '어진영'에 관해서는 佐藤秀夫 編 『續·現代史資料10 教 育 御眞影と教育勅語3』(みすず書房, 1996年)을 참조.

24 稻葉正夫·小林龍夫·島田俊彦 編 『現代史資料7 滿洲事變』(みすず書房, 1964年).

25 朝鮮總督府 『高等普通學校修身教科書 卷三』(朝鮮總督府, 1919年).

26 臺灣總督府『公學校修身書 卷二 敎師用書』(臺灣總督府, 1928年).

27 『現代敎育史事典』「조선의 교육」 항목에서 필자는 "33년에 총독부는 공립보통학교를 설치하지 않은 지역에 간이학교를 설치"라고 기술했지만 정확히는 '34년'이다. 정정한다.

28 水野直樹 外 編『日本の植民地支配』(岩波ブックレット, 2001年)에서 필자는 "대만에서는 1943년에 45년도부터 의무교육을 실시하기로 결정되었다"고 썼지만, 정확히는 "1939년에 43년도부터 의무교육을 실시하기로 결정되었다"이다. 또한『現代敎育史事典』「대만의 교육」에서 "43년부터 공학교 신입학자에게 학년 진행 순서로 의무교육제도를 적용했다"고 썼지만, 정확히는 '공학교신입학자'가 아니라 '국민학교신입학자'이다. 여기서 정정한다. 또한 주 19), 27)에서 지적한 사항과 함께 이들 오류는 그 책이 증쇄될 때 정정할 예정이다.

29 宮田節子『朝鮮民衆と「皇民化」政策』(未來社, 1985年). 대만에서의 황민화정책에 관해서는 近藤正己『總力戰と臺灣』(刀水書房, 1996年).

참고문헌

1. 통사

網野善彦, 『日本人の視座―列島の社會と國家』, 小學館, 1990

井ケ田良治・布川淸司 編, 『家と敎育』, 早稻田大學出版, 1996

石川謙, 『日本學校史の硏究』, 小學館, 1960

石川謙, 『我が國における兒童觀の發達』(改訂新版復刻版), 靑史社, 1976(1949年初版)

石川松太郎, 『往來物の成立と展開』, 雄松堂出版, 1988

石島庸男・梅村佳代 編, 『日本民衆敎育史』, 梓出版社, 1996

上笙一郎, 『日本子育て物語―育兒の社會史』, 筑摩書房, 1991

唐澤富太郎, 『敎師の歷史』, 創文社, 1955

唐澤富太郎, 『敎科書の歷史』, 創文社, 1956

倉澤剛, 『小學校の歷史』Ⅰ－Ⅳ, 東京ジャパンライブラリービューロー, 1963

黑田日出男, 『繪卷 子どもの登場』, 河出書房新社, 1989

「講座日本敎育史」編集委員會 編, 『講座日本敎育史』全5卷, 第一法規出版, 1984

國立敎育硏究所 編, 『日本近代敎育百年史』全10卷, 國立敎育硏究所, 1973

佐藤秀夫, 『ノートや鉛筆が學校を変えた』, 平凡社, 1988

高橋俊乘, 『日本敎育文化史』全3卷(講談社學術文庫), 講談社, 1978年(同文書院 1933
　年初版)

谷川彰英, 『柳田國男 敎育論の發生と継承』, 三一書房, 1996

東京都立敎育硏究所 編, 『東京都敎育史』通史編1－4, 1994-97年

仲新・石川松太郎外 編, 『日本子どもの歷史』全7卷, 第一法規出版, 1979

中內敏夫·關啓子·太田素子 編, 『人間形成の全體史』, 大月書店, 1998

中根勝, 『日本印刷技術史』, 八木書店, 1999

歷史科學協議會 編, 『歷史における家族と共同體』, 青木書店, 1992

和島芳男, 『日本宋學史の硏究』(增補版), 吉川弘文館, 1985(1962年初版)

2. 기본사료

石川謙·石川松太郎, 『日本敎科書大系 往來編』全15卷別卷, 講談社, 1965-77

小澤富夫 編, 『武家家訓遺訓集成』, ペリカン社, 1997

海後宗臣·仲新 編, 『日本敎科書大系 近代編』全27卷, 講談社, 1961-67

敎育史編纂會 編, 『明治以後敎育制度發達史』全12卷, 龍吟社, 1938-39

黑川眞道 編, 『日本敎育文庫』全12卷, 同文館, 1910-11(日本圖書センター 1977年
　復刻)

佐藤秀夫 編, 『續·現代史資料 敎育』8-10(全3卷), みすず書房, 1994-96

大日本敎育會 編, 『維新前東京私立小學校敎育法及維新維持法取調書』, 大日本敎育會,
　1892

文部省 編, 『日本敎育資料』全9册付圖1册, 富山房, 1890-92(臨川書店 1969年復刻)

山住正己·中江和惠編, 『子育ての書』全3卷(平凡社東洋文庫), 平凡社, 1976

外務省外交史料館 所藏, 「ハワイ移民關係文書」

ハワイ州公文書館 所藏, 「日本語學校關係文書」

3. 고대

淺香年木, 『日本古代手工業史の硏究』, 法政大學出版局, 1971

井上宗雄, 『平安後期歌人傳の硏究』(增補版)(笠間叢書), 笠間書院, 1988(1978年初版)

上田雄孫榮健, 『日本渤海交涉史』, 六興出版, 1990

上田正昭 編,『古代の日本と東アジア』, 小學館, 1991

上田正昭 編,『古代の日本と渡來の文化』, 學生社, 1997

大曾根章介,『日本漢文學論集』, 汲古書院, 1998

荻美津夫,『日本古代音樂史論』, 吉川弘文館, 1977

岸俊男 編,『日本の古代14 ことばと文學』, 中央公論社, 1988

龜田龍之,『日本古代制度史論』, 吉川弘文館, 1980

川口久雄,『平安朝の漢文學』(日本歴史叢書), 吉川弘文館, 1981

木村茂光,『「國風文化」の時代』, 靑木書店, 1997

木本雅康,『古代の道路事情』(歴史文化ライブラリー108), 吉川弘文館, 2000

高山寺典籍文書總合調査団 編,『高山寺本古往來 表百集』(高山寺資料叢書2), 東京大
　　學出版會, 1972

後藤昭雄,『平安朝漢文學論考』, 櫻楓社, 1981

小松茂美,『平安朝傳來の百氏文集と三蹟の研究』1(小松茂美著作集1), 旺文社, 1996

佐伯有淸 編,『古代を考える 雄略天皇とその時代』, 吉川弘文館, 1988

坂本賞三,『日本王朝國家制度論』, 東京大學出版會, 1972

佐藤進一,『日本の中世國家』, 岩波書店, 1983

新村拓,『古代醫療官人制の研究』, 法政大學出版局, 1983

多賀秋五郎,『唐代教育史の研究』, 不昧堂書店, 1953

玉井力,『平安時代の貴族と天皇』, 岩波書店, 2000

田村圓澄・秦弘燮編,『森羅と日本古代文化』, 吉川弘文館, 1981

東野治之,『日本古代木簡の研究』, 塙書房, 1983

橋本不美男,『院政期の歌壇史研究』, 武藏野書院, 1966

橋本義彦,『平安貴族社會の研究』, 吉川弘文館, 1976

橋本義彦,『平安貴族』(平凡社選書97), 平凡社, 1986

久木幸男, 『日本古代學校の研究』, 玉川大學出版部, 1990

平川南, 『漆紙文書の研究』, 吉川弘文館, 1989

平川南, 『墨書土器の研究』, 吉川弘文館, 2000

平川南編, 『古代日本の文字世界』, 大修館書店, 2000

平野邦雄 監修 あたらしい古代史の會編, 『東國石文の古代史』, 吉川弘文館, 1999

服藤早苗, 『家成立史の研究─祖先祭祀 女 子ども』(歴史科學叢書), 校倉書房, 1991

松薗齊, 『日記の家』, 吉川弘文館. 1997

丸山裕美子, 『日本古代の醫療制度』, 名著刊行會, 1998

桃裕行, 『上代學制の研究』(修訂版)(桃裕行著作集1), 思文閣出版, 1994(1947年初版)

桃裕行, 『上代學制論攷』(桃裕行著作集2), 思文閣出版, 1993

山本克明, 『平安時代の宗教文化と陰陽道』, 岩田書院, 1996

吉海直人, 『平安時代の乳母達』, 世界思想社, 1995

和島芳男, 『中世の儒學』(日本歷史叢書), 吉川弘文館, 1996(1965年初版)

渡辺融・桑山浩然, 『蹴鞠の世界』, 東京大學出版會, 1994

4 . 중세

愛知大學總合鄕土研究所 編, 『花祭論』, 岩田書院 1997

網野善彦, 『中世東國と東寺領莊園』, 東京大學出版會 1973

網野善彦, 『無緣・公界・樂─日本中世の自由と平和─』(增補版)(平凡社ライブラリー)平
    凡社 1996(1978年初版)

網野善彦, 『日本中世の非農業民と天皇』, 岩波書店 1984

石尾芳久, 『民衆運動からみた中世の非人』, 三一書房 1981

石川謙, 『古往來についての研究』, 講談社 1949

伊藤淸郎, 『中世日本の國家と寺社』, 高志書院, 2000

入間田宣夫,『百姓申狀と起請文の世界—中世民衆の自立と連帶』, 東京大學出版會,
　　1986

岩崎武男『さんせう太夫考』(平凡社選書)平凡社 1967

大戶安弘,『日本中世敎育史の硏究—遊歷傾向の展開—』, 梓出版社, 1998

大橋俊雄 編,『時宗の成立と展開』, 吉川弘文館, 1973

筧泰彦,『中世武家家訓の硏究』, 角川書店, 1979

片岡千鶴子,『八良尾のゼミナリヨ』, キリシタン文化硏究會, 1970

加美宏,『太平記の受容と変容』, 翰林書房, 1997

川瀬一馬,『足利學校の硏究』(增補新訂版)講談社, 1974(1948年初版)

河合正治,『中世武家社會の硏究』, 吉川弘文館, 1973

黒田俊雄,『日本中世の國家と宗敎』, 岩波書店, 1975

黒田弘子,『ミミヲキリ ハナヲソギ—片仮名書百姓申狀論—』, 吉川弘文館, 1995

河野勝行,『障害者の中世』, 文理閣, 1987

五味文彦 編,『武芸の中世』, 吉川弘文館, 2000

齊藤正二,『日本禪宗史論集』下卷 八坂書房, 1978

關靖,『金澤文庫の硏究』(復刻版)大空社, 1992(1951年初版)

多賀秋五郎 編,『中世アジア敎育史硏究』, 國書刊行會, 1980

玉村竹二,『日本禪宗史論集』下之一 東京大學出版會, 1979

豊田武編,『體系日本史叢書10 産業史 I 』, 山川出版社, 1964

豊田武,『座の硏究』(豊田武著作集1)吉川弘文館, 1982

中尾堯・今井雅晴 編,『日本名僧論集第5卷 重源・叡尊・忍性』, 吉川弘文館, 1983

中川德之助,『万里集九』(人物叢書)吉川弘文館, 1997

中村元,『日本宗敎の近代性』(中村元著作選集第8卷)春秋編, 1964

宮本常一・宮田登 編集,『早川孝太郎全集第一卷 民俗芸能1』, 未來社, 1971

森雅彦, 『日本の繪解き』, 三弥井書店 1982

森尾辰三郎, 『中世芸能史の研究』, 岩波書店, 1960

細川涼一, 『中世の律宗寺院と民衆』, 吉川弘文館, 1987

松尾剛次, 『中世都市鎌倉の風景』, 吉川弘文館, 1993

三浦圭一, 『中世民衆生活史の研究』, 思文閣出版, 1981

横井清, 『中世民衆の生活文化』, 東京大學出版會, 1975

横井清, 『的と胸衣—中世人の生と死』, 平凡社, 1988

米原正義, 『戰國武士と文芸の研究』, 櫻楓社, 1977

結城陸郎, 『金澤文庫の教育的研究』, 吉川弘文館, 1962年

結城陸郎, 『金澤文庫と足利學校』(日本歷史新書)至文堂, 1969

結城陸郎, 『足利學校の教育史的研究』第一法規出版, 1987

ルーシュ, バーバラ, 『もう一つの中世像 比丘尼 御伽草子 來世』, 思文閣出版, 1991

和島芳男, 『叡尊·忍性』, 吉川弘文館, 1959年.

加島芳男, 『中世の儒學』, 吉川弘文館, 1965年.

5. 近世

靑木歲幸, 『在村蘭學の研究』, 思文閣出版, 1998

靑木美智男, 『文化文政期の民衆と文化』, 文化書房博文社, 1985

靑木美智男, 『一茶の時代』, 校倉書房, 1988

朝倉久美子, 『「わざ」から知る』, 東京大學出版會, 1987

石川謙, 『石門心學の研究』, 岩波書店, 1938

石川謙, 『寺子屋』, 至文堂, 1966年

石川謙, 『日本庶民教育史』(復刻版), 玉川大學出版會, 1972(1929年初版)

石川松太郎, 『藩校と寺子屋』(教育社歷史新書), 教育社, 1978

入江宏, 『近世庶民家訓の研究一「家」の経営と教育』, 多賀出版, 1996

氏家幹人, 『江戸の少年』, 平凡社, 1989

海原徹, 『近世の學校と教育』, 思文閣出版, 1988

梅村佳代, 『日本近世民衆教育史研究』, 梓出版社, 1991

江守一郎, 『「勉强」時代の幕あけ』(平凡社選書), 平凡社, 1990

太田素子, 『江戸の親子』(中央新書), 中央公論社, 1994

大藤修, 『近世農民と家・村・國家』吉川弘文館 1996

乙竹岩造, 『日本庶民教育史』全3卷(復刻版)臨川書店 1970(1929年初版)

笠井助治, 『近世藩校に綜合的研究』, 吉川弘文館, 1960

笠井助治, 『近世藩校における出版書の研究』, 吉川弘文館, 1962年.

川崎喜久男, 『筆子塚研究』, 多賀出版, 1992

川村肇, 『在村知識人の儒學』, 思文閣出版, 1996

衣笠安喜編, 『近世思想史研究の現在』, 思文閣出版, 1995

國立歴史民俗博物館編, 『筆子塚資料集成一千葉縣・群馬縣・神奈川縣』, 「非文献資料
　の基礎的研究(筆子塚)』報告書, 國立歴史民俗博物館, 2001

後藤宏行, 『「語り口」の文化史』, 晃洋書房, 1989

今田洋行, 『江戸の本屋さん』(NHKブックス), 日本放送出版協會, 1977

澤山美果子, 『出産と身體の近世』, 勁草書房, 1998

柴田純, 『思想史における近世』, 思文閣出版, 1991

柴田一, 『近世豪農の學問と思想, 新生社, 1966

柴田實 編, 『石門心學』(日本思想大系, 岩波書店 1971

杉仁, 『近世の地域と在村文化一技術と商品と風雅の交流』, 吉川弘文館, 2001

杉本勲, 『近世日本の學術』, 法政大學出版局, 1982

鈴木敏夫, 『江戸の本屋』上下(中央新書), 中央公論社, 1980

鷲見等曜, 『前近代日本家族の構造』, 弘文堂, 1983

高井浩, 『天保期, 少年少女の教養形成過程の研究』, 河出書房新書, 1991

高木侃, 『增補 三くだり半』(平凡社ライブラリー), 平凡社, 1999(1987年初版)

高橋敏, 『日本民衆教育史研究』, 未來社, 1978

高橋敏, 『近世村落生活文化史所說』, 未來社, 1990

高橋敏, 『國定忠治の時代一読み書きと劍術』(平凡社選書), 平凡社, 1991

千葉德爾・大津忠男, 『間引きと水子一子育てのフォークロアー』, 農山漁村文化協會, 1983

塚本學, 『生きることの近世史一人命環境の歴史からー』(平凡社選書), 平凡社, 2001

辻達也, 『江戸幕府政治史研究』, 族群書類従完成會, 1996

辻本雅史, 『「學び」の復權一模倣と習熟』, 角川書店, 1999

辻本雅史, 『近世教育思想史の研究』, 思文閣出版, 1990

津田秀夫, 『近世民衆教育運動の展開』, お茶の水書房, 1978

トーマス, J・E著(藤岡貞彦・島田修一譯), 『日本社會教育小史一イギリスからの觀察』, 青木書店, 1991

利根啓三郎, 『寺子屋と庶民教育の實証的研究』, 雄山閣出版, 1981

長友千代治, 『近世貸本屋の研究』, 東京堂出版, 1982

長友千代治, 『江戸時代の書物と読書』, 東京堂出版, 2001

ナジタ・テツオ 著(子安宣邦ほか 譯), 『懷德堂一18世紀日本の「德」の諸相』, 岩波書店 1992

日本女子大學教育史研究會 編, 『教育史再構成の試み一入江宏先生退職記念論集』, 日本女子大學教育學科, 2000

幕末維新學校研究會 編, 『幕末維新期における「學校」の組織化』, 多賀出版, 1996

橋本昭彦, 『江戸幕府試驗制度史の研究』, 風間書房, 1993

羽生紀子,『西鶴の出版メディアの研究』, 和泉書院, 2000

速水融,『近世農村の歴史人口學的研究』, 東洋経済新聞社, 1973

速水融,『江戸の農村生活』(NHKブックス), 日本放送出版協會, 1988

平石直昭,『荻生徂徠年譜考』, 平凡社, 1984

ひろたまさき・倉地克直,『岡山縣の教育史』, 思文閣出版, 1988

布川清司,『近世民衆の暮らしと學習』, 神戸新聞出版センター, 1988

古川貞雄,『村の遊び日』(平凡社選書),1986

宮川康子,『富永仲中と懷德堂─思想史の前哨』, ペリカン社, 1998

宮本常一,『家郷の訓』(復刻版)(岩波文庫), 岩波書店, 1984(1943年初版)

宮本又次,『近世商人意識の研究』, 有斐閣, 1941

三好信浩,『日本商業教育成立史の研究』, 風間書房, 1985

三好信浩,『商賣往來の世界』(NHKブックス), 日本放送出版協會, 1987

山本幸彦,『近世國家の教育思想』, 思文閣出版, 2001

安丸良夫,『日本の近代化と民衆思想』, 青木書店, 1974

八鍬友廣,『近世民衆の教育と政治參加』, 校倉書房, 2001

山下武,『江戸時代庶民教化政策の研究』, 校倉書房, 1969

横田冬彦,『日本の歴史16 天下泰平』, 講談社, 2002

横山俊夫 編,『貝原益軒─天地和樂の文明學』, 平凡社, 1995

吉原健一郎,『江戸の情報屋─幕末庶民史の側面』(NHKブックス), 日本放送出版協會,
　　1978

ハビンジャー, R,『私塾』サイマル出版會, 1982

若尾政希,『「太平記読み」の時代』(平凡社選書), 平凡社, 1999

6. 근대 · 현대

芦田完, 『大和民族の使命 海外發展教育の要諦』, 明治圖書, 1937

天野郁夫外, 『近代化過程における遠隔教育の初期的形態に關する研究』(放送教育開發センター研究報告67), 放送教育開發センター, 1994

天野郁夫, 『日本の教育システム』, 東京大學出版會, 1996

イチオカ・ユウジ, 『一世』, 刀水書房, 1992

逸見勝亮, 『學童集団疎開史』, 大月書店, 1998

伊藤純郎, 『鄕土教育運動の研究』, 思文閣出版, 1998

今村惠猛, 『布哇開教史』, 本派本願寺布哇開教教務所, 1918

移民研究會 編, 『戰爭と日本人移民』, 東洋書林, 1997

イヨンスク, 『〈國語〉という思想』, 岩波書店, 1996

岩本努, 『「御眞影」に殉した教師たち』, 大月書店, 1989

ウィルスンRホソカワ B, 『ジャパニーズアメリカン』(有斐閣選書), 有斐閣, 1982

梅根悟 監修, 『世界教育大系5 朝鮮教育史』, 講談社, 1977

榮澤幸二, 『大正デモクラシー期の教員の思想』, 研文出版, 1990

大河尋常高等小學校 編, 『移民と教育』, 大河尋常高等小學校, 1918

大塚好, 『移植民と教育問題』, 刀江書院, 1933

小川正人, 『近代アイヌ教育制度史研究』, 北海道大學出版會, 1997

沖田行司, 『ハワイ日系移民の教育史』, ミネルヴァ書房, 1997

沖田行司 編, 『ハワイ日系社會の文化とその変容』, ナカニシヤ出版, 1998

沖本ダニエル, 『日系二世に生まれて』, サイマル出版會, 1984

奧村多喜衛, 『増補改版 太平洋の樂園』, 三英堂, 1926

奧村多喜衛, 『ハワイに於ける日米問題解決運動』, 內外出版, 1937

長志珠繪, 『近代日本と國語ナショナリズム』, 吉川弘文館, 1998

小澤義淨 編,『ハワイ日本語學校教育史』, ハワイ教育會, 1972

小股憲明,『明治期における不敬事件の研究』(平成5・6年度科學研究補助金研究成果報告書)

小股憲明,『明治期における不敬事件の研究Ⅱ』(平成7・8年度科學研究補助金研究成果報告書)

海後宗臣 編,『臨時教育會議の研究』, 東京大學出版會, 1960

海後宗臣 編,『森有禮の思想と教育政策』(東京大學教育學紀要8), 1965

海後宗臣,『教育勅語成立史の研究』, 東京大學出版會, 1965

海後宗臣 編,『井上毅の教育政策』, 東京大學出版會, 1968

梶山雅史,『近代日本敎科書史研究』, ミネルヴァ書房, 1988

片桐芳雄,『自由民權期教育史研究』, 東京大學出版會, 1990

河原和枝,『子ども觀の近代』(中央新書), 中央公論社, 1998

木村力雄,『異文化遍歴者 森有禮』(異文化接融と日本の教育), 福村出版, 1986

小林千枝子,『教育と自治の心性史』, 藤原書店, 1997

駒込武,『植民地帝國日本の文化統合』, 岩波書店, 1996

小山常美,『天皇機關說と國民教育』, アカデミア出版會, 1989

佐藤利彦,『競爭と管理の學校史』, 東京大學出版會, 1995

佐藤傳,『第二世の教育』, 自彊堂, 1932

佐藤秀夫外,『學校間の史的研究』(野間教育研究所紀要27), 野間教育研究所, 1972

佐藤廣美,『總力戰體制と教育科學』, 大月書店, 1997

佐藤由美,『植民地教育政策の研究』, 龍溪書舍, 2000

佐野通夫,『近代日本の教育と朝鮮』, 社會評論社, 1993

『澤柳政太郎全集別巻 澤柳政太郎研究』, 國土社, 1979

志賀富士男 編,『志賀重昂全集』, 志賀重昂全集刊行會, 1927

鈴木讓二, 『日本人出稼ぎ移民』(平凡社選書), 平凡社, 1992

ステイールM・ウィリアム, 『もう一つの近代』, ペリカン社, 1998

園田英弘, 『西洋化の構造』, 思文閣出版, 1993

竹內洋, 『立身出世主義』(NHKライブラリー), 日本放送出版協會, 1997

竹內洋, 『學歷貴族の榮光と挫折』, 中央公論社, 1999

ダニエルズ ロジャー, 『罪なき囚人たち』, 南雲堂, 1997

田丸忠雄, 『ハワイに報道の自由はなかった』, 每日新聞社, 1978

陳培豊, 『同化の「同床異夢」』, 三元社, 2001

辻ミチ子, 『町組と小學校』, 角川書店, 1977

土屋忠雄, 『明治前期教育政策史の研究』, 文教圖書, 1968(1962年初版)

寺崎弘昭 外, 『教育學入門』, 岩波書店, 1977

寺崎昌男 編, 『教師像の展開』(近代日本教育論集6), 國土社, 1973

寺崎昌男 編, 『總力戰體制と教育』, 東京大學出版會, 1987

寺崎昌男 監修, 『誠之が語る近現代教育史』, 第一法規出版, 1988

同志社大學人文科學研究所 編, 『北米日本人キリスト教運動史』, PMC出版, 1991

戸上宗賢編, 『ジャパニーズアメリカン』, ミネルヴァ書房, 1986

中內敏夫, 『生活綴方成立史研究』, 明治圖書出版, 1970

中內敏夫 外 編, 『教育科學の誕生』, 大月書店, 1997

中野光, 『大正自由教育の研究』, 黎明書房, 1968

中野光, 『改訂增補 大正デモクラシーと教育』, 新評社, 1990

成田忠久 監修, 『手紙で綴る北方教育の歷史』, 教育資料出版會, 1999

新渡戸稻造・大河內隆光, 『日本移民史』, 文武堂, 1905

『日本語學校勝訴十年記念誌』, 布哇報知社, 1937

旗田巍 監修, 『日本は朝鮮で何を訓えたか』, あゆみ出版, 1987

ハワイ日本人連合協會編,『ハワイ日本人移民史』, ハワイ報知社, 1977

『布哇日本人年鑑』, 布哇報知社 , 1921

土方苑子,『近代日本の學校と地域社會』, 東京大學出版會, 1994

平田宗史,『明治地方視學制度史の研究』, 風間書房, 1979

ひろたまさき,『文明開化と民衆意識』, 青木書店, 1980

ホソカワB,『120％の忠誠』(有斐閣選書), 有斐閣, 1984

三羽光彦,『高等小學校制度史研究』(岐阜経済大學研究叢書5), 法律文化社, 1993

本山幸彦,『明治國家の教育思想』, 思文閣出版, 1998

森川輝紀,『近代天皇制と教育』, 梓出版, 1987

森川輝紀,『教育勅語への道』, 三元社, 1990

森川輝紀,『大正自由教育と経濟恐慌』, 三元社, 1997

森田榮,『布哇日本人發展史』, 眞榮館, 1915

守屋友江,『アメリカ仏教の誕生』, 現代史料出版, 2001

安田敏朗,『帝國日本の言語編成』, 世織書房, 1997

柳田利夫編,『アメリカの日系人』, 同文館, 1995

尹健次,『朝鮮近代教育の思想と運動』, 東京大學出版會, 1982

米田俊彦,『教育審議會の研究―中等教育改革』(野間教育會研究所紀要38), 野間教育
　　研究所, 1994

渡部宗助・竹中憲一 編,『教育における民族的相克』, 東方書店, 2000

7. 영문자료

Osimo R.Kakuiti, "*The Problem of Japanese Assimilation in Hawaii*" 1926, A
　　Dissertation Submitted to the Faculty of the Graduate School of Art and
　　Literature in Candidacy for the Degree of Master of Arts: Department

of Practical Theology in the Graduate Divinity School. The University of Chicago.

Americanization Institute Papers, The Citizenship Education Committee Honolulu Hawaii, 1919.

A Survey of Education in Hawaii, Department of the Interion Bureau of Education Bulletion, 1920, No 16.

A Brief Survey of the Foreign Language School Question, Japanese Education Association of Hawaii, February, 1923.

Eileen H.Tamura, "*Americanization, Acculturation, and Ethnic Identity:The Nisei Generation in Hawaii, University of Illinois Press*" 1994.

Koichi Glenn Harada "*A Survey of The Japanese Language Schools in Hawaii*" 1934, A dissertation for the Degree of Master of Arts, University of Hawaii.

Katsumi Onishi, "*A study of The Attitudes of the japanese in Hawaii Toward The Japanese Language Schools*" 1943. A Dissertation for the Degree of Master of Education, University of Hawaii.

일본 시대구분

조몬繩文	~B.C. 3C
야요이弥生	B.C. 3C~A.D.3C
고훈古墳	4C 초~6C 말
아스카飛鳥	592~710
나라奈良	710~784
헤이안平安	794~1192
가마쿠라鎌倉	1192~1333
난보쿠조南北朝	1336~1392
무로마치室町	1338~1573
센고쿠戰局	1467~1568
아즈치 모모야마安土桃山	1573~1568
에도江戶	1603~1867
메이지明治	1868~1912
다이쇼大正	1912~1926
쇼와昭和	1926~1989
헤이세이平成	1989~현재

일본 연호 일람가나다순

가쿄嘉慶	1387~1389
가키쓰嘉吉	1441~1444
가랴쿠嘉曆	1326~1329
가로쿠嘉祿	1225~1227
가호嘉保	1094~1096
가조嘉祥	848~851
가조嘉承	1106~1108
가에이嘉永	1848~1854
가겐嘉元	1303~1306

(이후 보충)

찾 아 보 기

ㄱ

ㅇ

저자소개

-편집자

쓰지모토 마사시辻本雅史

1949년생. 교토京都대학 문학부(일본사)졸업, 교토대학 교육학 연구과 박사과정 수료. 문학박사(오사카대학). 교토대학 대학원교수(교육학연구과). 교토대학 교육학부 학장. 방송대학 객원교수. 일본사상사학회 회장 및 교육사학회 대표이사. 교육사 및 일본사상사 전공.

저서로는『근세교육사상사의 연구』(思文閣出版),『일본인은 어떻게 공부했을까』(지와사랑),『도쿠가와 시대의 교육 사상과 모체』(타이완대학 출판부),『교육의 사회사』(방송대학교육진흥회),『사상과 교육의 미디어사-근세일본의 지의 전달』(ぺりかん社)등이 있다.

오키타 유쿠지沖田行司

1948년생. 도시샤同志社대학 대학원 문학연구과 박사과정 수료, 문학박사(문화사학), 도시샤대학 대학원 교수, 일본교육문화사, 일본사상사 전공.

저서로는『일본인을 만든 교육』(大巧社),『하와이 일계이민의 교육사-일미문화, 그 만남과 상극』(ミネルヴァ書房),『신정판 일본근대교육의 사상사연구-국제화의 사상계보』(学術出版会) 등이 있다.

-집필자

모리가와 테루미치森川輝紀

1945년생. 도쿄교육대학 대학원 교육학 연구과 박사과정 수료, 후쿠야마福山 시립대학 교육학부 교수, 사이타마埼玉 대학 명예교수. 일본교육사 전공.

저서로는『근대천황제와 교육』(梓出版),『교육칙어의 길』(三元社),『대정 자유교육과 경제공황』(三元社),『국민도덕론의 길』(三元社) 등이 있다.

오토 야스히로大戸安弘

1951년생, 쓰쿠바筑波대학 대학원 교육학 연구과 박사과정 수료, 박사(교육학), 요코하마(横浜)국립대학 교육인간과학부교수. 교육사전공.
저서로『일본중세교육사의 연구-유력경향의 전개』(梓出版社),『불교교육의 전개』(国書刊行会),『日本民衆教育史』(梓出版社) 등이 있다.

하시모토 아키히코橋本昭彦

1959년생, 히로시마 대학 대학원 교육학 연구과 박사과정 수료, 박사(교육학), 국립교육정책연구소 교육정책/평가연구부 총괄연구관, 교육사 전공.
논문으로「에도막부 시험제도사의 연구」(風間書房),「昌平坂学問所日記」(1-3, 斯文会).「근세 일본의 〈배움〉의 시간과 공간」(공저, 渓水社) 등이 있다.

야쿠와 토모히로八鍬友広

1960년생, 토호쿠(東北)대학 대학원 교육학연구과 박사과정 수료, 박사(교육학), 니이가타(新潟)대학 교육학부 교수.
저서로는『근세 민중의 교육과 정치참여』(校倉書房),『식자의 독서-리테라시의 비교사회사』(松塚俊三·八鍬友広 편, 昭和堂),『지의 전달 미디어의 역사 연구-교육사상의 재구축』(辻本雅史編, 思文閣) 등이 있다.

스즈키 리에鈴木理恵

1961년생. 히로시마(広島) 대학 대학원 교육학 연구과 박사과정 수료. 문학박사. 히로시마 대학 대학원 교육학 연구과 준교수. 교육사 전공.
논문으로「명가의 형성과 공사 정보의 교환」(『日本歴史』658호, 2003),「역사교육에서 견당사의 발견-미디어로서의 교과서분석」(『教育史フォーラム』第2호, 2007),「근세후기의 여행의 학습효과」(辻本雅史編『지의 전달미디어의 역사연구』, 2010) 등이 있다.

고마고메 다케시駒込武

1962년생, 도쿄(東京)대학 교육학연구과 박사과정 수료, 박사(교육학), 교토대학 대학원 교육학연구과 준교수, 교육사 및 식민지사전공. 저서로『식민지제국의 문화통합』, 역사비평), 공저로『제국과 학교』(橋本伸也共編, 昭和堂) 등이 있다.

다카노 히데하루高野秀晴

1977년생. 교토대학 대학원 교육학 연구과 박사과정 수료, 박사(교육학), 진아이仁愛대학 인간생활학부 전임강사. 일본교육사 및 일본사상사 전공.

논문으로는「교화미디어로서의 심학도화 문서본聞書本」(『日本の教育史学』제46집, 2003),「石門心学의 교화통제력과 그 권외-石川謙『石門心学史의 연구』의 재검토-」(『季刊日本思想史』65호, 2004),「談義本에서 보는 宝暦期 에도 민중교화의 일단-静観房好阿『当世下手談義』,『教訓統下手談義』을 소재로」(『日本教育史研究』제27호, 2008) 등이 있다.

역자소개

이기원

교토京都대학 교육학 연구과 박사과정 수료. 박사, 강원대 강사. 일본사상사 및 일본교육사 전공. 저서에『徂徠學과 朝鮮儒學ー春台에서 丁若鏞까지』(ぺりかん社, 2011), 역서에『일본인은 어떻게 공부했을까?』(지와사랑, 2009)등이 있다.

오성철

서울대학교 교육학과 박사과정 수료. 박사, 서울교대 교수, 교육역사사회학 및 식민지교육사 전공. 저서에『식민지 초등교육의 형성』(교육과학사, 2000) 등이 있다.

일본교육의 사회사

新體系日本史 教育社會史

2011년 5월 23일 초판 인쇄
2011년 5월 30일 초판 발행

저   자 쓰지모토 마사시·오키타 유쿠지 외
역   자 이기원·오성철
발 행 인 한정희
발 행 처 경인문화사
등록번호 제10-18호(1973년 11월 8일)
주   소 서울시 마포구 마포동 324-3 경인빌딩
대표전화 02-718-4831~2 팩스 02-703-9711
홈페이지 http://www.kyunginp.co.kr
이 메 일 kyunginp@chol.com

ISBN 978-89-499-0778-9 93910
값 43,000 원

ⓒ 2011, Kyung-in Publishing Co, Printed in Korea.
※ 파본 및 훼손된 책은 교환해 드립니다.